裁判例 コンメンタール刑事訴訟法

第4巻
[§351〜§507]

監　　修　井上　正仁
編集代表　河村　　博
　　　　　酒巻　　匡
　　　　　原田　國男
　　　　　廣瀬　健二
編集委員　大島　隆明
　　　　　三浦　　守

立 花 書 房

「裁判例コンメンタール」の発刊にあたって

　現行刑事訴訟法が1949年1月1日に施行されてから66年の歳月が経過した。この現行法は、憲法の人権規定を受け、またアメリカ法に倣って、起訴状一本主義や訴因制度、伝聞法則などの新奇な制度を採り入れる一方で、第2次大戦終結直後の混乱期に、比較的短期間の作業によりあわただしく起案され、制定されたものであったことから、旧法の構成や規定がそのまま残されたというところも多々あり、全体として一つの基本的方向性で統一され整合性のとれたものとなっているかは疑問とする余地もないわけではなかった。

　現に、当初は、現行法の基本的方向性をめぐって盛んな議論が闘わされるとともに、実際の訴訟上も、現行法の内容を成す規定や手続について、上位規範である憲法の人権規定や基本原則との適合性が問われることが少なくなく、これに応えて、多くの裁判例が産み出された。次いで、施行後数年の運用の実情を踏まえて、刑事訴訟法の内容自体にも見直しがなされ、その結果、1953年に中規模の法改正が行われたが、それ以降40年余にわたり、ごく小規模の手直しを除き、実質的な法改正がなされることはなかった。ところが、世は高度成長からバブル崩壊、グローバル化と大きく変動し、科学技術の急速な発展・普及や情報化、人々の意識や価値観の変化、犯罪の組織化・複雑化などに伴い、刑事手続上も、運用上生じる数々の紛糾や疑義に加えて、現行法制定時には予測されていず、あるいは、既存の法規では必ずしも対処し切れないような新たな問題や課題も数多く生じてきた。このような状況の下で、「ピラミッドのように沈黙する」立法の代わりに、「スフィンクスさながらに」奮闘し（松尾浩也教授の言葉）、その空隙を埋めようとしてきたのが裁判例であった。

　その後、1990年代後半に至り、組織犯罪対策の一環としての刑事訴訟法の一部改正と通信傍受法の成立を皮切りに、抑えられてきたマグマがいきなり噴出したかのごとく刑事立法が活発化し、犯罪被害者等の保護・地位強化を目的とする刑事訴訟法の一部改正などを経て、司法制度改革の一環としての

裁判員法の制定や刑事訴訟法のかなりの規模の改正、検察審査会法の実質的改正という画期的な法改正が実現したが、これらによってもたらされた新たな制度や手続が更に、裁判例の一層目覚ましい展開を呼び起こしつつある。

　このように、刑事訴訟法の分野では、他の実定法分野にも増して、裁判例の果たしてきた役割は大きく、法規も、これらの裁判例を視野に入れ、それらと有機的に結びつけて捉えることによってはじめて、生きた刑事訴訟法を真に理解し、実際にも有効に活用することが可能になるものといってよい。刑事訴訟法に関する裁判例を各条項ごとに集成・整理して検討を加え、その趣旨や意義を明らかにすることにより、刑事手続の適正な運用と現実の事案に即した問題解決に資することを目的として編まれた本書が、そのような理解の手引きになればと思う。

　2015年2月

井上　正仁

凡　例

【判例表記】

　判例の表記は、別記略語を用い、次の例による。

　大審院判決昭和7年3月1日大審院刑事判決録11巻232頁
＝大判昭7・3・1刑録11・232

　最高裁判所判決昭和50年7月1日最高裁判所刑事判例集29巻7号355頁
＝最判昭50・7・1刑集29・7・355

　最高裁判所決定昭和53年2月13日最高裁判所刑事判例集32巻2号295頁
＝最決昭53・2・13刑集32・2・295

　なお、公刊物未登載のものは〈未〉と表示する。

【法令表記】

　略語は、有斐閣の六法全書に従う。

　本文中、刑事訴訟法については条文番号のみとし、刑事訴訟規則については「規」とした。

　本文括弧内では以下のように表記し、同一法令の条文は「・」（中点）で、異なる法令の場合は「，」（読点）でつないだ。

　刑事訴訟法10条1項但書　　　10Ⅰ但
　刑事訴訟法60条1項3号　　　60Ⅰ③
　刑事訴訟法316条の2第1項　316の2Ⅰ

【判例集等略語】

刑録	大審院刑事判決録
刑集	大審院刑事判決集
刑集	最高裁判所刑事判例集
裁集	最高裁判所裁判集刑事
高刑集	高等裁判所刑事判例集
東時	東京高等裁判所刑事判決時報
高検速報	高等裁判所刑事裁判速報（集）
特報	高等裁判所刑事判決特報
裁判特報	高等裁判所刑事裁判特報
下刑集	下級裁判所刑事裁判例集

一審刑集	第一審刑事裁判例集
刑裁月報	刑事裁判月報
新聞	法律新聞
刑資	刑事裁判資料

【雑誌類略語】

警学	警察学論集
警研	警察研究
刑ジ	刑事法ジャーナル
刑判評釈	刑事判例評釈集
現刑	現代刑事法
捜研	捜査研究
司研集	司法研修所論集
司研所報	司法研修所報
ジュリ	ジュリスト
曹時	法曹時報
判時	判例時報
判タ	判例タイムズ
判評	判例評論
ひろば	法律のひろば
法教	法学教室
法時	法律時報
法セ	法学セミナー

【主要文献略語】

〈個人・共編著〉

青柳・通論	青柳文雄著　五訂刑事訴訟法通論（上、下）　昭和51年・1976年　立花書房
渥美・刑訴	渥美東洋著　全訂刑事訴訟法［第2版］　平成21年・2009年　有斐閣
荒木・権利	荒木伸怡著　迅速な裁判を受ける権利　平成5年・1993年　成文堂
荒木・読本	荒木伸怡著　刑事訴訟法読本　平成8年・1996年　弘文堂
池田等・解説	池田修＝合田悦三＝安東章著　解説裁判員法［第3版］　平成28年・2016年　弘文堂
池田＝前田・刑訴	池田修＝前田雅英著　刑事訴訟法講義［第5版］　平成26年・2014年　東京大学出版会

凡例　7

石井・事実認定	石井一正著　刑事事実認定入門　平成17年・2005年　判例タイムズ社
石井・実務証拠法	石井一正著　刑事実務証拠法［第5版］　平成23年・2011年　判例タイムズ社
石川・講義	石川才顕著　刑事訴訟法講義　昭和49年・1974年　日本評論社
石丸・刑訴	石丸俊彦著　刑事訴訟法　平成4年・1992年　成文堂
伊藤・実際問題	伊藤栄樹著　刑事訴訟法の実際問題［3訂版］　昭和59年・1984年　立花書房
井戸田・要説	井戸田侃著　刑事訴訟法要説　平成5年・1993年　有斐閣
井上・原論	井上正治著　全訂刑事訴訟法原論　昭和27年・1952年　朝倉書店
井上・強制捜査	井上正仁著　強制捜査と任意捜査［新版］　平成26年・2014年　有斐閣
井上・証拠排除	井上正仁著　刑事訴訟における証拠排除　昭和60年・1985年　弘文堂
井上・通信傍受	井上正仁著　捜査手段としての通信・会話の傍受　平成9年・1997年　有斐閣
上口・刑訴	上口裕著　刑事訴訟法［第4版］　平成27年・2015年　成文堂
上口・取材報道	上口裕著　刑事司法における取材・報道の自由　平成元年・1989年　成文堂
臼井・刑訴	臼井滋夫著　刑事訴訟法　平成4年・1992年　信山社出版
大野・捜査	大野正博著　現代型捜査とその規制　平成13年・2001年　成文堂
小田中・刑訴法論	小田中聰樹著　現代刑事訴訟法論　昭和52年・1977年　勁草書房
小野・概論	小野清一郎著　新刑事訴訟法概論［改訂版］　昭和26年・1951年　法文社
柏木・刑訴	柏木千秋著　刑事訴訟法　昭和45年・1970年　有斐閣
加藤等・刑訴	加藤克佳＝川崎英明＝後藤昭＝白取祐司＝高田昭正＝村井敏邦編著　刑事訴訟法［第2版］　平成19年・2007年　日本評論社
鴨・証拠法	鴨良弼著　刑事証拠法　昭和37年・1962年　日本評論新社
鴨・再審	鴨良弼著　刑事再審の研究　昭和55年・1980年　成文堂
川出・別件逮捕	川出敏裕著　別件逮捕・勾留の研究　平成10年・1998年　東京大学出版会
川崎・刑事再審	川崎英明著　刑事再審と証拠構造論の展開　平成15年・2003年　日本評論社
岸・要義	岸盛一著　刑事訴訟法要義［新版］　昭和37年・1962年　広文堂書店
江家・基礎理論	江家義男著　刑事証拠法の基礎理論［訂正版］　昭和30年・1955年　有斐閣
後藤・捜査法	後藤昭著　捜査法の論理　平成13年・2001年　岩波書店

小早川・自白	小早川義則著　共犯者の自白（証拠法研究1）　平成2年・1990年　成文堂
小林・刑訴	小林充著　刑事訴訟法［新訂版］　平成21年・2009年　立花書房
小林・刑訴［第5版］	小林充原著　植村立郎監修　前田巌改訂　刑事訴訟法［第5版］　平成27年・2015年　立花書房
斉藤・刑訴法学	斉藤金作著　刑事訴訟法学　昭和26年・1951年　有斐閣
酒巻・刑事証拠開示	酒巻匡編著　刑事証拠開示の理論と実務　平成21年・2009年　判例タイムズ社
酒巻・刑訴	酒巻匡著　刑事訴訟法　平成27年・2015年　有斐閣
酒巻・証拠開示	酒巻匡著　刑事証拠開示の研究　昭和63年・1988年　弘文堂
椎橋・刑事弁護	椎橋隆幸著　刑事弁護・捜査の理論　平成5年・1993年　信山社出版
実務刑訴	法務省刑事局刑事訴訟法研究会編著　実務刑事訴訟法　平成6年・1994年　立花書房
白取・刑訴	白取祐司著　刑事訴訟法［第9版］　平成29年・2017年　日本評論社
鈴木・基本構造	鈴木茂嗣著　続刑事訴訟の基本構造（上、下）　平成8年・1996年、平成9年・1997年　成文堂
鈴木・基本問題	鈴木茂嗣著　刑事訴訟法の基本問題　昭和63年・1988年　成文堂
鈴木・刑訴	鈴木茂嗣著　刑事訴訟法［改訂版］（現代法律学講座28）　平成2年・1990年　青林書院
総研・講義案	裁判所職員総合研修所監修　刑事訴訟法講義案［4訂補訂版］　平成28年・2016年　司法協会
高田・構造	高田昭正著　刑事訴訟の構造と救済　平成6年・1994年　成文堂
高田・刑訴	高田卓爾著　刑事訴訟法［2訂版］（現代法律学全集28）　昭和59年・1984年　青林書院新社
滝川等・コメ	滝川幸辰＝平場安治＝中武靖夫著　刑事訴訟法（法律学体系第1部コンメンタール篇10）　昭和25年・1950年　日本評論社
田口・刑訴	田口守一著　刑事訴訟法［第7版］　平成29年・2017年　弘文堂
田口等・判例演習	田口守一＝寺崎嘉博編　判例演習刑事訴訟法　平成16年・2004年　成文堂
田中・証拠法	田中和夫著　新版証拠法［増補第3版］　昭和46年・1971年　有斐閣
田中等・刑訴	田中開＝寺崎嘉博＝長沼範良著　刑事訴訟法［第5版］　平成29年・2017年　有斐閣
田淵・証拠調べ	田淵浩二著　証拠調べ請求権　平成16年・2004年　成文堂
田宮・捜査	田宮裕著　捜査の構造　昭和46年・1971年　有斐閣
田宮・刑事法	田宮裕著　刑事法の理論と現実　平成12年・2000年　岩波書店

田宮・刑訴1	田宮裕編著　刑事訴訟法（1）（大学双書）　昭和50年・1975年　有斐閣	
田宮・刑訴	田宮裕著　刑事訴訟法［新版］　平成8年・1996年　有斐閣	
伊達・講話	伊達秋雄著　刑事訴訟法講話　昭和34年・1959年　日本評論新社	
団藤・綱要	団藤重光著　新刑事訴訟法綱要［7訂版］　昭和42年・1967年　創文社	
団藤・条解	団藤重光著　条解刑事訴訟法（上）　昭和25年・1950年　弘文堂	
土本・要義	土本武司著　刑事訴訟法要義　平成3年・1991年　有斐閣	
寺崎・刑訴	寺崎嘉博著　刑事訴訟法［第3版］　平成25年・2013年　成文堂	
寺崎・再構成	寺崎嘉博著　訴訟条件論の再構成　平成6年・1994年　成文堂	
長島・司法	長島敦著　刑事司法をめぐる学理と実務　平成2年・1990年　成文堂	
長沼等・演習	長沼範良＝酒巻匡＝田中開＝大澤裕＝佐藤隆之著　演習刑事訴訟法　平成17年・2005年　有斐閣	
庭山等・刑訴	庭山英雄＝岡部泰昌編　刑事訴訟法［第3版］　平成18年・2006年　青林書院	
野木等・概説	野木新一＝宮下明義＝横井大三著　新刑事訴訟法概説［3版］　昭和24年・1949年　立花書房	
野間・刑訴	野間禮二著　刑事訴訟における現代的課題　平成6年・1994年　判例タイムズ社	
林・要義	林頼三郎著　刑事訴訟法要義総則［3版］（上、下）　大正13年・1924年　中央大学	
平野等・教材	平野龍一＝鬼塚賢太郎＝森岡茂＝松尾浩也著　刑事訴訟法教材　昭和52年・1977年　東京大学出版会	
平野・刑訴	平野龍一著　刑事訴訟法（法律学全集43）　昭和33年・1958年　有斐閣	
平野・概説	平野龍一著　刑事訴訟法概説　昭和43年・1968年　東京大学出版会	
平場・講義	平場安治著　改訂刑事訴訟法講義　昭和29年・1954年　有斐閣	
福井・刑訴	福井厚著　刑事訴訟法講義［第4版］　平成21年・2009年　法律文化社	
松尾・原理	松尾浩也著　刑事訴訟の原理　昭和49年・1974年　東京大学出版会	
松尾・刑訴	松尾浩也著　刑事訴訟法（上［新版］、下［新版補正第2版］）　平成11年・1999年　弘文堂	
松尾・条解	松尾浩也監修　条解刑事訴訟法［第4版増補版］　平成28年・2016年　弘文堂	
松尾・刑訴2	松尾浩也編　刑事訴訟法（2）（大学双書）　平成4年・1992年　有斐閣	
松岡・刑訴	松岡正章著　刑事訴訟法講義（1）　昭和56年・1981年　成文堂	

10

三井・刑訴	三井誠編　判例教材刑事訴訟法［第5版］　平成27年・2015年　東京大学出版会
三井・手続	三井誠著　刑事手続法（1［新版］、2、3）　平成9年・1997年、平成15年・2003年、平成16年・2004年　有斐閣
光藤・刑訴	光藤景皎著　刑事訴訟法（1、2）　平成19年・2007年、平成25年・2013年　成文堂
光藤・口述	光藤景皎著　口述刑事訴訟法（下）　平成17年・2005年　成文堂
光藤・事実誤認	光藤景皎編　事実誤認と救済　平成9年・1997年　成文堂
光藤・新展開	光藤景皎著　刑事証拠法の新展開　平成13年・2001年　成文堂
宮下・逐条解説2	宮下明義著　新刑事訴訟法逐条解説（2）　昭和24年・1949年　司法警察研究会公安発行所
村井・刑訴	村井敏邦著　刑事訴訟法　平成8年・1996年　日本評論社
村井・現代刑訴	村井敏邦編著　現代刑事訴訟法［第2版］　平成10年・1998年　三省堂
村井等・付審判	村井敏邦＝高山俊吉＝二瓶和敏編　検証付審判事件　平成6年・1994年　日本評論社
柳沼等・接見交通権	柳沼八郎＝若松芳也編著　新接見交通権の現代的課題　平成13年・2001年　日本評論社
山田・証拠	山田道郎著　証拠の森　平成16年・2004年　成文堂
山中・刑訴	山中俊夫著　概説刑事訴訟法　平成元年・1989年　ミネルヴァ書房
横井・逐条解説3	横井大三著　新刑事訴訟法逐条解説（3）　昭和24年・1949年　司法警察研究会公安発行所
横井・ノート	横井大三著　刑訴裁判例ノート（1～6）　昭和46～48年・1971～1973年　有斐閣
横川・刑訴	横川敏雄著　刑事訴訟　昭和59年・1984年　成文堂
横田＝高橋・諸問題	横田安弘＝高橋省吾著　刑事抗告審の運用上の諸問題［増補］平成3年・1991年　法曹会
渡辺・刑訴	渡辺直行著　論点中心刑事訴訟法講義［第2版］　平成17年・2005年　成文堂
渡辺・刑事手続	渡辺修編著　刑事手続の最前線　平成8年・1996年　三省堂
渡辺・被疑者取調べ	渡辺修著　被疑者取調べの法的規制　平成4年・1992年　三省堂
渡辺・刑訴	渡辺咲子著　刑事訴訟法講義［第5版］　平成20年・2008年　不磨書房

〈注釈書〉

| 執筆者名・基本法コメ刑訴 | 高田卓爾編　基本法コンメンタール刑事訴訟法［第3版］（別冊法学セミナー）　平成5年・1993年　日本評論社 |
| 執筆者名・新基本法コメ刑訴 | 三井誠＝河原俊也＝上野友慈＝岡慎一編　新基本法コン |

凡例　11

	メンタール刑事訴訟法［第 2 版］（別冊法学セミナー）　平成26年・2014年　日本評論社
刑訴規則逐条説明	法曹会編　刑事訴訟規則逐条説明（第 2 編第 3 章公判、第 2 編第 1 章捜査・第 2 章公訴）　平成元年・1989年、平成 5 年・1993年　法曹会
執筆者名・刑弁コメ刑訴	小田中聰樹＝大出良知＝川崎英明編著　刑事訴訟法（刑事弁護コンメンタール 1 ）　平成10年・1998年　現代人文社
執筆者名・大コメ刑訴	河上和雄＝中山善房＝古田佑紀＝原田國男＝河村博＝渡辺咲子編　大コンメンタール刑事訴訟法［第 2 版］（1 ～11）　平成22～29年・2010～2017年　青林書院
執筆者名・注解刑訴	平場安治＝高田卓爾＝中武靖夫＝鈴木茂嗣著　注解刑事訴訟法［全訂新版］（上、中、下）　昭和57年・1982年、昭和58年・1983年、昭和62年・1987年　青林書院新社、青林書院
執筆者名・註釈刑訴	青柳文雄＝伊藤栄樹＝柏木千秋＝佐々木史朗＝西原春夫ほか著　註釈刑事訴訟法（1 ～ 4 ）　昭和51～56年・1976～1981年　立花書房
執筆者名・注釈刑訴	伊藤栄樹＝亀山継夫＝小林充＝香城敏麿＝佐々木史朗＝増井清彦ほか著　注釈刑事訴訟法［新版］（1 ～ 7 ）　平成 8 ～10年・1996～1998年、平成12年・2000年　立花書房
執筆者名・注釈刑訴［第 3 版］	河上和雄＝小林充＝植村立郎＝河村博編　注釈刑事訴訟法［第 3 版］（1 、 4 、 6 、 7 ）　平成23年・2011年、平成24年・2012年、平成27年・2015年　立花書房
ポケット刑訴	小野清一郎監修　刑事訴訟法［新版］（上、下）（ポケット註釈全書）　昭和61年・1986年　有斐閣
例題解説	例題解説刑事訴訟法（1 ～ 2 ［三訂版］、 3 ［改訂補訂版］、 4 ［三訂版］、 5 ［改訂版］、 6 ）　平成 6 年・1994年、平成 7 年・1995年、平成 9 ～11年・1997～1999年　法曹会

〈講座・判例解説等〉

執筆者名・演習	日本刑法学会編　刑事訴訟法演習　昭和37年・1962年　有斐閣
執筆者名・演習講座	鴨良弼編　刑事訴訟法（法学演習講座11）　昭和46年・1971年　法学書院
執筆者名・演習大系刑訴	高田卓爾＝田宮裕編　演習法律学大系15　昭和47年・1972年　青林書院新社
執筆者名・刑事公判	大阪刑事実務研究会編著　刑事公判の諸問題　平成元年・1989年　判例タイムズ社
執筆者名・刑事事実認定	小林充＝香城敏麿編　刑事事実認定 ── 裁判例の総合的研究（上、下）　平成 4 年・1992年　判例タイムズ社

執筆者名・刑事事実認定50選　小林充＝植村立郎編　刑事事実認定重要判決50選［第2版］（上、下）　平成25年・2013年　立花書房

執筆者名・刑事実務　大阪刑事実務研究会編著　刑事実務上の諸問題　平成5年・1993年　判例タイムズ社

執筆者名・刑事証拠　大阪刑事実務研究会編著　刑事証拠法の諸問題（上、下）　平成13年・2001年　判例タイムズ社

執筆者名・刑事手続　三井誠＝中山善房＝河上和雄＝田邨正義編　刑事手続（上、下）　昭和63年・1988年　筑摩書房

執筆者名・刑事法講座　日本刑法学会編　刑事法講座（5［増補版］、6）　昭和29年・1954年、昭和53年・1978年　有斐閣

執筆者名・刑訴法講座　日本刑法学会編　刑事訴訟法講座（1～3）　昭和38年・1963年、昭和39年・1964年　有斐閣

執筆者名・刑訴の争点　松尾浩也＝井上正仁編　刑事訴訟法の争点［第3版］（ジュリスト増刊）　平成14年・2002年　有斐閣

執筆者名・井上＝酒巻・刑訴の争点　井上正仁＝酒巻匡編　刑事訴訟法の争点（ジュリスト増刊）　平成25年・2013年　有斐閣

執筆者名・刑罰法大系　石原一彦ほか編　現代刑罰法大系（1～7）　昭和57～59年・1982～1984年　日本評論社

執筆者名・公判法大系　熊谷弘＝佐々木史朗＝松尾浩也＝田宮裕編　公判法大系（1～4）　昭和49年・1974年、昭和50年・1975年　日本評論社

執筆者名・実務講座　団藤重光編　法律実務講座刑事編（1～12）　昭和28～32年・1953～1957年　有斐閣

執筆者名・実務ノート　河村澄夫ほか編　刑事実務ノート（1～3）　昭和43～46年・1968～1971年　判例タイムズ社

執筆者名・実務大系　河上和雄編　犯罪捜査（刑事裁判実務大系11）　平成3年・1991年　青林書院

執筆者名・実例刑訴　平野龍一＝松尾浩也編　実例法学全集刑事訴訟法［新版］　昭和52年・1977年　青林書院新社

執筆者名・続実例刑訴　平野龍一＝松尾浩也編　実例法学全集続刑事訴訟法　昭和55年・1980年　青林書院新社

執筆者名・新実例刑訴　平野龍一＝松尾浩也編　新実例刑事訴訟法（1～3）　平成10年・1998年　青林書院

執筆者名・松尾＝岩瀬・実例刑訴　松尾浩也＝岩瀬徹編　実例刑事訴訟法（1～3）　平成24年・2012年　青林書院

執筆者名・証拠法大系　熊谷弘＝浦部衛＝佐々木史朗＝松尾浩也編　証拠法大系（1～4）　昭和45年・1970年　日本評論社

執筆者名・新刑事手続　三井誠＝馬場義宣＝佐藤博史＝植村立郎編　新刑事手続（1～3）　平成14年・2002年　悠々社

執筆者名・新判例解説	東條伸一郎ほか編　刑事新判例解説（1〜5）　平成4年・1992年、平成10年・1998年　信山社出版	
執筆者名・新判例コメ	高田卓爾＝鈴木茂嗣編　新判例コンメンタール刑事訴訟法（1〜5）　平成7年・1995年　三省堂	
執筆者名・捜査法大系	熊谷弘＝松尾浩也＝田宮裕編　捜査法大系（1〜3）　昭和47年・1972年　日本評論社	
執筆者名・訴訟実務	石丸俊彦＝仙波厚＝川上拓一＝服部悟＝井口修著　刑事訴訟の実務［3訂版］（上、下）　平成23年・2011年　新日本法規出版	
執筆者名・判例解説（刑）	最高裁判所調査官室編　最高裁判所判例解説刑事篇（昭和29年度〜）　昭和30年・1955年〜　法曹会	
執筆者名・判例解説（民）	最高裁判所調査官室編　最高裁判所判例解説民事篇（昭和29年度〜）　昭和30年・1955年〜　法曹会	
執筆者名・判例研究	臼井滋夫＝鈴木義男＝藤永幸治＝河上和雄著　刑事訴訟法判例研究　昭和58年・1983年　東京法令出版	
執筆者名・判例コメ	高田卓爾編　判例コンメンタール刑事訴訟法（1、2）　昭和51年・1976年　三省堂	
執筆者名・判例百選1	平野龍一編　刑事訴訟法判例百選（別冊ジュリスト1号）　昭和40年・1965年　有斐閣	
執筆者名・判例百選2	平野龍一編　刑事訴訟法判例百選［新版］（別冊ジュリスト32号）　昭和46年・1971年　有斐閣	
執筆者名・判例百選3	平野龍一＝松尾浩也＝田宮裕編　刑事訴訟法判例百選［第3版］（別冊ジュリスト51号）　昭和51年・1976年　有斐閣	
執筆者名・判例百選4	平野龍一＝松尾浩也＝田宮裕編　刑事訴訟法判例百選［第4版］（別冊ジュリスト74号）　昭和56年・1981年　有斐閣	
執筆者名・判例百選5	平野龍一＝松尾浩也＝田宮裕＝井上正仁編　刑事訴訟法判例百選［第5版］（別冊ジュリスト89号）　昭和61年・1986年　有斐閣	
執筆者名・判例百選6	松尾浩也＝井上正仁編　刑事訴訟法判例百選［第6版］（別冊ジュリスト119号）　平成4年・1992年　有斐閣	
執筆者名・判例百選7	松尾浩也＝井上正仁編　刑事訴訟法判例百選［第7版］（別冊ジュリスト148号）　平成10年・1998年　有斐閣	
執筆者名・判例百選8	井上正仁編　刑事訴訟法判例百選［第8版］（別冊ジュリスト174号）　平成17年・2005年　有斐閣	
執筆者名・判例百選9	井上正仁＝大澤裕編　刑事訴訟法判例百選［第9版］（別冊ジュリスト203号）　平成23年・2011年　有斐閣	
執筆者名・判例百選10	井上正仁＝大澤裕＝川出敏裕編　刑事訴訟法判例百選［第10版］（別冊ジュリスト232号）　平成29年・2017年　有斐閣	
執筆者名・令状基本	新関雅夫＝佐々木史朗ほか著　増補令状基本問題（上、下）　平成8年・1996年、平成9年・1997年　一粒社	

〈記念論文集〉

執筆者名・渥美古稀　　　渥美東洋先生古稀記念 —— 犯罪の多角的検討　平成18年・2006年　有斐閣

執筆者名・阿部古稀　　　阿部純二先生古稀祝賀論文集 —— 刑事法学の現代的課題　平成16年・2004年　第一法規

執筆者名・井戸田古稀　　井戸田侃先生古稀祝賀論文集 —— 転換期の刑事法学　平成11年・1999年　現代人文社

執筆者名・井上還暦　　　井上正治博士還暦祝賀 —— 刑事法学の諸相（上、下）　昭和56年・1981年、昭和58年・1983年　有斐閣

執筆者名・岩田傘寿　　　岩田誠先生傘寿祝賀 —— 刑事裁判の諸問題　昭和57年・1982年　判例タイムズ社

執筆者名・植松還暦（法律）　植松博士還暦祝賀 —— 刑法と科学・法律編　昭和46年・1971年　有斐閣

執筆者名・植村退官　　　植村立郎判事退官記念論文集 —— 現代刑事法の諸問題（1〜3）平成23年・2011年　立花書房

執筆者名・内田古稀　　　内田文昭先生古稀祝賀論文集　平成14年・2002年　青林書院

執筆者名・小野（慶）退官記念　小野慶二判事退官記念論文集 —— 刑事裁判の現代的展開　昭和63年・1988年　勁草書房

執筆者名・香川古稀　　　香川達夫博士古稀祝賀 —— 刑事法学の課題と展望　平成8年・1996年　成文堂

執筆者名・梶田＝守屋退官記念　梶田英雄判事＝守屋克彦判事退官記念論文集 —— 刑事・少年司法の再生　平成12年・2000年　現代人文社

執筆者名・柏木喜寿　　　柏木千秋先生喜寿記念論文集 —— 近代刑事法の理念と現実　平成3年・1991年　立花書房

執筆者名・鴨古稀　　　　鴨良弼先生古稀祝賀論集 —— 刑事裁判の理論　昭和54年・1979年　日本評論社

執筆者名・河上古稀　　　河上和雄先生古稀祝賀論文集　平成15年・2003年　青林書院

執筆者名・吉川古稀　　　吉川経夫先生古稀祝賀論文集 —— 刑事法学の歴史と課題　平成6年・1994年　法律文化社

執筆者名・木村還暦　　　木村博士還暦祝賀 —— 刑事法学の基本問題（上、下）　昭和33年・1958年　有斐閣

執筆者名・小林＝佐藤古稀　小林充先生＝佐藤文哉先生古稀祝賀刑事裁判論文集（上、下）　平成18年・2006年　判例タイムズ社

執筆者名・齋藤（誠）古稀　齋藤誠二先生古稀記念 —— 刑事法学の現実と展開　平成15年・2003年　信山社出版

執筆者名・佐伯還暦　　　佐伯千仭博士還暦祝賀 —— 犯罪と刑罰（上、下）　昭和43年・1968年　有斐閣

執筆者名・司研10年論文集下　司法研修所創立10周年記念論文集（下）　昭和32年・1957

　　　　　　　　　　　　　　　年　司法研修所

執筆者名・司研15年論文集下　　司法研修所創立15周年記念論文集（下）　昭和38年・1963
　　　　　　　　　　　　　　　年　司法研修所

執筆者名・司研20年論文集3　　司法研修所創立20周年記念論文集（3）　昭和42年・1967
　　　　　　　　　　　　　　　年　司法研修所

執筆者名・下村古稀　　　　　下村康正先生古稀祝賀 ―― 刑事法学の新動向（上、下）　平成7
　　　　　　　　　　　　　　　年・1995年　成文堂

執筆者名・荘子古稀　　　　　荘子邦雄先生古稀祝賀 ―― 刑事法の思想と理論　平成3年・
　　　　　　　　　　　　　　　1991年　第一法規

執筆者名・鈴木古稀　　　　　鈴木茂嗣先生古稀祝賀論文集（上、下）　平成19年・2007年　成
　　　　　　　　　　　　　　　文堂

執筆者名・滝川還暦　　　　　滝川先生還暦記念 ―― 現代刑法学の課題（上、下）　昭和30年・
　　　　　　　　　　　　　　　1955年　有斐閣

執筆者名・竹澤古稀　　　　　竹澤哲夫先生古稀祝賀記念論文集 ―― 誤判の防止と救済　平成
　　　　　　　　　　　　　　　10年・1998年　現代人文社

執筆者名・田宮追悼　　　　　田宮裕博士追悼論集（上、下）　平成13年・2001年、平成15年・
　　　　　　　　　　　　　　　2003年　信山社出版

執筆者名・団藤古稀　　　　　団藤重光博士古稀祝賀論文集（1～5）　昭和58～60年・1983～
　　　　　　　　　　　　　　　1985年　有斐閣

執筆者名・内藤古稀　　　　　内藤謙先生古稀祝賀 ―― 刑事法学の現代的状況　平成6年・
　　　　　　　　　　　　　　　1994年　有斐閣

執筆者名・中野還暦　　　　　中野次雄判事還暦祝賀 ―― 刑事裁判の課題　昭和47年・1972年
　　　　　　　　　　　　　　　有斐閣

執筆者名・中山古稀　　　　　中山研一先生古稀祝賀論文集（1～5）　平成9年・1997年　成
　　　　　　　　　　　　　　　文堂

執筆者名・中山（善）退官記念　　　中山善房判事退官記念 ―― 刑事裁判の理論と実務
　　　　　　　　　　　　　　　平成10年・1998年　成文堂

執筆者名・西原古稀　　　　　西原春夫先生古稀祝賀論文集（1～5）　平成10年・1998年　成
　　　　　　　　　　　　　　　文堂

執筆者名・能勢追悼　　　　　能勢弘之先生追悼論集 ―― 激動期の刑事法学　平成15年・2003
　　　　　　　　　　　　　　　年　信山社出版

執筆者名・原田退官　　　　　原田國男判事退官記念論文集 ―― 新しい時代の刑事裁判　平成
　　　　　　　　　　　　　　　22年・2010年　判例タイムズ社

執筆者名・平野古稀　　　　　平野龍一先生古稀祝賀論文集（上、下）　平成2年・1990年、平
　　　　　　　　　　　　　　　成3年・1991年　有斐閣

執筆者名・平場還暦　　　　　平場安治博士還暦祝賀 ―― 現代の刑事法学（上、下）　昭和52年
　　　　　　　　　　　　　　　・1977年　有斐閣

執筆者名・福田＝大塚古稀　　　福田平博士＝大塚仁博士古稀祝賀 ―― 刑事法学の総合的

検討（上、下）　平成 5 年・1993年　有斐閣

執筆者・町野古稀	刑事法・医事法の新たな展開 —— 町野朔先生古稀記念（上、下）平成26年・2014年　信山社
執筆者名・松尾古稀	松尾浩也先生古稀祝賀論文集（上、下）　平成10年・1998年　有斐閣
執筆者名・三井古稀	三井誠先生古稀祝賀論文集 —— 現代刑事法学の到達点　平成24年・2012年　有斐閣
執筆者名・光藤古稀	光藤景皎先生古稀祝賀論文集（上、下）　平成13年・2001年　成文堂
執筆者名・八木古稀	八木國之先生古稀祝賀論文集 —— 刑事法学の現代的展開（上、下）　平成 4 年・1992年　法学書院
執筆者名・渡部古稀	渡部保夫先生古稀記念論文集 —— 誤判救済と刑事司法の課題平成12年・2000年　日本評論社

裁判例コンメンタール刑事訴訟法　第4巻（第351条〜第507条）　目次

※本文中、条文ごとに細目次があります。

「裁判例コンメンタール」の発刊にあたって

凡　例

第3編　上　訴

第1章　通　則

前　説 …………………………………………………………………… 前田巌　　3

第351条　上訴権者 ……………………………………………………… 前田巌　　6
　　規第230条（上訴等の通知）

第352条　抗告権者 ……………………………………………………… 前田巌　　11

第353条　被告人のための上訴 ………………………………………… 前田巌　　13

第354条　勾留の理由開示請求事件についての上訴 ………………… 前田巌　　15

第355条　原審代理人・弁護人の上訴 ………………………………… 前田巌　　15

第356条　被告人のための上訴の制限 ………………………………… 前田巌　　19

第357条　裁判の一部に対する上訴 …………………………………… 前田巌　　19

第358条　上訴提起期間の進行 ………………………………………… 前田巌　　26

第359条　上訴の放棄又は取下げ ……………………………………… 前田巌　　28
　　規第223条（上訴放棄の申立裁判所・法第359条等）
　　規第223条の2（上訴取下の申立裁判所・法第359条等）
　　規第224条（上訴取下の申立の方式・法第359条等）
　　規第230条（上訴等の通知）

第360条　書面による被告人の同意による上訴の放棄・取下げ … 前田巌　　34
　　規第224条の2（同意書の差出・法第360条）

第360条の2　上訴の放棄の禁止 ……………………………………… 前田巌　　35

第360条の3　上訴放棄の手続 ………………………………… 前田巌　36

第361条　再上訴の禁止 ………………………………………… 前田巌　36

第362条　上訴権回復の請求 …………………………………… 前田巌　37

第363条　上訴権回復請求の手続 ……………………………… 前田巌　42
　　規第225条（上訴権回復請求の方式・法第363条）
　　規第226条（上訴権回復請求の理由の疎明・法第363条）

第364条　即時抗告 ……………………………………………… 前田巌　44

第365条　上訴権回復請求と裁判の執行停止 ………………… 前田巌　45

第366条　収容中の被告人に関する特則 ……………………… 前田巌　46
　　規第227条（刑事施設に収容中の被告人の上訴・法第366条）
　　規第228条
　　規第297条（刑事収容施設に収容中又は留置中の被告人又は被疑者の申述）

第367条　被収容者の上訴放棄・上訴取下げ・上訴権回復請求 … 前田巌　50
　　規第229条（刑事施設に収容中の被告人の上訴放棄等・法第367条等）

第368条～第371条　削　除

第2章　控　訴

第372条　控訴を許す判決 ……………………………………… 鹿野伸二　51

第373条　控訴提起期間 ………………………………………… 鹿野伸二　51

第374条　控訴提起の方式 ……………………………………… 鹿野伸二　52
　　規第230条（上訴等の通知）
　　規第235条（訴訟記録等の送付）

第375条　第1審裁判所による控訴棄却の決定 ……………… 鹿野伸二　56

第376条　控訴趣意書 …………………………………………… 鹿野伸二　57
　　規第236条（控訴趣意書の差出期間）
　　規第237条（訴訟記録到達の通知）
　　規第238条（期間経過後の控訴趣意書）
　　規第239条（主任弁護人以外の弁護人の控訴趣意書）
　　規第240条（控訴趣意書の記載）
　　規第241条（控訴趣意書の謄本）
　　規第242条（控訴趣意書の謄本の送達）
　　規第243条（答弁書）

目次　19

第377条　控訴申立理由と控訴趣意書 ── 絶対的控訴理由 ······ 鹿野伸二　68

第378条　同前 ── 絶対的控訴理由 ···································· 鹿野伸二　72

第379条　同前 ── 訴訟手続の法令違反 ························· 鹿野伸二　112

第380条　同前 ── 法令の適用の誤り ···························· 鹿野伸二　142

第381条　同前 ── 量刑不当 ·· 鹿野伸二　159

第382条　同前 ── 事実誤認 ·· 鹿野伸二　165

第382条の2　同前 ── 弁論終結後の事情 ···················· 鹿野伸二　184

第383条　同前 ── 再審事由その他 ······························· 鹿野伸二　191

第384条　控訴理由 ·· 鹿野伸二　195

第385条　控訴棄却の決定 ··· 鹿野伸二　196

第386条　同　　前 ··· 鹿野伸二　199

第387条　弁護人の資格 ·· 鹿野伸二　204

第388条　弁論能力 ·· 鹿野伸二　205

第389条　弁　　論 ·· 鹿野伸二　206
　　規第245条（受命裁判官の報告書）

第390条　被告人の出頭 ·· 鹿野伸二　207
　　規第244条（被告人の移送）

第391条　弁護人の不出頭等 ·· 鹿野伸二　210

第392条　調査の範囲 ··· 鹿野伸二　211

第393条　事実の取調べ ·· 鹿野伸二　227
　　規第302条（裁判官の権限）

第394条　証拠能力 ·· 鹿野伸二　232

第395条　控訴棄却の判決 ··· 中谷雄二郎　234

第396条　同　　前 ·· 中谷雄二郎　236
　　規第246条（判決書の記載）

第397条　破棄の判決 ··· 中谷雄二郎　239
　　規第217条（破棄後の手続）

第398条　破棄差戻 ·· 中谷雄二郎　265

第399条　破棄移送 ·· 中谷雄二郎　267

第400条　破棄差戻・移送・自判 ······································ 中谷雄二郎　268

第401条　共同被告人のための破棄 ···································· 中谷雄二郎　287

20

第402条　不利益変更の禁止 ……………………………… 中谷雄二郎　289

第403条　公訴棄却の決定 ………………………………… 中谷雄二郎　297

第403条の2　控訴の制限 ………………………………… 菊池浩　300

第404条　準用規定 ……………………………………… 中谷雄二郎　305
　　　規第250条（準用規定）

第3章　上　告

第405条　上告の対象となる判決・上告理由 ……………………… 池田修　311
　　　規第251条（訴訟記録の送付）
　　　規第256条（違憲判断事件の優先審判）

第406条　上告審としての事件受理 ………………………………… 池田修　324
　　　規第247条（最高裁判所への移送・法第406条）
　　　規第248条（移送の許可の申請・法第406条）
　　　規第249条（移送の決定の効力・法第406条）
　　　規第254条（跳躍上告・法第406条）
　　　規第255条（跳躍上告と控訴・法第406条）
　　　規第257条（上告審としての事件受理の申立・法第406条）
　　　規第258条（申立の方式・法第406条）
　　　規第258条の2（原判決の謄本の交付・法第406条）
　　　規第258条の3（事件受理の申立理由書・法第406条）
　　　規第259条（原裁判所の棄却決定・法第406条）
　　　規第260条（申立書の送付等・法第406条）
　　　規第261条（事件受理の決定・法第406条）
　　　規第262条（事件受理の決定の通知・法第406条）
　　　規第263条（事件受理の決定の効力等・法第406条）
　　　規第264条（申立の効力・法第406条）

第407条　上告趣意書 …………………………………………… 池田修　329
　　　規第252条（上告趣意書の差出期間・法第414条等）
　　　規第253条（判例の摘示）

第408条　弁論を経ない上告棄却の判決 …………………………… 池田修　331

第409条　被告人の召喚不要 ……………………………………… 池田修　333
　　　規第265条（被告人の移送・法第409条）

第410条　上告理由がある場合の原判決破棄の判決 ……………… 池田修　333

目次　21

第411条　上告理由のない場合の原判決破棄の判決 ……………… 池田修　336

第412条　破棄移送 ………………………………………………… 池田修　363

第413条　破棄差戻し・移送・自判 ……………………………… 池田修　364

第413条の2　上告審における破棄事由の制限 ………………… 菊池浩　367

第414条　準用規定 ………………………………………………… 池田修　368
　　規第266条（準用規定）

第415条　訂正の判決 ……………………………………………… 池田修　373
　　規第267条（判決訂正申立等の方式・法第415条）
　　規第268条（判決訂正申立の通知・法第415条）
　　規第269条（却下決定の送達・法第415条）

第416条　訂正判決の弁論 ………………………………………… 池田修　375
　　規第270条（判決訂正申立についての裁判・法第416条等）

第417条　判決訂正申立て棄却の決定 …………………………… 池田修　376

第418条　上告判決の確定 ………………………………………… 池田修　377

第4章　抗　告

第419条　一般抗告を許す決定 …………………………………… 原田國男　378

第420条　判決前の決定に対する抗告 …………………………… 原田國男　393

第421条　通常抗告の時期 ………………………………………… 原田國男　398

第422条　即時抗告の提起期間 …………………………………… 原田國男　406

第423条　抗告の手続 ……………………………………………… 原田國男　407
　　規第271条（訴訟記録等の送付）

第424条　通常抗告と執行停止 …………………………………… 原田國男　410

第425条　即時抗告の執行停止の効力 …………………………… 原田國男　412

第426条　抗告に対する決定 ……………………………………… 原田國男　414
　　規第272条（抗告裁判所の決定の通知）

第427条　再抗告の禁止 …………………………………………… 原田國男　419

第428条　高等裁判所の決定に対する抗告の禁止、抗告に代わる異議申立て
　　　　　………………………………………………………………… 原田國男　421

第429条　準抗告 …………………………………………………… 原田國男　423
　　規第273条（準用規定）

22

規第278条（少年鑑別所への送致令状の記載要件・少年法第44条）

規第282条（準用規定）

第430条　捜査機関の処分に対する準抗告 ……………………… 原田國男　434

第431条　準抗告の手続 …………………………………………… 原田國男　440

第432条　抗告に関する規定の準用 ……………………………… 原田國男　441

第433条　特別抗告 ………………………………………………… 原田國男　442

規第274条（特別抗告申立書の記載・法第433条）

規第275条（特別抗告についての調査の範囲・法第433条）

第434条　一般抗告に関する規定の準用 ………………………… 原田國男　444

規第276条（準用規定）

第4編　再　審

第435条　再審の請求と理由(1) …………………………………… 池田修　449

規第283条（請求の手続）

規第284条（準用規定）

第436条　再審の請求と理由(2) …………………………………… 池田修　463

規第285条（請求の競合）

第437条　確定判決に代わる証明 ………………………………… 池田修　465

第438条　再審請求と管轄 ………………………………………… 池田修　466

第439条　再審請求権者 …………………………………………… 池田修　467

第440条　弁護人の選任 …………………………………………… 池田修　469

第441条　再審請求の時期 ………………………………………… 池田修　471

第442条　再審請求と執行停止の効力 …………………………… 池田修　472

第443条　再審請求の取下げ ……………………………………… 池田修　473

第444条　被収容者に関する特則 ………………………………… 池田修　474

第445条　事実の取調べ …………………………………………… 池田修　474

第446条　請求棄却の決定(1) ……………………………………… 池田修　477

規第286条（意見の聴取）

第447条　請求棄却の決定(2) ……………………………………… 池田修　479

第448条　再審開始の決定 ………………………………………… 池田修　480

目次　23

第449条　請求の競合による棄却決定 ……………………… 池田修　483

第450条　即時抗告 …………………………………………… 池田修　484

第451条　再審の審判 ………………………………………… 池田修　484

第452条　不利益変更の禁止 ………………………………… 池田修　487

第453条　無罪判決の公示 …………………………………… 池田修　488

第5編　非常上告

第454条　非常上告理由 ……………………………………… 三浦守　491

第455条　申立ての方式 ……………………………………… 三浦守　495

第456条　公判期日 …………………………………………… 三浦守　496

第457条　棄却の判決 ………………………………………… 三浦守　496

第458条　破棄の判決 ………………………………………… 三浦守　497

第459条　判決の効力 ………………………………………… 三浦守　510

第460条　調査範囲、事実の取調べ ………………………… 三浦守　511

第6編　略式手続

第461条　略式命令 …………………………………………… 三浦守　515
　　　規第290条（略式命令の時期等）

第461条の2　略式手続についての説明と被疑者の異議 ………… 三浦守　517
　　　規第288条（書面の添付・法第461条の2等）

第462条　略式命令の請求 …………………………………… 三浦守　519

第463条　通常の審判 ………………………………………… 三浦守　520
　　　規第292条（起訴状の謄本の差出等・法第463条）
　　　規第293条（書類等の返還）

第463条の2　公訴提起の失効 ……………………………… 三浦守　522
　　　規第291条（準用規定）

第464条　略式命令の方式 …………………………………… 三浦守　524

第465条　正式裁判の請求 …………………………………… 三浦守　524

規第294条（準用規定）

第466条　正式裁判請求の取下げ ……………………………… 三浦守　528

第467条　上訴規定の準用 ……………………………………… 三浦守　529

第468条　正式裁判請求の棄却、通常の裁判 ………………… 三浦守　530

第469条　略式命令の失効 ……………………………………… 三浦守　531

第470条　略式命令の効力 ……………………………………… 三浦守　532

第7編　裁判の執行

第471条　裁判の確定と執行 …………………………………… 平尾覚　535

第472条　執行指揮 ……………………………………………… 平尾覚　536

第473条　執行指揮の方式 ……………………………………… 平尾覚　540

規第57条（裁判書等の謄本、抄本）

第474条　刑の執行の順序 ……………………………………… 平尾覚　544

第475条　死刑執行の命令 ……………………………………… 平尾覚　546

第476条　死刑執行の期限 ……………………………………… 平尾覚　548

第477条　死刑執行の立会者 …………………………………… 平尾覚　549

第478条　執行始末書 …………………………………………… 平尾覚　549

第479条　死刑の執行停止 ……………………………………… 平尾覚　550

第480条　自由刑の必要的執行停止 …………………………… 平尾覚　551

第481条　自由刑の必要的執行停止の事後処分 ……………… 平尾覚　552

第482条　自由刑の任意的執行停止 …………………………… 平尾覚　553

第483条　訴訟費用の裁判の執行停止 ………………………… 平尾覚　555

第484条　執行のための呼出 …………………………………… 平尾覚　556

第485条　収容状の発付 ………………………………………… 平尾覚　557

第486条　検事長に対する収容の請求 ………………………… 平尾覚　558

第487条　収容状の方式 ………………………………………… 平尾覚　558

第488条　収容状の効力 ………………………………………… 平尾覚　559

第489条　収容状の執行 ………………………………………… 平尾覚　560

第490条　財産刑等の執行 ……………………………………… 平尾覚　561

第491条　相続財産に対する執行 ……………………………… 平尾覚　565

第492条　合併後の法人に対する執行 …………………………… 平尾覚　566

第493条　仮納付の執行の調整 …………………………………… 平尾覚　567

第494条　仮納付の執行と本刑の執行 …………………………… 平尾覚　568

第495条　勾留日数の法定通算 …………………………………… 平尾覚　569

第496条　没収物の処分 …………………………………………… 平尾覚　577

第497条　没収物の交付 …………………………………………… 平尾覚　580

第498条　偽造変造の表示 ………………………………………… 平尾覚　581

第498条の2　不正に作られた電磁的記録の消去等 ……………… 吉田雅之　582

第499条　還付不能と公告 ………………………………………… 平尾覚　584

第499条の2　電磁的記録に係る記録媒体の還付不能 ………… 吉田雅之　586

第500条　訴訟費用執行免除の申立 ……………………………… 平尾覚　587
　　規第295条（訴訟費用免除の申立等・法第500条等）
　　規第295条の2（免除の申立裁判所・法第500条）
　　規第295条の3（申立書が申立裁判所以外の裁判所に差し出された場合・法第500条）
　　規第295条の4（申立書の記載要件・法第500条）
　　規第295条の5（検察官に対する通知・法第500条）

第500条の2　訴訟費用の予納 …………………………………… 平尾覚　590

第500条の3　訴訟費用の裁判の執行 …………………………… 平尾覚　591

第500条の4　予納金の返還 ……………………………………… 平尾覚　591

第501条　解釈の申立 ……………………………………………… 平尾覚　592

第502条　異議の申立 ……………………………………………… 平尾覚　595

第503条　申立の取下げ …………………………………………… 平尾覚　598

第504条　即時抗告 ………………………………………………… 平尾覚　598

第505条　労役場留置の執行 ……………………………………… 平尾覚　598

第506条　執行費用の負担 ………………………………………… 平尾覚　600

第507条　公務所等への照会 ……………………………………… 平尾覚　600

〔付録〕刑事訴訟法等の一部を改正する法律（平成28年）の概要について
　………………………………………………………………… 吉田雅之　605

監修者・編集代表・編集委員・第 4 巻執筆者紹介 ……………………… 645

第 4 巻判例索引 ………………………………………………………… 647

第1巻目次（第1条～第188条の7）

第1編　総　則

第1条　この法律の目的　　　　　　　　　　　　　　　　　　　廣瀬健二

第1章　裁判所の管轄

第2条　土地管轄　　　　　　　　　　　　　　　　　　　　　　遠藤邦彦
第3条　併合管轄 ── 事物管轄　　　　　　　　　　　　　　　　〃
第4条　審判の分離 ── 事物管轄　　　　　　　　　　　　　　　〃
第5条　審判の併合 ── 事物管轄　　　　　　　　　　　　　　　〃
第6条　併合管轄 ── 土地管轄　　　　　　　　　　　　　　　　〃
第7条　審判の分離 ── 土地管轄　　　　　　　　　　　　　　　〃
第8条　審判の併合 ── 土地管轄　　　　　　　　　　　　　　　〃
第9条　関連事件　　　　　　　　　　　　　　　　　　　　　　〃
第10条　同一事件と数個の訴訟係属　　　　　　　　　　　　　　〃
第11条　同一事件と数個の訴訟係属　　　　　　　　　　　　　　〃
第12条　管轄区域外の職務執行　　　　　　　　　　　　　　　　〃
第13条　管轄違いと訴訟手続の効力　　　　　　　　　　　　　　〃
第14条　管轄違いと要急処分　　　　　　　　　　　　　　　　　〃
第15条　管轄移転の請求　　　　　　　　　　　　　　　　　　　〃
第16条　管轄指定の請求　　　　　　　　　　　　　　　　　　　〃
第17条　管轄移転の請求　　　　　　　　　　　　　　　　　　　〃
第18条　管轄移転の請求　　　　　　　　　　　　　　　　　　　〃
第19条　事件の移送　　　　　　　　　　　　　　　　　　　　　〃

第2章　裁判所職員の除斥及び忌避

第20条　除斥の原因　　　　　　　　　　　　　　　　　　　　　小倉哲浩
第21条　忌避の原因、忌避申立権者　　　　　　　　　　　　　　〃
第22条　忌避申立ての時期　　　　　　　　　　　　　　　　　　〃
第23条　忌避申立てに対する決定　　　　　　　　　　　　　　　〃
第24条　簡易却下手続　　　　　　　　　　　　　　　　　　　　〃
第25条　即時抗告　　　　　　　　　　　　　　　　　　　　　　〃
第26条　裁判所書記官の除斥・忌避　　　　　　　　　　　　　　〃

第3章　訴訟能力

第27条　法人と訴訟行為の代表　　　　　　　　　　　　　　　　小倉哲浩

第28条　意思無能力者と訴訟行為の代理　〃

第29条　特別代理人　〃

第4章　弁護及び補佐

第30条　弁護人選任時期、選任権者　廣瀬健二

第31条　資格、特別弁護人　〃

第31条の2　弁護人選任の申出　田野尻猛

第32条　選任の効力　遠藤邦彦

第33条　主任弁護人　〃

第34条　主任弁護人の権限　〃

第35条　弁護人の数の制限　〃

第36条　請求による被告人の弁護人選任　〃

第36条の2　資力申告書の提出　田野尻猛

第36条の3　私選弁護人選任申出の前置　

第37条　職権による被告人の弁護人選任　遠藤邦彦

第37条の2　被疑者の国選弁護　田野尻猛

第37条の3　選任請求の手続　〃

第37条の4　職権による選任　〃

第37条の5　複数の弁護人の選任　〃

第38条　国選弁護人の資格・報酬等　遠藤邦彦

第38条の2　選任の効力の終期　田野尻猛

第38条の3　弁護人の解任　〃

第38条の4　虚偽の資力申告書の提出に対する制裁　〃

第39条　被告人・被疑者との接見交通　廣瀬健二

第40条　書類・証拠物の閲覧・謄写　遠藤邦彦

第41条　独立行為権　廣瀬健二

第42条　補佐人　遠藤邦彦

第5章　裁　判

第43条　判決、決定・命令　加藤陽

第44条　裁判の理由　〃

第45条　判事補の権限　〃

第46条　謄本の請求　〃

第6章　書類及び送達

第47条　訴訟書類の非公開　吉田正喜

第48条　公判調書の作成、整理　加藤陽

第49条　被告人の公判調書閲覧権　吉田正喜

目次　29

第50条　公判調書の未整理と当事者の権利　　　　　　　　　　　加藤陽
第51条　公判調書の記載に対する異議申立て　　　　　　　　　　〃
第52条　公判調書の証明力　　　　　　　　　　　　　　　　　　〃
第53条　訴訟記録の閲覧　　　　　　　　　　　　　　　　　　　吉田正喜
第53条の2　情報公開法の適用除外　　　　　　　　　　　　　　〃
第54条　送　達　　　　　　　　　　　　　　　　　　　　　　　加藤陽

第7章　期　間

第55条　期間の計算　　　　　　　　　　　　　　　　　　　　　加藤陽
第56条　法定期間の延長　　　　　　　　　　　　　　　　　　　〃

第8章　被告人の召喚、勾引及び勾留

第57条　召　喚　　　　　　　　　　　　　　　　　　　　　　　川田宏一
第58条　勾　引　　　　　　　　　　　　　　　　　　　　　　　〃
第59条　勾引の効力　　　　　　　　　　　　　　　　　　　　　〃
第60条　勾留の理由、期間・期間の更新　　　　　　　　　　　　〃
第61条　勾留と被告事件の告知　　　　　　　　　　　　　　　　〃
第62条　令　状　　　　　　　　　　　　　　　　　　　　　　　〃
第63条　召喚状の方式　　　　　　　　　　　　　　　　　　　　〃
第64条　勾引状・勾留状の方式　　　　　　　　　　　　　　　　〃
第65条　召喚の手続　　　　　　　　　　　　　　　　　　　　　〃
第66条　勾引の嘱託　　　　　　　　　　　　　　　　　　　　　〃
第67条　嘱託による勾引の手続　　　　　　　　　　　　　　　　〃
第68条　出頭命令・同行命令・勾引　　　　　　　　　　　　　　〃
第69条　裁判長の権限　　　　　　　　　　　　　　　　　　　　〃
第70条　勾引状・勾留状の執行　　　　　　　　　　　　　　　　〃
第71条　勾引状・勾留状の管轄区域外における執行・執行の嘱託　〃
第72条　被告人の捜査・勾引状・勾留状の執行の嘱託　　　　　　〃
第73条　勾引状・勾留状執行の手続　　　　　　　　　　　　　　〃
第74条　護送中の仮留置　　　　　　　　　　　　　　　　　　　〃
第75条　勾引された被告人の留置　　　　　　　　　　　　　　　〃
第76条　勾引された被告人と公訴事実・弁護人選任権の告知　　　〃
第77条　勾留と弁護人選任権等の告知　　　　　　　　　　　　　〃
第78条　弁護人選任の申出　　　　　　　　　　　　　　　　　　〃
第79条　勾留と弁護人等への通知　　　　　　　　　　　　　　　〃
第80条　勾留と接見交通　　　　　　　　　　　　　　　　　　　〃
第81条　接見交通の制限　　　　　　　　　　　　　　　　　　　〃
第82条　勾留理由開示の請求　　　　　　　　　　　　　　　　　〃

30

第83条	勾留の理由の開示	〃
第84条	勾留理由の開示の方式	〃
第85条	受命裁判官による勾留理由の開示	〃
第86条	数個の勾留理由開示の請求	〃
第87条	勾留の取消し	〃
第88条	保釈の請求	〃
第89条	必要的保釈	〃
第90条	職権保釈	〃
第91条	不当に長い拘禁と勾留の取消し・保釈	〃
第92条	保釈と検察官の意見	〃
第93条	保証金額、保釈の条件	〃
第94条	保釈の手続	〃
第95条	勾留の執行停止	〃
第96条	保釈等の取消し、保証金の没取	〃
第97条	上訴と勾留に関する決定	〃
第98条	保釈の取消し等と収容の手続	〃

第9章　押収及び捜索

第99条	差押え、提出命令	和田雅樹＝吉田雅之
第99条の2	記録命令付差押え	吉田雅之
第100条	郵便物等の押収	和田雅樹
第101条	領　置	〃
第102条	捜　索	〃
第103条	公務上秘密と押収	〃
第104条	公務上秘密と押収	〃
第105条	業務上秘密と押収	〃
第106条	令　状	〃
第107条	差押状・記録命令付差押状・捜索状の方式	和田雅樹＝吉田雅之
第108条	差押状・記録命令付差押状・捜索状の執行	和田雅樹
第109条	執行の補助	〃
第110条	執行の方式	〃
第110条の2	電磁的記録に係る記録媒体の差押えの執行方法	吉田雅之
第111条	押収捜索と必要な処分	和田雅樹
第111条の2	捜索・差押えの際の協力要請	吉田雅之
第112条	執行中の出入禁止	和田雅樹
第113条	当事者の立会い	〃
第114条	責任者の立会い	〃
第115条	女子の身体の捜索と立会い	〃

第116条	時刻の制限	〃
第117条	時刻の制限の例外	〃
第118条	執行の中止と必要な処分	〃
第119条	証明書の交付	〃
第120条	押収目録の交付	〃
第121条	押収物の保管、廃棄	〃
第122条	押収物の代価保管	〃
第123条	還付、仮還付	和田雅樹＝吉田雅之
第124条	押収贓物の被害者還付	和田雅樹
第125条	受命裁判官、受託裁判官	〃
第126条	勾引状等の執行と被告人の捜索	〃
第127条	勾引状等の執行と被告人の捜索	〃

第10章　検　証

第128条	検　証	飯島泰
第129条	検証と必要な処分	〃
第130条	時刻の制限	〃
第131条	身体検査に関する注意、女子の身体検査と立会い	〃
第132条	身体検査のための召喚	〃
第133条	出頭拒否と過料等	〃
第134条	出頭拒否と刑罰	〃
第135条	出頭拒否と勾引	〃
第136条	召喚・勾引に関する準用規定	〃
第137条	身体検査の拒否と過料等	〃
第138条	身体検査の拒否と刑罰	〃
第139条	身体検査の直接強制	〃
第140条	身体検査の強制に関する訓示規定	〃
第141条	検証の補助	〃
第142条	準用規定	〃

第11章　証人尋問

第143条	証人の資格	中村光一
第144条	公務上秘密と証人資格	〃
第145条	同　前	〃
第146条	自己の刑事責任と証言拒絶権	〃
第147条	近親者の刑事責任と証言拒絶権	〃
第148条	同前の例外	〃
第149条	業務上秘密と証言拒絶権	〃

32

第150条 出頭義務違反と過料等 〃
第151条 出頭義務違反と刑罰 〃
第152条 再度の召喚・勾引 〃
第153条 準用規定 〃
第153条の2 証人の留置 〃
第154条 宣　誓 〃
第155条 宣誓無能力 〃
第156条 推測事項の証言 〃
第157条 当事者の立会権、尋問権 〃
第157条の2 証人への付添い 〃
第157条の3 証人尋問の際の証人の遮へい 〃
第157条の4 ビデオリンク方式による証人尋問 〃
第158条 証人の裁判所外への喚問・所在尋問、当事者の権利 〃
第159条 同　前 〃
第160条 宣誓証言の拒絶と過料等 〃
第161条 宣誓証言の拒絶と刑罰 〃
第162条 同行命令・勾引 〃
第163条 受命裁判官、受託裁判官 〃
第164条 証人の旅費・日当・宿泊料 〃

第12章　鑑　定

第165条 鑑　定 村越一浩
第166条 宣　誓 〃
第167条 鑑定留置、留置状 〃
第167条の2 鑑定留置と勾留の執行停止 〃
第168条 鑑定と必要な処分、許可状 〃
第169条 受命裁判官 〃
第170条 当事者の立会い 〃
第171条 準用規定 〃
第172条 裁判官に対する身体検査の請求 〃
第173条 鑑定料・鑑定必要費用等 〃
第174条 鑑定証人 〃

第13章　通訳及び翻訳

第175条 通　訳 村越一浩
第176条 同　前 〃
第177条 翻　訳 〃
第178条 準用規定 〃

第14章 証拠保全

第179条	証拠保全の請求	小倉哲浩
第180条	証拠保全された書類・証拠物の閲覧謄写	〃

第15章 訴訟費用

第181条	訴訟費用の被告人負担	小倉哲浩
第182条	共犯人の連帯負担	〃
第183条	告訴人等の負担	〃
第184条	上訴又は再審の取下げとその費用負担	〃
第185条	訴訟費用の被告人負担の裁判	〃
第186条	訴訟費用の被告人以外の者の負担の裁判	〃
第187条	訴訟費用負担の決定	〃
第187条の2	公訴の提起がないとき	田野尻猛
第188条	費用負担額の算定	小倉哲浩

第16章 費用の補償

第188条の2	無罪の場合の費用補償	小倉哲浩
第188条の3	無罪の場合の費用補償の決定	〃
第188条の4	検察官上訴の場合の費用補償	〃
第188条の5	検察官上訴の場合の費用補償の決定	〃
第188条の6	補償費用の範囲	〃
第188条の7	補償手続等	〃

第2巻目次 （第189条〜第270条）

第2編 第一審

第1章 捜 査

第189条	一般司法警察職員と捜査	河村博
第190条	特別司法警察職員	〃
第191条	検察官、検察事務官と捜査	〃
第192条	捜査に関する協力	〃
第193条	検察官の司法警察職員に対する指示・指揮	〃

第194条	司法警察職員に対する懲戒・罷免の訴追	〃
第195条	検察官・検察事務官の管轄区域外における職務執行	〃
第196条	捜査関係者に対する訓示規定	〃
第197条	捜査に必要な取調べ	廣瀬健二
第198条	被疑者の出頭要求・取調べ	川出敏裕
第199条	逮捕状による逮捕の要件	久木元伸＝川出敏裕
第200条	逮捕状の方式	久木元伸
第201条	逮捕状による逮捕の手続	〃
第202条	検察官・司法警察員への引致	〃
第203条	司法警察員の手続・検察官送致の時間の制限	〃
第204条	検察官の手続・勾留請求の時間の制限	〃
第205条	司法警察員から送致を受けた検察官の手続・勾留請求の時間の制限	〃
第206条	制限時間の不遵守と免責	〃
第207条	被疑者の勾留	菅原暁
第208条	起訴前の勾留期間、期間の延長	〃
第208条の2	勾留期間の再延長	〃
第209条	逮捕状による逮捕に関する準用規定	〃
第210条	緊急逮捕	安永健次
第211条	緊急逮捕と準用規定	〃
第212条	現行犯人	〃
第213条	現行犯逮捕	〃
第214条	私人による現行犯逮捕と被逮捕者の引渡し	〃
第215条	現行犯人を受け取った司法巡査の手続	〃
第216条	現行犯人と準用規定	〃
第217条	軽微事件と現行犯逮捕	〃
第218条	令状による差押え・記録命令付差押え・捜索・検証	髙﨑秀雄＝吉田雅之
第219条	差押え等の令状の方式	〃
第220条	令状によらない差押え・捜索・検証	上冨敏伸
第221条	領　置	〃
第222条	押収・捜索・検証に関する準用規定、検証の時刻の制限、被疑者の立会い、身体検査を拒否した者に対する制裁	〃
第222条の2	電気通信の傍受を行う強制処分	
第223条	第三者の任意出頭・取調べ・鑑定等の嘱託	眞田寿彦
第224条	鑑定の嘱託と鑑定留置の請求	〃
第225条	鑑定受託者と必要な処分、許可状	〃
第226条	証人尋問の請求	〃
第227条	証人尋問の請求	〃
第228条	証人尋問	〃

目次　35

第229条　検　視　　　　　　　　　　　　　　　　　　　　〃
第230条　告訴権者　　　　　　　　　　　　　　　　　　　〃
第231条　告訴権者　　　　　　　　　　　　　　　　　　　〃
第232条　告訴権者　　　　　　　　　　　　　　　　　　　〃
第233条　告訴権者　　　　　　　　　　　　　　　　　　　〃
第234条　告訴権者の指定　　　　　　　　　　　　　　　　〃
第235条　告訴期間　　　　　　　　　　　　　　　　　　　〃
第236条　告訴期間の独立　　　　　　　　　　　　　　　　〃
第237条　告訴の取消し　　　　　　　　　　　　　　　　　〃
第238条　告訴の不可分　　　　　　　　　　　　　　　　　〃
第239条　告　発　　　　　　　　　　　　　　　　　　　　〃
第240条　告訴の代理　　　　　　　　　　　　　　　　　　〃
第241条　告訴・告発の方式　　　　　　　　　　　　　　　〃
第242条　告訴・告発を受けた司法警察員の手続　　　　　　〃
第243条　準用規定　　　　　　　　　　　　　　　　　　　〃
第244条　外国代表者等の告訴の特別方式　　　　　　　　　〃
第245条　自　首　　　　　　　　　　　　　　　　　　　　〃
第246条　司法警察員から検察官への事件の送致　　　　　　〃

第2章　公　訴

第247条　国家訴追主義　　　　　　　　　　　　　　　　　白木功
第248条　起訴便宜主義　　　　　　　　　　　　　　　　　廣瀬健二
第249条　公訴の効力の人的範囲　　　　　　　　　　　　　馬場嘉郎
第250条　公訴時効期間　　　　　　　　　　　　　　　　　〃
第251条　時効期間の標準となる刑　　　　　　　　　　　　〃
第252条　時効期間の標準となる刑　　　　　　　　　　　　〃
第253条　時効の起算点　　　　　　　　　　　　　　　　　〃
第254条　公訴の提起と時効の停止　　　　　　　　　　　　〃
第255条　その他の理由による時効の停止　　　　　　　　　〃
第256条　起訴状、訴因、罰条　　　　　　　　　　　　　　濱田毅
第257条　公訴の取消し　　　　　　　　　　　　　　　　　白木功
第258条　他管送致　　　　　　　　　　　　　　　　　　　〃
第259条　被疑者に対する不起訴処分の告知　　　　　　　　〃
第260条　告訴人等に対する起訴・不起訴等の通知　　　　　〃
第261条　告訴人等に対する不起訴理由の告知　　　　　　　〃
第262条　公務員職権濫用罪等の告訴告発事件の審判請求　　大島隆明
第263条　審判請求の取下　　　　　　　　　　　　　　　　〃
第264条　再度の考案による起訴　　　　　　　　　　　　　〃

36

第265条　審判請求事件の審判　　　　　　　　　　　　　　　　　　〃
第266条　審判請求事件の決定　　　　　　　　　　　　　　　　　　〃
第267条　公訴提起とみなされる決定　　　　　　　　　　　　　　　〃
第267条の2　付審判決定の通知　　　　　　　　　　　　　　　菊池浩
第268条　公訴維持のための指定弁護士　　　　　　　　　　　　大島隆明
第269条　審判請求事件の費用の賠償　　　　　　　　　　　　　　　〃
第270条　検察官の書類・証拠物の閲覧・謄写権　　　　　　　　　　〃
〔付録〕刑事訴訟法等の一部を改正する法律（平成28年）の概要について　　吉田雅之

第3巻目次（第271条～第350条の14）

第3章　公　判

第1節　公判準備及び公判手続

第271条　起訴状謄本の送達、不送達と公訴提起の失効　　　　　廣瀬健二
第272条　弁護人選任権等の告知　　　　　　　　　　　　　　　　　〃
第273条　公判期日の指定、召喚、通知　　　　　　　　　　　　　　〃
第274条　召喚状送達の擬制　　　　　　　　　　　　　　　　　　　〃
第275条　期日の猶予期間　　　　　　　　　　　　　　　　　　　　〃
第276条　公判期日の変更　　　　　　　　　　　　　　　　　　　　〃
第277条　不当な期日変更に対する救済　　　　　　　　　　　　　　〃
第278条　不出頭と診断書の提出　　　　　　　　　　　　　　　　　〃
第278条の2　検察官・弁護人に対する出頭命令　　　　　　　　菊池浩
第279条　公務所等に対する照会　　　　　　　　　　　　　　　廣瀬健二
第280条　勾留に関する処分　　　　　　　　　　　　　　　　　　　〃
第281条　期日外の証人尋問　　　　　　　　　　　　　　　　　　　〃
第281条の2　被告人の退席　　　　　　　　　　　　　　　　　　　〃
第281条の3　開示された証拠の管理　　　　　　　　　　　　　村中孝一
第281条の4　開示された証拠の目的外使用の禁止　　　　　　　　　〃
第281条の5　目的害使用の罪　　　　　　　　　　　　　　　　　　〃
第281条の6　連日的開廷の確保　　　　　　　　　　　　　　　　　〃
第282条　公判廷　　　　　　　　　　　　　　　　　　　　　　廣瀬健二
第283条　被告人たる法人と代理人の出頭　　　　　　　　　　　　　〃
第284条　軽微事件における出頭義務の免除・代理人の出頭　　　　　〃
第285条　出頭義務とその免除　　　　　　　　　　　　　　　　　　〃
第286条　被告人の出頭の権利義務　　　　　　　　　　　　　　　　〃

第286条の2	出頭拒否と公判手続	〃
第287条	身体の不拘束	〃
第288条	被告人の在廷義務、法廷警察権	〃
第289条	必要的弁護	〃
第290条	任意的国選弁護	〃
第290条の2	公開の法廷での被害者特定事項の秘匿	吉田雅之
第291条	冒頭手続	〃
第291条の2	簡易公判手続の決定	〃
第291条の3	決定の取消し	〃
第292条	証拠調べ	〃
第292条の2	被害者等の意見の陳述	〃
第293条	弁　論	〃
第294条	訴訟指揮権	〃
第295条	弁論等の制限	〃
第296条	検察官の冒頭陳述	大谷晃大
第297条	証拠調べの範囲・順序・方法の予定とその変更	廣瀬健二
第298条	証拠調べの請求、職権証拠調べ	藤宗和香
第299条	同　前と当事者の権利	廣瀬健二
第299条の2	証人等の身体・財産への加害行為等の防止のための配慮	大谷晃大
第299条の3	証拠開示の際の被害者特定事項の秘匿要請	吉田雅之
第300条	証拠調べの請求の義務	藤宗和香
第301条	自白と証拠調べの請求の制限	廣瀬健二
第302条	捜査記録の一部についての証拠調べの請求	〃
第303条	公判準備の結果と証拠調べの必要	〃
第304条	人的証拠に対する証拠調べの方式	〃
第304条の2	被告人の退廷	〃
第305条	証拠書類等に対する証拠調べの方式	〃
第306条	証拠物に対する証拠調べの方式	〃
第307条	同　前	〃
第307条の2	簡易公判手続	〃
第308条	証明力を争う権利	〃
第309条	証拠調べに関する異議申立て、裁判長の処分に対する異議申立て	〃
第310条	証拠調べを終わった証拠の提出	〃
第311条	被告人の黙秘権・供述拒否権、任意の供述	〃
第312条	訴因・罰条の追加・撤回・変更	河原俊也
第313条	弁論の分離・併合・再開	廣瀬健二
第313条の2	併合事件における弁護人選任の効力	田野尻猛
第314条	公判手続の停止	廣瀬健二

第315条　公判手続の更新　　　　　　　　　　　　　　　〃

第315条の2　簡易公判手続の決定の取消しと手続の更新　〃

第316条　合議制事件と一人の裁判官の手続の効力　　　　〃

第2節　争点及び証拠の整理手続

第1款　公判前整理手続

第1目　通　則

第316条の2　公判前整理手続の決定と方法　　　　　加藤経将

第316条の3　公判前整理手続の目的　　　　　　　　〃

第316条の4　必要的弁護　　　　　　　　　　　　　〃

第316条の5　公判前整理手続の内容　　　　　　　　〃

第316条の6　公判前整理手続期日の決定と変更　　　〃

第316条の7　公判前整理手続期日の出席者　　　　　〃

第316条の8　弁護人の選任　　　　　　　　　　　　〃

第316条の9　被告人の出席　　　　　　　　　　　　〃

第316条の10　被告人の意思確認　　　　　　　　　　〃

第316条の11　受命裁判官　　　　　　　　　　　　　〃

第316条の12　調書の作成　　　　　　　　　　　　　〃

第2目　争点及び証拠の整理

第316条の13　検察官による証明予定事実の提示と証拠調請求　加藤経将

第316条の14　検察官請求証拠の開示　　　　　　　　〃

第316条の15　検察官請求証拠以外の証拠の開示　　　〃

第316条の16　検察官請求証拠に対する被告人・弁護人の意見表明　〃

第316条の17　被告人・弁護人による主張の明示と証拠調請求　〃

第316条の18　被告人・弁護人請求証拠の開示　　　　〃

第316条の19　被告人・弁護人請求証拠に対する検察官の意見表明　〃

第316条の20　争点に関連する証拠の開示　　　　　　〃

第316条の21　検察官による証明予定事実の追加・変更　〃

第316条の22　被告人・弁護人による主張の追加・変更　〃

第316条の23　証人等の保護のための配慮　　　　　　〃

第316条の24　争点及び証拠の整理結果の確認　　　　〃

第3目　証拠開示に関する裁定

第316条の25　開示方法等の指定　　　　　　　　　　加藤経将

第316条の26　開示命令　　　　　　　　　　　　　　〃

第316条の27　証拠及び証拠の標目の提示命令　　　　〃

第2款　期日間整理手続

第316条の28　期日間整理手続の決定と進行　　　　　加藤経将

第3款　公判手続の特例

第316条の29　必要的弁護　　　　　　　　　　　　　加藤経将

第316条の30	被告人・弁護人による冒頭陳述	〃
第316条の31	整理手続の結果の顕出	〃
第316条の32	整理手続終了後の証拠調請求の制限	〃

第3節　被害者参加

第316条の33	被告事件の手続への被害者参加	岡本章
第316条の34	被害者参加人等の公判期日への出席	〃
第316条の35	被害者参加人等の意見に対する検察官の説明義務	〃
第316条の36	被害者参加人等による証人尋問	〃
第316条の37	被害者参加人等による被告人への質問	〃
第316条の38	被害者参加人等による弁論としての意見陳述	〃
第316条の39	被害者参加人への付添い、遮へいの措置	〃

第4節　証　拠

第317条	証拠裁判主義	廣瀬健二
第318条	自由心証主義	秋吉淳一郎
第319条	自白の証拠能力・証明力	〃
第320条	伝聞証拠と証拠能力の制限	廣瀬健二
第321条	被告人以外の者の供述書・供述録取書の証拠能力	山室惠
第321条の2	ビデオリンク方式による証人尋問調書の証拠能力	〃
第322条	被告人の供述書・供述録取書の証拠能力	〃
第323条	その他の書面の証拠能力	〃
第324条	伝聞の供述	〃
第325条	供述の任意性の調査	〃
第326条	当事者の同意と書面供述の証拠能力	〃
第327条	合意による書面の証拠能力	〃
第328条	証明力を争うための証拠	〃

第5節　公判の裁判

第329条	管轄違いの判決	大島隆明
第330条	管轄違いの言渡しの制限	〃
第331条	同　前	〃
第332条	移送の決定	〃
第333条	刑の言渡しの判決、刑の執行猶予の言渡し	〃
第334条	刑の免除の判決	〃
第335条	有罪判決に示すべき理由	〃
第336条	無罪の判決	〃
第337条	免訴の判決	〃
第338条	公訴棄却の判決	〃
第339条	公訴棄却の決定	〃
第340条	公訴取消しによる公訴棄却と再起訴の要件	〃

第341条　被告人の陳述を聴かない判決　　　　　　　　　〃

第342条　判決の宣告　　　　　　　　　　　　　　　　　〃

第343条　禁錮以上の刑の宣告と保釈等の失効　　　　　　〃

第344条　禁錮以上の刑の宣告後における勾留期間等　　　〃

第345条　無罪等の宣告と勾留状の失効　　　　　　　　　〃

第346条　没収の言渡しがない押収物　　　　　　　　　　〃

第347条　押収物還付の言渡し　　　　　　　　　　　　　〃

第348条　仮納付の判決　　　　　　　　　　　　　　　　〃

第349条　刑の執行猶予取消しの手続　　　　　　　　　　〃

第349の2　同　前　　　　　　　　　　　　　　　　　　〃

第350条　併合罪中大赦を受けない罪の刑を定める手続　　〃

第4章　即決裁判手続

第1節　即決裁判手続の申立て

第350条の2　申立ての要件と手続　　　　　　　　　　菊池浩

第350条の3　同意確認のための公的弁護人の選任　　　　〃

第2節　公判準備及び公判手続の特例

第350条の4　職権による公的弁護人の選任　　　　　　菊池浩

第350条の5　検察官請求証拠の開示　　　　　　　　　　〃

第350条の6　弁護人に対する同意の確認　　　　　　　　〃

第350条の7　公判期日の指定　　　　　　　　　　　　　〃

第350条の8　即決裁判手続による審判の決定　　　　　　〃

第350条の9　必要的弁護　　　　　　　　　　　　　　　〃

第350条の10　公判審理の方式　　　　　　　　　　　　　〃

第350条の11　即決裁判手続による審判の決定の取消し　　〃

第3節　証拠の特例

第350条の12　伝聞証拠排斥の適用除外　　　　　　　　菊池浩

第4節　公判の裁判の特例

第350条の13　即日判決の要請　　　　　　　　　　　　菊池浩

第350条の14　懲役又は禁錮の言渡し　　　　　　　　　　〃

〔付録〕刑事訴訟法等の一部を改正する法律（平成28年）の概要について　　　吉田雅之

第 3 編　上　訴

第1章　通　則

〈前説細目次〉
1　上訴の意義　3
2　上訴の効力　3

1　上訴の意義

　上訴とは、未確定の裁判に対し、上級裁判所の審判による是正を求める不服申立ての制度である。

　上訴には、控訴、上告及び抗告（通常抗告、即時抗告、特別抗告）がある。

　再審（第4編）、非常上告（第5編）は、確定裁判に対するものであって、上訴ではなく、上訴の編の規定の適用はない。

　他方、抗告の章に規定されているが、準抗告のうち、地裁・家裁の裁判官のした裁判に対する準抗告（429）は、上級審の救済を求めるものではないので、上訴に属さず、また、捜査機関の処分に対する準抗告（430）は、裁判に対する不服申立てではないから、上訴ではない。さらに、高裁の決定に対する異議（428Ⅱ・Ⅲ）も、上級審の審査を求めるものではないので、上訴には当たらない。ただ、これら準抗告や高裁の決定に対する異議も、裁判によって原裁判・処分の変更を求める司法的救済手段であるという、実質的に上訴に類する機能を営むことから、上訴に準じて取り扱うべきものとされた（略式命令に対する正式裁判の請求について上訴に関する規定の一部の準用が認められている〔467〕のも、同様の趣旨に出たものといえよう）。

2　上訴の効力

　上訴の効力には、停止の効力と移審の効力とがある。

　(1)　停止の効力とは、裁判の確定及び執行を停止する効力のことである。即時抗告以外の抗告は、執行停止の効力を有しない（424・425）。なお、仮納付の裁判の執行は、上訴により停止されることはない（348Ⅲ）。

4　第3編　上訴　第1章　通則

　(2)　移審の効力とは、訴訟係属が上訴審に移ることである。併合罪の関係
にある数個の訴因の一部に対する判断を遺脱し、残りの訴因に対してのみ有
罪の判決をした第1審判決に対し、控訴がなされた場合、他の訴因につき明
示的に適法な弁論分離の手続がなされている等特段の事情のないかぎり、併
合審理を経た数個の訴因全部につき上級審に移審の効力を生じ、もはや当該
判決裁判所において判断を遺脱した訴因につき審判することはできない（最
判昭43・4・26刑集22・4・342。民訴258Ⅰと対比）。

　移審の効力の発生時期については、①裁判告知の時とする説（旧法時の通
説）、②上訴申立ての時とする説（団藤・綱要511、ポケット刑訴下1009等）、③
上訴申立て後訴訟記録が上訴審へ送付された時とする説（高田・刑訴502、田
宮・刑訴466、松尾・条解996、原田國男・大コメ刑訴9・11等）がある。

　控訴、上告の申立てが明らかに控訴・上告権の消滅後になされたものであ
るときは原裁判所が決定でこれを棄却しなければならないものとされている
こと（375・414）、抗告の場合に原裁判所に再度の考案の機会のあること（423
Ⅱ）、また上訴中の事件で訴訟記録が上訴裁判所に到達していないものにつ
いて勾留等の処分が原裁判所に委ねられていること（97、規92Ⅱ）等の現行
法の諸規定を無理なく説明できるため（原田・前掲9等）、③の見解の支持が
増えており、通説と評されるに至っている（松尾・前掲条解）。

　しかし、上訴申立て後は、記録送付前であっても、弁護人の選任等の手続
等、上訴審プロパーの手続の進行が予定されているのであり、これを原審の
手続と評価することはできないであろう。上述の諸規定は、移審を前提とし
つつ上訴審裁判所が現に審理を行い得る状態になるまでの間の経過措置をは
じめとする特別の規定と説明することも可能である。また、移審の時期は、
原裁判所と上訴裁判所との間の権限分配の問題だけにとどまらず、審級代理
（32Ⅱ）を原則とする弁護人選任の効力の終期を画すほか、「現に裁判所に係
属している事件」を基準に新制度を適用する旨の刑事訴訟に関する法令改正
（例として、平成16年法律第62号附則2条〔国選弁護人制度の整備に伴う刑訴法改
正の経過措置規定〕参照）においては、上訴審に新制度が適用されるのか否
かを画することにもなる。記録の送付時期は、裁判所の都合等当事者の関知
しない事情により左右されるものであり、このような場面での基準としての
相当性は疑問である（弁護人選任の効力の終期に関し、これを指摘するものとし

〔前説〕　5

て井上弘通・判例解説（刑）平4・203、小林充・ジュリ1246・187）。明確性、安定性の観点からも、上訴申立ての時を移審の時期とする②説が相当であるように思われる。

　移審の時期をどの時点と解するかについて明示した最高裁判例はない（ただし、最決平4・12・14刑集46・9・675からは、①説を採らないことは明らかになっていると解される）。大阪高決昭39・2・15高刑集17・1・152は、在宅で起訴され、懲役8月の実刑を言い渡されたので控訴した被告人に対し、控訴申立て後原審が被告人を勾留したという事案につき、「元来事件につき上訴の提起があった場合には、事件はこれにより上訴審に移審し、上訴審に係属するに至る」ものであり、原裁判所に認められる処分権限は法に明文をもって定められている事項に限定されるとして、97条2項、規92条2項に明文をもって定められてはいない勾留については、原裁判所に何ら権限がないことを理由に、上記勾留を違法として取り消しており、②説に立つことを明らかにしている[1]。また、福岡高決平13・9・10高刑集54・2・123は、控訴申立て後控訴審の弁護人が選任されていない間に被告人が行った控訴取下げは弁護人不在の状態でされたものであって憲法37条3項に違反し無効であるとの主張を排斥したものであるが、前提として「刑訴法32条2項によれば、弁護人の選任は、審級ごとにされなければならないとされており、その審級は、上訴提起期間の満了（終局裁判の確定）又は上訴の申立てによる移審によって終了するものと解されるから、弁護人選任の効力も当該審級の終了により原則として効力を失うことになる。」と判示している。他方、広島高決昭40・10・13高刑集18・6・676（前掲最決昭41・10・19の原決定）は、「刑事裁判において、当該被告事件につき終局判決があった場合、何時審級を離脱するものと解すべきかにつき学説は区々であり、弁護人ら主張のとおり各場合が考えられるが、当裁判所としては、終局判決により裁判の告知があった時被告事件の審判の範囲内、すなわち犯罪事実の存否及び量刑の判断に関しては、事件は当該審級を離脱するが、その附随的手続すなわち刑訴規則第52

---

(1)　ただし、この高裁判例の結論命題は、最決昭41・10・19刑集20・8・864が、上訴審裁判所に記録が到達しない間の原裁判所による勾留を認める判断を示し、判例変更されている。なお、同最決は、勾留の権限の帰属の問題を移審の時期の問題とは結びつけていない。

6　第3編　上訴　第1章　通則

条、第52条の13所定の事後処理手続、刑訴法第97条第1項、刑訴規則第92条
第1項所定の勾留に関する処分を含む身柄の取扱いに関する手続等に関して
は、未だ当該審級を離脱しないで係属しているものであり、上訴の申立のあ
った場合は、被告事件の審判の範囲内で事件は上訴審に移審するが、訴訟記
録が原裁判所に存する限り前記附随的諸手続のほか、刑訴法第375条所定の
裁判手続、同法第97条第2項に基づく刑訴規則第92条第2項の処分等をなす
べき範囲内では、事件は未だ上訴審に移審の効力を生じないで、なお原裁判
所に係属していたものと解するのが相当である。」という折衷的な見解を示
している。
（前田巌）

　〔上訴権者〕
第351条　検察官又は被告人は、上訴をすることができる。
2　第266条第2号の規定により裁判所の審判に付された事件と他の事件
　とが併合して審判され、1個の裁判があつた場合には、第268条第2項
　の規定により検察官の職務を行う弁護士及び当該他の事件の検察官は、
　その裁判に対し各々独立して上訴をすることができる。

　〔規〕　第230条（上訴等の通知）　上訴、上訴の放棄若しくは取下又は上訴権
　　　　回復の請求があつたときは、裁判所書記官は、速やかにこれを相手
　　　　方に通知しなければならない。

〈本条細目次〉
1　上訴権の発生、消滅　7
2　検察官の上訴　7
3　被告人の上訴　8
　(1)　上訴の利益　8
　(2)　具体例の検討　8
　(3)　上訴の利益を欠く場合の措置　11
4　準起訴事件の上訴　11

　本条は、訴訟当事者たる検察官と被告人の上訴権につき定める。

〔§351〕上訴権者　7

1　上訴権の発生、消滅

　上訴権は、裁判が告知された時に発生し（358参照）、上訴期間の経過、上訴の放棄・取下げによって消滅する（359〜361参照）。裁判の告知がなされた以上、その手続自体に瑕疵があっても、その裁判に対し上訴をなし得る（最決昭38・10・31刑集17・11・2391）。しかし、裁判ないしその告知行為の存在自体が認められないときは、上訴権は発生しない（天災等により判決宣告を証する資料が滅失したケースにつき、大判大13・5・6刑集3・399。裁判所に職権発動を促す申請に対する職権不発動の判断につき、最決平7・4・12刑集49・4・609など）。したがって、裁判告知前の上訴は不適法であるが、それが不適法として却下されない間に、上訴人に不利益な裁判の告知があったときは、その瑕疵が治癒される場合もある（最大決昭40・9・29刑集19・6・749は、略式命令謄本の送達前になされた正式裁判請求につき、請求当時、その謄本が既に検察官及び他の共同被告人に対しては送達されており、かつ、請求を受けた裁判所がこれを不適法として棄却する前に請求人に対する送達が完了したときには、その瑕疵が治癒されるとした）。

2　検察官の上訴

　(1)　上訴申立てのできる検察官は、原裁判所に対応する検察庁で検察官の事務を取り扱う者であれば足り、捜査、起訴又は公判に立ち会った者には限られない（福岡高判昭31・3・24高刑集9・3・211）。

　(2)　検察官が原判決を被告人の不利益に変更するためにする上訴は、学説上は異論もあるが、被告人を二重の危険にさらすものではなく、憲法39条に違反しないとするのが確立した判例である（最大判昭25・9・27刑集4・9・1805）。また、検察官上訴は、憲法37条1項（迅速な裁判を受ける権利の保障）にも反しない（札幌高判昭36・10・26高刑集14・7・525）。

　(3)　上訴は原裁判に対する不服を内容としなければならず、これを内容としない上訴は、上訴の利益がないものとして不適法といわざるを得ないが、検察官は、訴訟当事者であるだけでなく、公益の代表者（検察4）でもあるから、原判決が客観的に誤っていると認める限り、被告人の利益のためにも上訴をなし得る（大阪高判昭27・7・17高刑集5・7・1151）。ただし、検察官が控訴をした事件は、たとえその申立理由が被告人に利益なものである場合であっても、「被告人のため控訴をした事件」（402）に当たらないから、不

8 第3編 上訴 第1章 通則

利益変更は禁止されない（最判昭53・7・7刑集32・5・1011）。

3 被告人の上訴

(1) 上訴の利益

　被告人の上訴は、自己に不利益な原裁判を是正し、利益な裁判を求めるためにする場合以外に上訴の利益を認め難く、自己に不利益な上訴をすることは許されない（最決昭28・2・26刑集7・2・331）。

　裁判が被告人に不利益であるか否かの判断基準としては、その主文を標準として客観的に定めることを要し、裁判の理由及び被告人の主観的事情を問うべきではない（大決大13・11・27刑集3・804）。

　なお、前提として、被告人から裁判所宛てに提出された書面に原裁判に対する何らかの不満が記載されていても、表題又は内容から原裁判の是正を求める不服申立ての趣旨が読み取れなければ、上訴の申立てと扱うことはできないであろう（1審判決の担当裁判官宛ての被告人の手紙に、算入される未決勾留日数が少ないこと等に対する不満を述べる内容が含まれるが、「判決に対する不服ではない」旨が重ねて記載されていた場合について、被告人の控訴の意思を体現した文書とみることはできず、控訴の申立てと扱うなどした原裁判所の判断に誤りがあるとしたものとして東京高決平24・9・21東時63・1＝12・198）。

(2) 具体例の検討

ア 無罪判決

　無罪判決は、その理由のいかんを問わず起訴された事実について刑法上の責任がないことを確定するものであり、刑訴法上被告人に最も利益な判決であるから、これに対する上訴は一切許されない（上記大決大13・11・27、最判昭46・11・16刑集25・8・964）。審判の請求を受けない事実について審判をした違法があっても、その事実について無罪の判決が言い渡された以上、同判決の違法を主張して公訴棄却の裁判を求めることは、被告人に不利益な主張であり、上告適法の理由にならない（最判昭25・10・24刑集4・10・2121）。

イ 刑の免除

　これに対し、刑の免除は有罪判決であるから、無罪を求めて上訴する利益がある（大判大3・10・14刑録20・1853）。

ウ 形式裁判

　免訴、公訴棄却又は管轄違いの裁判に対し、無罪を主張して上訴できるか

〔§351〕上訴権者　9

否かについて、これを肯定する見解もある（団藤・綱要506、田宮・刑訴464等）が、通説・判例は否定に解している。これらの裁判は、被告人を刑事訴訟から迅速に解放するもので、上訴の利益に関する限り無罪と径庭なく、いずれも最も有利な裁判であると理解するのである（中野次雄・総合判例研究叢書・刑事訴訟法17・35）。この点、上記最判昭25・10・24（上記ア参照）の説示を反対解釈すれば、公訴棄却の裁判に対して無罪を主張するのは利益な上訴だという趣旨のように読めなくもないが、以下の一連の判例の流れからは、そのように解することはできないであろう（中野・前掲36参照）。

　すなわち、免訴判決につき、最大判昭23・5・26刑集2・6・529（大赦を理由とする免訴の判決に対しては、当事者は、公訴事実が存在せず、又は罪とならないことを主張して上訴することはできない）、最大判昭29・11・10刑集8・11・1816（免訴判決に対する検察官の控訴を棄却した判決に対しては、被告人から無罪を主張して上訴することはできない）、最大判昭30・12・14刑集9・13・2775（免訴判決に対し被告人の控訴を棄却した判決に対しても、無罪を主張して上告することはできない）、最決昭46・2・25裁集179・119（被告人は免訴の判決に対しては、理由のいかんを問わず上訴することができないとして、未決勾留日数の算入をしなかった違法の主張を不適法としたもの）、いわゆる横浜事件に関する最判平20・3・14刑集62・3・185（再審開始後の審判手続においても、被告人は免訴判決に対し無罪を主張して上訴することはできない〔旧法事件〕）。

　公訴棄却の決定について、最決昭53・10・31刑集32・7・1793（被告人死亡の公訴棄却決定に対し、公訴棄却の決定に対しては、被告人・弁護人からその違法・不当を主張して上訴することはできない）。

　さらに、管轄違いの裁判についても、上訴の利益を否定した判例がある（大判明37・6・27刑録10・1417。たとえ、被告人側が、判文中の被告人の犯人性を肯認した部分について、不服があったとしても、被告人側に上訴の利益が認められないという結論は変わらないと明言するものとして、東京高決平24・5・30東時63・1＝12・87）。

　エ　不利益な上訴趣意

　以上のとおり、無罪、免訴、公訴棄却又は管轄違いの裁判に対する被告人からの上訴は、上訴申立て自体が法令上の方式に違反（385Ⅰ・395参照）し

10　第3編　上訴　　第1章　通則

たものとして不適法と扱われる類型であるが、有罪判決に対する被告人上訴において、上訴趣意として不利益主張がされる場合は、適法な上訴理由に当たらないものとされる（386Ⅰ③参照）。

　そのような不利益主張の類型として、次のようなものがある。

　㋐　主文自体の不利益変更を主張する場合

　罰金刑→執行猶予付き懲役刑（大判昭4・9・5刑集8・432）。

　1個の刑→2個の刑（大判昭8・12・11刑集12・2298）。

　実在しない未決勾留日数の算入の違法を主張（最判昭25・9・5刑集4・9・1617。実質なき無用の空文であるが、形式的には被告人の利益になっている主文を被告人に不利益に変更しようとするものであるとする）。

　追徴額を誤って少額に認定した点の指摘（最判昭26・10・12刑集5・11・2183）。

　押収した覚せい剤を没収しなかった第1審判決の違法看過の指摘（最大判昭30・12・21刑集9・14・2946）。

　㋑　より重い罪の成立を主張する場合

　脅迫罪→暴力行為等処罰に関する法律1条1項違反（共同脅迫）の罪（最判昭25・5・30刑集4・5・885）。

　脅迫罪→国家公務員法110条1項8号の罪（最決昭28・2・26刑集7・2・331）。

　強要罪→恐喝罪（最判昭25・12・19刑集4・12・2562）。

　窃盗の併合罪→盗犯等の防止及処分に関する法律2条4号違反（常習窃盗）の罪（最決昭28・1・29刑集7・1・124）。

　㋒　一罪の認定を数罪と主張する場合

　強盗の連続一罪→窃盗・強盗の併合罪（最判昭22・12・24刑集1・100）。

　牽連犯→併合罪（最決昭29・10・19刑集8・10・1596）。

　単純一罪→併合罪（札幌高判昭26・9・4特報18・54）。

　包括一罪→2個の犯罪（広島高判昭27・6・17特報20・76）。

　包括一罪→併合罪（大阪高判昭28・9・21特報28・59）。

　ただし、事実の一部について公訴時効の完成を主張する前提として、併合罪であると主張するような場合には、被告人に有利な主張と解することができよう（最判昭53・7・7刑集32・5・1011はそのような前提に立つものと解される。佐藤文哉・判例解説（刑）昭53・304）。

〔§352〕抗告権者　11

(3)　上訴の利益を欠く場合の措置

　無罪、免訴、公訴棄却、管轄違いの裁判に対する被告人上訴については、上訴裁判所は、385条1項（414）により決定で上訴を棄却すべきである（免訴判決に対する被告人控訴の棄却決定例として東京高決平元・7・6高刑集42・2・121）。この場合に原裁判所が375条（414）により決定で上訴棄却することができるかについては、これを肯定する見解（中武靖夫・注解刑訴下15、藤永幸治・注釈刑訴6・17）があるが、判例は上訴権消滅後の上訴以外に同条を拡張することに消極的であると思われる（最決昭33・11・24刑集12・15・3531は、第1審裁判所は、控訴の申立てが明らかに控訴権の消滅後にされたものである場合を除いては、控訴の申立てが法令上の方式に違反していることを理由として右申立てを棄却することはできないものとしている）。

　これに対し、有罪判決に対する上訴において、上訴趣意として不利益主張がされる場合は、その主張が不適法とされるだけである。上訴趣意にそのような不適法な主張しか含まれない場合は、386条1項3号（414）により決定で上訴を棄却すべきことになるが、他に適法な上訴趣意が含まれる場合は、判決で判断すべきことになろう。

4　準起訴事件の上訴

　本条2項は、同一被告人に対する準起訴事件（262以下）と通常事件とが併合審理されて、1個の裁判がなされた場合、以上の各事件の公訴維持に当たった指定弁護士と検察官とがともにそれぞれ独立の上訴権を有する旨を注意的に規定したものである。なお、指定弁護士の上訴の利益については、前記2の検察官のそれと同様に解すべきである。　　　　　（前田巌）

〔抗告権者〕
第352条　検察官又は被告人以外の者で決定を受けたものは、抗告をすることができる。

1　本条は、訴訟当事者ではないけれども、決定を受けた者について、前条同様固有の上訴権がある旨定めた規定である。

2　「決定を受けたもの」とは、過料の決定を受けた証人（150・160）、訴訟

12 第3編 上訴 第1章 通則

費用の負担を命じられた告訴人（183）など、直接その決定の名宛人となっ
ている者のほか、決定内容に直接利害関係を有する実質上の名宛人ともいう
べき者、例えば、保釈保証金没取決定における保証金等を納付した者又は保
証書を差し出した者（最大決昭43・6・12刑集22・6・462）、提出命令を受け
た証拠物の所有者（最決昭44・9・18刑集23・9・1146。付審判請求事件につい
てなされた提出命令に対しては、419条による抗告をすることができるとする）な
どもこれに含まれる。

　また、配偶者からの保釈請求（88Ⅰ）を却下した裁判に対し、その配偶者
自らが抗告・準抗告を申し立てることができるかについては、下級審裁判は
積極（札幌高決平7・11・7判時1570・146）、消極（東京地決昭49・1・8刑裁
月報6・1・101）に分かれていたが、最決平17・3・25刑集59・2・49は、「勾
留された被告人の配偶者、直系の親族又は兄弟姉妹は、刑訴法88条1項によ
り保釈の請求をすることができるのであるから、それらの者が自ら申し立て
たその保釈の請求を却下する裁判があったときは、同法352条にいう『決定
を受けたもの』又は同法429条1項にいう『不服がある者』として抗告又は
準抗告を申し立てることができる」として、この問題に決着を付けた。請求
に基づいて裁判がされる場合、裁判はその請求に対する応答なのであるから、
請求者はその手続で裁判を受けた立場にあるというべきであって、当該裁判
に対して不服を申し立てることができるという原則を確認したものとみるこ
とができよう（藤井敏明・判例解説（刑）平17・55）。

　これに反し、実質上の名宛人とみられない場合や単にその決定と関連を有
するにとどまるような場合は、これに含まれない。

　なお、司法警察職員は、当該事件につき司法警察職員がした押収に関する
処分を取消し又は変更する裁判につき、「決定を受けたもの」に当たると解
されるが、判例は、事件を検察官に送致した後においては、抗告を申し立て
ることができないとしている（最決昭44・3・18刑集23・3・153）。

3　本条所定の者に抗告権が認められる場合でも、検察官の抗告権は、公益
の代表者として当然に認められるであろう。

　これに対し、被告人が「決定を受けたもの」と競合して抗告権を有するか
どうかについては、被告人が決定内容に利害関係を有する場合に限り、肯定
されるというべきであろう（平野・刑訴336、原田國男・大コメ刑訴9・28）。

最大決昭43・6・12（上記**2**）は、保釈保証金没取決定における保証金等を納付した者又は保証書を差し出した者は、本条にいう「検察官又は被告人以外の者で決定を受けたもの」に該当するとした上で、「その者も没取決定に対し不服の申立（抗告）をすることができる」（傍点筆者）と判示しているが、被告人が自ら保証金等を納付していない場合でも、その利益保護の観点から被告人にも抗告権があることを認めたものと解される（綿引紳郎・判例解説（刑）昭43・174。この場合の被告人の抗告権を明示的に認めた判例として札幌高決昭62・12・8高刑集40・3・748）。他方、第三者が押収処分を受けた場合の被疑者又は被告人は、その物の所有権又は占有権に関わらない以上、捜査上の利害関係だけから抗告権を肯定することはできないであろう（原田・前掲29。東京地決昭55・1・11刑裁月報12・1＝2・55は、わいせつ文書図画販売被疑事件に係る書店所有物件の差押処分に対し、被疑者が申し立てた準抗告につき、被疑者には差押処分の取消しを求める利益はなく不適法であるとする）。

（前田巌）

〔被告人のための上訴〕

第353条　被告人の法定代理人又は保佐人は、被告人のため上訴をすることができる。

1　本条は、被告人に一応の訴訟能力はあるが、これが十分でない場合を配慮して、民法上の法定代理人、保佐人に、被告人のための上訴権を与える規定である。本条の上訴権は、被告人の明示した意思に反して行使することができない（356。なお360参照）のであるから、固有権ではなく、独立代理権と解すべきである。したがって、被告人と本条の上訴権者が各別に上訴を申し立てても、裁判所は1個の上訴として審理判決すれば足りる（大判大6・2・9刑録23・45参照）し、被告人の上訴権が放棄、取下げなどにより消滅（361）すれば、本条による上訴権も消滅ないし失効する（弁護人の上訴に関する最大決昭23・11・15刑集2・12・1528、最判昭24・6・16刑集3・7・1082参照）。

2　なお、弁護士以外の一般人が被告人から授権を受けて351条の被告人本人の上訴権を代理行使することができるか。訴訟行為一般に委任代理を認め

14　第3編　上訴　　第1章　通則

るか否かの理解（弁護士以外の私人による委任代理を肯定する見解として団藤・綱要172、否定する見解として平野・刑訴34）と関連するが、最決平17・3・18刑集59・2・38は、上訴について弁護士以外の者による委任代理は明文の規定がない以上許すべきではないという解釈を示し、刑の執行猶予言渡しの取消決定に対し、被請求人の母親は、被請求人から即時抗告に関する権限の委任を受けたとしても、被請求人を代理して即時抗告をすることはできないとした。これは、一般に刑事裁判の関係では、弁護士たる資格を有する者以外を代理人として認めることは、明文の規定のない限り許すべきではないという考え方を背景にするものと思われる（多和田隆史・判例解説（刑）平17・40）。

3　法定代理人及び保佐人の意義については、民法の規定（民818・819・839～843・876・876の2）に従う。

　法定代理人は、本人の信任を受けて代理人となる任意代理人に対する概念であり、商法上の支配人は、営業に関する裁判上又は裁判外の行為をする権限を有する（商21Ⅰ）が、本条の法定代理人ではない（正式裁判の請求につき最決昭43・1・17刑集22・1・1）。また、法人が被告人である場合の代表者も、法定代理人ではなく、本人の上訴権（351Ⅰ）を代表して行使するものである（27）。

　たとえ被告人と身分上その他密接な関連があっても、法定代理人又は保佐人でなければ、本条による上訴をすることはできない。すなわち、親権者・後見人でも、保佐人でもない被告人の父（最判昭26・4・10刑集5・5・820、最決昭33・11・24刑集12・15・3531）、同じく母（最決昭30・4・11刑集9・4・836）は、本条による上訴権を有しない。また、被告人から授権を受けて、被告人の上訴権を代理行使することも許されない（上記**2**参照）。ただし、自らに上訴権がないが弁護人選任権を有する親族（30Ⅱ）は、弁護人を選任し、その弁護人が包括代理権に基づき351条1項による被告人の上訴申立てを代理して上訴することは、被告人の意思に反しない限りで可能である（最大決昭63・2・17刑集42・2・299参照）。

4　「被告人のため」とは、被告人の利益のためという意味であり、何が利益か不利益かについては、351条の解説**3**参照。　　　　　　　　　　（前田巌）

〔§355〕原審代理人・弁護人の上訴　15

〔勾留の理由開示請求事件についての上訴〕
第354条　勾留に対しては、勾留の理由の開示があつたときは、その開示の請求をした者も、被告人のため上訴をすることができる。その上訴を棄却する決定に対しても、同様である。

　勾留理由開示の請求は、被告人のほか、弁護人、法定代理人、保佐人、配偶者、直系の親族、兄弟姉妹その他利害関係人もなし得る（82Ⅱ）ところ、351条・353条・355条所定の者はそれぞれ各条により勾留の裁判につき抗告をなし得るので、本条は、それらの者以外の配偶者、直系の親族、兄弟姉妹その他利害関係人で勾留理由開示を請求した者が、勾留の裁判に対し上訴（抗告又は準抗告）できる旨を定めたものである。勾留理由開示の請求には、勾留の不当性の主張も含んでいるものとして、特にこれらの者にも上訴権を与えたものであろう（藤永幸治・注釈刑訴6・23）。開示の請求はしたが、86条後段により請求を却下された者は含まれない。
　また、勾留理由開示の請求をした者は、その者がした抗告・準抗告を棄却する決定に対し、特別抗告をすることができる（本条後）。
　本条の上訴権も、前条と同様被告人のため独立して代理行使する権限と解される（356参照）。　　　　　　　　　　　　　　　　　　　（前田巌）

〔原審代理人・弁護人の上訴〕
第355条　原審における代理人又は弁護人は、被告人のため上訴をすることができる。

〈本条細目次〉
1　本条の上訴権の性質　15
2　原審における「代理人」　16
3　原審における弁護人　16

1　本条の上訴権の性質
　本条は、被告人の原審代理人又は原審の弁護人に対して、被告人のための

16　第3編　上訴　　第1章　通則

上訴権を認める規定である。この上訴権も、前2条と同じく独立代理権と解される（356参照）から、被告人の上訴権と消滅をともにする（最判昭24・6・16刑集3・7・1082は、被告人及び弁護人がともに控訴の申立てをした後、被告人において控訴の取下げをした場合には、弁護人の控訴申立ては効力を失うとする）。

2　原審における「代理人」

代理人とは、28条の法定代理人、29条の特別代理人、283条の法人の代理人、284条の軽微事件における代理人をいい、原審（原裁判時を基準とすべきである）でこれらの地位にあった者に上訴権が認められる。

349条の2第1項は、刑の執行猶予言渡しの取消請求の手続において、被請求人又はその「代理人」の意見を聴くことを予定しているが、この求意見に対する回答につき被請求人から代理権を授与された者は、本条の原審代理人として、刑の執行猶予言渡し取消決定に対する即時抗告を申し立てることができるか。最決平17・3・18刑集59・2・38は、被請求人（成人）から349条の2第1項に基づく求意見に対する回答を含む一切の権限の委任を受けたとする被請求人の母親につき、本条にいう「原審における代理人」に該当せず、本件刑の執行猶予言渡しの取消決定に対して、被請求人のため即時抗告を申し立てる権限はないとした。

なお、同判例（法廷意見）は、上訴について弁護士以外の者による委任代理は明文の規定がない以上許すべきではないという解釈を示し、刑の執行猶予言渡しの取消決定に対し、被請求人の母親は、被請求人から即時抗告に関する権限の委任を受けたとしても、被請求人を代理して即時抗告をすることはできないとしている。

3　原審における弁護人

(1)　原審における弁護人とは、原審において適法に選任された弁護人をいい、原審の公判廷に出頭していたか否かを問わない（大判大12・6・13刑集2・528）。被疑者として勾留され被疑者国選弁護人が選任された甲事件については被告人が釈放され、別の乙事実について起訴され勾留されたが、その事実については弁護人選任の手続がとられないまま同じ弁護士を被告人の弁護人として公判審理等を行って宣告された判決に対し、当該弁護士の原審弁護人として行った控訴申立てのみが存する事案において、原審の訴訟手続に

〔§355〕原審代理人・弁護人の上訴　17

おける弁護人選任手続に関する法令違反が判決に影響を及ぼさず、当該弁護士が原審弁護人として行った控訴申立ても有効と扱われた事例として、東京高決平22・6・14東時61・1＝12・122があるが、被疑者国選弁護人の選任の効力が失われていることを看過して審理・判決が行われたという限られた場面での、かつ、救済的な判断と理解すべきであろう。

　当然のことながら原裁判時に弁護人であったことを要し、それまでに解任され、あるいは辞任するなどして弁護人でなくなった者は、原審の審理に関っていたとしても、本条の原審弁護人とはいえないと解される。主任弁護人、副主任弁護人以外の弁護人であっても、裁判長等の許可等（規25Ⅱ）を要することなく上訴申立てができると解するべきである（名古屋高判昭62・3・9判時1236・157）。

　判例は、原審の判決言渡し後に被告人が選任した弁護人は、原審弁護人に当たらず、上訴権がないとの立場を採っていた（大判大14・9・29刑集4・551）。その後、最大判昭24・1・12刑集3・1・20は、原判決宣告後に被告人により選任された弁護人に上訴申立てができることを認めて、上記大判を変更した。しかし、その理論構成は、原審弁護人に該当しないことを前提としつつ、被告人が原判決宣告後に弁護士に上訴審における弁護を依頼したような場合には、上訴することも依頼したものとみるのが相当であるとして、被告人を代理して上訴を申し立て得るとしたものであった。この大法廷判決は、いわゆる任意代理の法理により原判決後選任された弁護人に上訴権を認めたものと理解されたため、判例上、上訴権のない被告人の配偶者等によって原判決言渡し後に選任された弁護人には、上訴権がないという解釈が定着した（最決昭44・9・4刑集23・9・1085、最決昭54・10・19刑集33・6・651）。

　しかし、最大決昭63・2・17刑集42・2・299は、「およそ弁護人は、被告人のなし得る訴訟行為について、その性質上許されないものを除いては、個別的な特別の授権がなくても、被告人の意思に反しない限り、これを代理して行うことができるのであり、このことは、その選任者が被告人本人であるか刑訴法30条2項所定の被告人以外の選任権者であるかによって、何ら変わりはないというべきであり、上訴の申立をその例外としなければならない理由も認められないから、原判決後被告人のために上訴をする権限を有しない選任権者によって選任された弁護人も、同法351条1項による被告人の上訴

18 第3編 上訴 第1章 通則

申立を代理して行うことができると解するのが相当である。」と判示し、上記最決昭44及び同昭54を判例変更した。この大法廷判決は、原審弁護人に関する解釈には触れず、適法に選任された弁護人の代理権を包括代理権であるとして、被告人の意思に反しない限り、被告人を代理して上訴申立てをすることができるとしたものである（詳細は安廣文夫・判例解説（刑）昭63・95以下参照）。

　(2)　本条により上訴申立てをした原審弁護人が上訴審で訴訟行為をするには、上訴審裁判所に弁護人選任届を提出しなければならないことは、弁護人選任の審級代理の原則（32Ⅱ）から当然である（札幌高決昭27・10・6高刑集5・11・1904。控訴棄却の決定に対し、原審弁護人は独立して異議の申立てをすることができない）。なお、最大判昭29・7・7刑集8・7・1052は、上訴申立てをした原審弁護人の上訴審における弁護人選任届は裁判時まで追完可能であるとする⁽¹⁾。

　ところで、自ら上訴を申し立てた原審弁護人が、上訴趣意書提出期間内にその資格で上訴趣意書を提出した場合には、この上訴趣意書は、上訴審の審理の対象となるとするのが判例である（上記最大判昭29・7・7、最判昭29・12・24刑集8・13・2336）。上訴申立てとその理由たる上訴趣意書とは、本質的には一体不可分の関係にあるという理解が背景にあると解される（田原義衞・判例解説（刑）昭36・188）。したがって、原審弁護人であっても、原判決に対しその資格で自ら上告申立てをしなかった場合には、原審弁護人の資格で提出期間内に上告趣意書を提出したとしても、審理の対象となることはない（最決昭36・7・18刑集15・7・1103）。また、原審弁護人は、上訴審の弁護人として選任されていない以上、上訴趣意書を提出しても、弁論をすることができないのはもとより、当該上訴について上訴裁判所がした裁判に対し、更に上訴することもできない（上告趣意書を提出した原審弁護人の異議申立てにつき最決昭47・6・22裁集184・773）。なお、控訴申立てをした原審弁護人であっても、規236条1項の控訴申立人には含まれず、控訴趣意書差出最終日の通知を要しないとされている（最決昭27・10・23刑集6・9・1118）。

———————

(1)　ただし、最判昭45・9・24刑集24・10・1399は、原審弁護人でない弁護士名義の控訴申立書のみが控訴提起期間最終日に原裁判所へ差し出された事案については、その翌日の弁護人選任届の追完を認めていない。

〔§357〕裁判の一部に対する上訴　19

（前田巖）

〔被告人のための上訴の制限〕
第356条　前3条の上訴は、被告人の明示した意思に反してこれをすることができない。

　本条は、前3条の上訴権行使は被告人の明示の意思に反し得ないとするものであり、これらの上訴権が独立代理権であると解すべき根拠を提供するものである。

　これらの上訴権者の上訴権は、被告人の上訴をしないという明示の意思表示に反する場合に限り制約されるのであり、黙示の意思に反しても差し支えない。この意思表示が何人に対してなされるべきかについては、少なくとも前3条所定の上訴権者又は裁判所に対してなされている必要があると解されている（ポケット刑訴下1015、松尾・条解1000等）。その方式は問わないから、弁護人から控訴申立てがされる前に、被告人が「控訴取下申立書」を提出していたような場合も、これに当たる（後記広島高判昭43・7・12参照）。

　原審弁護人が上告申立てをした後、弁護人選任照会に対し、被告人が上告の意思なき旨を回答してきた事案につき、原審弁護人の上告は被告人の明示した意思に反し不適法であると判断した事例がある（最決昭27・3・6裁集62・155）が、明示の意思表示の時期は上訴提起前であることが必要であるというべきであろう。

　被告人の明示の意思に反してなされた上訴は、無効として上訴棄却の裁判をすべきである（385Ⅰ・395・414・426Ⅰ・434）。ただ、上訴棄却の裁判前に明示の意思が撤回された場合には、瑕疵が治癒されるとする判例がある（広島高判昭43・7・12判時540・85）。
（前田巖）

〔裁判の一部に対する上訴〕
第357条　上訴は、裁判の一部に対してこれをすることができる。部分を限らないで上訴をしたときは、裁判の全部に対してしたものとみなす。

20　第3編　上訴　　第1章　通則

〈本条細目次〉
1　一部上訴　20
　(1)　裁判の一部　20
　(2)　一部上訴の許否（裁判の可分性）　20
　(3)　一部上訴の申立て　22
2　部分を限らない上訴　25

1　一部上訴

本条は、いわゆる一部上訴を認める規定である。

(1)　裁判の一部

「裁判の一部」とは、裁判すなわち主文の客観的範囲の一部をいい、主観的範囲、すなわち共同被告人の一部が上訴する場合はこれに当たらない（松尾・条解1001）。

(2)　一部上訴の許否（裁判の可分性）

一部上訴は、裁判の内容が可分の場合にのみ許される。裁判が可分であるかどうかは、原則として主文の個数によって決まる。この問題は、部分破棄の可否（397条の解説参照）の問題と基本的に表裏をなすが、必ずしも一致するものではない（後記イ(ウ)）。

ア　可分とされる場合

(ア)　併合罪のうち一部につき有罪、一部につき無罪の場合（大判大15・10・26刑集5・463〔併合罪中の一部有罪（一部無罪）判決に対し、被告人が有罪部分のみにつき控訴〕、最判昭28・9・25刑集7・9・1832〔併合罪中の一部無罪部分について検察官が控訴〕）。数個の公訴事実についての各無罪は可分であり、免訴、公訴棄却、管轄違い等の場合も同様である。

(イ)　刑法45条後段による数個の刑が言い渡された場合（東京高判昭38・9・30高刑集16・7・544は、併合罪として1個の刑を言い渡すべきところ誤って2個の刑が言い渡された場合についても、その一方についてのみ上訴の申立てがあり、又は、一方についてのみ上訴の取下げがあったときは、控訴審は、上訴の申立てのあった部分又は上訴の取下げがなされなかった部分についてのみ審判すべきである、とする）。

(ウ)　刑法48条1項（罰金刑と他の刑の併科）、同法53条（拘留・科料と他の刑の併科）により異種の刑が併科された場合も、形式上は1個の主文であるが、

実質的には２個の刑の言渡しと同視し得るから、特定の刑種の部分を限って一部上訴をすることができるものと解される（最判昭35・5・6刑集14・7・861は、刑法45条前段の併合罪中甲罪につき懲役刑が、乙罪につき罰金刑が各選択され、両者が同法48条１項により併科され懲役及び罰金の言渡しがあった後、乙罪につき大赦があったときは、罰金を言い渡した部分のみを破棄すべく、全部を破棄すべきものではないとして、これを可分なものと扱っている）。なお、近時、402条の不利益変更禁止の場面では、いずれも懲役刑と罰金刑を刑法48条１項によって併科した第１審判決と原判決の自判部分の各主文を全体として総合的に考慮すべきものとし（最決平18・2・27刑集60・2・240）、また、未決勾留日数の本刑算入においても、併合罪関係にある数罪を併合審理して１個の主文を言い渡す場合、その刑が刑法21条にいう「本刑」となるとして、勾留されていない事実に由来する罰金刑に勾留状の発せられている他罪に係る未決勾留日数を算入することを認める（最決平18・8・30刑集60・6・457、最決平18・8・31刑集60・6・489）判例が現れているが、これらが主文自体の可分性を否定する趣旨とは解されない[1]。

　イ　不可分とされる場合

　㋐　事件が単一である限り、これに対する裁判は不可分である。本来的一罪だけでなく、科刑上一罪又は包括一罪も不可分であり、有罪・無罪を問わず、その一部についての上訴はできず、全部について上訴があったものとされる（観念的競合につき大判昭9・7・23刑集13・997、名古屋高判昭32・12・25高刑集10・12・809）。

　なお、科刑上一罪又は包括一罪として起訴された事実の一部を無罪とした原判決に対し、被告人だけが有罪部分について上訴を申し立てた場合の上訴審における審判の範囲について、後述のいわゆる攻防対象論の問題がある。

　㋑　併合罪につき１個の刑が言い渡された場合も、裁判内容は不可分であるから、その一部のみについて上訴することは許されない。

　㋒　主刑の言渡しと一体をなしている執行猶予、公民権停止（大判昭5・10・9刑集9・725）、没収、追徴、未決勾留日数の算入、換刑処分などにつ

---

　(1)　ただし、後述のとおり、主刑が可分でも、このような未決勾留日数の算入により、結果として裁判の可分性は失われることになろう。

22　第3編　上訴　　第1章　通則

いては、主刑と切り離して一部上訴の対象とすることはできない。このような付加刑・付随処分等に対して不服がある場合には、結局判決全部に対して上訴することになり、その上訴に理由があるときは、判決全部が破棄されることになる。

　訴訟費用の負担については、185条後段が規定しており、上訴裁判所が費用の点について審判できるのは、本案についての上訴が適法であり、かつ、本案について原裁判を取り消すべき場合に限られる。大阪高判昭23・6・8高刑集1・1・75は、被害者還付についても同様に解している。

　なお、上告審では、原判決中未決勾留日数の算入部分（最判昭33・4・10刑集12・5・866、最判昭56・7・16刑集35・5・557）、没収追徴部分（最判昭62・12・11刑集41・8・352）、訴訟費用負担部分（最判昭46・4・27刑集25・3・534）について違法がある場合、その部分のみを破棄する取扱いがされているが、上告審固有のものであり、もとよりその部分について上訴を認める趣旨ではない。

　㈓　そして、上記㈔のため、主刑の関係では可分であっても（前記ア㈕、㈔）、それに伴う付加刑又は付随処分が一体となっているとき⑵は、原裁判は全体的に不可分となるから、可分な一方の主刑に対してのみ上訴することはできない。この点、2個の刑を言い渡すとともに訴訟費用を一括して被告人に負担させた判決に対する一部控訴を否定した判例（東京高判昭56・6・23刑裁月報13・6＝7・436）があるが、185条後段に照らし、判決全体の不可分性をもたらすような事項と解すべきではないように思われる（小林充・刑事控訴審の手続及び判決書の実際53）。

　(3)　一部上訴の申立て

　ア　一部上訴か否かは、上訴申立書の記載から判断すべきであり、上訴趣意書の記載をも併せて考慮すべきではない（前掲東京高判昭56・6・23）。そうでないと、上訴期間が経過しても、趣意書が提出されるまでの間は、可分な裁判の一部が確定したのかどうかが明らかにならない不都合を生じるからである。

_____

　⑵　例えば、主刑を個別に言い渡している甲乙両事実につき、没収を両事実に関するものとして言い渡しているとか、両事実の追徴金を合算して言い渡しているとか、事実を特定せず未決勾留日数を算入しているような場合。

〔§357〕裁判の一部に対する上訴　23

　イ　可分な原裁判に対し一部上訴がされれば、上訴された部分のみが上訴審に移審し、その余の部分は確定する（最判昭28・9・25刑集7・9・1832。第1審で、起訴事実A、Bのうち、Aは有罪となったが、Bは無罪となり、検察官から無罪部分B事実に対してのみ控訴の申立てがあったにもかかわらず、第2審で第1審判決を破棄自判するに当たり、被告人よりの控訴もなかったA事実についても審理し、A、Bを刑法45条前段の併合罪とし、これに対して一つの刑を言い渡したときは、第2審判決は、何ら控訴がなく、したがって控訴審に係属していない事件について審判をした違法がある）。

　ところで、原裁判所が2個の事実を併合罪として、一部有罪（A事実）、一部無罪（B事実）の判決をしたのに対し、被告人が有罪部分のみを上訴したところ、上訴審で両罪が一罪又は科刑上一罪などの関係にあると判断した場合の取扱いについては、

(ア)　A、B両事実は不可分の一罪としてともに上訴審に係属するという説

(イ)　B事実の確定により、A、B両事実は訴訟法的に2個の事件に分割され、A事実のみ上訴審に係属し実体裁判を受けるとする説

(ウ)　上訴したA事実には上訴されなかったB事実の確定力が及び、A事実は免訴とする説

のように見解が分かれている。

　最判昭34・12・11刑集13・13・3195の法廷意見は、(ア)説に立つかのようであるが、その事案は、第一次第1審において、家畜商から馬の売却を依頼された被告人が預り保管中のその売却代金を着服横領をしたとの業務上横領の訴因を、被告人がその馬を窃取した旨の窃盗の訴因に変更し、後者につき有罪を認定したところ、第2審において、事実の同一性を欠くとの誤った判断の下、これを破棄、移送したため、第二次第1審において、右破棄判決の判断に従い検察官から右窃盗の訴因と同一内容の別訴が提起され、併合審理された結果、窃盗につき有罪、業務上横領はその不可罰的事後行為であるとして無罪が言い渡され、被告人のみが控訴をしたというものであった。誤った第一次第2審の差戻判決の判断に従って別訴提起の形式がとられたが、実質において訴因変更の趣旨であると解される旨の説示に照らしても、この事案においては、業務上横領の訴因に対する無罪の主文は窃盗の訴因に対する有罪の主文を予定した独立性のないものであるという評価が背景になってい

24 第3編 上訴 第1章 通則

るように思われ（寺尾正二・判例解説（刑）昭34・451）、その射程は、少なくとも並列的犯罪事実の罪数評価が分かれるような場合には及ばないように思われる。

これに対し、以下の判例は(イ)説に立つものと解される。

大判昭9・3・13刑集13・265（理由中で無罪とすべき連続犯の一部につき、主文で無罪とした場合、無罪部分について上訴がなく、有罪部分について上訴があったときは、上訴裁判所は、有罪部分について審判すべきであるとするもの）。

東京高判昭27・5・13高刑集5・5・794（裁判所が強盗強姦の一罪として起訴された事実を併合罪と認め、これを強盗及び強姦の2個の犯罪に分割して、その前者について有罪、後者に対して公訴棄却の裁判をしたときは、その言渡しの当否にかかわらず、2個の裁判の主文を生じ、前者についての控訴はこれを後者に及ぼすことを得ず、控訴審は前者の部分についてだけ審判することができるにすぎないとするもの）。

東京高判昭38・9・30高刑集16・7・544（前記(2)ア(イ)参照）。

最判昭43・3・21刑集22・3・95（被告人が、選挙運動者に対しいわゆる買収資金を交付したとする訴因及び上記選挙運動者と共謀の上第三者に当該資金の一部を供与又は交付したとする訴因につき併合審理され、前者の交付の訴因につき有罪、後者の交付の訴因につき共謀がないとして無罪の判決を受けた場合において、無罪部分につき検察官の上訴がなく、被告人が有罪部分につき上訴。上告審は、供与罪の共謀が認められるから交付罪は供与罪に吸収されると判断した上、供与罪の訴因については既に無罪が確定しているから、その罪責を問うべきではなく、交付罪の訴因中、上記供与罪に吸収される部分についても、その限りで、もはや被告人に対し交付罪としての罪責を問うことができないとした）。

学説上も(イ)説が通説である。

ウ　不可分な原裁判に対し一部上訴の趣旨で上訴申立てがされた場合でも、全部について上訴があったものとされる（前掲大判昭9・7・23刑集13・997）。不可分な裁判に対する上訴は、常に全部の上訴審への移審係属をもたらすと解すべきである。

しかし、包括一罪や科刑上一罪関係にあるような並列的犯罪事実の一部を無罪とし他の部分について有罪とする判決について、検察官が上訴せず、被告人のみが上訴したような場合、判例は、上訴審の職権調査の範囲は、有罪

〔§357〕裁判の一部に対する上訴　25

とされた犯罪事実の部分に限定されるものとする。すなわち、最大決昭46・3・24刑集25・2・293（いわゆる「新島ミサイル試射場事件上告審決定」。「牽連犯または包括一罪として起訴された事実につき、その一部を有罪とし、その余については理由中で無罪の判断を示した第1審判決に対し、被告人だけが控訴を申し立てた場合、控訴審が、職権調査によって、原判決に事実誤認ありとし、これを破棄自判して、起訴事実の全部につき有罪とすることは、職権の発動として許される限度をこえるものであって、違法である」〔決定要旨〕）は、判文中で「無罪とされた部分については、被告人から不服を申し立てる利益がなく、検察官からの控訴申立もないのであるから、当事者間においては攻防の対象からはずされたものとみることができる」と説示しており、検察官があえて上訴しなかった無罪部分については、その訴追意思が客観的に放棄されたものと評価し、攻防の対象から外されたものとして、上訴審裁判所の職権調査の範囲を制限する立場と理解される（いわゆる「攻防対象論」。上告審につき同旨の判例として、最判昭47・3・9刑集26・2・102）[3]。これにより、事実上は上訴審の審判対象も有罪部分に限定され、一部上訴が認められたのと同様の観を呈する（松尾・条解1001）が、なお一罪の全体が移審し、上訴審は、その全部について審判の義務と権利を有することに変わりはない。原判決の宣告手続が無効であったり、裁判所の構成が違法であるなど、検察官の処分権の及ばない事柄に係る破棄事由がある場合には、争いのない無罪部分も含めて審判できると解され（香城敏麿・判例百選5・232）、一部上訴の場合とは本質的な違いがある。

2　部分を限らない上訴

可分な裁判に対する上訴であっても、部分を限らないで上訴をしたときは、裁判の全部に対してしたものとみなされる（本条後。例として東京高判昭40・

---

(3)　他方、最決平元・5・1刑集43・5・323は、業務上過失傷害の事案において、本位的訴因の犯罪事実も予備的訴因の犯罪事実も同一の被害者に対する同一の交通事故に係るものであり、過失の態様についての証拠関係上本位的訴因と予備的訴因とが構成された場合において、予備的訴因に沿う事実を認定した第1審判決に対し被告人のみが控訴して破棄差戻しになったとき、第二次第1審裁判所が本位的訴因について審理判決することは違法でないとする。この場合には、検察官が本位的訴因の訴訟追行を断念して、本位的訴因が当事者間の攻撃防御の対象から外れたとみる余地はないからである。

26　第3編　上訴　　第1章　通則

6・3高刑集18・4・328)。

　しかし、一部有罪、一部無罪の判決に対する被告人からの部分を限らない上訴については、上訴の利益の関係で、その上訴は有罪部分のみに対するものと解した判例がある（大判昭7・11・21刑集11・1657、名古屋高判昭25・12・2特報14・101)。

　他方、一部有罪、一部無罪の判決に対し、検察官が無罪部分のみを不服とする場合でも、無罪部分が破棄され有罪とされるときは、被告人の併合処理の利益が失われる（前掲最判昭28・9・25はそのような事例）ことから、検察官は、無罪部分に限定せず、全体につき上訴する扱いをしている。この場合、無罪部分について第1審判決を破棄すべき理由があってこれを有期懲役刑に処するには、有期懲役刑が科された有罪部分について控訴の理由がない場合でも、全部について第1審判決を破棄し、1個の有期懲役刑をもって処断すべきものとされる（最判昭38・11・12刑集17・11・2367)。　　　　　　（前田巖）

〔上訴提起期間の進行〕
　第358条　上訴の提起期間は、裁判が告知された日から進行する。

1　本条は、上訴の提起期間の起算点を定める規定である。

　上訴の提起期間は、控訴・上告につき14日（373・414）であり、抗告については、即時抗告が3日（422)、特別抗告が5日（433）であるが、通常抗告は、原決定を取り消す実益のある限り、いつでも提起することができる（421)。

　429条1項4号・5号の準抗告は、3日以内に申し立てなければならないが（429Ⅳ)、その余の準抗告は、原裁判ないし処分を取り消す実益のある間提起することができる。

　高等裁判所の決定に対する異議（428Ⅱ）は、抗告に代わるものであるから、即時抗告又は通常抗告の提起期間に従う（同Ⅲ)。

　期間の計算については、55条・56条、規66条参照。

2　上訴期間の始期となる裁判の告知は、判決その他公判廷で行われる裁判の場合は宣告により、その他の場合には裁判書の謄本を送達することによっ

て行われる（342、規34参照）。裁判が告知された日は上訴期間に算入されないが、告知日に上訴することはできる。

(1) 判決宣告手続に違法があっても、上訴期間は宣告の日から進行する（最決昭38・10・31刑集17・11・2391。被告人が公判期日に出頭しなければ判決の宣告ができない事件につき、被告人不出頭のまま判決の宣告をした瑕疵があっても、上訴提起期間は判決宣告の日から進行するとした）。

(2) 原裁判の謄本が検察官と被告人等に対し、日を異にして送達された場合には、各当事者の上訴期間は各別に進行することになる。また、被告人とその弁護人の双方に対し別の日に送達された場合について、判例は、原則的には、固有の上訴権者である被告人に送達された時から起算されるとする立場と理解することができる（保釈請求却下決定に対する準抗告棄却決定に対する特別抗告につき最決昭43・6・19刑集22・6・483、控訴申立却下決定に対する即時抗告棄却決定に対する特別抗告につき最決昭45・4・30裁集176・277、裁判官忌避申立却下の裁判に対する準抗告棄却決定に対する特別抗告につき最決昭62・7・20裁集246・1363）。刑事補償請求事件についての即時抗告棄却決定に対する特別抗告申立期間につき請求人本人と申立代理人に対する送達の関係でも同旨の判例がある（最決昭55・5・19刑集34・3・202）。これらの判例はいずれも、被告人（又は本人）に対して弁護人ないし代理人よりも先に送達された事例に関するものであるが、弁護人ないし代理人に先に送達された場合であっても、固有の上訴権者に送達された時が基準になると解すべきであろう。

(3) ところで、これらの判例は、決定の効力が被告人本人に及ぶことが明らかな場合に関するものであったといえるが、最決平23・8・31刑集65・5・935は、弁護人に対し証拠開示することを命じる旨求めた弁護人からの証拠開示命令請求（316の26 I）の棄却決定に対する即時抗告（同III）の提起期間については、被告人本人に先に送達されている場合であっても、弁護人に同決定謄本が送達された日から進行するとした。上記判例は、弁護人が、弁護人に対し証拠開示することを命じる旨求め、それが認められた場合に弁護人が証拠開示を受けることを予定した証拠開示命令請求につき、その請求形式に加え、公判前整理手続における証拠開示制度の趣旨・内容も勘案して、弁護人こそ証拠開示命令請求棄却決定を受けた者と解されることを上記判断

28　第3編　上訴　　第1章　通則

の理由としている。公判前整理手続においても各種決定の効力が被告人に及んでいることは否定できないが、弁護人が法律専門家として中心となって活動することが制度上期待されており、特に証拠開示については弁護人が独自に活動していると評し得る運用実態があることを前提とした判断といえよう。そのようにはいえない前記(2)の各判例で示された解釈の変更を示唆するものではないと思われる（野原俊郎・ジュリ1445・98参照）。

3　上訴提起期間内の上訴というためには、上訴申立書が現実に原裁判所に到達することを要する（到達主義。56条、規66条はこのことを前提とした規定と解される。）。上訴期間内に発送しただけでは足りず、上訴権回復（362）が問題となるにすぎない。刑事施設にいる被告人については366条の特則がある。

（前田巌）

〔上訴の放棄又は取下げ〕
　第359条　検察官、被告人又は第352条に規定する者は、上訴の放棄又は取下をすることができる。

　　〔規〕　第223条（上訴放棄の申立裁判所・法第359条等）　上訴放棄の申立は、原裁判所にしなければならない。
　　　　　第223条の2（上訴取下の申立裁判所・法第359条等）　上訴取下の申立は、上訴裁判所にこれをしなければならない。
　　　　　2　訴訟記録を上訴裁判所に送付する前に上訴の取下をする場合には、その申立書を原裁判所に差し出すことができる。
　　　　　第224条（上訴取下の申立の方式・法第359条等）　上訴取下の申立は、書面でこれをしなければならない。但し、公判廷においては、口頭でこれをすることができる。この場合には、その申立を調書に記載しなければならない。
　　　　　第230条（上訴等の通知）　法第351条参照。

〈本条細目次〉
　1　総　説　29
　2　上訴の放棄　29
　3　上訴の取下げ　30

〔§359〕上訴の放棄又は取下げ　29

  4　上訴放棄・取下げの撤回　31
  5　上訴放棄・取下げの無効事由　31
   (1)　錯　誤　31
   (2)　訴訟能力　32
   (3)　必要的弁護事件における弁護人の存在　33
   (4)　上訴放棄・取下げの無効が主張された場合の裁判所の措置　34
  6　上訴取下げと訴訟費用負担　34

1　総　説

本条は、351条・352条に定められた固有の上訴権者につき、上訴の放棄又は取下げをすることができる旨を定めたものである。

2　上訴の放棄

上訴の放棄とは、具体的に生じた上訴権を行使しない旨の意思表示であり、裁判内容に不服のない当事者に、早く裁判を確定させる利益をもたらすが、失権行為として被告人に不利益な行為であることは否定できない。

放棄をなし得るのは、上訴権発生後（351条の解説1参照）上訴申立てもしくは上訴期間満了（358参照）までの間である。裁判告知前にあらかじめ放棄することはできず、無効と解すべきである。上訴申立て後の放棄については、上訴の取下げと同一の効果を認めるのが相当であろう（東京高決昭57・3・8高刑集35・1・40は、弁護人が控訴申立てをしたことを知らないで被告人が上訴放棄申立書を提出した事案につき、控訴申立てについての認識の有無を問わず上訴の取下げの効果を認めるべきものとした）。

可分な裁判に対しては、一部についての上訴放棄も可能と解されるが、条件を付した上訴放棄は許されないものと解する。

上訴放棄の申立ては、書面で（360の3）、原裁判所に（規223）しなければならない。口頭での申立ては認められない。

上訴放棄の効力は、上訴権の消滅である。再上訴の禁止について361条参照。被告人が放棄した場合は、353条～355条所定の上訴権者も上訴できなくなり（353条の解説1、355条の解説1参照）、当事者双方が上訴を放棄すれば裁判は確定する。効果発生の時期は、書面が裁判所に到達した時であるが、刑事施設に収容されている者については367条により366条の特則が適用される。

30　第3編　上訴　　第1章　通則

3　上訴の取下げ

　上訴の取下げとは、一旦なされた上訴を撤回することである。早く裁判を
確定させる利益をもたらすが、失権行為として被告人に不利益な行為である
ことは、上訴放棄の場合と同様である。

　取下げは、上訴申立て後上訴審の終局裁判があるまで、いつでもすること
ができる。上訴申立て前の上訴の取下げは無効であり、その後上訴がなされ
てもこれについて取下げの効果を生じるものではない（広島高判昭43・7・
12判時540・85）。しかし、その趣旨が上訴の放棄であると解し得る場合には、
上訴の放棄として有効と扱う余地があるであろう。353条〜355条所定の者の
した上訴も被告人の独自の意思で取り下げることができる（上記2の東京高
決昭57・3・8参照）。また、被告人と原審弁護人がともに上訴の申立てをし
た後、被告人が上訴の取下げをした場合には、弁護人の上訴申立ては効力を
失う（最判昭24・6・16刑集3・7・1082）。

　可分な原裁判に対し全部上訴した場合には、一部についての上訴取下げを
することができ、その部分は上訴審の審判対象から離脱する（東京高判昭38
・9・30高刑集16・7・544参照）。条件を付した上訴の取下げは許されない（条
件を無効とし、無条件の取下げとした例として東京高決昭32・6・13高刑集10・
4・410）。

　上訴取下げも、書面でしなければならないが、公判廷（上訴審の公判廷の
意味。松尾・条解1004）では口頭（調書記載が必要）ですることもできる（規
224）。上訴取下げを申し出る先は、上訴裁判所である（規223の2Ⅰ）が、記
録送付前は、原裁判所に申出書を提出してすることができる（同Ⅱ）。

　取下げの効力も、上訴権の消滅である。再上訴の禁止、独立代理権に基づ
く上訴権者の上訴権の消滅は、上訴放棄と同じであるが、上訴取下げにおい
ては、上訴期間経過後の取下げは、相手方が上訴していない限り、原裁判を
即時確定させ、上訴期間内の取下げも、相手方が上訴の放棄、取下げをして
いれば、同様に即時確定の効力を生じさせる。したがって、上訴裁判所が取
下げのあったことを知ると否とにかかわらず、取下げ後になされた上訴裁判
所の裁判は当然無効で、内容的効力を生じない（最大判昭27・11・19刑集6・
10・1217）。裁判の告知が謄本の送達によってなされる場合、その謄本が被
告人に送達される前に上訴取下書が提出されたときは、事件は有効な取下げ

〔§359〕上訴の放棄又は取下げ　31

によって終局したものとして扱うことになる（仙波厚・訴訟実務下590）。

　上訴取下げの効力発生時期は、口頭の場合は即時であるが、書面の場合は裁判所に到達した時である（作成日付のいかんにかかわらず裁判所の受理時とするものとして、大決昭12・10・11刑集16・1347）。刑事施設に収容されている者については、366条の特則が準用される（367、規229）。

4　上訴放棄・取下げの撤回

　上訴放棄・取下げが原裁判を確定させる効果を有する重要な訴訟行為であることにかんがみると、その撤回は、手続の確実性と法的安定性を著しく害するから、認められないというべきである。判例は、上告取下げにつき、上告は取下げによって既に終了しているからもはや取下げの撤回は認められないとする（最決昭44・5・31刑集23・6・931、最決昭50・5・2裁集196・355。いずれも訴訟終了の趣旨を明らかにしたもの）[1]。

5　上訴放棄・取下げの無効事由

(1)　錯　誤

　上訴の放棄・取下げが錯誤その他瑕疵ある意思表示に基づくとき、その効力をどのように解するべきか。これらの訴訟行為の重要性にかんがみれば、錯誤が行為者（被告人が行為者でないときは被告人についても）の責めに帰することができない事由に基づくときに限り、手続の安定性、確実性の要請を

---

(1)　その他、上訴取下げの撤回に関する判断例として、次のものがある。大阪高判昭63・6・22判時1312・145は、被告人から控訴取下書を受け取った担当看守が受理時刻等の必要事項を受付簿に記載した約26分後に控訴取下げを撤回する趣旨の文書が看守に提出された場合につき、撤回を認めなかった。

　他方、東京高判平25・6・21東時64・1＝12・145は、刑事施設に収容中の被告人が控訴取下書を提出したが、その後翻意して取下書を取り下げたいと申し出た事例につき、当該施設の長の代理者と解される総務部長が控訴取下書を受け取った時刻より控訴取下撤回申出が先行していた可能性がある、との事実関係の下で控訴取下げの撤回を認めて、本案の判断をした。また、東京地決昭45・6・19判時599・143は、控訴取下書を拘置所長に提出した2時間後、いまだ同書面が拘置所長の手元にある間に被告人から上訴権回復請求がなされたときは、上記請求は、控訴取下げを撤回する意思表示であると認められ、依然控訴が維持されていると解する余地があるとしている。

　ただ、いずれの判断例も、最決平26・11・28刑集68・9・1069が、367条が準用する366条1項により上訴放棄・取下げの効力が発生する時期について、被収容者からの書面の受領を担当する刑事施設職員に対し、上訴取下書等を交付し、同職員がこれを受領したときである旨判示する前の判断例であることに留意を要する。

32　第3編　上訴　　第1章　通則

後退させて、無効を認めるべきであろう（佐藤文哉・松尾・刑訴2・435）。最高裁判例も同様の立場に立つものと解される（最決昭44・5・31刑集23・6・931は、示談等ができないと思って上告取下げをしたが錯誤に基づくものであったから上告審議を続けてほしいという趣旨の被告人本人の上告取下げ撤回の申出に対し、「錯誤が被告人の責に帰することのできない事由に基づくものとは認められないから、右取下を無効ということはできない」として排斥している）。在監中の被告人が控訴申立用紙の交付を請求したのに対し、弁護人から既に控訴の申立てがあったのを知っていた看守が、控訴取下用紙の請求と誤信してその用紙を手渡したところ、外国人であった被告人がその内容を分からずに署名押印して看守に提出したとの疎明がされた事案につき、控訴取下げを無効とした裁判例がある（大阪高決昭38・7・15下刑集5・7＝8・686）。

(2)　訴訟能力

ア　ここで問題とされる訴訟能力は、個別の訴訟行為の有効要件としてのそれ（訴訟行為能力）であり、一定の訴訟行為をなすに当たり、その行為の意義を理解し、自己の権利を守る能力（最決昭29・7・30刑集8・7・1231）のことである（これに対し、公判手続を停止すべき「心神喪失の状態」〔314 I〕も訴訟能力を欠く状態と定義される〔最決平7・2・28刑集49・2・481〕が、この局面では公判手続を続行するに耐える能力〔公判手続続行能力〕が問題とされている。両者の関係については、川口政明・判例解説（刑）平7・125、中谷雄二郎・同260以下参照）。判例は、訴訟行為能力につき、個々の訴訟行為ごとに検討する方向にあると解され、上訴放棄・取下げの能力についても、被告人において上訴放棄・取下げの意義を理解し、自己の権利を守る能力の具備を問題とすべきである（最決平7・6・28刑集49・6・785参照）。

イ　一般の訴訟行為同様、心神喪失の状況下で上訴取下げがされた場合に、これを無効と解すべきことは明らかである[2]。これに加え、上訴の放棄・取下げは、訴訟を終結させ有罪判決を確定させるという被告人にとって重大か

---

(2)　死刑判決の言渡しを受け上告中の被告人が、拘禁精神病による幻覚・妄想の影響下にあったため、自己の意思を理性的に決定する精神能力を全く欠いていた状態下で裁判所に上告取下書を提出した事案につき、上告審の公判手続を停止した最決平5・5・31刑集47・6・1は、事件の上告審係属、すなわち取下行為を無効とする判断を前提としていると解される。

〔§359〕上訴の放棄又は取下げ　33

つ不利益な法律効果を伴うものであり、かつ、事後に弁護人が是正したり、裁判所が後見的役割を果たすことができない能動的な訴訟行為であるという特質があることに照らせば、ここにおける「自己の権利を守る能力」については、実際に「上訴権を守る能力」があったといえるのかどうかという観点から検討する必要がある（中谷・前掲278）。

　ウ　前掲最決平7・6・28は、「死刑判決の言渡しを受けた被告人が、その判決に不服があるのに、死刑判決の衝撃及び公判審理の重圧に伴う精神的苦痛によって精神障害を生じ、その影響下において、苦痛から逃れることを目的として控訴を取り下げたなどの判示の事実関係の下においては、被告人の控訴取下げは、自己の権利を守る能力を著しく制限されていたものであって、無効である。」（決定要旨）としたものであるが、この判断は、①精神障害に加えて死刑判決宣告等の心理的ストレスの上訴取下げに与えた影響を考慮している点、及び②自己の権利を守る能力を喪失していた場合だけでなく、著しく制限されている場合も上訴取下げが無効になるとしている点において、通常の訴訟行為能力の基準とされる意思能力（心神喪失でないこと）よりも高い能力を要求していることが注目される。死刑判決に対する上訴の取下げという限られた場面での、かつ具体的事案に即しての事例判断であるが、上記イのような問題意識が反映された判例といえるであろう。

(3)　**必要的弁護事件における弁護人の存在**

　弁護人不在の状態でした控訴取下げは憲法37条3項に違反すると争われた事案につき、同項は、被告人に対し公訴提起の当初から判決確定に至るまでの間、間断なく弁護人が付されることまで保障したものではなく、被告人が控訴を取り下げる際に弁護人が付されていなくとも同項に違反するものではない旨判示した判例（最決平16・6・14判タ1167・134）がある。これと関連して、必要的弁護との関係では、上訴取下げ時に弁護人が不在であることが違法となるかが問題となり得る。控訴趣意書作成についてはその作成提出が可能な段階で弁護人が選任されている必要があるとされる（最決昭47・9・26刑集26・7・431）が、上訴取下げは、法的効果は重大であるものの、その当否の判断に特に法的知識等が必要でないことなどから、弁護人の選任は必要がなく、特に死刑判決を受けた被告人など特殊な心理状況にある者については、取下げ時の訴訟能力を慎重に検討することで足りるのではなかろうか

34　第3編　上訴　　第1章　通則

（小林充・ジュリ1246・188参照）。

　(4)　上訴放棄・取下げの無効が主張された場合の裁判所の措置

　上訴放棄、取下げの効力が争われ、その主張どおり無効と認められるときは、適法な上訴があったかあるいは有効に係属している場合と同様の取扱いをすれば足りる（小林充・注釈刑訴6・42）。

　これに対し、上訴放棄・取下げを有効と認めた場合、裁判所としては、明文の規定はないが、訴訟関係を明らかにするため、決定の形式により上訴の終了を宣言するのが通例である（控訴取下げによる訴訟終了宣言の例として、福岡高決昭34・4・24下刑集1・4・905、東京高決昭40・10・4下刑集7・10・1869、東京高決昭51・12・16高刑集29・4・667、前掲大阪高決平3・12・24等、上告取下げによる訴訟終了宣言の例として前掲最決昭44・5・31、最近のものとして最決平19・12・17判タ1260・131。なお、判決の形式によったものとして名古屋高判昭38・10・31高刑集16・7・563）。

　判例上、高等裁判所がした控訴取下げによる訴訟終了宣言の決定に対しては、これに不服のある者は、3日以内にその高等裁判所に異議の申立てをすることができるとされている（最決昭61・6・27刑集40・4・389）が、終審である最高裁判所がした上告取下げによる訴訟終了宣言の決定に対しては不服申立てをすることは許されない（最決平27・2・24刑集69・1・214）。

6　上訴取下げと訴訟費用負担

　184条・187条参照。　　　　　　　　　　　　　　　　　　　　　（前田巖）

　〔書面による被告人の同意による上訴の放棄・取下げ〕
　第360条　第353条又は第354条に規定する者は、書面による被告人の同意
　　を得て、上訴の放棄又は取下をすることができる。

　　〔規〕　第224条の2（同意書の差出・法第360条）　法第353条又は第354条に
　　　　　　規定する者は、上訴の放棄又は取下をするときは、同時に、被告人
　　　　　　のこれに同意する旨の書面を差し出さなければならない。

〔§360の2〕上訴の放棄の禁止　35

1　本条は、固有の上訴権者以外で上訴の放棄・取下げをなし得る者及びその要件を定めたものである。

上訴放棄・取下げをなし得る353条所定の者（法定代理人・保佐人）の範囲は、当該上訴放棄・取下げの時点を基準にして決すべきである。

本条所定の者は、自らのした上訴のみに限らず、他の者のした上訴についても取り下げ得る。しかし、書面による被告人の同意を要し、かつ、これを同時に裁判所に提出しなければならない（規224の2）。書面による同意を必要としたのは、上訴の放棄・取下げが重要な訴訟行為であるから、手続の慎重さと明確化を期するためである。

2　原審の弁護人（355）は、上訴取下権を有しない（最決昭25・7・13刑集4・8・1356）。根拠規定がないだけでなく、実質的にも上訴取下げは上訴審での訴訟活動だからである。

これに対し、上訴の放棄は、原審における訴訟行為であることから、書面による被告人の同意を得れば、原審弁護人もこれをなし得ると解する見解（松尾・条解1006等）と、被告人に利益な行為である上訴について明文の規定があるのに、不利益な行為を明文の規定なく認めるのは妥当でないとして否定する見解（原田・大コメ刑訴9・51等）とが対立している。

上訴審の弁護人については、書面による被告人の同意を得れば上訴の取下げをなし得ると解するのが通説である。　　　　　　　　　　　（前田巌）

〔上訴の放棄の禁止〕
第360条の2　死刑又は無期の懲役若しくは禁錮に処する判決に対する上訴は、前2条の規定にかかわらず、これを放棄することができない。

本条所定のような重い刑の裁判に対しては、上訴するか否かの判断をより一層慎重にさせる必要があるからである。

本条の対象となる裁判は、宣告刑として死刑又は無期の懲役もしくは禁錮の刑を言い渡した判決のことである。以上の刑を言い渡した判決に対し、控訴審で控訴棄却の判決又は決定がなされたときも、これに含まれると解すべきである。

36　第3編　上訴　　第1章　通則

上訴の取下げについては、本条のような制限はない。　　　　　（前田巌）

〔上訴放棄の手続〕
第360条の3　上訴放棄の申立は、書面でこれをしなければならない。

　本条は、上訴放棄の方式につき、書面によることを定めたものである。上
訴放棄の書面の提出先は、原裁判所である（規223）。
　旧法では口頭による放棄の申立ても認めていた（旧385）のに対し、現行
法が書面方式のみを採用しているのは、訴訟行為としての重要性にかんがみ、
申立ての慎重さと行為の明確化を期するためである。　　　　　（前田巌）

〔再上訴の禁止〕
第361条　上訴の放棄又は取下をした者は、その事件について更に上訴を
　することができない。上訴の放棄又は取下に同意をした被告人も、同様
　である。

　〈本条細目次〉
　1　本条の趣旨　36
　2　再度の上訴の禁止　36
　3　禁止される再上訴の内容　37

1　本条の趣旨
　本条の立法理由は、上訴の放棄、取下げをした者が更に上訴できるとする
と、上訴の放棄、取下げを安易にするおそれがあるだけでなく、裁判確定時
期が不明瞭になり、訴訟関係の明確性を害するから、これを許さないことに
したという点にある。

2　再度の上訴の禁止
　「上訴の放棄又は取下をした者」とは、本条後段との対比上、有効に上訴
の放棄又は取下げをした者自身を指す。被告人自身が上訴の放棄又は取下げ

〔§362〕上訴権回復の請求 　37

をしたのではなくても、353条・354条所定の者がこれをするには、被告人の
同意が必要であるから（360）、上訴の放棄又は取下げに同意をした被告人の
上訴権も、この同意に基づく効果として当然に消滅する。本条後段は、いわ
ば解釈上の疑念を残さないための確認的規定といえる。

3　禁止される再上訴の内容

　本条により禁止される再上訴は、同一審級内の場合に限られ、控訴の放棄
又は取下げをした者が控訴審の判決に対して上告をすることまで禁ずる趣旨
のものと解すべきではない（最決昭42・5・24刑集21・4・576）。

　なお、この点、控訴の取下げをした被告人が検察官の控訴を棄却した判決
に対して自ら上告することができるかについては、相手方である検察官の控
訴を棄却したにとどまり第1審判決を被告人に不利益に変更しているわけで
はない控訴審判決に対し、控訴の放棄・取下げをして第1審判決を受け入れ
る姿勢を示したはずの被告人が上告できるとすることは背理ではないかとい
う問題がある（渥美東洋・判例コメ2・517参照）。しかし、前掲最決昭42・5
・24は、第1審判決に対し、被告人及び検察官の双方から控訴の申立てがあ
り、被告人のみこれを取り下げた場合において、控訴審の判決が検察官の控
訴を棄却したにとどまるときであっても、被告人からその判決に対し上告を
申し立てることは許されるとしている。　　　　　　　　　　　　　（前田巌）

　　〔上訴権回復の請求〕
　第362条　第351条乃至第355条の規定により上訴をすることができる者は、
　　　自己又は代人の責に帰することができない事由によつて上訴の提起期間
　　　内に上訴をすることができなかつたときは、原裁判所に上訴権回復の請
　　　求をすることができる。

　〈本条細目次〉
　1　本条の趣旨　38
　2　代　人　38
　3　責に帰することのできない事由　38
　　(1)　上訴権回復の請求が認められなかった事例　39

38　第3編　上訴　　第1章　通則

　(2)　上訴権回復の請求が認められた事例　39
　4　上訴不能の意義　40
　5　請求の方式等　41
　6　準用できる範囲　41

1　本条の趣旨

　上訴権は、上訴提起期間の経過により消滅するが、所定の期間内に上訴できなかった不利益を上訴権者に負わせるのが酷な一定の場合につき、これを救済するため、本条以下で上訴権回復の請求ができる旨を定めた。

2　代　人

　「代人」とは、上訴に必要な諸般の行為を法律上又は事実上本人に代わって行う者をいい（大決昭8・4・26刑集12・503）、弁護人（事務所員等も含む）、本人の家族、従業員などがこれに含まれる（最決昭27・8・30刑集6・8・1063は、被告人は弁護士に上告審弁護を委任したつもりでいたが、当該弁護士は正式に受任したとは理解しておらず、申立期間内に上告申立てをしなかったという事案につき、被告人が同弁護士において上告申立てをしてくれるものと軽信して上告申立期間を徒過したならば被告人の過失によるものであり、仮に同弁護士が上告申立手続の委任を受けたものとするならば、本条にいわゆる「代人」として同弁護人に過失があったことに帰着するとした上訴権回復請求棄却決定を是認している）。

　なお、上訴権回復の要件として、単に本人の過失だけでなく、代人の過失まで含めてその不利益を本人に負担させるのは、本人の上訴権、裁判を受ける権利を不当に制限する結果となるから、憲法32条に違反するとの主張につき、判例はこれを否定する（最大決昭25・4・21刑集4・4・675〔旧387につき〕、最決昭36・6・7刑集15・6・956）。

3　責に帰することができない事由

　「責に帰することができない事由」とは、上訴不能の事由が上訴権者又はその代人の故意又は過失に基づかないことをいう（最決昭31・7・4刑集10・7・1015）。天災地変など不可抗力に基づく上訴不能の場合のほか、どのような場合がこれに当たるかは、個々の事案ごとに決するよりほかないが、一旦既判力が生じた場合の非常救済措置の一つであることにかんがみると、そ

〔§362〕上訴権回復の請求　39

の要件はかなり厳格に解されることになろう。

(1)　上訴権回復の請求が認められなかった事例

　ア　被告人と代人との間の意思の疎通もしくは連絡が不十分であった場合（病気のため妻に上訴申立てを依頼し、上訴申立てをしたと軽信：東京高決昭33・9・6判タ86・55。弁護人との意思の離齬、連絡不十分：上記2の最決昭36・6・7）。

　イ　身柄が拘束されても、上訴権の行使が妨害されるような事情になかった場合（行政検束につき、大決昭8・3・16刑集12・271）。

　ウ　裁判の存在又は内容を知らなかったことについて過失がある場合（召喚状に判決宣告期日である旨の記載漏れがあっても、被告人側に訴訟の進行につき懈怠があった場合：福岡高決昭28・1・22高刑集6・1・64。被告人が弁護人から言渡しと異なる罰金額を告げられ控訴しなかった場合において、その後弁護人がその罰金額が間違いであることを認識したにもかかわらず、その旨を被告人に連絡しなかったとき：仙台高秋田支決昭30・9・22判時65・26。家人が送達を受領した略式命令を本人が認識していなかった場合：同昭34・8・29下刑集1・8・1749。同：東京高決平4・10・30判タ811・242）。

　エ　被告人に法の不知又は誤解があった場合（略式命令に関し、当選に及ぼす効力についての検察官の説明を軽信し、失格問題は起こらないものと誤解して正式裁判の申立てをしなかった場合：最決昭31・5・1裁集113・437。2個の主文を包含する1個の判決に対する一部上訴によって判決の全部につき上訴をしたものと誤信していた場合：福岡地決昭39・3・13下刑集6・3＝4・552。法の無知のため判決謄本下付願の提出により上告手続を完了したと誤解していた場合：東京高決昭48・6・7判時721・103）。

　オ　通常想定される郵便事情に注意しなかったもの（年末郵便物の輻輳のため集配業務の遅滞が十分予想されるのに、これに注意せず郵送した結果延着した場合：大決昭5・2・15刑集9・70）。

　カ　病気で絶対安静又は起居不能のため期間内に上訴もしくは異議申立てができなかった場合（最決昭31・7・4刑集10・7・1015）[1]。

(2)　上訴権回復の請求が認められた事例

　ア　上訴申立書の延着の原因が郵便局側の事情にある場合（事務の手違いで上訴期間内に到達しなかった場合：最決昭39・7・17刑集18・6・399。年末に

40　第3編　上訴　　第1章　通則

おける事務輻輳と争議のため上訴期間満了日まで8日間の余裕をもって速達郵便
で差し出したのに延着した場合：東京高決昭54・1・23判時926・132）。

　イ　被告人が裁判の存在又は内容を知らなかったことについて裁判所の手
続に不備があった場合（被告人が公判期日に出頭しなければ判決の宣告ができな
い事件につき被告人不出頭のまま判決の宣告をした事案〔上訴提起期間は判決宣
告の日から進行するが、判決の通知が被告人に到達するまでは被告人自身又は代
人の責に帰すべからざる理由によって上訴権の行使を妨げられていたものとし
た〕：最決昭38・10・31刑集17・11・2391。控訴審において被告人に公判期日を通
知することなく被告人不出頭のまま公判を開廷した事案〔その開廷は違法であり、
その結果被告人が判決宣告の事実を知り得ず上訴提起期間内に上訴することがで
きなかったときは、被告人は自己又は代人の責に帰することができない事由によ
り上訴権の行使を妨げられたものというべきである〕：最大決昭44・10・1刑集23
・10・1161）。

　ウ　刑事施設の職員の対応に起因する場合（被告人が、看守と弁護人との不
完全な連絡のため弁護人において上訴済みと誤信し、自ら上訴をせず期間を徒過
した場合：高知地決昭40・5・24下刑集7・5・1155。拘置所職員が収容されて
いる申立人から投函を依頼された付審判請求の抗告棄却決定に対する特別抗告申
立書在中の封筒を合理的期間内に投函したとはいい難いとされた場合：東京高決
平24・7・9東時63・1＝12・148）。

4　上訴不能の意義

　「上訴の提起期間内に上訴をすることができなかつたとき」とは、上訴提
起期間の経過により、上訴権が消滅した場合をいう。一旦適法にした上訴を
取り下げたため上訴権が消滅したような場合には、「上訴の提起期内に上訴
をすることができなかつた」わけではないから、その適用がないことが明ら
かであり、上訴権回復の請求はなし得ない（最決昭50・5・2裁集196・355。
上訴取下げの無効を主張する場合でも、上訴権回復の必要はないと説示するもの
として大阪高決昭38・7・15下刑集5・7＝8・686）。

（1）　なお、大阪高決昭26・7・20高刑集4・7・807は、上告提起期間11日目に発病し
　　て起居不能となった事案につき、帰責性を肯定する根拠として、上訴状の作成・提
　　出を使者に託すことも容易であるし、判決宣告後発病までに申し立てることも可能
　　であったことを掲げている。

〔§362〕上訴権回復の請求 41

　もっとも、上訴の放棄の場合には、要素の錯誤に基づき、かつ、被告人に帰責事由がないため放棄が無効であっても、上訴期間経過により裁判が確定しているため、本条の準用の余地があるとする見解がある（小林充・注釈刑訴6・51、神戸地決昭36・9・30下刑集3・9＝10・972）。

　なお、法定期間内の上訴申立てが裁判所側の受理手続の誤り（受付日付印の誤捺等）により期間経過後の申立てとされた場合（大決昭15・8・8刑集19・520、東京高決昭38・11・5下刑集5・11＝12・1112）、上訴申立ての存在につき明確な証明はないが、裁判所側で上訴申立書を紛失した疑いが存する場合（大阪地決昭43・7・1判時533・89）などは、本来上訴権回復の問題とはいえないが、本条により上訴権回復の請求を認めている。

5　請求の方式等

　上訴権回復の請求の宛先は原裁判所であり、その方式につき363条、規225条以下、裁判所の措置につき365条、同請求が認容された場合の効果につき364条参照。

6　準用できる範囲

　略式命令に対する正式裁判の申立てについて本条以下の準用が明文で定められている（476）が、他にどのような場面で準用ないし類推適用が認められるか。本条の趣旨は上訴権の保護にあるから、上訴に準ずる申立ての場合には上訴権回復に関する規定の準用が認められるが、そうでないものについては準用は認められないと解すべきである（最決昭54・7・2刑集33・5・397参照）。

　実質的にみて上訴に当たるといえる高等裁判所の決定に対する異議（428Ⅱ）及び準抗告（429Ⅳ）には準用があると解される（前者につき最決昭26・10・6刑集5・11・2177）。

　また、最決昭57・4・7刑集36・4・556は、最高裁判所の上告棄却決定に対する異議申立て（414条により386条2項を準用。最大決昭30・2・23刑集9・2・372）についても上訴権回復に関する規定の準用があるものとしている。上告棄却決定に対する異議は、同一裁判体に裁判の是正を求めるものであるから、上訴に準ずる申立てとは直ちにいい難いものであるが、方便とはいえ、414条により386条2項を準用するという法形式が採用されており、そこで更に準用される428条2項の異議申立てに上訴権回復の準用があるとの

判例法理が確立されている以上、同様に扱うべき法文・判例上の根拠があったといえよう。

上告受理申立て（406、規257）については、最高裁判所に一種の職権発動を促すものにすぎず、実質的に上訴に当たるとはいえないとして、本条の類推適用が否定されている（東京高決平19・7・23東時58・1＝12・48）が、やはり上級審の職権発動を促すもので、上訴とはいい難い少年法32条の4に基づく検察官の抗告受理申立てについては、上訴権回復を認めた高裁決定がある（仙台高決平16・9・9家庭裁判月報57・6・169）。上告受理申立てについては、上告を並行して申し立てることが可能で、それについて上訴権回復を問題とすれば足りる以上、受理申立てについて本条の類推適用を特に認める必要性は乏しいというべきである。これに対し、少年審判における検察官の抗告受理申立ては、検察官が原決定について是正を申し立てる手段が他になく、事実認定や法令適用の適正化を図ろうとする検察官関与（少22の2）の趣旨に照らしても、これを上訴に準ずるものと扱うことに合理性があるといえよう。

上告判決に対する訂正判決の申立て（415）については、類推適用を肯定する見解（青柳・実務講座11・2618、原田國男・大コメ刑訴9・650）と否定的な見解（柴田孝夫・注釈刑訴6・468）とがある。

他方、判例上、訴訟費用執行免除の申立て（500）については、上訴に準ずる申立てとはいえないとして、上訴権回復に関する規定の準用は否定されている（前掲最決昭54・7・2）。また、付審判請求の申立期間（262Ⅱ）について、本条の準用ないし類推適用を否定した下級審裁判例がある（東京地決昭49・9・2刑裁月報6・9・994）。　　　　　　　　　　　　（前田巌）

〔上訴権回復請求の手続〕
第363条　上訴権回復の請求は、事由が止んだ日から上訴の提起期間に相当する期間内にこれをしなければならない。
2　上訴権回復の請求をする者は、その請求と同時に上訴の申立をしなければならない。

〔規〕　第225条（上訴権回復請求の方式・法第363条）　上訴権回復の請求は、書面でこれをしなければならない。
　　　　第226条（上訴権回復請求の理由の疎明・法第363条）　上訴権回復の理由となる事実は、これを疎明しなければならない。

〈本条細目次〉
1　事由が止んだ日　43
2　上訴の提起期間に相当する期間　43
3　同時申立て、申立ての方式等　43

1　事由が止んだ日

　「事由が止んだ日」とは、上訴不能の事由が止んだとき、例えば、故意又は過失なしに裁判があったことを知らなかった場合において、裁判の存在を上訴権者が知り、又は知り得べき状況に置かれたときがこれに当たり（最決昭25・7・12刑集4・7・1311は、被告人に対する公判期日の召喚状送達が不適法で被告人不知の間に第2審判決の言渡しがあったとしても、被告人が検察官から判決執行のため呼び出しを受け、判決言渡しのあったことを告げられたときは、上訴権回復請求の事由はその告げられた日をもって止んだものとする。その他、最決昭38・10・31刑集17・11・2391、最大決昭44・10・1刑集23・10・1161参照）、その翌日から上訴の提起期間が起算される（55Ⅰ）。

2　上訴の提起期間に相当する期間

　「上訴の提起期間に相当する期間」とは、事由の止んだ日から法定の上訴提起期間に相当する全日数をいうと解するのが一般的理解である（松尾・条解1009、原田國男・大コメ刑訴9・64。)[1]。

3　同時申立て、申立ての方式等

　本条2項は、上訴権回復の請求と同時に上訴の申立てをしなければならないものとしている。上訴権回復の請求は、もともと上訴権者が上訴権の行使を欲するがためにするのであるから、同時に申立てをさせても、上訴権者の意思に反することがない上、上訴権回復の請求が認容された場合、以後の訴

---

(1)　ただし、高裁判例には、上訴提起の期間のうち、被告人の責に帰することができない事由によって上訴申立てをなし得なかった期間に相当する期間をいうとしたものがある（福岡高決昭34・10・28下刑集1・10・2134）。

44　第3編　上訴　　第1章　通則

訟関係が簡明に運ぶからであると考えられる。

　上訴権回復の請求は、原裁判所に（前条）書面でしなければならず（規225）、かつ、上訴権回復の理由となる事実を疎明しなければならない（規226）。また、それがされた場合は、相手方に通知しなければならない（規230）。

（前田巖）

〔即時抗告〕
第364条　上訴権回復の請求についてした決定に対しては、即時抗告をすることができる。

〈本条細目次〉
1　本条の趣旨　44
2　上訴権回復請求に対する決定　44

1　本条の趣旨

　本条は、上訴権回復の請求についてした決定に対しては、即時抗告ができるものとして、問題の迅速な処理を図ったものである。

2　上訴権回復請求に対する決定

　(1)　上訴権回復の請求があったとき、裁判所は請求を審査して、不適法もしくは理由がないときはこれを棄却（不適法の場合に請求を却下した例も見受けられる）し、理由があるときは上訴権の回復を許容する旨の決定をする。

　(2)　請求棄却（又は却下）の場合、同時になされている上訴の申立ては必然的に上訴権消滅後の申立てとなるから、これについても原裁判所が上訴棄却の決定（375・414）をしなければならない[1]。

---

(1)　なお、同時にされる上訴が抗告の場合でも、原裁判所は375条・414条の類推適用により、自ら抗告棄却の決定をすることができる（最決昭48・6・21刑集27・6・1197）。ただし、この扱いは、上述の表裏一体性による上訴権回復請求を伴う抗告に限っての例外的扱いと理解すべきものである（田崎文夫・判例解説（刑）昭48・157）。即時抗告の申立てを受理した裁判所が375条を類推適用してその申立てを自ら棄却することは許されないとした最決平18・4・24刑集60・4・409参照。

〔§365〕上訴権回復請求と裁判の執行停止　45

　理論上は両決定を必ずしも同時にする必要はないが、表裏一体の関係にある各決定につき不服申立てが別々となるのは不都合であるから、同一の決定書で処理するのが望ましい[2]。

　(3)　請求を許容する場合には、同決定が確定すると原裁判は確定力を失い、同時にした上訴の申立ては有効となる。上訴審は以後通常の方法に従って審判手続を進めればよい。原裁判確定後、上訴権回復の請求を許容する決定が確定するまでの間における原裁判の執行に関する問題については次条参照。

（前田巌）

〔上訴権回復請求と裁判の執行停止〕
第365条　上訴権回復の請求があつたときは、原裁判所は、前条の決定をするまで裁判の執行を停止する決定をすることができる。この場合には、被告人に対し勾留状を発することができる。

〈本条細目次〉
1　原裁判の執行停止　45
2　勾留状の発付　46

1　原裁判の執行停止

　上訴権回復の請求があっただけでは、確定した原裁判は未確定の状態に戻るわけではなく、依然として執行力を有する。しかし、上訴権回復の請求があった場合、これに対する決定が出るまで原裁判の執行を停止させる方が妥当なこともあるため、本条が設けられた。

　原裁判の執行を停止させるか否かは、裁判所の裁量に属する。したがって、上訴権回復の請求がなされても、原裁判は当然にはその執行を停止されないから、請求を許容する決定が確定したときには、既に原裁判の執行が終了していることもあり得る[1]。しかし、そうであるからといって、このような場合、上訴審が同事件につき確定判決を経たとして免訴を言い渡すべきでない

_____

(2)　田崎・前掲156。

46　第3編　上訴　　第1章　通則

ことはいうまでもない（大判大14・10・13刑集 4・639）。

　なお、原裁判が未確定の状態に戻った後、改めて有罪の内容の裁判がなされた場合、原裁判のうち既に執行ずみの部分については、法定通算の規定（495）を準用して刑に通算し、無罪等の内容の裁判がなされた場合は、刑事補償の問題（刑補 1 Ⅱ・25）として処理すべきである。

2　勾留状の発付

　本条前段の執行停止決定がなされた場合、そのまま放置すると以後の裁判の進行に支障を来すおそれ（罪証隠滅、逃亡等）も考えられるので、裁量的に被告人の身柄を勾留し得ることとしたものである。被告人が当該事件について既に勾留質問手続の機会を与えられている場合には、改めてこれを行う必要はないものと思われる（最決昭41・10・19刑集20・8・864参照）。

（前田巌）

〔収容中の被告人に関する特則〕

第366条　刑事施設にいる被告人が上訴の提起期間内に上訴の申立書を刑事施設の長又はその代理者に差し出したときは、上訴の提起期間内に上訴をしたものとみなす。

　2　被告人が自ら申立書を作ることができないときは、刑事施設の長又はその代理者は、これを代書し、又は所属の職員にこれをさせなければならない。

〔規〕　第227条（刑事施設に収容中の被告人の上訴・法第366条）　刑事施設に収容されている被告人が上訴をするには、刑事施設の長又はその代理者を経由して上訴の申立書を差し出さなければならない。

　　　2　刑事施設の長又はその代理者は、原裁判所に上訴の申立書を送付し、かつ、これを受け取つた年月日を通知しなければならない。

第228条　刑事施設に収容されている被告人が上訴の提起期間内に上訴の申立書を刑事施設の長又はその代理者に差し出したときは、上訴の提起期間内に上訴をしたものとみなす。

---

(1)　請求が出た時点で既に執行が終了していることももちろんあり得る。

〔§366〕収容中の被告人に関する特則　47

第297条（刑事収容施設に収容中又は留置中の被告人又は被疑者の申述）　刑事施設の長、留置業務管理者若しくは海上保安留置業務管理者又はその代理者は、刑事収容施設に収容され、又は留置されている被告人又は被疑者が裁判所又は裁判官に対して申立てその他の申述をしようとするときは、努めてその便宜を図り、ことに、被告人又は被疑者が自ら申述書を作ることができないときは、これを代書し、又は所属の職員にこれを代書させなければならない。

〈本条細目次〉
1　本条の趣旨　47
2　要件等　47
3　本条の準用、類推適用　48
4　上訴申立書の代書　49

1　本条の趣旨

適法な上訴の申立てというためには、原則として上訴提起期間内に上訴申立書が原裁判所に到達することが必要であるが（358条の解説3参照）、本条は、刑事施設（刑事収容3）にいる被告人が上訴申立書等の書面を裁判所に提出する場合には、刑事施設の内部手続に時間を要し、被告人が意図した効果の発生時期が予想外のものになって法的安定性が害されることを防ぐため、書面による訴訟行為の効力発生時期について到達主義の例外を定めたものである（上訴取下等に本条を準用する367条につき、最決平26・11・28刑集68・9・1069）。

2　要件等

被告人が「刑事施設にいる」理由は、上訴しようとする刑事事件を理由とする勾留でなくてもよく、別件による収容であってもよいと解される（松尾・条解1012）。

「刑事施設の長又はその代理者に差し出したとき」とは、行政組織上の長又はその代理者とされている者が実際に受領する時をいうのではなく、判例は、前記趣旨に鑑み、刑事施設にいる被告人が、被収容者からの書面の受領を担当する刑事施設職員に対し、上訴取下書を交付し、同職員がこれを受領したときは、これに当たるとする（前掲最決平26・11・28）。そして「被収容者からの書面の受領を担当する刑事施設職員」とは、施設の内部規定によっ

48　第3編　上訴　第1章　通則

て文書受理担当と定められた職員に限定されるものではなく、被収容者の施設内生活の全般にわたり看守することが職責とされる刑務官については、その全てが「被収容者からの書面の受領を担当する刑事施設職員」に当たると考えるべきであろう（同最決補足意見参照）。被収容者からの書面の受領を担当する刑事施設職員は、上訴取下書等の書面を受領する際には、時刻を受領の場で確認して、これを年月日とともに記録し、事後の疎明に備えてこれを資料化しておくことが必要となる（規229・227Ⅱ）が、上記最決を受け、運用は①被収容者から上訴等申立書を受領した職員は、受領日時を記載する、②受領した上訴等申立書は、速やかに裁判所に送付する、③上訴が取り下げられたときには、裁判所に速やかに電話などでその旨伝達する等とされている（平27・10・15法務省矯成第2760号矯正局成人矯正課長通知等）。

　被告人が刑事施設の長又はその代理者に対し、本条により適法に上訴申立書を差し出した以上、その後何らかの理由で同申立書が紛失し、又は原裁判所に到達しなかったとしても、当該上訴申立てはもとより有効であって、上訴権回復の問題を生じる余地はない（大決大14・10・2刑集4・565）。

　本条は、もっぱら被収容者たる被告人の便宜に出た規定であるから、規227条が被収容者たる被告人に刑事施設の長等を経由した上訴申立てを義務づけているように読めるけれども、これを特別の制限を付したものと解するべきではなく、被告人が刑事施設の長等を経由せず、通常の信書発送の方法による上訴申立てをなすことは禁止されていない（大判大15・5・26刑集5・217）。実務上も、刑事施設の長等を経由して申立書を提出することをあえて忌避して郵送による提出をしてくる例が散見される。このような場合には到達主義の原則に戻ることは当然である。

　被告人が差し出した上訴申立書の取扱いなどについては規227条2項・228条参照。

3　本条の準用、類推適用

　(1)　明文により本条の準用を認めているものとして、上訴の放棄・取下げ及び上訴権回復の請求（367）のほか、再審請求とその取下げ（444）、訴訟費用の執行免除、裁判の解釈、執行異議の各申立てとその取下げ（503②）、正式裁判の請求、取下げ、正式裁判請求権回復の請求（規294）などがある。

　(2)　また、本条の準用が規定されていない申立てにつき、その類推適用の

〔§366〕収容中の被告人に関する特則　49

有無が問題とされた最高裁判例としては以下のものがある。

　ア　類推適用を認めたもの

　①　判決訂正の申立て（最決昭41・4・27刑集20・4・332）

　②　再審請求事件の決定に対する特別抗告（最決昭50・3・20裁集195・639）

　③　再審請求棄却決定に対する異議申立て（最決昭54・5・1刑集33・4・271）

　④　保釈保証金没取決定に対する特別抗告（最決昭56・9・22刑集35・6・675）

　⑤　刑の執行猶予言渡取消決定に対する即時抗告棄却決定に対する特別抗告（最決平16・10・8刑集58・7・641）

　イ　類推適用を否定したもの

　①　控訴趣意書の提出（最決昭29・9・11刑集8・9・1490）

　②　付審判請求棄却決定に対する特別抗告（最決昭43・10・31刑集22・10・955）

　③　付審判請求（最決平16・10・1判タ1168・138）

　④　刑事補償請求事件の決定に対する特別抗告（最決昭49・7・18刑集28・5・257）

　これらの判例からは、刑事上の処分を受けた本人の刑事手続内における救済を目的とする行為に限定して366条1項の類推適用を認める立場を採るものとみられる（稲田輝明・判例解説（刑）昭56・237）。イ①の控訴趣意書の提出の遅延については、判例の立場に対する異論もあるが、規238条（上告趣意書についても規266条で準用）により対応が可能であり、本条の類推適用を認める必要性が乏しいといえよう。

4　上訴申立書の代書

　本条1項と同じく被収容者たる被告人の便宜のための規定である。

　なお、本条2項による場合、被収容者たる被告人としては、刑事施設の職員等に上訴申立書を代書してもらった上、これに自己の署名押印（指印）をし（規60・61）、本条1項所定の方法により上訴の申立てをするべきであり、刑事施設の職員などに対し口頭により上訴の申立てを依頼しただけでは、いまだ適法な上訴申立てをしたとはいえない（名古屋高決昭31・3・16特報3・6・263）。

　　　　　　　　　　　　　　　　　　　　　　　　　　　　（前田巌）

50 第3編 上訴 第1章 通則

〔被収容者の上訴放棄・上訴取下げ・上訴権回復請求〕
第367条 前条の規定は、刑事施設にいる被告人が上訴の放棄若しくは取下げ又は上訴権回復の請求をする場合にこれを準用する。

〔規〕 第229条（刑事施設に収容中の被告人の上訴放棄等・法第367条等）
刑事施設に収容されている被告人が上訴の放棄若しくは取下げ又は上訴権回復の請求をする場合には、前2条の規定を準用する。

本条は、刑事施設にいる被告人の書面提出につき、刑事施設の内部手続に時間を要して法的安定性が害されることを防ぐために到達主義の例外を設けた366条の規定を、上訴放棄・取下げ又は上訴権回復請求にも準用するものである。

被収容被告人が本条所定の申立書を刑事施設の長等に差し出したとき（詳細は前条の解説2を参照）は、直ちに同申立ての効力が生じ、裁判所が当該申立てのあったことを知ると否とにかかわらない（取下げ後の控訴審判決を当然無効とした最大判昭27・11・19刑集6・10・1217）。

一般に上訴放棄・取下げの撤回は認められないことから、本条により上訴放棄・取下げの効力が発生した後は、それを撤回することは許されないというべきである（359条の解説4及び注(1)参照）。　　　　　　　（前田巖）

第368条～第371条 削除

第2章 控　訴

〔控訴を許す判決〕
第372条　控訴は、地方裁判所又は簡易裁判所がした第1審の判決に対してこれをすることができる。

　地方裁判所又は簡易裁判所がした第1審の判決に対し、「控訴」という方法での上訴をすることができることを定めた条文である。したがって、第1審の判決でも内乱罪に関して高等裁判所がした判決（裁16④）に対する上訴は、控訴ではなく、上告となる（405）。控訴を管轄するのは当該第1審判決をした裁判所の所在地を管轄する高等裁判所である（裁16①、下裁管轄2）。地方裁判所又は簡易裁判所がした第1審の判決に対しては、控訴のほか、規254条のいわゆる跳躍上告という方法による上訴も認められている。

(鹿野伸二)

〔控訴提起期間〕
第373条　控訴の提起期間は、14日とする。

　控訴の提起期間は14日である。これは延長が許されない（56Ⅱ）。この期間は、裁判が告知された日から進行するが（358）、期間の計算について日で計算するものは初日を算入しないから（55Ⅰ）、結局、判決宣告の日の翌日から14日間が控訴の提起期間となる。したがって、例えば月曜日に判決宣告がなされれば、翌々週の月曜日の終了までが控訴期間である。ただし、期間の末日が日曜日、土曜日、休日等に当たるときは、期間に算入されない（同条Ⅲ）。
　期間内の控訴であるか否かは、控訴申立書の到達によって判断する。到達に関する問題点については、期間のほか、提出先の問題もあるので、次条で

52 第3編 上訴 第2章 控訴

まとめて説明する。 （鹿野伸二）

〔控訴提起の方式〕
第374条 控訴をするには、申立書を第1審裁判所に差し出さなければならない。

〔規〕 **第230条**（上訴等の通知） 上訴、上訴の放棄若しくは取下又は上訴権回復の請求があったときは、裁判所書記官は、速やかにこれを相手方に通知しなければならない。
第235条（訴訟記録等の送付） 控訴の申立が明らかに控訴権の消滅後にされたものである場合を除いては、第1審裁判所は、公判調書の記載の正確性についての異議申立期間の経過後、速やかに訴訟記録及び証拠物を控訴裁判所に送付しなければならない。

〈本条細目次〉
1 趣 旨 52
2 控訴申立書 52
 (1) 記載内容 52
 (2) 署名（記名）押印 53
3 第1審裁判所への提出 54
4 控訴申立ての通知 56

1 趣 旨

控訴は、申立書、すなわち書面によってすることを要すること及びその提出先が第1審裁判所であることを定めた規定である。

2 控訴申立書

(1) 記載内容

「控訴申立書」などの表題がなくとも、特定の判決に対する不服申立てである趣旨が明らかである書面であれば足りると解され、実務もそのように扱っている。しかし、控訴申立書が提出されなければ、弁護人選任届のみが提出されても控訴の効力は生じない（最決昭32・7・30裁集119・1157）。

事件の特定は、事件番号、被告人名、罪名、宣告刑、宣告日等によってな

〔§374〕控訴提起の方式　53

されることになる。判例は、検察官の控訴申立書について、「被告人甲外5名」と記載されて被告人の氏名が明示されていなくても、被告人全員がこれに該当することが分かるときは不適法といえないとしている（大判昭10・10・26新聞3935・13）。

可分な判決に対しては、対象を特定して控訴すべきであるが、特定されていなければ、判決全部に対する控訴と解するべきである。

宛名は高等裁判所とすべきであるが、その記載は要件ではないから、これを誤っても効力に影響はない（大判大15・5・26刑集5・217）。

(2)　署名（記名）押印

申立書には、被告人が作成する場合には署名押印が、弁護人又は検察官がする場合には署名押印又は記名押印が必要とされる（規60・60の2）。

したがって、電子複写機によって複写されたコピーによってした控訴は不適法である（最決平17・7・4刑集59・6・510）。電報による控訴は不適法とするのが判例であるが（最決昭25・12・5刑集4・12・2489、最決昭35・2・27刑集14・2・206）。これは、電報という形式の問題というよりは、署名押印がないという点で不適法としているものと考えられる。ファクシミリによる控訴申立ても同様に不適法と解される。なお、最決昭58・10・28刑集37・8・1332は、署名押印部分が書面に複写されているほかに、この文書を封入した郵便の封筒には作成名義人によるものと認められる氏名の記載があって、権限のない者がほしいままに作成し提出したなどの特段の事情はうかがわれず、その作成名義人の意思に基づいて作成され提出されたものと認められるという事情において、作成名義人の署名押印のない電子コピーの上告趣意書を有効と扱っているが、これは趣意書提出の場面であって、当該審級における手続内で行われる控訴趣意書の提出と審級の手続を開始するための申立書の提出との間では求められる確実性や判断の迅速性も異なるから、同判例の射程範囲は慎重に考えるべきである。

署名押印が必要であるにもかかわらず、記名押印しかなされていない場合、控訴期間の問題がなければ補正させるのが通常であろうが、裁判例としては、記名押印でも足りるとする規60条の2が制定される以前における検察官の控訴申立書につき、検察官が記名押印しただけで署名のないものを無効としたもの（広島高岡山支判昭47・8・3刑裁月報4・8・1435）がある一方で、被

54 第3編 上訴 第2章 控訴

告人の控訴申立書につき、規60条は主として書類作成者の同一性を明らかにして過誤のないようにするため、可能な限り厳格な方式を要求したものであることを理由に、被告人名のゴム印による記名と押印があって署名を欠いていても有効であるとしたもの（東京高判昭51・2・25東時27・2・24）、被告人名義の記名と押印はあるが、その署名はなかった控訴申立書につき、被告人がその意思に基づいて作成した書面と認められることを理由に有効としたもの（福岡高判平2・8・2高検速報平2・255、広島高判平28・3・1高検速報平28・239〔いずれにおいても、控訴審での事実調べによって意思に基づくことが明らかである旨が理由中に記載されている。〕）がある。

　押印が欠けている場合については、控訴申立書に被告人を特定すべき本籍、住居、生年月日等の記載を全く欠いており（同書面を在中していた封筒にも記載がない。）、同書面が真実被告人によって作成されたものかどうかが明らかでないことも理由に加えて、有効なものとして扱うことは相当でないとした裁判例がある（東京高決平15・4・4東時54・1＝12・22）。

　被告人の氏名については原則として黙秘権はないとするのが判例であるから（最判昭32・2・10刑集11・2・802）、被告人が自ら控訴を申し立てる以上は、氏名を黙秘している場合であっても、控訴申立書に自己の氏名で署名押印しなければならないこととなる。判例は、上告についてであるが、署名ができない合理的理由がないのに、「氏名不詳年令○○才位の男、昭和○年○月○日当時○○拘置所において○○番と呼称され昭和○年○月○日○○高等裁判所において○○○○として判決をうけた男〔○には具体的記載がある。〕」という記載があるだけで、被告人の署名は存在しない申立書によってした上訴が無効としている（最決昭40・7・20刑集19・5・591）。これからすると、偽名であることが明らかな場合にその偽名を署名した上訴申立書も無効とされるべきであろうが、上記判例の前の最決昭29・12・27刑集8・13・2435は、戸塚署9号室に抑留されていたために戸塚九郎と仮称されていた者がその仮称でした上訴を適法として扱っている。この事案において本名が記載できない合理的理由があったか否かは不明である。

3　第1審裁判所への提出

　控訴申立書が、第1審裁判所（本庁と支部とは問わない。）に提出することを要するとされているのは、第1審裁判所及びこれに対応する地方検察庁の

検察官において、判決確定の時期を速やかに知り得るようにして、裁判の執行や、身柄に関する処分を適切に行うためである。

期間内に郵便等により発送しても、現実に到達しなければ控訴申立ての効力を生じない（大決昭10・12・14刑集14・4・1422）。したがって上訴権回復（362）の問題が生じるだけということになる。

また、控訴申立書が控訴裁判所に提出された場合、控訴裁判所はこれを第1審裁判所に送付すべきであるが、控訴期間内の申立てか否かはあくまでも第1審裁判所への到達が基準とされている（大判昭8・5・22刑集12・5・687、大決大14・10・29刑集4・10・635、名古屋高決昭30・3・22高刑集8・4・445、東京高決昭32・2・11東時8・2・31。なお、特別抗告の申立てにつき最決昭35・2・9刑集14・1・117）。控訴期間外に第1審に到達したとすれば、あとは上訴権回復の問題となる（甲府地都留支決昭44・12・8刑裁月報1・12・1200は、弁護人の事務員が控訴趣意書を誤って東京高裁宛てに郵送し、控訴期間満了日の6日前の朝10時までに到達し、同高裁書記官が都留支部に回送する手続をとったが、結局都留支部に到達したのは控訴期間が満了した翌日であった事案において、上訴権回復の問題として、裁判所書記官から弁護人への連絡等の付随事情も認定した上、弁護人及び事務員の帰責事由を否定した。）。ただし、学説には、控訴申立書が控訴裁判所に提出されてから第1審裁判所に到達するまでの間は、控訴提起期間に算入しないと解すべきであるとする説もあり、裁判例の中にも、被告人が、控訴期間満了日の午後7時に控訴申立書を名古屋高裁に持参し、宿直員がこれを受け取り当直受付の処理をしたが、翌日中津川簡裁に送付、受理された事案において、当直員において、直ちにこれを中津川簡裁に持参して差し出すよう指導することが望ましかったなどとして、375条により控訴申立てを棄却した原決定を取り消したものがある（名古屋高決昭59・3・12判時1141・161）。

刑事施設にいる被告人については、控訴の提起期間内に刑事施設の長又はその代理者に差し出したときは、提起期間内に控訴をしたものとみなされる（366Ⅰ、規228）。もっとも、刑事施設にいる被告人は、直接第1審裁判所に控訴申立書を提出することもでき、その場合には、上記例外規定の適用はなく、第1審裁判所に到達したときに控訴申立ての効力が生じる（大判大15・5・26刑集5・217）。

56　第3編　上訴　　第2章　控訴

4　控訴申立ての通知

　控訴の申立てがあったときは、第1審裁判所の書記官は、速やかにこれを相手方に通知しなければならない（規230）。相手方とは、被告人控訴の場合は第1審裁判所に対応する検察庁の検察官であり、検察官控訴の場合は被告人である。後者の場合に、被告人以外の352条、355条の控訴権者は含まれないが、実務の一部では原審弁護人にも通知している例があるようである。

　通知の方法については何ら規定がなく、適宜の方法で行うことができるという説もあるが、検察官控訴の場合の被告人への通知については、その重要性から、送達の方法によることが相当である（被告人が所在不明のときには規63条による付郵便送達が許される場合もあると思われる。376条の解説3(1)イを参照されたい。）。

（鹿野伸二）

　　　〔第1審裁判所による控訴棄却の決定〕
第375条　控訴の申立が明らかに控訴権の消滅後にされたものであるときは、第1審裁判所は、決定でこれを棄却しなければならない。この決定に対しては、即時抗告をすることができる。

　〈本条細目次〉
　1　趣　旨　56
　2　解　釈　56
　3　不服申立て　57

1　趣　旨

　本条は、控訴裁判所に無用の負担をかけないようにする趣旨である。

2　解　釈

　ここで審査が予定されているのは「控訴権の消滅後であるか否か」の点であるから、第1審裁判所がそれ以外の方式違反等を理由にして本条によって申立てを棄却することはできない（最決昭33・11・24刑集12・15・3531）。

　本条による控訴棄却の決定をするには、控訴権消滅後であることが「明らか」であることが要件である。本来控訴についての判断をすべきは控訴裁判

所であることからすると、この「明らか」とは、その判断を待つ必要もない
ほど明白な場合であることを要するものと解され、必ずしもこれが明白でな
い場合には、原則どおり控訴裁判所の判断に委ねるべきである。

3　不服申立て

　本条による控訴棄却の決定に対する不服申立ての方法は即時抗告となる。
　本条の規定は、即時抗告の場合には準用されないとするのが判例である。
すなわち、最決平18・4・24刑集60・4・409は、抗告については控訴に関
する本条に相応する規定がないから、即時抗告の申立てを受理した裁判所が、
本条を類推適用してその申立てを自ら棄却することはできないと解するのが
相当であるとして、自らした再審請求棄却決定に対する提起期間経過後の即
時抗告申立てを本条の類推適用により自ら棄却した地方裁判所の決定と、こ
れに対する即時抗告につき上記地方裁判所の決定を維持した高等裁判所の決
定がいずれも違法であるとした（ただし、結局申立ては棄却されることになる
から正義に反しないとして各決定を取り消すことはしなかった。）。仮に原審で自
ら棄却できるとしても、その棄却決定に対して即時抗告ができることになる
から、上訴審に無用の負担をかけないという本条の趣旨からすると、準用の
意味はない。

（鹿野伸二）

　〔控訴趣意書〕
　第376条　控訴申立人は、裁判所の規則で定める期間内に控訴趣意書を控
　　訴裁判所に差し出さなければならない。
　2　控訴趣意書には、この法律又は裁判所の規則の定めるところにより、
　　必要な疎明資料又は検察官若しくは弁護人の保証書を添附しなければな
　　らない。

　　〔規〕　第236条（控訴趣意書の差出期間）　控訴裁判所は、訴訟記録の送付を
　　　　受けたときは、速やかに控訴趣意書を差し出すべき最終日を指定し
　　　　てこれを控訴申立人に通知しなければならない。控訴申立人に弁護
　　　　人があるときは、その通知は、弁護人にもこれをしなければならな
　　　　い。

58　第3編　上訴　　第2章　控訴

2　前項の通知は、通知書を送達してこれをしなければならない。

3　第1項の最終日は、控訴申立人に対する前項の送達があつた日の翌日から起算して21日目以後の日でなければならない。

4　第2項の通知書の送達があつた場合において第1項の最終日の指定が前項の規定に違反しているときは、第1項の規定にかかわらず、控訴申立人に対する送達があつた日の翌日から起算して21日目の日を最終日とみなす。

第237条（訴訟記録到達の通知）　控訴裁判所は、前条の通知をする場合には、同時に訴訟記録の送付があつた旨を検察官又は被告人で控訴申立人でない者に通知しなければならない。被告人に弁護人があるときは、その通知は、弁護人にこれをしなければならない。

第238条（期間経過後の控訴趣意書）　控訴裁判所は、控訴趣意書を差し出すべき期間経過後に控訴趣意書を受け取つた場合においても、その遅延がやむを得ない事情に基くものと認めるときは、これを期間内に差し出されたものとして審判をすることができる。

第239条（主任弁護人以外の弁護人の控訴趣意書）　控訴趣意書は、主任弁護人以外の弁護人もこれを差し出すことができる。

第240条（控訴趣意書の記載）　控訴趣意書には、控訴の理由を簡潔に明示しなければならない。

第241条（控訴趣意書の謄本）　控訴趣意書には、相手方の数に応ずる謄本を添附しなければならない。

第242条（控訴趣意書の謄本の送達）　控訴裁判所は、控訴趣意書を受け取つたときは、速やかにその謄本を相手方に送達しなければならない。

第243条（答弁書）　控訴の相手方は、控訴趣意書の謄本の送達を受けた日から7日以内に答弁書を控訴裁判所に差し出すことができる。

2　検察官が相手方であるときは、重要と認める控訴の理由について答弁書を差し出さなければならない。

3　裁判所は、必要と認めるときは、控訴の相手方に対し、一定の期間を定めて、答弁書を差し出すべきことを命ずることができる。

4　答弁書には、相手方の数に応ずる謄本を添附しなければならない。

5　控訴裁判所は、答弁書を受け取つたときは、速やかにその謄本を控訴申立人に送達しなければならない。

〈本条細目次〉

1　趣　旨　59

2　申立人　59

〔§376〕控訴趣意書　59

　　⑴　被告人・弁護人等　59
　　⑵　検察官　61
　3　提出期間　62
　　⑴　最終日の通知　62
　　⑵　最終日の変更等　63
　　⑶　提出期限経過後の提出　64
　4　控訴趣意書の方式及び内容　65
　　⑴　方　式　65
　　⑵　内　容　66
　5　控訴趣意書の撤回　66
　6　控訴趣意書謄本の送達　66
　7　答弁書　67
　8　疎明資料又は保証書の添付　67

1　趣　旨

　現行刑訴法は、控訴審の構造を事後審とし、控訴の理由を限定した（377
以下）。本条は、不服申立ての理由を明確にさせ、不明確な理由に基づく濫
控訴を防止するため、上訴に当たって、控訴申立人がその理由を書面に記載
した「控訴趣意書」の提出を要求したものである。

2　申立人

　控訴申立人とは、現実に控訴を申し立てた者ではなく、控訴を申し立てた
側の当事者をいう。

⑴　被告人・弁護人等

　被告人側が控訴を申し立てた場合に、被告人本人が控訴趣意書を提出でき
ることは当然である。法人の場合、控訴趣意書を提出できるのはその代表者
ということになるが（27）、代表者でない者が作成提出した上告趣意書につ
き、その者が後に代表者になったことなどを理由にこれを有効とした判例が
ある（最決昭39・10・16判タ169・151）。

　弁護人は、控訴申立人ではないが、控訴趣意書の差出権限が認められてい
る（規236条・239条はこれを前提とする。）。この権限の性質については、包括
代理権説と固有権説が分かれているところ、判例は、後述のとおり、被告人
は弁護人が提出した控訴趣意書を撤回することができるとしているから、包
括代理権説によっていると考えるべきである（包括代理権と解することを明示

60　第3編　上訴　　第2章　控訴

した裁判例もある〔東京高判昭60・6・20高刑集38・2・99〕。)。

　弁護人選任の効力は審級ごとであるから (32)、第1審弁護人は控訴趣意書を提出できないはずである。しかし、自ら控訴の申立てをした第1審弁護人が控訴趣意書差出期間内に控訴趣意書を提出した場合には、控訴審において弁護人選任届の提出がなくても、その控訴趣意書は審判の対象とされるから (最判昭29・12・24刑集8・13・2336は、「このような控訴趣意は拒否さるべきではなく、原審において審判の対象とさるべきものである」旨判示している。)、結果的にはこの限りにおいて第1審弁護人が控訴趣意書を提出できることになる。この結論は、審級代理の原則とは馴染まないところがあり、この判例のもととなった旧刑訴法の上告趣意書に関する最大判昭29・7・7刑集8・7・1052 (従来の判例を変更した大法廷判決) には少数意見が付されているほか、学説においてもこの判例の理論的な説明で見解が分かれている。しかし、審級代理の原則は、被告人保護のための制度であるといわれているのであって、被告人の意に反しない限り、当該訴訟の実態をよく知る原審弁護人に控訴趣意書の提出権限を認めることは、被告人の救済に役立つのであるから、自ら控訴の申立てをした場合に限って趣意書の提出を認めることは可能と思われる。これに対し、自ら控訴の申立てをしなかった第1審弁護人は控訴趣意書を提出できない (上告につき最決昭36・7・18刑集15・7・1103)。

　控訴審で選任された弁護人が控訴趣意書を提出することができることは当然である。主任弁護人以外の弁護人であっても単独で控訴趣意書を提出できる (規239)。

　弁護人選任届の提出前に控訴趣意書が差し出された場合でも、その後弁護人選任届が追完されれば、当該控訴趣意書は有効となる。追完の時期につき、前掲最大判昭29・7・7は、上告趣意書に関して、一般に弁護人選任届が裁判のときまで追完し得るものであることを理由に、裁判のときまで可能とするが、これについては、手続の迅速性と確実性から上告趣意書差出期間内までにすべきであるなどとの批判もある。

　なお、本条に関わる問題として、控訴審における弁護人選任手続をみておくと、弁護に関する30条以下は総則の規定であるから当然控訴審にも適用があり、必要的弁護に関する289条は404条により、規178条は規250条によりいずれも控訴審に準用される。したがって、記録の送付を受けた控訴裁判所は、

〔§376〕控訴趣意書　61

　まず、被告人に弁護人が選任されていない場合には遅滞なく弁護人選任の手続を進めなければならないことになる（ただし、現在では、手続の迅速化のため、第1審において高等裁判所宛の弁護人選任照会書を被告人に送達している。）。そして、前記のとおり、控訴趣意書差出最終日の指定は、被告人に弁護人が選任されていないときでもできるが、控訴審における控訴趣意書の重要性からすると、弁護人を選任すべき場合には、その弁護人を控訴趣意書の作成、提出に関与させなければならないことになる。すなわち、必要的弁護事件において、弁護人選任照会に対して被告人から期間内に回答がないか、あるいは私選弁護人を選任する旨を回答しながら選任届が提出されない場合は、直ちに国選弁護人を選任しなければならず（最決昭33・5・9刑集12・7・1359）、被告人に弁護人がないままで、所定の期間内に控訴趣意書を差し出さないことに基づき386条1項1号により決定で控訴を棄却することは許されない（最決昭47・9・26刑集26・7・431）。また、裁判所が、控訴趣意書提出最終日に接着し、またはこれを経過して国選弁護人を選任する場合は、規236条に準じてその最終日を変更し改めて弁護人に趣意書提出の機会を与えるか、あるいは弁護人の必要とする相当の期間内に弁護人から趣意書を提出するよう促し、規238条に従ってこれを受理するか、いずれかの方法をとらなければならない（最決昭32・6・19刑集11・6・1673。ただし、この判例は、当該事案においては、弁護人において自ら控訴趣意書を提出するためにその最終日の変更方その他格別の請求をすることなく、公判期日に臨み、異議を止めず被告人提出の控訴趣意書に基づいて弁論をなし、そのまま結審となったなどの理由で、裁判所の措置を違法でないとした。）。

　補佐人については、上訴権があるかないか争いがあるが（最決平16・10・25裁集286・407は補佐人に上訴棄却決定に対する異議申立権がないとしたが、これが上訴一般に通用するものか上告棄却決定に対する異議の場面に限定されるものかについては争いがある。）、仮に控訴申立権がないとしても、控訴趣意書を提出することはできるものと解される（上告趣意書に関して最決平24・3・26裁集307・759）。

(2)　検察官

　控訴申立人を、検察官控訴についてみれば、控訴裁判所に対応する検察庁の検察官である。実務では、第1審裁判所に対応する検察庁の検察官作成名

62 第3編　上訴　　第2章　控訴

義の控訴趣意書が作成され、控訴裁判所に対応する検察官がこれを添付した控訴趣意書を作成して提出するのが通例であるが、これも適法である（最大判昭30・6・22刑集9・8・1189においては、高等検察庁検事長の上告趣意に対して判断が加えられている。）。

3　提出期間

　控訴裁判所は、訴訟記録の送付を受けたときは、速やかに控訴趣意書を差し出すべき最終日を指定して、これを控訴申立人に通知しなければならない（規236 I）。この通知は、通知書を送達してこれをしなければならず（同条II）、その最終日は、控訴申立人に対する通知書の送達があった日の翌日から21日目以後の日でなくてはならない（同条III）。これより短い日が指定されたときには21日目の日が最終日となる（同条IV）。

(1)　最終日の通知

　ア　控訴申立人が被告人側である場合、被告人に通知しなければならないことは当然であるが、被告人に弁護人があるときは、その弁護人にも通知しなければならない（規236 I 後）。ただし、これは、必要的弁護事件について、裁判所が被告人に対し控訴趣意書の最終差出日を通知するに当たり、弁護人が選任されていることを必要とするものではない（最決昭30・6・3刑集9・7・1136）。そして、指定の後に弁護人が選任されたときには、その弁護人に通知する必要はない（最決昭45・2・13刑集24・2・45）。最終日の指定からその通知が被告人に対し送達されるまでには時間がかかるが、控訴趣意書を差し出すべき最終日の通知が控訴申立人に送達されたときと弁護人選任届が提出されたときとの前後が不明のときに、その弁護人に通知をすべきか否かについては、裁判例が分かれている（名古屋高決昭27・4・8高刑集5・4・570はこれを必要とし、大阪高決平4・9・4高刑集45・3・53はこれを不要とする。）。

　イ　被告人が控訴を申し立てた後に所在不明となって、控訴裁判所においてこの通知の送達が困難となる場合があり、そのような場合の対応に問題が生じる。この問題に関係する判例として、上告趣意書差出最終日通知書等に関し、住居不定の被告人が、控訴審において住居とは認め難い場所を送達場所とする書面を提出し、上告した後の上告審あての弁護人選任回答書にも住居として同じ場所を記載した場合において、同場所に宛てた付郵便送達を有

効とした最決平12・6・27刑集54・5・445、検察官が控訴した事件の公判期日召喚状等に関し、検察官が控訴を申し立てたことを承知した被告人が、規62条1項の住居、送達受取人等の届出義務を怠り、当時居住していた場所宛てに送達された書類を異議なく受領し、その後所在不明となった場合においてその受領場所に宛てた付郵便送達を有効とした最決平19・4・9刑集61・3・321、再審請求棄却決定謄本に関し、再審請求の請求人が、住居の届出をした後、裁判所に対してその変更届出等をしなかった一方で、裁判所も、同人が別件で刑事施設に収容されていることを把握できなかった場合において、同届出住所に宛てた付郵便送達を有効とした最決平27・3・24刑集69・2・506がある。これらの判例からすると、検察官が控訴し、そのことを被告人が知らなかったというような被告人を責められない例外的な場合を除いて、送達先等を届けることなく所在不明になった被告人に対する書類の送達については、ある程度広く付郵便送達が認められることになるのではないかと思われる。

なお、これらの最高裁決定以前に付郵便送達を認めた例として、東京高判昭56・9・3判時1037・136、東京高判昭57・3・16判時1060・153、さらに、外国人の強制送還の場合につき東京高判平6・10・27判時1536・118がある。また、氏名不詳、住居不定で第1審の執行猶予判決により氏名及び住居を確認することができない被告人に対しては、控訴趣意書を差し出すべき最終日を指定するのみで、その通知をしないまま、その期間内に控訴趣意書を差し出さないときに386条1項1号により決定で控訴を棄却することができるとした裁判例もある（大阪高判昭27・12・22特報23・135）。

　ウ　裁判所が被告人の住居の記載を誤ったために適法な送達がなされなかったが、弁護人に通知がなされ、弁護人が期日内に控訴趣意書を提出し、公判期日に出頭しその控訴趣意書に基づいて弁論し、被告人に対する送達の違法については何らの異議を述べずに弁論を終結した場合について、その違法は判決に影響を及ぼすべきものとは認められないとした判例がある（最決昭28・12・19刑集7・12・2588）。

(2)　最終日の変更等

　控訴趣意書の提出期間は法定期間ではないので、期間の延長に関する56条1項、規66条1項の適用はなく、刑事施設にいる被告人に関する特則である

366条1項の準用もない（最決昭29・9・11刑集8・9・1490）。

実務上、差出期限前に、差出最終日変更ないし延期の措置がとられることがあるが、これは、規238条に基づく救済措置の予告として行われている場合が多いと解される（東京高判昭51・7・14東時27・7・84）。当事者に差出期限延長の申立権があるわけではないから、当事者が延長を求めてきたとき、許容しないならばその旨の裁判をする必要はない（仙台高決昭29・12・14裁判特報1・12・615）。実務上は、事務連絡として期限の延長が認められなかった旨を通知している例が多い。

(3) 提出期限経過後の提出

ア　差出期間内に控訴趣意書が差し出されなかったときには、決定で控訴が棄却される（386Ⅰ①）。期間経過後に提出された控訴趣意書は、審判の対象とならないが、控訴裁判所において、その遅延がやむを得ない事情に基づくものと認めるときは、これを期間内に差し出されたものとして審判ができる（規238）。

やむを得ない事情に基づくものとされた事例として次のものがある。

①　弁護人が、最終日の午後11時53分頃、控訴趣意書を持参して裁判所に来て宿直員を起こそうとしたが起きないので帰宅し、翌朝午前6時30分頃、再び裁判所に来て控訴趣意書を宿直室内の机の上に置いてきた場合（札幌高決昭28・7・8特報32・37）。

これに対し、やむを得ない事情に基づかないものとされた事例として以下のものがある。

②　上告趣意書に関するものであるが、その差出最終日が昭和25年4月10日と指定され、弁護人は3月7日に通知書を受け取ったが、4月4日から出張先で発病し、4月18日に帰宅し、翌19日に上告趣意書を提出した場合（最決昭25・7・11刑集4・8・1583）。

③　差出最終日指定後に被告人により選任された弁護人が、刑事控訴審の手続に不慣れなため自分に対する最終日指定通知を当然受けられるものと速断し、問い合わせもせずに、指定最終日を徒過して控訴趣意書を提出した場合（東京高決昭53・5・11東時29・5・77）。

なお、最決昭26・3・22裁集42・497及び最決昭26・12・22裁集58・719は、遅延がやむを得ない事情に基づくか否かの判断は、控訴裁判所の裁量による

〔§376〕控訴趣意書　65

から、その違法を主張できない旨判示している。

　イ　差出期間経過後に「控訴趣意補充書」などと題する書面が提出されることがある。期限内に提出された控訴趣意書の内容を敷衍するものであれば、控訴趣意書と一体をなすものとして、まさに補充書として扱うことで問題はないが、その内容を超えて新たな主張をすることは許されない（最判昭28・12・22刑集 7・13・2599、札幌高判昭26・5・18特報18・124、東京高判昭30・4・12裁判特報 2・8・289）。

4　控訴趣意書の方式及び内容

　⑴　方　式

　本条及び規236条以下の定めは、控訴趣意書が署名（記名）押印のできる物理的な書面であることを前提としているから、電子データを記録した記録媒体を控訴趣意書とすることは許されない。書面に「控訴趣意書」という題名が付されている必要はなく、「上申書」、「控訴理由書」との標題であっても、控訴理由の記載があって期限内に提出されたものは、控訴趣意書として取り扱わなければならない。控訴申立書に控訴理由が記載されている場合も同様である。また、控訴趣意書は 1 通に限られるものでないから、差出期限内に提出された書面は、すべて同列の控訴趣意書として扱われる。

　控訴趣意書には、控訴申立書と同様、被告人が作成する場合には署名押印が、弁護人又は検察官がする場合には署名押印又は記名押印が必要とされる（規60・60の 2）。したがって、電報による控訴趣意書は許されない（旧刑訴法につき大判大14・2・28刑集 4・139）。ただし、電子複写機によって複写されたコピーによる上告趣意書を有効とした判例（最決昭58・10・28刑集37・8・1332）は控訴趣意書にも当然妥当するであろうから、本人から提出されたものと認められる書面については、署名（記名）押印がなくとも有効とされる余地がある。

　外国語で記載された控訴趣意書は無効とされているが（上告趣意書につき最決昭35・3・23刑集14・4・439、最決昭57・2・1裁集225・645）、裁判所が有効として扱うことが許されないとまでは解されないから、国際化が進み外国人事件が増えている現在、直ちに無効とするのは相当でなく、実務で行われているように、国選弁護人に通訳人による訳文を付けさせて提出させるなどの方法をとることが穏当であろう。

66 第3編 上訴 第2章 控訴

(2) 内 容

控訴趣意書には、控訴の理由を簡潔に明示しなければならない（規240）。これに違反すれば、決定で控訴が棄却される（386Ⅰ②）。

どのような場合がこれに該当するかなどについては、386条の解説**3**を参照。

5 控訴趣意書の撤回

被告人は、弁護人が差し出した控訴趣意書を撤回できる（最決昭45・9・4刑集24・10・1311）。この最高裁決定は、控訴趣意書の提出は控訴の申立てと一体不可分の関係にあり、被告人において弁護人がした控訴の申立てを撤回できる以上、その理由である控訴趣意書も撤回できると解すべきであるとするが、むしろ、弁護人の権限がその包括代理権に基づくことを理由にするのが相当と考えられ、その趣旨を述べた裁判例も存在する（東京高判昭60・6・20高刑集38・2・99）。

弁護人が被告人の差し出した控訴趣意書を撤回することができるかどうかについては争いがある。これを無条件に認めることは相当でないが、弁護人が包括代理権を有していることからすれば、被告人の明示又は黙示の意思の意思に反しない限りにおいて認められることになろう。判例は、弁護人が、被告人の出頭する公判期日において被告人提出の控訴趣意書を撤回し、そのことについて被告人が異議を述べなかった場合についてはこの撤回を有効と認めている（最決昭30・4・15刑集9・4・851、最決昭30・5・25裁集105・1027、最決昭48・7・17判時709・108。なお、最判昭31・6・19裁集113・791は前2つの判例を引用するが、弁護人が自己作成の控訴趣意書に基づき弁論し、被告人作成の控訴趣意書を陳述しないと述べた点のみを理由とする。）。

弁護人が、自ら提出した控訴趣意書を撤回する場合には、被告人の同意が必要であると解される（高松高判昭30・1・31裁判特報2・1＝3・30は、控訴趣意書差出期限後に辞任した弁護人が、既に自己が提出済みの控訴趣意書も撤回する旨の届を出したが、その撤回を認めてしまうと期限内に提出された控訴趣意書がなくなることから、被告人の同意又は承諾がなければ撤回の効力が発生しないとした。）。

6 控訴趣意書謄本の送達

控訴趣意書には、相手方の数に応ずる謄本を添付しなければならない（規

〔§376〕控訴趣意書 67

241）。そして、控訴裁判所は、控訴趣意書を受け取ったときは、速やかにその膳本を相手方に送達しなければならない（規242）。これは、答弁書の提出等の防御の準備をさせるためのものである。

　検察官控訴の場合、控訴趣意書膳本が被告人に送達されていないのに手続を進めることは違法であるが、この違法につき、事案によって411条1号の法令違反に該当するとした判例と、該当しないとした判例がある。

　①　強盗殺人罪により無期懲役に処した第1審判決に対し、被告人及び検察官の双方が控訴した事案で、被告人の控訴趣意書膳本が検察官に送達されたことは明らかであるが、検察官の控訴趣意書膳本が被告人に送達された証跡がなかった場合につき、411条1号を適用した（最判昭28・7・10刑集7・7・1505）。

　②　検察官の控訴趣意書膳本が被告人に送達されなかったが、弁護人が送達を受け、答弁書を提出し、被告人のために十分防御の措置を講じたと認められる場合につき、411条1号の場合に当たらないとした（最決昭30・12・23裁集111・703）。

7　答弁書

　控訴の相手方は、控訴趣意書の膳本の送達を受けた日から7日以内に答弁書を控訴裁判所に差し出すことができる（規243Ⅰ）。実務上、この期間が経過した後であっても受理されているし、相手方の希望により一定期間第1回公判期日を開かないことにして答弁書作成の猶予を与えることもなされている。検察官が相手方であるときは、重要と認める控訴の理由について答弁書を差し出さなければならない（同条Ⅱ）。裁判所は、必要と認めるときは、控訴の相手方に対し、一定の期間を定めて、答弁書を差し出すべきことを命ずることができる（同条Ⅲ）。答弁書には、相手方の数に応ずる膳本を添付しなければならない（同条Ⅳ）。控訴裁判所は、答弁書を受け取ったときは、速やかにその膳本を控訴申立人に送達しなければならない（同条Ⅴ）。

8　疎明資料又は保証書の添付

　控訴趣意書には、この法律又は裁判所の規則に定めるところにより疎明資料又は保証書を添付しなければならない（本条Ⅱ）。この規則については未だ制定されていない。

（鹿野伸二）

68　第3編　上訴　　第2章　控訴

〔控訴申立理由と控訴趣意書 ── 絶対的控訴理由〕

第377条　左の事由があることを理由として控訴の申立をした場合には、控
　訴趣意書に、その事由があることの充分な証明をすることができる旨の
　検察官又は弁護人の保証書を添附しなければならない。
　一　法律に従つて判決裁判所を構成しなかつたこと。
　二　法令により判決に関与することができない裁判官が判決に関与した
　　こと。
　三　審判の公開に関する規定に違反したこと。

〈本条細目次〉
1　趣　旨　68
2　保証書　68
3　法律に従って判決裁判所を構成しなかったこと（1号）　69
4　法令により判決に関与することができない裁判官が判決に関与したこと（2号）
　70
5　審判の公開に関する規定に違反したこと（3号）　71

1　趣　旨

　訴訟手続の法令違反のうちで特に違法性が重大なものにつき、常に控訴理
由となることを定めたものであり、次条とともに絶対的控訴理由と称される。
これらは、379条以下の相対的控訴理由と異なり、それが判決に影響を及ぼ
すかどうかを具体的に問題にすることなく、常に控訴理由となる。最大判昭
30・6・22刑集9・8・1189は、379条の訴訟手続の法令違反の控訴理由に
ついては判決に影響を及ぼすことが明らかであることが求められることを説
明する判文において、「絶対的控訴理由に当たる場合は常に相当因果関係が
あるものと訴訟法上みなされているものと解すべきである」と説示している。

2　保証書

　本条の事由があることを理由として控訴の申立てをするには、控訴趣意書
にその事由があることの十分な証明をすることができる旨の検察官又は弁護
人の保証書を添付しなければならない。この保証書とは、本条の事由がある
ことの十分な証明ができる旨の記載がある書面であり、その記載さえあれば
足り、その理由を記載したり、疎明資料を添付したりすることは求められて

〔§377〕控訴申立理由と控訴趣意書 —— 絶対的控訴理由　69

いない。このような保証書の添付を必要とした趣旨は、本条に定める事由は、裁判所の組織、運用に関わる事項であり、みだりにこれを理由とする控訴を申し立てることは一種の裁判所侮辱ともいうべきものであるから、検察官や弁護人といった有資格者による責任のある判断を求めようとしたものと考えられる。

このような趣旨からすれば、条文上も除外されている被告人の作成した保証書では、本条の要件を満たさないことになる。したがって、控訴を申し立てた被告人に弁護人がないときは、弁護人を選任した後に、当該弁護人の保証書を添付すべきである。

原審弁護人に控訴趣意書を提出する権利が認められることからすれば（最判昭29・12・24刑集8・13・2336）、本条の弁護人には、控訴審における弁護人のみならず、自ら控訴を申し立てた原審弁護人も含まれると解される。

本条各号の事由を控訴の理由としながら保証書の添付のない控訴申立書は、不適式であって無効であるから、386条1項2号後段により控訴が棄却される（東京高判昭54・9・11東時30・9・121）。

判例は、審判公開に関する憲法違反を上告理由とする場合にも準用があり、上告趣意書に本条の保証書の添付を必要としている（最判昭25・7・14刑集4・8・1378、最決昭25・11・30刑集4・11・2438）。

3　法律に従って判決裁判所を構成しなかったこと（1号）

判決裁判所とは、判決の基礎となった審理を行った裁判所又は判決を言い渡した裁判所をいう。本号に該当するとされた事例として以下のものがある。

①　地方裁判所の法定合議事件（裁26Ⅱ）を単独の裁判官が審理したとき（福岡高判昭29・3・18高刑集7・2・192、大阪高判昭30・4・15裁判特報2・8・314、東京高判昭30・11・29高刑集8・9・1145。これらは、いずれも職業安定法63条2項違反の罪は法定合議事件であるとして、同罪を単独事件として処理した原審を破棄したものである。）。

②　判決裁判所を構成した裁判官に欠格事由があったとき（名古屋高判昭27・10・20特報30・18は、裁判官が退官した後に判決を宣告した事案である。ただし、同判決が、公務員の免官の効力が辞令の発信又は官報の掲載によって生じるとした点は、辞令の交付により生じるとした最判昭30・4・12刑集9・4・838により否定されている。）。

70 第3編 上訴 第2章 控訴

　ほかにも、合議体の裁判官の法定数を充足していないとき、未特例判事補が1人で裁判をしたり、法定合議事件に2人以上加わったりしたとき、裁判官が、本来所属している裁判所以外の他庁の裁判所の構成員となったときなどが考えられる。最判平19・7・10刑集61・5・436は、高等裁判所判事の職務を代行させる旨の人事措置が発令されていない特例判事補が判決を宣告した裁判体の構成に加わっていた事案について、判決に影響を及ぼすべき法令の違反である旨の記載があるが、これは上告審としての判断であるからそのような判示となったもので、当該違法が絶対的控訴理由であることを否定するものではないであろう。

　裁判員裁判における裁判員も、裁判官と同様に裁判所の構成員と考えられる。仙台高判平24・9・13高検速報平24・275は、災害時に一定の地域の者について呼出しをしないことができる旨の裁判員法27条の2が定められる以前に、東日本大震災の際に一定の地域の居住者につき呼び出さない措置をとったことが本号に該当しないとした。

　検察官は、判決裁判所の構成員に当たらない（最判昭31・2・10刑集10・2・159における池田克裁判官の補足意見参照）。

　裁判所書記官については、構成員に当たるとする説、当たらないとする説の両説があるが、本号には当たらないと解するのが相当である（大判昭2・12・10刑集6・515は当たるとの説を前提にしているようにもみえるが、結局結論に影響のない部分であり判例とはいえない。）。

4　法令により判決に関与することができない裁判官が判決に関与したこと（2号）

　法令により判決に関与することができない裁判官とは、除斥原因のある裁判官（20）、忌避申立てを理由があるとする決定があったときの当該裁判官（23）、回避の申立てを理由があるとする決定があったときの当該裁判官（規13）をいう。忌避の事由があったとしても、忌避の申立てをしなかったときは本号には当たらない（大判昭12・2・6刑集16・52）。ただし、裁判官は、忌避されるべき原因があると思料するときは回避しなければならないから（規13）、その点の訴訟手続の法令違反の問題は生ずることになる。

　審理に関与しなかった裁判官が判決に関与した場合、判例は、本号ではなく、訴訟手続の法令違反に該当し、判決に影響することが明らかとしている

〔§377〕控訴申立理由と控訴趣意書——絶対的控訴理由　71

（最判昭25・3・30刑集4・3・454、最判昭28・4・17刑集7・4・873）。このような場合、旧刑訴法では絶対的控訴理由に当たるとされていたのであり（旧410④）、通説は今でも絶対的控訴理由と解していると思われる。判例は、本号を裁判官が法令の規定自体で判決関与が許されないとされる場合のみに限定していると考えられるが、このような場合の訴訟手続の法令違反について、常に判決に影響を及ぼすことが明らかとしているから、結論は同じになる。

　判決に関与するとは、判決の評議（裁75以下）に関与することをいい、審理のみに関与したとき（最判昭28・1・17刑集7・1・5）や判決の宣告のみに加わったとき（大判昭5・10・16刑集9・750、最決昭28・11・27刑集7・11・2294）を含まない。

5　審判の公開に関する規定に違反したこと（3号）

　審判の公開に関する規定とは、審判公開停止の条件を定めた規定のみならず、その手続を定めた規定を含む（憲37Ⅰ・82、裁70。ただし、福岡高宮崎支判昭25・5・17特報9・125は、公判調書に公開を停止した旨の記載はあるが、その理由を言い渡した旨の記載がない場合について、その事案の性質上善良の風俗を害するおそれがあるとの理由のもとに公開が停止されたことは自ら諒知し得べきところであるとして、審判の公開に関する規定に違反したものとして原判決を破棄する必要はないとした。）。

　ここで、規定に違反したとは、審判を公開すべきであったのに公開しなかった場合をいい、逆に公開すべきでないのに公開した場合はこれに当たらない（大判昭2・10・31刑集6・416）。

　審判が公開されなかったとされた事例として、東京高判昭42・3・6高刑集20・2・85がある。これは、簡易裁判所の裁判官及び書記官の事務室（通常は道路交通法違反者中交通切符により起訴された者に対し略式命令を発付するために使用されている場所）で道路交通法違反事件の審理及び判決が行われた事案に関し、同事務室は同裁判所の建物の一室ではあるが、一般公衆が自由に出入りし傍聴できるような設備のある場所ではなく、審理及び判決をするに当たって、同事務室を法廷として使用する旨の検察官、被告人ら訴訟関係人に対する明確な告知もなく、また同事務室を法廷とする旨の掲示その他の表示もされていない等の事情がある場合には、本号に違反するとされたものである。

72　第3編　上訴　　第2章　控訴

　なお、審判を公開しなかった憲法違反があったとしても、その後更新され
た公判手続までこれが違法となる理由はないとして、破棄理由とならないと
した裁判例がある（東京高判昭25・5・10特報16・78）。　　　　　　（鹿野伸二）

　〔同前 ── 絶対的控訴理由〕
第378条　左の事由があることを理由として控訴の申立をした場合には、控
　訴趣意書に、訴訟記録及び原裁判所において取り調べた証拠に現われて
　いる事実であつてその事由があることを信ずるに足りるものを援用しな
　ければならない。
　一　不法に管轄又は管轄違を認めたこと。
　二　不法に、公訴を受理し、又はこれを棄却したこと。
　三　審判の請求を受けた事件について判決をせず、又は審判の請求を受
　　けない事件について判決をしたこと。
　四　判決に理由を附せず、又は理由にくいちがいがあること。

〈本条細目次〉
　1　趣　旨　73
　2　不法に管轄又は管轄違を認めたこと（1号）　73
　3　不法に、公訴を受理し、又はこれを棄却したこと（2号）　74
　4　審判の請求を受けた事件について判決をせず、又は審判の請求を受けない事件
　　について判決をしたこと（3号）　76
　　⑴　意　義　76
　　⑵　「事件」の意味　76
　　⑶　審判の請求を受けた事件について判決をしないこと　77
　　⑷　審判の請求を受けない事件について判決をしたこと　82
　5　判決に理由を附せず、又は理由にくいちがいがあること（4号）　89
　　⑴　意　義　89
　　⑵　有罪判決の場合　90
　　⑶　無罪判決の場合　109
　6　事実の援用　110

〔§378〕同前 —— 絶対的控訴理由　73

1　趣　旨

前条とともに、絶対的控訴理由を定めたものである。前条が、それ自体で裁判の公正に疑いを生じさせるような裁判所の構成や審判の公開といった枠組みに関する重大な手続違反の場合について定めた規定であるのに対し、本条は、裁判手続内での具体的な手続違反ではあるものの、それが基本的で重大なものであるため、判決への影響を問題とするまでもなくその判決を有効なものとして扱うことが不当と考えられる場合を規定したものと考えられる。

2　不法に管轄又は管轄違を認めたこと（1号）

「不法に管轄を認めた」とは、329条本文により管轄違の言渡しをすべきであったのに、これをせずに実体に入って裁判をしたことをいい、「不法に管轄違を認めた」とは、管轄があるか、329条ただし書又は331条により管轄違の言渡しをすることができないのに、これをしたことをいう。

裁判所の管轄は、裁判所法及び刑訴法により定められている。

簡易裁判所が、裁判所法33条2項による科刑権に反して刑を言い渡した場合は、本号に含まれないとするのが判例である。かつては、このような場合、本条1号、379条の訴訟手続の法令違反、380条の法令適用の誤りのいずれに該当すると考えるのかについては争いがあり、裁判例も分かれていたが、最判昭30・12・20刑集9・14・2906は379条説をとったものと解され（第1審である簡易裁判所の科刑制限違反の判決を看過した控訴審判決を411条により破棄し、413条本文に従い第1審である簡易裁判所に差し戻したもの。412条を適用していないから、本号説は採用していないとみられ、さらに、自判せずに差し戻したところからして訴訟手続の法令違反説をとっているものと考えられる。）、その後の裁判例は、379条により差し戻している（東京高判昭31・6・23裁判特報3・13・649、東京高判昭31・7・20高刑集9・8・860、東京高判昭34・10・31下刑集1・10・2130、東京高判昭62・10・20高刑集40・3・743）。

不法に管轄を認めたことを理由に原判決を破棄するときは、原則として判決で事件を管轄第1審裁判所に移送しなければならず（399）、不法に管轄違を言い渡したことを理由に原判決を破棄するときは、判決で事件を原裁判所に差し戻さなければならない。

74　第3編　上訴　　第2章　控訴

3　不法に、公訴を受理し、又はこれを棄却したこと（2号）

（1）「不法に公訴を受理した」とは、338条又は339条1項の事由があるの
に公訴棄却の裁判をせずに実体判決をしたことをいい、「不法に公訴を棄却
した」とは、338条の事由がないのに公訴棄却の「判決」をしたことをいう。
339条1項の事由がないのに公訴を棄却した「決定」に対しては、397条1項、
400条ただし書により即時抗告をすべきであり、判決に対する控訴理由を定
めた本条の問題ではない。

（2）　1罪の一部について公訴棄却の事由があり、理由中で公訴を棄却すべ
きであったのに、これをせずに全部について実体判決をしたり、逆に、1罪
の一部に公訴棄却事由があるとして理由中で公訴を棄却したが、これが誤り
であったりした場合については、本号に該当するか否か裁判例が分かれてい
る。

本号に該当するとした裁判例として、東京高判昭29・12・13裁判特報1・
12・605があり、これは、原判決が、公務執行妨害と観念的競合の関係にあ
る器物毀棄について、適法な告訴があるのにこれがないとして理由中で公訴
棄却した場合、主文で公訴棄却が言い渡されたのと同視すべきであるとして、
本号を適用したものである。

これに対し、本号に該当しないとした裁判例として、札幌高判昭28・8・
24高刑集6・7・947があり、これは、原判決が1個の窃盗の客体の一部に
親族占有物件があってそれについて告訴がないのにこの点を看過し全部につ
き実体判決をした場合について、事実を誤認し、法令の適用を誤ったとして、
本号を適用しなかったものである。

学説も分かれているが、本号が絶対的控訴理由として定められていること
にかんがみれば、本号に該当するのは直接主文に関わる場合に限定され、上
記のように理由中の誤りにとどまる場合は含まれないと解するのが相当と思
われる。

（3）　本号の問題に限られないが、原判決が実体判断を誤ったために生ずる
問題がある。すなわち、実体判断を誤ったために、公訴を棄却すべきところ
これをせず、逆に公訴を棄却すべきでないのにこれをしたというような場合、
本号に該当するか否かという問題である。

判例は、誤りの原因となった事実誤認あるいは法令適用の誤りを破棄理由

〔§378〕同前 —— 絶対的控訴理由　75

とすべきものとしていると理解できる。最判昭33・4・18刑集12・6・1090
は、業務上過失傷害で起訴された事件につき、控訴審がその業務性を否定し、
告訴を欠くとして公訴を棄却したのに対し、業務性を肯定すべきであるとし
た上、原判決は刑法211条の解釈を誤り、ひいて判決に影響を及ぼすべき重
大な事実誤認をおかしたものであるとして、原判決を破棄した上で差し戻し
た。同様の考え方をとった裁判例は多い。以下に掲げる。

　①　傷害で起訴された事件につき、第1審が過失傷害と認め、告訴を欠く
として公訴を棄却したのに対し、重過失傷害を認めた上、原判決は事実を誤
認しひいて法令の適用を誤ったものであるとして、原判決を破棄し、自判し
た（福岡高判昭28・2・9高刑集6・1・108）。

　②　速度違反の罪で起訴された事件につき、第1審が反則行為に当たると
認めて公訴を棄却したのに対し、非反則行為に当たると認めた上、事実誤認
により原判決を破棄し、自判した（東京高判昭46・5・24高刑集24・2・353）。

　③　第1審が速度違反について過失による無免許運転者も反則者に当たる
として公訴を棄却したのに対し、過失による無免許運転者は反則者に当たら
ないとした上、法令適用の誤りにより原判決を破棄し、事件を差し戻した（東
京高判昭49・3・27判時752・108）。

　④　速度違反の罪で起訴された事件につき、第1審が非反則行為として有
罪としたのに対し、反則行為に当たると認めて、事実誤認により原判決を破
棄し、公訴を棄却した（東京高判昭62・8・20東時38・7＝9・98）。

　ただし、これとは異なる立場の裁判例も存在する。

　⑤　速度違反の罪で起訴された事件につき、第1審が非反則行為として有
罪としたのに対し、反則行為に当たると認めて、本号により原判決を破棄し、
公訴を棄却した（東京高判昭61・1・28刑裁月報18・1＝2・1）。

　また、法令適用の誤りと本号の両者を破棄理由とした裁判例もある。

　⑥　第1審が速度違反について過失による無免許運転者も反則者に当たる
として公訴を棄却したのに対し、過失による無免許運転者は反則者に当たら
ないとした上、法令適用の誤りと本号により原判決を破棄し、事件を差し戻
した（東京高判昭49・3・28判時752・108）。

　なお、最判昭48・3・15刑集27・2・128は、反則行為について実体判決
をした控訴審たる原判決を破棄して公訴を棄却したが、控訴審の誤りについ

76 第3編 上訴 第2章 控訴

ての上告審としての処理であり、上記問題について何らかの判断を示したものと解するのは困難だと思われる。

(4) 免訴の判決をすべきであるのに実体判決をした場合、本号に該当するとする高松高判昭28・4・25特報36・10があるが、文理解釈上疑問がある。この場合は379条の訴訟手続の法令違反又は380条の法令適用の誤りに該当すると解するのが相当であろう（380条の解説5（8）参照）。

4 審判の請求を受けた事件について判決をせず、又は審判の請求を受けない事件について判決をしたこと（3号）

(1) 意 義

「審判の請求を受けた事件について判決をせず」は判決の遺脱、「審判の請求を受けない事件について判決をした」は不告不理の原則違反といわれる。これらの違法は、当事者主義を採用する現行刑訴法の基本原則に反する重大なものであるため、絶対的控訴理由とされている。

(2) 「事件」の意味

「事件」の意味については、理論的には第1審における審判の対象が公訴事実であるか訴因であるかという刑訴法における基本的問題とも関連した難しい問題であり、説が分かれている。この点は、科刑上一罪の一部について判断を示さなかった場合の結論に影響する。

ただし、「事件」についてどのような説をとるにしても、事件といえないような部分については問題にならない。例えば、起訴状の公訴事実の冒頭に被告人の経歴・身分等が掲げられている場合、判決においてこれに対し何らかの判断が加えられていなくとも、それは本号前段の問題ではなく（東京高判昭29・4・13高刑集7・3・367）、また、起訴状の公訴事実中に、それ自体は構成要件に該当する私文書変造行使の事実の記載があっても、その罪名の記載がなく、公訴事実たる詐欺の犯罪事実に至る経過等として記載されたもので、訴因として審判を求める趣旨ではないと認められる場合には、判決においてこれに対する判断を示さなくとも、本号前段に当たらない（札幌高判昭25・5・13特報9・170）。逆に、判決の罪となるべき事実の中に訴因外の犯罪事実として認定されたものであるかのような記載があったとしても、それが犯罪事実として認定されたか犯行に至る経過として記載されたかは当該判決の意思解釈の問題であり、経緯としての記載であると判断されれば本号

〔§378〕同前 —— 絶対的控訴理由　77

後段の問題にはならない（最決昭41・11・10裁集161・325／判時467・63〔第1審判決が、起訴前に告訴取消があって起訴状にも記載されていない被告人単独による強姦行為を、その直後に行われた同一被害者に対する輪姦行為とともに判決の罪となるべき事実の欄に判示した場合、これを情状としての記載とみて違法でないとしたもの。〕。なお、最判平26・4・22刑集68・4・730参照〔原判決は、第1審が訴因変更手続を経ることなく起訴外の訴因を認定したか、争点として提示する措置をとることなく訴因類似の重要事実を認定したとしていた。〕）。

　以下、いかなる場合が本号に当たるかについて、本号前段と後段とに分けて説明する。

（3）**審判の請求を受けた事件について判決をしないこと**

　ア　併合罪に当たる数個の訴因のうちの一部について判断を示さなかった場合

　この場合が本号前段に当たることは明らかである（最判昭43・4・26刑集22・4・342は、このような場合が本号前段に当たること、すなわち控訴審の審理の対象になっていることを前提にして、判断遺脱部分も上訴審に移審することを判示している。）。

　併合罪関係にある訴因に対する判断は、すべて主文で示さなければならない（仙台高判昭31・3・19裁判特報3・6・267は、拘留又は科料に処すべき軽犯罪法違反の罪につき、理由中で認定しながら、主文でこの刑を言い渡さなかった事案において、また、仙台高判昭29・6・17特報36・82は、理由中で無罪の判示を明確にしているものの、主文で無罪の言渡しをしなかった事案において、いずれも本号前段に当たるとした。）。主文だけからは判断遺脱が明確でなくとも、理由中の記載から判断遺脱と認められる場合、例えば、いずれも懲役刑に処すことのできる数罪の起訴があり、主文で1個の懲役刑が言い渡され、理由中の罪となるべき事実にそのうちの1つの罪の事実の記載がない場合は、これに当たる。

　本号により第1審判決を破棄した裁判例として以下のようなものがある。

　①　詐欺罪と横領罪の訴因があったところ、途中で詐欺罪の訴因を変更した結果、横領の訴因事実は詐欺罪によって得た金員の処分行為となり、罪とならないものとなったが、第1審判決は、検察官が横領の訴因を撤回しなかったのに、この事実について何ら判断を加えなかった（札幌高判昭25・10・

31判タ13・43）。

②　第1審判決が、確定裁判のあるいわゆる主文2つの事案において、余罪とならない併合罪の関係にある数個の事実を犯罪事実としては掲げているものの、法律の適用としてこれらが刑法45条前段の併合罪であるから最も重い事実（判示第六）の罪の刑に加重する旨の記載はあるのに、主文として「判示第六の罪につき……」とのみ判示したため、残りの事実につき科刑を遺脱したのか、あるいは刑法45条前段、47条の解釈を誤ったのかの疑いがあるとした（福岡高宮崎支判昭30・6・1裁判特報2・11・555）。

③　第1審判決が、併合罪の関係にあるとして起訴された7個の公職選挙法違反事実のうち、基本的事実関係が同じ1個のみを認定し（ただし供与金額は7個分の合計で、この点も訴因変更を経ていない違法がある。）、残りの6個については被告人の供与が認定できないとしたから、主文で無罪の言渡しをしなければならないのに、これをしなかった（東京高判昭40・4・26東時16・4・85）。

④　検察官は、当初包括一罪と考えて起訴していた無免許運転事実につき、実は併合罪関係にある2つの事実であることが判明したため、訴因を変更して一方の事実に減縮したが、他方の事実について公訴を取り消すことをしなかった。第1審判決は、減縮された事実についてのみ判断し、他方の事実について判断を示さなかった（東京高判昭43・4・17高刑集21・2・199）。

⑤　第1審判決が、併合罪関係にある多数回の詐欺のうち、1個の犯行につき日時を変更したものと解される認定をした。本判決は、各犯行の欺罔手段が類似のものであるから犯行日時が各罪の区別の重要な要素であるとして、これは起訴された罪と異なる罪を認定したことになると判断し、本号の前段と後段の両方に該当するとした（東京高判昭55・5・22東時31・5・58）。

イ　科刑上一罪の一部について判断を示していない場合

この場合については、本号前段に該当するとする裁判例と該当しないとする裁判例に分かれている。前者は、東京高判昭30・8・18裁判特報2・16＝17・863であり、けん銃及び実包の不法所持のうち、後者につき何ら判断を示していないことが本号前段に該当するとして、他の控訴理由とも併せて、第1審判決を破棄した。後者は、仙台高秋田支判昭29・2・16特報36・89であり、観念的競合の関係にある公務執行妨害、傷害の起訴につき、公務執行

妨害のみを認定し、傷害について判断を示さなかった第1審判決につき、これは審理の結果傷害を認定すべき証拠がなかったので単に暴行による公務執行妨害の事実を認定したことが明らかであり、このような場合において1個の行為の一面の事実を認めないときは有罪と認めた事実を判示すれば足り、認めなかった部分について特に判示する必要がないとした。

この問題は、前記のとおり、「事件」をどのように解釈するかと関わっており、学説も分かれている。審判の対象を公訴事実であるとし、本号前段にいう「事件」も公訴事実のことであるとする説は、科刑上一罪の一部について判決があれば、当然その全部について判決の効力が及ぶから、判決が判断を示さなかった部分については事実を認めないという趣旨が示されていることになるとの理由付けも加えて、本号前段に該当しないとする。一方、審判の対象を訴因であるとし、「事件」を訴因であるとする説は、科刑上一罪の訴因を1個と考えるか数個と考えるにより結論が分かれることになる。ただし、審判の対象は訴因であるが、「事件」は公訴事実であるとの考え方もあり得ないではない。

　ウ　単純一罪又は包括一罪の一部について判断を示していない場合

この場合は、判決の遺脱には当たらない。

まず、単純一罪につき、被害物品や犯行態様の一部だけを認定して有罪としたときは、認定しなかった部分について理由中で判断していなくとも、否定的判断を示しているものと理解できるから、本号前段には該当しないとされている（最判昭23・12・2刑集2・13・1682は、窃盗の被害品4点中3点のみを認定し、その余の1点を認定しなかった事案につき、「その1点は1個の犯罪の客体の一部に過ぎないものであるから、かかる一部分につき特に判断を示さなかったからと言って所論のように審判の請求を受けた事件につき判決をしなかった違法ありといえない」旨を判示している。）。理由中に特に説明のない「認定落ち」は実務においてしばしばみられるところである。

包括一罪、常習一罪等、1罪とはされているものの個々の犯罪事実が複数あるものについて、その一部が認定されない場合は、理由中でその判断が示される場合が多いであろうが、仮にその判断を示していないとしても、その部分についても判決の効力が及ぶのであるから、結局は単純一罪の場合と同様に本号前段には該当しないと解することができる（仙台高判昭29・12・9

80　第3編　上訴　　第2章　控訴

裁判特報1・10・468は、包括一罪として起訴された清酒醪と清酒の各密造の事実のうち、前者につき判断を示さなかった第1審判決について、本号前段には当たらないとした。ただし、事実誤認があるとして第1審判決を破棄している。）。

　既遂の訴因に対して未遂の認定をするような場合もこれと同様であろう。

　エ　罪数判断につき起訴と裁判所の判断が食い違った場合

　㋐　1罪としての起訴に対し、裁判所が併合罪と認めた上、その一部の訴因につき無罪の判断をする場合、起訴を基準とすれば、主文でこれを判示する必要はなく、理由中で判断すれば足りる。しかし、裁判所の判断を基準とすれば、主文で判示しなければならず、理由中で判示したときは、本号前段に当たることとなる。裁判例は分かれている（この論点に関する文献として小林充「罪数の評価と訴訟手続」研修696・3）。

　本号に当たらないとしたのは、東京高判昭27・5・13高刑集5・5・794であり、1罪として起訴された強盗強姦未遂の起訴に対し、強盗と強姦未遂が併合罪の関係にあるとし、強盗につき有罪を、強姦未遂につき告訴がないとして公訴棄却を主文で判示した第1審判決について、検察官の起訴は1罪としてなされたのであるから、主文において当該部分の公訴棄却又は無罪の裁判を言い渡すべきでなく、理由中にその旨説明すれば足りるとした（ただし、裁判所が強盗及び強姦の2個の犯罪に分割して、その前者について有罪、後者に対して公訴棄却の裁判をしたときは、その言渡しの当否にかかわらず、2個の裁判の主文を生じ、前者についての控訴はこれを後者に及ぼすことを得ず、控訴審は前者の部分についてだけ審判することができるに過ぎないとしている。）。

　本号に当たるとしたのは、東京高判昭40・11・26高刑集18・7・786であり、自判に際し、戸別訪問罪と法定外文書頒布罪とは併合罪の関係にあるから、検察官が観念的競合と主張しても、主文において無罪を判示すべきであるとした。

　㋑　逆に、併合罪としての起訴に対し、裁判所が1罪と認めた上、その一部について無罪の判断に至った場合、起訴を基準とすれば、主文で判断しなければならず、理由中のみで判示したときには本号前段に当たり、裁判所の判断を基準とすれば、主文でこれを判示する必要はないことになる。前者の立場による裁判例が多い。

　［前者の立場と考えられるもの］

〔§378〕同前——絶対的控訴理由　81

①　検察官が併合罪として数個の恐喝を起訴した事案において、裁判所がいくつかの事実について犯罪の成立が認められないとした場合は、仮に成立を認めたとすればこれらが連続犯として1罪の関係にあるとしても、主文で無罪の言渡しをしなければならないものとした（大判昭9・3・24刑集13・313）。

②　第1審判決が、公訴事実中の住居侵入の点が罪とならないが、併合罪として起訴された窃盗罪とは牽連関係にあるから、主文において無罪の言渡しをしないとしたのに対し、その第1審判決には住居侵入の公訴事実につき裁判をしない違法があるとして、これを破棄した（東京高判昭26・9・28特報24・86）。

③　②の東京高判昭26・9・28と同様、検察官が併合罪として起訴した住居侵入、窃盗につき窃盗を無罪とした上主文で無罪の言渡しをしなかった第1審判決を破棄したが、その中で、「1個の事件として取り扱うべきか、それともこれをそれぞれ別個の事件として取り扱うべきかは手続面の問題であって、裁判所がその独自の判断において決定すべきものではなく、もっぱら検察官の起訴によって定まるものと解すべき」と判示した（東京高判昭27・12・16特報37・122）。

④　数個の公職選挙法違反（供与）事実について同様の判断をし、その中で、「数個の公訴事実が1罪として起訴されたか、数罪として起訴されたかは、もともと起訴の範囲や、内容の解釈の問題であるから、起訴状そのものの解釈によって決すべきもの」と判示した（仙台高判昭29・6・17特報36・82）。

［後者の立場と考えられるもの］

⑤　暴行及び脅迫の2事件の起訴に対し、脅迫は暴行の行為に包括されて独立の存在が認められないから無罪であるが、一所為に包含されるから主文で無罪の言渡しはしないとした（大判昭6・12・10刑集10・745の第2審判決。ただし、上告審において、独立の存在が認められないという点が否定され、破棄されている。）。

学説は、起訴を基準とする説と裁判所の判断を基準とする説に分かれており、前者は、裁判所は無罪と認めた事実について実体法を積極的に適用するわけではないから、もっぱら手続面での問題であるとし、後者は、罪数評価

は裁判所の専権に属し、検察官の意見に拘束されないとする。事実が認定できない場合については、その事実についての裁判所の評価を問題にする余地がないから、当初の検察官の主張に従う前者の説が相当のように思われる。

(ウ)　なお、以上は、一部について裁判所が無罪の判断をした場合に生ずる問題である。すなわち、数罪としての起訴を裁判所が１罪と認めて全部有罪とすることは本号前段に違反しない（最判昭25・7・7刑集4・7・1226、最判昭25・7・13刑集4・8・1364、最判昭30・5・13刑集9・6・1023）。

オ　予備的・択一的訴因の一方について判断を示していない場合

主たる訴因と予備的訴因がある場合、主たる訴因につき有罪と認定すれば予備的訴因につき判断を示す必要がないのは当然である（東京高判昭25・5・20高刑集3・2・192）。択一的訴因の一方について有罪を認定した場合も、他方の訴因につき判断を示す必要はない（最判昭25・10・3刑集4・10・1861）。

予備的訴因につき有罪を認定したときには、主文において主たる訴因につき無罪の言渡しをすべきではないし、理由中においても必ずしもこれに対する判断を明示する必要はない（最判昭29・3・23刑集8・3・305）。予備的訴因の判断に入っている以上、主たる訴因が認められなかった旨の黙示的判断が示されていると解されるから、判断遺脱の問題は生じていない（理由の説明をしないことの当否は別問題である。）。

予備的訴因に対して無罪を言い渡しただけで、主たる訴因につき何ら判断を示していないときについては、本号前段に該当するとする裁判例がある（名古屋高判昭28・1・21高刑集6・2・165）。しかし、予備的訴因につき有罪を認定したときに主たる訴因についての判断を明示しなくても本号前段に該当しないとするならば、予備的訴因につき無罪を言い渡した場合も、主たる訴因につき無罪である趣旨は明らかであるから、本号前段に該当するとする上記裁判例には疑問がある。

(4)　**審判の請求を受けない事件について判決をしたこと**

ア　訴因を逸脱し、かつ、公訴事実外の事実を認定した場合

訴因を逸脱し、かつ、公訴事実の同一性もない事実について判決をした場合、本号後段に当たることは明らかである。このような場合に当たるとした裁判例に以下のようなものがある。

〔§378〕同前 —— 絶対的控訴理由　83

　①　窃盗の犯行日時につき、訴因では、「昭和25年9月15日午後3時頃」
となっていたのに対し、認定では「昭和25年8月25日午後6時頃」とした第
1審判決につき、犯行の月も日も時間までも起訴と判決が著しく異なる場合
は、公訴事実の同一性を有しないとした（東京高判昭26・6・28高刑集4・9
・1079）。

　②　覚せい剤譲受につき、起訴では昭和27年6月初頃から同年7月初頃ま
での4回位なのに、第1審判決は起訴にない11月分を加えて昭和27年6月初
頃及び末頃、同年7月末頃、11月11日、同月22日頃の5回の譲受行為を認定
した（大阪高判昭29・3・6特報28・100）。

　③　認定した窃盗7件のうち3件について起訴がなかった（大阪高判昭31
・7・3裁判特報3・13・672）。

　④　起訴されていない収賄の事実を認定した（東京高判昭37・2・20下刑集
4・1＝2・26）。

　イ　公訴事実の同一性がないのに、訴因変更を許可した上、その訴因につ
　　いて判決をした場合

　この場合には説が分かれているが、本号後段に当たるというのが判例の大
勢である。

　①　併合罪関係にある賃借人3名に対する地代家賃統制令違反の罪を訴因
として追加した（東京高判昭26・10・31特報25・22）。

　②　窃盗幇助の訴因に対し、併合罪の関係にある贓物故買を予備的訴因と
して追加した（最判昭33・2・21刑集12・2・288）。

　③　収賄の訴因に対し、併合罪の関係にある贈賄を予備的訴因として追加
した（東京高判昭35・2・13下刑集2・2・116）。

　④　詐欺の訴因に対し、併合罪の関係にある業務上横領を予備的訴因とし
て追加した（最判昭41・4・12裁集159・157）。

　⑤　詐欺の訴因に対し、併合罪の関係にある有印公文書偽造を追加的に訴
因変更した（東京高判昭57・3・23高検速報昭57・177）。

　⑥　多衆の威力を示して暴行を加えたという暴力行為等処罰に関する法律
違反事件において、同じ機会に被告人が行った別の被害者に対する暴行の事
実につき、検察官の訴因変更請求を許可した（東京高判平23・10・13高検速報
平23・147）。

84　第3編　上訴　　第2章　控訴

　これに対し、訴訟手続の法令違反と本号後段の両方を理由とする裁判例もある。

　⑦　公訴事実の同一性のない殺人未遂を訴因として追加して認定した第1審を、訴訟手続の法令違反と審判の請求を受けない事件について判決した違法の両方があるとして破棄した（東京高判昭26・10・24特報25・3）。

　学説には、本号後段に当たるという説と379条の訴訟手続の法令違反に当たるという説、さらに両方に当たるという説がある。誤って訴因変更を許したという違法と、起訴された公訴事実外の事実につき判断したという違法の両面が存在することは否定し難いから、控訴理由としても両方に該当し、どちらを理由にして破棄してもよいと考えるのが素直だと思われる。

　ウ　起訴状記載の訴因と公訴事実の同一性が認められる範囲内ではあるが、訴因変更手続を経ずに訴因外の事実を認定した場合

　㋐　この場合について、審判の対象を公訴事実と考える説によれば、本号後段の「事件」を公訴事実であると解して本号後段に当たらないとし、審判の対象を訴因と考える説によれば、同「事件」を訴因であると解して本号後段に当たるとするのが素直であり、学説は分かれている。

　判例も、本号後段に当たるというものと379条の訴訟手続の法令違反に当たるというものに分かれている。

　㋑　まず、最高裁判例を概観する。

　①　最決昭25・6・8刑集4・6・972は、原判決が、窃盗被告事件につき第1審判決を破棄して自判するに際し、起訴されていない住居侵入の事実を認定したのは、結局審判の請求を受けない事件について判決をした違法であるが、原判決は住居侵入と窃盗を牽連一罪の刑で処断したものであるから、その違法は未だ原判決を破棄しなければ著しく正義に反するものと認め難いとした。

　②　最判昭29・8・20刑集8・8・1249は、原判決が、強制わいせつ事件につき無罪を言い渡した第1審判決に対する控訴において、被告人らの犯罪行為が認められるとして第1審判決を破棄し、訴因変更をしないまま公然わいせつの事実を認定したのは、審判の請求を受けない事件について判決をした違法があり、強制わいせつの事実の証明がなかったならば無罪の言渡しをしなければならなかったはずであるとして、原判決を破棄した。

〔§378〕同前 —— 絶対的控訴理由　85

③　最判昭32・7・19刑集11・7・2006は、競馬法違反被告事件の上告を棄却した決定の決定要旨において、「競馬施行者でない被告人が、地方競馬の競走に関し勝馬投票券に類似するものを発売して競馬を行ったという競馬法第30条第1号違反の起訴にかかる事実を、判決において、被告人は地方競馬の競走に関し、勝馬投票類似の行為をさせて利を図ったという同法第30条第3号違反の事実を認定したからといって、刑訴第378条第3号にあたる違法があるとはいえない」とした。

④　最判昭36・6・13刑集15・6・961は、原判決が、収賄の共同正犯を認定した第1審判決を事実誤認により破棄し、訴因変更手続を経ないで贈賄の共同正犯の事実を認定したのに対し、「原審が訴因罰条の変更手続を履まずに、右のような判決をしたことは、その訴訟手続が違法であることを免れない」として、原判決を破棄した。

⑤　最判昭40・4・28刑集19・3・270は、第1審が、公職選挙法の金銭供与の幇助の訴因に対し、訴因変更がないのに共同正犯と認定し、原判決がこの第1審判決を是認したことにつき、この場合は当然訴因変更を要するものといわなければならないから、訴因変更のないまま共同正犯の事実を認定した第1審判決は違法であるとして、第1、2審判決を破棄した。

⑥　最判昭41・7・26刑集20・6・711は、原判決が、当初起訴にかかる業務上横領の訴因が特別背任の訴因に変更されてこれを認定した第1審判決を事実誤認、法令適用の誤りを理由に破棄して自判するに当たり、当初起訴にかかる業務上横領の事実を認定したことにつき、再び業務上横領と認定するためには、更に訴因罰条の変更ないし追加手続をとり、改めて業務上横領の訴因につき防御の機会を与える必要があり、原審がこの手続をとらないで判決したことは違法であるとして、原判決を破棄した。

⑦　最判昭46・6・22刑集25・4・588は、第1審が、業務上過失致死傷被告事件につき、訴因変更手続を経ないで起訴状の記載とは異なる過失の内容を認定し、原判決がこの第1審判決を是認したことにつき、本件のような過失内容の変更には訴因変更を必要とし、第1審がこの手続をとらないで判決したことは違法であり、これを是認した原判決には法令の解釈を誤った違法があるとして、第1、2審判決を破棄した。

これらの判例をどのように解釈するかについても学説は分かれている。こ

れらの判例の意味するところを考えると、①最決昭25・6・8及び②最判昭29・8・20は、その文言上本号後段説をとったものと判断できるが、その後の判例はどちらの説か明確ではない。訴因変更を経ていない点を違法とする文言があることから、379条説を採用していると解する説もあるが、それは訴因変更の手続をとれば違法でなくなることから記載されただけで、その違法が379条違反の限度にとどまるのか、本号後段にも該当するのかは別の問題といえるのであって、必ずしも379条説の根拠とはならない。むしろ、最高裁としては411条1号による破棄に際してどちらの立場によるのか明示する必要はないとして、あえて判断を示していないとみるべきではなかろうか。

　㈡　次に高裁の裁判例をみると、それぞれに多数の裁判例がある。昭和40年代以降のものをいくつか掲げる（以下は、原則として、控訴審によって違法とされた第1審の判断を掲げたものである。）。

　［本号後段説に立つもの］

　①　外国人登録法違反事件において、検察官が外国人登録の申請をしなければならない時期を変える訴因変更をしたのに、裁判所が変更後の訴因につき判決せず、変更前の訴因に沿う有罪判決をした（東京高判昭42・4・27東時18・4・138）。

　②　業務上過失致死事件において、訴因では、被告人の車が先行の自転車を追い抜くに当たり、同自転車と直接接触することによる事故を防止するため、これと接触しない程度の間隔を保つべき業務上の注意義務に違反した過失があるというのに対し、原判決は、被告人の車が、判示の状況のもとに、先行の自転車のすぐそばを通過する場合、たとえ訴因記載のように先行の自転車と直接接触する危険がなくても、走行の不安定性による不測の事故発生の危険が十分予見できるから、同自転車と十分間隔を保って右側を進行するなどして未然に危険を回避すべき適切な措置を講ずべき業務上の注意義務の違反があるとした（東京高判昭45・10・12高刑集23・4・737）。

　③　被告人に対する訴因が恐喝、傷害のみであるのに、いわゆる承継的共同正犯理論をとってその行為以前の共犯者2名の暴行行為についても被告人に責任があると解し、被告人に対する関係で、訴因変更の手続を履践することなく、共犯者2名の暴行行為を審判の対象として甲に責任を負わせた（名古屋高判昭46・8・5高刑集24・3・483）。

〔§378〕同前 —— 絶対的控訴理由　87

④　殺人の実行共同正犯との訴因について、共謀以前の被告人の行為を認定して傷害致死の成立を認めた（福岡高那覇支判昭51・4・5判タ345・321）。

⑤　公職選挙法違反の金品供与による事前運動のみが起訴されているとみるべき事案において、選挙運動方の依頼行為自体による事前運動を認定した（大阪高判昭52・2・14判時870・111）。

⑥　業務上横領罪の起訴に対し、訴因、罰条を変更することなく、公正証書原本不実記載罪を認定した（福岡高判昭53・4・24判時905・123）。

［379条説に立つもの］

⑦　業務上過失致死事件において、過失の内容が前方注視の義務違反とされていたのに、判決では追い抜きをしてはならないのに追い抜こうとした点に過失があると認定した（大阪高判昭41・7・22下刑集8・7・970）。

⑧　業務上過失致死事件において、軽四輪乗用自動車運転者に被害者との安全な間隔を保持しないでその右側を進行しようとした過失があるとの訴因に対し、同運転者が運転開始前に酒に酔い正常な運転をすることができない状態において同自動車の運転を継続した過失を認定した（仙台高判昭43・7・18高刑集21・4・281）。

⑨　業務上過失傷害事件において、徐行しなかった点及び対向車との間に安全な間隔を保たなかった点に過失があるとした訴因に対し、急制動、急転把をした点にも過失があるとし、かつ、その追加した点をもって実際上当該事故における最も重大な過失であると認定した（大阪高判昭46・5・28高刑集24・2・374）。

⑩　業務上過失致死事件において、制限速度に従い前方を注視する義務に違反したとの訴因に対し、前照灯を上向きにする義務をも追加して認定した（東京高判昭48・2・19刑裁月報5・2・107）。

⑪　業務上過失致死事件において、減速徐行義務違反の訴因に対し、これに加えて警音器吹鳴義務違反をも認定した（東京高判昭50・12・11高刑集28・4・506）。

⑫　業務上過失致死事件において、駐車車両手前での停止、避譲義務の違反の訴因に対し、これとは別個の、前方から来る人車の動静に注意し、場合によっては警笛を鳴らして注意を喚起し、安全に擦れ違うことができるよう進行すべきはもちろん、状況によっては、いつでも減速、急停車する等臨機

88 第3編 上訴 第2章 控訴

の処置をとって事故の発生を未然に防止すべき業務上の注意義務を認定した（東京高判昭52・3・22判時850・111）。

⑬ 業務上過失致死事件における結果の発生の過程について、訴因と認定事実との間に重要な相違がある（東京高判昭57・3・24刑裁月報14・9・727）。

⑭ 有印私文書偽造・同行使、公正証書原本不実記載・同行使の各罪の共同正犯としての訴因に対し、単独犯を認定した（東京高判昭57・9・20東時33・9・57）。

⑮ 数回に及ぶ暴行の途中から殺意が発生したとの訴因に対し、最初の暴行時既に殺意があったと認定した（東京高判平元・3・2高検速報平元・60）。

⑯ 業務上過失致死事件において、被告人が約78メートル手前で赤色信号表示を認めたことを前提に減速あるいは徐行すべき業務上の注意義務の違反を過失としてとらえているのに対し、同様の具体的状況を前提としながら、被告人に直ちに減速して交差点手前で停止すべき業務上の注意義務違反を認定した（東京高判平5・9・13判時1496・130）。

⑰ 収賄事件において、訴因変更の手続を経ることなく、公訴事実記載の日時・場所を包含するものの、その記載より広い範囲の日時・場所において罪を犯したとして、起訴状記載の日時・場所と異なる日時・場所を認定した（福岡高判平16・10・8高検速報平16・202）。

⑱ いわゆる廃棄物処理法違反の不法投棄事案について、訴因変更の手続を経ることなく起訴状記載の犯行日と異なる日を犯行日と認定した（東京高判平22・11・30東時61・1＝12・308）。

⑲ 高速道路上の自動車運転過失致死傷事件において、訴因変更又は争点の顕在化の措置を講じないまま、運転中止義務の発生日時につき約18分、場所につき約24キロメートル、公訴事実と差異がある事実を認定した（仙台高判平25・6・27高検速報平25・247）。

(エ) この問題は、前記のとおり理論的に決まるはずの問題であるが、わずかな訴因逸脱の場合でも絶対的控訴理由である本号後段に該当するということはやや仰々しいという実務感覚があるためか、最近は379条説が強くなっているように思われる。

エ　罪数判断につき起訴と裁判所の判断が食い違った場合

本号後段の関係では、検察官が1罪として起訴したのに対し裁判所が数罪

〔§378〕同前——絶対的控訴理由　89

と認めて有罪の判断をする場合がこれに該当するかどうかの問題がある。すなわち、犯罪の個数として、検察官が処罰を求める以上の数の犯罪について判断を示すようなことになるからである。

　しかし、罪数の評価はもともと法律の適用の問題で、裁判所の専権に属することであるから、当事者の主張に拘束されるものではない。事実が提示されてそれについての判断が求められており、その事実についての判断をしただけである以上、本号後段に該当することはないと考えられる。

　最判昭63・1・29刑集42・1・38も、判決要旨において、「甲、乙に対する起訴状の罪名及び罰条は殺人のみであっても、逮捕監禁の事実が殺人の実行行為の一部を組成するものとして公訴事実中に記載されていると認められるときは（判文参照）、たとえ右逮捕監禁の事実が殺人とは併合罪関係に立つものと解すべきであったとしても、裁判所が甲につき殺人の実行行為の一部として右逮捕監禁の事実を認定し、乙につき逮捕監禁罪のみの成立を認めたことが、刑訴法378条3号にいう審判の請求を受けない事件について判決した場合に当たるとはいえない」としており、これは、裁判所が併合罪として認定しても、本号後段に該当しないことを示しているといえよう。

　なお、科刑上一罪の関係にある数罪の一部が無罪の場合には、理由中で一部無罪の判断を示せばよいにもかかわらず、裁判所が誤って主文で無罪を言い渡しても、被告人には利益でこそあれ何ら不利益ではないから本号に当たらない（東京高判昭29・6・7特報40・142。原判決が併合罪と考えたのか、1罪ではあるが主文で示すべきと考えたのかは不明。）。

5　判決に理由を附せず、又は理由にくいちがいがあること（4号）

(1)　意　義

　ア　「判決に理由を附せず」とは、判決自体において、44条1項、335条1項により要求される判決理由の全部又は一部を欠くことをいう（東京高判昭57・3・16判時1063・218）。335条2項の主張に対する判断を欠くことは、訴訟手続の法令違反ではあるが、理由不備ではない（最判昭28・5・12刑集7・5・1011は、心神耗弱の主張に対する判断を欠いた事案について、本条4号の「理由」は、有罪判決においては、335条1項が規定するものを指し、335条2項により判示しなければならない判断はこれに含まれないとした。）。

　さらに、335条に記載された以外の事実認定や法律解釈・適用の問題につ

いても、「補足説明」、「弁護人の主張に対する判断」などとして判決書に記載されることが多いため、当事者から、「審理の過程で重要な争点になっていたのであるから、判断の理由を示さないことは本号に当たる」旨の主張がなされることがあるが、このような点について、その判断の説明を記載しないからといって理由不備には当たらない（東京高判平8・1・18判時1570・139）。

本号は、重大な瑕疵であるために絶対的控訴理由としているのであるから、理由の一部が欠けているに過ぎないときには、それが重大な場合に限り本号に該当するものと解される。

イ 「理由にくいちがいがある」とは、主文と理由との間又は理由相互の間に食い違いがあることをいう（札幌高判昭26・7・25特報18・47は、起訴状記載の犯行日時のうち時刻の点を判決書に記載しなかったことが本号に当たるとの主張に対し、本号は判決自体において主文の判断に到達すべき理由の記載を欠き又はその理由自体あるいは理由と主文との間に食い違いの存する場合をいうと判示している。）。

理由に食い違いがあるということが、理由が付されていない場合と並んで定められているが、これらの絶対的控訴理由はあるべき理由が欠けていることであるから、この食い違いは理由不備と同様に重要な部分に存在することが必要である。一見食い違いに当たるようにみえても、判文全体の趣旨等から明白な誤記と読みとれる場合などはこれに含まれない。

(2) **有罪判決の場合**

前記のとおり、44条1項、335条1項により要求される判決理由が問題となるので、順次検討する。

ア 主 文

(ア) 主刑に関するもの

主刑につき、主文と理由（法令の適用部分の場合が多いであろう。）との間に食い違いがあれば原則として本号に該当することになる。裁判例として、懲役刑の刑期、罰金刑の金額、執行猶予の期間、刑の種類において主文と理由中で異なったものがある（最判昭24・3・23刑集3・3・342〔主文で懲役3年6月、理由中で懲役3年〕、最判昭24・6・18刑集3・7・1090〔主文で3年間執行猶予、理由で2年間執行猶予。旧刑訴法事件〕、最判昭28・7・17刑集7・7・

〔§378〕同前──絶対的控訴理由　91

1533〔主文で罰金2000円、理由で罰金1000円〕、名古屋高判昭29・9・29裁判特報1・7・302〔主文で懲役10月、理由中で懲役1年〕、名古屋高金沢支判昭33・5・1裁判特報5・6・193〔主文で懲役8月・罰金5万円、理由中で懲役1年・罰金5万円〕、東京高判昭35・6・23東時11・6・168〔主文で懲役1年、執行猶予3年、理由中で懲役10月〕、東京高判昭47・3・9東時23・3・38〔主文で禁錮1年、理由中で懲役刑を選択〕、最判昭47・6・27判時702・8〔主文で禁錮10月、理由中で懲役刑を選択〕）。

　なお、大阪高判平4・1・22判時1429・144は、再審の第1審判決が執行猶予期間の満了日を「この裁判確定の日から」と記載した点を理由不備として破棄し、原確定判決の主文の一部を変更している。

　㈣　未決勾留日数の算入に関するもの

　未決勾留日数の算入に関しても、主文と理由との間に算入日数の食い違いがあれば本号に該当することになる（東京高判昭59・6・26高検速報昭59・243〔主文で未決勾留日数中30日を算入、理由中で20日を算入〕）。主文において、2個の懲役刑を宣告しながら、未決勾留日数中通算すべき日数を算入する本刑を特定していない場合も本号に該当するとされる（大阪高判昭29・7・12高刑集7・6・957、福岡高判平16・4・6高検速報平16・196）。

　理由中に法律の適用として刑法21条を掲げながら主文において未決勾留日数の算入がない場合、本号に該当するとする裁判例があるが（東京高判昭32・4・27高刑集10・3・288）、これは、原判決が未決勾留日数の全部又は一部を本刑に算入するため刑法21条を掲記したものと認めるのを相当とした上で、その算入したはずの未決勾留日数が明らかでないことを理由にするものである。算入可能な未決勾留日数がない場合や、主文で未決勾留日数を算入したが理由中で刑法21条の適用がない場合には、明らかな誤記として処理されることが多いと思われる。

　㈥　換刑処分に関するもの

　換刑処分に関して本号に該当するとした裁判例として、主文で250円を1日に換算としながら、理由中では350円を1日に換算と記載した場合のものがある（札幌高判昭25・4・22特報8・70）。

　㈢　没収・追徴・被害者還付に関するもの

　没収・追徴・被害者還付に関しても、主文と理由との間で対象物の数量に

92　第3編　上訴　第2章　控訴

食い違いがあれば本号に該当することになる（最決昭25・2・28刑集4・2・263〔主文で7660円を追徴、理由中で没収できないから追徴するとされている判示事実に記載された額の合計は7560円〕、仙台高判昭30・2・14裁判特報2・4・99〔主文で覚せい剤700立方センチメートルを没収、理由中で所持していたと認定した覚せい剤は106立方センチメートル〕、東京高判昭33・6・24東時9・6・164〔主文で麻薬粉末15包を没収、理由中で認定した不法所持は14包〕。なお、福岡高判昭31・7・6裁判特報3・14・701は、押収してある換価代金が2万3650円なのに主文で3万3650円を没収した第1審判決につき、押収してある換価代金以上のものを没収する趣旨でないことは容易に窺知することができるから判決破棄の理由とならないとしたが、判決書自体に食い違いがあったものではないと思われる。）。

そのほか、本号に該当するとした裁判例として以下のものがある。

①　没収の前提となる公訴事実を認定しておらず、主刑の言渡しもないのに没収した（名古屋高判昭26・4・27特報27・83）。

②　没収した物と犯行との関係が不明（福岡高判昭28・5・28特報26・21）。

③　被告人両名のうちのいずれからいくらを没収するかを明示していない（東京高判昭33・2・11裁判特報5・2・37）。

④　どの犯罪事実にかかる贓物であるかを判示しないで被害者に対する還付を言い渡した（東京高判昭61・6・16高刑集39・3・218）。

イ　罪となるべき事実

(ｱ)　罪となるべき事実の機能に関し、最判昭24・2・10刑集3・2・155は、「罪となるべき事実とは、刑罰法令各本条における犯罪の構成要件に該当する具体的事実をいうものであるから、該事実を判決書に判示するには、その各本条の構成要件に該当すべき具体的事実を該構成要件に該当するか否かを判定する程度に具体的に明白にし、かくしてその各本条を適用する事実上の根拠を確認し得られるようにするを以て足るものというべく、必ずしもそれ以上更にその構成要件の内容を一層精密に説示しなければならぬものではない」と判示している。したがって、これに反することになるような罪となるべき事実の判示は理由不備に該当することになる。最判平13・4・11刑集55・3・127は、この基準を適用して、殺害の日時・場所・方法の判示が概括的で実行行為者の判示が択一的であっても、殺人罪の罪となるべき事実の判示として不十分とはいえないという事例判断を示している。

〔§378〕同前 —— 絶対的控訴理由　93

　(ｲ)　罪となるべき事実の行為態様等に関して本号に該当するとした裁判例は多い。その中でも、開かれた構成要件といわれている過失犯、あるいは、欺罔行為、錯誤及び処分行為が因果的連鎖に立つ必要があるとされる詐欺等は、一歩間違うと理由不備になることが多いようである。以下、上記2罪についてまとめて具体例を掲げた後、他の犯罪について具体例を掲げる。

［過失犯］

　①　業務上過失致死傷において、被告人が追越しに当たりとるべき十分な間隔とはどの程度の間隔をいうのか、被告人が具体的にどの位の間隔をもって追い越したのか、その追越しと被害者の転倒との間にはいかなる因果関係があるのかという点が明らかでなく、この点で判決に理由を付さず又は理由に食い違いがあるとした（東京高判昭37・2・22下刑集4・1＝2・34）。

　②　業務上過失傷害において、第1審判決が、交差点のかなり手前における黄色信号に従って交差点の手前の停止位置に停車すべきであった点をとらえた判示をしたのに対し、本件事故の原因たるべき被告人の過失を判示せず、判文上からも、本件事故と因果関係の定かでない事実を罪となるべき事実として認定したもので、理由不備の違法があるとした（東京高判昭50・11・25東時26・11・192）。

　③　業務上過失傷害において、いかなる注意義務に違反するかが判示されておらず、また、当時における特段の事情を判示しなかったため、被告人の所為が通常の事態においては事故を避けるに足りる措置と考えられるものであるのにもかかわらず、本件では自車を滑走させて本件事故の原因となるに至った経過も判然とせず、判文上は経験則に反する事実を記載したものとなっている点で、理由不備の違法があるとした（東京高判昭51・9・21東時27・9・120）。

　④　業務上過失致死において、第1審判決が、相手方車両との距離、相手方車両の速度の認定を一切省略したため、そこで認定された過失は甚だ抽象的に過ぎ、罪となるべき事実の認定そのものに理由の不備があるとした（東京高判昭53・2・10東時29・2・17）。

　⑤　業務上過失傷害において、第1審判決の認定した注意義務を尽くしただけでは結果回避が不可能であり、理由に食い違いがあるとした（東京高判昭54・3・12東時30・3・37）。

94 第3編 上訴 第2章 控訴

⑥ 業務上過失傷害において、被告車両及び相手方車両の位置関係にそごのある図面9枚を判決に添付し一括援用したことで、判決の理由に食い違いがあるとした（東京高判昭56・7・28判時1027・132）。

⑦ 業務上過失致死において、自車を被害自転車に接触させ若しくは接触の危険を生ぜしめてと認定するが、後者については、その事実と、その場に被害者を自転車とともに転倒させたという結果との間にいかなる因果関係が存するのか明らかでなく、結局漠然として具体性を欠くから理由不備であるとした（名古屋高判昭58・6・15高検速報昭58・286）。

⑧ 業務上過失傷害において、交差点左折時における被告人のいかなる行為を過失行為として認定判示しているのか一義的に特定明示されていないといわざるを得ず、理由の不備があるとした（名古屋高判昭62・9・7判タ672・262）。

⑨ 重過失致死において、被害者の事故直前の状態について択一的に事実を摘示し、被告人の行為についても、被害者の身体のいかなる部位に、いかなる状態で、被告人車と激突させたものかについて具体的に判示しておらず、結局原判決の事実の摘示は、抽象的な法的判断を示しただけで、罪となるべき事実の具体的摘示を欠くとした（名古屋高判昭36・9・25高刑集14・8・548）。

⑩ 重過失傷害において、被告人が対向自転車の動静注視を欠いたまま漫然進行したというだけで、なぜ両車両が衝突したのかが明らかでなく、理由に不備があるとした（東京高判昭61・7・24東時37・6＝7・58）。

⑪ 原判決指摘の注意義務では被害車両との衝突を回避することはほとんど不可能であり、その理由に食い違いないし理由不備の違法があるとした（福岡高判平13・6・26判タ1118・276）。

⑫ 自動車運転過失致死において、罪となるべき事実において被害者が死角の範囲内と範囲外のいずれにいたかを確定することが困難である場合において過失を択一的に認定することは、過失の内容が特定されておらず理由不備の違法があるとした（東京高判平28・8・25高検速報平28・126）。

［詐欺］

① 欺罔といえない行為を欺罔として詐欺罪に問擬したのは判決に理由を付せず又は理由に食い違いがあるとした（名古屋高判昭25・4・14特報9・

〔§378〕同前 —— 絶対的控訴理由　95

63)。

②　欺罔行為の回数について判示が不明瞭であることは判決の理由として不備であるとした（東京高判昭27・11・29特報37・107)。

③　一方で虚偽の事実を申し向けと判示しながら、他方で、被告人がそれを真実と考えていたことになるような事実も判示し、前後矛盾しているから、理由の食い違いがあるとした（東京高判昭27・11・29特報37・111)。

④　他に売却する意思がないのにちょっと自転車を貸してくれと申し向けたという事実摘示によっては、被告人に詐欺の犯意の存したことをうかがうことはできないから、判決に理由を付しない違法があるとした（東京高判昭29・2・23特報40・25)。

⑤　詐欺の判示事実の中に背任的所為となすべき客観的事実を認定しながら、これを単純に詐欺の1罪に包括処断したのは理由の食い違いに当たるとした（東京高判昭30・5・19高刑集8・4・551)。

⑥　頼母子講の発起を仮装したのか、真実正規の頼母子講を組織した後に、欺罔手段を施してその掛金名義で金員を交付させたのかが不明確な判示が、理由を付せず、又は理由に食い違いがある場合に当たるとした（東京高判昭32・7・20裁判特報4・14＝15・366)。

⑦　代金支払いの意思及びその確実な目途もなくとしながら、代金支払い義務の生じない販売委託の注文をしたと判示するのは、販売委託の具体的方法及びこれと本件行為との関連が明らかでなく、いかなる態様の欺罔的手段を講じたかについて判示上の不備があるとした（東京高判昭56・1・28東時32・1・5。結論は審理不尽による事実誤認で破棄差戻し。)。

⑧　クレジット契約による自動車代金の立替金名下の詐欺につき、詐欺の構成要件を充足するために必要な自動車販売会社との関係についての事実を欠く事実摘示には、理由不備の違法があるとした（福岡高判昭60・9・24刑裁月報17・9・798)。

⑨　欺罔行為者と財物の交付を受ける者とが異なる場合に、両者の関係を罪となるべき事実に摘示しないまま詐欺罪の成立を認めた第1審判決には、理由不備の違法があるとした（大阪高判平12・8・24判時1736・130)。

⑩　欺罔内容である取引についての被告人の認識が問題となる事案において、罪となるべき事実では仲介取引と、理由中では相対取引及びカバー取引

96　第3編　上訴　　第2章　控訴

と説示した第1審判決について、第1審裁判長の釈明内容も考慮して、理由に食い違い又は不備があるとした（東京高判平22・11・17東時61・1＝12・287）。

　［その他の犯罪］

　①　公務執行妨害における警察官に対する脅迫文言として、「十日市の福原の者」、「広島の岡の者」であるというだけでは、それらがいかなる身分の者であるか、またこれによりいかなる威嚇を与えたものであるかについて何等の説示をしていないので、これを威嚇手段として認めるには不充分であるとした（広島高判昭24・7・16高刑集2・3・342）。

　②　わいせつ図画所持において、わいせつ図画である写真とそうでない写真を一括して判示した第1審につき、事実の特定があいまいであるばかりか、わいせつ概念についていかなる見解をとり、本件写真をすべてわいせつ図画と断定したものか不明というほかないとして、審理不尽又は理由不備の違法があるとした（東京高判昭52・5・18東時28・5・45）。

　③　贈賄において、問題となる請負契約に関して収賄者がいかなる職務権限を有するか不明であり、贈賄罪の成立すべき事実理由を付さなかった違法があるとした（東京高判昭27・11・25特報37・102）。

　④　収賄において、現金そのものの供与を受けた趣旨であるか、該金額の現金を借用し、その貸借による金融の利益を得た趣旨であるかが、第1審判決の判文自体によっては全く不明であり、理由不備の違法があるとした（東京高判昭30・8・13裁判特報2・16＝17・846）。

　⑤　住居侵入未遂において、「窃盗の目的で……ドアが開かなかったため、その目的を遂げなかった」との記載は、窃盗未遂を判示したものと解されるおそれがあり、理由不備の違法があるとした（大阪高判昭62・12・8判タ664・250）。

　⑥　殺人において、動機を認定しないまま、早い時期での確定的殺意を認定した第1審判決につき、確定的殺意の成立時点及びその動機目的について理由の不備ないし食い違いがあるといわざるを得ないとした（名古屋高判昭59・10・1判時1154・158）。

　⑦　傷害において、別個の犯罪事実である決闘による傷害と単純な傷害とのどちらを認定したのか明瞭でなく、審理不尽若しくは理由不備があるとし

〔§378〕同前 —— 絶対的控訴理由　97

た（福岡高判昭25・6・23特報9・150）。

⑧　傷害において、故意によるものか過失によるものか不明であって理由不備とした（仙台高判昭30・4・19裁判特報2・9・347）。

⑨　傷害において、被害者の顔面を手拳で殴打したという暴行だけから、その左肘関節部に打撲傷を生ぜしめたと認定したのを理由不備とした（東京高判昭32・11・11東時8・11・385）。

⑩　監禁において、被害者を自動車に同乗させたのち、直ちに発車疾走して同人を連行し、被告人らの同行から脱出することを著しく困難ならしめた旨の判示では、継続して不法に人の行動の自由を拘束し、一定の場所から脱出できないようにさせたという事実の判示として欠けるところがあり、いわゆる判決に理由を付しない違法があるとした（東京高判昭35・9・30下刑集2・9＝10・1203）。

⑪　窃盗において、自販機荒らしの事案であるのに、第1審判決が財物を窃取したと判示するのみでいかなる財物か明らかにせず、また、窃取の場所を記載するのみで具体的方法の記載が全くなく、結局「罪となるべき事実」の判示としては不備であって理由不備の違法があるとした（大阪高判昭63・3・9判タ678・227）。

⑫　他人名義のキャッシュカードを用いて金融機関の現金自動預払機から現金を引き出して窃取した旨判示し、当該引出しが正当な引出権限がなく金融機関の意思に反するものであることを摘示しないのは理由不備の違法があるとした（東京高判平21・12・25東時60・1＝12・250、仙台高判平28・7・14高検速報平28・282）。

⑬　窃盗未遂において、窃取しようとしたと抽象的に記載したのみで、窃盗罪の実行の着手に該当する具体的事実を判示しなかったものに関する裁判例は複数ある（東京高判昭30・11・26東時6・11・407、大阪高判昭63・3・9判タ678・227、東京高判平19・9・11東時58・1＝12・78、仙台高判平27・2・26高検速報平27・316など）。

⑭　強盗致傷において、列挙した傷害のうち左眼窩骨折、顔面打撲傷という一般に主要なものと判断される内容のものについて、これを生じさせた暴行行為を明示せず、上記傷害が本件強盗の機会に行われた暴行によって生じた傷害であるか否かを判定するに足りる程度に具体的な事実を明らかにしな

98 第3編 上訴 第2章 控訴

かった点で理由不備の違法があるとした（東京高判平23・11・9高検速報平23・167）。

⑮ 恐喝において、喝取した財物が権利証、印鑑証明書等であるのか、それとも本件宅地及び住宅であるのかが不明確であり、理由不備に当たるとした（東京高判昭53・7・12東時29・7・138）。

⑯ 恐喝において、犯罪の回数が本文において40回と記載しながら一覧表には41個の恐喝の事実が記載されているのは前後矛盾する認定であり、その事実理由自体に本条4号所定の違法が存するとした（東京高判昭31・10・22東時7・10・384。なお、これは起訴状が誤っていたのに、釈明をせず、その一覧表をそのまま判決に添付し、事実も起訴状どおりに記載した事案のようである。）。

⑰ 横領において、金員を費消横領した場所や、費消横領金額が全然明らかにされていないものを判決に理由を付しない違法があるとした（東京高判昭26・10・27特報39・86）。

⑱ 横領事件について、販売の依頼を受け交付されて保管中のベルベットを売却してこれを横領したという事実表示では、売却の所為をもって不法領得の意思発現ありというには理解し難く、判決に理由を付さない違法があるとした（東京高判昭28・8・14特報39・86）。

⑲ 横領において、木炭の納入督促を依頼されて、相手方から現金を回収したというだけでは、その金員の占有原因が委託関係に基づくものであるかどうか判明しないから、理由を付さない違法があるとした（東京高判昭29・7・26裁判特報1・2・75）。

⑳ 横領において、着服横領したという判示によっては、不法領得の意思が、具体的には、いつ、どこで、いかなる態様によって外部に発現されたものであるかが判文自体において明らかにされていないばかりでなく、挙示の証拠と対照して検討してみても、不明であるから、理由不備の違法があるとした（東京高判昭33・7・8裁判特報5・8・317）。

㉑ 同種の2つの横領事実につき、一方を業務上横領とし、他方を単純横領とするのは理由に食い違いがあるとした（東京高判昭29・5・4特報40・83）。

㉒ 業務上横領の金員保管に至る経過として詐欺罪に該当する事実を認定しながら、詐欺罪の成立しない特別の理由などを示すことなく、業務上横領

〔§378〕同前 —— 絶対的控訴理由　99

罪が成立するとしたのを理由に食い違いがあるとした（東京高判昭30・7・19裁判特報2・16＝17・810）。

㉓　業務上横領において、被告人の他人への金員貸出し行為が、規定に反する意図であったとするのか、私的に貸与する意図であったとするのか明瞭を欠き、前者の意図に出たとすれば別種の犯罪の成立することは格別、不法領得の意思を認め難い結果横領罪は成立しないから、判示は理由不備の違法があるとした（名古屋高判昭25・8・23特報13・72）。

㉔　暴力行為等処罰に関する法律違反の共同脅迫において、共同の事実の認定を遺脱したものを理由不備とした（名古屋高金沢支判昭39・12・15下刑集6・11＝12・1216）。

㉕　道路交通法違反の酒酔い運転において、被告人がアルコールの影響により車両等の正常な運転ができないおそれがある状態にあった旨の判示を欠いているのを、判決に理由を付しない違法があるとした（東京高判昭38・7・18東時14・7・136。同旨、東京高判昭42・2・27東時18・2・57）。

㉖　道路交通法違反の安全運転義務違反において、被告人の安全運転義務違反の行為として、どのような速度と方法で運転したのか、またそれについてどのような過失があったのか明確にされていない第1審判決には、法律の解釈、適用を誤った違法があるか、または理由不備の違法があるとした（福岡高判昭51・3・29判タ345・318。同旨、大阪高判平2・1・25判タ730・253）。

㉗　覚せい剤取締法違反（覚せい剤使用）において、犯行場所が日本国内であることを示しておらず、理由不備の違法がある（福岡高判平27・3・25高検速報平27・274）。

㉘　所得税法違反において、「罪となるべき事実」中のほ脱税額の算出根拠を明らかにすることは不可能であり、理由不備ないし理由そごがあるとした（東京高判平6・4・13東時45・1＝12・21）。

㉙　いわゆる児童ポルノ禁止法における児童ポルノを製造した罪について、犯罪事実に「不特定又は多数の者に提供する目的で」との事実を認定判示していない第1審判決には、理由不備の違法があるとした（東京高判平22・3・23東時61・1＝12・67）。

㉚　児童福祉法の児童に淫行させる行為において、被告人が自らを相手方として児童に性交させたとのみ記載し、児童を事実上支配していることを示

100 第3編 上訴 第2章 控訴

したり、児童に対し淫行を助長・促進するような積極的な行為を及ぼしたことを示したりしなかった第1審判決には、構成要件を満たす事実を漏れなく記載していないから理由不備の違法があるとした（東京高判平22・8・3高刑集63・2・1。中学校剣道部の顧問教諭と部員であることのみを判示した第1審判決について同旨、東京高判平24・10・17東時63・1＝12・209）。

　㈡　以上に対し、罪となるべき事実の行為態様等に関して本号に該当しないとした裁判例として、以下のものがある。

　①　有印私文書偽造において、罪となるべき事実として「行使の目的をもって」の文言が遺脱していても、罪となるべき事実の判文全体から有印私文書偽造が行使の目的で行われたことが明らかといえるから、理由不備の違法があるとはいえないとした（福岡高判平11・6・2高検速報平11・167）。

　②　放火において、証拠上、被告人が住宅のどの部分にいかなる方法で放火したかは判明しないが、証拠によって被告人の放火によるものであることは明らかに認められる場合、被告人の放火の事実を判示するに当たりその手段方法を判示しないからといって、判決に理由を付さない違法があるとはいえないとした（高松高判昭28・9・7高刑集6・11・1446）。

　③　失火において、判決に、消火の有無を確認するにつき具体的にいかなる方法をとるべきかを判示しなくとも、消火の有無を確認すべき具体的措置は、事案に則し社会通念に照らして理解できるから、注意義務懈怠の事実摘示として欠けるところはないとした（東京高判昭31・6・27高刑集9・7・666）。

　④　殺人において、被告人が被害者の両手足を緊縛し、二重に猿ぐつわをかませたうえ、うつ伏せになっている同女の体の上に11枚の布団を積み重ねて放置し、よって同女を遷延性窒息により死亡させたと判示されていれば、殺害方法は十分に特定されており、被害者の窒息が胸廓部圧迫または鼻口部閉塞あるいは酸素欠乏のいずれによって生じたものであるかの点についてまで判示しなければならないものではないとした（東京高判昭55・6・17高刑集33・2・216）。

　⑤　殺人未遂において、「未必の殺意をもって、被害者の身体を、有形力を行使して、被告人方屋上の高さ約0.8メートルの転落防護壁の手摺り越しに約7.3メートル下方のコンクリート舗装の路上に落下させて路面に激突さ

せた」旨判示し、被害者を屋上から落下させた手段・方法をそれ以上に具体的に摘示していない場合でも、殺人未遂罪の罪となるべき事実中の犯罪行為の判示として、不十分とはいえないとした（最判昭58・5・6刑集37・4・375）。

⑥　所得税法違反につき、原判決の事実摘示には、個別のほ脱犯の構成要件事実の一部について具体性、特定性に欠ける点があり、判決文を一読しても、具体的にいかなる不正の行為により所得税をほ脱したのかが不明であるなどの理由不備の主張に対し、本件のような複雑な事案において、正確かつ簡潔な事実を摘示するために原判決が採用した判示方法はやむを得ないものであり、違法不当とはいえないとした（名古屋高判平8・2・20判時1592・144）。

㈡　犯罪の日時・場所の判示に関しては、それが犯罪を構成する要素になっている場合を除き、本来は罪となるべき事実そのものではないが、訴因を特定する一手段として、できる限り具体的に表示すべきものとするのが判例である（最大判昭37・11・28刑集16・11・1633）。

犯罪を構成する要素になっている場合として、例えば、道路交通法違反の罪において、その行為が道路上で行われたことを要する場合があり、そのときに場所の明示を欠けば理由不備となる（東京高判昭59・7・9東時35・6＝7・49）。

これ以外の場合で、犯罪の日時・場所の記載に関して理由不備に当たるとした裁判例として、札幌高判昭26・2・8高刑集4・1・53（現住建造物等放火において犯罪の日時を全く欠く場合）、東京高判昭30・3・19裁判特報2・7・207（詐欺につき、「別表小切手振出日欄記載の月日に」と判示しながら、別表には同欄及び同記載の月日が存在しない場合）、東京高判昭30・4・30裁判特報2・9・387（覚せい剤譲受につき期間を判示したが、途中で法定刑の変更のある法改正がなされており、その前後が不明な場合）、名古屋高判昭31・2・20裁判特報3・5・166（判示の「同月」とはいつを指すか不明の場合。同様のものとして東京高判昭33・2・26東時9・2・35）、東京高判昭32・10・14東時8・10・364（麻薬不法所持の日時の摘示を欠く場合）、名古屋高判平14・12・6高検速報平14・141（業務上横領の実行行為である「着服」の内容及び郵便法83条2項違反の実行の着手と既遂の日時・場所をそれぞれ明確にしていない。）など

がある。

㋔　形式的なミス等により罪となるべき事実が基本的に理由不備等にならざるを得ない場合がある。例えば、犯罪事実の摘示において別紙を用いながらその別紙が添付されていないときである（東京高判平14・2・5東時53・1＝12・9。多数の土地等の不動産登記簿に関する公正証書原本不実記載・同行使の犯罪事実の摘示において、その土地を特定するために別紙一覧表を用いた旨記載しながら、これに対応する一覧表を添付していなかった事案。）。

また、罪となるべき事実には起訴状が引用できるが（規218）、引用が不適切であれば、理由の不備等に当たることもある。このような場合に関する裁判例として次のものがある。

①　訴因変更により被害物件の一部が削除されたのに、訂正前の起訴状を引用した原判決は、事実誤認又は理由の食い違いがあるとした（東京高判昭25・7・29特報16・117）。

②　判決には数通の起訴状が引用されたが、これら数通の起訴状は、裁判所において乱綴されて記録に綴り込まれていたものであり、そのままでは意味の通じないものとなっていた場合につき、理由そごの違法があるとした（東京高判昭54・7・23東時30・7・105）。

ウ　その他の事実

㋐　累犯前科に関する裁判例としては、累犯加重をしながら累犯前科の判示を全く欠く場合（広島高判昭30・7・2裁判特報2・13・688、広島高判昭30・9・27裁判特報2・19・989）、刑の執行終了日の判示を欠く場合（名古屋高判昭25・3・31特報7・13、大阪高判昭50・10・17判タ333・351）、他の文書に記載された事実を引用した場合（東京高判昭28・5・20判タ31・82）について、それぞれ理由不備に当たるとされている。

これに対し、単に「前科、1、昭和21年10月10日、東京区、窃盗、懲役6月」と説明しただけでも理由不備にならないとしたものもある（東京高判昭27・5・10特報34・6）。なお、前科を認定する証拠の標目を挙示する必要はない（最判昭39・5・23刑集18・4・166）。

㋑　確定裁判に関する裁判例としては、数個の犯罪の中間に確定裁判があるため主文において2個の刑を言い渡したものと認められるのに、理由においてこれにつき何らの説明もしていない場合について、理由不備としたもの

（仙台高判昭30・5・19裁判特報2・10・488）、確定裁判のあることを説示して
いないものの、事実として1件の窃盗を他の86回の窃盗と区別して判示し、
適用法令として刑法45条後段、50条を示している場合について、理由不備に
該当しないとしたもの（福岡高判昭32・8・9裁判特報4・17・425）がある。

　(ウ)　自首減軽した際の自首の事実に関して、自首の事実や認定証拠は罪と
なるべき事実そのものでも335条2項の掲げる事実でもないから、その事実
や認定証拠を記載しないことは、理由不備とはならないとした上で、44条1
項により要求されている理由の一部を欠く訴訟手続の法令違反になるとして
破棄した裁判例がある（東京高判平21・6・16東時60・1＝12・84）。

　エ　証拠の標目

　(ア)　証拠の標目として摘示するのが必要な証拠とは、罪となるべき事実に
関する証拠である。未決勾留日数の算入、没収、追徴、被害者還付、訴訟費
用の負担等の付随的裁判の根拠となる事実についての証拠を摘示する必要が
ないのはもちろん、情状事実に関する証拠や、さらには犯罪の成立阻却事由
及び刑の加重減免事由の不存在に関する証拠も摘示の必要がない。したがっ
て、これらを欠くことは理由不備等には当たらない。

　(イ)　罪となるべき事実を認定する証拠として、証拠の標目を全く記載しな
いか、特定して掲げない場合は、理由不備に当たる。このような場合に当た
るとされた裁判例として以下のものがある。

　①　簡易公判手続によった第1審判決が、「記録中の証拠等関係カード記
載の証拠をここに引用する」とのみ記載した（札幌高判平6・4・12判タ855
・290、東京高判平9・6・4東時48・1＝12・45。いずれも、当該被告人の犯罪
事実の認定のために用いたとは考えられない証拠が含まれることになる事案であ
る。）。

　②　単に、「被告人の当公判廷における供述及び検察官提出の各証拠によ
って認めることができる」としか記載しなかった（東京高判平7・4・3判タ
916・257）。

　③　簡易公判手続の決定をしていないのに、判決書の証拠の標目に、被告
人の当公判廷における供述のほか証拠等関係カードの検察官請求分の番号し
か記載しなかった（東京高判平13・2・28東時52・1＝12・14）。

　④　証拠の標目の記載を全く脱漏しており、事実認定の補足説明の項にお

いても、「関係各証拠によれば、以下の事実が明らかに認められる。」などとするのみで、個別の証拠の標目の記載を欠いていた（広島高判平15・2・20裁判所ウェブサイト）。

構成要件該当性判断に必要な基本的事実を認定するための証拠が挙示されていれば、罪となるべき事実に記載された事項に対応する証拠がすべて掲げられていないからといって、直ちに理由不備になるとはいえない。

㈦　自白のみを掲げ、補強証拠を掲げていない場合は、後記のとおり、本号に該当するのか、379条の訴訟手続の法令違反に該当するのか争いがある（379条の解説**4**(9)イを参照）。

㈢　一応の証拠は掲げられているものの、その証拠から判示事実が認められない場合については、382条の事実誤認との関係が問題になる。

通説は、挙示された証拠から判示事実を認定できない場合が本号の問題であり、それ以外の証拠も含めて判示事実が認定できない場合が事実誤認であるとしており、判例も基本的には同じ立場であると思われる。

以下、本号に当たるとされた裁判例を掲げる。

①　掲げる証拠からは、被告人を含む多数の者が暴行を加え、被害者が傷害を負った事実は認められるが、被告人自身の暴行から傷害が発生した証拠はないのに、被告人の単独暴行による傷害の事実を認定した判決は理由に不備があるとした（最判昭23・7・13刑集2・8・832）。

②　詐欺において、被害者の供述調書のみが証拠に掲げられているが、これによっては欺罔の意思の有無が不明であり、審理不尽の違法とともに理由そごがあるとした（名古屋高判昭24・7・30特報5・16）。

③　被告人の公判供述中に犯罪事実に関する何らの供述もないのに、第1審判決が被告人の公判供述の一部を証拠に掲げた場合につき、原判決は虚無の証拠を他の証拠と総合して事実の認定をした理由不備の違法があるとした（名古屋高判昭25・2・20特報6・101）。

④　掲げられた供述調書が、取り調べられた複数の供述調書のうちのいずれであるか不明であるから理由不備であるとした（名古屋高判昭26・7・16特報30・1）。

⑤　原判決挙示の証拠からは原判示の傷害を認定できず、理由に食い違いがあるとした（仙台高判昭26・10・2特報22・73）。

〔§378〕同前── 絶対的控訴理由　105

⑥　主観面の証拠として被告人の公判供述のみが掲げられているところ、その供述は、被告事件についての陳述としては犯罪事実全部を認めているようであるが、その詳細な問答においては認識の点を否認しており、後者を排除する趣旨で掲げられていると解するわけにはいかない場合につき、理由に食い違いがあるとした（大阪高判昭29・5・20特報28・132）。

⑦　追起訴事実についての証拠が全くないものを本号に当たるとした（東京高判昭32・10・16東時8・10・365、なお類似のものとして東京高判昭33・7・10東時9・7・183）。

⑧　原判決の証拠の標目に多数の誤りがあるなど、瑕疵が明白な誤記であるとはいい難い場合につき、理由を付しないか、または理由に食い違いがあるとした（東京高判昭32・12・27裁判特報4・24・691）。

⑨　詐欺及び同幇助において、証拠によっては被告人の欺罔の意思に基づく騙取行為であるとの点及び被告人が正犯の騙取意図を知っていた点を認定できず、判決の理由に欠けるところがあり本号に該当するとした（東京高判昭33・4・8高刑集11・3・79）。

⑩　第1審判決挙示の証拠の中に被告人の暴行、傷害の行為が強姦の犯意に基づくものであるとの事実を認めるべき証拠を発見することができないなど、その認定事実と証拠との間に理由不備の違法がある第1審判決を支持した原判決は法令の解釈適用を誤った違法があるとした（最判昭33・6・24刑集12・10・2286）。

⑪　無銭飲食の騙取物・額について、掲げられた証拠の間には互いに食い違いがあり、いずれによっても原判示の事実のような認定ができない場合につき、判決の理由に食い違いがあるとした（東京高判昭33・6・25裁判特報5・7・285）。

⑫　傷害致死事件において、挙示された証拠からは傷害の共謀の事実を認め得るに充分でなく、理由に食い違いがあるとした（東京高判昭34・4・8東時10・4・239）。

⑬　業務上横領において、被告人が株券を保管占有するに至った委託関係及び被告人の株券又は現金の領得行為について、原判示事実と原判決挙示の証拠あるいは記録上明らかな証拠とが符合せず、事実誤認、理由不備又は審理不尽の違法があるとした（東京高判昭35・6・14東時11・6・149）。

106 第3編 上訴 第2章 控訴

⑭ 原判決挙示の証拠によっては被告人の窃盗事実を認定できず、理由不備があるとした（東京高判昭35・7・15下刑集2・7＝8・989）。

⑮ 戸別訪問の相手方として判示した者の年齢が、証拠上19歳であることが明らかであり、同人は成年に達し選挙権を有するとした原判決はこの点において判示事実と証拠との間に理由の食い違いがあるとした（東京高判昭36・6・13下刑集3・5＝6・419）。

⑯ 原判決挙示の証拠からは未必の殺意を認定することはできず、判決の理由に欠けるところがあり本号に該当するとした（福岡高宮崎支判昭37・10・16判タ140・99）。

⑰ 掲げられた証拠に、凶器準備集合罪における凶器と認定された登山用ナイフを準備したことを認めるに足りるものが全くなく、証拠理由を付しないか事実と証拠との間に食い違いのある場合に当たるものとした（東京高判昭38・8・7東時14・8・151）。

⑱ 判決挙示の証拠によっては、被告人においてその所持したものがけん銃等であると認識していたとは認められず、認定事実と証拠との間に理由不備の違法があるとした（大阪高判昭57・3・2判時1049・165）。

(ｵ) 証拠としてはならないものを証拠の標目に掲げ、これを除いては罪となるべき事実を認定できない場合は、当該証拠を採用した訴訟手続の法令違反と考えるべきであろう（名古屋高判昭39・8・19高刑集17・5・534、なお最判昭23・2・9刑集2・2・56）。ただし、仙台高判昭27・9・29特報22・180は本号に当たるとし、東京高判昭48・3・28高刑集26・1・100は本号の判決に理由を付さない違法及び397条所定の訴訟手続の法令違反があるとしている。

　オ　法令の適用

　380条が「法令適用の誤り」を独立した控訴理由として規定しているので、法令適用の誤りのうちどのようなものが理由不備ないし理由の食い違いとして絶対的控訴理由である本号に該当するのか、すなわち本号の適用範囲が問題となる。

(ｱ) そもそも構成要件規定を摘示せずにこれを適用しなかった場合について、本号に該当するとする裁判例と、法令適用の誤りであるとした上で判決に影響を及ぼすとした裁判例がある。

〔§378〕同前 —— 絶対的控訴理由　107

　本号に当たるとしたものは、名古屋高金沢支判昭33・5・8裁判特報5・6・211であり、窃盗未遂及びその手段たる住居侵入の訴因に対し、事実としては住居侵入及び窃盗未遂を認定しながら、法令適用においては窃盗未遂罪の条文しか適用していない第1審判決について、住居侵入を認めたとすれば事実理由と法律理由との間にそごが存在することになり、住居侵入を認めていないとすれば、審判の請求を受けた事件について判決をしなかったことになるとした。これに対し、法令適用の誤りとしたものは、福岡高宮崎支判昭30・2・18裁判特報2・5・111であり、公職選挙法の事前運動と饗応の行為を事実として認定しながら、軽い事前運動の規定のみ適用して重い饗応の規定を適用しなかった第1審判決について、本号ではなく、380条の法令適用の誤りとした上、判決に影響を及ぼすことが明らかとして破棄した。

　構成要件の内容の一部が政令によって初めて明らかになるのに、当該構成要件の法律の条文のみが掲げられ、政令の記載が欠けている場合については、全く摘示しないのとは異なった場面の問題といえる。最判昭26・7・20刑集5・8・1556は、指定繊維製品の不法買受に関する臨時物資需給調整法違反の罪に対し、繊維製品の指定に関する商工省告示第49号を掲げない判決には破棄すべき違法があるとしたが、この判示だけでは、理由不備等をいうのか法令適用の誤りをいうのかは不明である。裁判例は分かれている。本号に当たるとしたものとして、物価統制令違反罪で基準価格を示すべき告示等を適用しなかった場合についての大阪高判昭24・12・19特報5・100、酒酔い運転について、酒気を帯びたアルコールの程度を規定した道路交通法施行令を掲げなかった場合についての東京高判昭41・12・15下刑集8・12・1517があり、法令適用の誤りとしたものとして、無免許かつ酒気帯び運転の事実を認定してそれぞれ道路交通法を適用したが、酒気帯び運転についてアルコールの程度を規定した道路交通法施行令を掲げなかった場合についての東京高判昭59・8・8刑裁月報16・7＝8・532がある。

　この問題については、構成要件の内容の一部が政令によって明らかになる場合といっても、規定の仕方がそれぞれであるから、どのような場合に構成要件の一部が示されていないことになるのかの問題もある。東京高判昭60・12・5高刑集38・3・333は、酒気帯び運転罪における身体に保有するアルコールの程度を定める道路交通法施行令は構成要件の一部を補充する規定で

あるが、麻薬を指定する政令については、それ自体は刑罰法規でもその一部でもないとしている。

思うに、構成要件を示す法律の条文が全く記載されていなければ、犯罪該当性も法定刑の範囲も示されていないことになって、瑕疵は重大であるから、理由不備に該当するとみざるを得ないものの、構成要件の一部を補充している政令の記載のみを欠く場合には、根拠となる条文、すなわちいかなる犯罪に該当するのかは明示されているといえる場合が多いし、法定刑は明らかになっているのであるから、理由不備とまでいわなくてもよいように思われる。そして、理由不備には当たらず法令適用の誤りであるとすると、さらに判決への影響の有無が問題となるところであり、政令のみを欠いた場合には、構成要件は特定されているから判決に影響しないとの結論もあり得ることになろう。

(イ) 罪となるべき事実で認定した事実に、本来適用すべき罰条と異なる罰条を適用した場合は、本号に当たるとする説もあるが、裁判例としては380条の法令適用の誤りに当たるとしたものが多い。具体例は380条の解説 **5** (1)を参照。

(ウ) 基本的構成要件以外の部分、例えば刑の加重減軽、付加刑等に関する適用の誤りについては、本号に該当するとした裁判例もあるが（減軽事由の条文遺脱につき東京高判昭32・9・4東時8・9・303、心神耗弱の条文遺脱につき福岡高判昭31・10・11裁判特報4・21・551、幇助犯の条文遺脱につき東京高判昭38・10・3東時14・10・169、併合罪の条文遺脱につき名古屋高判昭30・1・31裁判特報2・1＝3・29、併合罪の加重方法不明につき仙台高判昭30・10・4裁判特報2・19・990、罰金の関係処分の条文遺脱につき東京高判昭26・10・9特報24・123、東京高判昭51・7・12東時27・7・82等）、本号ではなく、380条の法令適用の誤りとして扱うべきものと考えられ、裁判例もそのようなものが多い（具体例は380条の解説 **5** (5)を参照）。

また、罰条を一括挙示したのを、主文の刑のよって来たるべき理由を明らかにしていないから本号に当たるとした裁判例もあるが（東京高判昭29・5・14特報40・99）、これも法令適用の誤りとすべきであると思われる。

カ その他の記載

(ア) 前記のとおり、335条2項の主張に対する判断は、有罪判決に記載す

ることが必要な「理由」ではないから、これを記載しないことは理由不備には当たらないが、記載している場合にその内容が罪となるべき事実等における判断と明らかに矛盾する場合は、本号違反の問題を生じる。具体例として以下のものがある。

　①　原判決が正当防衛の成立を否定し得ない事実を認定しながら、何ら特段の事情を示すことなく事実に照らして正当防衛に該当しない旨の判断をしたのは理由に食い違いがあるとした（最判昭26・3・9刑集5・4・500）。

　②　労使間の団体交渉において、使用者が、未払賃金の支払いに充当するため製品等の処分を組合に許す趣旨の契約を結んだ後、その効力を争い無効を主張する権利を留保する旨申し入れた事案において、原判決が、正当行為等の主張に関し、他に合理的な理由を示すことなく、直ちにこの申入れを取消の意思表示と認定し、組合員が前記契約の趣旨に従い所定期日後に製品等を工場外に搬出した行為が窃盗罪を構成するものと説示した点に、理由不備の違法があるとした（最判昭28・2・27刑集7・2・348）。

　㋑　事実認定や法律判断について争いがある場合、裁判所の判断が「補足説明」等として判決に記載されることがあるが、これも同様である。そのような判断を記載しないことが直ちに理由不備に当たるとはいえないが、記載している内容の重要部分で明らかな矛盾があれば、本号に当たり得る。例えば、道路交通法の救護・報告義務違反において、罪となるべき事実での判示と、補足説明での説示が、不作為犯である救護義務違反の罪の作為義務の発生時期及び同罪の成立時期といういわば事件の核心部分について食い違っている場合に理由そごがあるとした裁判例がある（高松高判平14・8・29判例秘書）。

(3)　無罪判決の場合

　無罪判決の場合は、有罪判決の場合の335条のような規定がなく、336条は「被告事件が罪とならないとき、又は被告事件について犯罪の証明がないときは、判決で無罪の言渡をしなければならない。」と定めているのみであるから、「罪とならない」又は「犯罪の証明がない」と記載すれば理由不備にはならないとする裁判例があり（東京高判昭27・10・23高刑集5・12・2165）、通説でもある。最判昭35・12・16刑集14・14・1947は、控訴審が事実誤認の控訴趣意を容れ、その理由を説明の上第1審判決を破棄して自判した事案に

110 第3編 上訴 第2章 控訴

おいて、「無罪判決において、個々の証拠につきその採るをえない理由を逐一説明する必要はない」としたが、これも同様の趣旨と解されている（ただし、この事案では、原判決は、第1審判決が有罪認定の証拠として掲げたものについてはこれを採用することができないとした理由を説示している。）。

　しかし、一般には、当事者の納得のためにも、証拠の評価について何らかの説明がなされるのが通常であり、相当でもある。そして、そのような判断過程の説明を記載すれば、有罪判決における争点に関する判断理由の記載と同様、その部分での理由の食い違いがあり得ることになる。最判昭33・11・4刑集12・15・3439は、被告人に期待可能性がないとして無罪にした控訴審判決に対する上告事件において、原判決が列挙したいくつかの事情だけでは期待可能性がないとして被告人らの罪責を阻却する事由とはならないから、それのみで原判決が罪とならないものとして無罪の言渡しをしたのは法律の適用を誤った違法があるか又は理由を付しない違法があるとしている。また、東京高判平27・11・19高検速報平27・178は、原審が、検察官が主張する共謀成立時期のうちの1つに関する検討を行っただけで共謀の成立を否定し、もう1つの共謀成立時期についての検討を示さないことは必要な判断を欠くものとして理由不備があるとしている（原審が求釈明義務を怠って検察官の主張を限定的なものと判断してしまった事案である。）。

6　事実の援用

　(1)　本条の事由があることを理由として控訴の申立てをするには、控訴趣意書に「訴訟記録及び原裁判所において取り調べた証拠に現れている事実であってその事由があることを信ずるに足りるもの」を援用しなければならない。これを一般的に「事実の援用」といい、279条（訴訟手続の法令違反）、381条（量刑不当）、382条（事実誤認）の相対的控訴理由においても求められている。これは、控訴審がいわゆる事後審査審であることを示すものの1つといえる。以下、これらの場合に共通するものとして説明する。

　(2)　「訴訟記録」とは、裁判所が訴訟に関する書類を編綴したものの全体をいい（控訴がなされた場合、第1審は、この訴訟記録を証拠物とともに控訴審に送付することとなる。規235）、証拠書類のみに限定されるわけではない。また、「原裁判所において取り調べた証拠」とは、文字どおり、第1審において取り調べた人証、書証及び物証をいう。したがって、人証及び書証は、こ

の双方に含まれる。法文上、「訴訟記録」と「原裁判所において取り調べた証拠」の2つが「及び」で結ばれているが、これは訴訟記録又は原裁判所において取り調べた証拠の意味と解されている。すなわち、一方に現れていれば足りるということである。

(3) 「現れている」とは、訴訟記録等に直接記載されているような場合だけでなく、それらから推測し得る場合も含むとされている。上記のとおり、証拠に限られないし、証拠である場合にもその信用性とは関係がない。例えば単なる主張ともいえる起訴状、冒頭陳述、論告、弁論等や、さらには証拠調べ請求に伴う立証趣旨の部分などの記載を用いることもできる。

現れている「事実」を援用すればよいのであるから、第1審で主張していなかった事項であっても、その基礎となる事実が現れていればよい。責任能力や正当防衛の主張などは、その旨の主張が明示的になされていなくても、記録上これが疑われる事実があれば、それらを控訴趣意で援用して主張することができる。これに対し、記録上現れていない事実、例えば新たなアリバイの主張等は、382条の2の要件が存在するときにのみ、これを控訴趣意書で援用できる。

(4) 「信ずるに足りる」については、控訴申立人において信ずるに足りるものであればよいとする説と、控訴裁判所が信ずるに足りるものであることを要するという説がある。しかし、後者の説も、控訴申立人と控訴裁判所で判断が異なる場合、控訴申立ての理由が一応形式上は本条各号に該当するときは、386条1項2号で棄却するのではなく、396条で棄却するとしているから、実質上の違いはない。

(5) 「援用」とは、本条各号の控訴理由があることを、訴訟記録等に現れている事実によって具体的に指摘することをいう。その際、どの程度の指摘があれば「援用」の要件を満たしていることになるのか、特に、訴訟記録あるいは証拠の標目を具体的に指摘すべきか否かが問題となる。この点、少なくとも根拠となる資料の表題程度は明らかにしてその所在を示すべきであるというのが多数説であり、その趣旨の裁判例がある（広島高決昭24・12・5特報4・34、大阪高決昭48・2・7判時709・109）。これに対しては、その事実が訴訟記録等のどこに現れているのか具体的に示す必要はなく、訴訟記録のどこかに現れていればよいと判示した裁判例もあるが（広島高判昭24・12・

112　第3編　上訴　第2章　控訴

1特報12・91）、条文がわざわざ控訴趣意書に事実の援用を求め、一方で控訴趣意書の方式違反については控訴棄却決定を定めている（386Ⅰ②）趣旨に照らせば、控訴趣意書で指摘する事実が訴訟記録中に現れているものであることをその趣意書自体によって容易に判断できるようにすべきであるから、前者の立場が相当である。ただし、現実にはそのような記載のない控訴趣意書についても、方式違反として386条1項2号により控訴棄却の決定をすることはせず、その趣旨を善解するなどして判断を示しているのが実務の現状である。

（鹿野伸二）

〔同前 ── 訴訟手続の法令違反〕
第379条　前2条の場合を除いて、訴訟手続に法令の違反があつてその違反が判決に影響を及ぼすことが明らかであることを理由として控訴の申立をした場合には、控訴趣意書に、訴訟記録及び原裁判所において取り調べた証拠に現われている事実であつて明らかに判決に影響を及ぼすべき法令の違反があることを信ずるに足りるものを援用しなければならない。

〈本条細目次〉
1　趣　旨　113
2　訴訟手続　113
3　判決に影響を及ぼすことが明らか　114
　(1)　判　決　114
　(2)　影響を及ぼすことが明らか　115
4　具体例　115
　(1)　裁判所の構成等に関するもの　115
　(2)　当事者に関するもの　116
　(3)　冒頭手続に関するもの　119
　(4)　証拠調べに関するもの　120
　(5)　訴因変更に関するもの　125
　(6)　更新手続に関するもの　126
　(7)　簡易公判手続を取り消さなかったことに関するもの　127
　(8)　弁論の分離・併合・再開に関するもの　127

〔§379〕同前 —— 訴訟手続の法令違反　113

- ⑼　判決の手続、内容に関するもの　128
- ⑽　判決書に関するもの　133
- ⑾　公判調書に関するもの　135
- ⑿　審理不尽　136
- 5　事実の援用　141

1　趣　旨

　法令違反には、実体法の誤りと訴訟法の違反があるが、後者、すなわち訴訟手続の法令違反のうち、前2条の絶対的控訴理由に含まれないものについて、それが判決に影響を及ぼすことが明らかである場合に限って控訴理由となることを定めたものである。相対的控訴理由と称される。

2　訴訟手続

　「訴訟手続」とは、公訴提起以降の審理及び判決に関する手続をいい、判決後の判決書の作成もこれに含まれる（高松高判昭31・9・22高刑集9・7・814）。捜査段階における手続は含まないが、その違法が証拠能力に影響を及ぼすときは、訴訟手続の法令違反の問題となり得る。勾留、勾留更新、保釈等の付随的手続は含まれない（最判昭23・3・20刑集2・3・253、最判昭23・9・11刑集2・10・1202）。略式命令手続は含まれない（福岡高判昭26・4・26高刑集4・4・431）。

　更新手続前の公判手続については、「訴訟手続」に含まれないとはいえないものの、以下に掲げるように結論的には本条に該当する破棄理由にならないとする裁判例が多い。

　①　第1回公判期日に弁護人不出頭のまま審理した違法があっても、第2回公判期日で手続の更新がなされている以上、手続の更新とは、公判の審理を最初からやり直すことであり、判決の基本となるのは、更新後の公判の審理であるから、前記違法は判決に影響を及ぼさないことが明白であるとした（最判昭24・5・31刑集3・6・890）。

　②　更新前の審理に除斥原因のある裁判官が関与した違法があっても、裁判所が審理を更新し新たな審理をしていれば、この違法は判決に影響がないとした（最判昭27・7・25裁集66・407）。

　③　前審関与の裁判官が判決言渡期日の延期並びに弁論再開及び証人喚問の決定に関与した違法があっても、その後公判手続が更新され判決の基礎と

なった審理並びにその判決に関与していないときは、この違法は、判決に影響を及ぼさないとした（最判昭28・1・17刑集7・1・5）。

④　更新手続前の審理に、審判非公開の違法があっても、公判手続が更新されている場合には、破棄事由とならないとした（東京高判昭25・5・10特報16・78）。

⑤　更新前の審理に通訳人を付していない違法があっても、更新後、通訳人を付していれば、この違法は、判決に影響がないとした（東京高判昭29・6・29特報40・170）。

⑥　公判調書に記載された裁判長の氏名と同調書末尾の署名とが一致しない瑕疵があっても、公判手続が更新されれば、判決に影響がないとした（高松高判昭29・10・29裁判特報1・9・413）。

⑦　一部の被告人との関係で更新手続を怠った違法について、更新されるべき公判手続の内容は、起訴状の朗読と起訴状の釈明問題だけであって、心証形成に直接関係のない訴訟行為に過ぎないこと及びその後の裁判所の構成の変更により公判手続の更新が行われていることから、その違法は治癒され、原判決に影響しないとした（東京高判昭51・9・8東時27・9・116）。

3　判決に影響を及ぼすことが明らか

(1)　判　決

ここでの「判決」とは、控訴審において審査の対象となる原判決のことである。判決は、言渡しによって効力を生ずるから、本来は言い渡された判決が問題となるはずである。しかし、判決書は判決内容を証明する文書であり、通常は判決書によってその内容どおりの判決があったものとされ、これを控訴審においても審査の対象としているのであるから、本条の「判決」とは、宣告された判決と判決書の双方を含む判決全体を意味することになる。最判昭51・11・4刑集30・10・1887は、この点に関して、「判決は、公判廷において宣告によりこれを告知し（刑訴法342条）、宣告によりその内容に対応した一定の効果が生ずるものと定められている（刑訴法342条ないし346条等）。そうして、判決の宣告は、必ずしもあらかじめ判決書を作成したうえこれに基づいて行うべきものとは定められていない。これらを考えあわせると、判決は、宣告により、宣告された内容どおりのものとして効力を生じ、たとい宣告された内容が判決書の内容と異なるときでも、上訴において、判決書の

〔§379〕同前 —— 訴訟手続の法令違反　115

内容及び宣告された内容の双方を含む意味での判決の全体が法令違反として
破棄されることがあるにとどまると解するのが、相当である。」と判示して
いる。

　また、ここでの「判決」には、主文だけでなく理由も含まれる。

(2)　影響を及ぼすことが明らか

　この点については、最大判昭30・6・22刑集9・8・1189が、「刑訴第379
条の場合は、訴訟手続の法令違反が判決に影響を及ぼすべき可能性があると
いうだけでは、控訴理由とすることはできないのであって、その法令違反が
なかったならば現になされている判決と異なる判決がなされたであろうとい
う蓋然性がある場合でなければ、同条の法令違反が判決に影響を及ぼすこと
が明らかであるということはできない」としている。

　上記判例は、それまでの説、すなわち、個々の事案ごとに具体的な事情を
考慮して異なる判決がなされたか否かを判断すべきであるとする具体的因果
関係説、一般的な因果関係があれば足りるとする抽象的因果関係説及びその
折衷説の中では、具体的因果関係説を採用しているものと理解できる判示で
ある。しかし、これまでの具体的な適用の場面を考えると、この具体的因果
関係説の採用する定式、すなわち「その法令違反がなかったならば現になさ
れている判決と異なる判決がなされたであろう蓋然性があるかどうか」とい
う判断基準の当てはめでは説明できない場合がある。例えば、被告人の出頭
を要する公判期日に被告人の出頭なしに判決の宣告がなされた場合や、公判
廷で被告人の身体を拘束したまま審理をしたような場合、その違法がなかっ
たとしても異なる判決内容になる蓋然性があるとはいえないと思われるから
である。この点を克服するために、「手続の違法の結果、判決それ自体の無
効を生じる場合がある」などと、別の類型による説明を加えるなどして理論
的な検討が加えられている。

　この点をどのように説明するかはともかく、以下では、いかなる場合に判
決に影響を及ぼすといえるのかの判断の参考となるよう、類型別に具体的な
裁判例をみることとする。

4　具体例

(1)　裁判所の構成等に関するもの

①　審理に関与しなかった裁判官が判決に関与した場合は訴訟手続の法令

違反であり、その違法は重大であって判決に影響を及ぼす（最判昭28・4・17刑集7・4・873、仙台高判昭26・10・9特報22・78、東京高判昭27・9・20特報37・8）。

②　被告人と性関係を結ぶ等して不公平な裁判をするおそれがある裁判官が回避することなく審理判決に関与した場合は、訴訟手続の法令違反に当たり、その違法は判決に影響を及ぼす（福岡高判昭55・12・1判時1000・137）。

③　前審に関与した裁判官が、判決言渡期日の延期並びに同日付の原審の弁論再開及び証人喚問の決定に関与した違法は、その後公判手続が更新され、かつ原判決の基礎となった審理及び判決の宣告には同裁判官は関与していないなどの事情があるときは、原判決に影響を及ぼさない（最判昭28・1・17刑集7・1・5）。

(2)　**当事者**に関するもの

ア　被告人関係

［判決に影響を及ぼすとされたもの］

①　被告人の出頭を要する事件においてその出頭なしに判決を言い渡した場合は、判決は無効である（東京高判昭28・6・2特報38・117）。

②　被告人の出頭を要しない事件においても、召喚状を送達しないまま審理した場合はその公判期日における手続は全部無効であり、その違法は判決に影響を及ぼす（東京高判昭51・10・18東時27・10・139）。

③　期日外の証人尋問にその意思に反して被告人を立ち会わせなかった場合もその証人尋問は違法であり、その違法は判決に影響を及ぼす（東京高判昭25・7・28高刑集3・2・345、大阪高判昭44・12・23刑裁月報1・12・1138、東京高判平6・2・10判タ854・299）。

［判決に影響を及ぼさないとされたもの］

④　被告人が法人で、既に辞任した代表取締役が公判期日に出頭したという違法がある場合、その期日に起訴状の釈明と公訴事実本文中の日付の訂正がなされただけあるから、その違法は判決に影響しない（名古屋高判昭28・6・30高刑集6・8・980）。

なお、法人の代表者の出頭に関しては、判決への影響の場面ではないが、第1審の公判期日のうちの一部に被告人会社の代表者が出頭しなかった事案において、当該期日の告知が適法になされていること、実質的には被告人会

〔§379〕同前 —— 訴訟手続の法令違反　117

社の代表者的立場にあった者が出頭していたこと、その後同人が真の代表者
となって出頭しているが何らの異議も述べておらず瑕疵の治癒があったとも
考えられることなどから、控訴審において当該期日になされた証拠調べの結
果をも前提に破棄自判することの妨げにならないとの判断を示したものがあ
る（大阪高判平9・4・25判時1620・157）。

　イ　弁護人関係

　㋐　必要的弁護事件おいて、公判手続の全部について弁護人がいないまま
審理することは重大な違法であり、判決に影響を及ぼす（名古屋高判昭25・
3・1特報7・110、東京高判昭26・9・29高刑集4・12・1583、旧刑訴法事件に
つき最判昭27・3・28刑集6・3・217）。

　ただし、例外的には、弁護人が在廷しないままで審理を進めることができ
る場合がある。最決平7・3・27刑集49・3・525は、「いわゆる必要的弁護
事件において、裁判官が公判期日への弁護人出頭確保のための方策を尽くし
たにもかかわらず、被告人において弁護人在廷の公判審理ができない事態を
生じさせるなど判示の事実関係の下においては、当該公判期日については、
刑訴法289条1項の適用がなく、弁護人の立会いのないまま公判審理を行う
ことができる。」との判断を示している。

　㋑　必要的弁護事件において、公判手続の一部について弁護人なしで審理
した場合については裁判例が分かれている。この場合は、なされた手続の内
容によって判決への影響を考慮することになるであろう。

　〔判決に影響を及ぼすとされたもの〕

　①　被告人の前科調書の取調べに引き続き論告求刑が行われた事案（大阪
高判昭56・12・15高刑集34・4・16）。

　②　弁論再開の上、鑑定書が取り調べられ、前回どおりとの論告求刑、弁
論、被告人の最終陳述が行われた事案（東京高判平3・12・10高刑集44・3・
217）。

　③　期日の手続内容が不明であり、一部の公判期日における弁護人の不在
であっても常に判決に影響を及ぼすとする趣旨とも考えられるもの（広島高
岡山支判昭26・9・27特報20・123）。

　〔判決に影響を及ぼさないとされたもの〕

　④　人定質問のみがなされた事案（名古屋高判昭25・7・20特報12・70〔審

118　第3編　上訴　第2章　控訴

理に当たらないとした。〕)。

　⑤　別件の被疑事件についてのみ選任された弁護人が立ち会った事案（名古屋高判昭60・10・17刑裁月報17・10・923〔弁護人選任手続の瑕疵が判決に影響を及ぼすことが明らかであるとは認められないとした。〕)。

　㈡　任意的弁護事件においても、弁護人が選任されているのに弁護人がいないまま審理した場合は、必要的弁護事件におけるのと同様に解される。判決に影響を及ぼすとした裁判例が存在する（大阪高判昭36・9・16高刑集14・7・501、東京高判昭51・1・27東時27・1・9)。

　㈢　期日の通知がなされなかったなどの理由で複数の弁護人のうちの一部の者が出頭しなかったにもかかわらず審理した場合も問題である。最判昭32・4・16刑集11・4・1372は、控訴審において、1人の弁護人に公判期日の通知をしなかった違法があっても、適法な通知を受けた他の弁護人が公判期日に出頭し、同弁護人において、主任弁護人の指定を受け、不出頭の弁護人の控訴趣意書に基づいても弁論し、その後何らの異議なく審理がなされたときは、その手続の瑕疵は判決破棄の理由とならないとした。しかし、これは控訴審の手続についての上告審としての判断であって、控訴審とは異なり期日において種々の手続がなされる第1審に関して同様の判断がなされるとは限らない。裁判例には、影響を及ぼすとするもの（名古屋高判昭25・8・21特報13・70、札幌高判昭32・10・31高刑集10・8・696）と、及ぼさないとするもの（名古屋高判昭27・7・21高刑集5・9・1477、大阪高判昭33・1・16裁判特報5・1・14）がある。

　㈣　任意的弁護事件において、弁護人選任に関する通知をせず、あるいは被告人から国選弁護人の選任請求があったのに対して拒否の決定をしないまま、弁護人なしで審理判決した場合には、刑事事件における弁護人選任権の重要性から、判決に影響を及ぼすとされている（前者につき東京高判昭26・12・15特報25・95、後者につき大阪高判昭25・9・15特報14・38、東京高判昭35・6・29高刑集13・5・416)。

　㈤　規29条2項に違反し、利害が相反する被告人について同一の国選弁護人を選任したまま審理判決した場合の違法は、判決に影響を及ぼす（名古屋高判昭24・12・19高刑集2・3・310、福岡高判昭25・11・21高刑集3・4・579、名古屋高判昭55・7・31判時998・130)。

〔§379〕同前 —— 訴訟手続の法令違反　119

　㈗　国選弁護人が、事実を否認している被告人の意向に沿った反対尋問を行わず、最終弁論において被告人の有罪を認めるなど、被告人の防御権ないし実質的意味での弁護人選任権を侵害した場合において、同国選弁護人を交代させるなどせずに放置したまま結審した原審の訴訟手続には法令違反があり、判決に影響を及ぼす（東京高判平23・4・12判タ1399・375）。

　ウ　検察官関係

　検察官が立ち会わなければその公判手続は違法であり、その違法は重大であるから、判決に影響を及ぼす。最決平19・6・19刑集61・4・369は、判決言渡しに検察官が立ち会わなかった場合に、その違法は判決に影響を及ぼすことが明らかである旨述べている（検察官の出席がないまま判決を宣告した後、退廷した被告人を呼び戻して検察官出席の上再度行った判決の宣告が法的な効果を有しないとされた事案である。）。

　なお、東京高判昭25・6・3特報11・8は、公判立会検察官が他の検察官の立会なく自ら証人となった事案において、当該公判期日における検察官の供述等が証拠として引用されていないから、判決に影響しないとしている。しかし、判決書における証拠としての引用の有無だけで判決への影響を考えることはできず（最判昭30・8・26刑集9・9・2049）、この結論の妥当性については疑問がある。

　(3)　冒頭手続に関するもの

　ア　起訴状関係

　訴因の明示を欠く起訴状につき、検察官に釈明を求めることなく公訴を棄却することは、訴訟手続の法令違反に該当し、かつ、通常は判決に影響を及ぼす（東京高判昭27・6・19高刑集5・7・1093、高松高判昭27・10・9高刑集5・12・2105。なお最判昭33・1・23刑集12・1・34）。

　訴因の明示を欠く場合に、公訴を棄却せずに訴因が不明確なまま判決に至った第1審を、起訴状に関する釈明についての訴訟手続の法令違反とした裁判例がある（大阪高判平14・1・17判タ1119・276〔起訴状記載の公訴事実が、証拠偽造罪のほか、偽造証拠使用罪をも訴因としたのかどうか、必ずしも明確とはいえないのに、検察官に釈明等を求めることなく公訴事実どおりの事実を認定した原審に、判決に影響を及ぼすことが明らかな訴訟手続の法令違反があるとした。〕）。

120　第3編　上訴　第2章　控訴

　起訴状の朗読をしないで審理を進めた違法は、判決に影響を及ぼす（名古屋高判昭24・12・5特報3・94、名古屋高判昭25・5・11特報9・73、高松高判昭25・5・31特報10・171、仙台高判昭25・9・5特報12・165、福岡高判昭25・11・28特報15・169）。ただし、通訳人が検察官の起訴状朗読（複数の公訴事実のうちの一つ）を通訳しなかったことについては、そのような起訴状朗読の手続は175条、291条1項に違反するが、判決に影響を及ぼさないとしたものがある（東京高判平15・12・2東時54・1＝12・78）。

　イ　被告人の供述関係

　黙秘権を告知しなかったことは判決に影響がないとする裁判例がある（広島高岡山支判昭26・9・27特報20・121）。しかし、学説は分かれており、被告人の黙秘権は刑事訴訟における基本的権利であることからすれば、この結論には異論もあろう。

　被告人及び弁護人に事件に対する陳述の機会を与えなかった違法については、判決に影響があるとする裁判例（東京高判昭25・7・20特報12・34、広島高岡山支判昭32・2・26裁判特報4追録695）と、影響がないとする裁判例（名古屋高金沢支判昭33・5・27裁判特報5・6・240、名古屋高金沢支判昭43・11・21判時547・95、東京高判昭57・7・22高検速報昭57・335、大阪高判平3・6・13判時1404・128）とがある。冒頭手続における被告人の陳述は、争点を明確することがその主眼であって、仮にこの陳述の機会が与えられなくとも、通常、その後において被告人に対して弁解の機会は与えられているから、この違法は原則として判決に影響を及ぼさないと考えてよいと思われる。

　⑷　証拠調べに関するもの

　ア　証拠調べの請求に対する採否の決定をしないまま結審した違法については、判決に影響があるとする裁判例（広島高松江支判昭25・7・31高刑集3・2・351、東京高判昭25・10・23特報13・11、札幌高判昭27・3・7特報18・78）と、影響がないとする裁判例（東京高判昭25・5・27特報11・7、札幌高判昭25・10・31高刑集3・4・536）とに分かれていたが、その多くは、問題とされる証拠の重要性に言及しているから、当該証拠が重要な証拠であって、取り調べられたならば異なる判決に至った否かを検討していたものと思われる。この点に関しては、最決昭30・11・18刑集9・12・2460等により、訴訟関係人が異議を述べないときは、特段の事情のない限り、証拠調べ請求は放

棄されたものと解されることになったから、これが妥当する限りでは違法の問題は生じない。

イ　証人を採用する決定をしながら証人調べを施行しなかった場合も、上記と同様であり、裁判例は判決に影響があるとするもの（東京高判昭27・11・5特報3・84）と、影響がないとするもの（最判昭27・5・13刑集6・5・744、最判昭28・10・30刑集7・10・2029、東京高判昭24・6・24特報1・2、東京高判昭28・11・25東時4・6・183）に分かれていたが、黙示の放棄、撤回等により取消決定があったと解される場合が多いであろう。そのように解されなければ違法といわざるを得ず、そのときには当該証人の重要性によって判決への影響を判断すべきものと思われる。

ウ　適法かつ必要な証拠申請を却下した違法については、判決に影響があるとする裁判例が多数存在する（最判昭28・4・16刑集7・4・865、大阪高判平3・1・16判時1409・127、大阪高判平3・10・11判時1409・127、福岡高判平5・4・15判時1461・159、高松高判平28・6・21判例秘書等）。影響がないとする裁判例も存在するが、このような場合は、まさにその証拠を却下せずに取り調べた場合に異なる判決に至る蓋然性によって判断すべきであり、裁判例もその判断によって結論を導いているものがほとんどと思われる。

エ　証拠能力のない証拠を採用して取り調べ、事実認定の用に供した違法については、判決に影響があるとする判例（最判昭23・2・9刑集2・2・56）と、影響がないとする判例（最判昭28・6・19刑集7・6・1342、最判昭30・8・26刑集9・9・2049、最判昭31・3・27刑集10・3・403）がある。当該証拠を除外しても犯罪事実を認定できるかどうかという観点で判断すべきであり、その際、当該証拠が判決書の証拠の標目に掲げられていない一事をもって判決に影響がないとすることができないことは、上記最判昭30・8・26が明言するところである。ただし、東京高判平9・5・1東時48・1＝12・43は、原判決が証拠の標目に掲げておらず、証拠説明に当たっても犯罪事実認定の根拠としていない被告人の捜査段階における自白につき任意性がないとする訴訟手続の法令違反の控訴趣意は、判決に影響を及ぼすものでないことが明らかであるから、訴訟手続の法令違反があるかどうか具体的に検討するまでもなく、採用の余地がないとしている。

なお、証拠能力に関しては、否認事件において、被告人の同意の有無を確

122　第3編　上訴　第2章　控訴

かめることなく、弁護人の同意があるだけで検察官請求の書証を同意書証として採用し取り調べることは、そのときの状況により違法とされることがあるので注意が必要である。違法とされたものとして最判昭27・12・19刑集6・11・1329、東京高判昭48・3・28高刑集26・1・100、仙台高判平5・4・26判タ828・284、大阪高判平8・11・27判時1603・151、広島高判平15・9・2高検速報平15・131があり、違法でないとされたものとして東京高判昭53・7・17東時29・7・140、福岡高判平10・2・5判時1642・157、大阪高判平13・4・6判時1747・171、広島高岡山支判平13・8・1高検速報平13・200、東京高判平14・6・6東時53・1＝12・70、広島高判平15・9・2高検速報平15・131がある。

　証拠の問題ではないが、事実認定のための推認に用いてはならない間接事実、例えば犯人の同一性を推認するために用いてはならない他の犯罪事実（前科の場合も前科でない場合もある。）を用いて認定した場合も類似の問題であり、当該間接事実を除外して犯罪事実を認定できるかどうかという観点で判断すべきものと考えられる（最判平24・9・7刑集66・9・907、最決平25・2・20刑集67・2・1参照）。

　オ　自白調書を犯罪事実に関する他の証拠に先立って取り調べた違法については、判決に影響があるとする裁判例（名古屋高判昭25・6・14特報11・61、東京高判昭26・10・25特報25・5）と、影響がないとする裁判例（高松高判昭25・2・2特報9・205、東京高判昭26・10・3特報24・104）がある。301条は、予断排除のための重要な規定であるにもかかわらず、仮に自白調書が後に取り調べられれば異なる判決に至ったか否かを考えることは現実的に不可能であるから、犯罪の成否が問題となる否認事件においては常に判決に影響があると考えるべきであろう。上記裁判例も、影響があるとするものは、いずれも被告人が事実を争っていることがうかがわれ、影響がないとするものは、いずれも被告人が既に自白をしていることを理由としているのであって、同様の考え方で説明可能である。

　カ　証拠書類及び証拠物の取調方法の違法についても、判決に影響があるとする裁判例（仙台高秋田支判昭26・3・14特報22・225、福岡高判昭26・10・3特報19・26、東京高判昭27・10・14特報37・40）と、影響がないとする裁判例（福岡高判昭26・3・2特報19・4、東京高判昭27・4・15特報29・132）とが

〔§379〕同前——訴訟手続の法令違反　123

あり、さらに、異議の申立てがないことにより瑕疵が治癒されるとする裁判例（福岡高判昭27・2・21特報19・66）もある。また、被告人又は弁護人の意見を聴くことなく公判期日を公判準備期日に切り替え施行した違法につき判決に影響しないとしたものがある（東京高判平7・8・9東時46・1＝12・43）。取調方法が違法といっても種々の場合が考えられるところ、まず、その違法が公判中心主義、直接主義に著しく反するなど証拠調べの結果を無効とせざるを得ないものかどうかを判断し、これが無効とされる場合は当該証拠を除いて原判決と異なる判決に至る蓋然性を判断するという過程を踏むべきである。

　キ　被告人質問等に関しては295条の規定があり、事件に関係のない事項にわたるときその他相当でないときには制限できるが、この要件に当てはまらないのに制限すれば違法であり、この違法が判決に影響する場合もある。公判前整理手続の導入に際し、その趣旨・目的や実効性担保のためには公判前整理手続終了後に合理的理由なく主張を変更することを控える義務が被告人にあると解するべきであるとして、新たな主張に沿った被告人供述やこれを引き出す質問を制限することが裁判所の裁量の範囲にあるとする考え方もあったが、最決平27・5・25刑集69・4・636は、一般論として、新主張に沿った被告人の供述を当然には制限できないとした上、公判前整理手続における予定主張の明示状況、新主張がなされた経緯、新主張の内容等の事情を総合考慮して、主張明示義務違反があり、かつ、新主張についての質問と供述を許すことが公判前整理手続を行った意味を失わせる場合には、新主張に係る事項の重要性等も踏まえた上で、295条1項により制限されることがあり得るとした（具体的事例においては、公判前整理手続で明示された主張に関しその内容を更に具体化する被告人質問を制限することはできないとして、これを適法とした原判決の法令解釈を誤りとし、ただ、被告人が最終陳述において当該事項の具体的な内容を制限されずに陳述していたことから、原判決の誤りが判決に影響を及ぼすものではない旨判示した。）。同判決は原判決への影響を判示しているが、第1審判決においても判決への影響が当然問題になる。

　ク　職権証拠調べに関しては、最判昭33・2・13刑集12・2・218があり、同判決は、裁判所には原則として職権で証拠調べをしなければならない義務又は検察官に対して立証を促さなければならない義務はないとした上で、多

124　第3編　上訴　第2章　控訴

数被告人の事件で併合・分離がなされる中で、検察官の不注意により被告人に対する関係で共犯者の供述調書が提出されなかったという判示の場合には、その義務があるとし、そのときに職権証拠調べをせずに直ちに無罪を言い渡した第1審判決は、審理不尽に基づく理由不備又は事実誤認があり、判決に影響を及ぼすことが明らかであるとした。その他、職権証拠調べの義務の違反があり、その違法が判決に影響するとした裁判例に以下のようなものがある（本条の解説**4**⑿の審理不尽の項も参照）。

①　被告人が冒頭手続における陳述で窃盗の事実を認めたが、その後証拠調べがなされた被告人及び相被告人の各供述調書の内容は犯意について被告人の上記陳述と甚だしくその趣旨を異にするものであり、冒頭手続における陳述が真意に基づくか否か疑問が生じるような場合であって、被告人に釈明し、その陳述を聞く必要があったのにこれをしなかった（東京高判昭25・5・26高刑集3・2・201）。

②　麻薬の同一性について検察官が今一歩の補充立証をすればこれが認められる段階にありながら検察官がこれに気付いていない場合に、立証の追加補充を促し又は職権によりこの点に関する証拠調べを行うことをしなかった（東京高判昭27・9・30特報37・28）。

③　正当防衛等が問題となっている傷害事件において、被告人と被害者の供述が食い違っており、事案の経緯等を認定するのに現場検証、関係者の証人尋問等の立証を促し、あるいは職権による証拠調べが必要であるのにこれをしなかった（東京高判昭45・7・14判タ255・240）。

④　無免許運転の事実につき、被告人が無免許であることの立証を促すための釈明権を何ら行使せず、必要な証拠調べをしないまま無罪判決を言い渡した（広島高判平14・12・19高検速報平14・162）。

当該証拠を調べれば異なる判決に至る可能性があるからこそ例外的に職権証拠調べ義務が生ずるのであるから、その義務が認められるのにこれを怠った違法は、判決に影響があることになる。

ケ　提示命令に関し、原裁判所が、第1回公判期日において、弁護人が同意した甲号証及び乙号証の全ての検察官請求証拠について提示を命じて現に提示を受けたことにつき、否認事件における証拠調べ決定をする前に実質的に証拠の内容を検討するためだった疑いが払拭できないとし、これを違法と

〔§379〕同前 —— 訴訟手続の法令違反　125

した上で瑕疵の治癒も認められず判決に影響するとしたものがある（大阪高
判平28・6・7高検速報平28・190）。

　㋺　検察官の論告及び被告人の最終陳述をさせないで弁論を終結すること
は重大な違法であり、判決に影響がある（東京高判昭33・2・18裁判特報5・
2・45〔証拠調べの途中で、検察官に十分な立証をさせず、論告及び被告人の最
終陳述もないのに、突如、結審して無罪を言い渡した第1審判決を、破棄して差
し戻した。〕）。なお、公判調書中に検察官及び被告人の意見陳述の記載を欠
く場合について、その機会を与えたが陳述がなかったという認定をした上で、
訴訟手続の法令違反はないとした裁判例がある（大阪高判昭42・10・7判タ215
・209）。

　被告人が事実を否認している場合に、弁護人が事実は間違いない旨述べる
など被告人に不利益な弁論を行ったにもかかわらず、そのまま結審したとき
には、その手続が違法となり判決に影響を及ぼす可能性がある（最判平17・
11・29刑集59・9・1847は、結論として訴訟手続の法令違反はないとしたが、場
合によって判決に影響する訴訟手続の法令違反になり得ることを前提にしている
と思われる。）。

　(5)　訴因変更に関するもの

　最決昭43・11・26刑集22・12・1352は、「裁判所は、原則として、自らす
すんで検察官に対し、訴因変更手続を促しまたはこれを命ずる義務はないが、
本件のように、証拠上、起訴状に記載された殺人の訴因については無罪とす
るほかなくても、これを重過失致死という相当重大な罪の訴因に変更すれば
有罪であることが明らかな場合には、例外的に、訴因変更を促しまたはこれ
を命ずる義務があり、これをしないで殺人の訴因につきただちに無罪の判決
をするのは、審理不尽の違法があるものというべきである」と判示している。
同決定によれば、訴因変更を命ずる義務がある場合にその義務を怠れば、判
決に影響があることになる。同決定の後、このことを理由に第1審の無罪判
決を破棄した裁判例があるので、いくつかを掲げる。

　①　公職選挙法の供与罪の起訴に対し、その金銭授受は受領者と被告人の
共謀による別人に対する供与罪の共謀者間の受け渡しに過ぎず別罪を構成し
ないとして無罪を言い渡した第1審について、その別人に対する供与罪等へ
の訴因変更を促すか命ずる必要があるとした（広島高判昭45・3・31判時621

126　第3編　上訴　　第2章　控訴

・97）。

②　売春防止法の管理売春の起訴に対し、支配関係がないとして無罪を言い渡した第1審について、公訴事実の同一性のある売春の周旋について予備的訴因の追加を促すべきであったとした（大阪高判昭45・7・6刑裁月報2・7・709）。

③　不退去の訴因のみについて審理判断して無罪を言い渡した第1審について、建造物侵入に訴因を変更すれば直ちに有罪の判断をなし得たとして、訴因変更の意思の有無を確かめ、あるいは促すことすらしなかったのを釈明権不行使の違法とした（東京高判昭50・12・4東時26・12・202）。

④　業務上過失致死傷事件について、およそ不可抗力的な事態が存したとは考えられないとしたうえ、交通事故の実態に即応する形に訴因を変更するよう検察官に対して命令ないし勧告することなく、いきなり無罪を言い渡した第1審裁判所の措置に審理不尽の違法があるとした（名古屋高判昭63・12・21判時1316・159）。

⑤　犯意を含めて覚せい剤使用を認める被告人の捜査段階の自白それ自体が不自然で信用することができず、そのため特定の日時場所、使用方法による覚せい剤使用事実が認定できなくても、証拠関係上いわゆる否認形式の概括的訴因であれば優に有罪にし得る場合、裁判所は、検察官に対し、否認形式の予備的訴因を追加するかどうか釈明する義務があるとした（名古屋高判平16・6・25高検速報平16・172）。

訴因変更をせずに訴因外の事実を認定した等の場合には、本条に該当するか、378条3号後段に該当するかの争いがあることは前述のとおりである。本条に該当するとした裁判例については、378条の解説**4**(4)ウを参照されたい。

(6)　**更新手続に関するもの**

更新手続を怠った場合について、判決に影響があるとする裁判例（福岡高判昭33・9・25裁判特報5・10・416、大阪高判昭57・3・25判タ467・171）と、影響がないとする裁判例（東京高判昭51・9・8東時27・9・116）がある。裁判官交替後の証拠のみでは原判決が認定した事実を認定することができない場合は判決に影響があるが、認定できる場合は判決に影響がないとすべきであろう。更新手続には、検察官による公訴事実の陳述と、被告人及び弁護人の事件に対する陳述とがあり、これらが欠けている点も問題ではあるが、前

〔§379〕同前 —— 訴訟手続の法令違反　127

者は異議がなければ省略できるものであるし、後者は、その後にも機会が与えられているのであって、これを重視する必要はない。

　なお、更新手続を遺脱しても、その後さらに裁判官が交替して更新手続が行われれば、前の更新手続の遺脱は判決に影響しない（東京高判昭51・9・8東時27・9・116）。

　(7)　**簡易公判手続を取り消さなかったことに関するもの**

　簡易公判手続を取り消すべきであったのにその取消手続をしなかった場合は、判決に影響があるとされている（大阪高判昭29・12・14裁判特報1・12・611、福岡高判昭30・3・29裁判特報2・7・238、東京高判昭33・3・11裁判特報5・4・112、仙台高判昭33・4・30高刑集11・4・202、東京高判昭36・7・6東時12・7・119、東京高判昭36・8・3高刑集14・6・387、大阪高判昭51・12・23判時843・122、東京高判昭52・4・18東時28・4・39、東京高判昭54・4・5刑裁月報11・4・275、大阪高判昭60・12・11判タ605・106、東京高判平元・2・7判タ699・250、名古屋高判平5・8・2高刑集46・2・229）。

　これに対し、普通の公判手続で審理しても異なる結論（無罪）に到達することは考えられないことや、証拠調べの方法・結果に当事者から異議が述べられていないことを理由に、判決に影響しないとする裁判例もあるが（東京高判昭41・9・28東時17・9・195、福岡高判昭53・10・9判時925・132）、このような事情を考慮して不影響とすることが相当とは思われない。

　(8)　**弁論の分離・併合・再開に関するもの**

　一般に、弁論の分離・併合・再開は、裁判所の裁量に委ねられているから、これが違法と評価されることは少なく、むしろ、控訴審において判決に影響すると判断した場合に裁量権の逸脱による違法が認定されることが多いと思われる。東京高判昭55・5・6高刑集33・2・176は、補充立証を理由とする検察官の弁論再開申請を却下し直ちに無罪判決を言い渡した第1審の措置を違法としてこれを破棄したが、これは、立証事項の重要性及び必要性が高度であり、その補充立証を許すことにしてもそれほど長時日を要するとは思われないことから再開すべきであったとし、その証拠調べを行うことにより判決の結果に重大な差異をもたらすことが十分考えられ、しかもそれに対し被告人側の反証も予想される状況にあったとして判決に影響するとしたものである。

128　第3編　上訴　第2章　控訴

(9)　判決の手続、内容に関するもの

　判決に関する誤りのうち、判決宣告手続に関する誤りはもちろん、判決内容に関する誤りであってもその原因が訴訟手続の法令違反といえる場合は、本条の問題となる。これは本来的な判決の瑕疵ではなく、その前提たる手続の瑕疵ということになるが、これも含めてここで検討する。

　ア　まず、判決宣告手続に関するものとして、次の裁判例がある。

　①　判決言渡しに検察官が立ち会わなかった場合、その違法は判決に影響を及ぼす（最決平19・6・19刑集61・4・369）。

　②　原審記録中の判決書に、いったん判決宣告手続が終了した後に訴訟関係人を呼び戻して改めて行われた判決宣告の内容が表示されていた事案において、後に行われた判決宣告は無効であり、これを表示する記録中の判決書も無効であるから、当該判決書を含む原審の判決それ自体が無効であるとして、原判決を破棄し差し戻した（東京高判平15・3・20東時54・1＝12・14。なお、被告人が在廷中であれば判決の言い直し等が可能であるが、退廷後は不可能であることについては、最判昭47・6・15刑集26・5・341、最判昭51・11・4刑集30・10・1887、上記最決平19・6・19参照。）。

　③　判決宣告手続の途中で、その手続を当該期日において完結させることなく、次回期日を指定するなどした訴訟手続は違法であり、判決に影響するとした（福岡高判平16・2・13判タ1155・124、福岡高判平16・2・25判タ1155・129）。

　イ　判決が自白のみによって犯罪事実を認定している場合、理由不備等（378④）に該当するのか訴訟手続の法令違反に該当するのかについては裁判例が分かれている。

　㋐　裁判例として多いのは、無免許運転、酒気帯び運転等の道路交通法違反事件において運転行為の補強証拠が掲げられていない場合である。

　理由不備に当たるとするものとして、大阪高判昭62・9・4判タ655・266、東京高判昭62・9・17判タ657・270、大阪高判平2・1・31判時1369・160（以上はいずれも補強証拠となり得る証拠が取り調べられている事案と思われる。）、広島高判平3・3・8高検速報平3・111（補強証拠の取調べの有無は不明。）があり、訴訟手続の法令違反に当たるとするものとして、東京高判昭47・5・4判タ280・350、東京高判昭60・7・24東時36・6＝7・56、仙

〔§379〕同前 —— 訴訟手続の法令違反　129

台高判昭62・11・12判タ684・249（補強証拠となり得る証拠が取り調べられている。）、大阪高判平2・2・6判時1369・161（補強証拠となり得る証拠が取り調べられていると思われる。）、東京高判平11・5・25東時50・1＝12・39（補強証拠が取り調べられた証拠の中にない。）、東京高判平22・11・22判タ1364・253（前同）がある。

　㈣　その他の事件では、理由不備等に当たるとするものとして、以下の裁判例がある。

　①　酒税法違反における多数の譲渡事実について特定できる補強証拠がない（仙台高判昭26・5・26特報22・49）。

　②　酒税法違反におけるアルコール分含有量について補強証拠がない（東京高判昭27・3・3特報29・66）。

　③　多数回の業務上横領における一部の横領事実に補強証拠がない（東京高判昭33・7・10東時9・7・183）。

　④　窃盗の補強証拠を証拠調べしているが判決に掲げていない（大阪高判昭41・12・9判時470・64、大阪高判昭59・9・19高刑集37・3・409）。

　⑤　道路交通法違反の報告義務違反において報告をしなかった点についての補強証拠が取り調べられているが判決に掲げられていない（大阪高判平2・10・24高刑集43・3・180）。

　㈥　一方、訴訟手続の法令違反に当たり、判決に影響があるとするものとして、以下の裁判例がある。

　①　児童福祉法違反において、328条の証拠として取り調べられた供述調書を犯罪事実認定の資料に供した違法があり、これを除外すると補強証拠がない（最判昭33・10・10裁集128・265）。

　②　外国為替及び外国貿易管理法違反において、その犯罪以外の他の併合罪関係にある犯罪事実の存在それ自体が状況証拠としてその犯罪の補強証拠となると解した原審の判断を否定した事案（最判昭40・9・13裁集156・615）。

　③　古物営業法違反の業としての無許可売買において、営業許可を受けていない事実について補強証拠がない（仙台高判昭43・3・26高刑集21・2・186）。

　④　自動車損害賠償保障法違反の無保険車運行において、責任保険の契約が締結されていなかった点の補強証拠がない（名古屋高判昭43・9・5高刑集

21・4・338）。

⑤　常習賭博の常習性について補強証拠たり得るものを取り調べているが判決に掲げていない（名古屋高判昭45・4・22高刑集23・2・344）。

⑥　無免許運転において、無免許の点につき補強証拠がない（東京高判昭60・7・24東時36・6＝7・56、東京高判平11・5・25東時50・1＝12・39）。

⑦　常習累犯窃盗罪を構成する個々の窃盗行為の補強証拠がない（東京高判昭61・8・7東時37・8＝10・61）。

⑧　常習累犯窃盗の前科及び常習性の点の補強証拠がない（東京高判平2・5・10判タ741・245）。

⑨　常習累犯窃盗の前科の補強証拠がない（福岡高判平4・8・17高検速報平4・83、東京高判平12・10・2東時51・1＝12・98、東京高判平18・6・30高検速報平18・102）。

⑩　簡易公判手続によらないのに公判調書から証拠を引用している部分は証拠を挙示しているといえないから、それを除くと補強証拠がない（福岡高判平4・12・25高検速報平4・89）。

（エ）　これらの裁判例をみると、補強証拠がないといっても、そもそも補強証拠の取調べさえしていない場合と、これを取り調べたものの判決書の証拠の標目欄に掲げなかった場合があることが分かるが、すべての裁判例において、どちらの場合に当たるのかが明確になっているわけではないし、そのどちらであるかによって結論が分かれていると説明することもできない。ただ、公刊物に登載されていない裁判例も含め、最近の傾向として、理由不備とするものよりも訴訟手続の法令違反とするものが次第に多くなってきているように思われる。

学説では訴訟手続の法令違反説が多数であるとされるが、この説の中でも、判文上補強証拠を欠くことが明らかな場合には理由不備に当たるとするものもあるので、常に訴訟手続の法令違反とみるというわけでもなさそうである。

この問題は、上記のとおり、補強証拠を取り調べずに有罪と認定したという手続部分の問題（これには該当するものとしないものがある。）と、判決に補強証拠が掲げられていないという判決書の問題という2つの問題があることを意識する必要がある。そして、それぞれがどの控訴理由に該当するか、その処理をどうするかという考え方で整理すべきものであろう。

〔§379〕同前──訴訟手続の法令違反　131

　まず、手続部分の問題を取り上げると、この点は、判決書自体で判断すべき理由不備の問題にはならないが、自白のみで有罪認定をしてはならないという319条2項に反する訴訟手続の法令違反に該当することになる。次に、判決書の問題であるが、これが理由不備に当たるかどうかは、証拠の標目における理由不備とは何かという問題となる。罪となるべき事実の認定に用いた証拠をすべて掲げなければ理由不備であるとすると、犯行場所や時刻特定のための証拠を1つ漏らしただけでも理由不備となることになり相当とは思われない。そこまで徹底しなくとも、有罪の認定をするために必要な証拠はすべて掲げなければならないと考えれば、補強証拠なしでは有罪判決をなし得ない以上、この場合は理由不備に当たるということになる。しかし、現実には単なる失念によって生じることが多いこの種事案について、絶対的控訴理由である理由不備に当たるとするのは大仰な感もあり、判示事実に符合する内容の自白が挙示されている以上、構成要件該当性判断に必要な基本的事実を認定するための証拠の挙示を欠くと評価すべきような事実と証拠の重大な不一致はなく、理由不備には当たらないと考えるのが相当ではなかろうか。その上で、補強証拠を判決書に掲げていないことは、補強証拠が取り調べられていたかいなかったかにかかわらず（取り調べられていなかった場合はそれ自体が訴訟手続の法令違反に当たる。）、319条2項に反する訴訟手続の法令違反があると理解すればよいものと思われる。

　その上で、判決への影響の有無であるが、補強証拠が取り調べられていなかった場合は当然に影響ありとすることになろうが、取り調べられていたが判決書に掲げられていなかった場合は、補強証拠の挙示を欠いた違法を重大なものと考えれば、判決に影響を及ぼすことになり、取調べがなされている以上さほど重大な違法とまでいえないと考えれば、判決への影響を否定することになる。公刊物に登載された裁判例には影響を肯定したものが多いが、影響を否定する判断もある程度存在する（例えば東京高判平22・1・19東時61・1＝12・5）。

　ウ　量刑不当はそれ自体が381条で控訴理由とされているが、量刑の手続に瑕疵がある場合は本条の問題となる。

　最大判昭42・7・5刑集21・6・748は、起訴されていない犯罪事実で被告人の捜査官に対する自白のほかに証拠のないものを、いわゆる余罪として

認定し、これをも実質上処罰する趣旨のもとに重い刑を科すことが、憲法31条、38条3項に違反するとしており（なお、最判昭41・7・13刑集20・6・609は、同旨を述べ、結論としてその違法がないとしたものである。）、量刑手続が不当であるときは違法（この場合は違憲とまでいう。）の問題となることを示しており、その後の裁判例も、余罪を実質上処罰する趣旨で量刑することは訴訟手続の法令違反に該当するとしている（東京高判平3・10・29高刑集44・3・212、大阪高判平3・11・14判タ795・274、名古屋高判平12・9・5高検速報平12・176、東京高判平14・5・31東時53・1＝12・64、東京高判平14・6・28東時53・1＝12・73、東京高判平14・10・23高検速報平14・92、広島高判平14・12・10高検速報平14・158、東京高判平19・9・26高検速報平19・321、東京高判平19・10・31高検速報平19・350、東京高判平20・8・18東時59・1＝12・72、東京高判平25・5・7東時64・1＝12・107、東京高判平27・2・6高検速報平27・66、大阪高判平27・7・30裁判所ウェブサイト等）。ただし、このような場合に量刑不当の中で処理したと思われる裁判例もある（仙台高判平21・6・30高検速報平21・312等）。

　起訴されていないいわゆる余罪との関係ではないが、児童福祉法違反被告事件についての家庭裁判所の訴訟手続に、地方裁判所に係属中の職業安定法違反の犯罪事実をも実質上処罰する趣旨で刑を量定した違法があるとされた事例（名古屋高判平10・1・28高刑集51・1・70）、強盗強姦事件において、認定事実においては起訴された訴因どおり致傷を伴わない強盗強姦の事実を認定しているが、証拠の標目や量刑理由の記載からは実質的に致傷を伴う強盗強姦として処罰しているとされた事例（名古屋高判平21・2・17高検速報平21・175）も、同様の趣旨といえる。

　法廷に顕出されていない資料をもとに量刑がなされている場合（量刑資料につき厳格な証拠調べが必要か否かはともかく、公知の事実といえない事項を、公判廷に顕出されていない資料を用いて認定して量刑資料としてはならないのは当然である。）、憲法上保障されている黙秘権の行使そのものをもって量刑上不利な扱いをした場合は、いずれも訴訟手続の法令違反があるというべきである。

　裁判員裁判において、裁判官が裁判員らに対し正確な法定刑の教示をせずに評議が行われた場合には、訴訟手続の法令違反となる（高松高判平22・11

〔§379〕同前——訴訟手続の法令違反　133

・18判タ1369・254〔検察官が法改正後の誤った法定刑を前提にした論告求刑を行った事案であるが、実際の評議が改正前後で変更のない法定刑の下限を基準としてなされたことがうかがわれ、正しい法定刑を教示されていたとしても同じ量刑となった蓋然性が極めて高いとして、判決への影響を否定した。〕）。

⑽　判決書に関するもの

判決における判決書の意味について、最判昭51・11・4刑集30・10・1887は、「判決は、宣告により、宣告された内容どおりのものとして効力を生じ、たとい宣告された内容が判決書の内容と異なるときでも、上訴において、判決書の内容及び宣告された内容の双方を含む意味での判決の全体が法令違反として破棄されることがあるにとどまると解するのが相当である」としている。これは、内部的に成立した判決内容と宣告された判決内容との間では宣告されたものが優位に立つとしつつも、判決書も判決の適法性の判断の基礎とされることを明言しているから、判決書が違法であれば判決も違法であることになる。判決に影響するかどうかという点では、判決書の違法が判決書を無効とするようなものであれば、全体としての判決に影響するが、その違法が判決書を無効にするようなものでなければ、判決に影響しないと考えるべきである。

ア　判決書自体が存在しない場合は判決に影響がある（高松高判昭31・9・22高刑集9・7・814）。判決書上は作成日が判決言渡当日となっているが、実際は当該裁判官が定年退官後に作成したものであるときは、裁判官による判決書が存在しないことになり、判決に影響がある（東京高判昭45・11・2刑裁月報2・11・1143）。また、弁護人に判決謄本を交付した後、判決書の一部を変更して原本を作成し直して記録に編綴したときは、訴訟当事者にとっていずれが上訴の対象となるべき判決であるかが定かではないから判決に影響がある（大阪高判昭59・12・5高刑集37・3・450）。

イ　口頭弁論の終結前に判決書を作成した場合は判決に影響がある（最判昭41・2・24刑集20・2・49〔判決宣告予定日に弁論を再開して直ちに判決を宣告したが、判決書にその公判期日より前の年月日が記載されていた事例〕。その他、仙台高秋田支判昭25・4・12特報8・72、福岡高判昭28・3・11特報25・6、福岡高宮崎支判昭31・7・10高刑集9・6・645、名古屋高金沢支判昭35・2・2下刑集2・2・107）。

134　第3編　上訴　　第2章　控訴

　ウ　裁判官の署名押印がない場合、判決書は無効である（仙台高秋田支判
昭27・4・22高刑集5・4・623、名古屋高判昭31・2・20高刑集9・4・352、東
京高判昭37・5・10高刑集15・5・331、大阪高判昭46・11・29判時637・94）。合
議体の場合の1名について署名押印がないときも同じであり（最判昭27・12
・26裁集71・885）、構成員について署名押印できないとの付記があっても、そ
れが事実に反する場合は違法であり判決に影響がある（札幌高判昭26・8・
29特報18・53）。

　ただし、裁判長の押印のみが欠けた控訴審判決について、署名はなされて
いることを理由に原判決を破棄しなければ著しく正義に反するものとは認め
られないとした最高裁決定がある（最決昭36・11・30刑集15・10・1799）。

　エ　判決書における形式的事項の記載の過誤につき、判決が無効とならな
いとされたものとして、判決をした裁判官所属の官署である裁判所名の表示
がない場合（最決昭49・4・19刑集28・3・64）、被告人の氏名を誤記した場
合（福岡高判昭25・3・30特報7・159、東京高判昭31・3・22判タ57・47）、被
告人の住所を誤記した場合（東京高判昭26・2・14特報21・27。なお旧刑訴法
事件につき最判昭23・11・25刑集2・12・1647）、立会検察官の官名や氏名を欠
く場合（双方を欠いた旧刑訴法事件につき最判昭23・12・24刑集2・14・1873、官
名につき東京高判昭28・1・22東時3・1・14）、記載すべきでない検察官の氏
名を記載した場合（最判昭23・7・8刑集2・8・822、最判昭24・9・10刑集
3・10・1585）、立会検察官の氏名を誤記した場合（広島高判昭26・6・19特報
20・26）、判決作成日付を誤記した場合（東京高判平10・6・24判タ991・286）
がある。

　オ　証拠の標目につき、供述調書の供述者名を全く記載しないのは訴訟手
続の法令違反に当たるが、補足説明における記載と補い合って主要な供述調
書についてはその供述者名を示す結果になっているから判決に影響を及ぼさ
ないとした裁判例がある（東京高判平9・3・19東時48・1＝12・23）。

　カ　形式というよりは内容の問題であろうが、不明確な判文については、
その程度が甚だしければ理由不備に該当することになり、そこにまで至らな
くとも訴訟手続の法令違反となる場合がある。そして、その場合の判決への
影響の有無であるが、包括一罪を構成する公訴事実のうちの一部の事実につ
いて罪となるべき事実で判示しなかったもの（東京高判昭56・10・20東時32・

10・63）、罪となるべき事実の判示が不明確で、法令の適用と対照して、どの事実にどの法令が適用されたのか不明確なもの（東京高判昭63・12・21判時1313・165）、起訴状を引用した判決で、被告人と犯罪事実の関係が不明であり、証拠の標目の一括挙示の方法も不相当であるもの（東京高判平8・11・26東時47・1＝12・130）、組織的犯罪処罰法3条1項の組織的な恐喝の事実を認定するに当たり、明確性を欠いた事実を認定したもの（東京高判平16・3・9判時1886・158）、法令の適用及び量刑理由の説示が認定した罪となるべき事実と整合せず原裁判所が構成要件の内容を正解していないとみられるもの（東京高判平21・12・18東時60・1＝12・243）について、それぞれその訴訟手続の法令違反は判決に影響があるとされている。一方、認定事実に対する適条が混乱していたものについて、法令の適用が結局認定事実の全部にわたっており、その趣旨に従えばその主文が正当に導かれることを理由として（札幌高判昭47・12・19判タ298・447）、また、業務上過失致死傷の事件において、1名の傷害について「全治1週間を要する傷害」を負わせたと摘示するのみで傷害の具体的内容を何ら摘示しなかったものについて、当該事案が死者1名、負傷者2名の事案であり、傷害の程度は他の負傷者のそれに比べても軽微であるとして（東京高判平4・5・28判タ794・282）、それぞれ判決に影響がないとしたものがある。

(11)　**公判調書に関するもの**

公判調書が不存在であったり、そこに瑕疵があって無効となったりした場合でも、そのこと自体が直ちに判決に影響するとはいえない。しかし、公判調書は、公判手続を認証するものであり、公判調書によって手続を立証できない場合、その手続を他の方法によって立証することが許されるか否かの問題があり、そのことから、その公判手続が違法であるとされて判決に影響を及ぼすかどうかの問題が生じることになる。

［判決に影響を及ぼすとされたもの］

①　判決宣告調書が存在しない場合につき、適法な方式を履践して宣告がなされたか否かを証明することができないとして判決に影響を及ぼすことが明らかとした（東京高判昭40・6・17高刑集18・3・218、福岡高宮崎支判平7・1・19高検速報平7・143）。

②　公判調書（判決宣告調書）に記載された裁判官の氏名と同調書欄外の

裁判官認印欄に押捺された印影の姓が異なる場合に、判決に影響を及ぼすことが明らかな訴訟手続の法令違反に当たるとした（高松高判平10・1・27高検速報平10・159）。

③　証人の証言が証拠の標目に掲げられ、事実認定に供されたことが明らかであるが、当該証人尋問調書の書記官印欄に押された印及び契印がその公判期日の公判調書を作成した書記官名と異なり無効であり、ほかにも調書作成上の不備がある事案において、その違法は判決に影響を及ぼすとした（東京高判平11・11・15高検速報平11・111）。

［影響を及ぼさないとされたもの］

④　公判調書が無効である場合に、他の資料によって当該公判期日における訴訟手続の適法性を証明することが許されるとして、立会書記官の証人尋問等を実施し、公判期日における訴訟手続が全て適法に行なわれたと認定し、公判調書の無効は判決に影響を及ぼすことが明らかではないとした（広島高判昭55・10・28高刑集33・4・298）。

⑤　別人に対する被告事件の論告要旨が誤って引用された公判調書中の検察官の意見（論告）部分の記載には、52条所定の公判調書の排他的証明力を与えるには値しないとして、当該事件の論告手続の存否及び適否について、他の証拠による証明を許し、判決に影響しないとした（大阪高判平13・11・15判タ1094・300）。

公判調書が不存在の場合には、他の資料により手続を証明することが許され、これにより手続の適正が証明されれば、公判調書の不存在それ自体は判決に影響しないことになる。

⑿　**審理不尽**

ア　審理不尽とは、一般的に、判決に熟するまで審理を尽くしていないことをいうとされ、原判決破棄の理由として掲げられる言葉であるが、これが控訴理由となるのか否かについては争いがある。通説は、審理不尽とされる場合は、裁判所の釈明義務違反（規208）、職権証拠調べ義務違反（298Ⅱ）及び訴因変更命令義務違反（312Ⅱ）といった個々の訴訟手続の法令違反に還元できるのであって、独立の控訴理由として理解する必要はないとしているが、必ずしもそのように個々の義務違反に還元しなくとも破棄理由となり得るとして、審理不尽に独立の存在価値を認める説もある。

〔§379〕同前 —— 訴訟手続の法令違反　137

イ　後者の立場から事例を分析しているものがあるので（原田・大コメ刑訴9・211）、それにならって事例を掲げる。

㈠　審理不尽に基づく理由不備、法令適用の誤り、事実誤認等と判示するもの、すなわち審理不尽を原因とするだけで直接の破棄理由とはしていないもの

最判昭26・9・25刑集5・10・1970、最判昭28・2・13刑集7・2・218、最判昭33・2・13刑集12・2・218、最判昭33・4・25刑集12・6・1161、最判昭37・5・19刑集16・6・609、最判昭43・12・24刑集22・13・1595、最判昭52・3・17判時850・109、最判平元・6・22刑集43・6・427、最判平14・3・15裁集281・213、広島高判昭27・12・9特報20・119、高松高判昭45・3・9判時593・106、広島高判昭45・3・31判時621・97、東京高判昭45・6・12判タ255・238、東京高判昭48・6・21東時24・6・104、大阪高判昭61・10・14判タ631・237、大阪高判平2・3・23判時1354・26、大阪高判平3・11・19判時1436・143、大阪高判平5・1・22判タ814・241、名古屋高判平5・8・2高刑集46・2・229、大阪高判平5・8・24判タ846・296等。

㈡　「審理不尽又は理由不備」、「審理不尽又は法令適用の誤り」等と判示するもの、すなわち、他の法定の破棄理由とは選択的ではあるが、独立の破棄理由としているもの

①　法令適用の基礎となるべき事実を明確にしないものというべく審理不尽若しくは理由不備の違法があるとした（最判昭23・3・16刑集2・3・237）。

②　罪とならない事実に罰条を適用した違法があるか、又は、その罰条適用の前提をなす、被告人等に故意があったか否かの事実を確定しない審理不尽の違法があるとした（最判昭24・4・23刑集3・5・610）。

③　自白の任意性に疑いのある事案であるのに、その事実関係を明確にせず、任意性に疑いがないと断じて所論を排斥した原判決は審理不尽、理由不備の違法があるとした（最判昭28・9・1最高裁破棄判決集2・126、最判昭29・8・24最高裁破棄判決集3・193、最判昭32・5・31刑集11・5・1579）。

④　被害者証言が虚偽である可能性があることを理由に、被告人に信号無視の過失があったとする第1審判決を維持した原判決には審理不尽ないし重大な事実誤認の疑いがあるとした（最判昭54・3・27判タ383・100）。

138 第3編 上訴 第2章 控訴

⑤ 詐欺の犯意の認定に疑いがあり、かつ、訴因と認定事実との食い違いについて訴因変更手続を経ていないことについても問題があることを理由に、原判決には重大な事実誤認の疑いないし審理不尽などの違法があるとした（最判昭54・7・20判タ391・73）。

⑥ 被告人両名の捜査官に対する各自白の信用性については疑問をさしはさむべき余地があり、被告人両名について殺人罪を認めた原判決には審理不尽ないし重大な事実誤認の疑いがあるとした（最判昭55・7・1判タ421・75）。

⑦ 弁護人の検証申請を却下し、疑問を解明しないまま被告人の前方注視義務違反の過失を肯定するなどした原判決は、審理を尽くさず、訴因に明示された過失の成否ないし程度に関し重大な事実誤認をした疑いがあるとした（最判昭56・2・19判タ437・106）。

⑧ 証言の信用性について解明すべきであったのに、これをしないまま第1審の無罪判決を破棄して有罪を認定した原判決は、採証法則の違背ないし審理不尽の違法があるものといわざるをえないとした（最判昭56・10・29判時1035・141）。

⑨ 業務上過失致死等事件における遺留塗膜片の問題について、原審としては、検察官に立証を促すなどして疑問を解消した上でなければ、被告人を有罪と認めるべきではなかったなどとして、原判決は、審理を尽くさず、ひいては事実を誤認したものといわざるを得ないとした（大阪高判昭62・6・5判タ654・265）。

⑩ 簡易公判手続を維持したまま、被告人が逮捕手続を非難していることによりその証拠申請を容れて取り調べたものの、その点につき通常なされる審理をしないまま問題となる証拠を判決に掲げたことは、298条2項、規208条1項に違反し、必要な審理を尽くさぬまま卒然その証拠能力を認め、これを補強証拠として有罪判決をしたものであって、この点においても訴訟手続の法令違反があるとした（名古屋高判平5・8・2高刑集46・2・229）。

⑪ 原審記録から認められる事実関係のみからも、被告人には完全責任能力が備わっていなかった疑いが極めて濃厚であったから、弁護人が争っていなかったとしても裁判所として被告人の責任能力について審理を尽くすべきであって、原判決には、これを尽くさなかった審理不尽の違法があり、その

結果完全責任能力を認めた事実誤認に陥ったとした（東京高判平18・4・21高検速報平18・89）。

㈢　単に審理不尽とだけ判示するもの。すなわち、独立の破棄理由として認めていると考えられるもの

①　自白の任意性について審理を尽くした形跡は本件においてこれを認めることはできず、この点において審理不尽の違法があるとした（最判昭24・12・13最高裁破棄判決集1・126、最判昭27・3・7刑集6・3・387）。

②　任意性判断の前提となる事実関係について審理を尽くすべき必要があると認められるとして、原判決は結果的に審理不尽の違法があるとした（最判昭30・1・31最高裁破棄判決集3・182、最判昭41・12・9刑集20・10・1107）。

③　例外的に、検察官に対し、訴因変更手続を促しまたはこれを命ずべき義務があるとされ、積極的に訴因変更手続を促しまたはこれを命ずることなく、殺人の訴因のみについて審理し、直ちに被告人を無罪とした第1審判決には審理不尽の違法があるとした（最決昭43・11・26刑集22・12・1352）。

④　再審請求棄却決定に対する即時抗告棄却決定に対する特別抗告事件において、原決定は審理不尽の違法がある旨判示した（最決昭51・10・12刑集30・9・1673）。

⑤　鑑定を命ずる等適宜の措置を講じなかった原判決には審理不尽の違法があるとした（仙台高判昭24・12・13特報3・15）。

⑥　贓物故買の公訴事実について、贓物運搬罪としての訴因の追加あるいは変更を命じるべきであったとして、訴訟指揮の適正を欠き審理不尽の違法があるとした（福岡高判昭25・1・23特報3・84）。

⑦　当該物が銃砲に該当するかどうかについて軽々しく決しがたいとして、審理不尽があるとした（大阪高判昭25・2・28特報8・82）。

⑧　窃盗の被害品の所有・占有の関係を明らかにする証拠がなく、親族相盗になるかならないかが不明であるから、この点の審理を尽くさなかった原判決には審理不尽があるとした（名古屋高金沢支判昭25・4・18特報8・54）。

⑨　起訴状の公訴事実の記載自体からそれが単一の犯罪であるか若しくは併合罪を構成するのか不明確である場合に、検察官に釈明させないで直に公訴事実について訴因の明示を欠くものとしてこれを棄却するのは、審理不尽の違法があるとした（東京高判昭27・6・19高刑集5・7・1093）。

140　第3編　上訴　第2章　控訴

⑩　検察官が起訴状の罰条の記載を誤ったと解する余地がある場合に、検察官に罰条変更の機会を与えないで無罪判決を言い渡したのは、釈明権不行使による審理不尽であるとした（東京高判昭42・3・6高刑集20・2・85）。

⑪　必要な証拠の取調べを原審が行わなかったことが審理不尽に当たるとした（東京高判昭46・5・6判タ267・361）。

⑫　被告人の過失を認めるべき証拠はないが、他の注意義務違反が認められる可能性がないわけではなく、この点について審理もなされていないから、審理不尽があるとした（東京高判昭47・1・27判タ277・378）。

⑬　訴因を変更すれば直ちに有罪の判断をなし得ることが裁判所としても十分予測できたのに、検察官に対しこれを行うか否か求釈明し、あるいはこれを行なうことを促すなどの配慮をしなかったことは、事実審の職責たる訴因に関する釈明権の行使を怠り、審理不尽の違法を犯したものとした（札幌高判昭48・9・20刑裁月報5・9・1298）。

⑭　当初の訴因であれば有罪となし得るのに、検察官から訴因変更請求がなされ、変更後の訴因によると無罪となるような場合において、裁判所がこれを許可し、訴因の再変更を促し又は命ずる措置をとることなく無罪判決を下したことは、審理不尽の違法があるとした（大阪高判昭56・11・24判タ464・170）。

⑮　被告人供述の任意性についての調査を尽くさなかった点で審理不尽があるとした（大阪高判昭59・6・8高刑集37・2・336）。

⑯　業務上過失致死傷事件について、およそ不可抗力的な事態が存したとは考えられないとしたうえ、交通事故の実態に即応する形に訴因を変更するよう検察官に対して命令ないし勧告することなく、いきなり無罪を言い渡した第1審裁判所の措置に審理不尽の違法があるとした（名古屋高判昭63・12・21判時1316・159）。

⑰　検察官の証拠調べ請求を却下して無罪を言い渡した第1審判決に審理不尽の違法があるとした（大阪高判平3・10・11判時1409・127）。

⑱　道路交通法違反の否認事件において、違反の現認警察官の証人尋問実施の際弁護人が付してなく、その後選任された私選弁護人から同証人の再尋問申請を却下した原裁判所の訴訟手続に、審理を尽くさない違法があるとした（福岡高判平5・4・15判時1461・159）。

〔§379〕同前――訴訟手続の法令違反　141

⑲　検察官に対し立証を促すための釈明権の行使を怠った審理不尽の違法があり、また、裁量権を逸脱して検察官の弁論再開請求を却下して無罪判決を言い渡した訴訟手続の違法があるとした（広島高判平14・12・19高検速報平14・162）。

⑳　現行犯人逮捕の適法性が問題となる事案において弁護人からの逮捕に関与した警察官等の証人尋問請求をすべて却下した原審には証拠採用に関する合理的な裁量の範囲を逸脱した審理不尽の違法があるとした（東京高判平22・1・26判タ1326・280）。

ウ　上記のうち、㋐に分類されるものは、結局は審理不尽を独立の破棄理由としていないのであるから特に問題にする必要はない。㋑㋒をみると、審理不尽を破棄事由とする前に、具体的に、「釈明義務に反する」、「訴因変更命令義務に反する」、「弁論を再開すべきであった」などと、裁量権逸脱による違法を明示するものもあるが、そのような具体的な記載を欠くものもある。これらを分析すれば個別の義務違反を指摘していると解釈できる場合もあるであろう。しかし、裁量権逸脱が違法になるのは余程の場合であるから、個々の義務違反としては違法の程度に至らない不相当なものとしかいえないものの、それが重なることによって、結局は事実が明らかになっていないという場合があり得るのであって、そのような場合はその手続全体が違法といわざるを得ず、そのことをまさに理由として原判決を破棄すべきことは否定できないと思われる。したがって、実務的には、原判決の個々の訴訟手続についての裁量権逸脱の違法を明確にすることが好ましいものの、これらの複合的場合として、「審理が十分でない違法」を独立の破棄理由とすることも認められていると考えるべきである（ただし、どの程度のものを審理不尽とするかは難しい問題であり、第1審において審理不尽があったとした控訴審の判断を否定した最高裁判例として最判平21・10・16刑集63・8・937がある。）。

5　事実の援用

本条においても、控訴申立人は、訴訟記録及び原裁判所において取り調べた証拠に現れている事実であって本条の事由があることを信ずるに足りるものを、控訴趣意書に援用しなければならない。

本条ないし382条の事実の援用がないとされた裁判例として、東京高判平9・9・8東時48・1＝12・63（警察官が被告人を脅して自供させたり、検察

142 第3編 上訴 第2章 控訴

官が偽計を用いて弁護人を解任させたなどとの主張をしたもの）、東京高判平10
・3・31東時49・1＝12・14（被告人が通常の精神状態になかった上、当審弁
護人や警察官からの不当な言動により自白したもので自白に任意性がない、また、
仮に自白調書に証拠能力があると認められるとしても、その自白は警察官及び検
察官から示された事実について被告人の推測を加えて述べたものであって、内容
が虚偽のものであり信用性がないなどと主張したもの）などがある。（鹿野伸二）

〔同前 —— 法令の適用の誤り〕

第380条 法令の適用に誤があつてその誤が判決に影響を及ぼすことが明
　らかであることを理由として控訴の申立をした場合には、控訴趣意書に、
　その誤及びその誤が明らかに判決に影響を及ぼすべきことを示さなけれ
　ばならない。

〈本条細目次〉

1 趣旨等 142
2 事実誤認と法令適用の誤りの関係 143
3 判断基準時 143
4 判決に影響を及ぼすことが明らか 144
5 具体例 144
　(1) 主文の誤り 144
　(2) 構成要件及び法定刑を示す規定の誤り 146
　(3) 刑の変更に関する適用の誤り 151
　(4) 罪数評価の誤り 152
　(5) 加重減軽事由に関する適用の誤り 152
　(6) 刑の執行猶予に関する適用の誤り 157
　(7) 付加刑等に関する法令適用の誤り 157
　(8) 免訴事由の誤り 157

1 趣旨等

　実体法の誤り、すなわち適用すべき法令を適用せず、適用すべきでない法
令を適用した場合を、法令適用の誤りとして、それが判決に影響を及ぼすこ
とが明らかである場合に限って控訴理由となるものとしたものである（相対

〔§380〕同前 —— 法令の適用の誤り　143

的控訴理由)。

　判決書における明白な誤記は、法令適用の誤りとはいえないが (東京高判昭29・2・25特報40・28)、明白な誤記があるというためには、判決書自体又は記録に照らし、単なる表現上の誤りであることが明らかであるとともに、判決裁判所の意図した記載が一義的に明確であることを要する (事実誤認に関して最決昭53・6・16刑集32・4・645)。

2　事実誤認と法令適用の誤りの関係

　法令は、前提となる事実に適用するものであるから、事実誤認との関係が問題となる。

　すなわち、構成要件該当事実、違法及び責任阻却事由に関する事実といった犯罪成立要件自体に関する事実のほか、処罰条件に関する事実、刑の加重減免の事由に関する事実等の382条の事実誤認の対象となる事実を誤った結果法令の適用も誤った場合には、「法令の適用は、正しく認定された事実を前提とするものである」という論理関係からすれば、本来は事実誤認としてのみ扱えばよいことになるはずである。しかし、これまでの裁判例において、「事実誤認があり、ひいては法令適用の誤りがある」という判示がしばしば見られる。事実誤認のみを控訴理由とした上で法令適用の過程は判決への影響として考慮するということで足りる場合であっても、本来適用すべきでない法令を適用したという誤りは存在していると評価し、いずれの控訴理由も存在すると考えているものと思われる。

　これに対し、未決勾留日数を誤って計算した結果、現実に存在する以上の日数を刑法21条によって算入した場合や、執行猶予が付せなくなるような前科を見落として、執行猶予の要件がないのに執行猶予を言い渡した場合などは、前提となる事実の認定を誤ったものではあるが、それらの事実は382条の事実誤認の対象とはならないから、本条のみの問題となる。

3　判断基準時

　法令適用の判断基準時は、控訴審が事後審であることからすれば、原判決時である (最決昭34・7・3刑集13・7・1110〔控訴審が控訴を理由がないものと認めて棄却する場合には、第1審判決時を基準として被告人に少年法を適用すべきや否やを決すべきものである。〕)。

　ただし、未決勾留日数の算入については、原判決時の事実関係では違法で

144 第3編 上訴 第2章 控訴

なくとも、並行して審理されていた事件との関係で、事後的に過算入として違法になる場合があることに注意を要する（最判昭48・11・9刑集27・10・1447、最判昭55・1・11刑集34・1・1）。

4 判決に影響を及ぼすことが明らか

ここで「判決」とは原判決のことであり、主文のみならず「理由」も含まれることなどは、379条の場合と同じである。したがって、法令適用の誤りが判決に影響するのは、その誤りがまさに主文に違いをもたらす場合のほか、構成要件的評価に直接又は間接に影響を及ぼすような誤りがある場合ということになる。そのように構成要件的評価という概念を基準にすることは通説といってよいが、その理由付けとして、「刑事裁判の本質上、罪名も有罪判決の意思表示的内容をなすものと考えられるから」とか、「犯罪事実に対する法的評価を示す法令の適用は、判決が正当な法的基礎に基づくことを示すためのものであるから」などとの説明がなされている。

理論的にどのように説明をし、定式を考えるにしろ、具体的にいかなる場合が判決に影響を及ぼすといえるかについて、個別的な事例に関する裁判例の集積の中から類型的にまとめていくべきことは、訴訟手続の法令違反の場合と同様と思われるので、以下具体例を検討する。

5 具体例

(1) 主文の誤り

主文における主刑を誤った場合は、判決に影響があることが明らかである。すなわち、法定刑にない刑を言い渡した場合（仙台高判昭30・2・24裁判特報2・4・90、東京高判昭30・8・26東時6・9・295）、不定期刑を言い渡すべきところ定期刑を言い渡した場合（札幌高判平14・1・17判タ1106・280、大阪高判平17・9・7家庭裁判月報58・3・149。逆の場合につき東京高判昭26・11・8特報25・40、大阪高判昭29・2・9高刑集7・1・64）、執行猶予を言い渡すことができないのにこれを言い渡した場合（東京高判昭32・6・19東時8・6・53、東京高判昭32・10・23東時8・10・367、札幌高判昭33・4・22裁判特報5・5・184等。なお、確定裁判が実刑判決の場合におけるいわゆる余罪について刑の執行猶予を言い渡した事例につき最判平7・12・15刑集49・10・1127）、2個の主刑とすべきところを1個の主刑とした場合（東京高判昭29・4・5高刑集7・3・361、高松高判昭29・5・11高刑集7・6・835）、逆に1個の主刑とすべ

〔§380〕同前——法令の適用の誤り　145

きところを 2 個の主刑とした場合（東京高判昭27・9・11特報34・168、東京高
判昭35・2・16高刑集13・1・73、仙台高判昭43・3・26高刑集21・2・186）、
刑の免除を言い渡すべきところを刑を言い渡した場合（名古屋高金沢支判昭
37・9・6 高刑集15・7・527、大阪高判昭38・12・24高刑集16・9・841）、逆に
刑を言い渡すべきところを刑の免除とした場合（東京高判昭26・10・3 高刑集
4・12・1590、札幌高判昭36・12・25高刑集14・10・681）など、いずれも判決
に影響するとされている。

　主文において付加刑等を誤った場合も、判決に影響がある。すなわち、未
決勾留日数算入を誤った場合（東京高判昭59・7・12東時35・6 = 7・52、大
阪高判昭62・10・23判タ663・200、大阪高判平 2・11・14高刑集43・3・187、大
阪高判平 9・7・31判時1629・155、東京高判平21・2・5 東時60・1 = 12・26
等）、労役場留置の言渡しを遺脱した場合（東京高判昭51・7・12東時27・7
・82、仙台高判昭55・12・18判時1002・140等。なお、罰金換算期間 1 日に満たな
い端数について換算刑の言渡しをしなかった場合は法令違反であって判決に影響
するとした高裁判決が少なからず存在したが、これが違法でないことには注意を
要する〔最決平20・6・23判タ1272・70〕。）、没収・追徴をすべきであったのに
これをしなかった場合（最判昭40・6・29刑集19・4・490、名古屋高金沢支判
昭58・11・8 高検速報昭58・303、東京高判平 5・5・26判タ840・243、札幌高判
平 5・6・8 判タ826・280、高松高判平 6・2・1 高検速報平 6・191、大阪高判
平17・5・18判時1902・157等。なお、職権で破棄しつつ、被告人のみの控訴であ
るため自判において追徴の言渡しをしなかったものとして東京高判平 6・2・24
高検速報平 6・46、仙台高判平28・3・17高検速報平28・277）、逆に没収・追徴
をすべきでなかったのにこれをした場合（東京高判昭50・9・19東時26・9・
159、東京高判昭58・5・18高刑集36・1・45等）、没収すべきであったのに追
徴した場合（最判昭62・12・11刑集41・8・352、大阪高判昭52・8・24刑裁月
報 9・7 = 8・431、福岡高判昭63・7・19高検速報昭63・171）、没収・追徴の
額を誤った場合（東京高判平18・2・21判タ1217・318）、被害者還付すべきで
ないのに還付した場合（仙台高判昭34・2・19高刑集12・2・59）、逆に被害者
還付すべきであるのにしなかった場合（大阪高判昭33・12・23高刑集11・10・
696、東京高判昭41・5・26高刑集19・3・371）など、いずれも判決に影響が
あるとされている。

146 第3編 上訴 第2章 控訴

例外的に、没収できない旅券を没収した原判決について、空文に等しいとして破棄しなかった裁判例はある（東京高判平20・9・19高検速報平20・156）。

(2) 構成要件及び法定刑を示す規定の誤り

ア そもそも構成要件規定を適用しなかった場合については、基本的には理由不備に該当すると考えられるが、科刑上一罪の一部で、かつ、軽い罪にかかる点の適条のみが欠けている場合や、構成要件の一部を補充している政令の記載のみを欠く場合については法令適用の誤りと考えられることや、その場合の判決への影響については378条の解説5(2)オ(ア)参照。

イ これに対し、構成要件規定を全く適用しなかったのではなく、何らかの記載がある場合には、法令適用の誤りとして判断することになる。

(ア) まず、同一法条の中で法定刑が同一の場合の法令適用の誤りについては、判決に影響がないとする裁判例が多い。

① 有価証券虚偽記入の事実に有価証券偽造の条文を適用した（最決昭32・1・17刑集11・1・23〔上告審として、「これらはその罪質も法定刑も同じであるから、原判決の右違法は、判決に影響を及ぼすものではなく」と判示。〕）。

② 贓物寄蔵の事実を認定しながら贓物故買とした（大阪高判昭25・2・16特報9・26〔罰条に誤りはない。〕）。

③ 労働基準法119条1号を適用すべきところを誤って同条2号を適用した（東京高判昭26・10・12特報24・133〔違反法条の記載においては誤りがないし、各号の法定刑は同一であり、同一罰条内の号に関する誤りに過ぎない。〕）。

④ 有価証券変造罪を有価証券偽造罪に問擬した（東京高判昭27・2・12特報29・36〔これらはその罪質及び刑期を同じくするものであるから、そのいずれを適用したとするも、被告人の利害に消長を来たすものではない。〕）。

⑤ 無銭飲食で刑法246条1項を適用すべきところ同条2項を適用した（東京高判昭27・10・24特報37・60〔同条1項と2項とは構成要件もほぼ大差がなく、法定刑にも軽重がないのであって、ただ財物を騙取したか不法の利益を得たかの相違があるに過ぎない。〕）。

⑥ 公職選挙法違反事件において、認定した受供与の事実に同法221条1項3号・1号を適用した（仙台高判昭28・6・29特報35・37〔証拠により肯認し得べき事実は同法221条1項4号・3号・1号に該当し、結局同一罰条によって処断せらるべきものである。〕）。

〔§380〕同前——法令の適用の誤り　147

⑦　艦船損壊ではなく建造物損壊と判断すべきであった（広島高判昭28・9・9高刑集6・12・1642〔どちらと判断するかによって罰条に差異はなく等しく刑法260条前段を適用すべきであり、なお本件はこれと一所為数法の関係にある重い窃盗未遂罪の刑に従って処断される場合である。〕）。

⑧　印紙使用罪の所為を偽造印紙交付罪と認定し、事実の認定を誤ったか又は印紙犯罪処罰法の解釈適用を誤った（東京高判昭28・9・14高刑集6・10・1352〔いずれもその態様を同じくし同一法条に規定された犯罪であって、これに対する法定刑も同じであり、情状においても特段の差異があると認められない。〕）。

⑨　認定した公職選挙法221条1項5号の受交付の事実に対し同項4号を適用処断した（仙台高判昭28・9・21特報35・55〔5号によると4号によるといずれもその処罰は同一のものとなる。〕）。

⑩　強姦未遂による死傷に係るもので刑法181条、179条及び177条を適用すべきところ同法181条及び177条のみを適用した（東京高判昭28・11・24特報39・199〔強姦未遂による致傷も、ともに刑法181条所定の同一法定刑の範囲内において罰せらるべきものである。〕）。

⑪　公職選挙法221条1項5号のいわゆる交付に該当するところを同項1号の罪とした（東京高判昭29・3・25特報40・50〔事実の誤認ないしは法令の適用を誤まった過誤があるが、同項1号の供与と5号の交付とは同一罰条に規定された同種の行為で、ただその態様において多少異なるものがあるに過ぎないのみならず、その法定刑も同一であり、かつその過誤あるの故をもって量刑上彼此考慮を異にすべきものもない。〕）。

⑫　強姦致傷の事実を認定しながら強制わいせつ致傷の刑法181条、176条を掲げた（東京高判昭30・3・26裁判特報2・7・219〔判文自体に徴し明らかに誤記と認められるのみならず、然らずとするも結局において適用すべき罰条には変わりがない。〕）。

⑬　一般人の覚せい剤授受を規制する覚せい剤取締法17条3項の規定を適用すべきところ、覚せい剤製造業者の覚せい剤譲渡行為を規制する同条1項を適用した（東京高判昭30・4・6裁判特報2・8・279〔いずれにしても行為の主体を異にするのみで行為の態様は同一であり、いずれも同法41条1項4号に該当する犯罪であってこれに対する法定刑も同じである。〕）。

148　第3編　上訴　第2章　控訴

⑭　一括して刑法246条を適用すべき無銭宿泊飲食について同条2項前段を適用した（東京高判昭31・11・28裁判特報3・23・1138〔同条1項、2項は同一罪質である詐欺罪に関する規定であり、かつ両者ともその法定刑は同一である。〕）。

⑮　強姦致傷の事実を認定しながら刑法181条、179条、176条前段を掲げ、強制わいせつ致傷の法条を適用した（広島高松江支判昭33・3・10裁判特報5・3・92〔強姦致傷及び強制わいせつ致傷の所為の各処罰規定はいずれも同法181条であって、そのいずれであるかは同条の構成要件の内容をなす規定の相違に過ぎず、その犯情を評価する上において両者間に異なるものがあるとしても、その法条の誤りは構成要件の内容をなす規定の適用を誤ったものではあるが、結局処罰規定は同一で、法定刑には影響はない。〕）。

一方で、判決に影響があるとする裁判例も存在する（広島高判昭28・11・7特報31・36〔公文書偽造の事実に同変造の条文を適用〕）。

なお、仙台高判昭30・11・16裁判特報2・23・1204は、重過失致死傷と業務上過失致死傷で法令の適用を誤れば判決に影響するとした裁判例とされているが、同判決は、重過失致死傷による起訴後、検察官が業務上過失致死傷の訴因及び罰条を予備的に追加した事案において、原判決が重過失致死傷に該当する事実を認定して刑法211条後段を適用したのに対し、業務上の過失によって人を死傷に致すにおいては、それが重過失に基づく場合であっても、前段の業務上過失致死傷罪を構成し、後段の重過失致死傷罪に問擬すべきものではないとの立場を前提にした上で、原判決が業務の成立を認め得ないとした趣旨であるとすれば業務の成否に関し事実を誤認したものであり、業務上の過失であると否とを問わず重過失致死傷罪を構成するとの見解によったものとすれば同条前段及び後段の解釈適用を誤ったものであり、いずれにしても判決に影響する旨を判示しているものであって、犯罪事実認定の段階で誤っているというのであるから、純粋な法令適用の場面での判断とはいえない。また、東京高判昭54・3・29判タ389・146は、偽造有価証券の行使と交付で法令の適用を誤れば判決に影響するとした裁判例とされているが、同判決も、偽造約束手形の交付を受けた者が偽造されたものであることの情を知っていたと記録上認められるから、その者を被行使者として偽造約束手形の行使の事実を認めた原判決には誤謬があるとして、法令の解釈を誤ったか、

あるいはその解釈を誤ったために事実の誤認を犯すに至ったと判示している
のであって（その上で、偽造有価証券の行使罪と交付罪とは、同一条項に規定さ
れていてその法定刑も同一に定められているのであるが、交付は行使に至る前段
階の行為であって、交付・行使の間には類型の差があり、事案によっては特に犯
情の間に差を生ずるといえ、本件事案の態様、回数にかんがみ判決に影響を及ぼ
すことが明らかである旨の判示をしている。）、やはり純粋な法令適用の場面で
の判断とはいえない。

　思うに、このような場合、通常は、同一法条であることから基本的な構成
要件的評価に差はないといえ、法定刑が同一であることから主文への影響も
ないと考えられるから、判決に影響がないとするのが相当である。ただし、
同一法条であっても基本的構成要件評価が異なる場合は、判決に影響がある
ことになる（例えば上記東京高判昭26・10・12の労働基準法119条1号と同条2
号のような行政罰規定における各号の誤りなどは、異なる構成要件が定められて
いるとみられる場合が多いと思われる。また、上記仙台高判昭30・11・16は法令
適用に関する事案ではないが、業務上過失致死傷の事実を認定しながらこれを重
過失致死傷と判断した場合は構成要件的評価が異なるといってよい。これに対し、
上記東京高判昭54・3・29は、被交付者が偽造の情を知っていたというのである
から、認定できない「行使」を認定した事実誤認として考えて、判決への影響を
判断すべきである。）。

　㈡　法条自体が異なる場合はもちろん、法条が同一でも法定刑が異なる場
合には判決に影響があるとされている。当然のことと考えられ、著しく正義
に反するとして411条により上告審でも破棄されている。特定が不十分で法
定刑が明らかにならない場合も同様であろう（危険運転致死の事実に当時の刑
法208条の2第2項後段のみを挙示し、人を負傷させた場合か死亡させた場合かを
明らかにしていない場合につき大阪高判平15・8・21判タ1143・300）。

　㈢　既遂とすべきところを未遂とした場合については、裁判例が分かれて
いる（影響があるとするのは札幌高判昭26・7・12特報18・44、福岡高判昭31・
4・16裁判特報3・9・423、影響がないとするのは名古屋高判昭27・12・10特報
30・19）。逆に未遂とすべきところを既遂とした場合については、判決に影
響がないとした裁判例がある（東京高判昭33・12・20高刑集11・10・682、名古
屋高金沢支判昭57・6・3高検速報昭57・522）。

構成要件的評価は異なるといわざるを得ないから、判決に影響があるとするのが相当と思われる。最判昭30・4・5裁集104・21は、任意的減軽をなし得るだけでその他法定刑に変わりなく、原判決が執行猶予を言い渡したとして、原判決を維持したが、これは上告審としての著しく正義に反しないとの判断であり、控訴審における判決への影響とは別の判断と理解すべきであろう。

　(エ)　共犯規定のうち共同正犯の刑法60条の適用を遺脱した場合について、最判昭24・1・20刑集3・1・40は、「『他人と共謀の上窃取し』と判示し、刑法60条を適用していることが判文上明白である場合には、その適用を明示しなくとも、法令の適用を誤ったものとはいえない」との判決要旨になっている。これについては、刑法60条が刑法の総則規定であるからこれを摘示しないことはそもそも法令適用の誤りではないとすることが可能なことを示したとみる説もあるが、共犯関係は犯罪の重要な要素であるから、この判例は救済判例であって、法令適用の誤りであることは否定できないと思われる。ただし、その誤りが判決に影響するか否かは、判決書全体をみて、実質的に裁判所が共同正犯を認定し、それを前提に判断していることが明らかといえるかどうかによる。

　共犯形式相互間で適用を誤った場合に、判決に影響があるとする裁判例があるとされている。しかし、福岡高判昭30・8・16裁判特報2・16＝17・855は身分犯における共犯規定の解釈を誤って異なる法定刑の条文を適用した事案であり、仙台高判昭32・1・30高刑集10・1・50は、事実認定において幇助犯とすべきものを教唆犯と認定し、事実の認定及び法令の適用を誤ったとされた事案であり、単純に共犯規定の適用を誤った事案とはいい難い。通常は、罪となるべき事実や刑の減軽等の記載から、法令の適用部分が明白な誤記と判断される場合が多いと思われるが、誤記といえずに本来適用すべき共犯規定と異なる規定を適用したと解される場合には、法的評価が異なり判決に影響するとすべきである。

　(オ)　両罰規定の適用を遺脱した場合には、判決に影響する（東京高判昭62・2・23判タ648・268、東京高判平元・5・10判タ703・286。なお、上告審において著しく正義に反するとされるかどうかは別問題である〔最決平7・7・19刑集49・7・813〕。)。

〔§380〕同前——法令の適用の誤り　151

(カ)　ただし、以上の議論は、法令の解釈適用を誤った行為のみが問題になっている場合のものが多く、その行為のみで主文が導かれたのではない場合には、さらに他の行為との関係も考慮して判決への影響が判断されることになると思われる。例えば、影響を認めたものとして、観念的競合の関係にある数罪中の一つに対する罰条の適用の誤りの場合についての東京高判平9・3・11東時48・1＝12・12、強盗の共謀が成立する前の共犯者の暴行により生じた傷害を含めて強盗致傷罪として法令を適用した場合についての東京高判平24・11・28東時63・1＝12・254、詐欺罪において前提となる実体法の解釈を誤り被害額を間違って認定した場合についての東京高判平28・2・19判タ1426・41などがあるが、これらは、他の行為の比重が大きければ影響がないとされる可能性を示している。

(3)　刑の変更に関する適用の誤り

刑の変更に関する誤りには、明示的に選択を誤った場合だけではなく、行為後に刑を重くする変更があったにもかかわらず、そのことに触れず単に罰条を掲げた場合も含まれ、実際にはこれが多い。このような場合には、その罰条が示す重い現行法を適用したとみざるを得ないから、法令適用に誤りがあることとなる（東京高判平元・5・10判タ703・286。条文の号が異なり構成要件自体に誤りが生じてしまったものとして大阪高判平19・2・14判タ1232・349）。このような場合について、旧法を適用した趣旨と解されるとした最決昭44・9・18裁集172・459は、併合罪加重の際の重い刑の判示にも触れた上での判断であり、救済的なものと考えられる。

そして、行為時の軽い旧法を適用すべきところ、重い新法を適用して本来言い渡せない刑を言い渡した場合は、当然判決に影響がある（最判昭26・7・20刑集5・8・1604〔罰金等臨時措置法施行前の言い渡せない罰金刑を言い渡した事案〕）。

実際になされた量刑が、本来適用すべき法令によって導かれる処断刑の範囲内であった場合には、具体的にその誤りによって異なる判決がなされた蓋然性を判断して判決への影響を決すべきこととなる（東京高判平22・1・21判タ1338・282〔傷害致死罪の有期懲役刑の下限が変更された場合において影響を肯定〕）。したがって、刑の下限について刑の変更がなかった場合においてその下限に接近した量刑がなされたときには、判決に影響しないことがある（高

152　第3編　上訴　第2章　控訴

松高判平22・11・18判タ1369・254)。

(4)　罪数評価の誤り

　罪数評価を誤った場合については、その結果処断刑の範囲に差異が生じないときには判決に影響しないとするのが判例である（最判昭26・2・25刑集5・13・2613、最決昭42・8・28刑集21・7・863）。

　処断刑の範囲に差異が生じるときについては、最判昭30・3・16刑集9・3・461が、なされた量刑が正当な処断刑の範囲内で、かつ、その範囲の中でも下の方に位置し、量刑として重くないことなどの理由を掲げて判決に影響しないとした。裁判例は、判決に影響するとしたものとしないとしたものに分かれている。判決に影響するとしたものとして東京高判平元・5・10判タ703・286（包括一罪を併合罪とした）、東京高判平2・6・20家庭裁判月報42・12・62（包括一罪を併合罪とした）、東京高判平13・10・4東時52・1＝12・66（いわゆる混合的包括一罪を併合罪とした）等があり、判決に影響しないとしたものとして大阪高判昭62・11・24判タ663・228（併合罪を包括一罪とした）、大阪高判昭63・5・18判時1309・152（観念的競合を併合罪とした）、東京高判平11・7・26東時50・1＝12・59（包括一罪を併合罪とした）、東京高判平27・5・22東時66・1＝12・53（包括一罪を併合罪とした）、福岡高判平27・3・26判例秘書（包括一罪を併合罪とした）等がある。

　この場合は、事実としては正しく認定され、罰条も適用されており、量刑の基礎となる実体の把握に誤りはないから、罪数評価の誤りが具体的な量刑に影響があったか否かを考慮する、すなわち、言い渡した刑が、罪数評価を誤ったことにより異なった処断刑の上限又は下限から離れているような場合には、その誤りが判決に影響しないとする上記最判昭30・3・16の立場は相当と思われる。

　ただし、検察官が明らかに1罪として起訴した覚せい剤所持を併合罪と認定した誤りについて、訴因変更を必要としたなど訴訟手続の法令違反もあるとして判決に影響するとしたものがある（東京高判平12・6・27東時51・1＝12・82）。

(5)　加重減軽事由に関する適用の誤り

ア　累犯加重関係

　累犯加重すべきでないのにこれをした場合は、判決に影響がある（東京高

〔§380〕同前——法令の適用の誤り　153

判昭55・3・10高検速報昭55・2417。なお、上告審において著しく正義に反するとされるかどうかは別問題である〔最決平7・7・19刑集49・7・813〕。禁錮刑を選択しながら再犯加重したものとして大阪高判平2・10・24高刑集43・3・180、福岡高判平14・9・4高検速報平14・169)。

　累犯加重すべきであるのにこれをしなかった場合は、判決に影響があるとする裁判例が多いが（大阪高判昭32・12・24裁判特報4・24・671、名古屋高金沢支判昭39・4・9下刑集6・3＝4・169、広島高判昭41・8・16高刑集19・5・543、東京高判昭54・12・13高刑集32・3・291、東京高判昭56・5・21東時32・5・22)、影響しないとするものもある（東京高判昭34・12・10下刑集1・12・2552、大阪高判昭53・5・9判時906・103)。この影響しないとする裁判例の中には、不利益変更禁止を理由とするものがあるが、判決への影響とは原判決との関係で考えるべきものであるから、この理由付けは相当でない。具体的な量刑に影響があったか否かを考慮するという説もあるが、罪数判断の誤りの場合は、基礎となる実体の把握に誤りはないのに対し、この場合は、犯罪事実とは別の累犯要件によって法律上処断刑を加重すべきであるのにこれをしておらず、宣告刑を決めるに当たって当然考慮すべきこと（通常重くなるであろう。）を考慮していない誤りがあるのであるから、判決に影響しないとは言い難いと思われる。

　前科相互間に刑法56条の要件を欠いており再犯であるのに、これを三犯とした場合、判決に影響しない（最判昭29・4・2刑集8・4・399。なお、これは各前科が認定されている事案であり、累犯に該当する前科が1回しかないのに2回以上あるものとして刑法59条を適用した高裁判例は本件に適切でないとされている。）。

　イ　併合罪関係

　刑法45条後段、50条の適用を遺脱した場合、判決に影響がないとする裁判例がある（名古屋高判昭31・2・28裁判特報3・6・242、東京高判昭63・8・2判タ682・237、東京高判平4・2・18判タ797・268、東京高判平11・10・13東時50・1＝12・114)。しかし、刑法50条は、単に余罪について追加刑を言い渡す趣旨だけではなく、確定裁判と同時に裁判したときの量刑を考慮する趣旨を含んでいるものと解されるから、むしろ、判決に影響がある場合が多いと思われる。上記東京高判平4・2・18及び東京高判平11・10・13は、確定裁

判と同時審判を受けた場合との均衡に言及しつつ、当該事案では異なる量刑にならないとして、判決不影響としたものである。

刑法45条後段の併合罪の数を決する基準となる確定裁判を誤った場合に判決に影響するとした裁判例があるが（東京高判平4・11・13判タ826・278）、その確定裁判の罪種、刑期等の違いによる具体的な量刑への影響を考慮して決すべきと思われる。

併合罪加重の基礎となる（最も）重い罪や下限を定める罪の選択を誤った場合について、判決に影響があるとする裁判例（東京高判昭59・3・13東時35・1＝3・6、東京高判平5・6・1東時44・1＝12・34）と、影響がないとする裁判例（東京高判昭35・6・28下刑集2・5＝6・704）がある。これも具体的な量刑への影響を考慮して決すべきである。

刑法47条ただし書の適用を遺脱した場合、判決に影響があるとする裁判例がある（名古屋高金沢支判昭57・6・17判時1062・160、東京高判昭62・10・14判タ658・231）。この場合も、具体的な量刑への影響を考慮して決すべきもので、影響がない場合もあり得ると思われる。上記各裁判例も、処断刑の正しい範囲と誤った範囲や、言い渡された刑を具体的に考慮している。

刑法48条2項の遺脱の場合も、判決に影響があるとする裁判例がある（東京高判昭26・9・26特報24・79、東京高判昭28・6・3東時3・5・224、東京高判昭29・7・19裁判特報1・2・49、東京高判昭30・10・18裁判特報2・20・1055）。この場合も具体的な量刑への影響を考慮して決すべきものと考える。

ウ　減軽規定関係

㋐　必要的減軽規定のうち、心神耗弱による減軽の規定を遺脱した場合については、理由不備に当たるとする裁判例がある（福岡高判昭32・10・11裁判特報4・21・552）。また、従犯による減軽の規定を遺脱した場合については、理由不備に当たるとする裁判例（東京高判昭38・10・3東時14・10・169）、法令適用の誤りとして判決に影響があるとする裁判例（東京高判昭28・1・10特報38・1）及び法令適用の誤りであるが判決に影響しないとする裁判例（東京高判昭58・5・26判時1112・143）がある。

この場合は、必要な減軽を考慮しなかったことになるのであるから、法令適用の誤りであって判決に影響があるとするのが原則であろう。ただし、判決書において刑法63条を記載し同法68条の記載がない場合は、同条も適用し

〔§380〕同前 —— 法令の適用の誤り　155

たとみる余地があるとする判例がある（最判昭36・2・24裁集137・329）。刑の減軽を考慮しなかった疑いはないから、そのようにみることは可能であろう。

　㋑　自首規定の適用の誤りのうち、自首規定を適用すべきでないにもかかわらず適用して裁量的に減軽したときには、本来の法定刑ないし処断刑を下回る刑を言い渡しているのであるから判決に影響することになる。

　自首が認められるにもかかわらず、これが認められないとしたときについては、控訴理由に当たるかどうかを含めて種々の裁判例がある。そもそも、自首は刑の裁量的減軽事由に過ぎないからこの点は382条の事実誤認に該当せず、法令適用の誤りでもなく、量刑不当の主張であるとしたもの（東京高判昭40・7・19高刑集18・5・506）、自首減軽をするか否かは裁判所の裁量であるとして法令適用に誤りはないとしたもの（名古屋高判昭25・9・29特報12・79、名古屋高判昭28・11・26高刑集6・13・1846）、事実誤認であるが、自首減軽をするかどうかは裁判所の裁量に一任されており、自首減軽を施す必要もないから、判決に影響しないとするもの（東京高判昭53・2・28東時29・2・38）、審理不尽により事実を誤認したものであり、判決に影響することが明らかとするもの（東京高判昭41・4・7判時456・88）、法令適用の誤りであるが、自首減軽を施す必要がなく判決に影響しないとしたもの（東京高判昭27・12・18特報37・130、東京高判平7・12・4判時1656・148）、事実誤認ないし法令適用の誤りであるが、裁判所の裁量としては自首減軽を施すことが相当であったとは認められないことなどから、判決に影響しないとしたもの（東京高判昭62・11・4判時1267・154、東京高判平5・11・30判時1506・150）などである。前記のとおり、法令適用の誤りとその前提となる事実誤認との関係をどのようにとらえるかについては争いがあるが、自首については減軽規定適用の前提というべき自首の存在について、自首に該当するような事実が存在したかどうかという事実誤認の有無と、存在した事実が自首に該当するか否かという法令解釈が問題となるために説明が錯綜することになる。上記裁判例をみると、この両者の関係をどのように考えるにしろ、前提となる事実の重要な点に誤認がなく、これが自首に当たるがどうかという点での法令解釈を誤っただけの場合は影響しないものと考え、前提となる事実認定自体が異なり、その結果自首が成立するのにしないと判断していたような場合には、

具体的な量刑まで含めて判決への影響を考えているように思われる。

　以上は裁量的減軽事由としての自首の場合であり、銃砲刀剣類所持等取締法で定められたけん銃等を提出しての自首のような必要的減免事由である自首についての誤りについては、判決に影響するのが原則であるが（東京高判平7・4・27高刑集48・1・126）、他に重い罪があって処断刑の範囲に影響を及ぼさない場合には影響しないこともあり得る（東京高判平19・4・9高検速報平19・186）。

　㈦　酌量減軽は、法定刑の下限を下回る刑を言い渡すときのみなすべきこととされている（最判昭40・11・2刑集19・8・797）。この判例の趣旨を徹底すると、酌量減軽がなされている以上、法定刑の下限以下で処断すべきだったはずだから、法定刑ないし刑法68条による減軽後の刑の範囲内で量刑したのに酌量減軽がなされていた場合は、法令適用の誤りがあり、かつ、判決に影響があることになりそうである。しかし、法律上の減軽はあくまでも法定刑の上限と下限をいずれも2分の1とするものであり、処断刑もその範囲というべきであること、現実には、宣告する量刑を決めて、必要があれば酌量減軽するとの思考がとられている場合も多いこと、上記判例も、当該事案で判決に影響がないとしていることなどから、このような場合には余分な法令の適用をしただけと考え、判決に影響しないとしてよいと思われる。

　法定刑を下回る刑を言い渡しながら、酌量減軽規定を適用していない場合、単純にみれば処断刑の範囲外の刑を言い渡した違法があることになる。理由不備とみる裁判例もあるし（東京高判昭32・9・4東時8・9・303）、法令適用の誤りであって判決に影響があるとする裁判例もある（東京高判昭30・10・31裁判特報2・21・1130は、「まったく、違法な措置」と判示した。また、東京高判昭63・5・16東時39・5＝8・1は、酌量減軽規定適用の遺脱とみて判決に影響があるとした。）。あくまでも当該判決の解釈によることになるが、酌量減軽規定を適用しなかったと認められれば、法令適用の誤りであって判決に影響があるとすべきであろう。

　㈣　法律上の減軽事由があるのに、直ちに酌量減軽することは違法であるが、この場合、その違法は判決に影響しないとする裁判例が多い（東京高判昭52・2・10東時28・2・13、東京高判昭62・5・25判タ646・216、東京高判平4・2・18判タ797・268）。法律上の減軽をした後でさらにその下限を下回る

〔§380〕同前——法令の適用の誤り　157

刑を言い渡す可能性があるような場合を除いては、判決に影響しないと考え
てよいと思われる。

(6)　刑の執行猶予に関する適用の誤り

　刑の一部執行猶予については、保護観察が裁量的とされる刑法のほか、こ
れが必要的とされる薬物使用等の罪を犯した者に対する刑の一部執行猶予に
関する法律があるが、この適用の誤りは判決に影響を及ぼすとするものがあ
る（東京高判平29・2・16高検速報平29〔頁未定〕）。

(7)　付加刑等に関する法令適用の誤り

　特別法により没収すべきところを刑法19条により没収したり、その逆に刑
法19条により没収すべきところを特別法により没収したりした場合、いずれ
も判決に影響がないと考えられ、そのような裁判例が多数であるが（前者に
つき東京高判昭27・5・13特報34・15、東京高判昭30・2・1高刑集8・1・44、
広島高判昭48・8・7高検速報昭48・8。後者につき最判昭28・3・27刑集7・
3・659、名古屋高金沢支判昭30・4・30裁判特報2・9・391、広島高判昭62・
2・26高検速報昭62・147）、判決に影響があるとする裁判例も存在する（東京
高判昭37・1・12東時13・1・5）。刑法19条各号間でその選択を誤った場合
については判決に影響しない（大判大6・1・23新聞1232・32、大判大12・5
・1刑集2・389）。

　未決勾留日数を算入したにもかかわらず刑法21条の適用を遺脱した場合、
主文で労役場留置を言い渡したにもかかわらず同法18条の適用を遺脱した場
合、いずれも判決に影響があるとする裁判例があるが（前者につき名古屋高
判昭29・12・25裁判特報1・13・751。後者につき名古屋高判昭24・10・28特報1
・292）、いずれも主文で言い渡している以上これら根拠規定を適用したこと
は明らかであり、その摘示を遺脱しただけと考えられるから、判決に影響し
ないと解すべきであろう（前者につき名古屋高判昭57・7・6判時1070・155、
東京高判平9・7・7東時48・1＝12・49）。

(8)　免訴事由の誤り

　免訴の判決をすべきであるのに実体判決をした場合、378条2号に該当す
るとの説、379条の訴訟手続の法令違反に該当するとの説、本条の法令適用
の誤りに該当するとの説がある。

　最高裁判例をみると、最判昭39・9・29刑集18・7・472及び最判昭40・

7・14刑集19・5・525は、いずれも、原判決が法改正等の解釈を誤って被告人を免訴とした事案で、法令の解釈適用を誤った違法があるとし、最判昭43・3・29刑集22・3・153は、確定判決がある事実について有罪とした第1、2審判決につき法令の解釈適用を誤った違法があるとし、最判昭31・4・12刑集10・4・540及び最判昭39・11・24刑集18・9・610は、いずれも原審が公訴時効の判断を誤って有罪とした事案で、原判決が有罪の言渡しをしたのは違法であるとし、最判昭41・5・31刑集20・5・341は、公訴時効の判断を誤った第1、2審を違法であるとし、最判平2・12・7判タ750・160は、業務上横領を認定した第1審の判断が誤りであるとして単純横領の事実を認定した際、その認定事実によれば公訴時効が完成しているのに有罪を言い渡した原判決を、法令の適用を誤ったものとした。「違法」との表現は法令適用の誤りと訴訟手続の法令違反の両方を含み得るが、全体的には法令適用の誤りとの文言が用いられる場合が多い。

　高裁の裁判例は、条文が明示されているので何を破棄事由としたのか理解し易い。訴訟手続の法令違反として379条によるものもあるが（大阪高判昭36・9・15高刑集14・7・489〔刑の廃止、控訴審で免訴〕、福岡高判昭39・10・21判時398・87〔確定判決、控訴審で免訴〕）、多くは、法令の解釈適用の誤りとして本条によっている（東京高判昭43・4・30高刑集21・2・222〔公訴時効、第1審で実質上免訴〕、大阪高判昭50・8・27高刑集28・3・321〔確定判決、控訴審で一部免訴〕、東京高判昭50・12・22高刑集28・4・540〔確定判決、控訴審で免訴〕、大阪高判昭61・9・5高刑集39・4・347〔確定判決、第1審で免訴。ただし、ひいては337条1号の解釈適用を誤った違法があると判示している。〕、大阪高判平3・1・29高刑集44・1・1〔確定判決、第1審で免訴〕、大阪高判平3・4・16高刑集44・1・56〔確定判決、第1審で免訴〕等）。また、高松高判昭28・4・25特報36・10（確定判決、第1審が不法に公訴を受理したとする。）は、適用条文は明らかでないが、文言からみて378条2号によるとするものであろう。

　まず、実体法の解釈適用を誤り、その結果免訴に関する判断を誤った場合は、実体法の解釈適用を誤った部分で本条の法令適用の誤りに該当すると考えられる。これによって、337条の適用を誤った点は訴訟手続の法令違反にも該当するが、これを別に控訴理由として取り上げることが可能かどうかは、

〔§381〕同前 —— 量刑不当　159

控訴理由が重複した場合をどのように考えるかの問題である。これに対し、免訴事由の事実に関する誤認に基づく場合は、この誤認は381条の事実誤認に当たらないから、337条という手続法の適用を誤ったものとして訴訟手続の法令違反に該当することになる。337条各号の解釈自体を誤ったときも、実体法の誤りではないから、訴訟手続の法令違反に該当すると考えるべきである。

(鹿野伸二)

〔同前 —— 量刑不当〕
第381条　刑の量定が不当であることを理由として控訴の申立をした場合には、控訴趣意書に、訴訟記録及び原裁判所において取り調べた証拠に現われている事実であつて刑の量定が不当であることを信ずるに足りるものを援用しなければならない。

〈本条細目次〉
1　趣　旨　159
2　量刑不当の意味　159
3　「刑の量定」に含まれるもの　162
4　基準時　163
5　事実の援用　164

1　趣　旨

本条は、量刑不当を控訴理由の一つとして定めたものである。量刑は、法定刑又は処断刑の範囲内で合理的な裁量によりなされるものであるが、その裁量が合理的な範囲を超えたときには量刑不当として破棄されることを定めたものである。

2　量刑不当の意味

(1)　合理的な裁量の範囲を超えたとはどのような意味であるのかという問題は、控訴審の構造や果たすべき役割についての認識の違いから種々の説明がなされている一方、現実の裁判例における量刑は、まさに個々の量刑事情によって定まる個別的なものであるから、判例の考え方というものを単純に説明するのはなかなか困難であると思われていた（裁判員制度導入前に、控訴

160　第3編　上訴　　第2章　控訴

審における量刑不当をどのように考えるかについて正面から扱った文献として原田國男「上訴審の量刑審査基準」同・量刑判断の実際［第3版］83）。

　(2)　しかし、平成21年5月に裁判員裁判制度が施行されたことを契機として、量刑についての分析はかなり進んでいるといえる。すなわち、裁判員裁判制度においては、量刑についても、市民の多様な意見を反映させる必要性があるとして、裁判員の参加した裁判体によって決められることとなったため、それまでの裁判官のみによる量刑によって形成されていたいわゆる量刑相場とは異なる判断がなされることは当然に予想されていた。しかし、市民の感覚が尊重されるべきである一方、日常的に犯罪に接することがない市民において、何を考慮して刑を決めるべきかの説明も受けずに判断を求められることは、かなりの困難を強いられるものである。したがって、それまで裁判官が意識的、無意識的に行っていた量刑判断過程のうち、誰であっても従うべき枠、すなわち、その1つは、犯罪行為にふさわしい刑を科すという刑法が採用している行為責任の観点、もう1つは、刑事裁判の基本的な要請である処罰の公平性の観点（これまでの量刑の傾向が、裁判員の判断を拘束するものでないことはもちろんであるが、この公平性の観点においては一定の意義を有する。）については、これを正しく裁判員に伝える必要があると意識されるようになった（司法研修所編・裁判員裁判における量刑評議の在り方について参照）。

　そのような中で、最判平26・7・24刑集68・6・925は、第1審の裁判員判決及びこれを是認した原判決を、量刑不当を理由に破棄した初めての最高裁判例であって、裁判員裁判における量刑評議の在り方、裁判員裁判判決の量刑理由の在り方及び控訴審の量刑審査の在り方に関し、その基本となる考え方を示し、ひいては量刑とは何かという基本的な考え方を示したものとして、今後量刑について検討するに当たって基本となる判例である。事案は、夫婦である被告人両名が、共謀の上、自宅において、幼い娘に暴行を加えて死亡させたという傷害致死事件であり、第1審判決が、犯情及び一般情状に関する指摘などをした上で、児童虐待事犯に対しては今まで以上に厳しい罰を科すことが社会情勢等に適合すると考えられると述べるなどして、検察官の各求刑を大幅に超える刑を言い渡し、控訴審もこれを維持していた。本判決は、以下のように判示した上、第1審判決及び原判決を破棄し、それぞれ

第1審判決よりも軽い刑を言い渡した。

「我が国の刑法は、一つの構成要件の中に種々の犯罪類型が含まれることを前提に幅広い法定刑を定めている。その上で、裁判においては、行為責任の原則を基礎としつつ、当該犯罪行為にふさわしいと考えられる刑が言い渡されることとなるが、裁判例が集積されることによって、犯罪類型ごとに一定の量刑傾向が示されることとなる。そうした先例の集積それ自体は直ちに法規範性を帯びるものではないが、量刑を決定するに当たって、その目安とされるという意義をもっている。量刑が裁判の判断として是認されるためには、量刑要素が客観的に適切に評価され、結果が公平性を損なわないものであることが求められるが、これまでの量刑傾向を視野に入れて判断がされることは、当該量刑判断のプロセスが適切なものであったことを担保する重要な要素になると考えられるからである。

この点は、裁判員裁判においても等しく妥当するところである。裁判員制度は、刑事裁判に国民の視点を入れるために導入された。したがって、量刑に関しても、裁判員裁判導入前の先例の集積結果に相応の変容を与えることがあり得ることは当然に想定されていたということができる。その意味では、裁判員裁判において、それが導入される前の量刑傾向を厳密に調査・分析することは求められていないし、ましてや、これに従うことまで求められているわけではない。しかし、裁判員裁判といえども、他の裁判の結果との公平性が保持された適正なものでなければならないことはいうまでもなく、評議に当たっては、これまでのおおまかな量刑の傾向を裁判体の共通認識とした上で、これを出発点として当該事案にふさわしい評議を深めていくことが求められているというべきである。」

この判決の意味するところは上記判文に示されたとおりであり、犯罪類型に応じて量刑傾向が形成されることは、類型が共通する事案の間における刑の公平の観点はもとより、量刑の本質である行為にふさわしい刑を科すという行為責任の観点からも正当性が導かれるものである。したがって、この量刑傾向それ自体は直ちに法規範性を帯びるものでないものの、行為責任の枠を示すものとして目安とされるべきものであって、これを無視することは相当でなく、これを踏まえた上でその量刑傾向から離れた量刑をするような場合（量刑傾向自体を変容させようとする意図でなされることもあり得る。）にはそ

のような量刑をすることについての具体的、説得的な根拠が示される必要があるものと考えられる。この判決後の最決平27・2・3刑集69・1・1は、第1審の死刑判決を控訴審が破棄して無期懲役に処した事件の上告審であり、特に慎重な判断を要する死刑の選択が問題となった事件としての特殊性はあるものの、刑の公平性の確保の観点や、量刑理由において具体的、説得的根拠が示される必要性に関する説示がなされており参考となる。また、上記最判平26・7・24の後、犯罪行為にふさわしい刑を科するという行為責任の原則に従った量刑判断の在り方に従わない量刑であるとして裁判員裁判の第1審判決を量刑不当で破棄した裁判例として、東京高判平26・9・17高検速報平26・92、東京高判平27・6・30判タ1438・124、東京高判平28・6・30高検速報平28・106等がある。

(3)　以上の考え方は、裁判員裁判制度の導入に伴い、裁判員が参加してなされた判断（ここで問題となるのは量刑）は尊重しなければならないとの考え方もあったため、主として裁判員裁判を意識して議論されてきたものではある。しかし、刑訴法において裁判員裁判対象事件と非対象事件を区別するものが一切存在しない以上、裁判員裁判対象事件の量刑と非対象事件の量刑で、その方法が異なる理由はない。したがって、裁判員裁判非対象事件の量刑においても、対象事件と同様の考え方で量刑をし、量刑の理由を記載するならばこれに沿った理由を記載すべきことになる。そして、控訴審における「量刑不当」についても、裁判員裁判対象事件と非対象事件で区別する理由はないのであるから、第1審判決の量刑がどの程度の幅を超えたら破棄すべきであるかというかつての議論も、裁判員裁判対象事件において意識された第1審尊重の考え方が、もともと刑訴法が採用していた基本理念であることを再確認し、非対象事件においてもこれを踏まえた上で再検討する必要があるものと考えられる。この第1審尊重の考え方は、後述の事実誤認のところでも問題となるが、証拠に直に接することができる第1審裁判所は、記録のみを通じて事件を調査する控訴審よりも適切な量刑ができるはずであるとの理由で説明が可能と思われる。

3　「刑の量定」に含まれるもの

　刑の量定という場合、刑期、罰金額などといった主刑の軽重を定めることが含まれることは明らかであるが、ここで「刑の量定」という場合の刑は、

〔§381〕同前——量刑不当　163

裁判所の裁量に委ねられている処分を広く含むものと解される。すなわち、主刑以外の付加刑、刑の執行猶予、裁量的保護観察、裁量的刑の免除、刑の執行の減軽・免除、未決勾留日数の算入、罰金及び科料の換刑処分、公職選挙法における公民権の不停止・停止期間の短縮等がいずれも含まれる。

　未決勾留日数の算入でいえば、実在しない未決勾留日数を算入したり、法律上算入可能な日数を超えて算入したりした場合は、法令適用の誤りに当たるが、法律上可能な日数の範囲内での不当な算入は、本条の量刑不当に当たる。最決平14・6・5判タ1091・221は、いわゆる迷惑防止条例事件において、被告人の身柄拘束の不必要な長期化を避けるための配慮が十分であったとはいえず、未決勾留が通常審理に必要な期間を超えていたことを前提に、罰金刑を言い渡した第1審判決が未決勾留日数を刑に全く算入しなかったことは刑の量定に関する判断を誤ったものであるとした（ただし、第1審判決を是認した原判決を破棄しなければ著しく正義に反するとまでは認められないとして上告は棄却した。）。この前後を通じて、未決勾留日数の算入の多寡を理由に量刑不当として原判決を破棄した裁判例は多数存在する（全く算入しなかった事案につき大阪高判平5・10・20判時1502・153、福岡高判平7・1・18判時1551・138等。少な過ぎるとしたものは東京高判昭48・1・31判時723・100、大阪高判平9・2・28判時1619・149、東京高判平10・7・14東時49・1＝12・40、大阪高判平13・1・30判時1745・150、東京高判平24・7・17東時63・1＝12・167等。逆に未決勾留日数の算入が多過ぎることを破棄理由の一つとしたものは高松高判昭58・10・17高検速報昭58・374）。もちろん、検討した上で量刑不当に当たらないとするものもある（最決昭58・11・10判時1100・160、福岡高判昭60・9・12高検速報昭60・360、東京高判平4・10・12東時43・1＝2・44、東京高判平7・6・26判時1551・141等）。

　換刑処分の換算率について量刑不当の対象となることを判示した裁判例として東京高判昭26・11・2高刑集4・13・1861（換算率が高過ぎる。）、東京高判平25・1・29東時64・1＝12・44（換算率が低過ぎる。）があり、公民権の不停止・停止期間の短縮についての判例として最決昭36・4・4刑集15・4・709、最決昭37・8・23刑集16・8・1322等がある。

4　基準時

　本条の量刑不当は、訴訟記録及び原裁判所において取り調べた証拠に現れ

164　第3編　上訴　　第2章　控訴

ている事実に基づいて刑の量定が不当であることを主張するものであって、事後審としての判断であるから、基準となる時点が原判決時であることは明らかである。その後の事情により原判決の量刑が明らかに正義に反するときには、397条2項による破棄の問題となる。

　ところで、原判決の量刑が原判決の時点では不当であっても、原判決後の情状を考慮すると相当である場合の主文の表示方法に関しては争いがある。裁判例としては、控訴を棄却すべきであるとするものと（東京高判平8・7・25高刑集49・2・417）、原判決を破棄した上で原判決と同一の刑を言い渡すべきであるとするものと（東京高判昭47・9・20高刑集25・4・413）が存在し、学説も分かれている。法が393条2項によりその範囲を限定することなく原判決後に生じた事実の取調べを認めている以上、その限りにおいて控訴審は続審となっているから、控訴審における量刑の基準時は控訴審判決時であって、ただ、原判決を破棄するについては397条2項により明らかに正義に反することが必要とされるという限定がされていると考えれば、前説が相当ということになる。しかし、検察官のみが量刑不当で控訴した後に被告人側が弁償して原判決の量刑が相当となった場合は、控訴を棄却すると、文理上は181条3項、188条の4の適用があることになってしまうため、後説に従った裁判例がある（東京高判平19・3・7東時58・1＝12・20、東京高判平19・5・10高検速報平19・218）。これらは検察官控訴の事案における扱いを述べているから、一般的に後説を採用するものとはいえない。

5　事実の援用

　本条においても、控訴申立人が控訴趣意書に訴訟記録及び原裁判所において取り調べた証拠に現れている事実であって本条の事由があることを信ずるに足りるものを援用しなければならない。その意味等については378条の解説6参照。

　なお、同種事案に対する従来の裁判例を援用することは、これが証拠によってその有無を判断すべき性質のものではなく、裁判所が刑を量定し、又は量定の当否を判断するに当たり規範的要素として当然考慮すべきものであるから、訴訟記録等に現れていなくても許される（最判昭29・10・22刑集8・10・1653）。

　　　　　　　　　　　　　　　　　　　　　　　　　　　　　　（鹿野伸二）

〔§382〕同前 —— 事実誤認　165

〔同前 —— 事実誤認〕
第382条　事実の誤認があつてその誤認が判決に影響を及ぼすことが明ら
　　かであることを理由として控訴の申立をした場合には、控訴趣意書に、
　　訴訟記録及び原裁判所において取り調べた証拠に現われている事実であ
　　つて明らかに判決に影響を及ぼすべき誤認があることを信ずるに足りる
　　ものを援用しなければならない。

〈本条細目次〉
1　趣　　旨　165
2　事実誤認の判断方法　165
3　事実の範囲　169
4　誤認の意味　170
5　事実誤認の疑い　171
6　判決に影響を及ぼすことが明らか　172
　⑴　異なる法条に該当する事実を認定した場合　172
　⑵　同一法条内で誤認した場合　173
　⑶　未遂と既遂とで誤認した場合　174
　⑷　共犯関係等を誤認した場合　175
　⑸　同一構成要件内で誤認した場合　177
　⑹　違法性阻却事由、責任阻却事由について誤認した場合　184
　⑺　罪数について誤認した場合　184

1　趣　　旨

　本条は、事実誤認が判決に影響を及ぼすことが明らかな場合に控訴理由と
なることを定めている。

2　事実誤認の判断方法

　⑴　控訴審は事後審とされているから、そこにおける事実誤認とは、第1
審がした証拠による事実認定の当否の問題であって、証拠を離れた客観的真
実との違いの問題ではない。ただ、そのことを前提としても、事実認定の当
否の判断をするについて、第1審のした証拠からの判断、すなわち用いられ
た経験則、論理則が適切か否かを判断するのか（経験則・論理則違反説）、控
訴審が自らの心証により認定した事実との対比で判断するのか（心証優先説）
といった基本的な対立を中心として、いろいろな考え方が存在し、議論がな

されていた（各教科書、注釈書のほか、香城「控訴審における事実誤認の審査」松尾古稀下421参照）。

（2）　しかし、裁判員裁判制度導入に際し、新たな視点でこの事後審に関する議論が重ねられた。すなわち、市民が参加した第1審により判断された結論を職業裁判官だけで構成される控訴審が覆すことが正当化できるのかという問題である。これについては、控訴審が新たに証拠を調べて独自に心証を形成するというのではなく、あくまで第1審裁判所の判決を前提としてその内容に誤りがないかどうかを記録に照らして事後的に点検するという事後審査を行うだけであると位置付ければ、裁判官のみで構成される控訴審裁判所による審査や破棄を正当化できるという考え方から、従来の控訴審に関する規定は改正されなかった。そこでは、元来、直接主義・口頭主義を基本とする刑訴法が想定している控訴審の事後審査は、裁判員裁判の理念に反するものではないとの解釈を前提にしており、逆に言えば、この直接主義・口頭主義の理念に反するような審査方法は事後審査とはいえないことになる。したがって、法的な説明としては上記の経験則・論理則違反説によらざるを得ないのであり、心証比較説はとり得ない（ただし、かつての心証比較説の中には、法解釈の上では経験則・論理則違反説によらざるを得ないことを前提にしつつ、現実の裁判官の思考として心証比較的に行っていることを説明しているものもあるように思われる。）。そのことを明確に示したのが最判平24・2・13刑集66・4・482である。同判決は、覚せい剤輸入事件において、覚せい剤が入っていたチョコレート缶を本邦に持ち込んだ被告人に、缶の中に覚せい剤を含む違法薬物が隠されていることの認識があったかどうかが問題となり、その認識を否定して無罪とした第1審判決を事実誤認により破棄した控訴審判決を破棄したものである。同最高裁判決は、理由中において、「刑訴法は控訴審の性格を原則として事後審としており、控訴審は、第1審と同じ立場で事件そのものを審理するのではなく、当事者の訴訟活動を基礎として形成された第1審判決を対象とし、これに事後的な審査を加えるべきものである。」と控訴審の事後審性を確認した後、「第1審において、直接主義・口頭主義の原則が採られ、争点に関する証人を直接調べ、その際の証言態度等も踏まえて供述の信用性が判断され、それらを総合して事実認定が行われることが予定されている」と第1審の事実認定の原則を述べ、「刑訴法382条の事実誤認

とは、第1審判決の事実認定が論理則、経験則等に照らして不合理であることをいうものと解するのが相当である。したがって、控訴審が第1審判決に事実誤認があるというためには、第1審判決の事実認定が論理則、経験則等に照らして不合理であることを具体的に示すことが必要であるというべきである。」と結論付けている。

　この判決により、事実誤認の審査は第1審の経験則・論理則違反の有無を審査すること、そして控訴審が第1審に経験則・論理則違反があると認めて第1審判決を破棄する場合には、第1審判決の不合理性を具体的に示すことが必要であることが明確になり、その後の控訴審はこれに従った判断をするようになった。ただ、何をもって論理則・経験則違反と言えるのかは難しい問題であり、控訴審判決が単に理由中に「論理則・経験則違反がある」と記載すればよいものではないことは当然である。最判平26・3・20刑集68・3・499は、保護責任者遺棄致死被告事件において、「被害者の衰弱状態等を述べた医師らの証言が信用できることを前提に被告人両名を有罪とした第1審判決は、論理則、経験則等に照らし合理的なものとして是認することはできず事実誤認がある」旨を判示した原判決について、「証言の信用性を支える根拠があるのにこれを考慮しないなど、証言の信用性評価を誤っており、第1審判決が論理則、経験則等に照らして不合理であることを十分に示したものとはいえず、刑訴法382条の解釈適用を誤った違法がある」旨を説示して、これを破棄した。なお、同最高裁判決は、第1審判決が有罪であっても前記最判平24・2・13と同様の判断枠組みによるべきことを前提としており、第1審が有罪の場合と無罪の場合では事実誤認の判断基準が異なるとの考え方を採用しないことも明確にしている。

　この2件は控訴審判決の事実誤認の判断方法が本条の解釈適用を誤っているとしたものであるが、一方で、前記最判平24・2・13の後、控訴審が第1審に事実誤認があるとした判断を是認した最高裁判例としては、以下のものがある。

　①　覚せい剤密輸事件において、被告人の故意を認めながら共謀を認めずに無罪とした第1審判決には事実誤認があるとした原判決について、「被告人が、犯罪組織関係者から日本に入国して輸入貨物を受け取ることを依頼され、その中に覚せい剤が隠匿されている可能性を認識しながらこれを引き受

168 第3編 上訴 第2章 控訴

けたという本件事実関係の下では、特段の事情がない限り、覚せい剤輸入の故意だけでなく共謀をも認定するのが相当である旨を具体的に述べた上、本件では、特段の事情がなく、むしろ共謀を裏付ける事情があるとしており、第1審判決の事実認定が経験則に照らして不合理であることを具体的に示したものということができ、刑訴法382条の解釈適用の誤りはない」旨を説示した（最決平25・4・16刑集67・4・549）。

② 密輸組織が関与する覚せい剤の密輸事件おいて、被告人の覚せい剤に関する認識を否定して無罪とした第1審判決に事実誤認があるとした原判決について、「この種事案に適用されるべき経験則等を示しつつ、被告人は覚せい剤が隠匿されたスーツケースを日本に運ぶよう指示又は依頼を受けて来日したと認定するなどした上、被告人の覚せい剤に関する認識を肯定し、第1審判決の結論を是認できないとしたもので〔判文参照〕、第1審判決の事実認定が経験則等に照らして不合理であることを具体的に示したものといえ、刑訴法382条の解釈適用の誤りはない」旨を判示した（最決平25・10・21刑集67・7・755）。

③ 覚せい剤の密輸入事件において、被告人から指示を受けていたとする共犯者供述の信用性を否定して被告人を無罪とした第1審判決に事実誤認があるとした原判決について、「第1審判決が、受信は記録されていないなどの通話記録の性質に十分配慮せず、それと同共犯者供述との整合性を細部について必要以上に要求するなどしたことや、同共犯者に指示を与えていた第三者の存在に関する抽象的な可能性をもって同共犯者供述の信用性を否定したことなどを指摘して、その判断は経験則に照らして不合理であるとしており、第1審判決の事実認定が経験則に照らして不合理であることを具体的に示したものといえ、刑訴法382条の解釈適用の誤りはない」旨を判示した（最決平26・3・10刑集68・3・87）。

④ 強制わいせつ致死、殺人事件において、被告人を有罪とした第1審判決を事実誤認を理由に破棄し無罪とした原判決について、「目撃供述の信用性に疑いがあり、被告人の捜査段階の供述が被告人の犯人性を推認させるような事情と評価することは困難であるとした原判断は、第1審判決の事実認定が論理則、経験則等に照らして不合理であることを具体的に示しており、刑訴法382条の解釈適用の誤りはない」旨を判示した（最決平26・7・8裁集

〔§382〕同前 —— 事実誤認　169

314・99）。

　(3)　以上のとおり、裁判員裁判制度導入を契機に事実誤認とは何かの議論が進んだものではあるが、刑訴法において裁判員裁判対象事件と非対象事件を区別するものが一切存在しないことは量刑不当の場合と同様であり、裁判員裁判対象事件と非対象事件との間で、控訴理由たる事実誤認の意味が異なる理由はない。したがって、控訴審裁判所は、裁判員裁判非対象事件においても、対象事件と同様の考え方で事実誤認の判断をし、第1審判決を破棄する場合にはその論理則・経験則違反の内容を具体的に記載するべきことになる。そして、論理則・経験則違反については、証言や被告人供述等の供述証拠から事実を認定する過程でのものや、認定された間接事実から主要事実を推認する過程でのものがあり、どのような場合に違反と言えるのか、その不合理さを具体的に指摘するとはどの程度の記載をすればよいのかなどについては、まだ議論がなされて事例を積み重ねている段階というべきであろう。

3　事実の範囲

　「事実」に、罪となるべき事実が含まれていることは明らかである。それ以外にどのような事実が含まれているかについては、①およそ判決の基礎となるべきすべての事実をいうとする説、②実体形成の対象となる事実をいうとする説、③厳格な証明の対象となる事実をいうとする説などがあり、③説が通説といわれている。以下個別にみることとする。

　違法性阻却事由や責任阻却事由に該当する事実についてはこれに含まれる（正当防衛につき東京高判昭27・12・2高刑集5・12・2267、過剰防衛につき大阪高判昭28・2・27高刑集6・2・209、心神耗弱につき広島高松江支判昭24・12・7特報5・89等）。

　処罰条件に関する事実はこれに含まれる。

　刑の加重事由である累犯前科に関する事実はこれに含まれる（大阪高判昭55・11・27判時1024・144、東京高判昭56・1・14東時32・1・1、東京高判昭56・5・21東時32・5・22等）。

　裁量的減免事由としての自首に関する事実については、本条の事実誤認に当たるとするもの（東京高判昭41・4・7判時456・88、東京高判昭53・2・28東時29・2・38）と、当たらないとするもの（大判大15・6・7刑集5・245、名古屋高判昭25・9・29特報12・79、東京高判昭40・7・19高刑集18・5・506）

170 第3編 上訴 第2章 控訴

とに裁判例が分かれている。

未決勾留日数の算入の前提となる日数の誤りや、執行猶予の要件となる前科の誤りは、必ずしも事実が判決書に記載されるわけではないから、事実誤認ではなく法令適用の誤りとして扱われるのが通例である。

没収の要件となる事実もこれと同様の関係にあるともいえるが、これを本条の事実誤認として扱った裁判例がある（高松高判昭24・12・7特報6・2〔所有関係についての認定の誤り〕、仙台高判昭27・1・30特報22・93〔供用の事実の有無についての誤り〕）。

量刑に関する事実は、381条で量刑不当が独立して控訴趣意として定められているから、その前提となる事実の誤認は本条の事実誤認には当たらないと解することが可能であり、その趣旨の裁判例もあるが（東京高判昭26・9・6特報24・29〔被害弁償に関する事実の誤認〕）、反対の趣旨のものもある（東京高判昭31・1・17高刑集9・1・1〔計画的犯行であるか偶発的犯行であるかの相違は、罪となるべき事実としてではなく、犯情として当然量刑に影響を及ぼすものと認められるから、判決にこれが判示されている以上、この事実に誤認がある場合は本条の事実誤認に当たる。〕、東京高判昭42・2・28東時18・2・58〔計画的犯行であるかどうかが事実誤認に当たることを前提にして原判決破棄の事由とした。〕）。この問題については、381条及び本条の規定の仕方からすると、犯罪事実それ自体の認定に関わる狭義の情状事実に関する誤認は本条の事実誤認となり、それ以外の情状事実の誤認は381条の問題であって本条の事実誤認の問題ではないと解すべきであろう。

4 誤認の意味

旧刑訴法において通説が考えていた「客観的事実との不一致」とは異なり、第1審における証拠との問題であって、定義としては、「第1審判決において適法に認定されるべきであった事実と現に認定された事実とが食い違うこと」又は「証拠から第1審の認定した事実が肯定できないこと」となる。そして、理由不備との区別についての通説からすれば、第1審判決が証拠の標目に掲げた証拠ではなく、第1審で取り調べられた証拠全体から認定すべき事実と第1審が認定した事実との対比を問題にすべきことになる。

明白な誤記は事実誤認ではないが、判決書自体又は記録に照らし、判決書の記載が単なる表現上の誤りであることが明らかでなく、判決裁判所の意図

〔§382〕同前 —— 事実誤認　171

した記載も一義的に明確でないときは、これを明白な誤記と認めることは許されない（最決昭53・6・16刑集32・4・645）。裁判例にも、第1審の誤記とみられる事案において、明白な誤記であるから事実誤認に当たらないとするのではなく、事実誤認には当たるが、誤記であるから判決に影響しないとするものが多い（東京高判昭29・3・4東時5・2・55、東京高判昭32・8・20東時8・8・274、東京高判昭45・12・26東時21・12・446等）。もちろん、明白な誤記とはいえ、事実誤認に当たるとした裁判例もある（東京高判昭56・8・20東時32・8・44〔「前記第五」と記載すべきものを起訴状そのままに「前記第三」と誤記したと見得る余地があるもの。〕、東京高判昭57・3・16判時1063・218〔別表の番号を間違ったのが真相とみられるもの。〕。なお、前者は破棄され、後者は判決に影響しないとして破棄されなかった。）。

5　事実誤認の疑い

　裁判例の中には、原判決破棄の理由として「事実誤認の疑い」を掲げるものがあるが（東京高判昭49・12・10判時787・122、東京高判昭56・8・20判タ467・167、大阪高判昭61・10・14判タ631・237、東京高判平13・2・23東時52・1＝12・10等）、破棄理由としての事実誤認に「事実誤認の疑い」が含まれるか否かについては争いがある。これを肯定する説の中には、さらに証拠を補充すれば第1審が認定した事実を認定できるかもしれないが、それまでに取り調べられた証拠だけでは認定できない場合が事実誤認の疑いに当たるとするものがあるようであるが、事実誤認とは、第1審の事実認定が不合理であって肯認できないことをいうとすれば、そのような場合も、事実誤認に含まれることになるのであって、わざわざ条文から離れて事実誤認の疑いという必要はないはずである。事実誤認の「疑い」という言葉で、第1審に誤りがある場合だけでなく、誤りの可能性がある場合まで含むというように範囲を広げる趣旨を含ませるのは相当でないであろう。

　ただ、「事実誤認の疑い」という文言を用いて原判決を破棄している裁判例の中には、現に取り調べた証拠からの認定が誤っているとはいえないものの、必要な証拠を調べていないという審理不尽に類する訴訟手続の法令違反として破棄事由としているものもありそうである。適用した条文をみれば事実誤認としての破棄か訴訟手続の法令違反としての破棄であるかが明らかになるはずだが、公刊物によってはその条文が明らかでないため確認できない

172　第3編　上訴　　第2章　控訴

ものがある。

　なお、上告審は、法律審であって事実の取調べができないことから、事実誤認の疑いがあれば411条により破棄できることが判例法上確立しているといわれている。

6　判決に影響を及ぼすことが明らか

　この意味については、380条で説明したのと同様に考えられる。すなわち、「判決」とは主文のみならず「理由」も含まれるから、その「影響」とは構成要件的評価に直接又は間接に影響を及ぼすような誤りがある場合ということになる。

　何をもって構成要件的評価に影響を及ぼすといえるかについては、評価的側面も多いので、具体的事例の積み重ねによる類型化が必要であろう。以下、場合を分けて説明する。

(1)　異なる法条に該当する事実を認定した場合

　この場合、異なる構成要件に該当する事実を認定しているのであって、判決に影響があることは明らかである。公務執行妨害を暴行と認定した場合（東京高判昭29・3・12特報40・40）、重過失が認められないのに重過失失火・重過失致死を認定した場合（東京高判昭54・2・27判時955・131）、準強姦未遂を強姦未遂と認定した場合（大阪高判昭33・12・9刑集11・10・611）、単純賭博を常習賭博と認定した場合（札幌高判昭28・6・23特報32・32）、殺人を傷害致死と認定した場合（広島高判昭27・8・9特報20・97、広島高判平17・3・17判タ1200・297、広島高判平17・4・19高検速報平17・312）、殺人及び窃盗を（事後）強盗殺人と認定した場合（東京高判平17・8・16判タ1194・289）、傷害致死を殺人と認定した場合（福岡高判昭31・3・31裁判特報3・8・378、東京高判昭46・4・27刑裁月報3・4・508、東京高判昭62・9・22判タ661・252、東京高判昭62・12・1判タ667・233）、傷害を殺人未遂と認定した場合（東京高判昭29・4・28特報40・79、福岡高宮崎支判昭37・10・16判タ140・99、東京高判昭43・5・27東時19・5・119）、暴行を強盗と認定した場合（東京高判昭40・6・11東時16・6・71）、常習傷害を単純傷害と認定した場合（東京高判昭40・6・25高刑集18・3・244）、窃盗を強盗致死と認定した場合（名古屋高判昭29・10・28高刑集7・11・1655）、強盗を強盗致死と認定した場合（東京高判昭45・3・26高刑集23・1・139）、強盗を窃盗と認定した場合（大阪高判平11・

〔§382〕同前 —— 事実誤認　173

7・16判タ1064・243)、事後強盗致傷を窃盗及び傷害と認定した場合（仙台高判平12・2・22高刑集53・1・21)、強盗傷人を強盗殺人未遂と認定した場合（名古屋高判平16・3・15判例秘書)、強盗殺人を殺人と窃盗と認定した場合(名古屋高判昭31・9・17裁判特報3・19・908)、強盗殺人未遂を暴行と傷害と認定した場合（東京高判昭41・5・31東時17・5・85)、恐喝を強盗と認定した場合（名古屋高判金沢支判昭28・5・14特報33・122)、詐欺を窃盗と認定した場合（東京高判平12・8・29判タ1057・263)、恐喝・傷害を強盗傷人と認定した場合（東京高判昭33・10・28東時9・10・269)、背任を横領と認定した場合（東京高判昭29・1・22特報40・6)、占有離脱物横領を窃盗と認定した場合（広島高判昭29・10・27裁判特報1・8・375、東京高判昭36・8・8高刑集14・5・316、東京高判平3・4・1判時1400・128）などの裁判例がある。

　ただし、この場合でも、事実誤認を犯した罪が全体の中のごく一部に過ぎないときには判決に影響がない場合もあり得る（東京高判昭51・5・10刑裁月報8・4＝5・247は、所持していた覚せい剤のうちの1パーセントにすぎない量の覚せい剤に営利目的が認められない場合に判決に影響しないとした。)。

(2)　同一法条内で誤認した場合

ア　法定刑が異なる場合

　同一法条の中での事実誤認であっても、これによって法定刑が異なる場合、例えば刑法240条の前段と後段や、いわゆる自動車運転処罰法3条1項の前段と後段のような場合は判決に影響する（前者につき東京高判昭52・6・30判時886・104、名古屋高判平16・3・15判例秘書〔破棄した上で同じ刑を言い渡した〕)。

イ　法定刑が同じ場合

　この場合には、判決に影響があるとした裁判例と影響しないとした裁判例がある。

　業務上過失致死傷を重過失致死傷と認定した場合（仙台高判昭30・11・16裁判特報2・23・1204)、強姦致死を強姦致傷と認定した場合（東京高判昭34・10・27東時10・10・402)、準強盗致傷を強盗致傷と認定した場合（東京高判昭41・7・15東時17・7・123)、業務上過失傷害を業務上過失致死と認定した場合（東京高判昭42・2・2東時18・2・25)、業務上過失致死を業務上過失傷害と認定した場合（大阪高判昭52・11・22刑裁月報9・11＝12・806）は、判

決に影響するとされた。これらの場合は、構成要件的評価が明らかに異なる事実の認定であり、具体的な量刑への影響等を考えるまでもなく判決への影響ありと考えられる。

構成要件的評価が異なることが明らかとまではいえない事案としては、影響するとされた裁判例として、公職選挙法221条1項1号の供与を同項5号の交付と認定した場合（仙台高判昭28・4・22特報35・22）、偽造有価証券交付を同行使と認定した場合（東京高判昭54・3・29判タ389・146）があり、影響しないとされた裁判例として、偽造印紙使用を同交付と認定した場合（東京高判昭28・9・14高刑集6・10・1352）、公職選挙法221条1項各号間の認定が異なった場合（名古屋高判昭29・11・30裁判特報1・12・578、広島高判昭31・4・9裁判特報3・8・386、東京高判昭31・6・20東時7・7・248、大阪高判昭36・11・7下刑集3・11＝12・984）がある。これらの場合は、まず構成要件的評価が異なるとみるかどうかを判断し、これが異ならないとみたときに、具体的な犯情等により量刑への影響があるかどうかを検討して判決への影響が判断されていると思われる。

(3) 未遂と既遂とで誤認した場合

この場合は、判決に影響があるとする裁判例が多い（放火につき東京高判昭37・5・30高刑集15・7・517。強盗につき名古屋高判昭30・5・4裁判特報2・11・501。強姦につき大阪高判昭29・2・25特報28・90。窃盗につき名古屋高金沢支判昭28・2・28高刑集6・5・621、大阪高判昭29・5・4高刑集7・4・591、大阪高判昭43・3・4下刑集10・3・225。単純逃走につき福岡高判昭29・1・12高刑集7・1・1）。

構成要件的評価は異なるといわざるを得ないから、量刑への具体的影響を考慮することなく、判決に影響するというべきである。判決に影響しないとする名古屋高金沢支判昭57・6・3高検速報昭57・522には疑問がある。

なお、障害未遂と中止未遂については、構成要件的評価とまではいえず、具体的に主文への影響を考慮すべきと考えられるが、現実的には判決に影響する場合が多いと思われる（判決への影響を認めたものとして、東京高判昭30・3・22裁判特報2・6・172〔障害未遂を中止未遂と認定〕、東京高判昭51・7・14判時834・106、札幌高判平13・5・10判タ1089・298〔いずれも中止未遂を障害未遂と認定〕。影響を認めなかったものとして大阪高判昭33・6・10裁判特報5

〔§382〕同前──事実誤認　175

・7・270〔中止未遂を障害未遂と認定〕)。

(4) 共犯関係等を誤認した場合

　ア　共同正犯、教唆と幇助との間には、構成要件的評価の違いだけでなく、法定刑の違いもあるから、この事実誤認は当然に判決に影響がある（食糧管理法違反の幇助を共同正犯と認定した場合につき名古屋高判昭27・12・10特報30・21。窃盗の幇助を共謀共同正犯と認定した場合につき東京高判昭28・7・8特報39・9。通貨偽造の幇助を共同正犯と認定した場合につき東京高判昭29・3・26高刑集7・7・965。名誉毀損の幇助を教唆と認定した場合につき仙台高判昭32・1・30高刑集10・1・50。無免許濁酒製造幇助を共同正犯と認定した場合につき名古屋高判昭34・2・9高刑集12・1・5。公職選挙法223条1項1号違反につき共同正犯を単独犯と幇助と認定した場合につき東京高判昭40・8・9高刑集18・5・594）。

　共同正犯と教唆との間も、構成要件的評価が異なるから、主文への影響を考慮するまでもなく判決に影響があると考えるべきであろう。ただし、傷害致死の共同正犯を教唆犯と認定した場合につき、態様の認定を誤ったのではなくて犯行の過程中の一部言動に対する社会的又は法律的評価ないし判断の相違による認定の違いであり、量刑上も相違を来たすべきものでないときは、判決に影響しないとした裁判例がある（東京高判昭34・2・26高刑集12・3・219）。

　なお、実行共同正犯と共謀共同正犯はいずれも共同正犯であって直ちに構成要件的評価が異なるとはいえないと考えられる。詐欺の実行共同正犯を共謀共同正犯と認定したとみられる第1審判決に対し、被告人が実行行為を行ったと認められるから事実誤認があるが、仮にこれが存在しなくとも共謀共同正犯としての罪責を負う場合であることを理由に、判決に影響しないとした裁判例がある（東京高判昭57・3・16判時1063・218）。

　イ　共同正犯と単独犯との間で認定が異なった場合については、問題がある（このような場合、訴因との関係や不意打ち防止の観点から訴訟手続の法令違反も問題になるが、ここでは事実誤認の判決への影響のみを検討する。）。

　この点、単独犯の訴因で起訴された被告人につき、記録上から共謀共同正犯者が存在することが認められる場合であっても、裁判所が訴因どおりに単独犯で認定することが許される旨判示した最決平21・7・21刑集63・6・

762の趣旨からすれば、共同正犯と単独犯の認定が異なることのみで直ちに判決に影響するとはいえないことになる。

その他、以下のような裁判例がある。

［判決に影響があるとされたもの］

①　被告人が実行行為を行っていない窃盗の共同正犯を単独犯と認定した場合（名古屋高判昭25・9・5特報12・73）

②　共犯者が第三者に保管を頼んだ覚せい剤所持の共同正犯を単独犯と認定した場合（東京高判昭31・7・2判タ61・72）

③　暴力団組員が上位者と共謀して組織的に口封じを図った傷害等事件を自己保身目的による個人的な単独犯と認定した場合（福岡高判平27・7・29高検速報平27・310）

［判決に影響がないとされたもの］

④　妻である被告人が単独で焼酎を製造した酒税法違反を夫と共謀した共同正犯と認定した場合（福岡高判昭25・11・18特報15・159）

⑤　被告人が費用を負担するつもりで共犯者とともに参加した公職選挙法違反の饗応を被告人の単独犯と認定した場合（東京高判昭28・7・17特報39・31）

⑥　共謀の上被告人が金銭の供与を受けた公職選挙法違反の共同正犯を被告人の単独犯と認定した場合（東京高判昭31・6・20東時7・7・17）

⑦　被告人自身が所持した他の1名との共同正犯によるけん銃及び適合実包の所持を、単独の所持と認定した場合（東京高判平12・5・23東時51・1＝12・55）

これらをみると、被告人自身が実行行為を行ったかどうかの認定が異なる場合には判決に影響するとされ、被告人自身が実行行為を行ったことを前提にして単独犯か共同正犯かが異なった場合には判決に影響しないとされているように思われる。

なお、札幌高判平5・10・26判タ865・291は、量刑の理由で被告人の単独犯ではなく共犯者の関与の余地を認めながら犯罪事実や法令の適用において共犯の認定、処理をしていない第1審判決の瑕疵が、判決に影響しないとした。

また、共犯と単独犯との択一的な認定が許されるか否かも難しい問題であ

〔§382〕同前 —— 事実誤認　177

る。東京高判決平 4 ・10・14高刑集45・ 3 ・66は、強盗の単独犯と共同正犯を択一的に認定することが許されるとして、その場合に当該事件においては被告人に有利と考えられる共同正犯を量刑の基礎とするとしたが、東京高判平10・ 6 ・ 8 判タ987・301は、被告人が覚せい剤を所持していたことは明らかであるが、第三者との共謀の有無が確定できない場合につき、単独で又は第三者と共謀の上覚せい剤を所持したとの択一的な事実を認定することは許されないとして、そのように認定した第 1 審判決に事実誤認があるが、判決には影響しないとした。

(5)　**同一構成要件内で誤認した場合**

この場合は、直接構成要件的評価に影響する場合とはいえないから、主文への影響を考慮して判断することになると思われる。

ア　犯罪の日時・場所

犯罪の日時・場所については、本条の事実誤認の対象ではあるが、それが犯罪を構成する要素となっている場合を除いては、本来は、罪となるべき事実そのものではなく（最大判昭37・11・28刑集16・11・1633）、事実を特定する意味はあっても量刑に対して影響する場合は少ないと考えられるから、原則として判決に影響しない。ただし、公訴事実の同一性に疑問が生じる場合（東京高判昭25・ 8 ・25特報10・37は、犯行の日時につき 1 年の相違がある事実誤認につき、事件の同一性に影響を及ぼすとして第 1 審判決を破棄して差し戻したが、これは事実誤認の判決への影響というより、前記の公訴事実の同一性に問題がある事例といえる。）、犯行日を正しく認定すれば公訴時効が完成している場合（東京高判昭29・ 9 ・ 7 裁判特報 1 ・ 5 ・195）などは、もちろん別論である。

犯罪の日時・場所についての事実誤認が判決に影響しないとした裁判例が多数存在する（日時について東京高判昭25・ 5 ・20特報11・ 3 、大阪高判昭25・10・28特報14・50、東京高判昭26・ 9 ・ 1 特報24・18、福岡高判昭26・10・ 5 特報19・27、東京高判昭28・11・19特報39・195、東京高判昭29・ 3 ・ 4 東時 5 ・ 2 ・55、札幌高函館支判昭30・ 4 ・ 5 裁判特報 2 ・ 8 ・271、東京高判昭32・ 6 ・26東時 8 ・ 6 ・159、東京高判昭32・ 8 ・ 1 裁判特報 4 ・14＝15・377、東京高判昭32・ 8 ・20東時 8 ・ 8 ・274、東京高判昭45・12・26東時21・12・446、東京高判昭63・ 9 ・12判時1307・157。場所について福岡高判昭25・ 9 ・14高刑集 3 ・ 3 ・

413、東京高判昭26・8・10特報21・166、東京高判昭30・9・28東時6・9・325、東京高判昭30・11・21裁判特報2・23・1214）。

これに対し、大阪高判昭60・6・21判タ562・195は、銃砲刀剣類所持等取締法違反の刀の不法所持につき、その期間が昭和59年9月7日頃から同月末日頃までであるのに、終期を同年11月1日頃までとした第1審判決につき、この事実誤認が判決に影響するとしているが、この事案は、警察官が虚偽の捜査書類を作成したという特異な事情が存在している。

　イ　犯罪の被害者・相手方等

　この場合、判決に影響しないとする裁判例が存在する（窃盗の被害者につき広島高判昭25・6・8特報12・95、名古屋高判昭26・1・27特報27・11、福岡高判昭26・12・20特報19・49、名古屋高判昭27・12・17特報30・23、東京高判昭28・2・28特報38・51、東京高判昭30・11・30裁判特報2・23・1222、東京高判昭35・9・5東時11・9・231。公職選挙法違反〔受供与〕における金員を受けとった相手方につき高松高判昭28・8・17高刑集6・7・935。詐欺の被害者につき名古屋高判昭29・11・22裁判特報1・11・490、東京高判昭34・2・10東時10・2・104。横領した約束手形の振出人につき名古屋高判昭30・12・27裁判特報3・4・116。売却横領における売却先につき東京高判昭32・8・20裁判特報4・16・411）。いずれも相当と思われる。

　ウ　犯罪の結果

　この場合は、具体的な量刑に影響する可能性も大きく、裁判例も多いことから、種類を分けて裁判例を示す。

　㋐　被害数量・価額

　判決に影響があるとされたものとして、詐欺の被害額が41万4120円であったのを91万4950円と認定した場合（大阪高判昭26・6・22高刑集4・5・555）、横領の合計金額が55万4994円20銭であったのを92万3438円と認定した場合（名古屋高判昭28・6・24高刑集6・11・1423）、たばこの騙取数量が6個であったのを40個と認定した場合（東京高判昭30・7・11裁判特報2・13・694）、無銭宿泊飲食につき、被告人が財産的不法の利益を得た部分と同行した第三者にこれを得させた部分があったのを、全部被告人が利得したと認定した場合（東京高判昭31・3・7裁判特報3・5・197）がある。

　これに対し、判決に影響しないとされたものとして、盗品の数量が84点で

あったのを85点と認定した場合（名古屋高判昭24・12・1特報3・37）、横領の被害額合計11万3000円のうちの一部で被害額500円であったのを3000円と認定した場合（札幌高判昭24・12・27特報6・153）、詐欺の被害額合計31万円余のうちの一部で被害額5万5700円であったのを5万7000円と認定した場合（札幌高判昭25・5・26特報9・171）、贓物寄蔵物件925点であったのを1075点と認定した場合（名古屋高金沢支判昭25・6・9特報11・51）、窃盗の被害洋服生地320ヤールであったのを32ヤールと認定した場合（名古屋高判昭26・1・27特報27・11）、詐欺の被害額が1000円であったのを1100円と認定した場合（札幌高判昭27・11・27特報18・110）、贓物を代金6万1990円で買い受けて内金1万2000円を支払ったのに、代金1万2000円で買い受けたと認定した場合（名古屋高判昭28・4・9特報33・23）、合計七十数万円に達する百五十数回の業務上横領のうちの一部で、横領額3万円であったのを1万円と、同1万円であったのを2600円と認定した場合（広島高岡山支判昭28・7・14高刑集6・9・1193）がある。

㈠　傷害の程度

判決に影響があるとされたものとして、12センチメートルの切創を15センチメートルの切創と認定した場合（福岡高判昭25・8・31特報12・130）、業務上過失傷害において、被害者2名につきそれぞれ安静加療1日程度及び同2日程度であったのを、それぞれ通院加療3週間及び同2週間と認定した場合（東京高判昭47・1・20東時23・1・7）がある。

これに対し判決に影響しないとされたものとして、強盗傷人につき全治約10日であるのを2週間と認定した場合（広島高判昭24・9・9高刑集2・3・353）、強制わいせつ致傷につき陰毛引き抜きという傷害の事実はあったが約2日間病臥を要したものと認定したのが誤りであった場合（大阪高判昭29・5・31高刑集7・5・752）、身体数か所の傷害のうち1か所（腰部）の傷害を誤って認定した場合（札幌高函館支判昭26・1・19特報18・117）、業務上過失傷害において、頸椎捻挫の程度が被害者2名につき6日間及び8日間であるのを、それぞれ10日間及び3週間と認定した場合（東京高判昭62・4・13高検速報昭62・52）がある。

㈡　脱税額

判決に影響があるとされたものとして、所得税法違反において、ほ脱額合

計2億9195万円余りのうち、1239万円余りを過大に認定した場合（東京高判昭58・11・9刑裁月報15・11＝12・1154）がある。

判決に影響しないとされたものとして、所得税法違反において脱税額を過大に認定したがその額が脱税額の0.89%に過ぎない場合（広島高判昭59・10・23刑裁月報16・9＝10・671）、所得税法違反において脱税額を過大に認定し、それが総所得額の約2.5%、ほ脱額の約3.9%に該当する場合（東京高判平元・10・11高検速報平元・108）、法人税法違反において脱税額を過大に認定したが、これが所得額の約4.4%、ほ脱額の約5.4%に相当する場合（東京高判平6・6・29判時1522・150）がある。

エ　犯罪の手段・態様等

この場合も、誤認の程度にはかなりの幅があるものと考えられ、個別に、その誤認した事実の重要性を判断することになると思われる。以下、多少煩瑣になるが、内容を掲げて裁判例を示す。

(ア)　判決に影響するとされたもの

①　被告人は、被害者の顔面を平手で1回殴打し、道路舗石の上に転倒させて、顔面を強打させた衝撃に基因する脳蜘網膜下出血のため死亡させたものあるのに、顔面を手拳で強打した打撃による脳蜘網膜下出血のため死亡させたと認定した（東京高判昭36・10・31下刑集3・9＝10・854）。

②　恐喝につき、権利行使の手段として社会通念上一般に許容すべき程度を逸脱したものであるのに、債権取立名下として認定した（東京高判昭48・6・19東時24・6・101）。

③　覚せい剤使用につき、その使用方法が経口摂取であるのに、注射使用と認定した（東京高判昭53・9・12判時914・124）。

④　詐欺の欺罔行為につき、肝炎を患っていたが、それを原因とする入院治療を受けていた事実はないのに入院保険金を請求したのを、肝炎を患っていないのに患っているかのように装って入院保険金を請求したと認定した（広島高判平2・1・26高検速報平2・221）。

⑤　詐欺罪につき、無銭宿泊の欺罔行為は、宿泊する被告人が別人になりすまして事前に予約する際にその者において代金を支払う意思及び能力があると偽ったものであったのに、宿泊に際して代金支払いの意思及び能力があるかのような欺罔行為をなしたものと認定した（東京高判平12・3・30東時51

〔§382〕同前——事実誤認　181

・1＝12・36、食い違いの程度からすると訴因変更手続が必要であるとして判決に影響するとした。）。

⑥　殺人等事件において、その態様が確定できず、また死因も確定できないにもかかわらず、特定の態様と死因を認定した（福岡高判平27・7・8高検速報平27・278〔同判決は、態様・死因を択一的に認定し、犯情の軽いものに従って量刑すべきものとする。〕）。

（イ）　判決に影響しないとされたもの

①　ガラス戸のガラスが破れて紙が貼ってあったところから侵入したのに、ガラス戸を破って侵入と認定した（名古屋高判昭24・6・17特報1・217）。

②　犯人2名による強盗の共犯で、被害者を蹴った者の認定が異なった（札幌高判昭24・11・25判タ13・49）。

③　着服横領であったのを、費消して横領と認定した（東京高判昭25・10・2特報13・7、東京高判昭28・11・28特報39・189）。

④　傷害等事件につき、被害者の左側眼瞼打撲血腫の傷害は被告人以外の者の暴行行為によるものであることが明らかであるが、この点の傷害を除外しても被告人が被害者に与えた傷害の加療日数に結局変わりがなかった（仙台高秋田支判昭26・1・7特報22・212）。

⑤　詐欺につき、金員を被告人に渡せば直ちにその部屋に居住できるようにする旨を告げる欺罔行為を用いたという事案において、その副次的な材料たる事情としての賃借権の有無についての判断が異なった（札幌高判昭26・1・26高刑集4・1・31）。

⑥　暴力行為等処罰に関する法律違反において、被告人が暴行を加えた事実が認められないのに、被告人が団体及び多数の威力を示して脅迫暴行を加えた旨認定した（広島高判昭27・4・11特報20・64）。

⑦　すりによる窃盗未遂につき、被害者のオーバーの左内ポケットに手を差し入れたのを、オーバーのボタンをはずして背広上着左内ポケットに手を差し入れたと認定した（東京高判昭28・11・28特報39・189）。

⑧　傷害致死につき、一升瓶で顔面を打つ暴行は認められないのにこれを認定した（高松高判昭29・7・19裁判特報1・3・102）。

⑨　準強姦罪につき、被害者が夢うつつの中のおぼろげな意識のうちで同室に寝ていた情夫に性交をいどまれたものと誤信したのに、被害者が熟睡中

182　第3編　上訴　　第2章　控訴

に性交したと認定した（仙台高判昭32・4・18高刑集10・6・491）。

⑩　傷害事件につき、被害者の胸の辺りを強く押して突き飛ばしたところ、同人が斜面で足を滑らせて高さ約5尺余の下庭に転落したのを、表上庭に引きずり出した上で該上庭より高さ約6尺位の下庭に向って同人を投げ落したと認定した（東京高判昭32・11・21裁判特報4・23・609）。

⑪　窃盗未遂の障害未遂の事由につき、他人のズボンのポケット内を物色したが金品が見当たらなかったのを、他の浴客に発見されたと認定した場合（東京高判昭34・2・16東時10・2・119）。

⑫　公文書毀棄につき、学力テスト用紙を受け取ったのを、もぎ取ったと認定した場合（高松高判昭39・6・3下刑集6・5＝6・595）。

⑬　暴力行為等処罰に関する法律違反の共同暴行につき、被告人が膝頭で被害者の足を突く暴行は認められないのに、これを認定した場合（東京高判昭50・9・4高刑集28・4・337）。

⑭　覚せい剤の使用につき、注射又は服用としか認められないのに、注射と認定した場合（東京高判昭56・12・7判タ471・231）。

（ウ）　過失犯について

以上は、故意犯の事例を掲げたが、過失犯においては、その過失の内容が変化する事実誤認は判決に影響するとする裁判例が多い。過失犯は、形式上は同一構成要件といっても、開かれた構成要件であって、個々の過失の内容によって実質的な構成要件的評価は異なると考えられるから、判決に影響するとみるのが相当である。以下、判決に影響があるとされた具体例を示す。

①　業務上過失致死事件において接触した際の被害者が佇立していた位置及び反対側同所道路上に停車していた小型貨物用三輪自動車の位置を誤認した場合（東京高判昭29・12・2裁判特報1・13・589）。

②　業務上過失致死につき、いったん減速して先行車との間に相当な間隔を置いて進行するか又は前方の安全を確認した後道路の幅員を考慮に入れて先行車と頭を並べて進行し、もって死角を作らないよう自動車を運転すべきであったという注意義務違反を、単なる前方注視義務違反と認定した（大阪高判昭40・12・3高刑集18・7・839）。

③　業務上過失傷害につき、被告車両の事故直前の時速は45キロメートル以下であったことが認められるのに、これと30キロメートル以上も異なる認

〔§382〕同前 —— 事実誤認　183

定をした（東京高判昭43・11・18判タ233・203）。

④　業務上過失致死において、被告人が指定最高速度時速40キロメートルを超えて時速50キロメートル位の速度で進行していたことと前方左右を注視していなかったこととを内容とする過失であるのを、時速60キロメートル位の高速度で進行したことのみの過失と認定した（東京高判昭44・8・4判タ242・313）。

⑤　業務上過失傷害等事件につき、先行車を追跡するのに気を奪われ、前方注視義務を怠り、対向車の来るのに気付かず、漫然対向車線内に入って、まず自車を対向車に衝突させた後、先行車に接触させたのに、先に自車を先行車後部に追突させた上、右斜め前方に進行させて対向車に衝突させたと認定した（東京高判昭45・12・26判タ263・358）。

⑥　業務上過失致死事件につき、被害者が被告人車両の進路上を歩行した事実が認められるが、さらに被告人車両の進路右側から左側へ横断中であったとまでは認められないのに、これを断定した（東京高判昭54・3・8判タ389・149）。

　一方で、業務上過失致死傷の事案において、被害自転車が被告人車両に衝突することなく転倒したにもかかわらず衝突して転倒したと認定した場合に、被告人が業務上必要な注意を怠った過失に基因することは否定できないとして判決への影響がないとしたもの（福岡高宮崎支判昭29・9・15裁判特報1・6・237）、業務上過失致死等につき、被害車両が被告人車両と衝突後、下水口転落に至る経緯の認定が異なる場合に判決に影響しないとしたもの（東京高判昭43・2・28東時19・2・30）がある。

　オ　確定的故意と未必の故意

　この場合、いずれを認定するかによって犯情に影響するか否かで判断されることになるであろう。

　判決に影響するとした裁判例（未必的殺意とすべきものを確定的殺意としたものにつき東京高判昭41・3・28東時17・3・38、広島高松江支判平16・7・26裁判所ウェブサイト、その逆の場合につき東京高判昭42・4・11東時18・4・120）と、判決に影響しないとする裁判例（未必的殺意とすべきものを確定的殺意としたものにつき東京高判昭53・2・23刑裁月報10・1＝2・75、東京高判昭57・4・12高検速報昭57・188、東京高判平11・11・1東時50・1＝12・126、逆

184　第3編　上訴　第2章　控訴

の場合につき札幌高判昭38・12・17高刑集16・9・809、大阪高判平元・7・18判時1334・236）がある。

(6)　**違法性阻却事由、責任阻却事由について誤認した場合**

　判決に影響があるとされたものとして、過剰防衛が成立するのにこれを否定した場合（最判平9・6・16刑集51・5・435、大阪高判平11・3・31判時1681・159、東京高判平12・11・16東時51・1＝12・110、広島高松江支判平16・3・22裁判所ウェブサイト、大阪高判平16・7・23高検速報平16・154等）、防衛行為と認められないのに誤想過剰防衛を認定した場合（東京高判平13・9・17判時1808・140）、完全責任能力が認められるのに心神耗弱とした場合（福岡高宮崎支判昭63・6・16高検速報昭63・151）、心神耗弱が認められるのに完全責任能力とした場合（福岡高判平13・12・20裁判所ウェブサイト）などがある。

(7)　**罪数について誤認した場合**

　罪数評価は、通常、認定した犯罪事実についての評価であって、法令適用の問題であるが、その評価の前提となる事実関係、すなわち犯意の単一性や継続性の認定を誤った場合には、事実誤認がひいては法令適用の誤りを生じさせたという、重複的な控訴理由が存在する場合になる。

　判決に影響があるとした裁判例として名古屋高判昭34・6・15高刑集12・6・650（包括した意思の実現として反復した包括一罪の窃盗を、併合罪と誤って認定したもの）がある。

　なお、仙台高判昭26・4・30特報22・43（酒税法違反につき、酒類ごとの2個の犯罪事実とすべきところを仕込みごとの3個の犯罪事実としたもの。参考として東京高判昭31・11・7判タ66・65）、名古屋高判昭30・2・16高刑集8・1・82（恐喝1罪と評価すべきものを恐喝未遂と窃盗と判断）などは、事実誤認であって判決に影響を及ぼすと判示したが、本来は法令適用の誤りというべき事案である。

（鹿野伸二）

〔同前 ── 弁論終結後の事情〕

第382条の2　やむを得ない事由によつて第1審の弁論終結前に取調を請求することができなかつた証拠によつて証明することのできる事実であつて前2条に規定する控訴申立の理由があることを信ずるに足りるもの

〔§382の2〕同前 —— 弁論終結後の事情　185

は、訴訟記録及び原裁判所において取り調べた証拠に現われている事実
以外の事実であつても、控訴趣意書にこれを援用することができる。

2　第1審の弁論終結後判決前に生じた事実であつて前2条に規定する控
訴申立の理由があることを信ずるに足りるものについても、前項と同様
である。

3　前2項の場合には、控訴趣意書に、その事実を疎明する資料を添附し
なければならない。第1項の場合には、やむを得ない事由によつてその
証拠の取調を請求することができなかつた旨を疎明する資料をも添附し
なければならない。

〈本条細目次〉

1　趣　　旨　185
2　事実と証拠　186
3　適用対象となる控訴理由　　186
4　やむを得ない事由　188
5　2項について　190
6　3項について　191

1　趣　　旨

　本条は、昭和28年法律第172号によって加えられた規定である。現行刑訴
法が施行されて、量刑不当又は事実誤認を控訴申立ての理由とする場合には、
訴訟記録又は原裁判所で取り調べられた証拠に現れていない事実を控訴趣意
書に援用することができなくなったにもかかわらず、一方で、当時の393条
1項ただし書が、「第1審の弁論終結前に取調を請求することができなかっ
た証拠でその事由が疎明されたものについては、刑の量定の不当又は判決に
影響を及ぼすべき事実の誤認を証明するために欠くことができない場合に限
り、これを取り調べなければならない。」と規定していたため、裁判所は証
拠調べを義務付けられるのに、当事者はその立証対象となる事実を控訴趣意
書に援用できないという立法の不備というべき不合理が生じていたため、上
記改正により本条が追加されるとともに393条1項ただし書も改められたも
のである。

186 第3編 上訴 第2章 控訴

2 事実と証拠

本条は、控訴審を事後審として第1審の審理集中を図る現行刑訴法の中で、例外を設けたものであるが、本条及び393条1項ただし書がいったい何を制限したものかについては争いがある。

通説は、制限されているのは証拠であり、その証拠につき「やむを得ない事由によって第1審の弁論終結前に取調べを請求することができなかった」という制約があるのであって、これにより立証する事実は、訴訟記録及び原裁判所において取り調べた証拠に現れている事実（旧事実）であると、それ以外の事実（新事実）であるとを問わないと解している。

これに対し、本条により制限されているのは事実である、つまり本条及び393条1項ただし書の適用を受けるのは新事実を主張する場合であって、旧事実を立証する証拠はその場合に当たらないから、393条1項ただし書の問題ではなく、同項本文により裁判所の自由裁量に委ねられ、疎明の必要がないとする説がある。

この点は、本条等の改正経過からすると、以前の証拠の面から定められていた規定に実質的な変更を加える趣旨ではなかったと認められること、旧事実と新事実とで区別するといっても、現実には事実の抽象化により何が旧事実で何が新事実かの区別が困難な場合が生じること、第1審への審理の集中という点では、証拠調べの第1審への集中こそが必要であり、旧事実に関する証拠であるからといって無制限に控訴審で証拠調べができるとすることは妥当でないことからすれば、通説が妥当であり、本条1項の「訴訟記録及び原裁判所において取り調べた証拠に現われている事実以外の事実であっても」というのは、「訴訟記録及び原裁判所において取り調べた証拠に現れている事実のほかこれ以外の事実であっても」と読むことになる。

3 適用対象となる控訴理由

(1) 条文上は、本条の対象となるのは前2条、すなわち量刑不当と事実誤認を控訴申立ての理由とする場合に限られる。

しかし、380条の法令適用の誤り及び379条の訴訟手続の法令違反の前提となる事実について、その準用ないし類推適用が認められるかどうかが問題となり得る。

(2) まず、累犯前科に関する事実は、その事実自体が事実誤認の対象にな

〔§382の2〕同前 —— 弁論終結後の事情　187

ると解されるから、本条の対象となる。

　執行猶予の可否に関する前科の認定についても、やむを得ない事由を判断した裁判例がある（大阪高判昭40・12・14下刑集 7 ・12・2117、東京高判昭42・2・22東時18・2・53、東京高判昭43・4・30下刑集10・4・380、東京高判昭51・11・29東時27・11・155）。なお、最判昭48・2・16刑集27・1・58は、原審の判断が相当とする中で、刑の執行猶予言渡しに影響を及ぼすべき前科に関する証拠の取調べについて「やむを得ない事由」があるとの判断をしているように読める判示をしているが、その原審は、量刑不当の控訴理由についての判断において「やむを得ない事由」を問題にしており、法令適用の誤りの控訴理由についての判断部分では、特に「やむを得ない事由」について触れておらず、むしろこれが問題とならないと考えているともみられるのであり、上記最判を判旨どおりのものとみてよいかどうかは疑問である。

　没収の前提となる被告人の所有に関する事実誤認の主張について、やむを得ない事由を判断した裁判例がある（東京高判平10・11・11東時49・1 ＝12・75）。

　(3)　訴訟手続の法令違反の前提となる事実については、本条の適用を認めた裁判例と、認めなかった裁判例がある。

　①　原審弁護人が原審において証拠とすることに同意し、その任意性についても全く争わなかった供述調書について、利益誘導による自白であり任意性がないとする主張は、控訴審において初めてされたもので、やむを得ない事由によって原審において主張することができなかったものとは認められないから許されないとして本条の問題として扱った（東京高判昭46・5 ・18判時643・97）。

　②　被告人が控訴審で初めて違法収集証拠の主張をしたのに対し、仮に、379条の訴訟手続の法令違反の主張についても本条の適用ないし準用があるとしても、「やむを得ない事由」に当たらないとした（東京高判平 8 ・8 ・20東時47・1 ＝12・115、東京高判平12・3 ・9 東時51・1 ＝12・34）。

　③　被告人が、訴訟記録及び原裁判所において取り調べた証拠に現れている事実の援用を欠く違法収集証拠の主張をしたのに対し、本条は379条に規定する控訴理由の場合は含まれていないとして、所論を不適法とした（東京高判平 6 ・11・28判タ897・240）。

188　第3編　上訴　第2章　控訴

4　やむを得ない事由

　(1)　本条における証拠は、やむを得ない事由によって第1審の弁論終結前に取調べを請求することができなかったものでなければならない。この意味については、取調請求が物理的に不能であった場合に限定する物理的不能説と、取調請求が物理的に不能であった場合に限らず、心理的に不能であった場合も含むとする心理的不能説がある。

　(2)　この点について、前記最判昭48・2・16刑集27・1・58は、「被告人が、区検察庁検察事務官の取調に対し、無免許運転で懲役刑に処せられた刑の執行猶予の言渡を受けたことを秘匿し、前科は無免許や酒酔い運転で2回罰金刑に処せられただけである旨供述し、他方、区検察庁検察事務官が地方検察庁犯歴係に電話照合して作成した前科調書には道交法違反による罰金の前科2犯のみが記載され、これが1審公判廷で取り調べられてその判決の言渡があった後、たまたま、被告人の前科を記憶していた係官により右執行猶予付懲役刑の前科の存在が判明し、検察官がこれを知るにいたった場合においては、刑訴法382条の2第1項にいう『やむを得ない事由』により、1審の弁論終結前に刑の執行猶予言渡に影響を及ぼすべき前科に関する証拠の取調を請求することができなかったものと解するのが相当である。」としている。また、最決昭62・10・30刑集41・7・309は、「弁護人が控訴審で新たな証拠の取調べを請求するに当たり、その事情として、被告人が第1審では量刑上有利に参酌してもらった方が得策であると考えて事実を認めていたところ懲役刑の実刑判決の言渡しを受けたため事実を争うに至った旨主張したとしても、そのような事情は刑訴法382条の2にいう『やむを得ない事由』に当たらない。」としている。しかし、これらは、物理的不能説からも心理的可能説からも説明が可能であって、判例がどちらかの立場をとっているとは言い難い。

　(3)　裁判例において、やむを得ない事由があるとされたものは、前記の執行猶予の可否に関する一連のものがある。これらは、いずれも検察官側の事情を問題にするものであるが、やむを得ない事由に当たらないとして本来あるべき結論と異なる第1審判決を維持することが結論として躊躇される事案といえよう。

　これ以外でやむを得ない事由があるとしたものとして、次の裁判例がある。

〔§382の2〕同前——弁論終結後の事情　189

①　控訴趣意書中には、原判決後、検察官によって新たに収集された証拠によって証明されるべき事実も多数含まれているが、この事実は、検察官において、原審段階では、原審程度の証拠調べ又は事実の立証で証明十分と考えていたところ、原判決が証明不十分として無罪判決をするに至った事情から、新たな事実を主張立証しようとしているのであって、無理からぬ点もあるなどとして、控訴棄却の決定をしなければならないような方式違反があるとまではいえないとした（高松高判平14・8・29裁判所ウェブサイト）。

これに対し、やむを得ない事由がないとした裁判例として以下のものがある。

②　窃盗事件において他に共犯者がいることを知っている被告人、弁護人が、原審の審理に際してそのことを全く主張せず、被告人の単独犯行とだけ主張し供述してきたのに、控訴審に至って初めて他の者との共犯であるとして事実誤認を主張した場合（東京高判昭43・10・22下刑集10・10・967）。

③　控訴審において、多数の窃盗事件のうちのいくつかの犯行につき、被害品の一部は自分が窃取したものではないとの主張をし、この主張を原審においてしなかったのは、被告人において当時身体が衰弱していたため公訴事実について争う気力もなかったからであるという場合（大阪高判昭44・10・16判タ244・290）。

④　第1審では事実を認め、控訴審で否認した理由として、第1審判決の量刑が予想以上に重いものであった、第1審で執行猶予を期待した（取調官からの説得を含む。）などと主張した場合（東京高判昭61・4・28判時1210・145、東京高判昭63・12・21高検速報昭63・65、東京高判平2・2・28高検速報平2・66。なお、東京高判昭61・6・9高刑集39・3・203、大阪高判平6・7・8判タ877・300も類似の事案であるが他の事情も主張）。

⑤　控訴審において、第1審においてしなかった違法収集証拠の主張をした場合（東京高判平6・11・28判タ897・240〔職務質問時の違法な有形力の行使等が証拠物の証拠能力を左右し得ることの認識がなく、かつ、証人を探し当てることが困難であると考えたためという理由〕。東京高判平8・8・20東時47・1＝12・115〔傍聴席に関係警察官が居り、また、保護手続の意味が分からず、原審弁護人も真剣にこれを取り上げようとしなかったという理由〕。東京高判平12・11・7東時51・1＝12・109〔当時、拘置所での弁護人との接見時に言う暇がなかった

190 第3編 上訴 第2章 控訴

という理由〕)。

⑥ 強盗強姦未遂事件において、控訴審で和姦の主張をしたが、その主張立証を第1審でしなかった理由として、被害者を証人として尋問することを避けるという警察官との約束があったためと主張した場合（東京高判平10・8・26東時49・1＝12・52）。

⑦ 覚せい剤使用及び所持について初めて事実を否認したが、やむを得ない事由として、自分の尿から覚せい剤の反応が出たこと、組の関係者に対して迷惑をかけたくないという思い、否認すると警察官から苛められるかもしれないという恐怖心などを主張した場合（東京高判平11・1・29東時50・1＝12・16）。

検察官からの証拠調べ請求を却下したものとして、東京高判平12・8・29東時51・1＝12・90がある（公衆に著しく迷惑をかける暴力的不良行為等の防止に関する条例違反の痴漢事件において、検察官の請求証拠は、すべて本条1項の要件を満たさないものであることが明らかであるとした。）。

結局、裁判例においては、物理的不能、心理的不能というような区別ではなく、端的に、「やむを得ない」といえるかどうかの判断をしているように思われる。

5 2項について

第1審の弁論終結後判決前に生じた事実については、控訴趣意書に援用できることを定めた規定である。この事実を立証するための証拠については、1項の場合のように「やむを得ない事由」の疎明は必要ではない。弁論終結後に生じた事実についての証拠を弁論終結前に取調べ請求できないのは当然だからである。

具体的には、第1審の弁論終結後判決前に被害弁償をし、又は示談が成立したとか、その間に傷害の程度が悪化したとかの事実を控訴趣意書に援用することができるということであり、その立証のための証拠調べの請求もできるということである。

本項の反対解釈として、第1審の判決後に生じた事実の援用は許されないことになり、控訴審の審査の基準時が原判決言渡時であることが明確になっている。

〔§383〕同前 —— 再審事由その他　191

6　3項について

本項では、「前2条に規定する控訴申立の理由があることを信じるに足りる事実の存在」を疎明する資料と、1項の場合にはさらに「やむを得ない事由によって第1審の弁論終結前に取調を請求できなかった旨」を疎明する資料の添付を要求している。当事者が、具体的な根拠もなく濫用的に主張することを防ぐための規定といえる。

疎明とは、合理的な疑いを超える程度の証明はもとより、証拠の優越程度の心証も必要でなく、一応確からしいという程度の心証を生じさせるもので足りる。控訴趣意書の記載自体で疎明があると認められる場合もあり得る。

本項に違反した場合には、386条1項2号により決定で控訴が棄却される。

(鹿野伸二)

〔同前 —— 再審事由その他〕

第383条　左の事由があることを理由として控訴の申立をした場合には、控訴趣意書に、その事由があることを疎明する資料を添附しなければならない。

　一　再審の請求をすることができる場合にあたる事由があること。

　二　判決があつた後に刑の廃止若しくは変更又は大赦があつたこと。

〈本条細目次〉

1　趣　旨　191
2　再審の請求をすることができる場合にあたる事由があること（1号）　192
3　判決があつた後に刑の廃止若しくは変更又は大赦があつたこと（2号）　193
4　疎明資料　195

1　趣　旨

本条は、原判決後の事情であってもこれを考慮して原判決を是正することが正義にかなうと考えられる場合につき、控訴審の構造を事後審とする現行刑訴法の例外を認めたものである。「再審の請求をすることができる場合にあたる事由があること」及び「判決があつた後に刑の廃止若しくは変更又は大赦があつたこと」を控訴理由として認めている。前者は、本来再審事由は

確定した判決の取消・変更を求めるものであり、控訴申立ての期間中にこれらの事由の存在することが判明した場合に、判決の確定を待って再審の請求をさせるのは迂遠であるから、直接これを理由に控訴することを認めたものである。これに対し、後者は、原判決後の事情変更を控訴理由として認めるものであるが、事後審との関係をどのように調和させるべきかの問題が生ずる。

2 再審の請求をすることができる場合にあたる事由があること（1号）

これは435条各号の事由をいう。

再審請求においては、被告人の利益のためにするものだけが許され、被告人の不利益となる再審は許されないが（435・436）、控訴理由としての再審事由は、被告人に不利益な場合も許されるとするのが通説である。

再審事由として多く主張されるのは、435条6号「有罪の言渡を受けた者に対して無罪若しくは免訴を言い渡し、刑の言渡を受けた者に対して刑の免除を言い渡し、又は原判決において認めた罪より軽い罪を認めるべき明らかな証拠をあらたに発見したとき」の事由であり、これが控訴理由として主張されることが考えられるが、このような場合については、382条の2の規定により、訴訟記録及び原裁判所において取り調べた証拠に現れている事実以外の事実が主張できるようになったことにより、両者の関係が問題となる。これは再審請求における証拠の新規性についてどのような説をとるかによって、再審請求としての要件の方が緩やかになるのか、382条の2による主張の要件の方が緩やかになるのかが異なってくる。

少なくとも、自らが身代わり犯人であることを主張する場合には、382条の2の「やむを得ない事由」があったとは認められないから、本号によることを認める意義がある。この点に関しては、上告審において、被告人が交通事故の身代わり犯人であったことが明らかになった場合に、435条6号に当たるものとして、本号と同趣旨の411条4号により原判決及び第1審判決を破棄した事案等の一連の最高裁判決があり（最判昭45・6・19刑集24・6・299、最判昭47・12・12判時687・99、最判昭48・7・20裁集189・619、最判昭48・9・12裁集190・97、最判昭53・12・15判時926・130等）、これは控訴審にも適用があると解される。

3　判決があつた後に刑の廃止若しくは変更又は大赦があつたこと（2号）

　⑴　「刑の廃止」及び「大赦」の意義は、337条2号におけるそれと同じである。

　「刑の変更」の文言は刑法6条にもあり、基本的にはこれと同様に解される。

　「刑の変更」に当たるか否かは実質的に判断すべきである。例えば、刑法の一部改正による尊属傷害致死罪の廃止は、形式的には刑の廃止とみる余地もあるが、傷害致死罪に統合されるという点を実質的にみて「刑の変更」に当たると解すべきである（最判平8・11・28刑集50・10・827〔この事案は、控訴審判決後の刑の変更であって411条5号の問題となって原判決が破棄されなかったが、この判例により、刑の廃止に当たるとした東京高判平7・7・18高刑集48・2・158の解釈はとり得ないことになったと思われる。〕）。

　刑が重く変更されたときは軽い旧法が適用され、重い新法を適用する余地はないから、本号に当たらない。

　また、所得税法において、罰金額の上限が免れた所得税の額に相当する金額以下とすることができるとされている場合に、所得税の税率等が改正されても、犯行年の所得税の額は犯行時において適用された所得税法により計算すべきであるから、犯罪後の法律により刑の変更があった場合には当たらない（最判平7・6・21裁集265・863）。

　執行猶予の条件が緩やかに変更された場合については、「刑の変更」に当たらないとするのが判例であり（最判昭23・11・10刑集2・12・1660）、刑の一部の執行猶予の規定の新設も同様である（最決平28・7・27刑集70・6・571）。さらに、減刑令による減刑の場合（大判昭9・3・22刑集13・302）、刑法45条の改正により罰金刑が確定判決から除外された場合（福岡高判昭43・8・24判時539・13）、少年法の改正により少年の年齢が引き上げられた場合（東京高判昭26・5・17特報21・95）も「刑の変更」に当たらないとされている。

　⑵　刑の変更があった場合でも、常に第1審判決が破棄されるものではない。最決平18・10・10刑集60・8・523は、被告人が窃盗7件と強姦未遂2件等により第1審で懲役7年に処せられた後、窃盗罪の法定刑が「10年以下の懲役」から「10年以下の懲役又は50万円以下の罰金」へ変更され（経過規

定がなかった。）、控訴審が本号にいう「刑の変更」があった場合に当たるとしながら原判決を破棄しなかった事案において、これを不服とする上告に対し、上告趣意は適法な上告理由に当たらないとしながら、「上記法改正の内容をみると、懲役刑の刑期には変更が加えられておらず、選択刑として50万円以下の罰金刑が追加されたにとどまるところ、その改正の趣旨は、従来、法定刑が懲役刑に限られていた窃盗罪について、罰金刑の選択を可能として、比較的軽微な事案に対しても適正な科刑の実現を図ることにあり、これまで懲役刑が科されてきた事案の処理に広く影響を与えることを意図するものとは解されない。このような法改正の内容、趣旨にかんがみると、当該窃盗罪の犯情、第1審判決が併せて認定した刑の変更のない他の犯罪の有無及びその内容等に照らし、上記法改正との関係からは第1審判決の量刑を再検討する余地のないことが明らかである場合には、刑訴法397条1項により破棄すべき『刑の変更』には当たらず、第1審判決を破棄する必要はないと解するのが相当である。」と判示し、本号の刑の変更があったと認めつつ、「第1審判決を破棄しなかった原判断の結論は相当である。」と判断した。これは、従来、漠然と絶対的控訴理由であるかのように考えられてきた「刑の変更」が、必ずしも常に原判決を破棄する理由とならないことを示したものである。第1審判決後の刑の変更が事情変更の一場合であり、本来の事後審の構造からすれば例外的規定であること、本条の控訴理由が、沿革的には旧刑訴法下で相対的上訴理由とされ、現刑訴法においても絶対的控訴理由に並んで規定されているものではなく、他の相対的控訴理由の後に規定されていることなどからすると、妥当な解釈と考えられる。そして、刑の変更は第1審判決後のものであるため、控訴審が用いた「原判決への影響」という判断基準を用いることなく、「第1審判決の量刑を再検討する余地のないことが明らかである場合」という説明を行ったものであろう。この判例は、窃盗罪の改正趣旨の特殊性に基づくもので、例外的事案への対処といわざるを得ないが、本条の控訴理由が絶対的控訴理由ではないとする点ではそれまでと異なる新たな解釈であり、これにより、本条の「刑の変更」は、刑法6条の「刑の変更」のうちでも控訴理由足りうるもの、すなわち原判決を破棄すべきものに限ると解釈されるようになった（東京高判平18・8・7高検速報平18・117）。かつて、「被告人が犯した数罪のうちの1個の罪の刑が変更され、他の罪との科

刑上一罪の処理やその他の刑の選択、加重によって、結論として被告人の処断刑の範囲に影響を及ぼさないときにも、397条1項により原判決を破棄すべきである」とされた名古屋高判平8・1・31高刑集49・1・1のような場合にも、具体的な量刑への影響を考慮して判断すべきことになるであろう。

4　疎明資料

本条の事由を控訴理由にするときは、前条と同様疎明資料の添付が要求されている。しかし、2号の法令の改廃に関わる事由は、裁判所が職権で調査すべきことであるから、疎明資料の添付がなくとも、裁判所が自ら調査して判断すべきであり、386条によって控訴棄却決定をすることはない。

（鹿野伸二）

〔控訴理由〕
第384条　控訴の申立は、第377条乃至第382条及び前条に規定する事由があることを理由とするときに限り、これをすることができる。

〈本条細目次〉
1　趣　旨　195
2　問題となり得る主張　195

1　趣　旨

本条は、控訴の申立てが一定の事由があることを理由とするときのみ許され、それ以外の理由による控訴の申立てが許されないことを明示したものである。しかし、掲げられた控訴理由には、通常考えられる原判決に対する不服の理由はすべて網羅されているので、実際上の意味は少ないといわれている。本条に違反した申立ては、386条1項3号により決定で控訴が棄却されることになる。

2　問題となり得る主張

審理不尽については、379条の解説4⑿参照。場合によりそれ自体が控訴理由になると考えられる。

捜査段階の手続、特に、捜索差押、任意同行、逮捕・勾留の違法等を控訴

196　第3編　上訴　第2章　控訴

審において主張するということも実務上は多いが、これは原判決に対する不服になっておらず、そのことのみを控訴理由とすることは許されない。しかし、通常は、「そのような手続の中で収集された証拠は違法収集証拠として証拠能力がないのに、原判決がその証拠を事実認定の基礎とした」という証拠能力に関する訴訟手続の法令違反の主張や、「公訴の提起自体が違法であって公訴棄却すべきであった」という公訴権濫用の主張として構成されることが多く、第1審でそのような主張がなされておらず、控訴趣意書自体からはそのことが明確でなかったとしても、控訴裁判所において求釈明したり、善解するなどして、判断される場合が多いと思われる。　　　　　　（鹿野伸二）

〔控訴棄却の決定〕
第385条　控訴の申立が法令上の方式に違反し、又は控訴権の消滅後にされたものであることが明らかなときは、控訴裁判所は、決定でこれを棄却しなければならない。
2　前項の決定に対しては、第428条第2項の異議の申立をすることができる。この場合には、即時抗告に関する規定をも準用する。

〈本条細目次〉
1　趣旨等　196
2　「明らかなとき」の意義　197
　(1)　法令上の方式違反　197
　(2)　控訴権の消滅　197
3　複数の控訴申立て　198
4　不服申立て　198

1　趣旨等

　本条は、控訴の申立てが法令上の方式に違反し、又は控訴権の消滅後になされたことが明らかである場合は、口頭弁論を開くことなく、決定でこれを棄却すべきことを定めたものである。控訴の申立てが明らかに控訴権の消滅後になされたものであるときは控訴申立書が差し出された第1審裁判所において決定で控訴申立てを棄却すべきものとする375条とともに、控訴裁判所

〔§385〕控訴棄却の決定　197

の負担を軽減し、濫上訴を抑止することを意図しているものと考えられる。

　本条により控訴申立てを棄却するときには、申立て自体が不成立であることを明確にするため、主文においても「控訴申立てを棄却する。」と記載すべきである（386条による棄却の場合は、「控訴を棄却する。」となる。）。

　いったん口頭弁論を開いたときは、本条ではなく、395条により判決で控訴を棄却しなければならない。

2　「明らかなとき」の意義

　口頭弁論を開かずに判断されるのであるから、この「明らかなとき」とは、書面審査のみで明白であるときと解するべきであり、事実の取調べを必要とするような場合は含まれない。

(1)　法令上の方式違反

　法令上の方式違反とは、控訴の申立てが法律又は規則に定める方式に違反することをいう。方式の具体的内容については374条の解説を参照されたい。

　また、上訴の利益を欠くとして本条1項により控訴を棄却した裁判例がいくつかあり、これらは、上訴の利益を欠く場合も法令上の方式違反ととらえているものと思われる（東京高決平元・7・6判タ710・269、東京高決平元・7・24判タ710・269は、いずれも外国人の指紋押なつ拒否にかかる外国人登録法違反被告事件における大赦による第1審の免訴判決に対する控訴の事案である。東京高決平24・5・30東時63・1＝12・87は、管轄違いの第1審判決に対する被告人からの控訴の事案である。）。

(2)　控訴権の消滅

　控訴の申立てが明らかに控訴権の消滅後にされたものであるときは、第1審裁判所において控訴の申立てを棄却すべきであるから（375）、さらに本条の規定があるということは、「明らか」の程度が異なるのではないかとの疑問が起こり得る。しかし、条文の体裁がほとんど同じであり、控訴審の負担軽減の目的も同様であるから、「明らか」の意味については、その程度に差があるものとは解されない。

　したがって、本条1項の規定が適用されるのは、第1審裁判所において控訴の申立てが控訴権の消滅後にされたものであることを看過した場合と、事実関係は明らかになっているが、それを前提とした法律判断について控訴裁判所と見解が異なる可能性があるとして判断を控えた場合しか考えられない

198 第3編 上訴 第2章 控訴

ことになる。東京地決昭45・6・19判時599・143は、控訴取下書を提出した
2時間後に上訴権回復請求書及び再度の控訴申立書が提出された場合につい
て、控訴取下げが有効に撤回されたと考える余地があるとして375条による
却下をしなかった事例である。

3 複数の控訴申立て

控訴権は、検察官及び被告人の双方につき独立したものであるから、その
適法性も個々に判断すれば足りる。一方の控訴申立てが不適法であることが
明らかであるとして本条により棄却されても、他方の控訴申立てには影響を
及ぼさない。

しかし、被告人側の控訴については、被告人自身の控訴申立てと353条及
び355条に規定する上訴権者の控訴申立てが併存することがあり、その場合
は、一方の申立てが適法である限り、被告人側の控訴として控訴申立ては適
法に成立していることになる。したがって、他方の申立てが不適法であった
としても、控訴申立てを棄却する必要はないし、することもできない（大判
大6・2・9刑録23・45は、弁護人は被告人に代わって上訴できるに過ぎないか
ら、被告人及び弁護人が各別に控訴の申立てをしたときでも2個の独立の控訴が
成立するのではなく、裁判所は1個の控訴として審理判決をなすべきものである
旨判示している。)。

4 不服申立て

本条1項の控訴申立て棄却決定に対しては、428条2項の異議の申立てが
できる。この場合には、即時抗告に関する規定が準用される。

本条1項のような決定に対しては、判決に対する不服申立てとして予定さ
れている上告（405）を認めるのは相当でなく、最高裁判所の負担軽減は重
要な問題であるとしても事件を終局させる決定について不服の申立てを認め
ないのも相当でないので、高等裁判所の決定に対しては抗告できない（428
Ⅰ）との規定に例外を設けることなく、異議の申立てにより不服申立ての機
会を保障することとされたのである。

確定の時期を明確する必要があるため、即時抗告の規定を準用することと
しているから、不服申立ての期間は3日である（422）。逆にいえば、425条
が準用される結果、本条により控訴申立てが棄却されても、原判決は直ちに
は確定せず、即時抗告の申立て期間が経過するまでその執行はできないこと

〔§386〕同前　199

になる。

　本条の異議申立ては、上訴の性質を有するから、上訴権回復に関する規定が準用されるというのが判例である（最決昭26・10・6刑集5・11・2177）。上告棄却決定についても、上訴権回復に関する規定の準用を認めた判例がある（最決昭57・4・7刑集36・4・556）。また、刑事施設にいる被告人に対する特則（366・367）も準用される。　　　　　　　　　　　　　（鹿野伸二）

　〔同前〕
第386条　左の場合には、控訴裁判所は、決定で控訴を棄却しなければならない。
　一　第376条第1項に定める期間内に控訴趣意書を差し出さないとき。
　二　控訴趣意書がこの法律若しくは裁判所の規則で定める方式に違反しているとき、又は控訴趣意書にこの法律若しくは裁判所の規則の定めるところに従い必要な疎明資料若しくは保証書を添附しないとき。
　三　控訴趣意書に記載された控訴の申立の理由が、明らかに第377条乃至第382条及び第383条に規定する事由に該当しないとき。
　2　前条第2項の規定は、前項の決定についてこれを準用する。

　〈本条細目次〉
　1　趣　旨　199
　2　控訴趣意書の不差出（1項1号）　200
　3　控訴趣意書の方式違反等（1項2号）　202
　4　控訴理由不該当（1項3号）　204
　5　異議の申立て　204

1　趣　旨

　控訴趣意書に関して本条に規定するような違法がある場合には、口頭弁論を開いて審理するまでの必要はないので、決定でこれを処理すべきものとした。前条は、控訴申立ての形式的違法に対する措置を定めた規定であったが、本条は、控訴趣意書の形式的違法に対する措置を定めたものである。

200　第3編　上訴　第2章　控訴

2　控訴趣意書の不差出（1項1号）

(1)　本条1項1号は、控訴申立人に通知された差出期限の最終日（規236Ⅰ）までに控訴趣意書が提出されなかったとき、控訴裁判所が決定で控訴を棄却できることを定めている。ただし、控訴裁判所は、控訴趣意書の差出期間経過後に控訴趣意書を受け取った場合においても、その遅延がやむを得ない事情に基づくものと認めるときは、これを期間内に差し出されたものとして審判をすることができ（規238）、この場合は、特にその旨の決定等をする必要がなく、事実上控訴審としての審判をすれば足りる。

本号に関しては、私選弁護人が控訴趣意書を提出しなかったことを理由とする控訴棄却決定に対する異議申立棄却決定に対する特別抗告を棄却した最決平18・9・15裁集290・367が、特殊な事案（いわゆるオウム真理教教祖事件）に関する事例判断ではあるものの、原審、原々審を含め参考となる判断を示している。

その他、本号により控訴が棄却され、これに対する異議が棄却された例として以下のものがある。

①　弁護人が期間を懈怠すればそれは同弁護人の責任ではあってもなおその効果は申立人にも及ぶから、差出期間内に趣意書の提出のなかったことが申立人の責に帰すべからざる理由のある場合には該当しないとした（東京高決昭28・3・31特報38・76。なお東京高決昭53・5・11東時29・5・77）。

②　被告人が、控訴を申し立てた後に私選弁護人を選任していたが控訴趣意書を期限内に提出しなかったことにつき、「弁護人から弁護費用を請求されて調達中に同弁護人が辞任したから、当然国選弁護人を選任してもらえると思っていた」旨主張したのに対し、その私選弁護人の辞任届が裁判所に提出されていないから、結局被告人又はその弁護人の責に帰すべき事由により控訴趣意書を提出しなかったことに帰するとした（東京高決昭33・2・3東時9・2・13）。

異議を認めて控訴棄却決定を取り消した事例として次のものがある。

③　被告人から控訴趣意書の作成提出を依頼された弁護士が、控訴趣意書提出期間の最終日午後11時53頃、控訴趣意書を持参して裁判所宿直室の外部から宿直員を喚び起こそうと努めたが就眠中の宿直員を起すことができず、やむなく一応帰宅して翌朝これを提出した事案において、やむを得なかった

〔§386〕同前　201

ものと認めた（札幌高決昭28・7・8特報32・37）。

④　控訴趣意書差出最終日の通知書が被告人の住所である大学寮に宛てて送達され、寮生が受け取って送達の効力は発生したものの、その寮生が被告人に渡すのを失念したために期限内に趣意書を差し出すことができず、控訴棄却決定がなされたのに対する異議の事案において、被告人が被告事件の罪となるべき事実を争い、なお控訴審における審理を希望していることなどから、上記経過の本件は、386条1項1号のいわゆる「控訴趣意書を差し出さないとき」に実質的には該当しないとした（東京高決昭48・6・28判時717・98）。

実務上、差出最終日経過直後に控訴趣意書が提出された際に、やむを得ない事情を厳格に判断せず、事実上控訴審として審判がなされた例は少なくないと思われる。

(2)　原判決の一部に対して控訴ができる場合に、全部について控訴の申立てをしたが（特に部分を限らない場合を含む。357)、控訴趣意書にはそのうちの一部についての控訴の理由が全く記載されていない場合の処理が問題となる。

このような場合、控訴趣意の記載がある部分とは別に、記載のない当該部分についてのみ本条1項により控訴を棄却して差し支えないはずであるが、一般には、他の部分と併せて1個の判決手続で処理されていると思われる。ただ、この場合、控訴趣意を欠く部分について本条1項を、控訴趣意が主張されている部分には396条を掲げるもの（仙台高判昭26・3・13特報22・17、東京高判昭40・6・3高刑集18・4・328、広島高松江支判昭41・5・31判時485・71）と、控訴趣意を欠く部分についても396条のみを掲げるもの（東京高判昭60・12・13判時1183・3）とがある。最高裁は、上告についてであるが、特に区別しない後者のような方法を用いている（最判昭43・12・4刑集22・13・1425、最判昭48・4・10刑集27・3・334等）。

(3)　いわゆる必要的弁護事件につき被告人が控訴した場合において、規250条により控訴の審判に準用される規178条3項の規定に違背して被告人に弁護人がないままであるときは、所定の期間内に控訴趣意書を差し出さないことに基づき本条1項により決定で控訴を棄却することは許されない（最決昭47・9・26刑集26・7・431）。これは、必要的弁護事件においては、公判審理

202　第3編　上訴　　第2章　控訴

だけではなく控訴趣意書の作成・提出についても弁護人が必要であるあることを示したものと解されるから、何らかの事情で国選弁護人の選任が遅れた場合、控訴趣意書の提出最終日との関係で相当な期間がなければ、控訴趣意書が提出されなかったからといって本条1項により控訴を棄却することは許されないことになろう（376条の解説**4**参照）。

　ただし、被告人が意図的に弁護人選任を妨げるような行為をした場合や私選弁護人が提出最終日直前に辞任した場合などは、その提出最終日に弁護人が存在しないことのみで控訴棄却が許されなくなるものではない（最決平21・6・17裁集296・861は、私選弁護人の辞任が繰り返された事案における控訴棄却決定を是認した。最決平14・3・27裁集281・331は、上告に関してのものであるが、被告人による弁護人の解任が繰り返された事案における上告棄却決定を是認した。）。

3　控訴趣意書の方式違反等（1項2号）

　(1)　控訴趣意書の方式違反とは、控訴趣意書が法令で定める方式、具体的には378条ないし382条の2や、規240条などに違反していることである。

　最決昭52・11・11刑集31・6・1019は、控訴の趣意として、「1　原判決は明らかに判決に影響を及ぼす事実の誤認がある。2　原判決は量刑が不当である。追って詳細は書面で述べる。」と記載したに過ぎない控訴趣意書は、382条、381条所定の事実の援用を欠き、法律で定める方式に違反するとしている（同様の事例として福岡高那覇支決昭49・6・17刑裁月報6・6・647、東京高決昭54・11・20東時30・11・170）。また、本条が準用された上告審についてのものであるが、最判昭25・2・24刑集4・2・249は、上告理由として単に刑訴法の法条を列記したのみで原判決の法令違反に関する事実を表示していないものにつき適法な上告理由といえないとした。

　その他本号により控訴を棄却した具体例として以下のものがある。

　①　具体的事実を述べずに、原審の審理が簡単に失し不公平であるというだけでは、適法な控訴の理由とはならないとした（大阪高判昭24・11・4特報1・278）。

　②　被告人の控訴趣意書には、同書面に記載してあるような事実が訴訟記録及び原裁判所において取り調べた証拠のうちどこに現れているのか全然明らかにされていないとして本号により控訴を棄却した（広島高決昭24・12・

5特報4・34）。

③　原審の審理は審理不尽があるとする点を、これは単に抽象的言辞によって原判決を非議するにとどまり、その内容たる具体的事実の表示がないから不適法とした（東京高判昭26・9・10特報24・33）。

④　外国人である被告人が、原審弁護人に控訴申立書を交付したものの、提出するか否かは後日連絡するとしたまま出国し、原審弁護人が被告人の意思を確認しないでこれを提出した事案において、控訴申立てが被告人の意思に基づいてなされたものと認めることができないから法令上の方式に違反するとした（東京高判平17・7・6東時56・1＝12・46）。

本号による控訴棄却決定を取り消した具体例として次のものがある。

⑤　犯罪事実が追越し違反という極めて単純なもの1個であって予想される争点も限定されることを理由に、控訴趣意書中の「事実誤認で道路交通法違反ではない」、「証拠がない」、「仮に追越し追抜きの区別が認められないとしても行為が過失であり」等の各記載によれば、被告人が、法上許された追抜きをしただけで、追越しをした事実はないこと、仮に被告人の行為が客観的には追越しに当たるとしても、過失によると認定されるべきであることが看取できるとして、控訴棄却決定に対する異議を認めた（大阪高決昭48・2・7判タ294・392）。

(2)　他の書面を引用するだけの控訴趣意書は不適法である。最決昭35・4・19刑集14・6・685は、控訴趣意書自体に控訴理由を明示しないで、第1審に提出した弁論要旨と題する書面の記載を援用する旨の控訴趣意は許容されないとした原判決の判示を正当とした。その他、上告に関するもので同旨の判例が多数存在する（最判昭23・12・1刑集2・13・1661は、上告趣意書に控訴審に提出した弁論要旨参照と記載されていたもの。最決昭25・10・12刑集4・10・2084は、上告趣意書に控訴趣意書を援用していたもの。最判昭34・3・13刑集13・3・310は、上告趣意書に不受理となった上告受理申立ての理由書記載事項につき裁判を求めると記載したもの。最決平4・3・27裁集260・193は、上告趣意書に第1審の弁論要旨及び控訴趣意書を援用したもの）。

ただし、他の書面の内容を引用する場合でも、その書面自体を控訴趣意書に添付しているときは、控訴趣意書の内容の一部となっていると考えられるから、控訴趣意書として不適法なものとはいえない（最大判昭30・6・22刑

集9・8・1189はこのような形式の検察官提出の控訴趣意書が適法であることを前提にしている。)。

(3) 保証書の添付のない場合に本号により控訴を棄却したものとして東京高判昭54・9・11東時30・9・121がある。

4　控訴理由不該当（1項3号）

　控訴趣意書に記載された内容が、書面自体から法定の控訴理由に該当しないときは、これに当たる。条文の文言上は、控訴趣意書に何らかの記載があることが前提であるから、控訴理由の記載が全くない場合には本号ではなく2号に該当すると考えられるが、その場合に本号に該当するとみる説もあり、裁判例は分かれている。

　東京高決昭31・12・4高刑集9・11・1197は、控訴の趣旨として「追って補充書を提出いたします。」とのみ記載された控訴趣意書につき規240条違反を理由に2号により控訴を棄却した原決定を相当とした。これに対し、仙台高判昭31・10・23裁判特報3・23・1109は、併合罪関係にある数罪について無罪とした第1審に対して検察官から控訴が申し立てられたが、一部の事実について控訴趣意書に控訴理由の記載がなかった事案において、事件全部が移審していることを前提に、本号は控訴趣意書に控訴理由の記載の全然ない場合をも含むものと解するのを相当として、控訴理由の記載がない事実について本号により控訴を棄却した。

5　異議の申立て

　本条1項の決定に対しては、385条2項が準用されているから、428条の異議の申立てができ、その場合には即時抗告に関する規定も準用される。

（鹿野伸二）

〔弁護人の資格〕
第387条　控訴審では、弁護士以外の者を弁護人に選任することはできない。

　控訴審は、原則として事後審であり、原判決に対する不服をいうにはその瑕疵を指摘しなければならず、これには法律専門家の法的知識が必要と考え

〔§388〕弁論能力　205

られるから、控訴審における弁護人は弁護士でなければならないとされたものである。したがって、31条2項のような特別弁護人は控訴審においては認められない。

(鹿野伸二)

〔弁論能力〕
第388条　控訴審では、被告人のためにする弁論は、弁護人でなければ、これをすることができない。

〈本条細目次〉
1　趣　旨　205
2　解　釈　205

1　趣　旨

本条は、被告人のために弁論をなし得る者を弁護人に限った規定である。前条の説明でも述べたように、控訴審の審理には法的知識が必要であることに基づくものである。前条と併せれば、弁護士資格を有する者しか弁論ができないこととなる。

2　解　釈

本条にいう「弁論」とは、389条及び393条4項における弁論のことであり、控訴理由の存否に関して意見を陳述することをいう。

本条は、被告人の弁論能力がないことを規定しただけであり、その他の当事者としての能力を否定したものではない。したがって、弁論以外の訴訟行為、例えば事実の取調べの請求はできるし、弁護人がないときは公判調書の閲覧もできるし、裁判長等の求めに応じて任意の供述をすることもできる。証人尋問立会権について、最大判昭27・2・6刑集6・2・134は、控訴裁判所では必ずしも常に事実の取調べに被告人を立ち合わせ被告人に弁論の機会を与えなければならないものということはできないが、控訴審で事実の取調べの一方法として証人の尋問をし、これを裁判の資料とするような場合には、憲法37条2項の刑事被告人の権利保護のため特に被告人をこれに立ち会わせその証人を審問する機会を与えなければならないと判示し、ただ、その

206 第3編 上訴 第2章 控訴

機会が与えられれば、現実に被告人が立ち会うことは必要ないとした。

また、控訴審における期日外の証人尋問権について、最判昭43・6・25刑集22・6・552は、控訴裁判所が事実の取調べとして証人尋問を行う場合、あらかじめ被告人に証人の氏名、立証趣旨すら知る機会を与えることなく、公判期日外において職権をもって証人尋問を決定して施行することは、検察官及び弁護人が立ち会い、かつ、異議がないとしても訴訟法上許されないとした。

反対尋問権については説が分かれている。 （鹿野伸二）

〔弁論〕
第389条 公判期日には、検察官及び弁護人は、控訴趣意書に基いて弁論をしなければならない。

〔規〕 第245条（受命裁判官の報告書） 裁判長は、合議体の構成員に控訴申立書、控訴趣意書及び答弁書を検閲して報告書を作らせることができる。
2 公判期日には、受命裁判官は、弁論前に、報告書を朗読しなければならない。

〈本条細目次〉
1 趣 旨 206
2 解 釈 206
3 規則の定め 207

1 趣 旨

控訴審は原則として事後審であり、控訴理由は控訴趣意書に記載しなければならないこととした関係から、口頭弁論主義の要請を控訴審においても貫徹するため、公判期日において、基本的主張である控訴趣意に基づく弁論を検察官及び弁護人になさしめようとしたものである。

2 解 釈

争点を明らかにすることを目的とするから、控訴した側の控訴趣意だけで

なく、これに対する相手側の反論を含む。控訴趣意書に基づいて行うのであるから、控訴趣意書に記載されていない新しい主張をすることは許されない（差出期間経過後の控訴趣意書、補充書の問題については、376条の解説3(3)イ参照）。

また、控訴趣意書の朗読は必要でない。多くの場合、「控訴趣意書記載のとおり」との陳述がなされるし、仮に内容を具体的に明らかにする場合でも、口頭での弁論として理解し易いように要点をまとめて述べることが求められよう。

差し出された控訴趣意書は、その後適法に撤回されるか、公判期日においてこれを陳述しない旨の明確な意思表示がなされない限り、これに基づく本条の弁論がなされないときでも、控訴裁判所はその控訴趣意に対し判断をしなければならない（392Ⅱ）。

弁護人が裁判長の訴訟指揮に従わず控訴趣意書の陳述をしない場合、検察官の答弁を求めて審理を進めた裁判例がある（東京高決昭47・1・29高刑集25・1・20、東京高判昭47・4・12高刑集25・2・167、東京高判昭48・10・4高刑集26・4・385。いずれも東大事件の控訴審である。）。この場合、控訴趣意書は陳述しなくとも判断の対象となるのであるから、陳述が擬制されるという必要はなく、弁護人が弁論を放棄したとみるのが素直であろう。控訴趣意の撤回があったとみることは相当でない。

3　規則の定め

裁判長は、合議体の構成員に控訴申立書、控訴趣意書及び答弁書を検閲して報告書を作らせることができ、その場合、公判期日には、受命裁判官が、弁論前に報告書を朗読しなければならないとされているが（規245）、実務上は行われていない。

（鹿野伸二）

〔被告人の出頭〕
第390条　控訴審においては、被告人は、公判期日に出頭することを要しない。ただし、裁判所は、50万円（刑法、暴力行為等処罰に関する法律及び経済関係罰則の整備に関する法律の罪以外の罪については、当分の間、5万円）以下の罰金又は科料に当たる事件以外の事件について、被

208 第3編 上訴 第2章 控訴

告人の出頭がその権利の保護のため重要であると認めるときは、被告人
の出頭を命ずることができる。

〔規〕 第244条（被告人の移送） 被告人が刑事施設に収容されている場合に
おいて公判期日を指定すべきときは、控訴裁判所は、その旨を対応
する検察庁の検察官に通知しなければならない。
2 検察官は、前項の通知を受けたときは、速やかに被告人を控訴裁
判所の所在地の刑事施設に移さなければならない。
3 被告人が控訴裁判所の所在地の刑事施設に移されたときは、検察
官は、速やかに被告人の移された刑事施設を控訴裁判所に通知しな
ければならない。

〈本条細目次〉
1 趣 旨 208
2 被告人の召喚 208
3 被告人に対する出頭命令 209

1 趣 旨

本条は、控訴審においては被告人に公判期日に出頭する義務がないことを
規定したものである。これは、控訴審の審理が事後審であり、差し出された
控訴趣意書に基づく弁論が主要なものとなるため、被告人が公判期日に出頭
する意味が少ないことに基づく。もちろん本条は憲法に違反しない（憲法82
条につき最判昭31・12・26刑集10・12・1746、憲法31条につき最判昭32・3・28
刑集11・3・1306、憲法37条1項につき最判昭33・10・24刑集12・14・3407。な
お最判平4・2・14裁集260・3）。

2 被告人の召喚

被告人には、出頭の義務がないだけであり、公判期日に出頭する権利はあ
るから、公判期日には被告人を召喚しなければならない（404条による273条
2項の準用）。この場合の召喚は、被告人に出頭の機会を与えるためのもの
に過ぎず、実質的には公判期日の通知であるから、召喚状の送達による必要
はなく、適宜の方法で通知すれば足りる（最判昭27・12・25刑集6・12・
1401）。実務では、出頭義務がない旨を付記した召喚状を送達している。

被告人に対し、公判期日の召喚手続をしないで、被告人不出頭のまま公判

期日を開いて審理をすれば違法である（最判昭28・7・31刑集7・7・1651〔第1回公判期日を被告人両名及びその私選弁護人に通知せず、これらの者が不出頭のまま、国選弁護人を選任して審理を終結して判決を言い渡した原判決を破棄した。〕、最判昭35・6・10刑集14・7・970〔判決宣告期日を変更したにもかかわらず、その変更前の期日に被告人及び弁護人不出頭のまま判決の宣告をした原判決を破棄した。〕）。なお、被告人が第1審判決後に行方不明になることがあるが、任意的弁護事件で弁護人が付されていない場合であれば、控訴趣意書が提出されずに決定で控訴が棄却されることになるであろうから（386 I ①）、問題が起こるのは、被告人が控訴趣意書を提出した後に所在不明になるか、弁護人からの控訴趣意書が提出された場合である。第1審判決後に行方不明となっている被告人については前記のとおり控訴趣意書提出期限の通知の問題があり（376条の解説**3**(1)イ参照）、そこで掲げた最決平19・4・9刑集61・3・321の趣旨からすれば、召喚についても付郵便送達が可能な場合が多く認められることになろう（この判例の趣旨からすれば、弁護人は、被告人が所在不明であることを理由に控訴趣意書の提出を拒むことはできないと解される。）。

　第1回公判期日に適式な召喚を受けながら出頭しなかった被告人に対し、さらに判決宣告期日を含む次回公判期日の召喚をしなければならないか否かについては、以前の判例は否定的であったが（大審院の確立した判例であり、新刑訴法においても最決昭29・9・21刑集8・9・1514がこれを変更する要を認めないとした。）、最大決昭44・10・1刑集23・10・1161は、「控訴審において公判期日を被告人に知らせることなく開廷し、実質的な審理を進めることは、被告人の防禦権の行使に支障を与える場合もあり、また、それが判決宣告期日の場合には、判決宣告の日から上訴期間は進行し、しかも、控訴審においては判決のあった事実を被告人に通知することは必要とされていないから、被告人に上訴する機会を失わせるおそれがある」などとして、上訴権回復請求を棄却した決定及びこれに対する異議申立てを棄却した原決定をいずれも取り消し、被告人の上訴権回復の請求を認めた。

3　被告人に対する出頭命令

　裁判所は、第1審においても出頭義務のない一定の軽微事件（284）以外の事件について、被告人の出頭がその権利保護のため重要であると認めるときは、被告人の出頭を命ずることができる。

210　第3編　上訴　第2章　控訴

　出頭を命ずるのが相当と考えられるのは、訴因変更手続を行うとき、事実の取調べとして重要な証人尋問を行うときなどが考えられる。出頭を命じたときには、被告人に出頭の義務が生じるから、不出頭に関する規定が準用され、勾引、保釈の取消等の規定も適用される。　　　　　　　　　　（鹿野伸二）

　〔弁護人の不出頭等〕
第391条　弁護人が出頭しないとき、又は弁護人の選任がないときは、この法律により弁護人を要する場合又は決定で弁護人を附した場合を除いては、検察官の陳述を聴いて判決をすることができる。

　〈本条細目次〉
　1　趣　旨　210
　2　解　釈　210

1　趣　旨

　弁護人が出頭しなくとも被告人の権利保護に欠けることがないと思われる場合について、訴訟の促進を目的として設けられた規定である。

2　解　釈

　「この法律により弁護人を要する場合」とは、必要的弁護事件（289 I）及び再審事件（451Ⅲ）の場合であり、「決定で弁護人を附した場合」とは、国選弁護人を選任した（36・37・290）場合である。

　必要的弁護事件でない事件について、弁護人の選任があり、その弁護人が出頭しなかったときは、形式的には本条に該当するものの、直ちにこれを適用することはできない。なぜなら、規179条の4ないし6は、控訴審にも準用されると考えられるから、私選弁護人がこれに基づく適式な公判期日の変更請求をしてきたときには、公判期日の変更を考慮するなど、同規則に基づく処理を検討すべきだからである。

　なお、私選弁護人が不出頭の期日に、国選弁護人を選任して審理を進めた手続を違法でないとした判例がある（最決昭33・5・6刑集12・7・1327及び最判昭32・3・14刑集11・3・1080）。しかし、これらはあくまでも事例判断

であり、一般的にそのような措置が可能であるとは言い難い。

　また、必要的弁護事件において、私選弁護人が出頭していないのに開廷して審理判決したという本条違反の事案について、原判決を破棄しなければ著しく正義に反するものとは認められないとした判例がある（最大判昭26・11・28刑集5・12・2423）。これは、その不出頭につき正当な理由がなかったこと、新たに弁護人を選任したとしても、その私選弁護人の提出した控訴趣意書に基づいて陳述するに過ぎないこと、控訴趣意が量刑不当に過ぎないことなどの事情からそのような判断をしたものである。　　　　　　　（鹿野伸二）

〔調査の範囲〕
第392条　控訴裁判所は、控訴趣意書に包含された事項は、これを調査しなければならない。
　2　控訴裁判所は、控訴趣意書に包含されない事項であつても、第377条乃至第382条及び第383条に規定する事由に関しては、職権で調査をすることができる。

〈本条細目次〉
1　趣　旨　211
2　義務的調査　212
3　職権調査　213
　(1)　職権調査の可否Ⅰ（枠の問題）　213
　(2)　職権調査の可否Ⅱ（攻防対象論）　214
　(3)　職権調査義務の有無　224

1　趣　　旨

　本条は、控訴裁判所の調査の範囲について規定したもので、1項は調査が義務的である事項を、2項は職権で調査ができる事項を定めている。

　控訴審は原則として事後審であり、第1審とは基本的構造が異なるが、そこでも、審査する事項はまず控訴趣意書に包含されたものとすることで、当事者主義の原則を基調とし、さらに補充的に職権調査により適正な裁判を実現しようとするものと考えられる。しかし、職権調査が可能な事項は控訴理

212　第3編　上訴　　第2章　控訴

由の全般にわたっており、運用次第では、職権主義が強く現れる余地も残されている。

2　義務的調査

(1)　本条でいう控訴趣意書は適式、適法なものでならないことは当然である。適法な控訴趣意書であれば、控訴審において陳述されなかったものでも、そこに包含されている事項は義務的調査の対象となるとするのが判例である（最判昭25・7・6刑集4・7・1205、最決昭27・7・12刑集6・7・910、最判昭29・12・24刑集8・13・2336）。ただし、適法に撤回されたもの、陳述しない旨の明確な意思表示のなされたものについては、義務的調査の対象とならない（最判昭27・1・10刑集6・1・69）。

(2)　本条は、控訴趣意書に包含された事項の調査が義務的であることを明示しているから、判決において必ずその判断を示さなければならない。前掲最判昭29・12・24刑集8・13・2336は、原判決が、第1審弁護人の提出した控訴趣意書を、原審において選任された弁護人によるものではないから適法な控訴趣意書とは認められないとして判断の対象としなかったところ、その控訴趣意書は拒否されるべきではないとして、これに対する判断を示さなかった原判決を破棄して差し戻した。

ただし、被告人が作成提出した控訴趣意書に対する判断をしなかった場合について、その違法は411条には当たらないとして上告を棄却した判例があり（最判昭25・7・6刑集4・7・1205、最判昭27・1・10刑集6・1・69、最決昭27・7・12刑集6・7・910）、さらに、控訴趣意書に含まれる事項についての判断を遺脱した違法があるとしながら、その主張は結局理由がないという点にまで触れて411条の適用を認めなかった判例も多い（以下に掲げるほか、最決昭27・12・16裁集70・559、最決昭28・3・20裁集76・561、最決昭29・4・13裁集94・401、最決昭31・10・9裁集115・49、最決昭31・11・13裁集115・363、最決昭46・3・10裁集179・167、最決昭46・9・23裁集181・575等）。

①　第1審判決に証拠として挙げた供述調書の任意性を争う旨の控訴趣意に対して、原判決に判断の遺脱があっても、供述調書を除くその他の第1審判決に挙げた各証拠によって判示犯罪事実を肯認するに難くない場合には、その違法は411条1号の事由に該当しない（最判昭31・3・27刑集10・3・403）。

〔§392〕調査の範囲　213

②　第1審判決の証拠説明が不明であって第1審判決には理由不備または訴訟手続についての法令違反があるとの主張に対する判断を省略したのは、判断を遺脱した違法があるが、第1審判決の判文と記録とを対照すれば同判決の証拠説明が不明とはいえないから、原判決のこの点に関する違法は判決に影響を及ぼさないことが明らかである（最判昭40・9・10判時426・50）。

(3)　控訴趣意書記載の控訴理由が複数の場合、控訴に理由がないとして棄却するためには、そのすべてについて調査して理由がないことを判断しなければならないのは当然であるが、控訴理由のうちのあるものによって原判決を破棄すべき場合においては、他の控訴理由についても調査すべきか否かの問題が生ずる。最決昭30・8・2裁集108・11は、量刑不当以外の控訴理由で原判決を破棄した場合には量刑不当の控訴趣意に対し判断を示す必要はないとしているが、これは、控訴理由の論理的先後関係から導かれる。すなわち、一般的にみると、量刑は、正しい事実認定及び法令の適用を前提とし、法令の適用は、正しい事実が認定されていることを前提とし、事実認定は、訴訟手続が適法に行われたことを前提とするから、訴訟手続の法令違反、事実誤認、法令適用の誤り、量刑不当の順に、先順位の控訴理由が認められないとき後順位の控訴理由を調査することになると考えられる。なお、これは、義務的調査と同時に職権調査を行う場合にも同様の考え方になろう。

3　職権調査

本条2項は、控訴裁判所に職権で調査する権限を与えている。刑訴法の原則の一つである当事者主義は、控訴審においても基本的には妥当しており、当事者が主張した控訴趣意について判断するのが控訴裁判所の基本的役割であるが、刑訴法のもう一つの原則である実体的真実主義と適正な裁判の要請からは、補充的にしろ、当事者主義を補うものとして職権調査が必要となるのである。しかし、これがどのような範囲で認められるかは、当事者主義と適正な裁判の要請とのバランスで解釈が分かれ得るところである。

(1)　職権調査の可否 I （枠の問題）

控訴の申立てが法令上の方式に違反し、又は控訴権の消滅後にされたものとして控訴が棄却されるべき場合（385・395）は、控訴自体が成立していないとみるべきであるから、職権調査を行うことができない。

控訴の申立ては適法になされたとしても、本項は、「控訴趣意書に包含さ

214　第3編　上訴　　第2章　控訴

れない事項であっても」と規定しているから、適式な控訴趣意書が提出された後に、義務的調査に付随して調査が行われることが予定されていると解されるため、控訴趣意書が差し出されていない場合や差し出されていても不適式な場合（386 I ②・③）に職権調査が可能かどうかの問題が生じる。

　この点、まず、訴訟条件の有無については、上記各場合でも職権調査ができると解される。例えば、第1審判決後に公訴棄却の事由（339 I ・338）が生じた場合は、控訴裁判所は、404条による準用によってこれらの事由に応じた決定ないし判決をすることとなるが、これらの事由は第1審判決後の事由であって控訴理由にはなり得ないから、本項の職権調査の問題ではない。控訴趣意書の不提出、不適式にかかわらず調査判断できる（最大判昭32・2・27刑集11・2・935は、被告人が所定期間内に上告趣意書を差し出さなかった事案において、有罪の第2審判決に対し被告人からの上告申立てがあった後に大赦があったとして411条5号により原判決を破棄し、それまでの判例を実質的に変更したが、これは、控訴審においても妥当すると考えられる。）。第1審判決が訴訟条件がないことを看過した場合は、不法に公訴を受理したとして絶対的控訴理由になるから（378②）、本項による職権調査の問題であるが、訴訟条件はやはり先決問題であって、控訴趣意書の不提出、不適式にかかわらず調査判断できると解される。

　上記以外の本来の職権調査の可否については、控訴趣意書の提出がなくとも本項による職権調査が可能であるとする説、不提出の場合は不可能であるが、不適式の場合は可能であるとする説、いずれの場合も不可能であるとする説に分かれている。東京高判平7・1・30東時46・1＝12・3は、主文2個の第1審判決の全部に対して控訴の申立てがなされたが、控訴の趣意がそのうちの1個の部分に限られる場合に、他の部分については厳密に言えば控訴の趣意を欠くものといわざるを得ないが、趣意書が全く提出されない場合とは異なるとして、職権調査は原判決の全部に及ぶとしており、これは、少なくとも控訴趣意書の提出がなければ職権調査は及ぼせないとの立場に立っているものと思われる。

(2)　**職権調査の可否 II（攻防対象論）**

　ア　最大決昭46・3・24刑集25・2・293は、いわゆる新島ミサイル事件において、「牽連犯または包括一罪として起訴された事実につき、その一部

〔§392〕調査の範囲　215

を有罪とし、その余については理由中で無罪の判断を示した第1審判決に対し、被告人だけが控訴を申立てた場合、控訴審が、職権調査によって、原判決に事実誤認ありとしこれを破棄自判して、起訴事実の全部につき有罪とすることは、職権の発動として許される限度をこえるものであって、違法である」旨判示した。この事案は、共謀による住居侵入、暴力行為等処罰に関する法律違反及び傷害の事実で起訴されたところ、第1審判決が、住居侵入及び暴力行為等処罰に関する法律違反の一部（多衆の威力を示しての脅迫）について有罪と認め、暴力行為等処罰に関する法律違反のその余の部分（多衆の威力を示しての暴行、器物損壊）及び傷害については、証明不十分として無罪とし、その無罪部分については、有罪部分と牽連犯ないし包括一罪の関係にあるとして理由中で判断を示したのに対し、被告人側のみが控訴し、控訴審が職権調査によって、第1審判決に事実誤認があるとしてこれを破棄し、起訴事実の全部につき有罪の自判をしたというものであった。

　この決定は、その理由中において、「これを本件についてみるに、本件公訴事実中第1審判決において有罪とされた部分と無罪とされた部分とは牽連犯ないし包括一罪を構成するものであるにしても、その各部分は、それぞれ1個の犯罪構成要件を充足し得るものであり、訴因としても独立し得たものなのである。そして、右のうち無罪とされた部分については、被告人から不服を申し立てる利益がなく、検察官からの控訴申立もないのであるから、当事者間においては攻防の対象からはずされたものとみることができる。このような部分について、それが理論上は控訴審に移審係属しているからといって、事後審たる控訴審が職権により調査を加え有罪の自判をすることは、被告人控訴だけの場合刑訴法402条により第1審判決の刑より重い刑を言い渡されないことが被告人に保障されているとはいっても、被告人に対し不意打を与えることであるから、前記のような現行刑事訴訟の基本構造、ことに現行控訴審の性格にかんがみるときは、職権の発動として許される限度をこえたものであって、違法なものといわなければならない。」と説明している。

　この判例の延長線上にあるものとして、最判昭47・3・9刑集26・2・102があり、これは、「当初の関税法111条1項の無許可輸出の罪の訴因につき第1審で無罪とされ、検察官が控訴したが、控訴審でも罪とならないとされ、ただ外国為替及び外国貿易管理法48条の無承認輸出の罪の成立する余地があ

216 第3編 上訴 第2章 控訴

るとして、破棄差戻した判決に対し被告人のみが上告した場合には、上告審が職権調査により右訴因を有罪とすべきものとして破棄差戻し、または自ら有罪の裁判をすることは許されない。」と判示した。さらに、最判昭57・4・22判時1042・147（包括一罪の一部につき控訴審判決の理由中で無罪の判断がされ、被告人のみが上告した場合の無罪判断部分につき）、最決昭63・2・29刑集42・2・314（観念的競合の関係にある罪の一部につき時効を理由とする免訴の判断をした第1審判決に対して被告人のみが控訴した場合の免訴判断部分につき）でも、同様の考えに基づく判断がなされている（ただし、最判昭53・7・7刑集32・5・1011は、無罪部分を有罪に変更するのではなく、免訴と変更する場合においては、職権調査を及ぼしてよいとしている。）。

　これらの判例が、無罪部分について移審を認めながら職権調査を否定しているため、これをどのように理論的に説明するかについて学説は分かれ、結論について反対する説もあった。しかし、判例としては、包括一罪や科刑上一罪のように実質的に数罪である分割可能な複数の事件の場合には、そのうち一部について無罪判決がなされたにもかかわらず検察官があえて控訴しなかったということをもって、検察官が無罪とされた事件につき処罰意思を放棄したものと評価し、無罪部分が攻防の対象からはずされたとして、控訴審裁判所の職権調査の範囲を制限する理論が確立していると解される。いわゆる攻防対象論といわれるものである。

　イ　これに対し、単純一罪において、本位的訴因が認定できないとして予備的訴因を認定した第1審の有罪判決に対し、被告人のみが控訴した事案についての判例としては、攻防対象論の適用を認めたものと認めなかったものがある。

　前者は、最決平元・5・1刑集43・5・323であり、これは、業務上過失傷害事件の過失の態様として本位的訴因を排斥し予備的訴因を認定した第1審判決に対し（両訴因は、被害自転車が、被告人運転大型車両の前の横断歩道を右から左に横断中であったのか、同車両の左後方にいたのかの基本的事実が異なる。）、被告人のみが控訴し、控訴審が予備的訴因の認定に合理的疑いがあるとして差し戻したところ、差戻し後の第2次第1審が、検察官による本位的訴因及び予備的訴因のいずれも維持する旨の釈明を受けて、本位的訴因に沿う過失を認定し、被告人の控訴が棄却されてさらに上告したという審理経過

において、「本件の場合、本位的訴因の犯罪事実も予備的訴因の犯罪事実も同一の被害者に対する同一の交通事故に係るものであり、過失の態様についての証拠関係上本位的訴因と予備的訴因とが構成されたと認められるから、予備的訴因に沿う事実を認定した第1審判決に対し被告人のみが控訴したからといって、検察官が本位的訴因の訴訟追行を断念して、本位的訴因が当事者間の攻撃防禦の対象から外れたとみる余地はない」ことを理由に、第2次第1審が本位的訴因について審理判決することは違法ではないとした（差戻しのからんだ複雑な事案であったが、大阪高判平10・9・1判タ1004・289は、本判決をひいて、端的に控訴審において本位的訴因を認定することが可能であると判示している。）。

　後者は、最決平25・3・5刑集67・3・267であり、これは、暴力団の組長である被告人が組員と共謀して組事務所で賭博場を開張したという賭博開張図利の共同正犯の本位的訴因を排斥し、被告人が組事務所を賭博場として利用することを組員に容認して幇助したという賭博開張図利幇助の予備的訴因を認定した第1審判決に対し（共同正犯の訴因は各種事実により共謀を認定する証拠構造であり、幇助の訴因の事実はそれらの事実の中に含まれるようなものである。）、被告人のみが控訴し、控訴審が、被告人の控訴理由には理由がないとしつつ、職権調査によれば、本件は、本位的訴因である共同正犯を認定するのが相当な事案であるから、予備的訴因を認定した1審判決には判決に影響を及ぼす事実誤認をした違法があるなどとして、1審判決を破棄した上、賭博開張図利罪の共同正犯を認定したため、被告人が上告したという審理経過において、「本件のように、第1審判決の理由中で、本位的訴因とされた賭博開張図利の共同正犯は認定できないが、予備的訴因とされた賭博開張図利の幇助犯は認定できるという判断が示されたにもかかわらず、同判決に対して検察官が控訴の申立てをしなかった場合には、検察官は、その時点で本位的訴因である共同正犯の訴因につき訴訟追行を断念したとみるべきであって、本位的訴因は、原審当時既に当事者間においては攻防の対象から外されていたものと解するのが相当である（最高裁昭和41年（あ）第2101号同46年3月24日大法廷決定・刑集25巻2号293頁、同昭和42年（あ）第582号同47年3月9日第一小法廷判決・刑集26巻2号102頁参照）。そうすると、原審としては、本位的訴因については、これを排斥した第1審裁判所の判断を前提とするほ

かなく、職権により本位的訴因について調査を加えて有罪の自判をしたことは、職権の発動として許される限度を超えたものであり、違法というほかない」ことを理由に、原判決に法令違反があるとした（ただし、原判決が第1審判決と同一の刑を被告人に言い渡していることから、著しく正義に反するものとは認められないとして原判決を破棄しなかった。）。

　単純一罪の場合の最高裁判例は、現在までこの2つであり、いずれも事例判断であるが、これらによって、単純一罪の場合であっても、攻防対象論が適用される場合とされない場合があることが示された。そこでさらにこの区別が問題となるが、この点、ある訴因が攻防対象からはずれたといえるかどうかについての最高裁の判断は、第1審判決に対して検察官が控訴の申立てをしなかった時点で、「検察官が本位的訴因の訴訟追行を断念したとみるべきかどうか」という観点からなされている、との理解がある（矢野直邦・判例解説(刑)平25・58）。そして、その理解によれば、2つの最高裁決定の結論が異なったのは、前者が証拠関係に従って訴因を構成せざるを得ない場合であって、検察官としては本位的訴因と予備的訴因のいずれを選択するかにつき裁量権を有しない事案であったのに対し、後者は本位的訴因を基礎づける証拠関係が存在したとしても検察官が予備的訴因の限度で起訴することも可能な裁量権が働く事案であったからというのである。この説明は、検察官の訴訟追行意思を基本に考える点で、刑訴法の当事者主義を尊重した納得できる考え方であるが、2つの判例の事案の区別は若干分かりにくいところがある。むしろ、各事件の本位的訴因と予備的訴因を比べたとき、前者では過失の程度において情状の違いはあるが、一義的に明確ではないのに対し、後者では構成要件的評価が異なり情状に大小関係がある（正犯＞幇助犯）こと、各訴因を立証するための証拠が、前者では訴因の違いを基礎づける主要部分で大きく異なり、予備的訴因が認められなくても本位的訴因が認められる可能性があるのに対し、後者では各訴因を立証するための証拠が同じ方向を向いており、予備的訴因が認められない場合に本位的訴因が認められる可能性がほとんどないこと（すなわち、本位的訴因が攻防対象でないとすると、控訴審の証拠評価が第1審と異なる場合、前者では本来有罪になるべき事案が無罪になる可能性があるが、後者ではそのような事案が想定できない。）を総合的に判断していると説明する方が理解し易いように思われる。

〔§392〕調査の範囲　219

　いずれにしろ、具体的事例にはいろいろなものがあり得るところ、最高裁の判例は未だ少ないから、いかなる場合に攻防の対象からはずれたことになるのか基準が明確にはなっているとは言い難い。検察官の訴訟追行意思があるかないかを後に判断することになると被告人に思わぬ不利益が生じる可能性があるし、控訴審における具体的審理において不意打ち防止の観点も留意する必要がある。今後、一般論として、いかなる事案で検察官の処罰意思が放棄されたと判断され、放棄されなかったと判断されるのかの考慮要素を分析する必要があると思われる。

　ウ　以上は、実質数罪の関係にある事実や、予備的訴因が認定された場合の本位的訴因についての職権調査の可否を問題としてきたが、さらに、単純一罪で予備的訴因が掲げられていない事案において、控訴審における調査の結果、被告人により不利益な事実が認定できると考えた場合、控訴審がそのような不利益な内容に変更することが許されるかという問題がある（これは、刑について不利益変更を禁止した402条とは無関係の問題である。最判昭23・11・18刑集2・12・1626、最判昭24・8・9刑集3・9・1428等）。

　(ア)　まず、構成要件的な縮小認定、すなわち、第1審が殺人の起訴に対して傷害致死を認めて有罪とし、あるいは（共同）正犯の起訴に対して幇助犯を認めて有罪とし（例えば前記矢野直邦・判例解説(刑)で引用されている福岡高判平20・4・22〈未〉）、これに対し被告人のみが控訴したような場合が考えられる。この場合、検察官は殺人か傷害致死か、正犯か幇助犯かにはこだわらず、「この事件」について有罪かつ相当な刑の判決を得られたから控訴しなかっただけであると強調すれば、殺人や正犯について処罰意思を放棄したとはいえない、との説明も不可能ではない。

　しかし、殺人と傷害致死は、構成要件評価が異なるだけでなく、事実としても通常は殺意の有無が異なる大小関係にあって、証拠上傷害致死が認められないにもかかわらず殺人が認められる可能性は低い。検察官の側からみると、控訴を検討する際、殺人による処罰を求める旨の意思表示は容易であるし、仮に検察官が傷害致死の刑で足りると考えて控訴しなかったところ傷害致死が無罪になったという場合、殺人であれば有罪となり得たということは想定し難いから、控訴審において殺人が攻防対象とならなくとも本来処罰されるべき事案が無罪となる可能性はほとんどない。したがって、検察官が控

訴しなかった場合に控訴審が殺人の事実関係について調査し認定すること
は、検察官の意図を超えるものであって許されないと解するのが相当だと思
われる（この考え方によれば、殺人の訴因に対し傷害致死と認定した第１審判決
に対する被告人の量刑不当の控訴において、控訴裁判所が、「殺意が認定できない
とすると第１審判決の量刑は重過ぎて不当であるが、実体としては殺意を認定す
べきであって、そうすると１審の量刑は相当である」と考える場合があり得るか
ら、検察官としては、量刑が満足なものであったとしても、殺意を認定しなかっ
た点を不服として控訴すべき場合があることになる。）。

　一方、正犯と幇助犯の場合は、構成要件的評価が異なり情状として大小が
あることは殺人と傷害致死の場合と同様であるが、事実としてみると、幇助
行為を構成する事実が正犯を基礎づける事実の一部である場合と一部でない
場合がある点に違いがある（特定の幇助行為は認定できないが正犯の認定はで
きることがある。）。そうすると、検察官の側からみると、構成要件評価の違
いを強調すれば、正犯による処罰を求める以上は明確に控訴すべきであると
もいえるが、幇助犯としてでも有罪であったことに満足している点を重視す
ると、控訴審で幇助犯が認定できずに本来認定可能な正犯が控訴審で審理対
象でなくなり全体として無罪となることは予想外の事態ともいえる。前記最
決平25・3・5の事案は、賭博開張図利の正犯が共謀によるものとして各種
事実によって構成されており、幇助犯を構成する事実がその重要な一部であ
ったため、幇助犯が認められない場合に共同正犯が認められる余地はない点
で、殺人と傷害致死に類似した状況にあったといえるが、正犯と幇助犯が常
に同様の事実関係とは限らない。

　このように考えると、構成要件的評価が異なり大小関係にあって縮小認定
されたが検察官が控訴しなかった場合には、一般的には攻防対象論の適用が
あると考えてよいものと思われるが、事実と証拠との関係によって常にその
ように断定することは危険かもしれない（構成要件的評価に大小関係がなく、
証拠関係が異なる場合には、適用はないと考えるべきであろう。大阪高判平16・
10・15高刑集57・4・1〔窃盗と盗品等保管の事案〕参照）。

　(イ)　次に、構成要件的評価に変化のない範囲での事実の不利益変更、例え
ば、被告人控訴の窃盗事件において、窃取された被害金品をより多額にした
り、暴行事件において暴行行為を付加したり、傷害事件において傷害の程度

〔§392〕調査の範囲　221

を重くしたりすることができるかという問題がある。裁判例は分かれている。

　〔許されないとするもの〕

　①　第1審がほ脱税額を誤って被告人に有利に認定した法人税法違反事件において、被告人のみが控訴したという事案において、「事実問題については当事者主義が機能し、検察官が請求した訴因の範囲内で当事者が立証の責務を負い第1審における当事者双方の攻防を通じて実体形成された結果が原判決に結実する建前であるから、原判決に対して検察官から不服申立がなかったときは、検察官は訴追を原判示の認定事実の範囲にとどめ、それを超えて被告人に不利益な事実認定を求めることを放棄したものといえるし、職権調査は、事実問題に関しては不服申立者殊に被告人に対し後見的なものであるべきであるから、原判示認定の範囲を超えて被告人に不利益な方向での職権調査をし、原判決よりも被告人に不利益な事実について判断をしてそのことのゆえをもって事実誤認ありとして原判決を破棄することは許されないというべきである」と判示した（大阪高判昭58・12・22刑裁月報15・11＝12・1210）

　〔可能とするもの〕

　②　赤信号看過等を過失とする業務上過失致死傷の公訴事実に対し、当時の対面信号が赤色であったことを否定した原判決に対する被告人控訴の控訴審において、職権調査の上、原判決を破棄自判し、公訴事実どおりの赤信号無視の事実を肯認した（東京高判昭61・11・4高検速報昭61・171。黄信号看過の過失が赤信号看過の過失と基本的に訴因が異なるとすれば、この裁判例は㈦の例とすべきともいえるが、開かれた構成要件である過失犯で、同一構成要件内での認定違いの場合であるから〔衝突地点の認定を変えた。〕、ここに掲げる。なお、不利益変更が可能とする理由については不明であり、刑については、検察官が控訴していないことを理由に第1審と同一の刑を科した。）。

　③　傷害致死事件において、第1審判決が傷害について未必の故意にとどまるとしたのに対して、被告人のみが過失致死を主張して控訴している場合において、「本件の場合は、公訴事実と同一ないし同程度の態様の事実を認定するものであって、検察官の公訴事実の範囲内で認定するものであること、検察官としては被告人の弁解する軽い態様の行為が認定され、犯意も未必の故意にとどめられた点に不満は残るものの、量刑が実刑で妥当と考えたこと

222　第3編　上訴　　第2章　控訴

から控訴まではしなかったが、もし軽い刑が宣告されていたならば、事実誤認を理由に控訴することも十分考えられる事案であると認められること、量刑に不服はないが、原判決の認定する犯行態様を前提にして量刑するならば原判決の量刑は重きに失するとして減軽されるおそれがある場合には、検察官において必ず控訴の申立てをしておかなければならないとするのは、事案の迅速、妥当な解決の上で必ずしも相当とはいい難い面があることなどの点にかんがみると、本件のような場合には、刑事訴訟法第393条第2項の職権調査が許される」と判示して傷害の確定的故意による犯行である旨認定した（福岡高判平12・9・5高検速報平12・195）。

　④　傷害罪につき、公訴事実中の暴行及び傷害の結果の各一部を除外して縮小認定した原判決に対し、被告人のみが控訴している場合であっても、原判決が認定した暴行のみでは原判決が認定した傷害の結果の多くを説明できず、傷害の結果の一部を除外すれば要加療日数の正確な認定も困難であるなどという事情（判文参照）の下においては、控訴裁判所が職権調査により公訴事実のとおりの事実を認定することが許されるとした（東京高判平15・10・16判タ1150・309）。

　思うに、控訴裁判所が実体に照らして第1審の量刑は相当であると考えているのに、間違った第1審の事実認定に拘束されて軽い刑を言い渡さなければならないことになるのは正義に反するのであり、この問題は、第1審の事実認定は不当だが刑は相当であるという場合に、検察官に控訴させる運用にするか、させなくともよい運用にするかという点にかかっているように思われる。前記最判平元・5・1の趣旨に照らしても、構成要件自体が違ってくる場合とは異なり、被告人がその量刑を受け入れるときにまで検察官に控訴するよう求める問題ではないと考えられるので、このような場合には検察官の控訴がなくとも被告人に不利益に事実認定を変更できると解するべきである（控訴裁判所が、1審判決より不利益に事実を認定することは許さないが、量刑については自己の認定した事実に基づいて判断してよいとするような解釈は、控訴審判決内で整合性がなくなるのでとり得ない。）。

　エ　なお、攻防対象論に関連する判例として、最判平16・2・16刑集58・2・133がある。これは、「第1審判決が、起訴された事実を理由中で無罪とした上、同事実に含まれるとして、同事実と併合罪の関係にある事実を認定

して有罪の判決をし、それに対し被告人のみが控訴したなど判示の訴訟経過の下では、控訴審裁判所が、刑訴法378条3号前段、後段に違反する違法があるとして第1審判決を破棄するに当たり、第1審判決の理由中で無罪とされた事実について、有罪とする余地があるものとして第1審判決に差し戻すことは、職権の発動の限界を超えるものであって、許されない。」とした。この事案は、第1審が、検察官の起訴した示凶器脅迫の事実について事実が認められないとして無罪の判断をし、理由中ではその旨示したが、本来それとは公訴事実の同一性を欠く直前の所持行為を、上記示凶器脅迫行為の縮小認定として認定した（罪数判断を誤ったもの）のに対し、被告人側が不告不理の原則違反として控訴し（検察官は控訴しなかった。）、控訴審が、不告不理の控訴趣意を容れるとともに、示凶器脅迫の事実について主文で無罪を言い渡していない第1審判決には判断遺脱の違法があるとして、第1審判決中有罪部分を破棄し、第1審に差し戻したというものであり、本来併合罪の関係にある事実であるのに第1審が罪数判断を誤ったという特殊事案であり、攻防対象論の参考とはなり難いであろう。

　また、攻防対象論に関連する裁判例として引用される裁判例として、仙台高判昭57・5・25高刑集35・1・66があり、「包括一罪及び一所為数法の関係にあるとして起訴された事実の一部を有罪、その余の部分を無罪とした第1審判決に対し被告人と検察官の双方から控訴の申立てがあったが、無罪とされた部分の一部について第1審裁判所のした事実認定に不服が主張されていない場合においては、控訴審は、不服の主張がない右部分を攻防の対象から外されたものとし、その部分の事実認定につき職権調査を及ぼすべきではない。」と判示している。しかし、この事案は、11件の戸別訪問罪とその際の6件の法定外文書頒布罪が起訴された事件について、第1審判決が、戸別訪問のうちの2件については犯罪の証明がないことを理由に、その余の9件については公職選挙法の処罰規定が違憲無効であることを理由にいずれも無罪とし、法定外文書頒布について有罪としたのに対する控訴事件であり、控訴審が上記規定を合憲と判断したが、犯罪の証明がないとされた2件についての検察官の控訴趣意がなかったというものであり、検察官の控訴が存在するのであるから、この段階で攻防対象からはずれたなどと解する余地はない。むしろ、控訴趣意書の不差出の場合の規定（386Ⅰ①）のもとで控訴趣意書

224　第3編　上訴　第2章　控訴

が不提出ないし不適式の場合の職権調査の可否をどのように考えるかという本条の解説**3** (1)の問題か、不意打ち防止の問題というべきである。

(3)　職権調査義務の有無

　ア　本条2項は、「職権で調査をすることができる。」と、裁判所の権限を認める形で規定されているが、これが同時に職権調査の義務をも伴うものであるかどうかについては争いがある。

　イ　判例は、一方では職権調査義務がない旨を述べている。

　すなわち、最決昭25・5・18刑集4・5・826は、控訴審は控訴趣意書で主張されなかった事実誤認についても十分調査すべきである旨の上告趣意に対し、「刑訴392条2項の規定は任意職権調査の規定であるから、かかる控訴趣意書に包含されない事項について調査をしなかったからといって、違法であるということはできない」と判示し、その後の、判決訂正の申立てに関する最決昭25・11・16刑集4・11・2323のほか、最決昭26・3・27刑集5・4・695、最決昭26・5・18刑集5・6・1175は、いずれも、本条2項は同項所定の事由に関し控訴審に職権調査の義務を課したものではない旨を判示している。最判昭31・1・10刑集10・1・1及び最判昭32・9・20刑集11・9・2340は、本条2項が憲法76条3項等に反しない旨明示しているし、最判昭30・9・29刑集9・10・2102は、非常上告の事案であるが、「刑訴392条2項及び411条の規定は、裁判所が職権として調査することができる旨を定めたに過ぎないものであって、控訴または上告の趣意書に包含されない事項についても職務として調査しなければならない旨を定めたものと解することはできない」と判示した。なお、最大決昭39・11・18刑集18・9・597は、上告審で初めてした違憲の主張が不適法であるとしたものであるが、その中で、「また控訴審では、控訴趣意書に包含されている事項を調査すれば足り、これに包含されていない事項については、たとえそれが第1審判決の適用法条の合憲性の有無に関するものであっても、職権調査の義務を当然には負うものではなく」と判示しているが、この「当然には」の文言は、職権調査の義務を負う場合もあることを想定しているとも読める。

　ウ　一方で、控訴審判決が「第1審判決の違法を看過した」ないし「違法な第1審判決を容認（是認）した」として、これを破棄した判例が存在する。

　①　第1審判決が、行為時法を適用すべきところ裁判時法を適用して法定

〔§392〕調査の範囲　225

刑を超える罰金を言い渡したもの（最判昭26・7・20刑集5・8・1604）。

②　第1審判決が、没収できない物を没収し、また、施行前の法令を適用したもの（最判昭29・3・26刑集8・3・337）。

③　第1審判決が、簡易裁判所における裁判所法33条2項の制限に反し、外国人登録法違反罪について懲役刑を選択処断したもの（最判昭30・12・20刑集9・14・2906）。

④　第1審判決が、刑の執行猶予を言い渡すに当たり、保護観察を付することができない場合であるのに保護観察を言い渡したもの（最判昭32・11・1刑集11・12・3037）。

⑤　第1審判決が、没収の前提要件たる知情の事実を確定しない審理不尽の違法を犯したもの（最判昭32・11・27刑集11・12・3132）。

⑥　第1審判決が、公職選挙法221条3項にいう「公職の候補者」に当たらない立候補届出前の者に同項を適用したもの（最判昭35・12・23刑集14・14・2221）。

⑦　第1審判決が、所得税ほ脱の意思を有してはいるが単に確定申告書を提出しなかっただけで所得税ほ脱罪が成立しない場合に、同罪の成立を認めたもの（最判昭38・2・12刑集17・3・183）。

⑧　第1審判決が、いわゆる訴訟詐欺の事案で詐欺罪が成立しないのにもかかわらず、同罪の成立を認めたもの（最判昭45・3・26刑集24・3・55）。

エ　さらに、原判決を破棄しなければ著しく正義に反するものとは認められない、あるいは、未だ411条を適用すべきものとは認められないとして、原判決を破棄することはしなかったものの、原判決が第1審判決の瑕疵を看過したことは違法である旨判示した判例は多数存在する。

①　第1審判決が、他の多数の罪と併合罪として起訴されている事実につき、詐欺とはならないのに詐欺罪と認めたもの（最決昭42・12・21刑集21・10・1453）。

②　第1審判決が、その認定した犯罪事実の内容をなすべき個々の具体的行為の判示を別紙に譲りながら、当該別紙を判決書に付さなかったという理由不備の違法を犯したもの（最決昭47・1・18判時655・85）。なお同最決は、「右のごとき第1審判決の瑕疵は、なんら特段の調査をするまでもなく、同判決を一読すればただちに発見しうるところであるから、原審は、当然職権をも

226 第3編 上訴 第2章 控訴

って刑訴法397条1項、378条4号により同判決を破棄しなければならなかった」旨判示した。

③ 第1審判決が、累犯関係にない前科を掲げて累犯加重をしたもの（最決平7・7・19刑集49・7・813）。

そのほか、最決昭42・3・8裁集162・699、最決昭42・3・23裁集162・1079、最決昭42・9・28裁集164・607、最決昭43・3・30裁集166・589、最決昭43・11・7裁集169・347、最決昭44・2・22裁集170・341、最決昭44・5・2裁集171・821、最決昭44・6・13裁集171・995、最決昭44・7・25裁集172・349、最決昭44・10・2裁集173・185、最決昭45・10・27裁集178・55、最決昭46・9・16裁集181・515、最決昭46・10・25裁集181・849、最決昭47・9・13裁集185・193、最決昭48・7・12裁集189・593、最決昭52・9・16裁集205・521、最決昭52・12・9裁集208・105、最決昭53・4・7裁集209・481、最決昭60・12・24裁集241・557等がある。

オ 以上によれば、判例は、一定の場合に第1審判決の瑕疵を看過した控訴審判決を破棄しているのであるから、職権調査義務が生じる場合があることと認めていると考えざるを得ない。一般論として職権調査義務を否定するかのような判示をしているものは存在するが、それは、当該事案において職権調査義務が生じないような事案であったために、一般論としての記載をしたが、職権調査義務を一切否定する趣旨で判示しているものではないと考えるべきであろう。

そして、職権調査義務が生じる一定の場合とはいかなる場合かが問題であるが、上記判例（破棄まではせずに、看過したことが違法であると判示したものを含む。）を通観すれば、少なくとも、判決書自体から判決に影響を及ぼすような瑕疵が明白になるものについては、職権調査義務があるとみていると解される。

なお、学説においては、この職権調査義務の範囲をどのような範囲で認めるべきかについて、刑訴法の原則である当事者主義と、これを補完する職権主義の関係についての考え方の違いもあって、諸説が分かれている。

(鹿野伸二)

〔§393〕事実の取調べ　227

〔事実の取調べ〕
第393条　控訴裁判所は、前条の調査をするについて必要があるときは、検
　察官、被告人若しくは弁護人の請求により又は職権で事実の取調をする
　ことができる。但し、第382条の2の疎明があつたものについては、刑
　の量定の不当又は判決に影響を及ぼすべき事実の誤認を証明するために
　欠くことのできない場合に限り、これを取り調べなければならない。
2　控訴裁判所は、必要があると認めるときは、職権で、第1審判決後の
　刑の量定に影響を及ぼすべき情状につき取調をすることができる。
3　前2項の取調は、合議体の構成員にこれをさせ、又は地方裁判所、家
　庭裁判所若しくは簡易裁判所の裁判官にこれを嘱託することができる。
　この場合には、受命裁判官及び受託裁判官は、裁判所又は裁判長と同一
　の権限を有する。
4　第1項又は第2項の規定による取調をしたときは、検察官及び弁護人
　は、その結果に基いて弁論をすることができる。

　〔規〕　第302条（裁判官の権限）　法において裁判所若しくは裁判長と同一の
　　　　権限を有するものとされ、裁判所がする処分に関する規定の準用が
　　　　あるものとされ、又は裁判所若しくは裁判長に属する処分をするこ
　　　　とができるものとされている受命裁判官、受託裁判官その他の裁判
　　　　官は、その処分に関しては、この規則においても、同様である。
　　　2　法第224条又は第225条の請求を受けた裁判官は、その処分に関し、
　　　　裁判所又は裁判長と同一の権限を有する。

　〈本条細目次〉
　1　趣旨等　227
　2　1項本文による事実の取調べの範囲　228
　3　1項ただし書について　229
　4　2項について　230
　5　受命裁判官等による事実の取調べ　232
　6　事実の取調べ後の弁論　232

1　趣旨等
　前条の調査は、まず訴訟記録及び原裁判所が取り調べた証拠を検討して行

228 第3編 上訴 第2章 控訴

うことになるところ、この検討だけで判断が可能であれば問題はない。しかし、原裁判所における証拠調べが不十分であった場合はもちろん、それ以外にも、訴訟記録及び原裁判所が取り調べた証拠以外の調査が必要な場合があり得るのであり、それを認めたのが本条である。控訴審が事後審であることからすれば、そのような訴訟記録及び原裁判所が取り調べた証拠以外の調査を無制限に認めることは相当でなく、解釈には多くの問題が生じる（小林充「刑事控訴審における事実の取調べ」松尾古稀下591参照）。

「事実の取調」とは、刑訴法上の他のところで用いられているのと同様（43Ⅲ等）、証拠調べによるものに限られない。しかし、原判決を破棄して自判する場合、その事実調べの内容を判決の資料に用いようとすれば、第1審の審理手続と同様の厳格な証拠調べが必要となることなどから、控訴審における事実の取調べは、証拠調べの方法によるのが通常である。

2 1項本文による事実の取調べの範囲

(1) まず、2項との対比で、原判決後に生じた事実についての証拠が1項本文による事実の取調べの対象から除外されることには疑いがない。この時間的問題だけでいえば、原判決前に生じた事実についての証拠は、その証拠自体が原判決後に生じたものであったとしても、取調べの対象となり得る。最決昭59・11・13裁集238・237は、原審が、第1審判決後に検察官が作成した交通事故当時の見通し状況についての実況見分調書を裁量により取り調べた措置に違法な点があるとは認められないと判示している。

(2) 原判決前に生じた事実についての証拠は取り調べの対象から除外されないが、それがどの範囲で事実の取調べの対象となるかについては説が分かれている。対極にあるものとして、厳格制限説と無制限説が存在し、それぞれに修正を加えた折衷説というべきものが存在する。

ア 厳格制限説

刑訴法の例外規定（383・本条Ⅰ但・Ⅱ）のほかは、原審で取り調べられた証拠に限られるとする説（例外的に原審で取調べを請求したが却下された証拠は含む。）。

イ 無制限説

請求によると職権によるとを問わず、無制限に新証拠の取調べができるとする説。

〔§393〕事実の取調べ　229

　ウ　折衷説

　㋐　厳格制限説で取調べができる証拠に加え、原裁判所が審理の経過に照らし職権で取り調べるべきであったと認められる証拠は、これを取り調べることができるとする説。

　㋑　原審の記録あるいは証拠にその存在が現れている証拠は、これを取り調べることができるとする説。

　㋒　職権による場合は無制限に新証拠の取調べができるが、当事者の請求による場合は、ア、ウ㋐、ウ㋑説のような制限に服するとの説

　㋓　原審の記録あるいは証拠にその存在が現れている事実についての証拠は無制限に取り調べることができ、これ以外の新たな事実に関する証拠は382条の2の制限があるが、職権調査は可能とする説。

　㋔　被告人に有利な証拠については制限がなく、不利な証拠については厳格制限説によるとする説。

　(3)　この問題に関し、最決昭59・9・20刑集38・9・2810は、「控訴裁判所は、第1審判決以前に存在した事実に関する限り、第1審で取調べないし取調請求されていない新たな証拠につき、刑訴法393条1項但書の要件を欠く場合であっても、第1審判決の当否を判断するため必要と認めるときは、同項本文に基づき、裁量によってその取調べをすることができる」旨判示した。これは、これまで判例の立場が明確でないとされていた本問題について、イの無制限説又はウの折衷説の中の㋒説を採用することを明確にしたものと理解できる。少なくとも職権調査については何らの制限がないことを示したものであって、その後の実務もこれによって運用されている。イ説とウ㋒説の違いは、請求による場合に現れるはずであるが、ここでの問題は裁判所の取調べができるかどうかの問題であるから（取り調べなければならないか否かは、ただし書の問題である。）、請求による取調べができないとしても、当事者の請求には裁判所の職権調査を促す意味もあり、裁判所が必要と認めれば取り調べるのであるから、実際上の違いはほとんど意味を持たないといえる（公判調書の記載方法には影響する。）。

3　1項ただし書について

　382条の解説2を参照のこと。

230　第3編　上訴　　第2章　控訴

4　2項について

(1)　現行刑訴法施行後、控訴審を事後審とする以上は、控訴審において原判決後の情状を考慮することはできないはずであったが、被害弁償・示談等の第1審判決後の事情が生じた場合にこれを考慮して第1審判決の量刑を改めたいとの実務上の要請が強かったため、昭和28年法律第172号により397条2項とともに加えられたものである。

本項による情状事実の取調べは、職権によってのみなされる。当事者が申し出なければ、裁判所は知り得ないことが多いであろうが、当事者に請求権はなく職権発動を促すものに過ぎないという位置付けになっている。

(2)　「刑の量定に影響を及ぼすべき情状」として、まず、被害弁償、示談の成立、被害者の宥恕等の被告人に有利な事情は、まさに立法時の要請があったものであり、当然これに当たる。これに対し、約束された弁償の不履行、被告人の第1審判決後の不行状、被害者の感情の悪化等の被告人に不利な事情が問題となり得るが、通説は、これに含まれるとする。

問題は、原判決後に生じた事情が、刑の量定に影響を及ぼすというだけでなく、犯罪事実自体の変動をもたらす場合、例えば、殺人未遂や傷害の被害者がその後死亡したような場合である。このような場合、犯罪事実自体の認定を変えるのであれば、訴因変更を必要とする場合もあるから、その可否を含めて問題となる。

第1審判決後に傷害の被害者が死亡した事案に関する裁判例として以下のものがある。

①　第1審において、被害者の病状の取調べをするのが、量刑の点から必要であったし、容易でもあったとして、単純傷害罪で処断した第1審判決を審理不尽に基づく理由不備の誤りがあるとして破棄したが、控訴審での傷害致死への訴因変更は許されないという理由で事件を第1審に差し戻した（仙台高判昭39・2・7高刑集17・1・146）。

②　累犯加重の誤りを理由に第1審判決を破棄したが、その際、原審が量刑に関する事情として認定した傷害の程度について誤認の疑いがあるとした上、検察官は控訴審における傷害致死罪への訴因変更を請求しているが、これを許可することは、控訴審の性格に反するばかりでなく、傷害致死罪は第1審として地方裁判所の合議体で取り扱われるべきであるのに、これが省略

〔§393〕事実の取調べ　231

されるため、著しく審級の利益を害されることが明らかであるとして、事件を第1審に差し戻した（東京高判昭42・4・20高検速報1595）。

③　原判決時に既に十分致死の可能性が認められたのであり、傷害の程度は、原判示の傷害の程度を超えて、さらに重大なものであったとして、量刑不当で原判決を破棄して差し戻した（大阪高判昭57・12・7判時1085・156）。

上記仙台高判昭39・2・7は審理不尽、東京高判昭42・4・20は事実誤認、大阪高判昭57・12・7は量刑不当を理由にしているが、いずれも第1審の判断自体を問題にし、単純に第1審判決後の量刑事情であるとしていないことからすると、死亡の事実を判決後の情状として397条2項により破棄することはできないが、そのまま第1審判決を維持するのは相当でないと考えているようにも思われる。

学説は分かれているところであるが、事後審としての控訴審においては、訴因変更は考えられないのであるから、その訴因変更後の事実の立証を予定した事実の取調べも認められないはずである。したがって、あくまでも、本条2項によるもの、すなわち、第1審判決後に生じた量刑事情として、変化した後の犯罪事実の立証が許されるかという問題であるところ、被害者の死亡が、量刑に影響する事情であることは否定できないのであって、むしろ考え方としては、犯罪事実に該当する場合には量刑事情として考慮することを禁止すべきか否かという問題設定になる。しかし、犯罪事実に含まれるか否かで区別して量刑事情として考慮することを許さないとするのは、例えば死亡に対する慰謝の措置、死亡したことによる被害感情の悪化などの周辺事実について、どの範囲で考慮することを禁止するのかの線引きが困難であるし、そもそも量刑が総合的判断であるのに、これを不自然に制限するという問題も生じるのであって、妥当とは考えられない。死亡事実を量刑事情として考慮することは禁止されておらず、その立証も本条2項により許されると解するべきである。そして、その立証された情状により第1審の量刑が不当と認められたときは、控訴裁判所は397条2項により第1審判決を破棄することができることとなる。さらにこのような論理で第1審判決を破棄した後、情状として考慮し量刑のみ変えるならば直ちに自判できるが、犯罪事実の認定も変更しようとすれば訴因変更が必要となるので、これが控訴審でもできるかどうかの問題が生じる（情状事実の変更としてのみ量刑するのと、犯罪事実

232　第3編　上訴　第2章　控訴

自体を変更して量刑するのでは、自ずから量刑は異なってくるはずである。）。いったん第1審判決を破棄すれば、その時点から控訴裁判所は続審としての審理をすることになるのであるから、訴因変更も可能であるとの考えもあるが、一般に、量刑不当の破棄自判において控訴審は第1審判決の認定した犯罪事実に拘束されると考えられていることや、審級の利益等を考えれば、第1審に差し戻すべきものと思われる。

5　受命裁判官等による事実の取調べ

本条3項は、事実の取調べを、合議体の構成員にさせ、又は地方裁判所、家庭裁判所若しくは簡易裁判所の裁判官にこれを嘱託することができる旨定めている。この場合、受命裁判官及び受託裁判官は、裁判所又は裁判長と同一の権限を有する。すなわち、受訴裁判所又はその裁判長の行う証人尋問、検証等の強制処分に関する総則の規定の準用があるという趣旨である。

6　事実の取調べ後の弁論

本条4項は、1項又は2項に基づく事実の取調べが行われたときには、検察官及び弁護人はその結果に基づいて弁論することができる旨を定めている。これは、争点に関して新たな資料の取調べが追加された以上、その結果についての当事者の意見を述べる機会を与えようとしたものであって、弁論主義に基づくものである。したがって、本項の弁論の対象はあくまでも控訴審において事実の取調べをした事項に限られる。

弁論をなし得るのは、条文に記載されているとおり、検察官及び弁護人であり、被告人には弁論をする権利がないとするのが判例である（最判昭27・2・26刑集6・2・134、最決昭41・1・18裁集158・18等）。ただし、これについては、原判決を破棄して自判するときには、第1審と同様の手続が当然要求されるのであるから、293条の準用によって被告人にも意見を述べる機会を与えるべきであるとする説、破棄自判するか否かに関係なく、事実の取調べをした場合には被告人に弁論及び最終陳述を認めるべきであるとする説も存在する。

　　　　　　　　　　　　　　　　　　　　　　　　　　　　（鹿野伸二）

〔証拠能力〕

第394条　第1審において証拠とすることができた証拠は、控訴審におい

ても、これを証拠とすることができる。

〈本条細目次〉
1　趣　旨　233
2　解　釈　233

1　趣　旨

　本条は、第1審で証拠能力が認められた証拠は、控訴審においても、その証拠能力を失うことなく、かつ、再度の証拠調べをするまでもなく、判決の基礎とすることができる旨を定めた規定である。本条は、414条により上告審の手続にも準用される。

2　解　釈

　証拠能力の点についての裁判例として、第1審で同意した被告人の自白調書につき、その同意を撤回することは、事後審である控訴審の性格上原則として許されないとした名古屋高金沢支判昭34・10・1高刑集12・10・958、第1審で自白調書に同意し、任意性を争わなかった以上、控訴審で初めてかかる主張をすることは、控訴審が事後審である関係上、許されないとした札幌高函館支判昭26・7・30特報18・126がある。この証拠能力の有無を判断する基準時は第1審の証拠採用決定時であるから、その当時供述者が外国にいたため321条1項3号により証拠能力が認められた供述調書は、控訴審段階で供述者が国内に戻っているときでも、証拠能力を失わない（なお、この理は、第1審の係属中であっても同様である。東京高判昭42・12・11高刑集20・6・781）。

　また、証拠調べの点について、最判昭34・2・13刑集13・2・101は、控訴審が事実の取調べをなし第1審の無罪判決を破棄して有罪を認定するにあたっては、第1審において取り調べた証拠は、控訴審で再び証拠調べをし直すことを必要とせず、そのまま証拠能力を認めて判決の基礎とすることができる旨判示している。このように破棄自判する場合は、事後審としての審査ではなく、第1審と同様の実体判断をするのであるから、判決する控訴裁判所において改めて証拠調べをし直す必要があるという解釈も考えられないわけではないから、その必要がないとする同判例の意味は大きい。

234　第3編　上訴　　第2章　控訴

　なお、「証拠とすることができた証拠」とは、判決の基礎として用いることができた証拠という意味であり、証拠調べをすることができた証拠という意味ではないから、第1審で取調べが却下された証拠や、控訴審で第1審の証拠採用決定が違法と判断された場合の当該証拠がいずれもこれに含まれないことは明らかである。したがって、第1審で裁判官が交代した場合に、弁論更新により取り調べられなかった証拠は、裁判官交替前に取り調べられていても控訴審において証拠とすることはできないことになる（仙台高判昭29・10・5裁判特報1・7・307）。　　　　　　　　　　　　　　　（鹿野伸二）

　〔控訴棄却の判決〕
第395条　控訴の申立が法令上の方式に違反し、又は控訴権の消滅後にされたものであるときは、判決で控訴を棄却しなければならない。

　〈本条細目次〉
　1　趣　旨　234
　2　口頭弁論　235
　3　第一審判決の確定時期　235
　4　未決勾留日数の算入、訴訟費用の負担　236

1　趣　旨

　控訴の申立てが不適法な場合のうち、明らかに控訴権の消滅後にされたものであるときは、第一審裁判所が、決定で控訴の申立てを棄却し（375。主文は「本件控訴申立てを棄却する。」。最決昭40・7・20刑集19・5・591参照）、法令上の方式に違反し又は控訴権の消滅後にされたことが明らかであるときは、控訴裁判所が、決定で控訴の申立てを棄却しなければならない（385。主文は「本件控訴を棄却する。」。最決平4・6・5裁集260・213参照）。したがって、本条は、書面審査だけでは法令上の方式に違反し又は控訴権の消滅後にされたことが明らかであるとは認められない場合に、口頭弁論を経て、判決で控訴を棄却すべきことを定めたものである（通説）。例えば、控訴を申し立てた弁護人の選任の効力が争われた場合（東京高判昭43・10・15判時548・100。法令上の方式違反）、控訴の申立てに先行する控訴放棄の効力が争われ

た場合（東京高判平11・1・8東時50・1＝12・1。控訴権消滅）、控訴の利益の有無が争われた場合（東京高判平19・1・19判タ1239・349）などに、本条の適用が考えられる。

なお、検察官及び被告人側の双方から控訴の申立てがあり、その一方にのみ本条の事由が認められる場合は、他方の控訴申立てに対する判決の理由中で前者の控訴を棄却する旨を示せば足りる（香城敏麿＝永井敏雄・注釈刑訴［第3版］7・360、原田國男・大コメ刑訴9・404、石井一正・刑事控訴審の理論と実務369）。

2 口頭弁論

本条による判決をするために行われる口頭弁論は、本条所定の事由の有無について行われるものであるから、控訴趣意書に基づく弁論（389）は許されない（判例・通説）。

3 第一審判決の確定時期

控訴の申立てが不適法であることを理由に控訴申立棄却決定（375・385）又は控訴棄却判決（本条）をした場合の第一審判決の確定時期については、①棄却裁判確定時説（中武靖夫・注解刑訴下125、鈴木茂嗣・同471等）、②控訴期間経過時説（香城＝永井・前掲357〜359）、③法令上の方式違反の場合は棄却裁判確定時、控訴権消滅後の場合は控訴期間経過時とする二分説（傳法谷弘・研修370・57、原田・前掲323、405、石井・前掲369〜370）に分かれる。

控訴期間内に控訴申立てがあった場合は、事前の控訴放棄がない限り、外形的には適式な控訴申立てがあるとして、その有効無効の判断が確定するまで刑の執行を控える一方、控訴期間経過又は控訴放棄後に控訴申立てがあった場合は、原判決が外形的に既に確定しているとして刑の執行を開始するという運用（傳法谷・前掲57）も、行刑実務としては合理性がある。しかし、不適法な控訴申立ては本来無効であるから、②説が理論的には一貫しており、上訴取下げの有効性を認めて訴訟終了宣言決定をする場合、上訴取下げ時に確定するとされることとも（最決平19・12・17裁集292・753、福岡高決平13・9・10高刑集54・2・123等参照）、平仄が合うと思われる。②説によっても、控訴申立ての不適法が確定するまでは訴訟係属があるから勾留も可能であり、確定すればその間の勾留が当然に刑の執行とみなされるし、控訴申立てが適法となれば勾留がそのまま維持され、未確定の間に刑の執行終了日に至

236　第3編　上訴　　第2章　控訴

れば、釈放手続をとることになろう（香城＝永井・前掲359）。

4　未決勾留日数の算入、訴訟費用の負担

　未決勾留日数の算入及び訴訟費用の負担に関する諸規定は、本条による控訴棄却判決にも適用がある（香城＝永井・前掲360、原田・前掲405、石井・前掲369）。ただし、本条による控訴棄却判決が確定すれば、控訴期間経過又は控訴放棄後の勾留は当然に刑の執行とみなされるから、刑法21条を実際に適用する余地はない（本条の解説3参照。ただし、札幌高判昭26・5・24高刑集4・5・512は、控訴審における未決勾留日数を算入している）。　　　（中谷雄二郎）

　　〔同前〕
　第396条　第377条乃至第382条及び第383条に規定する事由がないときは、判決で控訴を棄却しなければならない。

　　　〔規〕　第246条（判決書の記載）　判決書には、控訴の趣意及び重要な答弁について、その要旨を記載しなければならない。この場合において、適当と認めるときは、控訴趣意書又は答弁書に記載された事実を引用することができる。

　　〈本条細目次〉
　1　趣　旨　236
　2　控訴棄却判決の主文　237
　3　控訴棄却判決の理由　238
　4　控訴棄却判決の効果等　238

1　趣　旨

　本条は、原判決に377条～382条及び383条所定の控訴理由（破棄理由）に当たる事由（破棄事由）がないときは、判決で控訴を棄却すべき旨規定したものであり、破棄事由があるときは、次条により判決で原判決を破棄すべきことになる。

　もっとも、原判決に量刑不当の破棄事由があっても、原判決後の情状を考慮すると相当と認められるときは、破棄しても意味がないから、本条により

控訴を棄却すべきである（東京高判平8・7・25高刑集49・2・417、通説。反対、東京高判昭47・9・20高刑集25・4・413）[1]。

2　控訴棄却判決の主文

(1)　本条による判決主文は、「本件控訴を棄却する。」と表示する。原判決が可分であっても（原判決の可分・不可分については、397条の解説 **2** (2)参照）、被告人が1人である限り同様であるが、被告人が複数いるか又は検察官及び被告人双方から控訴申立てがあり、すべての控訴趣意に理由がなく、他に破棄事由もないときは、「本件各控訴を棄却する。」と表示するのが、確立された実務慣行である。

(2)　未決勾留日数の裁定算入に関する刑法21条は、控訴棄却の判決にも適用されるから、被告人の控訴を棄却する場合、控訴審における未決勾留日数を本刑に算入することができる（最判昭32・3・28刑集11・3・1306。控訴審での勾留総日数から控訴審の審理に通常必要な60日程度を控除した日数を原判決の刑に算入する例が多い。小林充・刑事控訴審の手続及び判決書の実際49、石井一正・刑事控訴審の理論と実務371）。ただし、被告人の控訴申立ての前日までの未決勾留日数は法定通算されるため（495Ⅰ）、裁定算入することはできない（最決昭26・3・29刑集5・4・722）。検察官の控訴申立て後の未決勾留日数も同様である（495Ⅱ①。双方控訴の場合について最判昭51・11・18刑集30・10・1902）。また、他事件の本刑に法定通算された未決勾留の期間と暦の上で重複する未決勾留を、更に本件の本刑に裁定算入又は法定通算することは許されない（最判昭52・7・1刑集31・4・681）。

他方、原判決を破棄する場合は、控訴申立て後の未決勾留日数も法定通算されるから（495Ⅱ②）、裁定算入する余地はない（最判昭46・4・15刑集25・3・439）。

(3)　訴訟費用の負担に関する181条1項・2項は、控訴棄却の判決にも適用される。この場合、181条1項の「刑の言渡をしたとき」及び2項の「刑の言渡をしない場合」は、原判決を基準とすることになる（香城敏麿＝永井敏雄・注釈刑訴［第3版］7・362）。

---

(1)　中野次雄・岩田傘寿343は、188条の4により上訴費用を補償せざるを得なくなる不都合を指摘するが、被告人の責に帰すべき事由により生じた費用として補償しない処理も可能であろう。

238　第3編　上訴　　第2章　控訴

　検察官のみが控訴を申し立て、控訴が棄却され又は控訴申立てを取り下げたときは、被告人の責めに帰すべき事由によって生じた費用を除き、訴訟費用を被告人に負担させることはできない（181Ⅲ）。他方、被告人が控訴を申し立てた後、これを取り下げたときは、被告人に訴訟費用を負担させることができる（184）。

3　控訴棄却判決の理由

　(1)　本条により控訴棄却の判決をするときは、控訴趣意書で主張された控訴理由のすべてについて判断を示さなければならない。控訴理由が382条の2第1項の「やむを得ない事由」がない証拠で証明する事実を援用する違法な場合も、その旨を判示すべきである（例えば、東京高判平24・6・28東時63・1＝12・135参照）。

　(2)　控訴棄却判決には、335条1項・2項の適用がないから、原審の有罪判決を維持する趣旨のものであっても、証拠の標目等を掲げる必要はない（最判昭26・5・10刑集5・6・1021）。

　(3)　原判決の事実認定、法令適用、証拠の摘示等に誤りがあっても、それが判決に影響を及ぼすことが明らかでないとして控訴を棄却する場合には、その誤りを訂正する必要はない（罰条の誤りについて最判昭29・6・19刑集8・6・903）。ただし、その瑕疵が看過できないものであるときは、原審に対する教育的指導の趣旨から指摘する例もある（例えば、東京高判平28・3・30判タ1436・144。なお、原田國男・大コメ刑訴9・408参照）。訴訟手続の法令違反についても同様である。

　(4)　なお、控訴審の判決書には、395条による判決の場合を除き、控訴の趣意及び重要な答弁の要旨を記載しなければならないが、適当と認めるときは、控訴趣意書又は答弁書に記載された事実を引用することができる（規246。引用の仕方については小林・前掲70〜78参照）。

4　控訴棄却判決の効果等

　(1)　本条による控訴棄却判決には、343条の準用があるから（404）、原判決後にされた保釈又は勾留の執行停止の効力は失われる（最決昭31・4・19裁集113・381）。控訴棄却判決により原審の禁錮以上の実刑判決を維持する場合と、原判決を破棄して禁錮以上の実刑に処する場合で、取扱いを異にする理由はないからである（長沼範良・基本法コメ刑訴326）。

〔§397〕破棄の判決　239

(2)　有罪判決に対する控訴棄却の判決が確定したときは、原判決も同時に確定し、刑の執行力等の原判決に伴う効果が生じる。控訴審判決において未決勾留日数の算入や訴訟費用の負担が言い渡されたときは、それも合わせて、判決の内容となる（香城＝永井・前掲363）。

(3)　控訴棄却の判決にも、規220条の準用があるから（規250）、原判決が有罪判決であるときは、判決宣告に際し、被告人に対して上告期間及び上告申立書を差し出すべき裁判所を告知しなければならない。ただし、406条の事件受理の申立てについてまで告知する必要はない（最決昭24・10・20刑集3・10・1665）。

（中谷雄二郎）

〔破棄の判決〕

第397条　第377条乃至第382条及び第383条に規定する事由があるときは、判決で原判決を破棄しなければならない。

2　第393条第2項の規定による取調の結果、原判決を破棄しなければ明らかに正義に反すると認めるときは、判決で原判決を破棄することができる。

　　〔規〕　第217条（破棄後の手続）　事件が上訴裁判所から差し戻され、又は移送された場合には、次の例による。
　　　　一　第1回の公判期日までの勾留に関する処分は、裁判所がこれを行う。
　　　　二　第188条ただし書の規定は、これを適用しない。
　　　　三　証拠保全の請求又は法第226条若しくは第227条の証人尋問の請求は、これをすることができない。

〈本条細目次〉
1　破棄の要件　240
　(1)　本条1項による破棄　240
　(2)　本条2項による破棄　241
2　破棄の範囲　242
　(1)　全部破棄と部分破棄　242
　(2)　全部破棄か部分破棄か（原判決の可分・不可分）　242

240　第3編　上訴　　第2章　控訴

　　　(3)　付加刑又は付随処分にのみ破棄事由がある場合　244
　3　控訴審における審判の対象　246
　4　破棄判決の主文の表示　247
　5　破棄判決において控訴理由の判断を示すべき順序及び範囲　247
　　　(1)　問題の所在　247
　　　(2)　主位的・予備的関係　248
　　　(3)　控訴理由の独立性と一体性　249
　　　(4)　並立的な控訴理由　250
　6　破棄判決の拘束力　251
　　　(1)　破棄判決の効果　251
　　　(2)　破棄判決の拘束力の実質的根拠及び法的性質　251
　　　(3)　拘束力を受ける裁判所の範囲　252
　　　(4)　拘束力のある判断の範囲　253
　　　(5)　拘束力からの解放　258
　7　差戻・移送後の審理の在り方　258
　　　(1)　覆審説と続審説　258
　　　(2)　差戻・移送後に引き継がれる手続　259
　　　(3)　差戻・移送後の手続の在り方　260
　　　(4)　裁判員裁判における差戻・移送後の手続の在り方　260
　8　控訴審における訴因変更　262
　　　(1)　訴因変更の可否　262
　　　(2)　訴因変更の要件　262
　　　(3)　訴因変更の形態　264

1　破棄の要件

　本条は、控訴裁判所が判決により原判決を破棄する場合の要件を定めた規定である。

(1)　本条1項による破棄

ア　破棄事由の存在

　本条1項による破棄の要件は、原判決に377条～382条及び383条所定の控訴理由（破棄理由）に当たる事由（破棄事由）がある場合である[(1)]。この事由が、当事者の控訴趣意書で主張されていたか、裁判所の職権調査で発見され

---

(1)　したがって、控訴審で追加変更された別の訴因罰条について犯罪の成立が認められても、そのことを理由に原判決を破棄することは許されない（最判昭42・5・25刑集21・4・705）。控訴理由ごとの破棄の要件については各該当条文の解説参照。

たかは問わない（控訴審における職権調査については392条の解説参照）。

イ　例　外

原判決が339条に違反して不法に公訴棄却の決定をしなかったときは、原判決を破棄せず、公訴棄却の決定をすることになる（403Ⅰ。詳しくは403条の解説参照）。ただし、原判決の一部に限り公訴棄却の決定をすべき場合には、複数被告人のうち1人の死亡など当該部分が可分なときを除き、本条1項により原判決全体を破棄した上、その部分に限り公訴を棄却し、その余の部分は自判等をすべきである（香城敏麿＝永井敏雄・注釈刑訴［第3版］7・366）。

なお、最決平18・10・10刑集60・8・523は、窃盗罪の懲役刑の刑期には変更を加えず選択刑として罰金刑を追加した刑法の改正（平18法36）について、その内容やそれまで懲役刑が科されてきた事案の処理に影響を与えることまで意図しないという法改正の趣旨を根拠に、当該窃盗罪の犯情、他の犯罪の有無及びその内容等に照らし、上記法改正との関係から第一審判決の量刑を再検討する余地のないことが明らかである場合には、本条1項により破棄すべき「刑の変更」に当たらない旨判示している[2]。

(2)　**本条2項による破棄**

本条2項による破棄の要件は、控訴裁判所が、393条2項に基づき、原判決後の刑の量定に影響を及ぼすべき事情について取調べをした結果、原判決を破棄しなければ明らかに正義に反すると認める場合である。原判決後の情状を加味しなくても量刑不当といえる場合には、本条1項により破棄することになる。

「原判決後に生じた情状」とは、原判決後に、示談が成立するなど、被害回復が図られ、被害感情が緩和したこと、被告人が就職するなど、被告人の更生環境が整ったことなどを意味し、原判決後に発見された情状資料であっても、原判決当時に存在したものは含まれない（香城＝永井・前掲377）。

---

[2]　大野勝則＝松田俊哉・判例解説（刑）平18・364以下参照。このような法改正に伴う刑の変更について常に絶対的控訴理由として取り扱うべき理由はないから、383条2号の「刑の変更」に関する通説的見解は維持しつつ、本条により破棄を要しない場合を認める限定説を採用したものと解される（大野＝松田・前掲374。なお、刑の廃止・変更に関する実質的解釈を認めたものとして最判平8・11・28刑集50・10・827参照）。

242 第3編 上訴 第2章 控訴

本条2項が「破棄することができる」と規定するのは、393条2項による事実の取調べが裁判所の裁量とされていることに伴うものであり、上記要件が満たされれば、原判決を破棄しなければならない（通説）。

「明らかに」正義に反するとは、原判決後に生じた情状と量刑不当との明白な関連性を要求する趣旨であり、程度を問題とする411条の「著しく」正義に反するとは、趣旨を異にするものであって、1項による破棄の場合と量刑における不当性の程度に違いはない（通説）。この部分に関する多少緩やかな運用は量刑政策全体として落ち着きがよいとも指摘されている（石井一正・刑事訴訟の諸問題594）。

2 破棄の範囲

(1) 全部破棄と部分破棄

原判決に破棄事由がある場合に、「原判決を破棄する。」としてその全部を破棄することを全部破棄、「原判決の……部分を破棄する。」としてその一部を破棄することを部分破棄という。被告人が複数の場合、原判決は被告人ごとに可分であるから、破棄事由のある被告人に関する部分に限り、部分破棄される（最近のものとして福岡高判平23・4・27判タ1382・366、大阪高判平28・5・26判タ1438・130参照）。これに対し、被告人が1人の場合は、原判決のうち可分な部分に破棄事由があるときに限り、部分破棄される（なお、部分破棄される場合であっても495条2項2号の適用がある。最決平25・11・19判タ1399・88）。すなわち、部分破棄の可否は、原判決が可分か不可分かによる。

(2) 全部破棄か部分破棄か（原判決の可分・不可分）

ア 原判決が1個の刑を科したときは、複数の事実を認定し、それらが科刑上一罪、包括一罪又は併合罪の関係にあっても、判決として不可分であるから、全部破棄すべきである（例えば、最判平24・4・2裁集307・775。法定刑である併科刑を科したときも、同様である。大阪高判平16・9・24家庭裁判月報57・7・45参照）。

イ 原判決が科刑上一罪又は包括一罪の一部を有罪、その余の部分を無罪とした場合、被告人のみが有罪部分について控訴しても、全部が移審し（最大決昭46・3・24刑集25・2・293）、しかも、無罪の判断は原判決の主文に現れないから（333条の解説参照）、有罪部分に破棄事由があれば、原判決全部を破棄しなければならない（科刑上一罪の一部について破棄事由がある場合の

最判昭28・1・30刑集7・1・128参照）。ただし、無罪部分は、当事者間の攻防の対象から外されたものとして、原判決の無罪判断に従うことになる（前掲最大判昭46・3・24等。392条の解説参照）。

　また、原判決が、併合罪の一部を有罪、その余の部分を無罪としたのに、罪数判断を誤り、無罪の判断を理由中でのみ示したため、被告人側の控訴によって無罪部分も移審したときにも同様の問題が生じる。このような場合、無罪部分にまで職権調査を認めると、本来は移審しない無罪部分が裁判所の過誤によって移審し、有罪となる余地が生じて、被告人にとり酷な結果となるから、無罪部分について職権調査は許されず、原判決の無罪判断が維持されることになる[3]。

　ウ　併合罪の関係にある事実の間に確定裁判が存在するとき（東京高判昭41・12・28高刑集19・6・827）、刑法48条1項の適用があるとき（最判昭35・5・6刑集14・7・861、最判昭43・10・15刑集22・10・940）、併合罪規定の適用が排除されるとき（旧アルコール専売法38条）のように、原判決が数個の刑（法定刑としての併科刑を除く）を科した場合は、言い渡された刑ごとに可分であるから、1個の刑に破棄事由があるときは、その刑に関する部分に限り破棄すべきである。ただし、量刑の当否は同じ判決中の数個の刑の個別かつ総合的な評価であるから、量刑不当で破棄するときは、原判決全部を破棄すべきである（刑法48条2項の適用を排除した当時の酒税法61条に基づき罰金刑の主文が分かれた最判昭28・3・26刑集7・3・636、最判昭33・9・30刑集12・13・3190、刑法48条1項に基づき懲役刑と罰金刑が併科された最判平18・2・27刑集60・2・240のほか、芦澤政治・判例解説（刑）平18・127以下参照）。併合の利益を考慮すべき場合も同様である（香城＝永井・前掲385参照）。

　エ　原判決が複数の公訴事実を無罪（免訴、公訴棄却も同じ）とした場合は、公訴事実ごとに可分であるから、破棄事由のある公訴事実に関する部分に限り破棄すべきである（近藤和義・判タ359・66、小林充・刑事控訴審の手続

---

[3]　最判平16・2・16刑集58・2・133は、第一審が、罪数判断を誤り、示兇器脅迫の公訴事実につき理由中で無罪とする一方、これと併合罪の関係にある刃物携帯の事実をその縮小事実として認定して有罪判決を言い渡し、被告人のみが控訴した事案について、控訴裁判所が、第一審判決を破棄する際に、示兇器脅迫の公訴事実につき有罪とする余地があるものとして差し戻し又は自判することは許されないとした（平木正洋・判例解説（刑）平16・116参照）。

244　第3編　上訴　　第2章　控訴

及び判決書の実際54)。併合罪となる一部の公訴事実を有罪、その余の公訴事
実を無罪等とした場合も、基本的には同様である（最判昭28・9・25刑集7・
9・1832）が、検察官の控訴に基づき無罪等の部分を破棄して有罪とすると
きは、被告人の併合の利益に配慮して、検察官が原判決全部につき控訴を申
し立て、その全部を破棄するのが実務の運用である（最判昭33・11・4刑集
12・15・3439等、近藤・前掲67、小林・前掲55、原田國男・大コメ刑訴9・419、
石井一正・刑事控訴審の理論と実務17、381）。ただし、刑法45条後段、48条1
項の適用があるなど、併合の利益を考慮する必要のないときは、無罪部分の
みを破棄すれば足りる（小林・前掲55、原田・前掲415〜416参照）。

　オ　上記ウ・エの各場合であっても、原判決の付加刑（没収、追徴）又は
付随処分（訴訟費用の負担等）がすべての事実に関連して不可分であれば、そ
の余の部分が可分であっても、原判決全部を破棄すべきである。付加刑の例
としては、A・B両事実の犯罪供用物件として没収された場合、事実ごとの
各犯罪収益が合算されて追徴された場合などが考えられ、付随処分の例とし
ては、国選弁護人に関する費用を一括して負担させている場合などが考えら
れる(4)。

　(3)　付加刑又は付随処分にのみ破棄事由がある場合

　ア　付加刑又は付随処分にのみ破棄事由がある場合、最高裁は、その部分
に限った部分破棄を認めており、未決勾留日数の算入（最判昭33・4・10刑
集12・5・866、最判昭56・7・16刑集35・5・557等）、没収・追徴（最判昭62
・12・11刑集41・8・352）、訴訟費用の負担（最判昭46・4・27刑集25・3・
534）について先例がある。

　イ　控訴審でも、未決勾留日数の算入（東京高判昭38・4・10〈未〉、同昭
38・5・10〈未〉。いずれも横井・ノート5・130記載のもの）及び訴訟費用の負
担（名古屋高金沢支判昭47・11・21刑裁月報4・11・1796、前掲最決平25・11・
19の原審である東京高判平25・2・27〈未〉）について、部分破棄を認めたもの

──────────
　(4)　近藤・前掲66、香城＝永井・前掲385、原田・前掲425、石井・前掲18、381。東京
　　　高判昭56・6・23刑裁月報13・6＝7・436は、懲役刑と拘留刑を併科したが、国選
　　　弁護料である訴訟費用は被告人に一括負担させた原判決について、一部控訴は許さ
　　　れないとして、原判決全部を破棄している。小林・前掲53は、訴訟費用の負担につ
　　　いては執行に委ねざるを得ない面のあることを理由に、一部破棄を認めるが、負担
　　　させる訴訟費用の範囲を明確にする意味からも、全部破棄が相当であろう。

〔§397〕破棄の判決　245

があり、盗品等の被害者還付について、部分破棄も可能であるとしたものも
ある（大阪高判昭60・11・8高刑集38・3・199、福岡高判昭61・10・27判タ626
・246）。ただし、現在の実務は一般に慎重といえる（例えば、没収につき大阪
高判平9・10・15判時1640・170は全部破棄している）。

　この点、最高裁判例は、185条後段に則り、控訴審で訴訟費用の裁判を是
正できるのは、控訴が適法かつ理由があり本案についても破棄すべき場合に
限られるとする一方（最判昭31・12・13刑集10・12・1633）、上告審で訴訟費
用の裁判に関する上告のみ理由がある場合には部分破棄を認めており（前掲
最判昭46・4・27）、両者の関係について議論がある（詳しくは185条の解説参
照）。前者は後者により実質的に変更されたと解する余地があり、185条後段
の解釈としても、訴訟費用の裁判に関する瑕疵のみを理由として上訴を申し
立てることは許されない趣旨と解することも可能であろう[5]。

　ウ　控訴審において最高裁と同様の取扱いが許されるかについては、学説
上も肯定説と否定説が分かれている。

　否定説としては、主刑と付加刑及び付随処分とは不可分であるから、最高
裁・控訴審を通じて一部上訴も部分破棄も許されないとする伝統的な否定説
（団藤・綱要512、中武靖夫・注解刑訴下174等）があるほか、近時は、最高裁で
は認められるとしても、最終審かつ法律審である最高裁の例外的措置であり、
控訴審で同様の取扱いをする必要性・妥当性に疑問があるとする否定説が多
数である（近藤・前掲67、安廣文夫・判例解説（刑）昭62・303、長沼範良・基本
法コメ刑訴326等）。

　これに対し、①一部上訴を認めるかどうかと部分破棄を認めるかどうかは
別個の問題であり、部分破棄を認めつつ、これに対する全部上訴を義務付け
ても矛盾しない、②控訴審でも、このような取扱いをするメリットがある、
として、控訴審でも部分破棄を認める肯定説も有力である（平野龍一・刑判
評釈41・52、佐藤文哉・松尾・刑訴2・535、原田・前掲423〜425等）。

　エ　主刑を中心とする本案に関する判断部分と付加刑及び付随処分の間に
は主従関係が認められるから、上訴については両者を不可分一体として取り

（5）　平野・刑訴355は、控訴が理由のある場合に限られるとする多数説について、文理
　　上も困難であり、186・187とも不均衡であることを指摘する。

246 第3編 上訴 第2章 控訴

扱うべきであるとしても、後者に固有の瑕疵がある場合に前者まで破棄すべき必然性はないし、前者に瑕疵がないからといって、後者に固有の瑕疵を放置してよい道理もない。したがって、原判決の未決勾留日数の算入、没収・追徴、被害者還付、訴訟費用の負担等の判断に誤りがあっても、その判断の当否が本案に関する判断の当否と関係しないときは、部分破棄を認めるべきであり[6]、とりわけ、第一審の判断の尊重を要する裁判員裁判では、その必要性が高いといえる。ただし、付加刑等にのみ瑕疵のある場合でも、合一確定の要請から、全部上告のみが許されるべきであり（原田・前掲422〜423）、部分破棄であっても、495条1項2号の「原判決が破棄されたとき」に当たると解すべきである（前掲最決平25・11・19、原田・前掲425）。

3 控訴審における審判の対象

(1) 破棄判決における主文の表示や控訴理由の判断の在り方について検討する前提として、控訴審における審判の対象は原判決・控訴理由のいずれであるかが論じられており、前者を原判決対象説（中武靖夫・判タ352・69、小林・前掲5〜6、平良木登規男・刑事控訴審168、鈴木茂嗣・石松竹雄判事退官記念論文集385、久保眞人・新刑事手続3・411、石井・前掲刑事控訴審の理論と実務324等）、後者を控訴理由対象説（平野・刑訴304、香城＝永井・前掲396〜398、原田・前掲413〜416等）という。

(2) 控訴審の審判の目的は、単に原判決の当否ないし破棄の要否の判断のみにあるのではなく、原審の審理及び判決の瑕疵の有無を明らかにした上、それに基づき原判決及び事件の処理を行うことにあるところ（原田・前掲413参照）、控訴理由対象説は、このような控訴審の審判の目的になじむものである。また、双方上訴の一方に理由があり、他方に理由のない場合、理由のない上訴を棄却する旨を主文で表示しないという実務の取扱いは、後記4(2)で指摘するように、原判決対象説の論拠となるとはいえない。さらに、職権調査義務の範囲は、控訴審における審判の対象とは別に検討されるべき問

---

(6) 原田・前掲423〜425。香城＝永井・前掲388は、控訴審での新たな被害者還付、没収等の追加について、第一・二審判決の各内容を合体して執行力のある判決の内容が形成できることを理由に、また、小林・前掲54、石井・前掲刑事控訴審の理論と実務379は、訴訟費用の負担及び被害者還付について、刑罰的色彩がなく、主刑と内容的関連性がないことを理由に、部分破棄の余地を認める。

〔§397〕破棄の判決 247

題である（392条の解説参照）。

（3）もっとも、控訴審における職権調査により、当事者の主張していない破棄事由が発見された場合にも、原判決を破棄すべきであるから、控訴理由対象説にいう「控訴理由」は、当事者の主張に限定されるのではなく、原判決を破棄すべき理由（破棄理由）をすべて含むものと解すべきである。したがって、そのような意味における控訴理由対象説、すなわち破棄理由対象説が正当と思われる（香城＝永井・前掲398、原田・前掲415）。

4　破棄判決の主文の表示

（1）検察官及び被告人双方から控訴があり、共に理由のない場合は「本件各控訴を棄却する」と表示し、共に理由のある場合は「原判決を破棄する」と表示する。

（2）双方控訴の一方に理由があり、他方に理由のない場合、「原判決を破棄する」と表示するほか、理由のない控訴を棄却する旨の表示をすべきかについては、最決昭42・11・28刑集21・9・1299が不要説を採用して、実務の取扱いが確定し、控訴審判決でも同様に表示している。職権調査で発見した理由により破棄する場合も同様である。

このような主文の表示方法については、原判決対象説の立場から、その見解を裏付けるものと主張されるが（中武・前掲判タ352・72等）、控訴理由対象説からは、①控訴棄却を主文に表示するかどうかは形式的便宜的な問題にすぎない（平野龍一・刑判評釈13・287、原田・前掲418）、②本条は破棄事由がある場合に原判決を破棄すべき旨、396条は破棄事由が全くない場合に控訴棄却すべき旨定めたものである（香城＝永井・前掲389、長沼・前掲326）として、同説とも矛盾しないと主張されている。主文は、判断の帰結を過不足なく表示すれば足りるのであり、②説も自然な解釈といえるから、控訴理由対象説によっても十分説明がつくものといえよう。

5　破棄判決において控訴理由の判断を示すべき順序及び範囲

（1）問題の所在

控訴審における審判の対象について破棄理由対象説を採用する以上、控訴裁判所は、原判決を破棄すべき控訴理由については、当事者が主張するものに限らず、そのすべてを職権により調査すべきことになる（河村澄夫・中野還暦325、原田・前掲375。控訴審での職権調査義務の範囲については392条の解説

参照)。もっとも、破棄理由対象説を採用しても、控訴理由のすべてについて判断を示すまでの必要はなく、原判決の破棄の要否に加え、原判決を破棄する場合は、破棄後の審理に影響を及ぼす範囲内で控訴理由に対する判断を示せば足りる。そのため、各控訴理由の相互の関係により、判断を示すべき順序や範囲、判断を省略できる範囲を決める必要がある（判断の省略について河村澄夫＝野間禮二・判タ360・77参照）。すなわち、破棄判決において控訴理由の判断を示すべき順序及び範囲を決める前提として、各控訴理由相互の関係を解明しなければならないのである。

　なお、判断の対象としての控訴理由の単複は、控訴理由の種類及び瑕疵の対象個数により定まり、主張当事者の単複や主張の方向性には左右されない[7]。

(2) 主位的・予備的関係

　ア　控訴理由の主位的・予備的関係とは、Ａが認められれば、Ｂについて判断する前提事実ないし前提となる法律関係が失われるため、Ｂについての判断が許されなくなる場合である（香城＝永井・前掲390～391、原田・前掲426～427）。瑕疵の重大さ及び影響の大きさのほか、一般的な論理的順序に従い、訴訟手続の法令違反、事実誤認、法令適用の誤り、量刑不当の順に判断を進める過程で、主位的・予備的関係の有無、そして判断の要否が吟味されることになる[8]。

　イ　判断順序を整理すると、第１順位は、公訴棄却又は免訴により訴訟を直ちに終結させるべき事由（378条２号前段、380条のうち不法に免訴の判決をしなかったこと、383条２号のうち判決後に刑の廃止又は大赦があったこと）[9]、第２順位は、訴訟手続の法令違反のうち審理全体を無効とする事由（377条1

---

(7)　例えば、原判決の同じ事実認定の誤りを指摘する事実誤認の主張、あるいは、原判決の量刑不当の主張が双方当事者から出され、検察官がより重い事実の認定や量刑を、弁護人が無罪ないしより軽い量刑を求めるなど、それぞれの主張する方向が逆であっても、判断の対象としての控訴理由は１個であり、１個の判断を示せば足りる（石井・前掲刑事控訴審の理論と実務326参照）。

(8)　通説。例えば、事実認定の根拠となった証拠の採用が違法である場合、事実誤認はその判断の前提が失われるし、法令適用の前提となる事実認定に誤りが認められる場合、法令適用の誤り、量刑不当はその判断の前提が失われるため、それぞれの判断自体が許されなくなる。

〔§397〕破棄の判決　249

号・2号、同条3号のうち審理全体について公開原則違反が認められる場合、379
条のうち審理全体を無効とする事由）及び不法に管轄違いの判決をしなかった
こと（378①前）、第3順位は、その余の絶対的控訴事由（上記以外の377③・
378③・④・383①〔無罪等とすべき新規かつ明白な証拠発見を理由とする場合を
除く〕・②）、第4順位は、その余の訴訟手続の法令違反（379）のうち証拠
の採否の誤り等の事実認定の基礎を失わせるもの、第5順位は、その余の訴
訟手続の法令違反（379）、第6順位は、事実誤認（382）及び無罪等とすべき
新規かつ明白な証拠発見を理由とする再審開始事由（383①）、第7順位は、
法令適用の誤り（380）、第8順位は、量刑不当（381）であり、同一順位の控
訴理由は、原則として並立関係にあると解される（香城＝永井・前掲393～395
参照）[10]。しかし、第1順位と第2順位との先後関係については異論がある
ほか（小林・前掲79、石井・前掲刑事控訴審の理論と実務328）、この順位は一応
のもので、例外も決して少なくないから[11]、これを目安としながら、問題の
残るものについては、瑕疵の重大さ及びその影響の大きさに応じて個別に判
断していかざるを得ないであろう（香城＝永井・前掲393、石井・前掲刑事控訴
審の理論と実務329）[12]。

(3)　控訴理由の独立性と一体性

ア　主位的・予備的関係は、控訴理由相互の論理的先後関係の問題である
のに対し、控訴理由の独立性と一体性は、個々の控訴理由の独立性の問題で
ある。複数の控訴理由に一体性が認められるため、それらを一体として判決
に対する影響を判断すべき場合としては、複数の控訴理由間に原因・結果の

---

(9)　逆に、不法に公訴棄却又は免訴により訴訟を終結させた旨の主張（378①後・②後、
337・338の違法適用）については、控訴理由が複数になることは想定しにくい（石
井・前掲刑事控訴審の理論と実務329）。

(10)　ただし、同じ事実誤認や法令適用の誤りでも、主文に影響するものは影響しない
ものに優先すると解すべきであろう（石井・前掲刑事控訴審の理論と実務330）。

(11)　例えば、同じ事実誤認であっても、犯人性に関する事実誤認と既遂・未遂に関す
る事実誤認との間には主位的・予備的関係が認められよう（原田・前掲394）。その
他、小林・前掲80～81参照。

(12)　例えば、被害者還付の裁判（347）や訴訟費用負担の裁判（181）については、刑
罰的色彩がなく、主文に掲げられた他の裁判との内容的な関連性もないことを理由
に、量刑不当に関する判断の後に判断を加えてもよいとされている（東京高判昭61
・6・16判時1220・141、小林・前掲81～82、石井・前掲刑事控訴審の理論と実務330
参照）。

250 第3編 上訴 第2章 控訴

牽連的一体関係が認められるものと複数の控訴理由が判決に複合的に影響を及ぼす複合的一体関係が認められるものとがある。

イ 牽連的一体関係とは、控訴理由Aが認められると、その結果として、控訴理由Bが認められる関係であり（香城＝永井・前掲391〜392は「前提的な控訴理由と結果的な控訴理由」、原田・前掲428〜429は「重複的関係」とする）、①事実誤認の結果として法令適用を誤った場合、②証拠の採否を誤った結果として事実を誤認した場合などがその例である。結果たる控訴理由は、前提たる控訴理由の判決に対する影響の内容となるにすぎず、独立した控訴理由とはいえないから、両者は一体として判断すべきであり、判決摘示としても、両者の関係を明らかにする趣旨から、「事実を誤認し、ひいては法令の適用を誤った」、「訴訟手続の法令違反を犯し、ひいては事実を誤認した」のように、両者を併せて摘示すべきであろう（香城＝永井・前掲391）。

ウ 複合的一体関係とは、全体として判決に複合的な影響を及ぼす複数の控訴理由相互の関係である。例えば、被害者の検察官調書及び被告人の自白調書の採否を共に誤ったため事実を誤認したとの主張がある場合、これらの訴訟手続の法令違反は共に事実誤認を誘発し得るものであり、判決に及ぼす影響の有無を判断するにはその複合的な影響を見極める必要があるから、個々の訴訟手続の法令違反ごとではなく、一体のものとして判断すべきである（香城＝永井・前掲392は「複合的な控訴理由」とする）。すなわち、複合的一体関係は、判決への影響が複合的に収れんすることに伴う控訴理由の一体性といえる。

(4) 並立的な控訴理由

以上みてきた主位的・予備的関係、牽連的一体関係及び複合的一体関係が認められない個々の控訴理由は、それぞれが並立するものであり、控訴理由対象説を前提とする以上、基本的には、そのすべてについて判断を示すべきである。もっとも、前記の控訴審の審判の目的に照らすと、破棄後の審理や判決への影響に違いがなければ、並立する破棄理由のうち1つのみについて判断を示して、その余の判断を省略することも許されるであろう。例えば、原判決が事実を誤認した結果、過剰防衛の成立を否定するとともに完全責任能力を認めた場合、2つの事実誤認は破棄後の判決への影響が異なるから、いずれも判断を示すべきであるが、原審で無資格の裁判官が不法に審理全体

〔§397〕破棄の判決　251

を非公開で行い判決した場合は、裁判官の無資格も不法な非公開も共に審理全体を無効にするから、いずれかの判断を示せば足りるといえよう（香城＝永井・前掲395）。

6　破棄判決の拘束力

(1)　破棄判決の効果

ア　実質的根拠──上訴審判断の優越性

　上訴制度を採用する以上、上訴審裁判所の判断を下級審裁判所の判断に優越させる必要がある。裁判所法4条が「上級審の裁判所の裁判における判断は、その事件について下級審の裁判所を拘束する」と規定しているのは、この上訴審判断の優越性を、将来の判決や手続を拘束するという局面について確認したものといえる。この上訴審判断の優越性は、破棄判決の効果として顕在化して、原判決及び原審の手続を無効にするという遡及的効果と、破棄差戻又は破棄移送後の手続を拘束するという将来的効果を生じるが、そのうち後者がいわゆる破棄判決の拘束力である。

イ　破棄判決の遡及的効果

　破棄判決が確定すると、原判決が無効となるほか、原審の手続も破棄判決で違法とされた限度で無効となる（最決昭29・11・4刑集8・11・1665）。例えば、量刑不当のように、原判決の内容のみが違法とされた場合は、原審の手続の効力には影響しない。原審の手続の適否と無関係の原判決の事実誤認、法令適用の誤り及びその他の法令違反（378①後・②後・③・④、審理不尽等）も同様である（石井・前掲刑事控訴審の理論と実務383）。他方、被告人不出頭のまま懲役刑を言い渡すなど、原審の手続の一部が違法とされた場合は、その部分及びこれと不可分一体の関係にある手続のみが無効となり、その余の手続は有効とされる（石井・前掲刑事控訴審の理論と実務384）。例えば、原判決の基礎となった弁論、証拠調べ等の実体的な訴訟行為の前提となる訴訟行為が違法とされた場合（377・378①前・②前、証拠能力のない証拠の採用決定等）は、その実体的な訴訟行為も無効となる（香城＝永井・前掲399。ただし、原審で合議体により審理すべき事件を1人の裁判官が審判した場合〔316〕や原審が管轄のない事件を審判した場合〔13〕は、その例外である）。

(2)　破棄判決の拘束力の実質的根拠及び法的性質

　破棄判決の拘束力は、破棄判決の将来的効果であり、その実質的根拠は、

252　第3編　上訴　　第2章　控訴

上訴審判断の優越性に求められる。したがって、第二次第一審裁判所の判断が第一次控訴裁判所の判断に従ったものである限り、第二次控訴裁判所といえどもこれを違法とすることは許されないはずである（平野・刑訴324。最大判昭25・10・25刑集4・10・2134、最決昭39・11・24刑集18・9・639は、上告審に関して同旨）。同時に、上訴制度の円滑かつ効率的な運用のためには、上訴を通じて当事者が攻防を尽くした論点ごとに逐次判断を固めていく必要もある。破棄判決の拘束力を認める実質的な理由として、上訴審と下級審の判断の不一致を放置することにより限りなく事件がその間を上下することになるのを防止するためと説明されているのも（兼子一・民事法研究2・87等）、同様の理解に基づくものといえる。

　このような破棄判決の拘束力が生じるには、破棄判決の確定が必要であるが、拘束力が生じる判断の当否について上告審で明示的判示がなされている必要はない。また、破棄判決の拘束力の法的性質については、既判力説、確定力説、一事不再理効説、特殊効力説等の見解がみられるが（原田・前掲431〜433参照）、上訴制度に必然的に伴うべき訴訟手続上の効果と解すれば足りるのであり、その中身は、上訴制度の目的から機能的に考察すべきであろう（中武・前掲注解刑訴下19）。

(3)　拘束力を受ける裁判所の範囲

　上訴審裁判所の判断が当該事件について下級審裁判所を拘束することは、裁判所法4条から明らかである。また、上記(2)で解説したとおり、上訴審裁判所の判断の優越性を認める以上、同一審級の裁判所の間でも前の判断に拘束されると解すべきことになる（前掲最大判昭25・10・25、同最決昭39・11・24、最判昭43・10・25刑集22・11・961）。

　他方、最高裁は、上告なく確定した第一次控訴裁判所による破棄差戻判決の判断に、第二次上告裁判所は拘束されないとしている（最大判昭32・10・9刑集11・10・2520。最決平20・7・11刑集62・7・1927は、少年事件における再抗告裁判所について同旨）。これには異論もみられるが（平野・刑訴324等は、全面的に拘束されるとし、田宮・刑訴471等は、被告人に不利な場合を除き拘束されるとする）、破棄判決の拘束力の実質的根拠を上訴審判断の優越性に求める以上、上告裁判所が控訴裁判所の判断に拘束されるとすべき理由はなく、また、上告裁判所が控訴裁判所の誤った判断を是正できないとすることは、

〔§397〕破棄の判決　253

上訴制度の趣旨にも反するから、上記判例は正当といえよう（香城＝永井・前掲400〜401、長沼・前掲329、原田・前掲434）。

(4) 拘束力のある判断の範囲

ア　法律の解釈・適用上の判断と事実認定上の判断

破棄判決の法律の解釈・適用上の判断だけでなく事実認定上の判断にも拘束力を認めるのが判例・通説である（前掲最判昭43・10・25。民訴325Ⅲ後参照）。また、その判断は、破棄判決の確定的な判断であることを要するのであり（大阪高判平11・9・29判時1712・3は、破棄判決が供述の信用性や鑑定の証拠価値につき積極にも消極にも確定的な判断をしていないとして、拘束力を否定している）、仮定的・傍論的な判断に拘束力を認める必要はない（ただし、最高裁が示す仮定的・傍論的な法律判断は、最高裁の法令解釈統一の役割に照らし、拘束力を認めるべきである。原田・前掲440）。

イ　破棄理由としての判断とその余の控訴理由についての判断

破棄判決が控訴理由について示した判断のうち、原判決破棄の理由とした部分に拘束力があることはいうまでもないが、その余の部分の拘束力の有無については争いがある。

否定説は、傍論にすぎないとして拘束力を否定し（平場安治・生きている刑事訴訟法301）、判例（前掲最大判昭25・10・25、同最判昭43・10・25）はその趣旨であるとする見解もある（高田義文・判例解説（刑）昭32・657、木梨節夫＝船田三雄・判例解説（刑）昭43・326）が、判例は、この点につき判断を示しているとはいえないように思われる[13]。

上訴審判断の優越性を認めるべきことに加え、控訴審の審判の対象が控訴理由の有無にあると解されることからも、破棄判決が控訴理由について明示的に示した判断には拘束力を認めるべきである（平野龍一・裁判と上訴165、香城＝永井・前掲402、原田・前掲436、松尾・条解1065）。例えば、主位的控訴理由は認められず予備的控訴理由は認められるとして破棄した場合は、主位的

---

[13]　前掲最大判昭25・10・25は、一般論として「判決破棄の理由となった上級審の事実上又は法律上の意見に拘束され」るとのみ判示したものであり、前掲最判昭43・10・25は、これに先行する第二次上告審判決の拘束力について、同判決が事実誤認等を理由に原判決を破棄する上で関係者の供述の信用性を否定した範囲内に限定され、その信用性を積極的に肯定すべき事由として指摘するところは縁由的事由にすぎないから及ばないとしたものである。

254 第3編 上訴 第2章 控訴

控訴理由は認められないとする判断も拘束力を有するし、並立的な控訴理由の一部を認めて破棄する場合、破棄理由以外の控訴理由は認められないとする判断も、それが明示されている限り、差戻審にその点に関する検討を求めていないことが明らかであるから、同様に解される。上告申立人でない当事者が、職権を発動する趣旨で、上告申立人の上告趣意に対する判断の論理的前提をなし、かつ、その判断に先行して判断すべき事実誤認等の破棄事由を主張し、最高裁が明示的判断を示した場合も同様に解すべきであろう[14]。

　ウ　破棄理由に対する対置的判断と理由付け判断

　(ｱ)　判例の趣旨

　前掲最判昭43・10・25は、破棄判決の拘束力は、破棄の直接の理由、すなわち、原判決に対する消極的否定的判断についてのみ生じるものであり、その消極的否定的判断を裏付ける積極的肯定的事由についての判断は、破棄の理由に対しては縁由的な関係に立つにとどまり、何らの拘束力を生じるものではない旨判示している[15]。

　その理由としては、上記積極的肯定的事由についての判断は、傍論であること、破棄判決の拘束力は、事件が限りなく上級審と下級審との間を上下することを防止するための制度であり、下級審の裁判の指導を目的とするものではないこと（木梨＝船田・前掲325）のほか、原判決に対する消極的否定的判断は、破棄理由として、一義的に確定されなければならないのに対し、その判断を裏付けるべき積極的肯定的事由についての判断は、通常の場合、ある程度の幅のある仮定的暫定的な判断にとどまることも指摘できよう（原田・前掲438は、唯一の正しい判断として示されているわけではないとする）。

　なお、判例にいう積極的肯定的事由についての判断には、原判決の誤った判断に替わるべきものとしての積極的判断（対置的判断）と、破棄理由、ひいては対置的判断をも裏付ける積極的判断（理由付け判断）が考えられる。そして、上記判例が、拘束力を否定すべき判断について、破棄理由に対しては

---

(14)　例えば、最判平18・6・20判時1941・38は、検察官から判例違反、量刑不当を理由に上告申立てのあった事件（光市母子殺害事件）において、量刑不当の主張に対する判断に先行して、母子に対する殺意、母親に対する強姦の犯意を否定する弁護人の事実誤認の主張についても判断を示している。

(15)　前掲最決平20・7・11は、少年事件における抗告審決定についても、上記最判を引用して、原決定に対する消極的否定的判断に拘束力を認めている。

〔§397〕破棄の判決　255

縁由的な関係に立つことを理由としていること、その具体的適用場面でも、破棄判決の拘束力を、被告人の警察段階の自白及び共犯者とされる者の供述の信用性を否定した原判決の認定を否定する範囲に限って認め、その信用性を積極的に肯定すべき事由としてあげるところは否定していることから、判例は、理由付け判断の拘束力を否定したものと解される。

　㋑　対置的判断の場合

　ａ　破棄理由たる消極的否定的判断とこれと二者択一の関係にある対置的判断がある場合、他の判断をする余地がないから、対置的判断にも拘束力を認めるべきである[16]。したがって、事実認定上の判断において、例えば、殺意が認定できないとした原判決の判断が違法とされたときは、殺意を認定すべきであるとする対置的判断も、証拠関係に変動がない限り、拘束力を有すると解すべきである。

　ｂ　もっとも、事実認定上の判断につきそのように解すると、控訴裁判所が事実の取調べをしないで新たな事実を認定することは許されないとする判例（最大判昭31・7・18刑集10・7・1147等）に抵触する疑いが生じる[17]。そのため、この判例との矛盾を解消するため、3つの見解が主張されている。

　第1は、判例の要請は、破棄判決の拘束力を伴う破棄判断そのものにかかわる要請とみるべきであるから、消極的認定をした原判決を破棄差戻する以上、控訴裁判所は、破棄自判をする場合と同様、新たな事実の取調べをしなければならないとするものである（田宮裕・刑事訴訟とデュープロセス366、同・刑訴483、後藤昭・石松竹雄判事退官記念論文集402）。しかし、事実誤認の疑いがある場合に、事実の取調べを義務化すると、自判が原則化することとなり、差戻を原則とする現行法の趣旨にそぐわないばかりか、控訴審での事実の取調べを奨励することにもなって、事後審たる控訴審の在り方としても疑問が残る（原田・前掲438〜439）。

　これに対し、第2の見解は、第一審の証拠で第一審判決と別の事実を認定してはならない理由はないとした上、上記判例について、現行法が覆審制を

───────────

[16]　田宮・刑訴471、原田・前掲438、石井・前掲刑事控訴審の理論と実務391。

[17]　大阪高判昭59・9・13判タ548・286は、特信性を否定して検察官調書の取調べ請求を却下した原審の訴訟手続に違法があるとした第一次控訴審判決の拘束力について、上記判例を根拠に、特信性ありとする積極的肯定的判断に拘束力はないとした。

採っていないことから、第一審の証拠を改めて取り調べるなど新たな事実の取調べをして自判するか、その取調べをしないで破棄差戻をするかの選択を求める趣旨にとどまると解することにより、破棄差戻をする以上、事実の取調べをしなくても判例との抵触はないとする（香城＝永井・前掲403）。

さらに、第3の見解は、控訴裁判所が自判することなく破棄差戻する趣旨は、差戻審に審理を尽くさせるためであり、そのため、差戻後の第一審において、控訴審で自判する場合に要求されるいわゆる事件の核心についての事実の取調べが義務付けられると解することにより（原田・前掲438〜439）、判例との矛盾を回避しようとしている。

第2及び第3の見解は、矛盾するものではなく補完し合うものといえよう。すなわち、第2の見解が指摘するとおり、差戻後の第一審が、公判手続を更新して証拠を改めて取り調べれば、差戻前の第一審と同じ証拠に基づき別の事実を認定しても、上記判例には抵触しないといえる。また、第3の見解が指摘するとおり、控訴裁判所が自判せず差し戻す趣旨は、自判するまでには審理が尽くされていないために、差戻後の第一審で更に審理を尽くすことを求めるものである。そのため、破棄判決は、差戻後に行うべき審理、特に必要な証拠調べの概要を示すのが通例であるところ、上訴審判断の優越性に照らせば、差戻後の第一審裁判所は、控訴審判決の明示した要請に従うべきことはもとより、具体的に示されていなくても、差戻の趣旨を十分に読み解き、必要な証拠調べを行う義務を負うといえる。ただし、それでも行うべき証拠調べがないときは、証拠調べをすることなく、破棄判決の拘束力に従って、差戻前の第一審とは別の事実を認定できるのである（原田・前掲439）。

Ｃ　次に、法律上の判断について、従来は、あるかないかの二者択一的な関係はないとして、拘束力が及ぶのは、原判決の法令の解釈適用に誤りがあるとする消極的判断に限られ、どのような解釈適用をすべきかという対置的判断には拘束力がないと解されていた（兼子・前掲97、田宮裕・刑判評釈30・152）。

しかし、法律上の判断であっても、常に二者択一的な関係がないとまではいえない。例えば、破棄判決が、Ａ事実は認定できるが甲罪の構成要件には当たらないとした原判決を違法とした上、Ａ事実が認定できれば甲罪の構成要件に当たるとした場合[18]、Ａ事実が認定できれば甲罪の構成要件に当たる

〔§397〕破棄の判決　257

とする判断は、原判決の法律上の判断を違法とする消極的判断と二者択一の関係にあるから、拘束力を有すると解すべきである[19]。

　（ウ）　理由付け判断の場合

　判例は、前記のとおり、拘束力の範囲が破棄の直接の理由に限られるとして、理由付け判断についての拘束力を原則的に否定しているところ、理由付け判断は、破棄理由の不可分の前提であり、拘束力を認めなければ意味がないとして、拘束力を認めるべきであるとの見解も有力に主張されている（田宮・刑訴471等）。

　もっとも、その見解は、控訴審判決が、被告人の犯人性を認めた原判決を事実誤認で破棄し、自白の信用性が乏しいとかアリバイが成立する可能性があるなどの理由を指摘した場合、判例の立場からすると、拘束力があるのは「原判決の事実認定は誤り」という判断だけであり、「自白の信用性が乏しい」、「アリバイが成立する」などの理由付けには拘束力がないという解釈を前提とするものであるが、その前提自体に疑問がある。

　確かに、前掲最判昭43・10・25は、被告人の警察段階の自白及び共犯者とされる者の供述の信用性を否定した原判決の認定を誤りとする範囲に限って拘束力を認め、その信用性を肯定すべき事由としてあげる点の拘束力を否定している。しかし、破棄判決が、判文において、被告人の犯人性を認めた点の事実誤認のみを破棄理由としていても、その理由中で、直接証拠である自白の信用性に対する疑問やアリバイの成立する余地を具体的に指摘しているのであれば、その指摘事項もまた、事実誤認とする上記判断と不可分にして必須の判断内容といえるから、破棄の直接の理由に含まれるとして拘束力を認めるべきであろう。

---

　[18]　宮本身分帳閲覧事件の第一次上告審決定である最決昭57・1・28刑集36・1・1参照。同事件で、甲罪は公務員職権濫用罪、構成要件は公務員の一般的職務権限、A事実は、裁判官が刑務所長に対し司法研究その他職務上の調査・研究という正当な目的による調査行為であるかのように仮装して元受刑者の身分帳簿の写し等の交付を求めた事実。

　[19]　原田・前掲440、石井・前掲刑事控訴審の理論と実務388。なお、前掲最決昭57・1・28は、控訴審の破棄差戻判決に対する上告を棄却するに当たり、破棄の理由付けを変更したが、差戻後控訴審判決である東京高判昭58・12・15刑裁月報15・11＝12・49は、最高裁の上記判断内容にも拘束力を認めている（原田・前掲439～440は、上記東京高判は最高裁の示した法令解釈の優位性を認めたものとする）。

258　第3編　上訴　　第2章　控訴

　これに対し、供述の信用性やアリバイの成否自体は、多くの証拠や間接事実を踏まえた総合的な判断を要する事項であり、様々な説明の仕方が可能なものでもある。しかも、その判断を基礎付ける具体的事由の指摘は、差戻が前提である以上、包括的なものではなく部分的なものにとどまらざるを得ない。他面、差戻審裁判所は、破棄判決の拘束力に従いつつも、自ら納得のいく理由付けを検討することになるから、ある程度フリーハンドを残しておく必要が高いともいえる。判例が理由付け判断について原則的に拘束力を否定する趣旨も、そのようなものとして理解することができる（大阪高判平11・9・29判時1712・3、東京高判平21・5・25高刑集62・2・1、原田・前掲441～442参照）。したがって、破棄判断を基礎付ける具体的事由を除く狭義の理由付け判断についてのみ拘束力を否定する実務の取扱いには、十分な理由があるものと考える。

(5)　拘束力からの解放

ア　事実認定上の判断の拘束力

　事実認定に関する破棄判決の拘束力は、差戻後の第一審における証拠調べの結果、その判断の前提とした証拠の状況に変動が生じて、その判断の基礎が失われたと認められる場合には、その効力を失い、差戻後の第一審はその拘束力から解放されることになる（最判昭26・11・15刑集5・12・2376、最判昭30・12・16刑集9・14・2797）。

イ　法律上の判断の拘束力

　差戻審の審理により法律の適用の前提となる事実関係に変動があった場合は拘束力から解放される（香城＝永井・前掲403）。適用された法令が破棄判決後に変更があった場合にも拘束力から解放されると解するのが通説である。最高裁が破棄判決後にその判断に抵触する判断を示した場合についても、事件の早期終結と法令解釈の統一の必要性の観点から、同様に解すべきであろう（佐藤・前掲454、香城＝永井・前掲403、原田・前掲443～444、石井・前掲刑事控訴審の理論と実務392）。

7　差戻・移送後の審理の在り方

(1)　覆審説と続審説

　差戻・移送後の審理における差戻・移送前の手続の扱いについて、審理をやり直すべきであるとする覆審説（平野・刑訴324、中武・前掲注解刑訴下165

〔§397〕破棄の判決　259

等）と、破棄理由において違法無効とされた手続を除き、更新手続を経ることによって差戻・移送前の手続を引き継ぐとする続審説（香城＝永井・前掲403〜406、原田・前掲446〜447、石井・前掲刑事控訴審の理論と実務385等）とが対立している。最高裁は、この点について明示的に判断を示したことはなく[20]、古い高裁判例は、覆審説（東京高判昭28・11・14高刑集6・12・1695）と続審説（名古屋高判昭25・7・29特報11・97）とに分かれていたが、現在の実務は、続審説によって運用されている。

　覆審説は、差戻・移送の前後で、第一審の手続は完全に遮断されて融合しないから、更新という観念を入れる余地がないとする（平野・刑訴324、高田・刑訴554）。しかし、刑訴法は、破棄判決は第一審の手続の効力をすべて否定するものとはしておらず、破棄自判の構造は続審と解されるなど、瑕疵のない手続は効力を維持するとの原則が採用されており、しかも、訴訟費用の負担や未決勾留日数の算入で、差戻・移送前後の手続が一体のものとして取り扱われていることは、覆審説にはそぐわないものといえる（香城＝永井・前掲404〜406）。また、覆審説に対しては、手続が遮断されるからといって手続の融合を否定すべき必然性はないこと、事実上の判断にも破棄判決の拘束力を認めることは、差戻・移送前の証拠関係をそのまま引き継ぐとする続審説が前提となること、手続の融合を否定すれば当事者の訴訟追行の結果に対する利益を不当に害することなどの難点も指摘されている（原田・前掲446）。さらに、差戻・移送前の瑕疵のない手続との融合を認めても、当事者に不当な不利益をもたらすとはいえず、逆に融合を認めないと、訴訟経済に反することも指摘できる。このように、実務が続審説を採用することには理由があるというべきである。

（2）**差戻・移送後に引き継がれる手続**

ア　差戻・移送前の手続の取扱い

　破棄判決が原判決のみを破棄したときは、裁判官が交替した場合の公判手

---

[20]　前掲最決昭29・11・4は、差戻前の手続は破棄の理由となった限度で効力を失うとし、最決昭30・11・30刑集9・12・2562は、差戻後の第一審において、訴訟手続上、破棄判決の判断に抵触してはならないが、それ以外は自由に審理を進めることができ、差戻前の訴訟手続をもう一度繰り返した後でなければその後の手続を行い得ないものではないとする（これらの判例の趣旨について原田・前掲408参照）。

260　第3編　上訴　第2章　控訴

続の更新（315、規213の2）に準じた手続（以下、単に「公判手続の更新」とい
う）を経ることにより、差戻・移送前の手続がそのまま引き継がれ、書証の
同意の効力も維持される（前掲名古屋高判昭25・7・29等）。他方、差戻・移
送前のすべての手続が違法・無効とされたときは、手続をすべてやり直すこ
とになる。

　差戻・移送前の一部の手続が違法・無効とされたときは、その手続を除く
その余の手続のみの更新をして引き継ぐことになる。その際、破棄判決の趣
旨に従い、証拠とすることができないか又は相当でない証拠を取り調べない
こともできる（規213の2③）。また、自白の信用性に疑問が指摘されたとき
は、その取調べを留保して、その疑問に応える証拠調べを先行してもよい（佐
藤千速・実務講座6・1458、原田・前掲447）。

　イ　控訴審における手続の取扱い

　控訴審における手続については争いがある（松井薫・判タ351・51、原田・
前掲448参照）。破棄によって続審に移行すると解されるほか、破棄判決の拘
束力の前提となるものともいえるから、控訴審における手続も、更新の対象
となると解すべきである。差戻後に引き継がれる手続としては、控訴審にお
ける訴因変更の手続、証拠調べの手続[21]等が含まれる（香城＝永井・前掲406、
原田・前掲448）。

(3)　差戻・移送後の手続の在り方

　差戻・移送後の手続は、公判手続の更新により差戻・移送前の手続及び控
訴審における手続が引き継がれる点を除けば、第一審裁判所の手続に準ずる
ものになる（判例・通説）。ただし、上記各手続が引き継がれることから、勾
留に関する処分は裁判所が行い、証拠調べ請求は差戻審第1回公判期日前に
も行うことができるが、証拠保全ないし保全のための証人尋問（226・227）
の請求はできないとされている（規217）。

(4)　裁判員裁判における差戻・移送後の手続の在り方

　裁判員制度の下で差戻又は移送を受けた第一審も、従来どおり、続審にな
ると解されており（池田等・解説195、辻裕教・司法制度改革概説6・83）、審

---

[21]　控訴審における事実の取調べが基本的に証拠調べの方式によって行われるのは、自
　判及び差戻後の手続への影響を考慮したものである。

〔§397〕破棄の判決　261

理を開始する際には公判手続の更新が行われる（池田等・前掲196）。もっとも、この公判手続の更新では、差戻・移送後に新たに選任された裁判員が、記録を全く読むことなく、争点及び取り調べた証拠はもちろん、差戻・移送前の第一審及び控訴審における審理の経過並びに破棄判決の趣旨まで正しく理解できなければならないし、その手続による負担が過重なものであってはならない（裁判員61Ⅱ参照）。

　そのような観点からすると、差戻・移送後の手続では、まず、裁判長が、一連の審理の経過及び破棄判決の趣旨について、拘束力の点も含め、分かりやすく説明するとともに、差戻・移送後の期日間整理手続の結果、すなわち、差戻・移送後の手続における争点及び立証並びに審理の予定を明らかにする必要がある。

　次いで、更新手続の最初に、検察官が公訴事実（訴因変更があれば変更後の訴因）を陳述し（規213の2①）、検察官及び被告人・弁護人が公訴事実について意見を述べることになる（同②）。

　差戻前の証拠調べの結果については、破棄判決で違法・無効とされたものを除き、証拠書類は朗読又は心証形成に必要かつ十分な要旨の告知を行い、証拠物は展示する。証人尋問や被告人質問の結果は、調書の朗読によるほか、その様子を録画した記録媒体（裁判員65）を証拠化して再生し、裁判員に追体験してもらうなどの方法も必要であろう[22]。ただし、破棄判決の趣旨に従って、証拠とすることができないか又は相当でない証拠を取り調べないことはもとより（規213の2③）、信用性に疑問が指摘された証拠についても、取調べを留保するなど、裁判員が混乱しないように、取り調べる証拠や再生する記録媒体の範囲、取り調べる順序等については様々な工夫をすべきであろう。

　そして、更新手続の終了に当たり、検察官及び被告人・弁護人は、取り調べられた証拠について意見を述べることになる（同⑤）が、その意見は、差

---

[22]　この点に関する立法措置はないものの、証人尋問調書や被告人質問調書の朗読によって心証を採ることが困難な場合には、要旨の告知とし（佐藤博史・刑事弁護の技術と倫理323、小島正夫＝細谷泰暢・判タ1278・19、石井一正・同33参照）、あるいは職権により取り調べること（大阪高判平28・11・16 D1-Law2844475参照）も有益と思われる。

戻・移送後の争点に即したものでなければならない。そのうえで、裁判長は、再び争点及びその後に引き続く立証並びに審理の予定を明らかにして、裁判員の理解を確かなものにする必要があろう。

8 控訴審における訴因変更

(1) 訴因変更の可否

控訴審における訴因変更の可否について、古くは争いもあったが（原田・前掲448〜453参照）、今日ではこれを認めるのが判例・通説である。

(2) 訴因変更の要件

ア 破棄自判・破棄差戻・控訴棄却

最決昭29・9・30刑集8・9・1565は、控訴裁判所が事実の取調べをし、破棄自判する場合において、裁判所は、検察官の請求があるときは、公訴事実の同一性を害しない限度で、訴因変更を許さなければならないと判示している。この判例の解釈から、当初は、控訴審で訴因変更が許されるのは、破棄自判が予想される場合に限定されるとする主張もあったが、今日では、破棄されれば続審となることを理由に、破棄差戻が予想される場合も訴因変更が許されると解されている（原田・前掲453参照）。

また、控訴棄却が予想されれば、事件が直接審査の対象となることはなく、訴因変更をしても無意味ではあるが、裁判所が心証を判決前に開示できないなどの事情から、訴因変更を許可せざるを得ないこともあり得る以上、控訴棄却が予想される場合も、訴因変更が許されると解すべきであろう[23]。

イ 被告人の実質的利益との関係

最判昭30・12・26刑集9・14・3011は、原判決を破棄し自判しても、被告人の実質的利益を害しないと認められる場合には、訴因変更を許すべきものと判示している。

その趣旨について、「被告人の実質的利益を害しないと認められる場合」でなければ訴因変更は許されないと解する見解があり、実質的利益の内容としては、審級の利益（平野・刑訴323、松尾・刑訴下226[24]）、弁論の機会（中武

---

[23] 最決平6・9・16刑集48・6・420は、前掲最決昭29・9・30等の判例について、控訴審において訴因変更を許可した後に控訴を棄却することは許されないという趣旨まで判示したものではないとする（前掲最決平6・9・16の趣旨については中谷雄二郎・判例解説（刑）平6・198参照）。

〔§397〕破棄の判決　263

・前掲注解刑訴下182)、時機に遅れた変更を拒む利益（松尾・前掲226）など
が指摘されている。

　しかし、審級の利益は、自判が許されるのであれば問題となる余地はない
から、自判の要件として検討すべき事項である（吉田治正・判タ349・78、香
城＝永井・前掲409、原田・前掲451、石井・前掲刑事控訴審の理論と実務290）。
弁論の機会は、被告人及び弁護人には新しい訴因について陳述する機会が確
保されている（吉田・前掲80等）。時機に遅れた変更を拒む利益は、控訴審に
固有の問題ではなく、訴因変更の許否一般の問題といえる（原田・前掲452）。
したがって、「被告人の実質的利益を害しないと認められる場合」とは、控
訴審における訴因変更に固有の要件ではなく、訴因変更の可否、自判の可否
を検討する際に考慮されるべき事情といえよう（原田・前掲450〜453、石井・
前掲刑事控訴審の理論と実務291）。

　ウ　量刑不当による破棄との関係

　量刑不当による破棄が予想される場合、訴因変更が許されるかについては、
否定説（吉田・前掲79、平良木・前掲95）と肯定説（香城＝永井・前掲408〜409、
原田・前掲454〜455、石井・前掲刑事控訴審の理論と実務293）がある。この問
題は、量刑不当で破棄自判する場合、控訴審として改めて犯罪事実を認定す
る必要があるかどうかの問題とも関連し、確定説からは否定説が、認定説か
らは肯定説が導かれることになるが、認定説が妥当である（400条の解説**5**
(2)参照(25)）。しかも、殺人未遂事件や傷害事件で原判決後に被害者が死亡す
るなど、訴因変更を要し、393条2項の破棄の理由ともなり得る事情の変更
が生じる場合（同項による破棄の可否については393条の解説参照）があるほか、
比較的軽微な認定替えに伴う不意打ちを防ぐために訴因変更が必要な場合も
あり得るから、肯定説が妥当であろう。

　なお、最判昭42・5・25刑集21・4・705は、「一審判決に、事実誤認ない

---

(24)　長沼・前掲331は、新訴因についても第一審で実質的審理がされている場合、検察
　　官が第一審で訴因変更請求しなかったことにやむを得ない理由があり、被告人にと
　　っても不意打ちにならないなどの事情がなければ許されないとする。

(25)　ただし、石井・前掲刑事控訴審の理論と実務293は、犯罪事実そのものが変動して
　　いる特殊な場合であるから、確定説によっても、原判決の認定に拘束されないとす
　　る。

264 第3編 上訴 第2章 控訴

し法令違反があって、これが破棄されることが予想される場合に、控訴審裁判所が、検察官の訴因、罰条の追加変更を許すことは違法とはいえない」と判示するが、量刑不当が否定され、法令適用の誤りを理由に原判決を破棄した事例に関するものであるから、量刑不当で破棄する場合の訴因変更の許否について触れるものではないと解されている（海老原震一・判例解説（刑）昭42・139）。

(3) 訴因変更の形態

　以上検討してきたところから明らかなとおり、原判決が破棄差戻されれば、差戻審で訴因変更ができる以上、控訴審における訴因変更を否定すべき理由はないから、控訴審における訴因変更の問題は、訴因変更の可否というよりも、破棄の可否ないし自判する際に新たな事実を認定することの可否の問題といえよう（香城＝永井・前掲408～409、石井・前掲刑事控訴審の理論と実務292）。

　そして、訴因変更のうち、窃盗の訴因を横領の訴因に変更するように旧訴因を撤回して新訴因を追加する交換的変更については、これを否定する見解（香城＝永井・前掲408、平良木・前掲216等）と肯定する見解（吉田・前掲78、原田・前掲453～454、石井・前掲刑事控訴審の理論と実務292等）とが対立している。

　否定説は、その根拠として、①控訴審での訴因の撤回は、公訴の取消しに該当するため、一審判決後の公訴取消しを禁じた257条に違反すること（香城＝永井・前掲408）、②事後的とはいえ、審判の対象としての訴因と原判決の認定との間に食い違いが生じること（平良木・前掲216）などを指摘する。

　しかし、①の論拠は、交換的訴因変更を認めても、257条が公訴取消しの時期的制限を定めた理由（257条の解説参照）に反するとはいえないし、②の論拠も、控訴審での訴因変更は原判決の破棄を前提とするものである以上、決定的なものとはいえないから、自判の要件を満たすときは、交換的訴因変更まで否定する必要はないが（原田・前掲453～454）、追加的訴因変更を行うのが通例であろう。

（中谷雄二郎）

〔§398〕破棄差戻　265

〔破棄差戻〕

第398条　不法に、管轄違を言い渡し、又は公訴を棄却したことを理由として原判決を破棄するときは、判決で事件を原裁判所に差し戻さなければならない。

〈本条細目次〉

1　趣　旨　265
2　実体判断の誤りによる管轄違い又は公訴棄却判決の取扱い　265
3　差し戻すべき裁判所（原判決が裁判所支部で言い渡された場合）　266

1　趣　旨

　本条は、原判決を破棄するに当たり、必要的に事件を原裁判所に差し戻すべき場合を定めたものである。実体判断を経ていないことが、その理由とされるから、実体判断を伴う免訴の判決には、本条は適用されない（例えば、東京高判平12・8・28高刑集53・2・89）。

　不法に管轄違いを言い渡したとは、原裁判所に管轄権があるか又は329条但書若しくは331条により管轄違いの言渡しができないのに管轄違いの言渡しをした場合をいい（378①後）、不法に公訴を棄却したとは、338条の事由がないのに公訴棄却の判決をした場合をいう（378②後[1]）。

　なお、差戻後の手続については、397条の解説7を参照されたい。

2　実体判断の誤りによる管轄違い又は公訴棄却判決の取扱い

　原判決が、実体判断、すなわち、犯罪事実の認定又は法令の適用を誤ったことにより管轄違い又は公訴棄却の判決を言い渡した場合に、本条によって破棄差戻すべきかについて、高裁判例は、破棄差戻をしたもの（事実誤認に基づく管轄違いにつき広島高岡山支判平3・10・18判時1435・139、法令適用の誤りに基づく公訴棄却につき東京高判昭49・3・27刑裁月報6・3・198）と破棄自判をしたもの（法令適用の誤りに基づく管轄違いにつき東京高判平15・5・19高刑集56・2・1、事実誤認に基づく公訴棄却につき同高判昭46・5・24高刑集24

---

[1]　名古屋高金沢支判平24・7・3裁判所ウェブサイト参照。なお、339条1項の各事由がないのに公訴棄却の決定をしたときは、同条2項により即時抗告の対象となり、抗告審では、決定で原決定を取り消して事件を原裁判所に差し戻すことになる。

・2・353、法令適用の誤りに基づく公訴棄却につき同高判昭49・3・28判時752
・108）に分かれていた。しかし、最決平19・3・19刑集61・2・25が、速
度違反の事案に関し、控訴裁判所が、運転速度の認定を誤り反則行為に当た
るとして公訴を棄却した第一審判決につき、事実誤認を理由に破棄自判した
措置を是認したことにより、実務は、破棄自判を認める方向で確定した[2]。

　学説でも、第一審が被告人の罪責の有無を確定するための実体審理をした
とはいえないとして本条による破棄差戻をすべきとの見解もあるが（中武靖
夫・注解刑訴下176、長沼範良・基本法コメ刑訴328等）、多数説は、①実体審理
が尽くされた場合は本条の適用がない（近藤和義・判タ359・70、松尾・条解
1063[3]）、②原判決が実体判断を誤ったために不法に管轄違いを言い渡し又
は公訴を棄却した場合は本条の前に397条が適用されるため400条により自判
することも可能である（香城敏麿＝永井敏雄・注釈刑訴［第3版］7・411〜
412）、③訴訟経済も考慮すべきである（原田國男・大コメ刑訴9・456〜458）
として自判の余地を認める。

　本条が必要的差戻を求めるのは、実体審理を経ていないためである。した
がって、実体判断は示されたものの事実誤認又は法令適用の誤りのため形式
裁判がなされた場合には、380条又は382条による破棄も可能であり、しかも、
実体審理が尽くされている限り、原裁判所に差し戻すべき実質的な理由もな
いから、自判の余地を認めるべきである。

3　差し戻すべき裁判所（原判決が裁判所支部で言い渡された場合）

　原判決が裁判所支部で言い渡されていた場合、差し戻すべき裁判所をどこ
にすべきかも問題となる。管轄権を有するのはあくまで本庁及び支部を含む
官署としての裁判所であり、具体的事件を本庁又はいずれの支部で処理する
かは事務分配上の問題であるから、本庁及び支部を含む官署としての地方裁
判所又は家庭裁判所に差し戻すべきである（判例・通説。最近のものとして最
判平26・4・22刑集68・4・730、東京高判平22・1・26判タ1326・280、特別抗

（2）　ただし、同様の問題が上告審で生じた場合は、最高裁が法律審であるという特殊
　　性を考慮して、破棄差戻されている（最判平19・4・23裁集291・639参照）。
（3）　なお、龍岡資晃・刑ジ10・139は、事実認定、法令適用、量刑等について当事者の
　　攻撃防御が尽くされ、差し戻しても新たな審理の必要性、別異の結論が想定されな
　　い場合が、これに当たるとする。

告審による取消差戻に関して最決平17・3・25刑集59・2・49参照)。

（中谷雄二郎）

〔破棄移送〕

第399条　不法に管轄を認めたことを理由として原判決を破棄するときは、判決で事件を管轄第一審裁判所に移送しなければならない。但し、控訴裁判所は、その事件について第一審の管轄権を有するときは、第一審として審判をしなければならない。

〈本条細目次〉

1　趣　　旨　267
2　管轄第一審裁判所　267
3　控訴裁判所が第一審の管轄権を有する場合　268

1　趣　　旨

　本条は、管轄がないのに実体判断をした原判決を378条1号により破棄する場合、管轄のある第一審裁判所に移送すべきことを定めたものである。事実誤認又は法令適用の誤りに基づき管轄を誤った場合であっても、事件を管轄第一審裁判所に移送する必要があるから、不法に管轄を認めたとして、本条を優先適用すべきである（香城敏磨＝永井敏雄・注釈刑訴［第3版］7・413）。

　土地管轄は、被告人の申立てがなければ管轄違いの言渡しができず、証拠調べが開始されれば管轄違いの申立てをすることもできないから（331）、本条の適用があるのは、不法に事物管轄を認めた場合に限られる。

　なお、移送後の手続については、397条の解説7を参照されたい。

2　管轄第一審裁判所

　管轄第一審裁判所とは、事件の管轄権を有する第一審裁判所のことをいう（支部に移送すべきでないことは、398条の解説3参照）。土地管轄を異にする数個の事件が併合審理されているように、管轄裁判所が複数ある場合は、いずれの裁判所に差し戻してもよい（通説）。

268 第3編 上訴 第2章 控訴

3 控訴裁判所が第一審の管轄権を有する場合

　控訴裁判所が第一審の管轄権を有するとき（裁16④、独禁84の4）は、本条但書により、原判決を破棄した上、その確定をまって、第一審裁判所としての審理を行うことになる。破棄後の手続は、破棄差戻後の第一審裁判所のそれに準ずるものになる（松尾・条解1064、原田國男・大コメ刑訴9・459、石井一正・刑事控訴審の理論と実務398）。

　なお、事件が他の高等裁判所の第一審の専属管轄に属する場合には、その高等裁判所に移送すべきである（通説）。　　　　　　　　　　　（中谷雄二郎）

〔破棄差戻・移送・自判〕

第400条　前2条に規定する理由以外の理由によつて原判決を破棄するときは、判決で、事件を原裁判所に差し戻し、又は原裁判所と同等の他の裁判所に移送しなければならない。但し、控訴裁判所は、訴訟記録並びに原裁判所及び控訴裁判所において取り調べた証拠によつて、直ちに判決することができるものと認めるときは、被告事件について更に判決をすることができる。

〈本条細目次〉

1　趣　旨　269

2　自判の構造　269

3　自判の要件ないし自判の可否　269

　(1)　「直ちに判決することができる」の意味　269

　(2)　自判ができる類型　270

　(3)　破棄理由と自判の可否との関係　271

　(4)　裁判員制度と自判　272

4　自判と事実の取調べ　275

　(1)　判　例　275

　(2)　事実の取調べの目的　277

　(3)　事実の取調べの要否　278

　(4)　事実の取調べをすべき範囲及び程度　279

　(5)　公判前整理手続を経た事件における事実の取調べ　280

5　自判の判決　280

〔§400〕破棄差戻・移送・自判　269

　⑴　自判の基準時　280
　⑵　事実認定　281
　⑶　335条による判示の要否　283
6　差戻・移送の判決　286
　⑴　差戻・移送の原則　286
　⑵　少年法55条による移送の方法　286
　⑶　差戻・移送の判決の勾留に関する処分への影響　287

1　趣　旨

　本条は、398条及び399条に規定する理由以外の理由により原判決を破棄する場合、事件を原裁判所に差し戻すか原裁判所と同等の他の裁判所に移送することのほか、審理の経過から判決するのに熟していると認められる場合には、控訴裁判所が自ら被告事件について判決すること、すなわち、自判を認めた規定である。

2　自判の構造

　自判の構造について、判例は、自判する場合は続審となると明示しており（最大判昭30・6・22刑集9・8・1189）、通説もこれを支持している。

　もっとも、続審の意味については、事後審査の範囲内で続審的な性格を帯びる（団藤・綱要533等）、自判により遡って全体が続審となる（平野・刑訴305）、顕在的な事後審と潜在的な続審との複合的構造（谷口正孝・公判法大系4・234等）と解するなど、見解が分かれているが、見解の違いから異なった結論が導かれるわけではなく、あくまで観点を異にした説明の仕方の違いとみるべきである（香城敏麿＝永井敏雄・注釈刑訴［第3版］7・421〜422、平良木登規男・刑事控訴審144）。

　同じ続審といっても、必要的に弁論を更新する民事訴訟における控訴審（民訴296Ⅱ）とは異なり、刑事訴訟における控訴審では、弁論を更新することなく第一審の訴訟記録及び第一審で取り調べられた証拠を自判の基礎とすることが認められるのであり、問題は、その続審の具体的な中身ということができる（原田國男・大コメ刑訴9・462）。

3　自判の要件ないし自判の可否

⑴　「直ちに判決することができる」の意味

　ア　自判は、各当事者の審級の利益を損なう性質を有する反面、訴訟経済

270 第3編 上訴 第2章 控訴

・訴訟促進には資するものであり、自判の可否は、両者の兼ね合いにおいて判断されることになる（近藤和義・判タ359・69、石井一正・刑事控訴審の理論と実務397[1]）。

判例も、そのような観点から、客観的にみて、自判の結果が差戻又は移送後の第一審判決よりも被告人にとって不利益にならないことが確信される場合でなければならないと判示しており（前掲最大判昭30・6・22）、その趣旨については、差戻又は移送しても、控訴審と同じ判断に至ることが確実に予想される場合には、実質的に審級を省略する不利益がないとして、自判を認めたものと解されている（原田・前掲463〜464）。もっとも、事実認定に関する判断の場合、通常よりも高い心証形成まで求めたものではなく、控訴審として、第一審が有罪又は無罪の判決をする場合と同程度の心証を形成すれば足りるであろう。

イ また、控訴審における事実の取調べは、基本的には原判決の事後審査、すなわち、破棄理由の有無の審査として行われるものであるから、原判決を破棄した上、原判決が認定しておらず、かつ、第一審で取り調べた証拠及び事後審査として行われた事実の取調べのみによっては明らかにならない新たな事実（刑罰権の存否及び範囲を定める事実。以下同じ）を認定するような自判は、許されないというべきである（香城＝永井・前掲426〜427）。

(2) 自判ができる類型

自判できる場合としては、次の4つの類型があるとされている（団藤・綱要543、平野・刑訴320、香城＝永井・前掲423等）。ただし、自判をするに当たり追加して事実の取調べを行う必要のある場合がある（本条の解説4参照）。

①第1は、原判決が訴訟条件の欠如（338又は339該当事由）を看過して実体的判決をした場合であり、直ちに原判決を破棄して（378②前・③後・379）、公訴棄却又は免訴の判決をすべきである[2]。原判決後に刑の廃止又は大赦があった場合も同様、直ちに原判決を破棄して（383②）、免訴の判決をすべき

---

(1) 最判昭58・5・27刑集37・4・474は、第一審及び控訴審において相当長期にわたる審理がなされている場合に、自判しないことが迅速な裁判の保障条項（憲37Ⅰ）に違反する余地を認めている。

(2) 原裁判所が不法に公訴棄却の決定をしなかったときは、403条1項により、原判決を破棄することなく、直ちに公訴棄却の決定をすることになる。

である（最大判昭32・2・27刑集11・2・935。被告人が原判決後に死亡した場合については403条の解説**2**(1)参照）。

②第2は、原判決の認定した事実を変更しない場合、すなわち、法令適用の誤り又は量刑不当で破棄自判する場合である。

③第3は、第一審で取り調べた証拠のみにより事実の存否を認定できる場合である。

④第4は、控訴審で行った事実の取調べ及び第一審で取り調べた証拠のみにより、原判決の認定していない新たな事実を認定するか、原判決の認定した事実の全部又は一部を認定しないことができる場合である。

(3) **破棄理由と自判の可否との関係**

破棄理由との関係でみると、次のように整理することもできる（詳しくは近藤・前掲69、香城＝永井・前掲426～429参照）。

ア　377条の場合

審理の公開に関する規定に違反した場合（377③）は、当該期日の審理のみが無効となるため、自判の余地があるが、法律に従って判決裁判所を構成しなかった場合（377①・②。なお、最判平19・7・10刑集61・5・436参照）は、判決及び証拠調手続等が当然無効となるため、自判をする余地はない。

イ　378条の場合

不法に公訴を受理した場合（378②前）は、公訴棄却の自判をする。不法に管轄を認め又は不法に公訴を棄却した場合（378①前・②後）は、実体審理を尽くしていると認められるときを除き（398条の解説**2**参照）、自判する余地がない。判決に理由を付せず又は理由に食い違いがある場合（378④）は、証拠の不備がない限り、自判が可能である。

審判の請求を受けた事件について判決しない場合（378③前）は、差戻が原則であるが、実質審理の余地が残されていないときは、自判すべきである（最判平16・2・16刑集58・2・133）[3]。他方、審判の請求を受けない事件につ

---

(3)　前掲最判平16・2・16は、第一審が、罪数判断を誤り、審判の請求を受けたＡ事件の公訴事実につき理由中で無罪とする一方、審判の請求を受けておらず、かつ、Ａ事件と併合罪の関係にあるＢ事件をその縮小事実として認定して有罪判決を言い渡したところ、被告人のみが控訴した事案について、Ａ事件につき無罪、Ｂ事件につき公訴棄却の自判をしている。

いて判決した場合（378③後）は、当該事件について直ちに公訴棄却の判決を言い渡すことになる（338④の準用。前掲最判平16・2・16参照）。

　ウ　379条の場合

　訴訟手続の法令違反が直接に判決全体の無効をもたらすことがなく、かつ、軽微な事実の取調べにより事実の存否を認定できる場合には、自判が可能であるが、破棄理由に審理不尽が含まれている場合は、差し戻すことになる（石井・前掲395）。

　エ　380条・381条の場合

　法令適用の誤り及び量刑不当のいずれも、原判決の事実認定を変更しない場合であるから、自判が可能である。

　オ　382条の場合

　事実誤認の場合、控訴審で行った事実の取調べ及び第一審で取り調べた証拠のみにより、原判決の認定していない新たな事実を認定するか、原判決の認定した事実の全部又は一部を認定しないことができる場合は、自判が可能となる。

　カ　383条の場合

　再審事由等のいずれも、原判決の認定していない新たな事実を認定する必要のない場合であるから、自判は可能である。

⑷　**裁判員制度と自判**

　ア　自判の可否・構造

　裁判員制度の立法過程で、控訴審における破棄後の自判の可否、その構造等が議論され、現行法どおりとするＡ案のほか、事実誤認及び量刑不当のみ自判できないとするＢ案、事実誤認のみ自判できないとするＢ′案、事実誤認及び量刑不当に関する破棄理由を加重するＣ案、控訴審にも裁判員が関与して覆審構造とするＤ案が提案されたが、最終的に、事後審という控訴審本来の趣旨を運用上徹底させることが望ましいとの認識の下に、Ａ案が採用された（池田等・解説191〜192参照）。

　その結果、裁判員制度での控訴審についても、以上検討してきた自判の構造及び自判の可否に関する議論が当てはまることになった。

　イ　自判の運用

　上記のような立法経緯に加え、刑事裁判に国民の多様な視点を反映させる

〔§400〕破棄差戻・移送・自判　273

という裁判員制度の目的にも照らすと、裁判員が参加した第一審の判断は、できるだけ尊重する必要があり（最判平24・2・13刑集66・4・482、最判平26・7・24刑集68・6・925）、その意味から、破棄だけでなく自判についても慎重に運用すべきものといえる（池田等・前掲193。なお、控訴理由別の破棄の運用については379条〜382条の2の各解説、田中康郎ほか「裁判員裁判における第一審の判決書及び控訴審の在り方」〔以下「田中等・司法研究」という〕99以下、東京高等裁判所刑事部部総括裁判官研究会「控訴審における裁判員裁判の審査の在り方」判タ1296・8以下参照）。

　とはいえ、裁判員裁判による判決を破棄して自判することなく第一審に差し戻せば、差戻後の審判を担当する裁判員は、差戻前からの一連の訴訟手続、当事者の主張及び取調べ済みの証拠の内容をすべて正しく理解するという重い負担を担うとともに（397条の解説7⑷参照）、差戻前の第一審判決及び破棄判決の趣旨を正確に理解し、その拘束力に縛られながら、争点について判断をするという、専門技術的な判断を強いられることにもなる（金谷暁・安廣文夫編著・裁判員裁判時代の刑事裁判328）。そのため、破棄差戻は、原則化するのではなく、このような重い負担を課してでも新たに裁判員が参加した審判を求めることが真に必要な場合に限るべきであり（東京高裁部総括研究会・前掲11参照）、実務上も、破棄差戻人員は破棄人員の1割弱にとどまっている（池田等・前掲195。最近の破棄差戻例として、訴訟手続の法令違反では東京高判平28・1・20判タ1426・226、事実誤認では東京高判平28・7・14判タ1435・174、同平28・8・10判時2329・98等参照）。

　そのような観点からみると、量刑不当により破棄する事例では、差戻後に新たな主張や証拠が加わることなく、破棄判決の拘束力に従った評価替えを行う場合が大半である（原田國男・判タ1242・81、石井一正・刑事訴訟の諸問題597）。特に裁判員裁判では、従来の量刑傾向を踏み出した量刑を行っても、そのことに具体的、説得的な根拠が示されていない場合に限り、第一審判決が破棄されることになるため（前掲最判平26・7・24）、破棄されても、新たな量刑事情に関する審理をする必要に乏しいともいえる（東京高裁刑事部陪席裁判官研究会〔つばさ会〕・判タ1288・16）。したがって、量刑不当による破棄では、自判が原則となろう（池田等・前掲193、楡井英夫・判例解説（刑）平26・292〜293。例えば、前掲最判平26・7・24、大阪高判平25・2・26判タ1390

274 第3編 上訴 第2章 控訴

・375、東京高判平25・10・8刑集69・11・90、同平28・6・30判タ1438・124参照）。

　事実誤認についても、同様の観点から、自判すべき場合が多くなると考えられる。すなわち、裁判員裁判において事実誤認による破棄が第一審判決の事実認定の論理則・経験則等違反の場合に限られるのであれば（前掲最判平24・2・13）、その審査のための事実の取調べにより、事実誤認が明らかとなった場合には、既に判決するに熟しているのであり、改めて裁判員が参加した審判を求める必要に乏しく、自判に適するといえる（つばさ会・前掲13。例えば、東京高判平27・12・22高検速報平27・186参照）。また、そのような自判に際し、周辺的な事実の認定に事実の取調べを要する場合には、自判を目的とする若干の事実の取調べを許しても、裁判員制度の趣旨には反しないと思われる（池田等・前掲193、石井・前掲刑事控訴審の理論と実務449参照）。

　さらに、訴訟手続の法令違反についても、第一審判決の瑕疵が自白の補強証拠の欠如のため、控訴審で補強証拠を取り調べるなど軽微な事実の取調べをするだけで自判できる場合も想定できるのである（石井・前掲刑事控訴審の理論と実務397。理由不備に関する東京高判平23・11・9判タ1384・379、訴訟手続の法令違反に関する福岡高判平23・4・27判タ1382・366、東京高判平24・1・30判タ1404・360参照）。

　もっとも、第一審の無罪判決を破棄する場合に、量刑については裁判員が参加した審判を経ていないとして、差し戻すべきであるとの意見もある（つばさ会・前掲13。大阪高判平24・3・2刑集68・3・267参照）。もとより、死刑か無期懲役かが問題となるような重大事案では、慎重な判断の必要性に配慮して差し戻すべきであるが、一般的量刑傾向に基づき量刑判断ができるのに、あくまで第一審に差し戻すべきであるというのは、裁判員だけでなく被告人の負担の点からも、相当とは思われない。要するに、裁判員に前記のような重い負担を課してでも、裁判員が参加した審判を経るべきかどうかによって、自判の当否が決せられるべきものと考える（裁判員裁判で事実誤認の有無が問題となった最決平25・4・16刑集67・4・549、最決平25・10・21刑集67・7・755、最決平26・3・10刑集68・3・87の各原審判決参照）。そして、差戻をする場合には、差戻後に、事実認定の問題が蒸し返されて審理が混乱し、裁判員の負担が過重になることも懸念されるから、そうした混乱が生じないよう、

〔§400〕破棄差戻・移送・自判　275

破棄判決において、その拘束力に基づき差戻審では量刑に絞った審理を行うべき旨を明記し、差戻審を担当する裁判官も、その趣旨に即した審判となるように心掛けるべきである（つばさ会・前掲13参照）。

　他方、第一審における争点及び証拠の整理が的はずれであるなど、事実の取調べをするまでもなく審理不尽で破棄すべきことが明らかであり、しかも、正しい事実認定のため争点の核心部分（最判昭57・3・16刑集36・3・260参照）に関する新たな証拠調べを要するような場合には、裁判員が参加して改めて事実認定を行うために、差し戻すべきであろう（田中等・司法研究128以下、つばさ会・前掲13以下、東京高裁部総括研究会・前掲11参照）。

4　自判と事実の取調べ

(1)　判　例

ア　事実の取調べの要否

　判例は、当初、自判する場合であっても、事実の取調べは必須ではないとの立場を採っていたが（最判昭29・6・8刑集8・6・821等）、その後、判例を変更して（最大判昭31・7・18刑集10・7・1147）、原判決の認定していない犯罪事実を新たに認定して自判する場合に限って、事実の取調べをしなければならないとする立場を採るに至った。

　すなわち、①犯罪事実を確定することなく無罪を言い渡した原判決を破棄して有罪とする場合[4]、②公訴事実を縮小認定した原判決を破棄した上、公訴事実どおりに認定して有罪とする場合（最判昭32・6・21刑集11・6・1721、最判昭41・12・22刑集20・10・1233、最判昭45・12・22刑集24・13・1872）については、事実の取調べが必須であるとしている。

　他方、③犯罪事実に当たる事実を認定しつつ法律判断により無罪とした原判決を破棄して有罪とする場合（最大判昭32・3・13刑集11・3・997、最判昭35・11・18刑集14・13・1713、最大判昭44・10・15刑集23・10・1239）[5]、④原判

---

[4]　前掲最大判昭31・7・18は、事実認定を経ることなく法律判断で無罪とした判決に関するもの、最大判昭31・9・26刑集10・9・1391、最判昭32・2・12刑集11・2・939、最判昭32・4・26刑集11・4・1491、最判昭32・10・3刑集11・10・2436、最判昭32・12・27刑集11・14・3444、最判昭33・3・18刑集12・4・603、最判昭34・6・16刑集13・6・969は、事実認定の結果に基づき証明不十分を理由に無罪とした判決に関するもの、最判昭31・12・14刑集10・12・1655は、心神喪失を理由とする無罪判決に関するものである。

276 第3編 上訴 第2章 控訴

決を破棄して犯罪事実の認定に変更を加えることなく刑を重くする場合（最大判昭31・7・18刑集10・7・1173、最大決昭32・2・15刑集11・2・756、最決昭32・4・17刑集11・4・1385、最判昭35・3・17刑集14・7・847、最判昭46・11・9刑集25・8・925）については、事実の取調べは必須でないとするのである。

なお、同じ事実関係を前提とする共謀・教唆（前掲最判昭34・6・16）の有無、責任能力の有無・程度（前掲最判昭31・12・14）等の判断が事実判断（①）か法律判断（③）かは微妙な問題であるが、両者は通常一体として判断されるから、事実判断として慎重に取り扱うべきであろう（岩田誠・判例解説（刑）昭31・411、石井・前掲刑事控訴審の理論と実務407）。

イ 事実の取調べの目的ないし範囲

判例は、①及び②の場合に事実の取調べを必須とする理論的根拠として、明示的には直接（審理）主義・口頭（弁論）主義のみを指摘している（前掲最大判昭31・7・18）。

また、判例は、自判のため必要とされる事実の取調べについて、その事件の核心（最判昭34・5・22刑集13・5・773、最判昭43・11・21判時539・77、最判昭43・12・19判時544・93）、主要な争点（最判昭36・1・13刑集15・1・113）ないし争点の核心部分（前掲最判昭57・3・16等）に関するものでなければならないとする[6]。

もっとも、事実の取調べの内容としては、新たに認定する事実の存否に関する証人尋問や検証、証拠物のほか（最判昭32・3・15刑集11・3・1085、最判昭34・3・19刑集13・3・361、前掲最判昭36・1・13）、被告人質問及び証拠物（前掲最判昭43・11・21）、被告人質問のみ（最判昭33・5・1刑集12・7・

---

[5] この場合にも事実の取調べを要するとした最判昭33・2・11刑集12・2・187は、前掲最大判昭44・10・15により変更されている。

[6] 例えば、前掲最判昭32・12・27は、複数の公訴事実について無罪とした原判決を破棄して有罪とする場合、全事実について事実の取調べを要するとし、前掲最判昭34・5・22は、収賄の点につき犯罪の証明がないとした原判決を破棄して収賄の事実を認定する場合、事件の核心をなす金員の授受について事実の取調べを要するとし、最判昭41・12・22刑集20・10・1233、最判昭45・12・22刑集24・13・1872は、殺意の存在を認めなかった原判決を破棄して殺意を認める場合、殺意に関する事実の取調べを要するとする。

〔§400〕破棄差戻・移送・自判　277

1243、前掲最判昭57・3・16[7]) でも、これに当たるとしている[8]。

(2)　事実の取調べの目的

ア　上記のように、判例は、①及び②の場合に事実の取調べを必須とする理論的根拠として、明示的には直接主義・口頭主義のみを指摘しているが、第一審で取り調べられた証拠のみを破棄判決の証拠の標目に掲げてもよいし (最判昭33・2・20刑集12・2・269)、これを改めて調べ直す必要もない (最判昭34・2・13刑集13・2・101) とも判示している。そのため、直接主義・口頭主義の要請といっても、その範囲は、控訴審における事実の取調べに限られることになるから、その趣旨は、書面審査のみによる有罪認定は許されず、被告人に告知・聴聞の機会を与えなければならない、すなわち、被告人質問をすれば足りるという手続保障の要請にとどまるとの理解が一般化しているとも指摘されている (原田國男・大コメ刑訴9・478)。

しかし、判例は、事件の核心ないし争点の核心部分に関する事実の取調べを必須としている以上、その理論的根拠としては、上記手続保障の要請だけでは不十分といわざるを得ない。そのような観点から、直接主義・口頭主義の要請に付加して、書面審査だけで有罪の認定をすることに伴う危険を防止するという政策的配慮を指摘する見解 (佐藤文哉・現代刑罰法大系6・265、平良木・前掲143、原田・前掲479)、及び、被告人に不利な方向に証言の評価を変更する場合は、憲法の保障する証人審問権に基づき、証人尋問をやり直す必要があるとする見解 (後藤昭・石松竹雄判事退官記念論文集397) が主張されている。

このうち、後者については、憲法が事後審における証人尋問まで保障しているとは解されず、証言評価の方向によって証人尋問の要否を分ける根拠を見出すことも困難との批判が可能である (原田・前掲478〜479)。

---

(7)　ただし、前掲最判昭41・12・22は、専ら情状に関する被告人質問では足りないとする。

(8)　なお、札幌高判昭46・1・14高刑集24・1・1は、第一審で取り調べた5人の証人がいずれも行方不明となり取り調べることが不可能となったことを理由に、詐欺の犯意を否定した第一審の無罪判決に対する控訴を棄却したが、実施された被告人質問及び同種前科に関する事実の取調べによって、事実誤認であることが確認され、かつ、差戻が相当でないときは、破棄自判しても差し支えないであろう (石井・前掲刑事控訴審の理論と実務410)。

278　第3編　上訴　　第2章　控訴

　判例が、単に告知・聴聞の機会を与えるだけでなく、事件の核心に関する事実の取調べを必須としていることからすると、明示こそしていないものの、原判決の認定していない犯罪事実を新たに認定するか否かの判断をより慎重に行うことによって、事実誤認の危険を防止するという、政策的配慮も念頭に置いたものとみるのが相当である。それと同時に、新たに事実の取調べを行い、被告人にも新たな防御の機会を提供することにより、既に取調べ済みの証拠を改めて検討し直す契機となることも期待される（佐藤・前掲265、原田・前掲479、石井・前掲刑事控訴審の理論と実務410）。

　イ　なお、控訴審での事実の取調べは、原判決の事後審査として行われるものであり、基本的には事後審査に必要なものに限られるが、控訴審の審理が進み、原判決破棄の蓋然性が高まった後は、続審への移行が確実となるから、争点に関して補充的に事実の取調べを行っても、控訴審の基本的構造には反しないといえよう（松尾・刑訴下239。反対、長沼範良・基本法コメ刑訴330）。

　もっとも、裁判員制度の下での控訴審における事実の取調べは、原則的に事後審査として必要なものに限り（東京高裁部総括研究会・前掲10以下等参照）、自判を目的とするような事実の取調べを控えるべきことは、前記のとおりである（本条の解説3⑷イ参照）。

　⑶　事実の取調べの要否

　ア　判例のうち、①及び②の場合に事実の取調べを必須とする判例に対しては、一部に批判はあるものの[9]、通説は、これを支持している。

　イ　他方、③の場合に事実の取調べを必須としない判例については、無罪判決では犯罪事実に当たるべき事実は確定していないとして、自判自体許されない（中武・前掲187）などとして、これに反対する見解もみられる。

　しかし、犯罪事実に当たるべき事実を認定した上で法律判断により無罪としている場合に、更に事実の取調べをしたり原審に差し戻したりすべき理由も必要性も見出し難く、判例の立場は支持できる。もっとも、弁護人の答弁書が、専ら原判決の法律判断のみを論難し、原判決の事実認定の当否に関す

───────────────

（9）　事実の取調べは運用上の問題であるとする見解（横井・ノート5・211、柏木・刑訴379、土本・警研58・2・8）、事実の取調べをして自判すること自体が許されないとする見解（中武靖夫・注解刑訴下188）がある。

る主張をしていないときは、被告人に告知・聴聞の機会を与える趣旨から、原判決の事実認定を争うか否かの求釈明をするのが相当であろう。また、原判決が犯罪事実に当たるべき事実の存在を仮定して法律判断を示しているように、当該事実を確定していないときは、③の場合に当たらず自判できないことには注意を要する（最大判昭31・7・18刑集10・7・1147）。

　ウ　④の場合に事実の取調べを必須としない判例に関しても、事実の取調べを要するとの見解が多数であるほか（平野・刑訴321、中武・前掲191等）、被告人側に情状について争う機会を与える必要があるとの見解も有力である（松尾・前掲240、長沼・前掲330）。その理由としては、刑の量定と事実とが密接に結び付いていること、刑の量定が被告人にとって重大な関心事であることが指摘されている。

　しかし、犯罪事実の認定に変更がない以上、③の場合と同様、事実の取調べを必要とすべき理由に乏しいし（尾鼻輝次・判タ349・69）、控訴審における量刑判断では、多くの場合、原判決も前提とした情状事実の評価が問題とされるから、控訴審で改めて取り調べるべき適切な証拠がないのが実情であろう（原田・前掲479～480）。この点、実務では、量刑不当を理由とする検察官控訴があったときに、被告人質問等を行うのが通例であるが、被告人に改めて告知・聴聞や情状立証の機会を与えるという手続保障的意味合いによるものといえる（原田・前掲480）。

　エ　なお、事実の取調べの目的は、前記のとおりであるから、自判により無罪としたり縮小認定する場合は、事実の取調べは要しないものと解されている（松尾・条解1066）。

⑷　事実の取調べをすべき範囲及び程度

　以上の判例の趣旨に照らすと、事実の取調べをすべき事件の核心ないし争点の核心部分とは、自判において新たに認定するかどうかが問題となる事実の存否、すなわち、事実認定上の争点といえる。したがって、控訴裁判所が、自判をする際、争点に関する事実の取調べをしないまま、新たな事実を認定することは、違法である（前掲最判昭32・12・27、同昭34・5・22）。

　事実の取調べをすべき程度は、事案に応じて個別に検討するほかないが、争点に関する主要な証拠を取り調べることを通じて、原判決が疑問とした証拠の証明力について直接に検討することが必要であろう（尾鼻・前掲71）。も

280 第3編 上訴 第2章 控訴

っとも、新たに取り調べるべき的確な証拠が存在しない場合は、第一審で取り調べた証人等を改めて取り調べてもよいし（谷口・前掲251、香城＝永井・前掲425〜426、石井・前掲刑事控訴審の理論と実務409）、被告人質問で足りる場合もあり得よう[10]。

(5) 公判前整理手続を経た事件における事実の取調べ

裁判員裁判等の公判前整理手続を経た事件における事実の取調べについては、以上みてきたことに加え、第一審における証拠制限（316の32 I）との関係にも配慮して運用する必要がある（393条の解説、田中等・司法研究118以下、つばさ会・前掲10以下参照）。

まず、393条1項但書の義務的な事実の取調べの範囲については、382条の2第1項の「やむを得ない事由」の解釈が第一審における証拠制限と矛盾することがないように審査する必要がある。また、393条1項本文の職権による裁量的な事実の取調べも、第一審集中主義を軽視する風潮を助長しないように、真に必要な場合に限って運用すべきであろう。さらに、事後審査を徹底すれば、破棄理由の有無の審査ではなく、自判のみを目的とするような事実の取調べは控えるべきであるし（杉森研二・鈴木古稀下753、石井・前掲刑事控訴審の理論と実務396参照）、事実誤認の審査が厳格化すれば（382条の解説参照）、事実の取調べの範囲が更に限定的になることも考えられる。とはいえ、実体的真実の発見、具体的妥当性の追求の要請にも十分な配慮を要するのであり、結局のところ、事実取調べの請求としては認められない場合であっても、当事者の主張及び事実の取調べ請求の内容を踏まえながら、原審記録を検討した結果として、破棄の可能性が高く、かつ、その事実取調べが破棄の要否を判断する上で必要であると認められる場合は、職権による事実取調べをして、これらの要請に応えるのが相当であろう（東京高判平24・1・30判タ1404・360参照）。

5 自判の判決

(1) 自判の基準時

自判の基準時は、自判の時である（最大判昭26・8・17刑集5・9・1799）。

---

[10] 例えば、無罪判決の判断が明らかに経験則に反する場合、経験則や論理法則は、通常、事実の取調べの対象とならないから、告知・聴聞の機会を与える趣旨により、被告人質問を行うことが考えられる（原田・前掲479）。

〔§400〕破棄差戻・移送・自判　281

したがって、原判決時に少年であった者が、自判時に成人に達していれば、成人としての刑を言い渡し、原判決後に罰条の改正があれば、刑法6条又は罰則の経過規定の適用が必要になる（後者の最近の例として、最判平18・10・12判時1950・173）。また、未決勾留日数の算入では、自判時までに確定した別件判決による未決勾留日数の算入又は法定通算の影響も受けることになる（最判昭48・11・9刑集27・10・1447、最判昭55・1・11刑集34・1・1）。

(2)　事実認定

ア　認定説と確定説・拘束説

控訴裁判所が原判決による事実認定に影響を及ぼさない破棄理由（法令違反、量刑不当等）により破棄自判する場合、改めて事実の存否について認定し直す必要があるか、原判決による犯罪事実の存否及び内容に関する認定判断を既に確定したものとして前提とすべきかについては、原判決の事実認定を基礎に改めて事実の存否を認定し直すものとする認定説（平野龍一・裁判と上訴162、香城＝永井・前掲417〜420、原田・前掲488〜491等）、原判決の事実認定を既に確定したものとして改めて認定することを要しないとする確定説（岩田誠・判タ12・29、中野次雄・岩田傘寿349、平良木・前掲290等）ないし原判決の事実認定に拘束されるとする拘束説（小林充・刑事控訴審の手続及び判決書の実際172〜173）、事案によりいずれのやり方も許されるとする折衷説（朝岡智幸・判タ357・53、石井・前掲刑事控訴審の理論と実務402等）が主張されている。

しかし、認定説と確定説・拘束説との間で互いに活発な議論が進められた結果、今日では、いずれの見解も理論的な弱点を相当に克服して、後にみるとおり、両説のもたらす帰結の違いはかなり絞られてきており、どちらがプラグマティックに妥当かという選択の問題になるとも指摘されている（田宮裕・刑判評釈21＝22・32、原田・前掲488）。

イ　判　例

判例は、第一審判決の認定した事実を基礎としてこれに法令を適用するのは正当であるとし（最決昭28・8・7刑集7・8・1679、最判昭28・11・10刑集7・11・2051）、あるいは、控訴審として改めて事実を認定することを要しないとして（最判昭29・4・13刑集8・4・462、最決昭30・12・1刑集9・13・2577）、確定説に近い判示をしていたが、最判昭34・2・26刑集13・2・232

が、原判決の一部について事実認定及び法令の適用に誤りはないとしながら、その部分についても罪となるべき事実を改めて認定することは違法であるとしたことによって、確定説を採用したものともいえる（小林・前掲173、原田・前掲485）。

しかし、最近では、控訴審において事実誤認以外の理由で破棄した場合であっても、判決に影響を及ぼさない程度の事実誤認を指摘して認定替えを行い（最近の例として、東京高判平15・1・29判時1838・155、大阪高判平17・5・18判時1902・157）、あるいは、控訴裁判所が量刑不当を理由に破棄自判し確定した場合の再審請求の管轄裁判所を控訴審としていることからすると（例えば、狭山再審請求事件等）、最近の実務は、認定説に親和性があるともいえよう。最高裁でも、事実誤認以外の理由で破棄自判する場合の判示として、最判昭48・5・25刑集27・5・1115以降、「原判決の確定した事実に法令を適用する」から「原判決の認定した事実に法令を適用する」に表現が変更統一されており（香城＝永井・前掲421）、しかも、その後の判例の中には、量刑不当を理由に破棄自判するに当たり、「第一審判決の掲げる証拠によると、前記犯罪事実を認めることができる」と判示するものまでみられる（最判昭51・11・4刑集30・10・1887）。また、前掲最判昭34・2・26は、改めて事実を認定した違法は著しく正義に反するほどのものではないとしたものであり、その先例的価値は限られたものとみることもできる。

　ウ　検　討

認定説及び確定説・拘束説のもたらす帰結の違いは、今日、控訴審で事実誤認以外の理由で破棄自判した場合における、①控訴裁判所が量刑不当等を理由に破棄自判し確定した場合の再審請求の管轄裁判所が、認定説では控訴裁判所、確定説等では第一審裁判所となる点、及び、②上告審が第一審判決に固有の事実誤認を理由に411条による職権破棄をできるかについて、認定説では可能であるのに対し、確定説等では不可能となる点に絞られているところ、①については、認定説に沿った運用が定着しており、②については、確定説等のように理論的理由のみから救済の範囲を限るのは相当でないであろう（原田・前掲489）。

そして、破棄理由対象説（397条の解説3(3)参照）からはもちろん、第一審判決の違法を看過した控訴審判決の違法を指摘することを繰り返してきた

〔§400〕破棄差戻・移送・自判　283

累次の判例（392条の解説参照）、更には、控訴審として自ら責任をもって判決すべきことからも、現在の実務で行われているように、控訴理由とされているか否かにかかわりなく、原判決の事実認定の当否についても常に職権調査を尽くすべきである。したがって、認定説が妥当である。

　もっとも、認定説によっても、控訴審の事後審としての性格に照らすと、第一審判決の事実認定と同じ性質のものである必要はなく、事後審査の範囲で行われた第一審判決の事実認定に対する判断・評価を示せば足りるのである（原田・前掲490）。

　(3)　335条による判示の要否

　ア　335条1項による判示

　控訴審における自判にも、335条1項の準用がある。もっとも、明文の規定はないものの、原判決の内容を引用するのが実務慣行であり（河村澄夫＝野間禮二・判タ360・75、香城＝永井・前掲430、小林・前掲83、171[11]、原田・前掲495、石井・前掲刑事控訴審の理論と実務416）、誤りのあった部分を除外する形で広く引用されている[12]。

　なお、破棄自判する場合、第一審及び控訴審を通じて、未決勾留日数の算入、訴訟費用の負担等の付随処分についても判示する必要がある（石井・前掲控訴審の理論と実務416。ただし、495Ⅱ②）。

　イ　335条2項の準用の有無

　㋐　判例は、第一審で心神耗弱の主張があったが、検察官からのみ控訴の申立てがあり、控訴裁判所が検察官からの量刑不当の控訴趣意をいれて破棄自判する場合、上記主張に対する判断を加えなくても違法でないとし（最決昭36・11・9刑集15・10・1696）、他方、控訴裁判所が犯罪の証明を欠くとして無罪を言い渡した第一審判決を破棄して有罪の自判をするに当たり、控訴審で改めて心神喪失又は心神耗弱の主張があったときは、335条2項により、これに対する判断を示さなければならないとしており（最判昭31・12・25裁集116・347）、自判の際には同条項の適用があるとする趣旨と解されている（香城＝永井・前掲430、原田・前掲493～494）。

⑾　小林・前掲172は、規218の準用により起訴状等の引用もできるとする。
⑿　事実認定、証拠の摘示等に判決に影響を及ぼさない誤りがある場合は、その部分を訂正して引用する（河村＝野間・前掲68）。

284 第3編 上訴 第2章 控訴

(イ) 学説では、335条2項の準用説が多数である。そして、前掲最決昭36・11・9が第一審での心神耗弱の主張に対する判断を要しないとした理由については、職権調査義務の範囲が及ばないこと（田原義衛・判例解説（刑）昭36・276）、原判決において既に判断が示されたが被告人が控訴していないこと（横井・ノート5・185、河村＝野間・前掲74）、破棄自判の段階で上記主張が撤回されたと解されること（小林・前掲176）が指摘されている。また、前掲最判昭31・12・25の事案のように、第一審で心神喪失等が主張されたが、被告人から控訴を申し立てる余地のない場合は、仮に控訴審での主張がなくても、第一審判決が破棄されると、第一審での主張のみが残ること（横井・前掲257）、第一審での主張が判断を示されないまま控訴審に持ち越されること（河村＝野間・前掲74）などを理由に、控訴審でも主張があるものとして扱うべきであると主張されている（松尾・条解1067）。

これに対し、335条2項の準用否定説も有力である。その理由としては、自判はあくまで控訴審固有の判決であり、その手続もすべて第一審どおりに履践されるものではないこと（柴田孝夫・注釈刑訴5・431）、同条項が法令違反を控訴理由として認めるために設けられた規定であると解すると、控訴審には準用のない規定であると解する余地もあること（香城＝永井・前掲430）、心神喪失等の主張について、前掲最決昭36・11・9の事案のように、第一審判決で判断が示されても、事後審査の範囲に含まれないときは、自判で判断を示す必要がないし、また、前掲最判昭31・12・25、最判昭36・4・27判時264・32の事案のように、第一審判決で判断が示されていないときは、控訴審で主張されても、389条、393条4項の弁論の対象には含まれず、自判を見越した事実上の主張にすぎないから、335条2項の主張と認めるべきではないこと（原田・前掲494～495）などが指摘されている。

(ウ) 破棄理由対象説（397条の解説3参照）によれば、犯罪成立阻却事由及び刑の加重減免事由の有無も、職権調査の範囲に含まれるから（392条の解説3参照）、上記事由の主張に対する判断の要否は、第一義的には、335条2項の問題ではなく、控訴理由に対する判断を示すべき範囲の問題（397条の解説5参照）とみるべきであるが、その主張に対する判断を示さないまま他の控訴理由により第一審判決を破棄して自判するときは、同条項の問題が生ずることになる。

〔§400〕破棄差戻・移送・自判　285

　335条 2 項は、第一審において、犯罪成立阻却事由等の主張が出され、争点として顕在化したときに、争点中心主義の観点から、その主張に十分配慮したことを示すことによって、被告人・弁護人の利益や裁判の公正さを担保し、その防御権を間接的に保障しようとしたものである（335条の解説、中谷雄二郎・大コメ刑訴 8 ・156参照）。しかし、控訴審における争点は、控訴趣意により顕在化するのであり、控訴趣意とされていない主張は、基本的には職権調査の発動を促す趣旨にとどまる。しかも、職権調査の結果、改めて事実の取調べや相手方の反論を要するなど、その主張の当否を争点化すべきことが明らかになれば、自判するのではなく、その主張の当否を審査させるために第一審に差し戻すべきであり（横井・前掲258、原田・前掲494）、結局、自判できるのは、改めて事実の取調べをしたり相手方に反論の機会を与えるまでもなく、その主張が明らかに理由のない場合のみである。すなわち、控訴趣意とされていない主張は、第一審でされたか控訴審でされたかにかかわらず、通常は、自判の際の争点とならないから、335条 2 項を準用する前提を欠くというほかない。換言すれば、控訴審として自判する際に、犯罪成立阻却事由等の主張について実質的に判断を加えるべきことは当然であるが（柴田・前掲431）、争点化する必要がないときは、その判断を常に具体的に示すまでの実質的根拠に乏しく、前掲最決昭36・11・ 9 は、そのような趣旨と解される。

　他方、犯罪成立阻却事由等の主張が控訴趣意とされていれば、控訴審での争点となるから、335条 2 項の趣旨に照らし、他の破棄理由によって有罪の破棄自判をするときも、その主張に対する判断を示すべきである。さらに、第一審判決が無罪である場合は、犯罪成立阻却事由等の主張があっても、第一審で判断されないため、控訴趣意とする余地がなかっただけであるから、控訴審でも同様の主張をするのかの求釈明をし、主張するのであれば、自判するに当たり、第一審における争点が控訴審に引き継がれたものとして、控訴裁判所としての判断を示すべきであり、前掲最判昭31・12・25も、そのような趣旨のものと解されるのである。

　したがって、335条 2 項は、自判するに当たり、控訴審での実質的争点に対する判断を義務付ける限度で、準用があるといえよう。

286　第3編　上訴　第2章　控訴

6　差戻・移送の判決

(1)　差戻・移送の原則

398条及び399条に規定する理由以外の理由により原判決を破棄する場合において、自判の要件（本条の解説**3**参照）が欠けるときは、事件を原裁判所に差し戻すか、原裁判所と同等の他の裁判所に移送しなければならない（支部に移送すべきでないことは、398条の解説**3**参照）。

差戻が原則であるが、(2)で解説する少年法55条に基づく移送のほか、17条1項各号及び18条所定の事由、19条1項が想定する差戻・移送後の証拠調べ上の便宜や被告人の出頭上の便宜あるいは前審関与により原裁判所では裁判体の構成に困難が予想されるなどの諸事情を総合考慮して、原裁判所に差し戻すことが著しく相当でないときは、管轄のある別の裁判所に移送すべきである（柴田・前掲461、石井・前掲刑事控訴審の理論と実務398）。

なお、差戻・移送後の審理の在り方については、397条の解説**7**を参照されたい。

(2)　少年法55条による移送の方法

少年法55条が控訴審にも適用があることは判例・通説である。しかし、移送の手続については、①原判決を破棄しないで決定で移送すべきであるとする決定移送説（名古屋高決昭25・6・1家庭裁判月報2・6・232、大阪高決昭35・4・1家庭裁判月報12・6・181、同昭38・9・28家庭裁判月報16・1・159、同昭40・6・5家庭裁判月報19・1・87、札幌高決昭43・3・29家庭裁判月報20・10・110。早川義郎・家庭裁判月報16・3・20、廣瀬健二・家庭裁判月報41・9・61、田宮裕＝廣瀬健二編・注釈少年法［第4版］509等）と、②判決で原判決を破棄して移送すべきであるとする判決破棄移送説（高松高判昭34・10・15家庭裁判月報11・12・154、東京高判昭39・12・25家庭裁判月報17・8・85、福岡高判昭50・8・4家庭裁判月報28・8・98、同昭62・7・16家庭裁判月報39・12・162、同平5・11・1家庭裁判月報46・6・98。横井・前掲171、平場安治・少年法447、香城＝永井・前掲431、原田・前掲457、石井・前掲刑事控訴審の理論と実務497等）に分かれている。

少年法55条は、破棄した後の自判の段階で初めて適用になるものであり、原判決は、量刑不当により破棄されることになるから（横井・前掲173、香城＝永井・前掲431）、判決破棄移送説が妥当である。もっとも、移送決定には

〔§401〕共同被告人のための破棄　287

不服申立てが認められていない以上、この破棄移送判決に対する上告も許されないと解すべきである（原田・前掲497）。

(3)　差戻・移送の判決の勾留に関する処分への影響

差戻・移送の判決には、343条、345条を準用する余地がないから、被告人の勾留に関する処分自体に変動はないが、原判決の破棄により344条の適用はなくなるから、勾留更新の制限（60Ⅱ）、権利保釈（89）の規定の適用が復活する（石井・前掲刑事控訴審の理論と実務282）。　　　　　（中谷雄二郎）

〔共同被告人のための破棄〕
第401条　被告人の利益のため原判決を破棄する場合において、破棄の理由が控訴をした共同被告人に共通であるときは、その共同被告人のためにも原判決を破棄しなければならない。

〈本条細目次〉
1　趣　旨　287
2　共通破棄の要件　287
　(1)　被告人の利益のため原判決を破棄する場合　287
　(2)　共同被告人が控訴したとき　288
　(3)　破棄の理由が共同被告人に共通であるとき　288

1　趣　旨

本条は、共同被告人の1人の利益のために原判決を破棄する場合において、同じ破棄理由のある共同被告人の関係では主張がないという理由から原判決を破棄しないのは、公平の観念に反することから、共通して破棄することを義務付けた規定である（通説）。

2　共通破棄の要件

(1)　被告人の利益のため原判決を破棄する場合

原判決の破棄理由について、被告人に上訴の利益がある場合をいう。破棄の理由としては、当事者が控訴趣意書で主張したものであると、職権調査により裁判所が認めたものであるとを問わない。

288 第3編 上訴 第2章 控訴

(2) 共同被告人が控訴したとき

共同被告人とは、第一審において共同被告人であった者であれば足り（通説）、第一審判決前に分離されていても差し支えない（最判昭23・10・30刑集2・11・1435）。控訴審において共同被告人である必要はないが、別の裁判所の判断に拘束される理由はないから、判決裁判所は同一でなければならない（通説）。

「控訴した」とは、共同被告人が控訴した場合だけでなく、検察官が控訴した場合も含む（通説）。控訴が適法であるため事件が控訴審に係属することが前提である（松尾・条解1071、原田國男・大コメ刑訴9・500）。

控訴趣意書の提出の要否について、判例は、当初、必要説を採っていたが（最大決昭27・11・5刑集6・10・1176等）、その後、最大判昭32・2・27刑集11・2・935が、上告趣意書の提出がない被告人についても大赦により原判決を破棄したため、判例はその限度で変更されたと解する見解が有力である（中武靖夫・注解刑訴下195、近藤和義・判タ359・68）。学説では、広く職権調査が認められる現行法（392Ⅱ）の下で、本条は控訴趣意書が提出されていない場合に意義があるとする不要説（団藤・綱要539、高田・構造542等。朝岡智幸・判タ352・77、香城敏麿＝永井敏雄・注釈刑訴［第3版］7・434は、その意味で本条を386の特則と解する）と、被告人が1人の場合との不均衡を理由とする必要性（原田・前掲500〜501等）に分かれる。共同被告人について破棄理由が顕在化すれば、当該被告人についても職権調査をするまでもなく破棄理由が明らかになるのであり、許容できないほどの不均衡とはいえないから、不要説が妥当であろう。

(3) 破棄の理由が共同被告人に共通であるとき

破棄の理由とは、397条1項にいう原判決を破棄すべき事由である。控訴趣意書に掲げられたものであると、職権調査により認められたものであるとを問わない（香城＝永井・前掲432）。

本条により共通破棄された破棄の理由としては、大赦（前掲最大判昭32・2・27）のほか、没収要件の欠如（大判大13・5・24刑集3・445）、無効な証拠による事実認定（前掲最判昭23・10・30）、審判の請求を受けない事件についての判決（最判昭26・1・23刑集5・1・73）、理由不備（東京高判昭30・8・13裁判特報2・16＝17・846）、訴訟費用負担の違法（東京高判昭53・5・8東

〔§402〕不利益変更の禁止　289

時29・5・75）がある（上告審に関する本条と同種の旧451条の場合も含む）。

（中谷雄二郎）

〔不利益変更の禁止〕
第402条　被告人が控訴をし、又は被告人のため控訴をした事件について
は、原判決の刑より重い刑を言い渡すことはできない。

〈本条細目次〉
1　趣　旨　289
2　被告人が控訴をし、又は被告人のため控訴をした事件　289
　⑴　被告人のため控訴をした事件　289
　⑵　差戻・移送後の第一審判決への適用の有無　290
　⑶　双方控訴で検察官控訴には理由がないとされた場合の適用の有無　290
　⑷　控訴以外への適用の有無　291
3　刑の意義　291
4　刑の軽重　292
　⑴　刑の軽重の判断方法　292
　⑵　刑の軽重判断の具体例　293

1　趣　旨

　本条は、いわゆる不利益変更禁止の原則を定めたものであり、その趣旨は、
上訴の結果、被告人に不利益な結果を来すことになれば、被告人側の上訴権
の行使をためらわせるおそれがあるとして、被告人の上訴権の十分な行使を
保障するための政策的配慮であるとされている（最大判昭27・12・24刑集6・
11・1363）。また、近時は、当事者主義の原理と被告人の救済という理念か
ら、検察官が控訴しなかった以上、被告人に不利益な変更は許されないとす
る見解も有力である（横山晃一郎・公判法大系4・90、鈴木・刑訴255、田宮・
刑訴469等。反対、川出敏裕・研修595・15）。

2　被告人が控訴をし、又は被告人のため控訴をした事件

⑴　被告人のため控訴をした事件

　被告人のため控訴をした事件とは、353条又は355条に規定する者が被告人
のために控訴を申し立てた事件であり、検察官が被告人のために控訴を申し

290　第3編　上訴　　第2章　控訴

立てた事件は含まない（最判昭53・7・7刑集32・5・1011）。

(2)　差戻・移送後の第一審判決への適用の有無

被告人のみが控訴した事件において、原判決を破棄して自判する場合はもちろん、差戻・移送するときの差戻・移送後の第一審判決にも、本条は適用される（名古屋高金沢支判昭28・6・25高刑集6・8・970、東京高判昭50・12・19高刑集28・4・525）[1]。被告人のみが控訴した事件に対する控訴審判決に対して検察官から上告があり、上告審で差戻又は移送の判決があった場合、第一審判決との関係でも本条の適用がある（通説）。

もっとも、差戻後に追起訴があった場合は、本条を適用する前提が欠けることになる（東京高判昭62・8・31東時38・7＝9・101）。

(3)　双方控訴で検察官控訴には理由がないとされた場合の適用の有無

検察官・被告人双方控訴の場合において、検察官の控訴に基づき原判決が破棄されるとき本条の適用がないことに争いはないが、検察官の控訴は理由がないとされながら、原判決が破棄されるときの本条の適用の有無については争いがある。

適用肯定説は、旧刑訴法で認められていた附帯上訴制度が廃止された趣旨を強調するのに対し（高松高判昭42・7・10下刑集9・7・857、高田・刑訴548、荒川省三・実務講座11・2475、横山・前掲96、中武靖夫・注解刑訴下197、鈴木・刑訴255、田宮・刑訴469等）、適用否定説は、検察官の控訴の有無のみを問題とする本条の文理、検察官のみ控訴の場合との均衡、本条が被告人の上訴権を実質的に保障するための政策的規定であることなどを指摘する（平野・刑訴322、松尾・刑訴下241、香城敏麿＝永井敏雄・注釈刑訴［第3版］7・435〜436、長沼範良・基本法コメ刑訴333、原田國男・大コメ刑訴9・505、石井一正・刑事控訴審の理論と実務412等）。

本条の趣旨として当事者主義の観点を強調するとしても、検察官が一部の破棄事由の指摘を漏らしたことにより、その理由による破棄の可能性を処分したとはいえないから、適用否定説が正当である[2]。

---

(1)　前掲最大判昭27・12・24は、被告人上告により破棄差戻を受けた控訴審にも、第一次控訴審との関係で本条の適用があるとする。

〔§402〕不利益変更の禁止　291

(4) 控訴以外への適用の有無

　本条は、その趣旨に照らすと、上訴一般についても準用されるべきであり、上告に準用されるほか（414）、抗告にも準用される（通説。執行猶予取消請求事件について東京高決昭29・12・28高刑集7・12・1822）。

　少年法上の抗告については、適用説が有力であるが（浜井一夫ほか・司法研究報告書48・2・264等）[3]、判例（調布駅前事件に関する最判平9・9・18刑集51・8・571）は、①少年法が少年側にのみ抗告権を認めたのは、専ら少年の権利保護を目的とするものであって、②少年が抗告し、抗告審において原保護処分決定が取り消された場合には、差戻を受けた家庭裁判所が少年に対し保護処分よりも不利益な処分をすることは許されないことのみを指摘して、不利益変更禁止の原則の適用自体には触れていない（前掲最判平9・9・18の趣旨について池田修＝中谷雄二郎・判例解説（刑）平9・153参照）。

　なお、略式命令に対する正式裁判請求は、上訴ではないから、本条の適用はない（最決昭31・7・5刑集10・7・1020）。

3　刑の意義

　本条の刑には、刑法9条が掲げる主刑（死刑、懲役、禁錮、罰金、拘留、過料）及び付加刑（没収）のほか、刑の執行猶予、保護観察、未決勾留日数の算入、労役場留置、追徴、公民権停止も含まれる。

　被害者還付、訴訟費用の負担は、被告人に不利益な処分としての性格を有するとはいえ、主刑・付加刑と無関係な処分であるから、本条にいう刑には含まれない（被害者還付につき大阪高判昭60・11・8高刑集38・3・199。訴訟費用の負担につき最判昭26・3・8刑集5・4・495、最判昭26・12・20刑集5・13・2556）。

　より重い事実への認定替え又は被告人に不利益な方向への法令適用の是正も、刑を不利益に変更しない限り、許される（重い事実への認定替えにつき大

---

(2)　最判昭37・6・15刑集16・7・1250は、量刑不当を理由とする双方控訴の事件について、控訴裁判所が控訴趣意に対する判断を省略して別の理由（没収の違法）から第一審判決を破棄して差し戻した場合、差戻後の第一審判決が差戻前の第一審判決より重い刑に処しても、不利益変更禁止の原則に違反しないとしている。

(3)　調布駅前事件に関する東京地八王子支決平7・6・20判時1536・27、東京高判平8・7・5高刑集49・2・344は、本条と同様の不利益変更禁止の原則の適用を認めている。

292 第3編 上訴 第2章 控訴

判昭2・6・24刑集6・222、東京高判平22・7・14判タ1380・251。事実の付加を伴う重い罰条への適用替えにつき最判昭23・11・18刑集2・12・1626、最判昭24・8・9刑集3・9・1428。罪数の不利益変更につき大判明32・10・16刑録5・9・37)。そのため、法律上許されない量刑をせざるを得ない場合も起こり得る[4]。なお、控訴審で一部無罪を言い渡しても、第一審判決より軽い刑を言い渡す必要はない（最判昭35・4・12刑集14・5・548）。

4 刑の軽重

(1) 刑の軽重の判断方法

大審院及び初期の最高裁は、最も重い刑種ないし主刑から順次比較していく形式的重点的判断方法を採用していたが(大判大7・5・28刑録24・597、最判昭25・3・3刑集4・3・305等)、その後、最高裁は、主文を全体として実質的かつ総合的に比較する実質的総合的判断方法を採用するに至った（最大判昭26・8・1刑集5・9・1715、最決昭55・12・4刑集34・7・499。最決平18・2・27刑集60・2・240は、刑法48条1項により懲役刑と罰金刑とが併科された場合も、主文を全体として総合的に判断すべき旨判示している。実質的に同旨のものとして、最判昭28・3・26刑集7・3・636、最判昭33・9・30刑集12・13・3190参照)。

最高裁の採用した実質的総合的判断方法は、通説的な支持を得ているが、学説の中には、判断基準をより明確化する趣旨から、実質的に不利益変更となる部分があれば、他の部分でいかに利益な変更であっても不利益に当たるとする一般的部分的判断方法が主張されている（高田卓爾・総合判例研究叢書・刑事訴訟法17・262等）。

バランスのとれた判断を可能とする実質的総合的判断方法が妥当であるが、問題は、実質的判断の中身である。判例の判断方法は、後記(2)の具体例からうかがわれるように、以下のようなものであり、実質的総合的判断として合理性を有するといえよう。

①刑種の比較は、刑法9条の順に従い（刑10Ⅰ本）、自由刑相互は刑期の長短、財産刑相互は金額の多寡による（同Ⅱ。ただし、同Ⅰ但にはよらない）。不定期刑はその中間位で定期刑の刑期と比較する。

---

[4] 最大判昭26・1・17刑集5・1・1は、詐欺罪について罰金刑を言い渡し、大阪高判昭33・7・10高刑集11・7・391は、再度の執行猶予の事案で保護観察を付していない。

〔§402〕不利益変更の禁止　293

②刑期の短縮と罰金額の減額とでは、刑期の短縮を重視する（(2)イ(ウ)参照）。

③自由刑に執行猶予が付されれば、刑の執行は可能性の問題にとどまるとして、執行猶予の付加は刑期の長短にかかわらず利益とし（その限度については(2)ウ(ウ)参照）、罰金刑の付加や罰金額の増額を伴っても利益とする。執行猶予期間の延長は不利益とする。

④換刑処分の追加及び労役場留置期間の延長はいずれも不利益とするが、労役場留置の執行は可能性の問題にとどまるとして、自由刑と財産刑との比較及び刑期の長短の問題に劣後させる（財産刑の金額の多寡との関係については(2)イ(イ)参照）。

⑤未決勾留日数の算入日数の減少は不利益とするが、刑期の短縮を伴う場合は、事後の刑の執行期間を比較する。

⑥保護観察の付加、付加刑の付加、追加及び不利益な変更並びに公民権停止の付加及び期間延長はいずれも不利益とするが、主刑の軽重の問題に劣後する。

⑦なお、一部執行猶予については、①②③⑥の応用として、実刑部分の刑期の長短、執行猶予部分の刑期の長短、保護観察の付加の有無、執行猶予期間の長短の順に検討し、最初に軽重が認められた段階において、それが不利益な変更であれば後の段階で利益な変更があっても全体として不利益変更となり、利益な変更であれば後の段階で不利益な変更があっても不利益変更にはならないと解すべきであろう（例えば、懲役1年6月の実刑＋懲役6月、3年間執行猶予について、懲役1年8月の実刑＋懲役4月、3年間執行猶予への変更は不利益となるのに対し、懲役1年4月の実刑＋懲役8月、3年間執行猶予への変更は不利益とはならない）。

(2)　刑の軽重判断の具体例

ア　刑種の変更を伴う場合

(ア)　禁錮刑から刑期を短縮した懲役刑への変更について、判例は、不利益変更に当たらないとする（最決昭39・5・7刑集18・4・136、最決昭43・11・14刑集22・12・1343）。刑期の長短を重視したものである。

(イ)　懲役刑から刑期を延長した禁錮刑への変更について、判例はないが、刑期の長短を重視する以上、不利益変更に当たることになる（通説）。

294　第3編　上訴　　第2章　控訴

(ウ)　自由刑から罰金刑への変更について、判例は、労役場留置期間が刑期より長くなる場合であっても、不利益変更に当たらないとする（大判昭7・9・29刑集11・1404、大判昭14・4・14刑集18・245、最決昭31・10・9刑集10・10・1436[5]）が、刑期と労役場留置期間とを比較すべきであるとする反対説もある（小野清一郎・刑判評釈2・111、高田・前掲266）。

実際に執行される刑期と執行の可能性があるにすぎない労役場留置期間とは比較の対象として適さないし（原田・前掲512）、一般に罰金刑から自由刑への変更は常に不利益変更と解されている以上、その逆も不利益変更とはいえない（香城＝永井・前掲440～441）。その限りで、自由刑と罰金刑は形式的に比較すべきである。執行猶予を付した自由刑から付さない罰金刑への変更も、同様の理由から、不利益変更に当たらないといえよう[6]。

イ　同一刑種内での変更を伴う場合

(ア)　不定期刑から定期刑への変更について、判例は、不定期刑の長期と短期の中間位と定期刑の刑期とを比較する中間位説を採用している（最大判昭29・1・20刑集8・1・41、最判昭32・9・20刑集11・9・2353）。被告人に有利であることから、短期を比較する短期説が多数であるが（平野・前掲322、高田・前掲279、平場安治・少年法445等）、量刑は中間位が基準とされる以上、実質的不利益性の判断も中間位を基準とすべきであろう（山崎学・別冊判タ6・251。田宮裕＝廣瀬健二編・注釈少年法［第4版］502は、長期では行為責任、短期では特別予防を重視する平成26年法律第23号による少年法52条の改正を踏まえ、実質的に評価すべきものとする）。

(イ)　罰金刑において、罰金額は同じであるが、労役場留置期間が延びる場合は、不利益変更に当たる（大判昭6・4・28刑集10・176）。第一審が換刑処分を遺脱した場合にこれを付加することも不利益変更に当たるとされる（大判昭3・6・25刑集7・441）。

---

[5]　なお、前掲最決昭31・10・9は、禁錮3月、3年間執行猶予、罰金5000円（労役場留置期間25日）から罰金3万円（労役場留置期間60日）への変更の事案に関するもの。

[6]　最判昭48・3・20刑集27・2・138は、懲役6月、2年間執行猶予、罰金200万円（労役場留置期間200日）から罰金400万円（労役場留置期間200日）への変更が不利益変更に当たらないとする（反対、中武・前掲203）。

〔§402〕不利益変更の禁止　295

罰金額は減額するが、労役場留置期間が延びる場合について、判例は、罰金額と労役場留置期間とを総合して実質的に比較する立場から、罰金額3万円の減額に対する労役場留置期間13日の延長[7]が不利益変更に当たらないとする一方（前掲最判昭28・3・26）、罰金額7000円の減額に対する労役場留置期間26日の延長[8]が不利益変更に当たるとする（前掲最判昭33・9・30）。微妙な価値判断であるが、減額された罰金額と延長された労役場留置期間とを対比し、1日換算の金額が通常の換算金額を下回るとき（前掲最判昭33・9・30では1日約269円）は不利益変更とし、通常の換算金額の範囲内であるとき（前掲最判昭28・3・26では1日約2308円）は不利益変更でないとしたものといえるのであり、実質的判断としての合理性を有するといえよう。

　㋨　懲役刑と罰金刑との併科刑において、判例は、懲役1年6月及び罰金7000円、労役場留置期間1日を懲役1年2月及び罰金1万円、労役場留置期間2日に変更したこと、すなわち、懲役刑4月の短縮に対する罰金額3000円の増額及び労役場留置期間1日の延長は、不利益変更に当たらないとする（前掲最決平18・2・27）。懲役刑の大幅な短縮と対比すると、上記程度の罰金額の増額及び労役場留置期間の延長は不利益変更に当たらないといえよう。

　ウ　執行猶予に関する変更を伴う場合

　㋐　執行猶予を付した刑から付さない刑への変更は、主刑に変更のない場合（懲役刑につき大判大8・12・8刑録25・1238、罰金刑につき最判昭31・4・19刑集10・4・588）はもとより、刑期を短縮しても（前掲最大判昭26・8・1[9]、同昭27・12・24）、不利益変更に当たる。保護観察を付加する場合も同様である（前掲大阪高判昭33・7・10）。

　㋑　執行猶予期間の延長は、主刑に変更のない場合、不利益変更に当たるが、刑期を短縮した場合は不利益変更に当たらないとした判例がある（最判昭28・12・25刑集7・13・2749[10]）。反対説もあるが（高田・前掲299等）、執行

---

(7)　罰金8万円及び同5000円、労役場留置期間170日から罰金5万円及び同5000円、労役場留置期間183日への変更。

(8)　罰金1万2000円及び同1万5000円、労役場留置期間合計54日から罰金1万円及び同1万円、労役場留置期間合計80日への変更。

(9)　懲役6月、3年間執行猶予から禁錮3月への変更。

(10)　懲役10月、3年間執行猶予から懲役6月、5年間執行猶予への変更。

296　第3編　上訴　第2章　控訴

猶予期間の延長よりも刑期の短縮を重視すべきであろう（荒川・前掲2478、松尾・条解1073）。

　㈢　刑期の延長を伴う執行猶予の付加について、判例は、当初、不利益変更に当たるとしていたが（前掲最判昭25・3・3）、その後、不利益変更に当たらないとするに至った（前掲最決昭55・12・4、大阪高判平3・2・7判時1395・161、福岡高判平6・6・16判時1512・183[11]）。

　反対説も有力であるが（平野・前掲322、高田・前掲299、鈴木・刑訴257等）、刑の執行の有無を重視して、執行猶予を付した刑から付さない刑への変更を常に不利益変更に当たるとする以上、逆方向への変更は、基本的に不利益変更に当たらないとすべきである（香城＝永井・前掲438〜439）。実刑とする場合に刑期を求刑からある程度下げる実務を前提とすると、反対説によれば、量刑が非常に窮屈になることからも、判例の立場は支持される（原田・前掲511）。この点、刑期延長の程度にも限界があるとする見解が有力であるが（龍岡資晃・判例解説（刑）昭55・345）[12]、執行猶予取消しの可能性が想定できない事案では、2倍を超える刑期の延長が許される場合もあり得よう[13]。

　㈣　判例は、自由刑に執行猶予を付加する場合について、新たに罰金刑を併科するとき（最決昭40・2・26刑集19・1・59）及び併科された罰金額を増額するとき（前掲大判昭15・7・24、最判昭26・11・27刑集5・13・2457[14]）のいずれも、不利益変更に当たらないとする。反対説もあるが（高田・前掲296）、全体としてみれば、不利益変更に当たらないといえよう（原田・前掲516）。

　エ　付加刑に関する変更を伴う場合

　㈠　新たな没収（大判明39・6・28刑録12・753、最判昭23・10・14刑集2・11・1340）、追徴額の増額（大阪高判昭29・3・15特報28・110、名古屋高判昭30・10・7裁判特報2・20・1038）、実質的に被告人に帰属する預金債権の没収から同額の追徴への変更（東京高判平29・9・8高検速報3612）は、いずれも

　⑾　なお、前掲最決昭55・12・4は、前掲最判昭25・3・3について、前掲最大判昭26・8・1により変更されたと判示する。

　⑿　木村栄作・判例百選5・228は1.5倍、土本武司・判評135・132は2倍が限度とする。

　⒀　前掲福岡高判平6・6・16は、同様の理由から、懲役10月を懲役2年6月、5年間執行猶予に変更している。

　⒁　第一審が遺脱した換刑処分も付加した事案。

不利益変更となるが、追徴から没収への変更は、総額に変更のない限り、不利益変更とはならない（最判昭30・4・5刑集9・4・652）。

　㈠　主刑の刑期が短縮された場合における没収及び追徴の付加（名古屋高判昭42・3・13判時502・80⒂）又は追徴額の増額（最決昭37・6・18刑集16・7・1265、東京高判平17・3・22東時56・1＝12・24）は不利益変更に当たらないとした判例がある。

　オ　未決勾留日数算入に関する変更を伴う場合

　㈠　主刑の刑期に変更なく未決勾留日数の算入をなくすか減らせば、不利益変更に当たる（算入をなくした事例について最判昭28・5・21刑集7・5・1053）。違法な未決勾留日数の算入を是正する場合も同様である（最大判昭32・12・25刑集11・14・3377）。

　㈠　未決勾留日数の算入をなくすか（大判明43・10・7刑録16・1627、最判昭23・6・8刑集2・7・651。なお、前掲名古屋高判昭42・3・13参照）又は減らしても（大判昭10・10・29刑集14・1092、最判昭23・11・20刑集2・12・1631）、その短縮期間が刑期の短縮期間より短ければ、不利益変更には当たらない。

　㈡　数個の自由刑が言い渡され、未決勾留日数の算入を別の自由刑に付け替えても、算入日数自体に変更がなければ、不利益変更には当たらない（東京高判平7・1・30東時46・1＝12・3）。

　カ　公民権停止に関する変更を伴う場合

　主刑を軽くする一方、新たに公民権を停止するのは、不利益変更に当たらないとされている（大判昭3・5・17刑集7・355、最判昭25・8・9刑集4・8・1550）。

（中谷雄二郎）

〔公訴棄却の決定〕
第403条　原裁判所が不法に公訴棄却の決定をしなかつたときは、決定で公訴を棄却しなければならない。
　2　第385条第2項の規定は、前項の決定についてこれを準用する。

⒂　懲役6年、罰金50万円（労役場留置期間500日）、未決勾留日数180日算入から懲役5年、罰金40万円（労役場留置期間400日）、未決勾留日数算入なし、けん銃没収、追徴6万8790円への変更。

298 第3編 上訴 第2章 控訴

〈本条細目次〉
1 趣旨 298
2 被告人の死亡と本条との関係 298
 (1) 控訴審の場合 298
 (2) 上告審の場合 299

1 趣旨

本条は、原裁判所が公訴棄却決定事由（339Ⅰ各号）の存在を看過して判決した場合に、控訴裁判所が、原判決を破棄することなく、直ちに公訴棄却の決定をすべきこと（本条Ⅰ）とともに、この決定に対しては385条2項の準用による異議申立てができること（本条Ⅱ）を定めた規定である。決定をするに当たり、公判期日を開く必要はなく、当事者の弁論が必要であるとして公判期日を開いても、判決の形式で公訴を棄却することはできない（香城敏麿＝永井敏雄・注釈刑訴［第3版］7・444～445、石井一正・刑事控訴審の理論と実務364）。

なお、本条が適用される場合の原判決の帰趨について、公訴棄却の決定により効力が失われると解するのが多数であるが（団藤・綱要548、高田・刑訴547、中武靖夫・注解刑訴下209、鈴木・刑訴287、松尾・条解1076、石井・前掲364）、本条1項が原判決を破棄することなく直ちに公訴棄却の決定をすべきとしていることからすると、公訴棄却決定事由の存在を看過してなされた判決は当然無効であり、本条はその趣旨を確認したものと解すべきであろう（香城＝永井・前掲445、原田國男・大コメ刑訴9・517、植村立郎・判タ1240・99）。

2 被告人の死亡と本条との関係

(1) 控訴審の場合

ア 第一審判決前に被告人が死亡していた場合は、検察官又は第一審弁護人の控訴申立てをまって、本条1項により公訴棄却の決定をする。

イ 第一審判決後控訴申立て前に被告人が死亡した場合、本条の準用があるとする見解もあるが（高田・刑訴547）、本条は、あくまで第一審判決が当然無効であることを前提とする規定であるから、検察官又は第一審弁護人の控訴申立てをまって、404条・339条1項4号により公訴棄却の決定をすべきであろう（福岡高決昭43・7・17高刑集21・4・280、東京高判平10・8・12東時49・1＝12・50。中武・前掲209、香城＝永井・前掲445、原田・前掲515～519、植

〔§403〕公訴棄却の決定 299

村・前掲101、石井・前掲365)。

ウ もっとも、ア及びイの場合、第一審弁護人の上訴申立権の有無が問題
となるが、被告人が死亡しても手続は残るから、その手続を終わらせるため
に355条に基づく控訴申立権は残るものと解される（前掲福岡高決昭43・7・
17、戸田弘・判例解説（刑）昭30・214、平野・刑訴80、香城＝永井・前掲446、植
村・前掲101、石井・前掲10)。また、この控訴申立権を行使しても、被告人に
不利益となる余地はないから、被告人の明示の意思に反する場合も、同様に
解されよう（植村・前掲103。反対、香城＝永井・前掲446)。

エ 控訴申立て後に被告人が死亡した場合は、404条・339条1項4号によ
り公訴棄却の決定をすべきである（通説)。

(2) **上告審の場合**

ア 控訴審判決前に被告人が死亡していた場合は、検察官又は控訴審弁護
人の上告申立てをまって、414条・本条1項により公訴棄却の決定をする（最
決昭40・1・19裁集154・43等。例題解説2・31参照)。

イ 控訴審判決後上告申立て前に被告人が死亡した場合も、検察官又は控
訴審弁護人の上告申立てをまって、414条・404条・339条1項4号により公
訴棄却の決定をすることになる（原田・前掲518)。

ウ 上告審決定が外部的に成立する前に被告人が死亡していた場合は、引
き続き上告審に係属中であるから、検察官又は上告審弁護人の異議申立てを
まって、414条・404条・339条1項4号により公訴棄却の決定をすべきであ
り（最決昭42・5・17刑集21・4・491等[1]）、上告棄却決定が外部的に成立し
た後確定前に被告人が死亡した場合は、決定は相当であり、訂正すべき理由
はないとされている（最決昭31・4・17判時79・24)。

エ 判決が確定する前に被告人が死亡していた場合は、被告人の死亡によ
り、各審級の判決はすべて無効となると解される（戸田・前掲213、例題解説
2・25、香城＝永井・前掲445、原田・前掲519)。そのため、上告審決定前に被
告人が死亡していたところ、異議申立て期間を経過してから異議申立てがあ

---

(1) ただし、最判平20・3・14刑集62・3・185は、再審の審判手続が開始されて第一
審判決及び控訴審判決がそれぞれ言い渡され上告申立て後に再審請求人が死亡した
場合、上告審で選任された弁護人が再審請求人の死亡後も引き続き弁護活動を継続
する意思を有する限り、再審の審判手続は終了しないとした。

300 第3編 上訴 第2章 控訴

った場合は、不適法としてこれを棄却するのが判例である（最大決昭30・7
・18刑集9・9・1878）。

（中谷雄二郎）

〔控訴の制限〕
第403条の2 即決裁判手続においてされた判決に対する控訴の申立ては、
　　第384条の規定にかかわらず、当該判決の言渡しにおいて示された罪と
　　なるべき事実について第382条に規定する事由があることを理由として
　　は、これをすることができない。
　2 原裁判所が即決裁判手続によつて判決をした事件については、第397
　　条第1項の規定にかかわらず、控訴裁判所は、当該判決の言渡しにおい
　　て示された罪となるべき事実について第382条に規定する事由があるこ
　　とを理由としては、原判決を破棄することができない。

〈本条細目次〉
1　本条の趣旨　300
2　控訴理由の制限　301
3　破棄理由の制限　302
4　憲法32条との関係　303

1　本条の趣旨

　本条は、即決裁判手続による判決に対する控訴の制限について規定する。
　即決裁判手続による判決で示された罪となるべき事実の誤認を理由とする
控訴の申立てはできず、また、控訴裁判所が、職権で、当該罪となるべき事
実の誤認を理由として原判決を破棄することもできないとされている。
　即決裁判手続は、争いのない明白軽微な事件について、簡略な手続によっ
て証拠調べを行い、原則として即日判決を言い渡すものとするなど、簡易か
つ迅速に公判の審理及び裁判を行うことにより、手続の合理化・効率化を図
るものである。
　しかし、即決裁判手続による判決に対し、犯罪事実の誤認を理由とする上
訴ができるものとすると、そのような上訴に備えて、即決裁判手続による審
理の段階から、犯罪事実の認定のために、必要以上の証拠調べが行われるよ

〔§403の2〕控訴の制限　301

うになりかねず、同手続の趣旨が損なわれるおそれがある。

　他方、被告人は、即決裁判手続によることについての同意をするかどうかを明らかにする場合に、貧困その他の事由により私選弁護人を選任することができないときは、国選弁護人の選任を請求することができ、また、同手続の申立てがあった場合に、弁護人がないときは、必要的に国選弁護人が選任される（350の3Ⅰ）など、捜査の段階から、弁護人の助言を得る機会を保障されている。その上で、被告人は、同手続によることについての同意をする（350の2Ⅱ）とともに、公判廷において有罪の陳述をする（350の8）ことにより、通常の手続ではなく、即決裁判手続による審判を受けることを選択したものである。さらに、同手続による判決が言い渡されるまでは、いつでも、有罪の陳述又は同手続によることについての同意を撤回して（350の11Ⅰ）、通常の手続による審判を受けることができたにもかかわらず、そうすることなく、同手続による判決を受けたものである。加えて、即決裁判手続による判決では、懲役又は禁錮の実刑を科すことができないものとされている（350の14）。

　これらにかんがみると、同手続による判決において示された罪となるべき事実の誤認を理由とする上訴をできないとする必要性があり、そのような制限をしたとしても、被告人の権利保護に欠けるところもないことから、上訴制限の制度が設けられた。

2　控訴理由の制限

　制限されるのは、即決裁判においてされた「判決の言渡しにおいて示された罪となるべき事実について第382条に規定する事由があることを理由」とする控訴の申立てである。

　「罪となるべき事実」とは335条1項にいう「罪となるべき事実」と同義であり、訴因の範囲内で裁判所が認定した犯罪事実を指し、刑罰本条の構成要件に該当する事実、違法性及び有責性の事実並びに処罰条件を充足することを示す事実がこれにあたる。犯行に至る経緯などの情状に関する事実はあたらない。

　「第382条に規定する事由」とは、同条の「事実の誤認があつてその誤認が判決に影響を及ぼすことが明らかであること」のことであり、その意義は、一般の事件の場合と異なるところはない。ただし、控訴が制限されるのは、「判

決の言渡しにおいて示された罪となるべき事実について」の誤認を理由とする場合に限られる。

したがって、「判決の言渡しにおいて示された罪となるべき事実について第382条に規定する事由があること」以外の事由があることを理由とする控訴申立ては制限されない。例えば、量刑不当の主張をする前提として、「罪となるべき事実」として示されていない、情状に関する事実の誤認を主張することはできる。訴訟手続の法令違反を理由とする控訴申立てもできる。再審事由があることを理由とする控訴の申立ては、罪となるべき事実の誤認を主張するものであっても、383条1号の「再審の請求をすることができる場合にあたる事由があること」を理由とするものであるから、やはり制限されない。

控訴の申立てが、即決裁判手続による判決で示された罪となるべき事実の誤認のみを理由とし、他の適法な控訴理由を含んでいないことが明らかな場合は、法定の控訴理由のない控訴を棄却する趣旨である386条1項3号を根拠に決定で控訴を棄却すべきである（松尾・条解1077、落合義和＝辻裕教「刑事訴訟法等の一部を改正する法律（平成16年法律第62号）について(3)」曹時57・7・2185）。

3 破棄理由の制限

一般的に、控訴裁判所は、控訴趣意書に包含されていない事項であっても、377条から382条まで及び383条に規定する事由に関しては、職権で調査をすることができ（392Ⅱ）、その結果、当該事由があると認めるときは、判決で原判決を破棄しなければならないものとされている（397Ⅰ）が、本条2項はその例外を定めている。

すなわち、原審が即決裁判手続で審理した事件の判決について、罪となるべき事実に関する誤認の有無を控訴審が職権で調査して破棄するような処理が行われるならば、本条1項で控訴理由を制限した趣旨が損なわれることになりかねない。

そこで、本条2項は、397条1項の特則として、控訴裁判所は、即決裁判手続による判決で示された罪となるべき事実について、382条に規定する事由があることを理由として、原判決を破棄することができないこととしたものである。

〔§403の2〕控訴の制限　303

「罪となるべき事実」に関する事実誤認以外の理由に基づく職権破棄は制限されない。再審の請求をすることができる場合にあたる事由（383①）についても同様である。

4　憲法32条との関係

即決裁判手続において事実誤認を理由とする控訴を制限する本条1項は、裁判を受ける権利を侵害し、憲法32条に違反するとして争われたのに対し、最判平21・7・14刑集63・6・623は、「本条1項が、憲法32条に違反するものでないことは明らかである。」旨の判断を示している

同判決は、まず、「審級制度については、憲法81条に規定するところを除いては、憲法はこれを法律の定めるところにゆだねており、事件の類型によって一般の事件と異なる上訴制限を定めても、それが合理的な理由に基づくものであれば憲法32条に違反するものではないとするのが当裁判所の判例とするところである」として、①最大判昭23・3・10刑集2・3・175、②最大判昭29・10・13民集8・10・1846を引用し、さらに、なお書きで、③最判昭59・2・24刑集38・4・1287、④最決平2・10・17刑集44・7・543を参照として引用している。

同判決は、この一般論を述べた上で、「即決裁判手続は、争いがなく明白かつ軽微であると認められた事件について、簡略な手続によって証拠調べを行い、原則として即日判決を言い渡すものとするなど、簡易かつ迅速に公判の審理及び裁判を行うことにより、手続の合理化、効率化を図るものである」旨即決裁判手続の制度趣旨を確認した上で、「即決裁判手続による判決に対し、犯罪事実の誤認を理由とする上訴ができるものとすると、そのような上訴に備えて、必要以上に証拠調べが行われることになりかねず、同手続の趣旨が損なわれるおそれがある」こと、「即決裁判手続により審判するためには、被告人の訴因についての有罪の陳述と、同手続によることについての被告人及び弁護人の同意とが必要であり、この陳述及び同意は、判決の言渡しまではいつでも撤回することができる。したがって、即決裁判手続によることは、被告人の自由意思による選択に基づくものであるということができる」こと、「被告人は、手続の過程を通して、即決裁判手続に同意するか否かにつき弁護人の助言を得る機会が保障されている」こと、「即決裁判手続による判決では、懲役又は禁錮の実刑を科すことができないものとされてい

304　第3編　上訴　　第2章　控訴

る」ことという4つの要素を挙げ、「刑訴法403条の2第1項は、上記のような即決裁判手続の制度を実効あらしめるため、被告人に対する手続保障と科刑の制限を前提に、同手続による判決において示された罪となるべき事実の誤認を理由とする控訴の申立てを制限しているものと解されるから、同規定については、相応の合理的な理由があるというべきである。そうすると、刑訴法403条の2第1項が、憲法32条に違反するものでないことは、当裁判所の前記各大法廷判例の趣旨に徴して明らかであ〔る〕」と結論付けている。

　同判決が即決裁判手続の合憲性を肯定する上で挙げている4つの要素は、立案担当者が制度を設計する際に考慮したとする諸要素にほぼ沿ったものである。本判決がこれらの諸要素を包括的に掲げた点については、最高裁判所調査官の解説によると、「これらの諸要素が、即決裁判手続という一つの制度の合理性を支えるものとして相互に関連しあっており、そうした一つのシステムを前提に上訴制限の合理性が肯定されるとの判断がなされたものと推察される。」とされる（三浦透・曹時64・6・1459）。

　なお、同判決が一般論を述べる中で引用している上記①から④までの最高裁判例の概要は次のとおりである。

　昭和23年の①大法廷判決は、日本国憲法の施行に伴う刑事訴訟法の応急的措置に関する法律13条2項が旧刑事訴訟法412条〜414条（量刑不当、再審事由、事実誤認を理由とした上告）を適用しないとしていることについて、憲法81条に定める点以外の審級制度は立法をもって適宜これを定めるべきものである旨判示したものである。

　昭和29年の②大法廷判決は、旧民事訴訟法393条及び裁判所法16条3号によれば、簡易裁判所を第一審とする民事事件の上告審が高等裁判所となることにつき、審級制度に関する立法の問題であって、憲法32条等には違反しない旨判示したものである。

　昭和59年の③判決は、いわゆる「石油ヤミカルテル刑事事件」のうちの価格協定事件に関する上告審判決で、私的独占の禁止及び公正取引の確保に関する法律89条から91条までの罪に係る訴訟につき二審制を定めた同法85条3号（平成17年法律第35号により削除される前のもの）の規定につき、憲法32条等に違反するものではない旨判示したものである。

　平成2年の④判決は、いわゆる「山本老事件」の再審請求事件に関するも

のであるが、日本国憲法の施行に伴う刑事訴訟法の応急的措置に関する法律18条の不服申立ての理由の制限に関して、憲法32条等に違反するものではない旨判示したものである。　　　　　　　　　　　　　　　　　　　（菊池浩）

〔準用規定〕
第404条　第2編中公判に関する規定は、この法律に特別の定のある場合を除いては、控訴の審判についてこれを準用する。

　〔規〕　第250条（準用規定）　控訴の審判については、特別の定めのある場合を除いては、第2編中公判に関する規定を準用する。

〈本条細目次〉
1　本条による準用の有無　305
　(1)　本条による準用がある規定　305
　(2)　本条による準用がない規定　308
2　規250条による準用の有無　309
　(1)　規250条による準用がある規定　309
　(2)　規250条による準用がない規定　310

1　本条による準用の有無

(1)　本条による準用がある規定

　ア　273条・274条（公判期日の指定、召喚、通知、召喚状送達の原則。ただし、控訴審では被告人に出頭義務はないので、召喚ではなく通知で足りる。最判昭27・12・25刑集6・12・1401、最大決昭44・10・1刑集23・10・1161）、276条〜278条の2（公判期日の変更、不当な期日変更に対する救済、不出頭と診断書の提出、検察官・弁護人に対する出頭命令）、279条（公務所等に対する照会）、281条（期日外の証人尋問）、281条の2（被告人の退席。なお、以下、刑訴法の条数及び内容は平成28年法律第131号がすべて施行後のものによる）、281条の3〜281条の5（開示された証拠の管理・目的外使用の禁止、目的外使用の罪）、282条（公判廷）、283条（被告人たる法人と代理人の出席）、287条・288条（身体の不拘束、被告人の在廷義務、法廷警察権）、289条・290条（必要的弁護、任意的弁護。289に

306 第3編 上訴 第2章 控訴

ついて最大判昭26・11・28刑集5・12・2423、最決昭47・9・26刑集26・7・431。なお、最決平21・6・17裁集296・861参照)、290条の2・290条の3 (公開の法廷での被害者・証人等秘匿事項の秘匿)、291条2項・3項 (起訴状朗読における被害者・証人等特定事項の秘匿)[1]、294条・295条(訴訟指揮権、弁論等の制限)、297条〜299条の7 (証拠調べの範囲・順序・方法の予定とその変更、証拠調べの請求、職権証拠調べ、当事者の権利、証人等の身体・財産への加害行為等の防止のための配慮、証拠開示の際の被害者秘匿事項の秘匿、証人等の氏名・住居の開示に係る措置、裁判所による裁定、書類・証拠物、公判調書の閲覧等の制限、弁護人の違反行為に対する処置)[2]、301条の2第1項〜3項 (取調べの録音・録画と記録媒体の取調べ)、302条〜307条 (証拠調べの方式、被告人の退廷等)[3]、308条〜311条 (証明力を争う権利、証拠調べに関する異議申立て等、証拠調べを終わった証拠の提出、被告人の黙秘権・供述拒否権、任意の供述)、312条 (起訴状の変更。397条の解説8 (1)参照)、315条 (公判手続の更新。最判昭30・12・26刑集9・14・3025)、317条〜328条 (第3章第4節〔証拠〕全部)、333条〜339条 (刑の言渡しの判決・刑の執行猶予の言渡し、刑の免除の判決、有罪判決に示すべき理由、無罪の判決、免訴の判決、公訴棄却の判決・決定)[4]、342条〜348条 (判決の宣告、判決宣告に伴う効果、押収物還付の言渡し、仮納付の判決)[5]については、基本的に準用があることに争いがない。

　イ　313条 (弁論の分離・併合・再開)のうち、同一被告人に関する弁論の客観的併合・分離については、準用を認める実益に乏しく、消極に解されるが (原田・前掲531〜532、石井・前掲284。したがって、弁論の客観的併合に関する313条の2 〔併合事件の弁護人選任の効力〕の準用もない)[6]、その余の点は準用される (原田・前掲531、石井・前掲284。弁論の再開について最判昭36・5・

---

(1)　控訴趣意書及び答弁書の陳述に準用される (石井一正・刑事控訴審の理論と実務298、原田國男・大コメ刑訴9・527)。

(2)　ただし、控訴審での証拠調べには393の制限がある。

(3)　証拠調べの方式で事実の取調べをする場合に準用がある (香城敏麿＝永井敏雄・注釈刑訴〔第3版〕7・452)。

(4)　控訴審における自判につき、335条1項は全面的に準用されるが、同条2項は控訴審での実質的争点に対する判断を義務付ける限度で準用されることについて、400条の解説5 (3)を参照されたい。

(5)　396条による控訴棄却判決についても343条の準用があることにつき396条の解説4 (1)参照。

〔§404〕準用規定　307

26刑集15・5・842）。

　ウ　314条（公判手続の停止）は、1項の準用があるとする判例があるが（最判昭53・2・28刑集32・1・83）[7]、同項但書は、①控訴審として無罪、免訴、刑の免除又は公訴棄却の自判をする場合のほか、②検察官控訴につき第一審の同様の裁判を是認して控訴棄却する場合や、③同条の実効性を高める趣旨から、第一審が公判手続の停止をしなかったことに違法があるとして差し戻す場合（前掲最判昭53・2・28、最決平7・2・28刑集49・2・481参照）に限り、準用を認めるべきである（原田・前掲533、石井・前掲287）。同条3項・4項も準用されるが、同条2項は弁護人が付されていない場合や被告人に出頭を命じた場合に限り準用すべきであろう（石井・前掲287）。なお、控訴審が被告人の心神耗弱の状態を看過して手続を進めたとしても、裁判所としてその事実を探知しているか、弁護人等から公判手続の停止の措置が促されない限り、違法とはいえないであろう（朝岡智幸・判タ357・116、平良木登規男・刑事控訴審225、原田・前掲534）。

　エ　犯罪被害者等の被告事件の手続への参加に関する316条の33〜316条の36及び316条の39については準用されるが（石井・前掲313。規217の35Ⅰ、犯罪被害保護8Ⅰ参照）、316条の38（被害者参加人等による弁論としての意見陳述）は、控訴審では当事者の弁論に関する293条が準用されないことに加え、316条の38第1項は、意見陳述を「訴因として特定された事実の範囲内」の「事実又は法律の適用」に関するものに限定しており、控訴審における審判の対象（破棄理由の有無又は原判決の当否）に対する意見陳述は想定されないから、準用はないと解される。そのため、316条の37（被害者参加人等による被告人への質問）も、控訴審で被害者の心情等に関する意見陳述が裁量により認められる場合に限り準用されることになろう。

　オ　341条（被告人の陳述を聴かない判決）の準用を認めるのが通説であるが、控訴審では被告人の陳述が予定されておらず（388）、被告人質問が採用されていても採用を取り消せば足りるから、準用はないと解すべきであろう。

---

　(6)　広島高松江支判昭25・1・30特報3・77、東京高判昭34・1・28東時10・1・73は、弁論の客観的併合を認めているが、いずれも各別に判断を示しており、併合による実益はうかがわれない。

　(7)　最決平5・5・31刑集47・6・1は、上告審にも準用があるとする。

308　第3編　上訴　　第2章　控訴

　カ　証拠収集等への協力及び訴追に関する合意の規定（第2編第4章。350
条の2〜350条の15）については、公判手続に関する部分、すなわち、検察官
による合意内容書面等の取調べ請求義務に関する350条の7（合意した被告人
の事件における合意内容書面等の取調べ。ただし、第一審に固有の規定である同
条1項前段は除く）・350条の8（解明対象となる他人の事件における合意内容書
面等の取調べ）・350条の9（同前）、証拠能力の制限に関する350条の12（合意
の失効の場合の証拠能力の制限）・350条の14（合意違反の場合の証拠能力の制
限）及び訴因変更等の許否に関する350条の13（合意違反の場合の公訴棄却等。
ただし、第一審に固有の規定である同条1項は除く）に限り、控訴審でも問題
となり得るから、準用されると解される。

　キ　なお、第1編の規定は、控訴審の性質に反しない限り、当然に適用さ
れるから、第1編の証人の保護に関する規定も控訴審に適用される（157の
2〜157の6。犯罪被害保護も、明文で地裁に限られる損害賠償命令に関する規定
を除き、控訴審にも適用される。石井・前掲303参照）。

（2）　**本条による準用がない規定**

（1）で準用を否定した条項のほか、271条（起訴状の送達）、272条（弁護人選
任権等の告知。最決昭33・5・9刑集12・7・1359）、275条（期日の猶予期間）、
280条（勾留に関する処分）、281条の6（連日的開廷の確保）[8]、284条〜286条
の2（軽微事件における出頭義務の免除・代理人の出席、出頭義務とその免除、被
告人の出頭の権利義務、出頭拒否と公判手続）、291条1項・4項（冒頭手続。291
条4項〔旧3項〕について最決昭26・3・30刑集5・5・801）[9]、291条の2・
291条の3（簡易公判手続の決定、決定の取消し）、292条（証拠調べ）、292条の
2（被害者等の意見の陳述）[10]、293条（弁論）[11]、296条（検察官の冒頭陳述）、

---

　(8)　香城＝永井・前掲451は、裁判員裁判など第一審の手続を念頭に置いた規定とする。
　(9)　ただし、291条2項は、控訴趣意書及び答弁書の陳述に準用される（石井・前掲298、
　　　原田・前掲527）。
　(10)　第一審の手続を念頭に置いた規定であると考えられる（香城＝永井・前掲450）。
　　　ただし、控訴裁判所の裁量により被害者等の意見陳述を許すことは可能である（松
　　　尾浩也編著・逐条解説犯罪被害者保護二法105、石井・前掲306、原田・前掲534）。
　(11)　293条2項が控訴審における被告人の弁論に準用されないことについて最判昭25・
　　　4・20刑集4・4・648、最決昭25・10・12刑集4・10・2087、最大判昭27・2・6
　　　刑集6・2・134。この点、長沼範良・基本法コメ刑訴335は、新たな事実を認定し
　　　て破棄自判するときは、弁論の機会を与えなければならないとする。

〔§404〕準用規定　309

300条（証拠調べの請求の義務）、301条（自白と証拠調べの請求の制限）、301条の2第4項（取調べの録音・録画）、307条の2（簡易公判手続）、315条の2（簡易公判手続の決定の取消しと公判手続の更新）、316条（合議制事件と1人の裁判官の手続の効力）、316条の2〜316条の32（争点及び証拠の整理手続）、329条〜332条（管轄違いの判決、移送の決定）、340条（公訴取消しによる公訴棄却と再起訴の要件）、349条〜350条（刑の執行猶予取消し等の手続）、350条の16〜350条の29（即決裁判手続）のように、第一審に固有であるか事後審としての審理になじまない規定、第一審の公判手続と無関係の規定は準用されない。

2　規250条による準用の有無

(1)　規250条による準用がある規定

規178条（弁護人のない事件の処置）[12]、178条の2〜178条の12（事前準備）、179条の3〜186条（公判期日への出頭、公判期日の変更等）、187条の2〜187条の4（勾留被告人の出頭拒否）、188条本文（公判期日前の証拠調べ請求）、188条の2〜193条（証拠調べの請求の方式、証拠の厳選、証拠決定等）、196条の2〜196条の5（被害者特定事項秘匿関連規定）[13]、196条の6〜196条の8（証人等特定事項秘匿関連規定）、198条の2〜198条の4（争いのない事実等の取調べ）、199条の2〜203条の2（証人等の尋問の方式、証拠書類等の取調べの方法）、204条〜210条（異議申立て、職権による排除、釈明、訴因・罰条の追加・撤回・変更、弁論の分離）、211条の2〜212条（弁論の時期、方法、弁論時間の制限）[14]、213条〜215条（公判手続の更新、弁論の再開請求却下決定の送達、公判廷の写真撮影等の制限。ただし、213条の2第1号・2号は除く）、217条3号（破棄後の手続）、217条の34〜217条の37・217条の40（被害者参加手続）、218条（起訴状の引用。小林充・刑事控訴審の手続及び判決書の実際172、原田・前掲495参照）、219条の2（公訴棄却決定送達の特例）、220条（上訴期間等の告知[15]）、220条の2（保護観察の趣旨等の説示）、221条（判決宣告後の訓戒）、222条の2・222条

---

[12]　最決昭33・5・9刑集12・7・1359は、規178条1項前段、3項の準用を認める。
[13]　控訴審で被害者が特定された場合や新たに社会的注目を集めた場合などを想定すれば、準用を認めるべきであろう。
[14]　規211条の2・211条の3は、211条とは異なり、控訴審で事実の取調べがあった場合の弁論（法393Ⅳ）について準用があると解する。
[15]　ただし、406条による事件受理申立てに関して告知する必要はない（最決昭24・10・20刑集3・10・1665）。

310　第3編　上訴　　第2章　控訴

の3（保護観察の判決の通知等）については、準用がある。

(2)　規250条による準用がない規定

　規176条・177条（起訴状の謄本の送達等、弁護人選任に関する通知）、179条
（第1回の公判期日）、187条（勾留に関する裁判をすべき裁判官）、188条但書（第
1回公判期日前の証拠調べ請求）、196条（人定質問）。197条〜198条（冒頭手続、
弁護人等の陳述）、199条（証拠調べの順序等）⒃、203条の3（簡易公判手続によ
る場合の特例）、210条の2〜210条の7（被害者等の意見陳述の方式等）⒄、211
条（最終意見陳述権。前掲最判昭25・4・20、同最決昭25・10・12、同最大判昭
27・2・6）、216条（判決宣告期日の告知。最決昭33・5・26刑集12・8・1621）、
217条1号・2号（破棄後の手続）、217条の2〜217条の33（争点及び証拠の整
理手続）、217条の38・217条の39（被害者の意見陳述）、218条の2（簡易公判手
続による判決書の特例）、219条（調書判決）、222条（判決の通知。前掲最決昭33
・5・26）、222条の4〜222条の9（執行猶予取消請求の手続等）、222条の11
〜222条の21（即決裁判手続）のように、第一審に固有であるか事後審として
の審理になじまない規定、第一審の公判手続と無関係の規定は準用されない。

（中谷雄二郎）

⒃　最決昭28・12・17刑集7・12・2558参照（反対、平良木・前掲186）。
⒄　ただし、裁量により意見陳述がされる場合には準用があると解すべきであろう。

〔§405〕上告の対象となる判決・上告理由　311

第3章　上　告

〔上告の対象となる判決・上告理由〕

第405条　高等裁判所がした第1審又は第2審の判決に対しては、左の事由があることを理由として上告の申立をすることができる。

一　憲法の違反があること又は憲法の解釈に誤があること。

二　最高裁判所の判例と相反する判断をしたこと。

三　最高裁判所の判例がない場合に、大審院若しくは上告裁判所たる高等裁判所の判例又はこの法律施行後の控訴裁判所たる高等裁判所の判例と相反する判断をしたこと。

〔規〕　第251条（訴訟記録の送付）　上告の申立が明らかに上告権の消滅後にされたものである場合を除いては、原裁判所は、公判調書の記載の正確性についての異議申立期間の経過後、速やかに訴訟記録を上告裁判所に送付しなければならない。

　　　　第256条（違憲判断事件の優先審判）　最高裁判所は、原判決において法律、命令、規則又は処分が憲法に違反するものとした判断が不当であることを上告の理由とする事件については、原裁判において同種の判断をしていない他のすべての事件に優先して、これを審判しなければならない。

〈本条細目次〉

1　上告審の構造　312

2　上告の対象　312

3　権利としての上告　313

4　憲法違反又は憲法解釈の誤り　313

　(1)　具体性のない違憲の主張　314

　(2)　違憲に名を藉りた主張　314

　(3)　前提を異にした違憲の主張　314

　(4)　原判決自体の違法をいうものではない主張　314

　(5)　控訴審での主張・判断を経ていない事項の違憲をいう主張　315

312　第3編　上訴　第3章　上告

(6)　原判決の適用していない法令に関する違憲の主張　316
(7)　原判決の傍論に関する違憲の主張　316
(8)　被告人の罪責とは事実上・法律上関連のない事項に関する違憲の主張　317
(9)　下級審がその事件に関する上告審の法律上の判断に従ってした判決に対する
　　　上告理由　318
5　判例違反　318
(1)　判　例　318
(2)　対象となる判例　319
(3)　相反する判断　319
(4)　事案が異なる場合　320
(5)　具体性のない判例違反の主張　321
(6)　原判決の余論・傍論に関する判例違反の主張　321
(7)　判例違反に名を藉りた主張　322
(8)　判例違反の判断の基準時点　322

1　上告審の構造

　上告は、高等裁判所のした第1審又は第2審の判決に対する最高裁判所への上訴である。上告審は、控訴審と同じく事後審であり、最終的な違憲審査と法令の解釈を統一する法律審であるが、同時に個々の事件における適正な救済を図る役割も担っている（411）。三審制の最終審であるが、最高裁判所の負担が過重とならないように、本条により権利上告の範囲を限定し、その余は裁量上告としている。

2　上告の対象

　上告の対象となるのは、高等裁判所がした第1審又は第2審の判決である。高等裁判所が第1審の判決をするのは、裁判所法16条4号に定める刑法77条ないし79条の罪（内乱罪）に係る訴訟である（従来は、独占禁止法89条ないし91条の罪に係る訴訟も東京高等裁判所の管轄とされていたが、同法の改正により、平成18年以降は地方裁判所が同訴訟の第1審を担当することとなった）。高等裁判所がした第2審の判決とは、控訴棄却、破棄自判の判決のみでなく、破棄移送、破棄差戻しの判決も含まれる（最大判昭25・11・22刑集4・11・2372は、高等裁判所のした破棄差戻しの判決に対し上告できる旨判示している）。

　地方裁判所又は簡易裁判所がした第1審の判決に対しては、例外的に、その判決のした違憲の判断を争って上告することが認められている（規254）。

〔§405〕上告の対象となる判決・上告理由　313

跳躍上告といわれる（406条の解説**3**参照）。

　判決以外の裁判に対しては、上告することができない。

3　権利としての上告

　当事者に権利として認められている上告理由は、憲法違反、憲法の解釈の誤り、判例違反に限られている（本条①～③）。したがって、法律はもちろんのこと、条約の解釈・適用の誤りを主張しても、本条の上告理由に当たらない（最判昭30・3・3刑集9・3・423）。もっとも、条約違反の主張は、憲法98条2項違反の主張の前提となることも少なくないため、その重要性にもかんがみ、実質的判断が示されることもある（違憲の主張を排斥する前提として、公職選挙法の戸別訪問禁止規定等が市民的及び政治的権利に関する国際規約に反するものではないとした最判平14・9・9判時1799・174、最判平14・9・10判時1799・176参照）。

　411条は、職権によって破棄できる事項を規定したものであって、上告理由を定めたものではない（最大決昭24・7・22刑集3・8・1369）。

　上告理由としては、本条に掲げられた事由のいずれかがあれば足り、その事由の存在が認められれば、原判決は破棄される。しかし、その主張自体から憲法違反又は判例違反とされる事由が判決に影響を及ぼさないことが明らかである場合は、本条の事由に当たらないとされ、また、その事由が認められてもそれが判決に影響を及ぼさないことが明らかな場合は、破棄されない（410Ⅰ）。

　被告人が上告している事案において、被告人にとって不利益な主張は、不適法とされる。被告人は自己の不利益のために上訴することはできないからである。例えば、科刑上一罪として認定された行為を併合罪と主張する場合（最決昭29・10・19刑集8・10・1596）、覚せい剤を没収しなかったことを違法と主張する場合（最大判昭30・12・21刑集9・14・2946）などが不適法とされている。

4　憲法違反又は憲法解釈の誤り

　本条1号の「憲法違反」と「憲法解釈の誤り」の区別は必ずしも明確でなく、学説上も見解が分かれている。実務上は、憲法解釈の誤りとは原判決が示した憲法解釈の誤りをいい、憲法違反とはそれ以外の場合であり、原審の訴訟手続又は判決内容が憲法に違反していることをいうものと解されている

314 第3編 上訴 第3章 上告

が、上告理由としては両者のいずれかを主張すればよいのであるから、両者
を区別する実益に乏しい。

以下に掲げるような主張は、形式的には憲法違反を主張しているようにみ
えるが、適法な上告理由とは解されない。

(1) 具体性のない違憲の主張

原判決のどの点がどのような理由で憲法のどのような条項に違反するとい
うのかを主張せず、単に、「原裁判所は実際は記録の調査検討を怠っている
のではないかと疑い、ひいてこれを基本的人権蔑視の態度となし、憲法違反
の誹りを免れないものであると主張している」場合（最判昭25・7・25刑集
4・8・1523）などは、不適法とされる（同旨のものとして、最決昭29・6・
2刑集8・6・794等）。

(2) 違憲に名を藉りた主張

憲法の条項を指摘しているが、上告理由に当たると主張するために掲げて
いるに過ぎない場合は、その主張の実質は単に事実誤認、量刑不当、訴訟法
違反をいうに過ぎないとして、不適法とされる。例えば、最決昭25・2・2
刑集4・2・127は、「憲法31条に違反すると主張してもその実質が単なる訴
訟法違反の主張に過ぎないものは明らかに本条に規定する事由に当たらな
い。」旨を、最決昭26・3・8刑集5・4・492は、「憲法違反を主張しても、
その実は原判決の量刑に関する説示が証拠上の根拠に基づかない違法がある
ことを主張するに帰する場合は、上告適法の理由にならない。」旨を判示し
ている。このような場合に、実務上、「単なる法令違反」という表現が用い
られているが、これは、憲法以外の法令の違反という趣旨である。

(3) 前提を異にした違憲の主張

原判決の認定と異なる事実関係を前提とする違憲の主張も、前提を欠くも
のとして、不適法とされる（最決昭26・2・22刑集5・3・429）。主張の前提
となる法律見解が正当でないときも同様である（最決昭39・8・13刑集18・7
・437）。いずれも、主張の前提が誤っているのであるから、不適法とされる
のは当然である。

(4) 原判決自体の違法をいうものではない主張

上告審は事後審であり、その審査の対象は原判決の当否であるから、原判
決自体の違法を主張するものでなければ、適法な上告理由とはならない。例

〔§405〕上告の対象となる判決・上告理由　315

えば、最決昭28・2・19刑集7・2・328は、単に上告理由に関する手続規
定の違憲をいう主張について、上告理由として不適法であるとしている（同
旨のものとして、最判昭27・3・13刑集6・3・470等）。

(5)　控訴審での主張・判断を経ていない事項の違憲をいう主張

　控訴審において主張・判断のなかった事項に関する違憲の主張は、適法な
上告理由に当たらない。この点につき、判例は、当初、訴訟手続に関する違
憲の主張については、控訴審でも主張することができたのに主張・判断を経
ていないとして、不適法としながらも（最大決昭36・7・19刑集15・7・1194
等）、第1審判決が犯罪事実について適用した実体刑罰法規に関する違憲の
主張については、控訴審での主張・判断を経ていない場合であっても不適法
とせず、実体につき判断を示していた（最大判昭26・7・11刑集5・8・1419、
最大判昭31・6・13刑集10・6・830等）。しかし、その後、最大決昭39・11・
18刑集18・9・597が、要旨、「第1審判決が、刑法198条1項を適用して被
告人を有罪としたのに対し、被告人は控訴趣意において右規定自体の合憲性
を争う主張を全くせず、原判決もこの点に何ら触れるところなく控訴を棄却
した場合、上告審で右規定の違憲をいう論旨は、適法な上告理由に当たらな
い。」とし、実体刑罰法規に関する違憲の主張についても、第1審の訴訟手
続に関する違憲の主張などと同様、控訴審で主張して判断を求めることがで
きた場合には、それをせずに上告審で初めて主張しても、不適法であること
が確定した。このような場合には、控訴審が憲法解釈を示しているものとは
いえず、上告審の審査の対象が控訴審判決の当否であるという趣旨にも沿わ
ないためである。前掲最大決昭39・11・18も、「元来、上告は、控訴審の判
決に対する上訴であるから、控訴審で審判の対象とならなかった事項を上告
理由として主張することは許されないものと解すべきであり、また控訴審で
は、控訴趣意書に包含されている事項を調査すれば足り、これに包含されて
いない事項については、たとえそれが第1審判決の適用法条の合憲性の有無
に関するものであっても、職権調査の義務を当然には負うものではなく、こ
の点に関し判断をしなかったからといって、上告を以て攻撃されるべき違法
とは言い難いからである。」と判示している。したがって、控訴審が破棄自
判した場合は、破棄の事由に照らして判断されることとなり、例えば、第1
審の無罪判決が破棄されて有罪の自判がされたような場合は、そこで適用さ

316 第3編 上訴 第3章 上告

れた実体刑罰法規の違憲を主張する上告理由は適法とされるが、破棄事由が量刑不当であれば、控訴審での主張・判断を経ていない実体法規に関する違憲の主張などは、不適法とされることになる（原田・大コメ刑訴9・546）。もちろん、この場合も、上告審が職権で調査し411条に基づいて破棄することが可能である。他方、控訴審で違憲の主張がされていたのに原判決がその判断を遺脱した場合については、判例がなく、調査義務を怠った訴訟法違反に過ぎないと解する見解もあり得るが（最判昭27・1・10刑集6・1・69参照）、黙示の合憲判断があったと解するか（香城敏麿・刑訴の争点［新版］248）、憲法判断の機会が奪われたもので上記の場合に当たらないものと解して（松尾・条解1080）、適法な上告理由になるとするのが相当であろう。

(6) **原判決の適用していない法令に関する違憲の主張**

原判決の適用していない法令に関して違憲を主張しても、不適法とされる。具体的事件の解決と関係のない憲法判断を示すことは相当ではないためである。例えば、最決昭35・2・9刑集14・1・92は、要旨、「自転車競技法は賭博行為を規定したもので憲法13条に違反し同法98条により無効であることを理由とする主張は、適用法条（自転車競技法23条）についての具体的な論難ではなく、適法な上告理由に当たらない。」としている（自転車競技法23条〔当時〕は、競輪選手等の収賄を罰する規定である）。なお、この点につき、最決昭29・6・24刑集8・6・971は、「原判決が、公民権停止の裁判をしていないときには、選挙権及び被選挙権に対する制限は、公職選挙法252条1項所定の裁判の確定という事実に伴い法律上当然に発生するものであり裁判により形成される効果ではないから、同条項の憲法違反の主張は、原判決の違法を主張するものでなく上告理由として不適法である。」旨判示しているが、公民権停止は裁判の効果として生ずるものであり、他に合憲性を争う方法がないとすれば、例外的にその合憲性を争うことは許されてよいものと考えられる（松尾・条解1081）。もっとも、この判決は、その後、公民権停止期間の短縮がされた事案において公職選挙法252条1項・3項の合憲性について判断した最大判昭30・2・9刑集9・2・217によって変更されたものと解する余地がある（原田・大コメ刑訴9・549）。

(7) **原判決の傍論に関する違憲の主張**

同様に、原判決自体から結論に影響を及ぼさないことが明らかな傍論に関

〔§405〕上告の対象となる判決・上告理由　317

する違憲の主張も、不適法とされる。例えば、最決昭39・12・3刑集18・10・698は、「原判示自体において原判決の結論に影響のないことが明らかな憲法解釈を非難する違憲の主張は、適法な上告理由とならない。」旨判示している。この事件は、原判決が、憲法19条、21条について、これらの規定は、公共の福祉に反しない限り、立法その他官憲の国務に関する行為により、国民の思想、集会、結社、言論、その他表現の自由等の抑圧、制限、禁止等をなし得ない趣旨を定めたものであって、一私人の行為による自由権の侵害に対する保障を含むものではない旨の解釈を示すとともに、Ｖ子の本件行為は、一私人としての立場において非公開の帰国者大会を傍聴したに過ぎない旨の事実を認定していた。もっとも、原判決は、さらにＶ子が本件当時舞鶴引揚援護局非常勤職員という公務員たる身分を有していたが故に、同女の本件行為が、仮に官憲の国務に関する行為として帰国者等の上記のような憲法上の自由権を侵害したものというべきであるとしても、なおその侵害の程度は、被告人等が同女に加えた身体の自由の侵害の程度に比して軽微なものと認められるから、被告人等の本件行為（逮捕・監禁）の違法性を阻却する事由とはならない旨判示していた。このような事案につき、最高裁判所は、「原判決の前記憲法解釈の正否は、原判決によれば本件の違法性に関する原判決の結論に影響しないことが判示自体において明らかであって、所論違憲の主張は原判決の結論に影響のない憲法解釈を非難するものであるから適法な上告理由とならない。」とした。

　最判昭36・9・14刑集15・8・1348も、同様に、逮捕監禁被告事件につき、「原判決は、破壊活動防止法の合憲性、日本共産党に対する調査の合憲性ないし合法性につき判示し、論旨もこれを争っているが、かかる事項は、被告人らの本件行為の違法性に関する判断に影響を及ぼすものでないから、所論違憲の主張はすべて上告適法の理由とならない。」としている。

　(8)　被告人の罪責とは事実上・法律上関連のない事項に関する違憲の主張
　被告人の罪の有無・程度とは事実上も法律上も関連のない事項に関する違憲の主張は、不適法である。例えば、最決昭50・9・26刑集29・8・657は、「集団行動に関する条例に基づいて公安委員会が付した条件の一つに違反したとして起訴された被告人は、当該事件において、被告人の行為と事実上及び法律上の関連のない他の条件の違憲性を争う適格を有しない。」旨判

318　第3編　上訴　第3章　上告

示している。

　もっとも、第三者所有物の没収については、当初の判例は変遷したが、最終的に、被告人に対する付加刑である以上利害関係があるとして、適法とされた。すなわち、最大判昭37・11・28刑集16・11・1593は、「関税法118条1項により第三者の所有物を没収することは、憲法31条、29条に違反する。この場合、没収の言渡しを受けた被告人は、たとえ第三者の所有物に関する場合であっても、これを違憲であるとして上告することができる。」旨判示している。

　主張適格、いわゆるスタンディングについては、見解が分かれるが、第三者の憲法上の権利が侵害されたか否かが問題であるとしても、少なくとも、それによって得られた証拠を提出された者がその合憲性を争う限りは、適法な主張と解されよう（刑事免責を与えて得た供述の証拠としての許容性を否定した最大判平7・2・22刑集49・2・1参照）。

(9)　下級審がその事件に関する上告審の法律上の判断に従ってした判決に
　　対する上告理由

　下級審がその事件について上告審の破棄理由とした法律上の判断に従ってした判決に対しては、その法律上の判断を不服として上告することは許されない（最決昭39・11・24刑集18・9・639）。このような場合には、下級審は上告審の判断に拘束されるし、最高裁判所も自らの裁判内容に拘束されて、変更することができないからである（413条の解説5参照）。

5　判例違反

　判例違反は、最高裁判所の判例と相反する判断をしたこと（本条②）と、最高裁判所の判例がない場合に、大審院若しくは上告裁判所たる高等裁判所の判例又は刑訴法施行後の控訴裁判所たる高等裁判所の判例と相反する判断をしたこと（本条③）である。成文法主義を採用する我が国では、判例に法的拘束力はないが、判例の不統一は法的安定性を阻害することになるので、法令解釈の統一を図ることが望ましい。そこで、判例違反を上告理由とすることにより、最高裁判所が法令解釈の統一を図ることが期待されている。

(1)　判　例

　判例とは、具体的な事件において示された法的な判断で、当該事案の解決に不可欠であり、他の事案にも妥当し得る一般性のあるものをいう。

〔§405〕上告の対象となる判決・上告理由　319

したがって、まず、法的な判断を含んでいない裁判は、判例とはいえない。例えば、最決昭28・2・12刑集7・2・211は、「当該事案における量刑理由を判示しただけで他の事案に適用すべき法律的見解を含んでいない判決は、本条にいわゆる判例といえない。」旨判示している。

また、いわゆる傍論といえる判断は、判例に該当しない。もっとも、その法的な判断は、必ずしもその事件の結論部分のものである必要はなく、前提部分のものでも結論を導くものであれば該当する。したがって、実務上、最高裁が決定で上告を棄却する場合に、いわゆる「なお書き」で職権判断を示すことがあるが、これも上告棄却の結論を導く判断であるから、判例に該当する。

なお、判例は、必ずしも公刊の判例集（最高裁判所判例集、高等裁判所判例集等）に登載されたものに限らない。刑事事件に関するもののみでなく、民事事件に関する判例も、これに該当する。一方、判例集に登載されていても、その後の判例によって既に変更されたものは、判例に当たらない（最判昭26・10・16刑集5・11・2249）。

(2)　対象となる判例

本条2号又は3号に掲げられたものに限定される。したがって、海難審判所の裁決（最決昭31・6・28刑集10・6・939）や、旧刑訴法により覆審としてした高等裁判所の判決（最決昭33・5・19刑集12・7・1386）は、これに該当しない。また、その点に関する最高裁判所の判例がある場合はもちろん、既に最高裁判所の判例によって変更された大審院又は高等裁判所の判例も、本条2号及び3号の趣旨に照らし、該当しないことは明らかである。さらに、最高裁判所の判決によって破棄された高等裁判所の判決はこれに該当しないし（最決昭51・9・14刑集30・8・1611、後記(8)参照）、最高裁判所の判例に反する判断をしたその後の高等裁判所の判決も、本条3号の判例に当たらない（最決平20・6・23判時2010・155）。

(3)　相反する判断

判例と相反する判断があったというためには、原判決に示された法的判断が判例の示している法的判断と相反することが必要である。したがって、原判決において法的判断が示されていなければ、その要件を充たさないことになる。例えば、最判昭30・2・18刑集9・2・332は、「本条にいう『判例と

相反する判断をした』というためには、その判例と相反する法律判断が原判決に示されているのでなければならない。」旨判示し、その事件の原判決は没収・追徴を遺脱しただけで、所論引用の判例と相反する法律判断を示しているものとはいえないから、判例違反の主張は採用できないとしている（もっとも、最高裁判所は、そのように判断した上、原判決の遺脱が違法であると指摘し、411条1号により職権で破棄している）。最判昭38・9・12刑集17・7・661も、同様の趣旨を示している。

　同様に、原判決の判断を経ていない場合には、その要件を充たさないことになる（前記**4**(5)参照）。例えば、最決昭29・11・9刑集8・11・1735は、控訴審において量刑不当の主張判断があったにとどまるときは、第1審判決における法令の適用が最高裁判所の判例と相反する判断をしたとの論旨は、本条2号に当たらない旨判示している。同様に、最判昭37・12・25刑集16・12・1731も、「刑訴405条2号又は3号にいう判例と相反する判断とは、有罪判決の擬律についていえば、法令の解釈適用について控訴審判決が何らかの判断をした場合においてその法律的判断が判例上の法律的判断と相反する場合をいうのであるから、第1審有罪判決の擬律について、控訴趣意においてこれを法令違反であるとして攻撃しないため、控訴審判決が何ら法律的判断を示さなかった場合には、この控訴審判決に上告理由となすべき判例と相反する判断があるとはいえない。」としている（同旨の判例として、最決昭26・3・27刑集5・4・695、最決昭26・3・29刑集5・4・722）。このことは、原判決が破棄自判した場合でも、破棄事由となっておらず、原審の判断を経ていないときは、同様と解される。すなわち、最判昭30・8・2刑集9・9・1988は、第1審判決が心神耗弱による刑の減軽をしたのに対し、控訴趣意は単に量刑不当を主張し、控訴審判決が量刑不当として破棄した上同様の減軽をして自判した事案につき、上告趣意において初めて心神耗弱の認定を争って判例違反を主張することは許されないとしている。

(4)　事案が異なる場合

　上記のように、判例違反があるというには、原判決の示した法的判断が比較の対象となる判例の示した法的判断と異なるものであることが必要となるから、法的判断の前提となる重要な事実関係が異なれば、比較対照できない。そこで、そのような場合には、判例違反を主張しても、事案を異にして適切

〔§405〕上告の対象となる判決・上告理由　321

なものではないとして、不適法な主張とされる。実務上は、このような理由
で不適法とされる例が非常に多い。また、原判決の認定した事実関係と異な
る事実を前提として判例違反を主張することも、同様に、不適法な主張とさ
れる（最決昭26・2・22刑集5・3・429）。憲法違反の主張の場合（前記 **4**(3)）
と同様、主張の前提が誤っているのであるから、当然である。

　(5)　具体性のない判例違反の主張

　判例違反を主張して上告を申し立てるには、上告趣意書にその判例を具体
的に示さなければならない（規253）。その判断をした裁判所と年月日か、事
件番号あるいは出典等による特定が必要であり、具体的に指摘しない場合は、
不適法とされる。例えば、最判昭25・5・11刑集4・5・765は、「所論は、
所論にいわゆる従来の大審院判例なるものを毫も具体的に摘示していないか
ら、原判決が如何なる大審院の判例と相反する判断をしているのかこれを判
定するに由がなく、従って、刑訴規則253条に違反し採ることができない。」
としている（同旨のものとして、最決昭25・5・12刑集4・5・797）。また、判
例を指摘したとしても、原判決のどの部分がその判例と相反するかが明らか
でなければ、やはり具体性に欠けることになる。例えば、最決昭26・3・30
刑集5・4・742は、論旨は「原判決の明示若しくは黙示のいかなる判断が
所論判例のいかなる点に抵触するかを具体的に主張するものということはで
きない」として、判例違反の主張を不適法としている（同旨、最判昭33・2
・20刑集12・2・269）。

　(6)　原判決の余論・傍論に関する判例違反の主張

　原判決で示された判断が余論・傍論であれば、それが判例に違反しても、
適法な上告理由に当たらないとされる。例えば、最判昭29・12・24刑集8・
13・2348は、麻薬取締法違反の事実につき、「原判決が後段において『これ
ら物品はいずれも他の麻薬取締法違反事件について麻薬として押収せられた
証拠物であるから反証のない限り真正の麻薬であると推認するを相当とす
る』と判示していることは所論のとおりであるけれども、原判決はその前段
において1審判決挙示の証拠を綜合すれば被告人の譲り受けた物品が真正の
塩酸ヘロイン及び阿片粉末であることを認めるに十分であると説示している
のであるから右後段の説明は余論に過ぎない。従って所論判例違反の主張は
その前提を欠き引用の判例は適切でない。」としている。もっとも、これに

対しては、適法な上告理由に当たるが判決に影響しないとして410条1項ただし書により判決で上告を棄却したものもある。例えば、最判昭29・7・16刑集8・7・1210は、要旨、「犯罪さえ発覚すれば犯人の誰であるかが判明しなくても刑法42条1項『官ニ発覚セサル前』ではあり得ないとの判断は、『官ニ発覚セサル前』とは犯罪の発覚前又は犯人の誰であるかが、判明しない前を意味するとする当裁判所の判例（最判昭24・5・14刑集3・6・721）と相反する判断をしたことになるが、原審のこの判断が、職務質問に際し種々弁解した後に自供した場合は自首とはいえないとする判断の余論として判示されたに過ぎないときは、判決に影響しないこと明らかである。」としている。不適法な主張とされるのは、憲法違反の主張の場合（前記**4**(7)）と同様、余論・傍論であることが明白な場合に限られよう。

　(7)　判例違反に名を藉りた主張

　違憲の主張と同様、判例違反を主張していても、実質は単に事実誤認や量刑不当などの主張に過ぎない場合は、適法な上告理由には当たらない。例えば、最決昭25・10・5刑集4・10・1902は、判例違反を主張していても、その実質が事実認定を非難するに過ぎないときは、適法な上告理由に当たらないとしている。もっとも、判例違反というのは、訴訟法ないし実体法に関する法的判断の相反であるから、判例違反の主張については、憲法違反の主張のように「実質は単なる法令違反の主張である」として不適法処理するのは、一般的には相当でないとされる（原田・大コメ刑訴9・559）。

　(8)　判例違反の判断の基準時点

　判例違反の有無の判断の基準時点については、原判決言渡し時点とする見解と、上告審の裁判時点とする見解に分かれているが、判例は、前者を採用している。したがって、原判決の言渡し後に原判決と相反する最高裁判所の判例が出されても、判例違反には当たらず、411条1号による破棄事由に該当し得るにとどまる。例えば、最判昭29・11・5刑集8・11・1728は、「原判決がその後になされた最高裁判所の判決と相反する判断をしていても、本条2号にいわゆる最高裁判所の判例と相反する判断をしたことにはならない。」旨判示し、適法な上告理由に当たらないとした上、職権により調査し、411条1号によって原判決を破棄している（同旨の判例として最判昭33・4・25刑集12・6・1203）。

〔§405〕上告の対象となる判決・上告理由　323

　以上のような原判決言渡し時点とする見解によれば、これと類似した以下
のような事案も、それぞれ次のように解されることになる。まず、①原判決
がその時点で存在した高等裁判所判例に違反していれば、その後それと同趣
旨の最高裁判所の判例が出ても、本条3号にいう「最高裁判所の判例がない
場合に……控訴裁判所たる高等裁判所の判例と相反する判断をした」ことに
該当する（最判昭28・7・7刑集7・7・1441、最判昭33・4・10刑集12・5・
866）。次に、②原判決がその時点で存在した高等裁判所判例に違反していれ
ば、その後それが最高裁判所の判例によって変更されても、同号にいう高等
裁判所の判例と相反する判断をしたことになる。最大判昭30・12・21刑集9
・14・2912は、その旨判示した上、410条2項の趣旨に従って原判決を維持
するのが相当であるとした。同様に、③原判決の後、高等裁判所の判例とも
原判決とも異なる最高裁判所の判例が出されても、本条3号にいう高等裁判
所の判例と相反する判断をしたことになる。最判昭31・3・9刑集10・3・
309は、そのような事案において、原判決を維持できないとし、410条1項本
文によって原判決を破棄した（410条の解説**3**(2)参照）。
　もっとも、当初の判例には、上告審裁判時説を採用したものも見受けられ
た。例えば、①につき、最判昭29・11・5刑集8・11・1715は、検察官の上
告趣意が高等裁判所判例との相反をいうのに対し、原判決後の最高裁判所の
判例を指摘して、それと相反するとし、破棄した。また、②につき、最判昭
26・4・17刑集5・6・963と最判昭29・12・24刑集8・13・2336は、いず
れも、原判決後の最高裁判所の判例を指摘した上、所論引用の大審院あるい
は高等裁判所の判例は既に変更されているので本条3号の判例に当たらない
とした。しかし、②に関するものはその後の前記最大判昭30・12・21刑集9
・14・2912によって変更されたものと解する余地がある上、それ以降は原判
決言渡し時説によって処理されているので、現在では原判決言渡し時説に確
定していると解してよいであろう（高田義文・判例解説（刑）昭33・333、坂本
武志・判例コメ2・665）。なお、最高裁判所の判決によって破棄された高等
裁判所の判決が同号の判例に該当しないとした前記(2)の最決昭51・9・14
刑集30・8・1611について、上告審裁判時説によるものではないかと指摘す
る者もいるが、判例違反の対象となる高等裁判所の判例自体が最高裁判所の
判決によって破棄されており、法的には高等裁判所の判決の効力が否定され

324　第3編　上訴　第3章　上告

たことになるのであるから、原判決言渡し時説に反するものと解さなければ
ならないわけではないであろう（堀籠幸男・判例解説（刑）昭51・266。なお、
判例違反の対象となる高等裁判所の判例が、最高裁判所によって破棄されなかっ
たものの当該判断内容が否定された場合も、同様に解されることにつき、最決平
22・3・16判時2079・161参照）。

　なお、基本的には原裁判言渡し時説を採用しながら、前記②の場合につき、
上告審裁判時には判例性を失っている高等裁判所の判例との違反を宣言する
だけの実質的意味はなく、法技術的な処理方法の問題に過ぎないとすれば、
選択肢の一つとして、高等裁判所の判例の判例性を否定して不適法な上告理
由とすることも許されるのではないかとする見解もある（安廣文夫・刑訴の
争点［新版］252、田宮・刑訴492、原田・大コメ刑訴9・557）。しかし、論理的
一貫性を放棄して部分的に上告審裁判時説を採用するだけの合理的根拠とは
考え難いものがある。　　　　　　　　　　　　　　　　　　　　（池田修）

　　〔上告審としての事件受理〕
　第406条　最高裁判所は、前条の規定により上告をすることができる場合
　　以外の場合であつても、法令の解釈に関する重要な事項を含むものと認
　　められる事件については、その判決確定前に限り、裁判所の規則の定め
　　るところにより、自ら上告審としてその事件を受理することができる。

　　〔規〕　第247条（最高裁判所への移送・法第406条）　控訴裁判所は、憲法の
　　　　　違反があること又は憲法の解釈に誤があることのみを理由として控
　　　　　訴の申立をした事件について、相当と認めるときは、訴訟関係人の
　　　　　意見を聴いて、決定でこれを最高裁判所に移送することができる。
　　　　第248条（移送の許可の申請・法第406条）　前条の決定は、最高裁判
　　　　　所の許可を受けてこれをしなければならない。
　　　　2　前項の許可は、書面でこれを求めなければならない。
　　　　3　前項の書面には、原判決の謄本及び控訴趣意書の謄本を添附しな
　　　　　ければならない。
　　　　第249条（移送の決定の効力・法第406条）　第247条の決定があつたと
　　　　　きは、控訴の申立があつた時に控訴趣意書に記載された理由による
　　　　　上告の申立があつたものとみなす。

〔§406〕上告審としての事件受理　325

第254条（跳躍上告・法第406条）　地方裁判所又は簡易裁判所がした第1審判決に対しては、その判決において法律、命令、規則若しくは処分が憲法に違反するものとした判断又は地方公共団体の条例若しくは規則が法律に違反するものとした判断が不当であることを理由として、最高裁判所に上告をすることができる。

2　検察官は、地方裁判所又は簡易裁判所がした第1審判決に対し、その判決において地方公共団体の条例又は規則が憲法又は法律に適合するものとした判断が不当であることを理由として、最高裁判所に上告をすることができる。

第255条（跳躍上告と控訴・法第406条）　前条の上告は、控訴の申立があつたときは、その効力を失う。但し、控訴の取下又は控訴棄却の裁判があつたときは、この限りでない。

第257条（上告審としての事件受理の申立・法第406条）　高等裁判所がした第1審又は第2審の判決に対しては、その事件が法令（裁判所の規則を含む。）の解釈に関する重要な事項を含むものと認めるときは、上訴権者は、その判決に対する上告の提起期間内に限り、最高裁判所に上告審として事件を受理すべきことを申し立てることができる。但し、法第405条に規定する事由をその理由とすることはできない。

第258条（申立の方式・法第406条）　前条の申立をするには、申立書を原裁判所に差し出さなければならない。

第258条の2（原判決の謄本の交付・法第406条）　第257条の申立があつたときは、原裁判所に対して法第46条の規定による判決の謄本の交付の請求があつたものとみなす。但し、申立人が申立の前に判決の謄本の交付を受けているときは、この限りでない。

2　前項本文の場合には、原裁判所は、遅滞なく判決の謄本を申立人に交付しなければならない。

3　第1項但書又は前項の場合には、裁判所書記官は、判決の謄本を交付した日を記録上明らかにしておかなければならない。

第258条の3（事件受理の申立理由書・法第406条）　申立人は、前条第2項の規定による謄本の交付を受けたときはその日から、前条第1項但書の場合には第257条の申立をした日から14日以内に理由書を原裁判所に差し出さなければならない。この場合には、理由書に相手方の数に応ずる謄本及び原判決の謄本を添附しなければならない。

2　前項の理由書には、第1審判決の内容を摘記する等の方法により、申立の理由をできる限り具体的に記載しなければならない。

326 第3編 上訴 第3章 上告

第259条（原裁判所の棄却決定・法第406条） 第257条の申立が明らか
に申立権の消滅後にされたものであるとき、又は前条第1項の理由
書が同項の期間内に差し出されないときは、原裁判所は、決定で申
立を棄却しなければならない。

第260条（申立書の送付等・法第406条） 原裁判所は、第258条の3第
1項の理由書及び添附書類を受け取つたときは、前条の場合を除い
て、速やかにこれを第258条の申立書とともに最高裁判所に送付し
なければならない。

2 最高裁判所は、前項の送付を受けたときは、速やかにその年月日
を検察官に通知しなければならない。

第261条（事件受理の決定・法第406条） 最高裁判所は、自ら上告審
として事件を受理するのを相当と認めるときは、前条の送付を受け
た日から14日以内にその旨の決定をしなければならない。この場合
において申立の理由中に重要でないと認めるものがあるときは、こ
れを排除することができる。

2 最高裁判所は、前項の決定をしたときは、同項の期間内にこれを
検察官に通知しなければならない。

第262条（事件受理の決定の通知・法第406条） 最高裁判所は、前条
第1項の決定をしたときは、速やかにその旨を原裁判所に通知しな
ければならない。

第263条（事件受理の決定の効力等・法第406条） 第261条第1項の決
定があつたときは、第258条の3第1項の理由書は、その理由（第
261条第1項後段の規定により排除された理由を除く。）を上告の理
由とする上告趣意書とみなす。

2 前項の理由書の謄本を相手方に送達する場合において、第261条
第1項後段の規定により排除された理由があるときは、同時にその
決定の謄本をも送達しなければならない。

第264条（申立の効力・法第406条） 第257条の申立は、原判決の確定
を妨げる効力を有する。但し、申立を棄却する決定があつたとき、
又は第261条第1項の決定がされないで同項の期間が経過したとき
は、この限りでない。

〈本条細目次〉

1 本条の趣旨 327
2 事件の移送 327
3 跳躍上告 327
4 上告受理 328

〔§406〕上告審としての事件受理　327

1　本条の趣旨

　最高裁判所は、法令の解釈を統一する機能を有することから、405条に定める上告の理由がない場合であっても、法令の解釈に関する重要な事項を含むものと認められる事件については、裁量により、事件を受理することができる。

　事件受理としては、刑訴規則により、①控訴裁判所から最高裁判所への事件の移送、②いわゆる跳躍上告、③上告審としての事件受理の申立ての3つの制度が設けられている。現実の上告には、憲法違反又は判例違反に名を藉りているものの実質的には単に411条の職権破棄を求めていると解されるものが多いが、③の申立てがされる例も稀ではない。

2　事件の移送

　控訴裁判所が、憲法違反又は憲法解釈の誤りのみを理由とする控訴申立て事件について、相当と認めた場合に、訴訟関係人の意見を聴き、最高裁判所の許可を受けて移送するものである（規247・248）。移送の決定があると、控訴の申立てがあった時に控訴趣意書に記載された理由による上告の申立てがあったものとみなされる（規249）。憲法問題について迅速な解決を図ろうとする制度であるが、憲法問題のみが控訴理由とされる事件が少ないこと、審級の利益を奪う結果になることなどから、実例は極めて少ない。

3　跳躍上告

　地方裁判所又は簡易裁判所の第1審判決が、法律、命令、規則若しくは処分が憲法違反であるとの判断を示した場合、又は地方公共団体の条例若しくは規則が法律に違反するとの判断を示した場合に、その判断が不当であるとして最高裁判所に対して上告する制度であり、地方公共団体の条例又は規則が憲法又は法律に適合すると判断した場合に、検察官がその判断が不当であるとして上告することも認められている（規254・255）。

　跳躍上告の申立ては、上訴提起期間を経過した後は、控訴提起の有無にかかわらず、不適法である（最決平6・10・19判時1510・158）。跳躍上告は、控訴の申立てがあったときは効力を失うとされているから（規255）、控訴申立ての後に跳躍上告の申立てがあったときは、上訴提起期間内に申し立てられても、上訴権消滅後の申立てとして、第1審裁判所により棄却されることになる（375）。他方、跳躍上告の申立て後に控訴申立てがあったときについて

328　第3編　上訴　　第3章　上告

は、第1審裁判所が棄却できるとするには問題があると指摘する見解もある
が、法の趣旨に照らして同様に解することができるのではないかと考えられ
る（原田・大コメ刑訴9・565参照）。跳躍上告の実例も少ない。

4　上告受理

　高等裁判所の判決が法令解釈に関する重要な事項を含むと認められる場合
に、上訴権者は、上告提起期間内に、最高裁判所に上告審として事件を受理
するよう申し立てることができる（規257）。この場合を、実務上は、上告受
理と呼ぶことが多い。原裁判所に対してこの申立てがされると、原裁判所は
遅滞なく判決謄本を交付しなければならない（規258の2）。申立人は、判決
謄本の交付を受けたときはその日から、申立ての前に交付を受けていたとき
は申立ての日から14日以内に理由書を原裁判所に提出しなければならない
（規258の3）。理由書が期間内に提出されないときは、原裁判所が決定で申
立てを棄却し（規259）、理由書が期間内に提出されると、申立書とともに最
高裁判所に送付される（規260）。最高裁判所は、受理を相当と認めるときは、
送付を受けた日から14日以内にその旨の決定をしなければならない（規
261）。

　法令の解釈に関する重要な事項とは、最高裁判所が法令の解釈を統一する
ために判断を示すに値する事項であり、当該事件以外にも影響を及ぼすよう
な一般性のある事項である。実体法であると手続法であるとを問わない。明
白な法令違反がある場合については、これに該当しないとする見解もあるが、
著しく正義に反するものとして411条1号で破棄すべきような事案でも救済
を受ける機会がないのは不合理であるから、含まれるものと解される。実際
にも、再度の執行猶予が明白に違法である場合に上告受理を認めた例がある
（最判昭31・11・22刑集10・11・1551）。

　最高裁判所が受理の決定をしたとき（規261）に、上告審に適法に係属す
ることになり、申立て理由が上告趣意とみなされる（規263）が、申立ての
理由があるとされると、411条1号によって原判決を破棄すべきものとされ
ている（最大判昭32・10・9刑集11・10・2520。同旨のものとして最判昭31・11
・22刑集10・11・1551、近時の例として最判平15・7・10刑集57・7・903等）。
受理が認められても405条の上告理由があるとされるわけではないから、410
条によることはできず、判決に影響を及ぼすべき法令違反があって原判決を

〔§407〕上告趣意書　329

破棄しなければ著しく正義に反するときに限り、破棄事由に該当することになるわけである。ところが、判例は、破棄の場合には411条によりながら、棄却の場合には、386条1項3号による不適法処理ではなく、408条又は414条・396条により、理由がないとして判決処理している（近時の例として、最判平20・3・4刑集62・3・123、最判平27・3・10刑集69・2・434。なお、初期の例外として、最決昭33・5・27刑集12・8・1665は、386条1項3号により棄却している）。この処理方法については、理論的な不整合があるとして、むしろ、受理決定により上告理由が拡張されたものと考え、破棄の場合にも410条によるべきであるとする見解もある（原田・大コメ刑訴9・569参照）。確かに、判例の処理方法は、破棄の場合と棄却の場合で整合しないうらみがある。しかし、受理されたからといって、405条各号の事由に該当するわけではないから、それに該当する場合について規定する410条の規定を適用するのは、法文から離れ過ぎるようにも感じられる。したがって、破棄の場合に410条ではなく411条を根拠とするのは相当と思われる。他方、棄却する場合は、既に受理決定がされていて、386条1項3号による不適法処理（決定で棄却）によるのはあまりにも不自然であるから、408条又は414条・396条によることになろう。事件受理という特殊なルートであり、直接的な根拠規定が整備されていないことから、やや不整合な処理方法となっているが、それによって内容的に不当な結論が導かれているというわけではないのであるから、この程度の不整合はやむを得ないものと考えるべきであろう。

　なお、受理決定によって事件が上告審に係属すると、受理の対象となった事項以外の事項についても、411条が適用される（例えば、最判昭33・2・11刑集12・2・187は、外国人登録法の解釈を争う申立てを受理し、所論については採用できないとしたものの、職権で原審の手続が400条ただし書に反する旨判断し、原判決を破棄している）。

（池田修）

　〔上告趣意書〕
　第407条　上告趣意書には、裁判所の規則の定めるところにより、上告の申立の理由を明示しなければならない。

330　第3編　上訴　　第3章　上告

　〔規〕　第252条（上告趣意書の差出期間・法第414条等）　上告趣意書を差し
　　　　出すべき最終日は、その指定の通知書が上告申立人に送達された日
　　　　の翌日から起算して28日目以後の日でなければならない。
　　　2　前項の規定による最終日の通知書の送達があつた場合においてそ
　　　　の指定が同項の規定に違反しているときは、その送達があつた日の
　　　　翌日から起算して28日目の日を最終日とみなす。
　　　第253条（判例の摘示）　判例と相反する判断をしたことを理由として
　　　　上告の申立をした場合には、上告趣意書にその判例を具体的に示さ
　　　　なければならない。

〈本条細目次〉
　1　上告趣意書の提出　330
　2　上告趣意書の記載　331

1　上告趣意書の提出

　上告趣意書に関する基本的な手続の流れは、控訴審の場合とほぼ同様であ
り、上告裁判所は訴訟記録の送付を受ければ速やかに上告趣意書を差し出す
べき最終日を指定して上告申立人に通知しなければならず（規266・236）、上
告申立人は指定された期間内に上告趣意書を提出しなければならない（414
・376）。被告人上告の場合、上告審の弁護人は、主任弁護人でなくても上告
趣意書を差し出すことができるが（規266・239）、上告審の弁護人でない原審
弁護人は、自ら上告の申立てをした場合に限り、趣意書を差し出すことがで
きる。したがって、被告人自らが上告を申し立てた場合には、原審弁護人が
期間内に趣意書を差し出しても、審理の対象とならない（最決昭36・7・18
刑集15・7・1103）。

　上告趣意書の差出期間については、28日以上となるように規定されている
（規252）。そのほかは、控訴趣意書に関する規定が準用される。趣意書が所
定の期間内に提出されないときは、上告は決定で棄却される（414・386Ⅰ①）。
期間内に提出された趣意書は、上告審の調査の対象となり（414・392Ⅰ）、そ
の後に提出された場合は、遅延がやむを得ない事情に基づくものと認められ
たときに限り、上告審の裁量により期間内に提出されたものとして審判する
ことができる（規266・238）。趣意書の提出について、刑事施設の被収容者に
関する特則（366）の準用はない（控訴趣意書に関する最決昭29・9・11刑集8

・9・1490参照)。

2　上告趣意書の記載

　上告趣意書の記載に関しては、規則の定めるところにより、申立ての理由を明示すべきものとされ（本条）、判例違反を上告理由とする場合にはその判例を具体的に示さなければならないとされている（規253）。具体性のない判例違反の主張は不適法であり（405条の解説 **5**（5）参照）、本条違反を理由として、414条の準用する386条1項2号（趣意書不適式）により決定で棄却されることになるが、そのような上告趣意は、同時に、405条の上告理由に当たらないとして、414条の準用する386条1項3号（理由不該当）により決定で棄却できる場合が多く、実際には、後者の処理方法によることが少なくない。また、上告趣意書に控訴趣意書を援用する旨を記載したに過ぎず、その内容の記載のないもの（最決昭25・10・12刑集4・10・2084）や、上告受理申立ての理由書記載事項につき裁判を求めると記載したに過ぎないもの（最判昭34・3・13刑集13・3・310）は、不適法とされる。

　なお、電子複写機によって複写されたコピーで作成名義人の署名押印のない上告趣意書については、有効なものとされる場合がある。有効とされたのは、作成名義人の署名押印も複写され、これを封入した郵便の封筒に作成名義人によると認められる氏名の記載があり、無権限者がほしいままに作成し提出したなどの特段の事情はうかがわれず、作成名義人の意思に基づいて作成され提出されたと認められた事案である（最決昭58・10・28刑集37・8・1332）。上訴申立書のように要式性が強く求められる場合と異なり（コピーである控訴申立書による申立てにつき、署名が複写されていても無効であるとした最決平17・7・4刑集59・6・510参照）、周辺事情から作成者の意思に基づくことが確認できる場合には、例外的に有効なものと扱われる。　　　（池田修）

〔弁論を経ない上告棄却の判決〕
　第408条　上告裁判所は、上告趣意書その他の書類によつて、上告の申立の理由がないことが明らかであると認めるときは、弁論を経ないで、判決で上告を棄却することができる。

332　第3編　上訴　　第3章　上告

〈本条細目次〉
1　本条の趣旨　332
2　理由のないことが明らかな場合　332
3　弁論を経る場合　332

1　本条の趣旨

　判決は口頭弁論に基づいて行われるのが原則であるが（43Ⅰ）、上告審に関する例外として、理由がないことが明らかであると認めるときは、弁論を経ないで、判決で上告を棄却することができるとされている（本条）。最高裁判所の負担の軽減を図って設けられたものである。

2　理由のないことが明らかな場合

　上告申立ての理由がないことが明らかな場合とは、既に大法廷の判例があって、理由のないことが明らかであるような場合が、これに該当する（実務的には、大法廷の判例の趣旨に徴して理由のないことが明らかであるとされる場合も含まれる）。また、大法廷において新たな合憲判断が示される場合（例えば、最大判昭48・9・12刑集27・8・1379）、410条2項により判例を変更して上告を棄却する場合（例えば、最大判昭44・10・15刑集23・10・1239、最判平15・10・7刑集57・9・1002）、同条1項ただし書が適用される場合（例えば、最判昭46・3・23刑集25・2・7）も、これに該当する。

3　弁論を経る場合

　本条の趣旨に照らし、原判決を破棄する場合には、原則として弁論を経る必要がある（例外につき、411条の解説10参照）。もちろん、上告を棄却する場合も、弁論を経ることが可能であり、事案によっては慎重な審理のためにそれが望ましいことも少なくないため、死刑事件（原判決が死刑を言い渡したか、第1審判決の死刑を是認した事件）は弁論を経ることが慣行となっており、それ以外にも、重要な法律問題を含む事件や、社会的な影響の大きい事件などは、弁論を経た上で判決（上告棄却）されることもある。また、弁論を経ないで判決宣告期日を指定すると、上告棄却という結論が予測されてしまうことになるため、それを避ける趣旨も加わって弁論が開かれることもあり得ないではない。

　上告の申立てに理由があるとする少数意見がある場合にも本条によって弁論を経ずに判決で上告を棄却することができるかについては、消極説もある

が、最大判昭30・6・22刑集9・8・1189（三鷹事件）は、7名の裁判官の少数意見がある事案について、弁論を経ずに判決で上告を棄却した。理論的には積極説を採用できるが、運用上は弁論を経るのが適当であるとする指摘もあって、その後は、死刑事件等では弁論を経るという上記のような運用が行われている。 (池田修)

〔被告人の召喚不要〕
第409条　上告審においては、公判期日に被告人を召喚することを要しない。

　　〔規〕　第265条（被告人の移送・法第409条）　上告審においては、公判期日を指定すべき場合においても、被告人の移送は、これを必要としない。

1　本条の趣旨

　公判期日が開かれても、被告人に出頭の義務はなく、権利もない。上告審が法律審であり、控訴審よりもその色彩が強いことによる（なお、控訴審に関する390条参照）。そのため、被告人を召喚する必要はなく（本条）、被告人の身柄を控訴審所在地の拘置所から東京の拘置所に移送することも必要ではない（規265）。仮に身柄を拘束されていない被告人が出頭しても、傍聴席で傍聴できるにとどまる。 (池田修)

〔上告理由がある場合の原判決破棄の判決〕
第410条　上告裁判所は、第405条各号に規定する事由があるときは、判決で原判決を破棄しなければならない。但し、判決に影響を及ぼさないことが明らかな場合は、この限りでない。
　2　第405条第2号又は第3号に規定する事由のみがある場合において、上告裁判所がその判例を変更して原判決を維持するのを相当とするときは、前項の規定は、これを適用しない。

334　第3編　上訴　第3章　上告

〈本条細目次〉
1　本条の趣旨　334
2　原判決の破棄　334
3　例外としての上告棄却　334
　(1)　判決に影響を及ぼさないことが明らかな場合　334
　(2)　判例変更が相当である場合　335
4　破棄の範囲　335

1　本条の趣旨

　405条の定める事由があると認められた場合は、それが判決に影響を及ぼさないことが明らかなときを除き、判決で原判決が破棄される（本条Ⅰ）。また、判例違反の事由が認められるものの、その判例を変更して原判決を維持するのが相当なときは、上告を棄却することができる（本条Ⅱ）。

2　原判決の破棄

　405条の定める事由があると認められた場合は、原則として、判決で原判決が破棄される。当事者が主張した場合に限らず、職権調査によって405条所定の事由が認められた場合も含まれる。職権による破棄の根拠規定については、411条1号に求める見解があり、当初はそれによった判例もあったが（例えば、最大判昭37・12・12刑集16・12・1672は、破棄の根拠条文として405条1号、本条1項本文のほか411条1号も掲げている）、411条は405条の定める事由以外の事由が存する場合に関する規定であり、405条の事由があるのに著しく正義に反する場合に限って破棄されるとするのは相当でないから、本条により破棄すべきものと解される（松尾・条解1090、原田・大コメ刑訴9・579）。判例も、その後は、この見解によっている（最大判昭41・5・18裁集159・733等）。

　破棄する場合は、原則として弁論を経る必要がある（408条の解説3参照）。

3　例外としての上告棄却

(1)　判決に影響を及ぼさないことが明らかな場合

　405条の定める事由があると認められた場合でも、それが判決に影響を及ぼさないことが明らかなときは、上告が棄却される（本条Ⅰ但）。「判決に影響を及ぼさないことが明らかな場合」とは、上告理由と判決の主文又は理由との間に因果関係のないことが明らかである場合をいう。違憲の主張が認め

〔§410〕上告理由がある場合の原判決破棄の判決　335

られたものの棄却された例として、最大判昭42・7・5刑集21・6・748が、判例違反の主張が認められたものの棄却された例として、最判昭46・3・23刑集25・2・7がある。

(2)　判例変更が相当である場合

　判例違反の事由が認められるものの、その判例を変更して原判決を維持するのが相当なときも、上告は棄却される（本条Ⅱ。近時の例として、最大判平15・4・23刑集57・4・467、最判平17・4・14刑集59・3・283、最判平18・11・7刑集60・9・561、最判平20・4・22刑集62・5・1528、最大判平29・11・29裁判所時報1688・1〔刑集登載予定〕等がある）。また、原判決の時点では高等裁判所の判例に違反していても、その後それが最高裁判所の判例によって変更された場合は、本条2項の趣旨に従い、原判決が維持されることになる（最大判昭30・12・21刑集9・14・2912）。これに対し、原判決が高等裁判所の判例に反する判断をしたとして上告された場合に、原判決ともその高裁判例とも異なる見解を採用した最高裁判所の判例が出ているときは、原判決を維持するのは相当でないから、原判決を破棄すべきことになる（最判昭31・3・9刑集10・3・309。なお、405条の解説5(8)参照）。

4　破棄の範囲

　破棄する場合、原判決全部を破棄するのが原則であるが、例外として、一部破棄が認められている。未決勾留日数の算入に関する部分のみを破棄した例として最判昭33・4・10刑集12・5・866、最判昭52・7・1刑集31・4・681等が、訴訟費用の負担に関する部分のみを破棄した例として最判昭46・4・27刑集25・3・534が、没収・追徴に関する部分のみを破棄した例として最判昭62・12・11刑集41・8・352、最判平15・10・28判タ1138・81がある。訴訟費用の負担や贓物の被害者還付は、刑罰的意味合いがなく、主刑とも内容において関連するわけではないので、控訴審においても可能とする見解が強いが、未決勾留日数の算入や没収・追徴については、これらと異なるので、上告審の特質による例外的措置と考えるべきであろう。特に、未決勾留日数の算入については、刑の量定と不可分の関係にあるから、一部破棄は認められないとする見解もあるが（最判昭51・11・18刑集30・10・1902、最判昭54・4・19刑集33・3・261、最判昭55・1・11刑集34・1・1及び最判昭56・7・16刑集35・5・557の各反対意見参照）、これに対しては、上告審は最終

336　第3編　上訴　　第3章　上告

審であるから一部破棄しても不都合が生じないことや、できないと解すると、争いがない有罪・刑の言渡しの部分まで破棄・自判するという上告審の性格・構造に照らして不合理な結果となることなどが指摘できる。

　また、原判決のみでなく、第1審判決をも破棄すべき場合がある（412・413参照）。　　　　　　　　　　　　　　　　　　　　　　　　（池田修）

〔上告理由のない場合の原判決破棄の判決〕

第411条　上告裁判所は、第405条各号に規定する事由がない場合であつても、左の事由があつて原判決を破棄しなければ著しく正義に反すると認めるときは、判決で原判決を破棄することができる。

一　判決に影響を及ぼすべき法令の違反があること。

二　刑の量定が甚しく不当であること。

三　判決に影響を及ぼすべき重大な事実の誤認があること。

四　再審の請求をすることができる場合にあたる事由があること。

五　判決があつた後に刑の廃止若しくは変更又は大赦があつたこと。

〈本条細目次〉

1　本条の趣旨　337

2　職権調査　337

3　405条の事由との関係　338

4　原判決を破棄しなければ著しく正義に反すると認めるとき　339

5　判決に影響を及ぼすべき法令違反　339

　(1)　法令の解釈・適用の誤り　339

　(2)　訴訟手続の違法　346

　(3)　判決に影響を及ぼすべき法令違反と不著反正義　352

6　甚だしい量刑不当　354

　(1)　量　刑　354

　(2)　量刑の審査　354

　(3)　甚だしい量刑不当と不著反正義　355

　(4)　破棄された事例　355

7　判決に影響を及ぼすべき重大な事実誤認　357

　(1)　「事実誤認」と「事実誤認の疑い」　357

〔§411〕上告理由のない場合の原判決破棄の判決　337

- (2) 事実誤認の審査　357
- (3) 有罪判決の破棄と無罪判決の破棄　358
- (4) 他の事由との競合　358
- (5) 重大な事実誤認と不著反正義　359
- 8 再審事由　362
- 9 刑の廃止・変更又は大赦　362
- 10 原判決の破棄　363

1　本条の趣旨

　最高裁判所は、具体的事件における適正な救済を図る機能をも有することから、権利としての上告理由がない場合であっても、①判決に影響を及ぼすべき法令違反があること、②甚だしい量刑不当があること、③判決に影響を及ぼすべき重大な事実誤認があること、④再審事由があること、⑤判決があった後に刑の廃止・変更又は大赦があったことにより、原判決を破棄しなければ著しく正義に反すると認めるときは、原判決を破棄することができるとされた。本条は上告理由を定めたものではなく、職権による破棄の理由を定めたものであるから（最大決昭24・7・22刑集3・8・1369）、本条が掲げる事由を主張するだけでは、上告として不適法であり、上告棄却の決定（414・386Ⅰ③）を免れないが、その場合でも主張された事由の存否についての調査が行われ、それが認められれば職権で破棄されることになるため、実際には、事実誤認、量刑不当等を主張して職権破棄を求める上告の例が非常に多い。

　なお、平成16年の法改正により即決裁判手続が設けられたことに伴い、同手続による第1審判決の事件については、重大な事実誤認を理由としても破棄することができないとされた（413の2）。

2　職権調査

　職権調査は、上告趣意書が提出されれば可能として運用されている。したがって、趣意書の内容が405条に掲げられた上告理由に該当しないことが明らかであっても、職権調査をして本条によって原判決を破棄することができる。例えば、最決昭52・8・9刑集31・5・821は、「上告審は、上告趣意が適法な上告理由にあたらない場合であっても、自ら原判決の当否を調査することができ、その調査の過程において、原判決の事実認定に重大な瑕疵を発

見し、これを看過することが著しく正義に反すると認められる場合には、最終審の責務として、刑訴法411条により職権を行使してその瑕疵を是正する処置をとるべきものであることはいうまでもない。」と判示している。

これに対し、上告趣意書の提出がない場合については、職権調査が可能とする見解と許されないとする見解の対立があるが、一見明白な場合を除き、職権調査は及ばないと解すべきであろう（柴田・注釈刑訴6・447、松尾・条解1092）。この点、最大判昭32・2・27刑集11・2・935は、「有罪の第2審判決に対し、被告人から上告中大赦があったときは、被告人が所定期間内に上告趣意書を差し出さなくても本条5号により原判決を破棄すべきである。」旨判示しているが、大赦や刑の廃止のような一見明白な場合に限って職権調査の権限を認めたものと解される。これは、最高裁判所が最終審であるという特殊性によるものであり、原判決を破棄しなければ著しく正義に反することが一見明白であるような場合まで上告を棄却するのは相当でないためである。

特別抗告においても、本条の準用があるとされているところ（最大決昭37・2・14刑集16・2・85）、最決平12・4・21判時1708・165は、執行猶予の裁量的取消しを争う特別抗告の申立書に具体的な抗告理由の記載がなく、抗告提起期間内に理由書の提出もなかった事案について、職権を発動し、口頭弁論を請求する権利等の告知を欠き、請求の機会を与えないまま執行猶予の言渡しを取り消した原原決定及びそれを是認した原決定には違法があり、取り消さなければ著しく正義に反するとして、取り消している。提出された上告趣意書が不適法なものである場合と同様に、職権調査が可能と解したものと思われる。

なお、当事者の攻撃防御の対象からはずれた事項については、控訴審の場合と同様、調査の対象とならない（414条の解説2（3）参照）。

3　405条の事由との関係

本条による破棄は、405条の事由がない場合にのみ可能となるわけではない。上告審も具体的事案の適正な解決を目指すものであるから、複数の破棄事由が存在する場合、いずれの事由で破棄することも論理的に可能である。したがって、本条の事由の存否より405条の事由の存否を常に先に判断しなければならないわけではない。判例も、405条の事由と本条の事由との競合

〔§411〕上告理由のない場合の原判決破棄の判決　339

による破棄を認めるほか（最大判昭48・4・25刑集27・3・418）、405条の事由に対する判断を示さずに本条で破棄することも認めている（最判昭59・4・24刑集38・6・2196等）。

4　原判決を破棄しなければ著しく正義に反すると認めるとき

　本条によって破棄できるのは、「原判決を破棄しなければ著しく正義に反すると認めるとき」である。本条各号に該当する事由が主文に影響し、原判決を維持することが司法の公正の見地等から耐え難い場合である。事実の認定、法令の適用、刑の量定の面では、原判決の主文を結果的に維持できない場合や、訴訟手続の面では、その違法によって原判決を維持できない場合が、これに該当する。例えば、結論として有罪が無罪に、あるいは逆に無罪が有罪になるというような場合は、破棄しなければ著しく正義に反することになるであろうが、併合罪中の一部の事実について有罪が無罪となっても、残りの事実によって同じ刑が言い渡されると判断されるような場合は、それに反しないということもあり得るといえる。個別的、具体的な判断となるため、詳しくは、本条各号に関して破棄された事例と、破棄しなければ著しく正義に反するとはいえない（不著反正義）とされた事例を参照されたい。

5　判決に影響を及ぼすべき法令違反

　判決に影響を及ぼすべき違法がある場合に、本条1号に該当する。「判決に影響を及ぼすべき」とは、その法令違反がなかったならば原判決とは異なる判決がなされたであろうという因果関係が存在することをいう（379条の解説3参照）。

　第1審判決の違法は、直ちに原判決の違法となるわけではなく、重大かつ明白なものに限って、それを看過した原判決が職権調査義務（392Ⅱ）に違反したものとして、原判決自体の違法となる。

　(1)　法令の解釈・適用の誤り

　ア　破棄された事例

　(ｱ)　法令の解釈・適用を誤った結果、無罪を有罪に、又は有罪を無罪にした判決は、基本的に、破棄しなければ著しく正義に反することは明らかである。主に近時の例をみると、次のように分類できる。

　原判決が有罪とした（あるいは有罪を維持した）のに対し、無罪とすべきものとして自判した事例として、①催涙スプレーの隠匿携帯が軽犯罪法1条2

340　第3編　上訴　第3章　上告

号に該当するとした1・2審判決につき、同号にいう「正当な理由」の解釈
を誤った違法があるとして、破棄自判して無罪としたもの（最判平21・3・
26刑集63・3・265）、②家系図が行政書士法1条の2第1項の「事実証明に
関する書類」に当たるとした1・2審判決につき、同法の解釈を誤った違法
があるとして、破棄自判して無罪としたもの（最判平22・12・20刑集64・8・
1291）などがある。同様に、無罪となり得るとして差し戻した事例として、
③1項詐欺の成否に関する解釈に誤りがあるとして、破棄して差し戻したも
の（最判平13・7・19刑集55・5・371）などがある。

　原判決が有罪としたのに対し、免訴とすべきものとした場合なども、同様
である。例えば、④公訴時効が完成していたのを看過して有罪としたのに対
し、破棄自判して免訴としたもの（最判平2・12・7判時1373・143）がある。

　以上と逆に、原判決が無罪としたのに対し、有罪とすべきものとして自判
した事例として、⑤公務執行妨害罪にいう暴行に当たるとして、無罪とした
原判決を破棄し、執行猶予付きの懲役刑を言い渡したもの（最判平元・3・
9刑集43・3・95）、⑥詐欺破産の事案につき、原判決が、包括一罪となる一
部の事実につき犯罪が成立しないとして、1審判決を破棄して軽い刑を言い
渡したのに対し、破産法374条3号（当時）の「商業帳簿」の解釈を誤った
ものであるとして、破棄自判して控訴を棄却したもの（最判平14・1・22刑
集56・1・1）などがある。⑥は、包括一罪の一部に関する誤りに過ぎない
が、法令の解釈に関する重要な事項を含むとして検察官からの上告を受理し
たものであるし、1審判決を是認して控訴棄却の自判ができる事案であった
ため、その社会的影響等も考慮されて、破棄されたものと思われる。同様に、
有罪となり得るとして差し戻した事例として、⑦地方公務員法のあおりの企
ての罪を構成するとして、控訴を棄却して無罪の1審判決を維持した原判決
を破棄し、差し戻したもの（最判平元・12・18刑集43・13・1223）、⑧不動産
侵奪罪の侵奪に当たるとして、無罪とした原判決を破棄し、差し戻したもの
（最判平12・12・15刑集54・9・923）などがある。

　原判決が第1審の有罪判決を破棄して差し戻したのに対し、有罪となり得
ると判断した場合なども、同様である。例えば、⑨最判平11・2・16刑集53
・2・1及び⑩最判平11・6・10刑集53・5・415は、いずれも、インサイ
ダー取引禁止に関する規定の解釈に誤りがあるとして、原判決を破棄し、原

〔§411〕上告理由のない場合の原判決破棄の判決　341

審に差し戻している。

　(イ)　有罪であることに変わりはないとしても、法定刑の相当異なる犯罪が成立する場合や、量刑の問題であるとはいえ、処断刑の範囲が大きく異なったり、質あるいは量において大きな違いを生じる場合なども、破棄しなければ著しく正義に反するとされる。例えば、①原判決が事後強盗の成立を認めたのに対し、窃盗犯人による事後の脅迫が窃盗の機会の継続中に行われたとはいえないとし、原判決を破棄して、差し戻したもの（最判平16・12・10刑集58・9・1047）、②大赦令により赦免された罪に科された懲役刑を累犯前科として累犯加重した場合につき、破棄して、自判したもの（最判昭28・10・16刑集7・10・1940）、③法定刑が軽かった行為時の旧法を適用すべきであるのに、改正後の重い新法を適用した場合につき、原判決を破棄して、差し戻したもの（最判昭29・3・26刑集8・3・337）、④関税法違反事件につき、無許可輸出の実行の着手が認められるとし、その点を否定して予備罪が成立するにとどまるとしていた原判決を破棄し、自判（未遂罪の成立を認めた1審判決を是認し控訴を棄却）したもの（最判平26・11・7刑集68・9・963）などがある。

　これに類する例として、主文に掲げられた刑の一部が維持できなくなる場合がある。例えば、⑤最判昭57・3・16刑集36・3・260は、原判決が住居侵入と軽犯罪法違反を併合罪の関係にあるとして罰金及び拘留を言い渡したのに対し、両罪は牽連犯の関係にあるとして、破棄自判し、罰金のみを言い渡している。

　また、原判決が執行猶予を言い渡したのに対し、執行猶予を言い渡すことはできないとした事例として、⑥確定判決が実刑判決の場合におけるいわゆる余罪については、刑の執行を猶予することはできないとし、執行猶予とした原判決を破棄し、差し戻したもの（最判平7・12・15刑集49・10・1127）がある。実刑か執行猶予かの違いは、法的にも社会的にも大きな違いであるから、破棄しなければ著しく正義に反するとされることになる。⑦保護観察を付することができないのに付した場合も、同様に、破棄される（最判昭32・11・1刑集11・12・3037）。

　なお、有期懲役の刑期を重くする方向で破棄した事例がある。すなわち、⑧最判平15・7・10刑集57・7・903は、併合罪の量刑の在り方に関し、原

判決に解釈適用の誤りがあるとして、懲役11年とした原判決を破棄自判し、控訴を棄却することによって、懲役14年とした1審判決を維持している。下校途中の女子小学生を略取し、9年余りにわたって監禁し、傷害を負わせたほか、その間に被害者に着せる下着を万引きしたといういわゆる新潟女性監禁事件において、法定刑の上限近くの量刑が問題となり、併合罪の量刑の在り方を巡って学会や下級審で見解が対立し、社会的な関心を集めていたほか、法令の解釈に関する重要な事項を含むとして検察官からの上告を受理したものであったということなどもあって、破棄しなければ著しく正義に反するとされたものと思われる。

㈡　公訴棄却とすべきか否かの判断を誤った場合も、破棄しなければ著しく正義に反することになろう（例外的事案として後記イ㈩参照）。例えば、最判平28・12・19刑集70・8・865は、被告人の訴訟能力がないために公判手続が停止された後、訴訟能力の回復の見込みがなく、公判手続の再開の可能性がないと判断される場合には、判決で公訴棄却できるとし、公訴を棄却した1審判決を破棄した原判決を破棄し、自判（控訴棄却）している。

㈩　付加刑についても、同様に考えられるが、上告審においては、違法のある部分のみを破棄することができる（410条の解説**4**参照）。

まず、①未決勾留日数の算入についてみると、算入できない日数を違法に算入した場合には、未決勾留日数算入の部分のみ破棄して自判される（最判昭33・4・10刑集12・5・866、最判昭33・11・7刑集12・15・3504、最判昭48・11・9刑集27・10・1447、最判昭55・1・11刑集34・1・1等。なお、算入相当な未決勾留日数につき解釈を誤って全く算入しなかった事案につき、原判決全部を破棄し自判した例として、最判昭33・4・25刑集12・6・1203参照）。

次に、②没収・追徴についてみると、没収・追徴できないのに違法にそれを言い渡した場合はもちろん、必要的な没収・追徴を遺脱した場合にも、破棄される。前者の例として、審判の対象として認定されていない麻薬を没収した違法な1審判決を容認した控訴審判決は破棄を免れないとしたもの（最判昭29・3・26刑集8・3・337）があり、後者の例として、被告人が収受した賄賂の没収又は追徴を遺脱した原判決を破棄自判し、追徴を付加したもの（最判昭30・2・18刑集9・2・332）がある。なお、没収・追徴に関し事実誤認・法令違反があるとして、原判決のうち没収・追徴部分のみを破棄して自

判した例として、最判昭62・12・11刑集41・8・352がある（なお、最判平15・10・28判タ1138・81参照）。以上に対し、没収の根拠条文を誤ったに過ぎないような場合は、不著反正義あるいは判決不影響とされる（例えば、最決昭33・3・4刑集12・3・367は、関税法でなく刑法19条1項1号で没収した違法はあるが、本条を適用すべきものとは認められないとした）。

　㋒　以上のように、原判決を破棄しなければ著しく正義に反するか否かは、その違法が当該事件において結論に及ぼす影響力の大きさのみでなく、その違法を指摘して判決の結論を修正することが刑事司法の公正の維持等の社会的見地から望まれる程度なども考慮されて、個別具体的に決せられることになる。

　イ　不著反正義とされた事例

　判決に影響を及ぼすべき法令違反はあるが、原判決を破棄しなければ著しく正義に反するとはいえない場合は、上告は棄却され、原判決が維持される。有罪の結論を導いた法令の解釈・適用に誤りはあるものの、構成要件の重なる部分が少なくなくて、法定刑もそれほど違わない他の犯罪が成立するような場合や、犯罪事実の一部が成立せず無罪であっても、その部分が全体に占める割合が小さく、処断刑、宣告刑への影響がほとんどないような場合（すなわち、法令の解釈・適用が正しく行われても宣告刑は変わらないと考えられる場合）などである。主に近時の判例から、その例を掲げる。

　㋐　原判決が認定した罪は成立しないが、訴因変更手続をとればそれと同等の罪が成立し、同じ宣告刑が言い渡されると考えられるような場合には、不著反正義とされる。例えば、①公訴事実どおりの時点と場所における覚せい剤所持罪の成立を認めたのは誤りであるが、その前の時点での所持に訴因変更すれば覚せい剤所持罪の成立を認めることができる事案（最決平13・11・12刑集55・6・731）である。同種の例として、②免許を受けずに放射線を人体に対して照射することを業とした事案につき、原判決が、診療放射線技師及び診療エックス線技師法違反と医師法違反の成立を認めて観念的競合としたのに対し、前者の罪が成立するにとどまり、後者の罪は成立せず、この点で法令の解釈適用を誤っているが、犯罪事実として認定されている診断行為は医師法違反に当たるから、不著反正義であるとした例（最決平3・2・15刑集45・2・32）がある。

344　第3編　上訴　第3章　上告

　また、犯罪事実の一部が成立せず、無罪とすべきであるが、その部分を除いても同じ宣告刑が言い渡されると考えられるような場合も、同様である。例えば、③廃棄する意図で送達書類を受領した場合、詐欺罪における不法領得の意思は認められないから、詐欺罪の成立を認めたのは誤りであるが、それと牽連犯の関係にあるとされた有印私文書偽造、同行使罪が認められるほか、他に併合罪の関係にある有印私文書偽造、同行使、詐欺等の犯行もある事案（最決平16・11・30刑集58・8・1005）などにおいて、不著反正義とされた。また、④有罪と認定された一罪の一部の事実について免訴とすべきであった場合も、それを除いても同じ宣告刑が言い渡されると考えられるときは、同様に、不著反正義とされる（最判昭43・3・29刑集22・3・153）。これと逆の場合であるが、犯罪事実の一部の成立を否定したのは誤りであるが、それが認められるとしても同じ宣告刑が言い渡されると考えられるようなときも、同様である。例えば、⑤他人に成り済まして預金口座を開設し銀行窓口係員から預金通帳の交付を受ける行為につき、原判決が詐欺罪の成立を否定したのは誤りであるが、通帳自体の価額は少額である上、有罪とされた有印私文書偽造罪、同行使罪と牽連犯の関係にあり、他に9件の窃盗罪と併合罪の関係にある事案（最決平14・10・21刑集56・8・670）において、不著反正義とされた。

　(イ)　罪数評価の誤りに過ぎない場合も、不著反正義とされる。処断刑の範囲が異なってくるとしても、宣告刑が変わらないと考えられるような事案である。例えば、①道路交通法に反する信号無視の罪と業務上過失傷害の罪とは観念的競合の関係にあるから、併合罪の関係にあるとした1・2審判決は違法であるとした事案（最決昭49・10・14刑集28・7・372）や、②原判決は1項強盗による強盗殺人未遂罪の成立を認めたが、窃盗罪又は詐欺罪と2項強盗による強盗殺人未遂罪との包括一罪が成立するから、原判決には法令の解釈適用を誤った違法があるとした事案（最決昭61・11・18刑集40・7・523）などにおいて、いずれも不著反正義とされた。また、罪数の判断が管轄に影響する場合であっても、不著反正義となることがある（児童に淫行させる罪と児童ポルノ製造罪とは併合罪の関係にあるから、観念的競合であるとして後者について家庭裁判所の管轄を認めた点に法令違反があるとした最決平21・10・21刑集63・8・1070参照）。しかし、後記ウ(エ)のとおり、その誤りが量刑に及

ぼす影響が小さく、宣告刑に変わりがないと考えられるようなときは、判決不影響となる。

(ウ) 両罰規定の適用を遺脱した場合や、誤って累犯加重した場合なども、同様である。例えば、最決平7・7・19刑集49・7・813は、建設業法の両罰規定を適用すべきであるから、原判決がそれを適用すべきでないとしたのは誤りであるが、不著反正義であり、また、1審判決が累犯前科に当たらないものを累犯前科と認定したのは違法であり、それを看過した原判決にも違法はあるが、不著反正義であるとしている。なお、両罰規定の適用を遺脱した事案については、かつては判決不影響とされていたが、最決昭55・11・7刑集34・6・381以降、判決に影響する違法であるが不著反正義であるとして処理されている。

(エ) 例外的な事案であるが、不著反正義とされた例として、次の判例がある。最決昭55・12・17刑集34・7・672は、水俣病公害を惹起した会社に被害補償を求めていた水俣病認定患者である被告人が、来社を阻止しようとした従業員らとの小競り合いの際に、従業員に暴行を加えて傷害を負わせた事案につき、1審判決が執行猶予付きの罰金刑を言い渡したのに対し、控訴審判決が公訴権の濫用であるとして公訴棄却の判決を言い渡したところ、公訴提起を無効とするような訴追裁量権の逸脱があるとはいえないから、公訴を棄却したのは判決に影響を及ぼすべき法令違反であるが、原判決を破棄しなければ著しく正義に反するとはいえないとした。この決定は、不著反とした理由として「本件のきわめて特異な背景事情」などを指摘しており、最高裁判所が、正義、衡平等の大局的な見地から判断したことを示している。

ウ 判決不影響とされた事例

より小さな違法については、判決不影響であることが多い。以下のような例がある。

(ア) 刑法総則規定の適用を遺脱した場合。例えば、最判昭48・2・16刑集27・1・46は、刑法14条を適用しなかった違法があっても宣告刑が重すぎないときは、判決不影響としている。

(イ) 同じ罰条のどの行為に該当するかの誤りに過ぎない場合。例えば、最決昭61・6・27刑集40・4・340は、公文書の変造ではなく偽造に該当するが、罪質も法定刑も同じであるから、判決不影響としている。

346 第3編 上訴 第3章 上告

(ウ) 判決理由中の一部に解釈の誤りがあるに過ぎない場合。例えば、①最決平3・3・29刑集45・3・143は、生活保護法85条違反罪が成立するには不正の手段と保護との間に因果関係が必要であり、それを不要とした原判決は法令の解釈を誤っているが、本件においては因果関係があるから、判決不影響とした。また、②最決平13・11・5刑集55・6・546は、業務上横領罪における不法領得の意思を認めた原判決の理由中には解釈の誤りがあるが、それを除いても本件においては不法領得の意思が存在したと認められるから、判決不影響とした。さらに、③最決平6・7・20刑集48・5・201は、証券取引法（現金融商品取引法）の相場操縦の罪は身分犯ではないから、身分犯であるとした原判決は法令の解釈を誤っているが、原判決は、非身分犯とした1審判決には刑法65条1項の適用を遺脱した違法があるが結論に影響を及ぼさないとして、結局1審判決を維持しているから、判決不影響であるとした。

(エ) 罪数評価の誤りに過ぎない場合。例えば、最決昭42・4・27刑集21・3・470は、監禁罪の手段として行われた数人共同しての暴行・脅迫につき、監禁罪に吸収されるから、暴力行為等処罰に関する法律1条違反の罪を構成するとした原判決には違法があるが、牽連犯として監禁罪の刑で処断しているから、判決不影響としている（なお、前記イ(イ)参照）。

(オ) 裁量的減軽事由の成否に関する解釈に誤りはあるが量刑に影響しない場合。例えば、最決平13・2・9刑集55・1・76は、捜査機関への申告内容に虚偽が含まれていた事案につき、自首の成立を否定した原判決は法令の解釈を誤っているが、当該事案において自首を理由に刑の減軽をすることは相当でないから、判決不影響としている。なお、最決昭60・2・8刑集39・1・1は、自首の成立を否定した原判決の違法を指摘した上、自首の点を考慮しても宣告刑が重すぎるとはいえないとして、不著反正義としている。自首の成否が量刑に及ぼすと観念的に考えられる影響が前者より後者の方が大きかったのであろうが、自首の成立を考慮しても法定刑の範囲内で適切な量刑が可能である場合は、判決不影響と考えてよいであろう（後記(3)参照）。

(2) 訴訟手続の違法

手続の違法が存する場合に破棄すべきか否かは、その手続の違法が判決に影響するときに、判決の違法の程度、その手続の意図する目的が侵害された

程度、それにより当事者の権利が侵害された程度等を考慮し、その違法を放置することが正義に反するか否かが判断されることになる。そのため、具体的事案に応じた個別的判断となる。以下、訴訟手続の違法があるとして判断が示された主な例を掲げる。

ア　法律に従って判決裁判所を構成しなかった場合

公判審理に関与しなかった裁判官が原判決に関与した場合（最判昭28・4・17刑集7・4・873）や、控訴審判決の宣告手続に裁判官として関与できない判事補が関与した場合（最判平19・7・10刑集61・5・436）は、裁判の公正を著しく損なうことになるから、破棄を免れない。

イ　審理の対象に関する違法

審判の請求を受けない事実を処罰したような場合は、破棄を免れないが（起訴のない事実を併合罪の一部として処断した事案である最判昭26・11・2刑集5・12・2327参照）、一罪の関係にある訴因外の事実を認定したような場合は、不著反正義とされることもある（訴因外の住居侵入を窃盗と科刑上一罪として処断した事案である最決昭25・6・8刑集4・6・972参照）。また、訴因変更の許否等が有罪・無罪の結論に影響するような場合も、破棄されるが（訴因の特定が不十分なためそれを補正しようとした予備的訴因変更を許さず無罪とした事案である最判平21・7・16刑集63・6・641参照）、訴因変更手続を経なかった違法があっても、その内容・程度によっては不著反正義とされることもある（訴因変更手続を経ずに訴因と異なる放火の方法を認定した事案である最決平24・2・29刑集66・4・589参照。なお、同決定には不著反正義とはいえないとする反対意見が付されている）。なお、不意打ちの認定をした違法があるとされた場合についても、その内容・程度によって判断されることになるが、不著反正義とされることが多いであろう（最判昭58・12・13刑集37・10・1581参照）。

ウ　公訴提起が無効である場合

公訴提起の効力に関する判断を誤った場合は、破棄される。例えば、最判平9・9・18刑集51・8・571は、保護処分決定が抗告審で取り消された少年事件につき、家庭裁判所が検察官送致決定をした場合、それに従って行われた公訴提起は違法、無効であるとして、公訴棄却とした1審判決を破棄して差し戻した原判決を破棄し、控訴棄却の自判をしている。

エ　管轄違反の場合

①簡易裁判所が科刑権の範囲を逸脱し、禁錮以上の刑を科すことのできない罪に対し懲役刑を言い渡したときなどは、破棄される。例えば、最判昭30・12・20刑集9・14・2906は、科刑権の範囲を逸脱した1審判決とともに、その違法を看過して控訴を棄却した原判決を破棄し、第1審の簡易裁判所に差し戻した。他方、②管轄違反はあっても、不著反正義とされる場合もある。例えば、最決昭43・12・17刑集22・13・1476は、両罰規定による事業主に対する事件につき、地方裁判所が罰金を言い渡し、控訴審が量刑不当を理由に破棄して1審より少ない金額の罰金を言い渡した事案において、簡易裁判所の専属管轄に属するから、原判決には法令の解釈適用を誤った違法があるが、控訴審において破棄自判していることや、事案の内容、審理の経過、宣告された刑が不当とはいえないことなどに照らし、不著反正義としている（なお、最決平21・10・21刑集63・8・1070〔前記(1)イ(イ)〕参照）。

オ　弁護権を侵害した場合

具体例をみると、①控訴審が指定した公判期日を被告人にも私選弁護人にも通知せず同弁護人不出頭のまま審理を終結し、判決宣告期日に有罪判決を言い渡したときは、たとえ国選弁護人を選任して私選弁護人提出の控訴趣意書に基づいて弁論した場合であっても、弁護権の不法な制限であるとして、破棄される（最判昭28・7・31刑集7・7・1651）。また、②検察官の控訴趣意書を被告人に送達せず、これに対する弁論の準備をする機会を与えないまま、検察官の量刑不当の主張を容れて1審判決を破棄し、死刑を言い渡した場合も、弁護権を侵害した違法があるとして、破棄される（最判昭28・7・10刑集7・7・1505）。これに対し、③必要的弁護事件において、控訴審が弁護人不出頭のまま審判したが、控訴趣意が量刑不当の主張のみで、審理が尽くされているときなどは、不著反正義とされる（最大判昭26・11・28刑集5・12・2423）。また、④第1審の判決宣告期日に、国選弁護人の出頭がないまま弁論を再開し、書証を取り調べて即日判決を宣告した場合、その手続は違法であるが、そこで取り調べられた書証を除外しても事実認定に支障がないときは、判決不影響とされる（最決昭41・12・27刑集20・10・1242）。ここでも、違法の程度や、それによって当事者が受けた権利侵害の程度などが考慮されている。

カ　被告人の訴訟能力の判断の誤り

　このような場合につき、最判平10・3・12刑集52・2・17は、1審判決が被告人には訴訟能力があるとして有罪判決を言い渡したところ、原判決が訴訟能力を欠くとして1審判決を破棄し差し戻したのに対し、その判断には314条1項の解釈適用を誤った違法があるとして、原判決を破棄し、差し戻している。

　キ　証拠の採否の違法

　採用された証拠に証拠能力がないとされた場合、その証拠を除けば有罪の結論が無罪になるというようなときは、破棄されるが、その証拠を除いても犯罪事実が認定できるときは、判決不影響とされる。前者の例として、①最大判昭33・6・13刑集12・9・2009は、自白の任意性に疑いがあり、それを証拠として採用したことに違法があるところ、その自白は犯罪事実を認定する有力な証拠となっているから、その違法が判決に影響を及ぼさないとはいえないとして、原判決を破棄している。後者の例として、②最大判平7・2・22刑集49・2・1は、刑事免責を付与して得られた供述を録取した嘱託証人尋問調書を事実認定の証拠とすることは許されないが、同調書を除いても他の関係証拠により犯罪事実を優に認定できるから、判決の結論に影響を及ぼさないとし、また、③最決平17・9・27刑集59・7・753も、被害又は犯行を再現させた結果を記録した実況見分調書等には、証拠能力を欠く部分があるから、その部分も含めて証拠採用して有罪認定の証拠とした点に違法があるが、その部分を除いても、他の証拠によって犯罪事実を優に認定できるから、判決の結論に影響しないとしている。同様に、④最決平25・2・20刑集67・2・1は、前科に係る犯罪事実や前科以外の他の犯罪事実を被告人と犯人の同一性の間接事実とすることは、これらの犯罪事実に顕著な特徴があるとはいえない本件においては違法であるが、1審判決に事実誤認はないとした原判決は他の証拠によって是認することができるから、その違法は判決に影響を及ぼすものではないとし、⑤最大判平29・3・15刑集71・3・13も、GPS捜査に重大な違法があったとはいえないとした原判決は誤りであるが、同捜査によって得られた証拠等を除く他の証拠によって犯罪事実が認定できるとした結論は正当であるから、その違法は判決に影響を及ぼすものではないとしている。

350　第3編　上訴　　第3章　上告

　逆に、採用されなかった証拠に証拠能力があるとされた場合、その証拠が
あれば無罪の結論が有罪になるというようなときは、破棄されるが、証拠に
よっては、判決不影響となる。例えば、⑥最判平15・2・14刑集57・2・121
は、覚せい剤使用及び所持の事案において、1審判決が、尿の鑑定書とそれ
を疎明資料として発付された令状に基づいて発見押収された覚せい剤等の証
拠能力につき、違法収集証拠であるとして否定し、無罪を言い渡し、原判決
もこれを是認したのに対し、尿の鑑定書の証拠能力は否定して、使用に関す
る無罪部分は維持し、上告を棄却するとともに、令状により押収された覚せ
い剤等の証拠能力を肯定して、所持に関する無罪部分をそれと併合罪の関係
にある窃盗に関する有罪部分と併せて破棄し（1・2審判決とも）、1審に差
し戻している。

　ク　判決の主文と理由の食い違い

　このような場合は、破棄されることが多いであろう。例えば、最判昭28・
7・17刑集7・7・1533は、主文において罰金2,000円に処しながら理由に
おいて罰金1,000円に処する旨を判示した事案につき、原判決を破棄して自
判している。

　ケ　訴因についての判断の遺脱

　判断の遺脱があっても、被告人に重大な法律上の利益の侵害を生じないと
きは、不著反正義とされる。最判昭43・4・26刑集22・4・342は、1審判
決が、併合罪の関係にある数個の訴因中の1個に対する判断を遺脱し、残り
の訴因についてのみ有罪の判決をした違法があるのに、原判決がこれを看過
し、量刑不当を理由にこれを破棄した上、1審判決の認定判示した事実に法
令を適用して自判した違法があっても、その違法により被告人に重大な法律
上の利益の侵害を生じるような事情がなく、検察官の上告もない場合には、
原判決を破棄しなければ著しく正義に反するものとは認められないとした。
控訴趣意に対する判断の遺脱があった場合も同様に考えられ、任意性を争う
控訴趣意に対する判断を遺脱した違法があっても、他の証拠によって犯罪事
実を認定できる場合は、判決不影響とされる（最判昭31・3・27刑集10・3・
403）。

　コ　控訴審としての職権発動の限界を超えた違法

　このような違法がある場合、その多くは破棄されることになろう。例えば、

〔§411〕上告理由のない場合の原判決破棄の判決　351

最判平16・2・16刑集58・2・133は、被告人のみの控訴に基づく控訴審において、裁判所が1審判決の理由中で無罪とされた事実を1審に差し戻すことが、職権の発動の限界を超え許されないとして、1審判決中の有罪部分を破棄して差し戻した原判決及び1審判決中の有罪部分を破棄し、公訴棄却の自判をした。他方、違法部分を改めても同じ刑が言い渡されることになるような場合は、例外的に不著反正義とされる。例えば、最決平25・3・5刑集67・3・267は、1審が予備的訴因である賭博開張図利幇助を認定し、被告人のみが控訴したところ、控訴審裁判所が本位的訴因である賭博開張図利の共同正犯が認定できるとして、1審判決を破棄し、本位的訴因を認定して1審と同じ刑を言い渡していた事案につき、職権発動の限度を超えたもので違法であるとしながら、原判決を破棄しなければ著しく正義に反するとは認められないとした。

　サ　控訴審の審査に関する違法

　控訴審が1審判決に事実誤認、法令違反等があるとして破棄した場合において、その審査に違法があり、破棄の結論が相当でないとされるようなときは、控訴審判決の破棄は免れない。例えば、①最判平24・9・7刑集66・9・907は、住居侵入・窃盗・現住建造物等放火被告事件につき、1審が検察官の前科証拠の取調べ請求を却下して、放火を被告人の犯行とは認定しなかったのに対し、原審が同請求の却下を違法として1審判決を破棄したところ、原判決には379条の解釈適用を誤った違法があるとして、原判決を破棄し、差し戻した。また、②最判平24・2・13刑集66・4・482は、覚せい剤密輸入の事案につき、原判決が被告人の故意を認めず無罪とした1審判決には事実誤認があるとして破棄したところ、原判決は1審判決が論理則、経験則等に照らして不合理であることを十分に示したとはいえず、382条の解釈適用を誤った違法があるとして、原判決を破棄し、差し戻した（逆に、最判平26・3・20刑集68・3・499は、保護責任者遺棄致死被告事件につき、有罪とした1審判決に事実誤認があるとした原判決には382条の解釈適用を誤った違法があるとして、原判決を破棄し、差し戻している）。同様に、③最判平21・10・16刑集63・8・937は、1審が検察官請求に係る被告人の検察官調書の取調べ請求を却下したのに対し、原判決が同調書は犯行場所の確定に必要であるとして、その任意性に関する主張立証を十分にさせなかった点に審理不尽があるとし

て1審判決を破棄したところ、原判決には、第1次的に1審裁判所の合理的裁量に委ねられた証拠の採否について、当事者からの主張もないのに、審理不尽の違法を認めた点において、294条、379条、規208条の解釈適用を誤った違法があるとして、原判決を破棄し、差し戻した（同種の例として、最判平26・4・22刑集68・4・730参照）。

シ　400条ただし書の違反

1審判決が犯罪事実の存在を確定せず無罪を言い渡した場合に、控訴裁判所が何ら事実の取調べをすることなく1審判決を破棄し、訴訟記録及び1審裁判所で取り調べた証拠のみによって直ちに犯罪事実の存在を確定して有罪の判決をすることは、400条ただし書の許さないところであるから、破棄される（最大判昭31・7・18刑集10・7・1147）。

ス　破棄事由の誤り

破棄の事由を誤った場合は、不著反正義又は判決不影響とされることになろう。最決平15・2・20判時1820・149は、業務上過失傷害事件につき、1審判決には訴因変更を促し又はこれを命ずる義務があるとした原判決には法令違反があるが、事実誤認があるとした判断は正当であるから、原判決を破棄して有罪とした結論自体は正当であるとして、不著反正義とした。

セ　不利益変更禁止の違反

不利益変更禁止の規定（402）に反して被告人に不利な刑を言い渡したときは、破棄される（最判昭31・4・19刑集10・4・588）。

(3)　判決に影響を及ぼすべき法令違反と不著反正義

判決に影響を及ぼすべき法令違反に該当するか否かと、原判決を破棄しなければ著しく正義に反すると認められるか否かとは、別個の判断であるし、前者は、控訴審において破棄の要否を区別するメルクマールとなり得るから（380参照）、控訴審に対して指針を示すためであれば、その点を厳格に判断することが望ましいということになる。そのような例として、①最判昭38・8・23刑集17・6・628は、原判決が、併合罪として起訴された公訴事実の一部について無罪と認めながら、控訴を棄却したことについて、判決への影響の解釈を誤ったものであるとし、本条1号の「判決に影響を及ぼすべき法令の違反」があるとしながらも、破棄しなければ著しく正義に反するものとはいえないとし、また、②最決昭39・7・9刑集18・6・375は、原判決が、

〔§411〕上告理由のない場合の原判決破棄の判決　353

刑法45条の適用を誤って2個の刑を言い渡すべきであるのに1個の刑を言い渡した場合につき、その違法は判決に影響を及ぼすことが明らかであるが、破棄しなければ著しく正義に反するものとはいえないとした。さらに、③最決平19・6・19刑集61・4・369は、検察官の出席がないまま行われた第1審の判決宣告手続について、その違法が判決に影響を及ぼすものではないとした原判決の判断は法令の解釈を誤っているが、その後退廷した被告人を呼び戻して検察官出席の上再度判決内容を告知したなどの本件の経過等にかんがみると、原判決を破棄しなければ著しく正義に反するものとはいえないとし、④最決平25・3・5刑集67・3・267（前記(2)コ参照）は、1審が賭博開張図利幇助を認定し、被告人のみが控訴したのに対し、控訴審裁判所が職権発動の限度を超えて賭博開張図利の共同正犯を認定したのは違法であり、判決に影響を及ぼすことも明らかであるとしながらも、原判決が被告人の控訴趣意を排斥した点に違法はなく、1審判決に事実誤認、量刑不当があるとは認められず、原判決は1審判決と同一の刑を言い渡しているのであるから、原判決を破棄しなくてもいまだ著しく正義に反するものとは認められないとしている。両罰規定の適用の遺脱につき、かつては判決不影響とされていたのが不著反正義とされるようになったのも（前記(1)イ(ウ)参照）、そのような配慮によるものと思われる。

　しかし、上告審としては、両者のいずれかが否定されれば上告棄却という結論となるため、厳格に区別する実益に乏しい。しかも、現実には、そのいずれに当たるか微妙な場合も少なくないため、判例も、上記のように、違法があると指摘した上、それが判決に影響を及ぼすものか否かに触れることなく、不著反正義と判断しているものが多い。さらには、判決不影響としたのか不著反正義としたのかを明確にせずに、あるいは違法であるか否かも明確にせずに、「411条を適用すべきものとは認められない」旨を判示するのみで上告を棄却する例も少なくない。近時の例をみると、①最決平6・6・10裁集263・535が、1審判決に労役場留置及び没収の言渡しの根拠条文を摘示しない違法があり、原判決にこれを看過した違法がある事案につき、いまだ本条を適用すべきものとは認められない旨判示し、また、②最決平12・2・8裁集278・43も、所得税ほ脱事件において、原判決が有価証券売買益等の収益の帰属者の判断基準につき是認し難い解釈を示した事案につき、それによ

りほ脱税額の認定に影響を及ぼし得る割合が極めてわずかに過ぎないとして、いまだ本条を適用すべきものとは認められないとしている。同様に、③パチスロ機のメダルの窃盗事案につき、窃盗の成立する範囲は一部にとどまるとした最決平21・6・29刑集63・5・461や、④補助金等不正受交付事案につき、同罪の成立する範囲は一部にとどまるとした最決平21・9・15刑集63・7・783、⑤傷害事案につき、共同正犯の成立する範囲が一部にとどまるとした最決平24・11・6刑集66・11・1281も、いずれも、罪数や処断刑に影響を及ぼすものではないことや量刑不当がないことなどを理由として、いまだ本条を適用すべきものとは認められないとしている（なお、併合罪として処断したことの誤りを指摘して同様の処理をした例として、最決平28・3・23裁集319・301）。

6 甚だしい量刑不当

(1) 量 刑

本条2号の量刑不当となるのは、主刑、付加刑のみでなく、裁量によって言い渡される未決勾留日数の算入、罰金の換刑処分、刑の執行猶予、公民権の停止等も含まれる（最決昭29・6・2刑集8・6・794）。量刑資料の評価、刑種の選択、刑量の裁定のいずれもが量刑不当の問題となり得る。以上は、控訴審の場合と変わらないが、1審判決後に生じた情状について事実の取調べができるとする393条2項は、上告審に準用されない（最判昭52・12・22刑集31・7・1147、414条の解説2(3)参照）。

(2) 量刑の審査

控訴審の量刑審査については、1審の言い渡した刑が実務上一定の幅がある量刑の具体的基準に照らして、その幅からずれていないかという観点から行われるものと考えられているが（381条の解説参照）、上告審の量刑審査も、原判決が死刑を言い渡したかそれを維持している場合の審査を除き、基本的には同様である。しかも、上告審が法律審、事後審であり、控訴審と異なって原判決後に生じた情状について事実調べできないこと（前記(1)参照）や、甚だしい量刑不当があって破棄しなければ著しく正義に反する場合にのみ破棄すべきものとされていることなどから、許容される幅は控訴審が審査する場合よりも広いと考えられる。そのため、本号が適用されて破棄される例は極めて少ない（後記(4)参照）。

（3） 甚だしい量刑不当と不著反正義

甚だしい量刑不当が認められれば、通常は破棄しなければ著しく正義に反することになるであろうから、甚だしい量刑不当があるのに不著反正義という事例は考えにくいところであるが、最決平14・6・5判時1786・160は、迷惑防止条例違反事件（痴漢行為）につき、罰金刑に未決勾留日数を算入しなかったのは量刑判断を誤ったものであるが、原判決を破棄しなければ著しく正義に反するとは認められないとしている。罰金刑であったことによる特殊な例と考えられる。なお、最決昭49・9・21裁集193・343は、詐欺事件につき、被告人のみ実刑とされたのは共犯者間の刑の均衡を欠き、公平の理念に照らし妥当性を欠くが、著しく正義に反すると断定するに至らない旨の補足意見が付され、最判平元・12・18刑集43・13・882も、判例変更の過程で生じた日教組事件につき、罰金刑が相当な事案であるが、懲役3月又は6月で執行猶予1年であり、実質的に罰金刑との差異が甚大であるとはいえず、いまだ職権を発動すべきとはいえない旨の補足意見が付されている。

（4） 破棄された事例

最高裁発足後平成29年までの約70年間をみても、量刑不当で破棄されたのは、二十数件に過ぎない（個々の事案の詳細については、鬼塚賢太郎「量刑不当による最高裁破棄事例の研究」植松還暦（法律）777、原田國男・量刑判断の実際［第3版］264参照）。破棄された例をみると、原判決の量刑判断がいわゆる量刑相場を逸脱しているとされた場合もあるが、その多くは、量刑判断の前提となる量刑事情に対する評価が原判決とは異なった場合である。

ア　まず、死刑と無期刑との選択の誤りは、基本的に破棄事由となる。無期懲役の原判決を死刑選択の余地があるとして破棄差し戻した例として、①最判昭58・7・8刑集37・6・609（死刑選択の許される基準について判示した連続射殺魔事件判決）、②最判平11・12・10刑集53・9・1160（強盗殺人による無期懲役の仮釈放中に強盗殺人を犯した事案につき、原判決が指摘した酌量すべき事情は死刑を選択しない事由として不十分であるとして、破棄した）、③最判平18・6・20判時1941・38（主婦を強姦目的で殺害した上姦淫し、その幼児をも殺害した事案につき、原判決が無期懲役とした1審判決を維持したのに対し、死刑の選択を回避するに足りる特に酌量すべき事情の存否について審理を尽くさなかったとして、破棄した）がある。逆に、死刑とした原判決を破棄して無期

356　第3編　上訴　　第3章　上告

懲役とした例として、④最判昭28・6・4刑集7・6・1251（強盗殺人事件につき、被告人が神経衰弱気味で殺害自体は計画的なものでなく、発見逮捕を免れようと発作的に行われたことなどを指摘し、破棄自判した）、⑤最判平8・9・20刑集50・8・571（保険金殺人等の事件につき、首謀者に引きずられていったものであるなどと指摘し、破棄自判した）がある。

　なお、控訴審の無期懲役の判決（1審の無期懲役の判決を是認した場合を含む）に対し、検察官が量刑不当を理由として上告した事案につき、死刑の選択も十分考慮すべき事案であるとか、1審判決が死刑を相当としたのも首肯し得ないではないなどと指摘しつつも、量刑が軽すぎて破棄しなければ著しく正義に反するとまでは認められないとした近時の主な例として、⑥最判平11・11・29判時1693・154（主婦に対する強盗強姦・強盗殺人等の事案）、⑦最決平11・12・16判時1698・148（共犯者の両親に対する強盗殺人・死体遺棄等の事案）、⑧最決平11・12・16判時1699・158（銀行員に対する強盗殺人・死体遺棄と、銀行関係者に対する身の代金の恐喝未遂の事案）、⑨最決平11・12・21判時1699・160（実父母に対する強盗殺人・死体遺棄等の事案）、⑩最決平20・2・20判時1999・157（被殺者2名の強盗殺人の事案。1名の被告人につき量刑不当とする2裁判官の反対意見あり）、⑪最決平21・1・14判タ1295・188（被殺者2名の保険金目的殺人の事案）、⑫最決平23・3・22判時2153・140（殺人1件、殺人未遂2件等の事案）、⑬最決平23・12・12判時2144・153（6名を殺害し1名を死亡させるなどした連続監禁殺人等の事案。反対意見あり）、⑭最決平24・12・3裁集309・1（家族に対する殺人5件、殺人未遂1件の事案。反対意見あり）、⑮最決平27・2・3刑集69・1・1（殺人等による服役前科を有する被告人による住居侵入・強盗殺人の事案）、⑯最決平27・2・3刑集69・1・99（住居侵入・強盗殺人・現住建造物等放火・死体損壊等の事案）がある。⑮⑯は、裁判員裁判で死刑が言い渡されたのを控訴審が破棄して無期懲役刑を言い渡したものであるが、死刑の科刑が是認されるためには、死刑の選択がやむを得ないと認めた判断の具体的、説得的な根拠が示される必要があるとしている。

　イ　ほかに破棄された例として多いのは、懲役又は禁錮の実刑判決を破棄し、執行猶予付きとするものである。近時のものとして、①最判平2・5・11判時1381・11（交通事故による業務上過失致死の事案）、②最判平18・10・

〔§411〕上告理由のない場合の原判決破棄の判決　357

12判時1950・173（祖父母による未成年者誘拐の事案）がある。

　ウ　刑期の変更にとどまる破棄は例外的であるが（最判昭51・11・18裁集202・399）、最判平26・7・24刑集68・6・925は、傷害致死事件で懲役10年の求刑を超えて懲役15年に処した裁判員裁判を是認した原判決を破棄し、懲役10年（実行行為に及んでいない被告人は懲役8年）を言い渡している。裁判員裁判においては従前の量刑傾向に拘束されるものではないが、従前の傾向を変容させる判断が公平性の観点からも是認されるためには、その判断の根拠が具体的、説得的に示されるべきであるとしている。

7　判決に影響を及ぼすべき重大な事実誤認

(1)　「事実誤認」と「事実誤認の疑い」

　判例は、事実誤認が認められる場合のみでなく、事実誤認を疑うに足りる顕著な事由がある場合も、本条3号によって破棄できるとしている（最判昭28・11・27刑集7・11・2303、最大判昭34・8・10刑集13・9・1419等）。事実誤認の疑いという程度で破棄するのは上告審として行き過ぎであるとする見解（ポケット刑訴下1129）もあるが、基本的には書面審理であることから事実誤認と断定しないだけであって、事実誤認と実質的に変わりないとの見解もある（松尾・条解1094）。

　なお、「事実誤認の疑い」という表現が用いられるのは、破棄自判する場合よりも、破棄差戻しの場合の方が多いが、これは、「事実誤認」といえるほど明白であれば自判に適することが多くなるであろうことや、差し戻すと、その後の証拠調べの結果によっては反対の結論となることもあり得るため、控え目な表現がふさわしいことなども考慮されているのではないかと思われる。

(2)　事実誤認の審査

　上告審の審査は、基本的に記録の審査にとどまり、例外的に「証拠の顕出」が行われるほかは事実の取調べをしない（414条の解説2⑶参照）。そのため、事実誤認として破棄できるのは、証拠の選択・評価、推論、認定という原判決の事実認定の過程とその結果が、十分に合理的であるといえない場合でなければならない。判例も、「事実審たる1、2審と異なり、制度上法律審であることを原則とする上告審が、事実認定に関する原判断の当否に介入するについては、おのずから限界の存することもまたやむを得ないところである。

358　第3編　上訴　　第3章　上告

法律が、上告審は原判決の事実誤認が重大であり、かつ、これを看過することが著しく正義に反すると認められる場合に限定して、原判決を破棄することができるとしているのも、書面審査による上告審が、事実認定の当否の判断に深く介入することは、かえって危険であり、国民の信頼をつなぐ所以でもないからである。また、その介入の方法、限度についても、記録その他の証拠資料を検討して原判決の認定に不合理なところがないか否かの事後審査をするにとどまるのが原則であって、原判決の認定の当否を判断するために、あらたに事実の認定をするものでないことは、いうまでもない。」と判示している（最判昭43・10・25刑集22・11・961）。最判平21・4・14刑集63・4・331も、その趣旨を確認した上、「当審における事実誤認の主張に関する審査は、当審が法律審であることを原則としていることにかんがみ、原判決の認定が論理則、経験則等に照らして不合理といえるかどうかの観点から行うべきである」と判示している（なお、控訴審の審査に関する最判平24・2・13刑集66・4・482参照）。

　(3)　有罪判決の破棄と無罪判決の破棄

　原判決が有罪判決であるか無罪判決であるかによって、「原判決を破棄しなければ著しく正義に反すると認めるとき」に該当するか否かの適用基準を異にすると指摘されている。すなわち、経験則違反といえる場合には、無罪判決を破棄することもできるが、そうとまではいえず、原判決の認定が不合理であるというに過ぎない場合には、有罪判決を破棄することができるにとどまり、無罪判決を破棄することはできないとの見解で運用されている（高木典雄・判例解説（刑）昭52・200）。基本的に記録の審査にとどまり、事実の取調べに制約がある上告審としては、自ら疑問点を解明することはできないから、被告人に不利な方向に破棄するには制約が大きいためであるが（野間・刑訴186参照）、その運用は相当と考えられる。

　(4)　他の事由との競合

　事実誤認は、審理不尽を伴うことが多く、その場合には本条3号のほか1号も根拠として掲げられる。また、主に法令の解釈・適用の誤りであるが、事実認定にも誤りがあるとされる場合（例えば、最判平元・12・18刑集43・13・1223、最判平13・7・19刑集55・5・371）や、事実を誤認して法令の解釈・適用を誤った場合（最判平16・12・10刑集58・9・1047、最判平20・7・18刑集

62・7・2101、最判平28・12・5刑集70・8・749）、法令の解釈を誤ったため事実誤認の疑いがあるとされる場合（最判平16・10・29刑集58・7・697）なども、同様に、1号のほか3号が根拠とされる。

(5) 重大な事実誤認と不著反正義

ア 破棄された事例

㋐ まず、有罪か無罪かという結論が異なってくるような場合は、基本的に、判決に影響を及ぼすべき重大な事実誤認があり、原判決を破棄しなければ著しく正義に反するということになろう。

原判決の有罪認定を無罪方向で破棄した例は、少なくない。比較的新しいものの中から代表的なものを挙げると、①自白の信用性が問題となったものとして、最判昭57・1・28刑集36・1・67、最判昭63・1・29刑集42・1・38、②共犯者の供述の信用性が問題となったものとして、最判平元・6・22刑集43・6・427、最判平21・9・25判時2061・153、③被害者、目撃者等の供述の信用性が問題となったものとして、最判平元・10・26判時1331・145、最判平11・10・21判時1688・173、最判平21・4・14刑集63・4・331、最判平23・7・25判時2132・134、最判平29・3・10裁集321・1、④間接事実による犯人性の認定に疑いが残るとしたものとして、最判平22・4・27刑集64・3・233、⑤アリバイの成否に疑いが残るとしたものとして、最判昭59・4・24刑集38・6・2196、⑥犯意の認定に疑いが残るとしたものとして、最判平元・7・18刑集43・7・752（公衆浴場法の無許可営業の故意が問題となった事案）、最判平13・1・25判時1735・145（保険金詐欺の故意が問題となった事案）、最判平15・11・21刑集57・10・1043（自動車の保管場所の確保等に関する法律による路上継続駐車の故意が問題となった事案）、⑦交通事故の過失の認定に疑いが残るとしたものとして、最判平4・7・10判時1430・145、最判平15・1・24判時1806・157、⑧背任罪の共謀の認定に疑いが残るとしたものとして、最判平16・9・10刑集58・6・524、⑨業務上横領罪における不法領得の意思の認定に疑いが残るとしたものとして、最判平14・3・15裁集281・213等がある。

また、正当防衛や心神喪失によって無罪とすべきものと判断したような場合も、同様である。例えば、⑩最判平6・12・6刑集48・8・509は、正当防衛が認められるとして、過剰防衛に当たるとした第1・2審判決を破棄し、

⑪最判平21・7・16刑集63・6・711も、正当防衛が認められるとして、傷害罪を認めた第1審判決と暴行罪を認めた原判決をともに破棄し、⑫最判平20・4・25刑集62・5・1559は、原判決が心神耗弱にとどまるとして心神喪失を認めた第1審判決を破棄したのに対し、責任能力に関する証拠の評価を誤っているなどとして、原判決を破棄している。

　以上とは逆に、原判決の無罪を有罪方向で破棄した例も、比較的少ないとはいえ、存在する。例えば、①最判平6・12・22裁集264・487（強制わいせつ事件につき、被害者の証言全部の信用性を否定する原判決の証拠の評価は著しく合理性を欠き、被害者の証言と大筋で合致する目撃者の証言について被害者の証言の信用性を補強するに足りないとした点も極めて合理性を欠くなどとして、破棄差戻し）、②最判平7・7・17裁集266・811（受託収賄事件につき、贈賄側の2名の供述の信用性を否定する理由はいずれも首肯し難いなどとして、破棄差戻し）、③最判平19・4・23裁集291・639（速度違反事件につき、原判決が速度測定結果の正確性の立証が十分でないとして第1審の有罪判決を破棄して公訴棄却を言い渡したのに対し、審理不尽、事実誤認の疑いがあるとして、破棄差戻し）、④最判平20・11・10裁集295・341（けん銃を用いた強盗殺人等の事案につき、けん銃の入手を仲介したとされる2名の証言の信用性を否定した原判決は証拠の評価を誤っているなどとして、破棄差戻し）、⑤最判平21・10・19判時2063・155（暴力団組長である被告人が警護役の同幹部と共謀してけん銃を所持したとされる事案につき、共謀が認められないとした第1審判決及びこれを是認した原判決は間接事実の認定評価等を誤っているなどとして、破棄差戻し）、⑥最判平22・6・3裁集300・319（けん銃と実包を譲渡したとされる事案につき、譲渡を仲介した2名の供述の信用性を否定した原判決は証拠の評価を誤っているなどとして、破棄差戻し）である。

　(イ)　併合罪の一部について事実誤認があった場合も、原判決の全部に影響を及ぼすものと認められれば、全部破棄される（後記イ参照）。例えば、無罪方向のものとして、①最判平24・4・2裁集307・775は、併合罪の一部である証拠隠滅教唆につき事実誤認の疑いが顕著であり、原判決全部に影響を及ぼすとして、原判決全部を破棄して差し戻しており、逆に、有罪方向のものとして、②最判平21・10・8判時2098・160は、事後強盗としての暴行についての共謀等を認めず窃盗及び傷害の共同正犯の限度で有罪認定をし、他の

〔§411〕上告理由のない場合の原判決破棄の判決　361

事実と併合罪として刑を言い渡した原判決につき、前記共謀等を認めなかった点に事実誤認の疑いがあるとして、その全部を破棄し、差し戻している。

　㈢　有罪であることに変わりはなくても、事実誤認がなければ実刑でなく執行猶予が言い渡されるような場合も、破棄される。例えば、①最判平9・6・16刑集51・5・435（傷害事件につき、過剰防衛に当たるとして、実刑判決を維持した原判決を破棄して自判し、執行猶予を言い渡した）、②最判平11・10・21判時1688・173（監禁・強姦事件につき、監禁罪の成立を否定し、両罪の成立を認めて実刑を言い渡した1審判決及び原判決を破棄して自判し、強姦罪のみを認めて執行猶予を言い渡した）である。

　また、③被告人の責任能力の認定に誤認があり、限定責任能力を認めるべき場合も、宣告刑に大きく影響すれば、同様に考えられる。例えば、最判昭53・3・24刑集32・2・408は、心神耗弱の状態にあった疑いがあるとして、完全責任能力を認めて死刑判決を維持した原判決を破棄し、差し戻している。

　イ　破棄されなかった事例

　これに対し、併合罪の一部に事実誤認があるに過ぎないときは、不著反正義とされることもある。例えば、①包括一罪の一部について無罪とされた事案（最判昭52・12・22刑集31・7・1176）等である。この点に関し、②第1審判決が併合罪として起訴された32回の供与、交付の公職選挙法違反につき全部有罪としたところ、控訴審判決がそのうち1回の交付につき無罪と認めながら、判決に影響を及ぼさないとして控訴棄却した事案について、判決に影響を及ぼすべき法令違反はあるが破棄しなければ著しく正義に反するとはいえないとした例がある（最判昭38・8・23刑集17・6・628）。しかし、一部であれ主文で無罪を言い渡すべき場合は、基本的には、破棄しなければ著しく正義に反すると考えるべきであろう（松尾・条解1093）。

　また、有罪・無罪の結論に影響することなく、量刑にも影響しないような犯行の日時・場所や、被害数量・額の誤認であれば、重大な事実誤認に該当しないか、著しく正義に反することはないとされる。例えば、③窃盗の被害額が472万円余と認定されたが、300万円余とすべきであった事案（最決昭50・4・24裁集196・197）や、④確定的殺意が認定されたが、未必的殺意とすべきであった事案（最決昭58・2・22裁集230・137）では、いまだ本条を適用すべきものとは認められないとしている。

8　再審事由

　本条4号は、控訴審の場合と同様（383①）、判決の確定を待って再審請求をさせるまでもないとして、破棄事由とされたものである。再審請求の場合と異なり、被告人に不利益にも主張できるというのが通説であるが（松尾・条解1044）、反対説もあり、この点を判断した判例はない。

　原判決後に真犯人が検挙されて有罪が確定した場合（最判昭27・4・24刑集6・4・708）などが、本号に該当する。判例は、被告人が身代わり犯人であることが明らかになった場合についても、本号により破棄しているが（最判昭45・6・19刑集24・6・299）、再審請求の場合については、435条6号にいう「証拠をあらたに発見したとき」に当たらないとして再審請求を否定しているため（最決昭29・10・19刑集8・10・1610）、両者の関係が問題となる。検察官の請求は認めるが故意に身代わりとなった被告人の側からの請求は認めないとしているものと解するのが合理的であるが（435条の解説6(2)ウ参照）、判例は、判決の確定後は別として、少なくとも控訴審・上告審に関しては、このような場合にも証拠の新規性を認めているものと解することができる。

9　刑の廃止・変更又は大赦

　本条5号は、控訴審の場合と同様（383②）、原判決にはその時点で瑕疵がないにもかかわらず、原判決の維持が正義に反するという政策的な理由で破棄するものである。

　有罪となった事実の全部又は多くについてそのような事態が生じれば、破棄されることになるであろうが（連続犯の一部が大赦令によって赦免されたため量刑が甚だしく不当になったとして破棄された例として、最大判昭28・6・24刑集7・6・1371）、併合罪として有罪となったうちの一部についてのみそのような事態が生じ、全体の量刑に影響しないような場合は、不著反正義とされる（一部に刑の廃止があった場合に関する最判昭29・5・11刑集8・5・647）。これと同様、傷害致死罪の加重類型である尊属傷害致死罪が原判決後に廃止された場合について、刑の廃止ではなく変更に当たるとした上、それと併合罪の関係にある殺人罪もあって、刑の変更の点を考慮しても原判決の量刑は相当であるとして、不著反正義とされた例がある（最判平8・11・28刑集50・10・827）。

〔§412〕破棄移送　363

併合罪となったうちの一つの罪の一部について刑の廃止があったに過ぎないときについては、本号の問題ではなく量刑の問題であるとされ、刑の量定に影響を及ぼさず、本条に該当しないとされた例がある（最決昭29・5・11刑集8・5・653）。

なお、控訴審がその判決前に生じていた刑の廃止・変更又は大赦を看過していたときは、本号ではなく本条1号により破棄されることになる（刑の変更については、その立法趣旨等に照らし破棄事由とならない場合もあることにつき、最決平18・10・10刑集60・8・523参照）。

10　原判決の破棄

破棄する場合は、原則として弁論を経る必要がある（408条の解説3参照）。もっとも、明白な破棄事由があって差し戻す場合には、必ずしも口頭弁論を要しないとされた例がある（最判平19・7・10刑集61・5・436は、控訴審判決の宣告手続に裁判官として関与できない判事補が関与した違法がある事案について、破棄すべき事由の性質、事件の内容、審理経過等にかんがみ、必ずしも口頭弁論を経ることなく破棄差戻しできるとした）。なお、破棄の範囲につき410条の解説4参照。　　　　　　　　　　　　　　　　　　　　　　（池田修）

〔破棄移送〕
第412条　不法に管轄を認めたことを理由として原判決を破棄するときは、判決で事件を管轄控訴裁判所又は管轄第1審裁判所に移送しなければならない。

〈本条細目次〉
1　本条の趣旨　363
2　不法に管轄を認めた場合　364
　⑴　原判決が、第1審として、判断を誤った場合　364
　⑵　原判決が、控訴審として、判断を誤った場合　364

1　本条の趣旨

本条は、次条とともに、原判決を破棄する場合の事後措置を定めている。不法に管轄を認めたことを理由として原判決を破棄するときは、事件を管轄

364 第3編 上訴 第3章 上告

裁判所に移送しなければならないとする。

2 不法に管轄を認めた場合

(1) 原判決が、第1審として、判断を誤った場合

高等裁判所が第1審裁判所となる事件（内乱罪）について、土地管轄がないのに誤って判決したような場合は、原判決を破棄し、第1審として土地管轄を有する高等裁判所に移送する。

高等裁判所が330条によって管轄を有する下級裁判所に移送すべきであったのに誤って判決した場合なども、原判決を破棄し、管轄第1審裁判所に移送する。

(2) 原判決が、控訴審として、判断を誤った場合

高等裁判所が控訴審としての管轄を有しないのに判決した場合は、原判決を破棄し、管轄を有する高等裁判所に移送する。

原判決が、管轄を誤った第1審判決の違法を看過した場合は、原判決及び第1審判決を破棄し、管轄第1審裁判所に移送する。この場合の根拠について、原判決自体は管轄を誤っていないので411条1号、413条によるという見解もあるが、413条によったのでは必ずしも管轄第1審裁判所に移送できるとは限らないから、本条の準用によると解するのが相当であろう（原田・大コメ刑訴9・631、柴田・注釈刑訴6・459）。なお、簡易裁判所が科刑権の制限（裁33Ⅱ）に違反したのを控訴審が看過した場合には、判例は、411条1号、413条によって原判決及び第1審判決を破棄し、第1審の簡易裁判所に差し戻すべきものとしている（最判昭30・12・20刑集9・14・2906）。

これと異なり、原判決が、正当に管轄を認めあるいは管轄違いを言い渡した第1審判決を破棄している場合は、原判決を破棄した上、控訴裁判所に差し戻すか、上告審として控訴棄却の判決をする。 （池田修）

〔破棄差戻し・移送・自判〕

第413条 前条に規定する理由以外の理由によつて原判決を破棄するときは、判決で、事件を原裁判所若しくは第1審裁判所に差し戻し、又はこれらと同等の他の裁判所に移送しなければならない。但し、上告裁判所は、訴訟記録並びに原裁判所及び第1審裁判所において取り調べた証拠

〔§413〕破棄差戻し・移送・自判　365

によつて、直ちに判決をすることができるものと認めるときは、被告事件について更に判決をすることができる。

〈本条細目次〉
1　本条の趣旨　365
2　差戻し　365
3　移　送　366
4　自　判　366
5　破棄判決の拘束力　366

1　本条の趣旨

　原判決を破棄する場合の事後措置を定めており、前条の場合を除き、差し戻すか移送するか自判することになる。

2　差戻し

　原判決を破棄する場合に、改めて審判をやり直させるときは、差し戻す。差戻し先は、国法上の裁判所であり、現実にどこで審判するかは同裁判所の事務分配規程等によって定められることであるから、原裁判所が支部であっても、差戻し先を支部と表記すべきではない。

　原判決のみに違法があって原判決のみを破棄する場合は、差戻し先は当然原裁判所である。

　第1審判決にも違法があり、原判決もそれを看過しあるいは十分な是正をしていないために原判決を破棄するときは、原判決のみを破棄して原裁判所に差し戻す場合と、第1審判決も破棄して第1審裁判所に差し戻す場合が考えられる。どちらが適切かは、今後の審判の重点が事実調べにあるか法的な評価にあるかや、見込まれる今後の審理期間など諸々の事情を考慮して決められる。原判決が控訴棄却である場合に、原判決及び第1審判決を破棄して第1審裁判所に差し戻すことに問題はないが、原判決が破棄自判である場合について、かつては、第1審判決は破棄せず原判決のみ破棄して第1審裁判所に差し戻す例もあった。原判決が破棄したことで第1審判決は既に失効しているとの見解を前提としたものであるが、原判決による破棄が未確定のまま、原判決自体が上告審判決によって破棄されたことにより、原判決がされる前の状態に戻ったことになるだけであるから、第1審裁判所に差し戻すに

366 第3編 上訴 第3章 上告

は第1審判決も破棄すべきものと見解を改め（坂本武志「上告審の運用状況」公判法大系4・266参照）、その後は、第1審裁判所に差し戻す場合は、破棄自判の原判決と第1審判決をともに破棄するのが通例となっている。

3 移 送

不法に管轄を認めたことを理由に原判決を破棄する場合は、412条によって移送されるから（412条の解説2(2)参照）、本条による移送は、その他の理由で破棄する場合であるが、差し戻すべき原裁判所又は第1審裁判所が適法に判決裁判所を構成できないときなど、例外的な事態しか想定できない。

4 自 判

控訴審の自判に関する400条ただし書と同趣旨の規定である。自ら判決するに熟していることが必要であるが、それが訴訟経済に適い、審級省略の不利益を当事者に与えないものであることも必要である。

原判決の事実認定に問題がなく、法律解釈だけを理由に破棄する場合や、量刑不当で破棄する場合は、一般に自判される。事実誤認を理由に破棄する場合、原審までに必要な審理が尽くされていなければ、一般的には自判は困難であろう。

自判の場合も、差戻しの場合と同様、破棄の対象が問題となるが、原判決のみに違法がある場合は原判決の破棄で足りる（この場合には、原判決を破棄した上で控訴棄却を言い渡すのが通例である）が、第1審判決にも違法があって維持できない場合は、原判決と第1審判決をともに破棄するのが通例となっている（髙木俊夫「最高裁刑事破棄判決の実情(1)昭和54年度」判時958・9参照）。

自判に当たっては、不利益変更禁止（402）の制限が及ぶ。

5 破棄判決の拘束力

破棄判決に拘束力があることは、控訴審の破棄判決と同様、審級制度から必然的に認められるものであり（裁4）、破棄の直接の理由、すなわち原判決に対する事実上及び法律上の否定的な判断についてのみ生じ、この判断を裏付ける積極的な判断については生じない（最判昭43・10・25刑集22・11・961）。そこで、下級裁判所が最高裁判所の破棄理由とした法律上の判断に従って判決した場合において、それに対する上告を審判するときは、最高裁判所も自らの裁判内容に拘束されることになる（最決昭39・11・24刑集18・9・

〔§413の2〕上告審における破棄事由の制限　367

639、405条の解説**4**(9)参照)。したがって、再上告審で先の上告審の判断と異なる法的判断ができるのは、法令自体が変更された場合、別件において判例変更がされていた場合や、再上告審が自ら判例変更する場合が考えられる。

（池田修）

〔上告審における破棄事由の制限〕
第413条の2　第一審裁判所が即決裁判手続によつて判決をした事件については、第411条の規定にかかわらず、上告裁判所は、当該判決の言渡しにおいて示された罪となるべき事実について同条第3号に規定する事由があることを理由としては、原判決を破棄することができない。

〈本条細目次〉
　1　本条の趣旨　367
　2　破棄が制限される原判決　368

1　本条の趣旨

　本条は、即決裁判手続による判決がなされた事件における上告裁判所における原判決破棄の制限について規定する。

　本来、上告裁判所は、405条各号所定の上告理由がない場合であっても、411条3号に規定する事由、すなわち、判決に影響を及ぼすべき重大な事実の誤認があって、原判決を破棄しなければ著しく正義に反すると認めるときは、判決で原判決を破棄することができる。

　しかし、上告裁判所において、第一審裁判所が即決裁判手続による判決で示した罪となるべき事実について誤認があることを理由として、原判決を破棄することができるものとすると、即決裁判手続による判決についての上訴を制限する趣旨が全うされないことから、411条の特則として、本条が設けられたものである。

　本条により制限されるのは、第一審裁判所が即決裁判手続による判決で示した罪となるべき事実について411条3号の事由があることを理由とする破棄だけであるので、同条4号に規定する理由、すなわち再審事由があること

368　第3編　上訴　第3章　上告

を理由とする破棄はできる。

2　破棄が制限される原判決

　本条が制限しているのは、第一審裁判所の即決裁判手続によって判決をした事件において、「当該判決の言渡しにおいて示された罪となるべき事実について同条第3号に規定する事由があることを理由」とする原判決の破棄である。すなわち、第一審裁判所が即決裁判手続による判決で示した罪となるべき事実についての重大な事実の誤認が、原判決を破棄すべき理由となり得る場合に、その破棄を制限するものである。したがって、本条が適用されるのは、控訴裁判所の原判決が、第一審裁判所の即決裁判手続による判決で示された罪となるべき事実を前提としている場合である。

　具体的には、控訴裁判所が、第一審裁判所の即決裁判手続による判決に対する控訴を棄却した場合のほか、原判決を破棄し、自判している場合であっても、第一審裁判所の認定事実を自判の基礎としているときがこれに当たる。

　他方、控訴裁判所が、第一審裁判所の即決裁判手続による判決を破棄自判し、改めて罪となるべき事実を認定し直している場合[1]、当該罪となるべき事実は即決裁判手続による判決で示されたものではなく、上告裁判所は、通常の手続の場合と同様、411条3号を理由として原判決を破棄することができる。

　　　　　　　　　　　　　　　　　　　　　　　　　　　（菊池浩）

〔準用規定〕

第414条　前章の規定は、この法律に特別の定のある場合を除いては、上
　　告の審判についてこれを準用する。

　　〔規〕　第266条（準用規定）　上告の審判については、特別の定のある場合を
　　　　除いては、前章の規定を準用する。

（1）　控訴裁判所は、即決裁判手続による判決で示された罪となるべき事実について382
　条に規定する事由があることを理由として、原判決を破棄することはできないが（403
　の2 II）、例えば、383条の「再審の請求することができる場合にあたる事由があること」を理由として破棄し、自判する場合には、新たに、罪となるべき事実を認定
　しなければならないことになる。

〔§414〕準用規定　369

〈本条細目次〉
　1　本条の趣旨　369
　2　上告審の手続への準用　369
　　⑴　上告の申立て　369
　　⑵　上告趣意書　370
　　⑶　調　査　370
　　⑷　弁　論　371
　　⑸　その他　371
　3　上告審の裁判への準用　372
　　⑴　上告棄却の決定　372
　　⑵　上告棄却の判決　372
　　⑶　原判決破棄の判決　373

1　本条の趣旨

　上告審も事後審であり、控訴審と似た点が少なくないため、特別の規定がある場合を除き、控訴審に関する規定が準用される。

2　上告審の手続への準用

⑴　上告の申立て

　まず、上訴に関する通則（351〜367）は、上告にも適用される。もっとも、上告の性質上適用されないものもあるのは当然であり、上訴を取り下げた者の再上訴を禁止する361条は、同一審級の場合にのみ適用があるから、被告人が控訴を取り下げた場合でも、控訴審判決に対して上告を申し立てることができる。すなわち、最決昭42・5・24刑集21・4・576は、「第1審判決に対し、被告人及び検察官の双方から控訴の申立てがあり、被告人のみこれを取り下げた場合において、控訴審の判決が検察官の控訴を棄却したにとどまるときであっても、被告人から右判決に対し上告を申し立てることは許される。」旨判示している。

　電報による上告の申立てが不適法とされること（最決昭35・2・27刑集14・2・206）、署名のない申立書によってした被告人の上告の申立てが無効とされること（最決昭40・7・20刑集19・5・591）など、控訴審の場合と同様である。

　また、控訴審の規定が準用されることにより、上告の提起期間は14日であり、申立書を原裁判所に差し出さなければならず、申立てが明らかに上告権

370　第3編　上訴　第3章　上告

の消滅後にされたものであるときは、原裁判所が決定でこれを棄却すること
になる（414・373・374・375）。

(2)　上告趣意書

上告趣意書に関しても、控訴趣意書に関する規定の多くが準用される（407
参照）。

(3)　調　査

上告審が純粋な事後審・法律審であることから、審理は1・2審の記録の
調査を中心とした書面審理であり、公判期日が開かれて弁論が行われるのは、
死刑事件や原判決破棄の可能性がある事件など例外的な場合に限られる。

上告趣意書に包含された事項は、必要的調査事項となるが（414・392Ⅰ）、
それ以外の事項でも、職権調査をすることができる。もっとも、控訴審の場
合（392条の解説3参照）と同様に、当事者間の攻撃防御の対象からはずされ
たものについては、調査の対象外となる（最判昭47・3・9刑集26・2・102）。
また、職権調査は、上告審の権限として行われるものであり、義務ではない
（最判昭30・9・29刑集9・10・2102）。

上告審においては、上告趣意書が提出されれば職権発動が可能として運用
されているから、趣意書の内容が上告理由に該当しないことが明らかであっ
ても、職権調査をして原判決を破棄することができるが、趣意書の提出がな
い場合は、一見明白な場合を除き、職権調査は及ばないと解すべきであろう
（411条の解説2参照）。

上告審においても、調査のために必要があるときは、当事者の請求により
又は職権で事実の取調べをすることができる（414・393Ⅰ）。実際上、証拠方
法は書証に限られており（鬼塚賢太郎「上告審における事実の取調」公判法大
系4・322）、公判に顕出するという方法が用いられる（最判昭41・12・9刑集
20・10・1107）。公判への顕出という方法は法定の証拠調べの方式ではないか
ら、顕出された書証は、破棄事由の有無を判断する資料とはなるが、事実認
定の証拠として用いることはできない（最大判昭34・8・10刑集13・9・
1419）。なお、訴訟条件である告発の存在につき、最決平23・10・26刑集65
・7・1107は、上告審においては、証拠調手続によることなく適宜の方法で
認定することができるとしている。

控訴審においては、第1審判決後に生じた情状について事実の取調べをす

ることができ（393Ⅱ）、その結果、破棄しなければ明らかに正義に反すると認められるときは原判決を破棄することができるが（397Ⅱ）、上告審には準用されない（最判昭52・12・22刑集31・7・1147）。反対の見解もあるが、控訴審に関するこれらの規定が設けられた経緯や、上告審の性格、構造等に照らし、準用を否定するのが相当である。もっとも、上記最判昭52・12・22は、控訴審判決後に被害のほぼ全額が完済され、被害者の宥恕を得たという詐欺の事案に関し、その点を明らかにした上、控訴審における情状立証が重要であるとし、当該事件においては示談の成否という重要な情状に関する事実について審理不尽、量刑不当の疑いがあるとして、原判決を破棄している。そのため、この判例に対しては、実質的に控訴審判決後に生じた事実を考慮したのではないかとの批判もあるが、原審において示談交渉がされていれば、それが成立しなくてもその交渉の経緯や内容を調べることが重要となる事案もあり得るところ、この事件もそのような事案であったものと考えることができる。

(4) 弁　論

弁論の要否については408条が、また、被告人の召喚が不要であることについては409条が、上告審に関する特別の規定である。

(5) その他

被告人が心神喪失の状態にある間は公判手続を停止すべき旨を定める314条1項は、控訴審に準用される（最判昭53・2・28刑集32・1・83）のと同様、上告審にも準用される（最決平5・5・31刑集47・6・1）。この点、学説は、特段の制限なく準用を認める見解と、上告趣意書差出し最終日経過前に限り準用を認める見解に分かれるところ、上記最決平5・5・31は、上告趣意書差出し最終日経過前の段階で公判手続停止決定をしているため、いずれの見解によるのか明らかではない（金谷暁・判例解説（刑）平5・9）。上告趣意書の提出段階のみでなく上告審の判断が出される段階における被告人の訴訟能力の有無も重要であるから、前者の見解が相当であろう。もっとも、その判断が314条1項ただし書に定められた無罪、免訴等の裁判や、原判決破棄の裁判を行うためであれば、その公判手続の進行を妨げるものではないと考えられよう（前記最判昭53・2・28参照）。

372　第3編　上訴　第3章　上告

3　上告審の裁判への準用

　上告審の裁判についても、控訴審の裁判に関する規定が多く準用される。

(1)　上告棄却の決定

　ア　上告の申立てが不適法な場合、すなわち、上告の申立てが法令上の方式に違反し、又は上告権の消滅後にされたものであることが明らかなときは、決定で上告が棄却される（414・385Ⅰ）。後者の場合には、原裁判所も決定で棄却できるが（414・375）、慎重を期するなどの理由で自らは棄却せずに訴訟記録を送付したときに、上告審が決定で棄却することになる。

　イ　上告趣意書を定められた期間内に差し出さなかったとき、上告趣意書が法令で定める方式に違反しているとき、必要とされる疎明資料又は保証書が添付されなかったときには、いずれも決定で上告が棄却される（414・386Ⅰ①・②。なお、最決昭25・11・30刑集4・11・2438参照）。

　ウ　上告趣意として主張された事由が法定の上告理由に当たらないときも、決定で上告が棄却される（414・386Ⅰ③）。形式的には405条所定の事由が主張されているが、実質的にはそれに当たらないという場合も、主張された事由が法定の上告理由に当たらない場合に該当する（最大決昭24・7・22刑集3・8・1369）。現実の上告事件の大半は、これによって上告棄却決定がされている。

　エ　上告棄却決定に対しては、本条、386条2項により異議申立てをすることができる（最大決昭30・2・23刑集9・2・372、最決昭36・7・5刑集15・7・1051）。

(2)　上告棄却の判決

　上告趣意として405条の事由が主張されていても、その理由のないことが明らかであるときは、弁論を経ないで、判決で上告が棄却される（408）。

　このほか、405条各号に定められた事由があるが、それが判決に影響を及ぼさないことが明らかである場合（410Ⅰ但）と、判例違反の事由があるが、その判例を変更して原判決を維持するのが相当である場合（410Ⅱ）は、例外的に上告が棄却される。

　口頭弁論を開いた結果、理由がないとの判断に至った場合も、判決で上告が棄却される（414・396）。

〔§415〕訂正の判決 373

(3) 原判決破棄の判決

ア 上告理由がある場合

405条の定める事由があると認められた場合は、前記(2)記載の例外的場合を除き、判決で原判決が破棄される (410)。

イ 411条による場合

405条の定める事由がない場合であっても、411条各号に定める事由があって原判決を破棄しなければ著しく正義に反する場合は、判決で原判決を破棄することができる (411)。

ウ 破棄後の措置

原判決破棄の場合には、差戻し又は移送が原則であるが、自判も可能である (412・413)。　　　　　　　　　　　　　　　　　　　　（池田修）

〔訂正の判決〕

第415条　上告裁判所は、その判決の内容に誤のあることを発見したときは、検察官、被告人又は弁護人の申立により、判決でこれを訂正することができる。

2　前項の申立は、判決の宣告があつた日から10日以内にこれをしなければならない。

3　上告裁判所は、適当と認めるときは、第1項に規定する者の申立により、前項の期間を延長することができる。

〔規〕第267条（判決訂正申立等の方式・法第415条）　判決を訂正する申立は、書面でこれをしなければならない。

2　前項の書面には、申立の理由を簡潔に明示しなければならない。

3　判決訂正の申立期間延長の申立については、前2項の規定を準用する。

第268条（判決訂正申立の通知・法第415条）　前条第1項の申立があつたときは、速やかにその旨を相手方に通知しなければならない。

第269条（却下決定の送達・法第415条）　判決訂正の申立期間延長の申立を却下する決定は、これを送達することを要しない。

374　第3編　上訴　　第3章　上告

〈本条細目次〉
1　本条の趣旨　374
2　申立ての手続　374
3　対象となる裁判　374
4　判決の内容の誤り　375

1　本条の趣旨

　上告審は最終審であるから、その裁判に対する上訴は認められないが、誤りの可能性が全くないともいえないため、判決の内容に誤りがあることを発見した場合に、判決訂正の申立てが認められている。上告審自らが内容に誤りがあると認めた場合に限って補正し、上告審判決の無謬性を担保しようとするものであり、上訴とは異なり、一種の再度の考案である。

2　申立ての手続

　申立てができるのは、検察官、被告人又は弁護人である。申立ては書面で行わなければならず（規267Ⅰ）、電報による申立ては不適法である（最決昭27・12・26刑集6・12・1473）。訴訟手続の明確化を期するためであり、この点では上訴申立ての場合と同様である。刑事施設に収容されている者に関する特則である366条1項は、本申立てにも準用される（最決昭41・4・27刑集20・4・332）。申立ての書面には、申立ての理由を簡潔に明示しなければならない（規267Ⅱ）。理由を補充する書面についても、申立て期間内に提出しなければならない（最決昭27・11・25刑集6・10・1262）。

　申立ては、判決の宣告があった日から10日以内にしなければならないが、上告裁判所は、申立てにより、適当と認めるときは、その期間を延長することができる（本条Ⅲ）。延長の申立ても、10日以内にしなければならない（最大決昭26・6・9刑集5・7・1267）。

3　対象となる裁判

　訂正申立ての対象となるのは、判決に限られる。

　上告棄却決定に対しては、判例により、本条の申立てではなく、異議申立てが認められている（最大決昭30・2・23刑集9・2・372）。この異議申立ても、上告棄却決定の内容に誤りがある場合に限って許され（最決昭36・7・5刑集15・7・1051）、上訴権回復に関する規定は準用されるが（最決昭57・4・7刑集36・4・556）、期間延長の申立てに関する規定は準用されない（最

〔§416〕訂正判決の弁論　375

決平9・5・27刑集51・5・433）。異議申立ての理由書も、決定の告知があった日の翌日から起算して3日以内という申立て期間（386Ⅱ・385Ⅱ・422）内に提出されないと、不適法とされる（最決昭42・9・25刑集21・7・1010）。

4　判決の内容の誤り

判決の内容の誤りとは、判決の主文及び理由に実質的な誤りのあることをいい、被告人の本籍、生年月日等の表示の誤りはこれに当たらない（最決昭26・9・13刑集5・10・1925。そのため、判決訂正の申立ては棄却されたが、別に被告人の養子縁組による氏の変更については更正決定がされた例がある）。また、上告審の手続の誤りもこれに当たらない（最大決昭30・12・23刑集9・14・2963）。　　　　　　　　　　　　　　　　　　　　　　　　　　（池田修）

〔訂正判決の弁論〕
第416条　訂正の判決は、弁論を経ないでもこれをすることができる。

〔規〕　第270条（判決訂正申立についての裁判・法第416条等）　判決訂正の申立についての裁判は、原判決をした裁判所を構成した裁判官全員で構成される裁判所がこれをしなければならない。但し、その裁判官が死亡した場合その他やむを得ない事情がある場合は、この限りでない。
　　　2　前項但書の場合にも、原判決をするについて反対意見を表示した裁判官が多数となるように構成された裁判所においては、同項の裁判をすることができない。

〈本条細目次〉
1　本条の趣旨　375
2　判決訂正の裁判所の構成　375

1　本条の趣旨

判決の訂正は、一種の再度の考案であり、上訴ではないから（415条の解説1参照）、弁論を必要としない。43条1項の特則と考えられる。

2　判決訂正の裁判所の構成

判決訂正の申立てに対する裁判は、原判決をした裁判所を構成した裁判官

376　第3編　上訴　第3章　上告

全員で構成される裁判所がしなければならない（規270Ⅰ本）。ただし、その裁判官が死亡した場合その他やむを得ない事情がある場合は、この限りでないから（規270Ⅰ但）、裁判官の退官等で定足数を欠いた場合には、新任の裁判官が加わることになる（最大決昭33・7・2刑集12・11・2394、最決昭46・2・3刑集25・1・1）。もっとも、この場合も、原判決をするについて反対意見を表示した裁判官が多数となるように構成された裁判所においては、この裁判をすることができないとされている（規270Ⅱ）。新たに加わった裁判官は、通例、原判決に判断の遺脱がなく、従来の多数意見の裁判官に意見の変更がないことを確認すれば足りるから、原判決の内容について自らの意見を表明することはない。　　　　　　　　　　　　　　　　　　　（池田修）

〔判決訂正申立て棄却の決定〕
第417条　上告裁判所は、訂正の判決をしないときは、速やかに決定で申立を棄却しなければならない。
　2　訂正の判決に対しては、第415条第1項の申立をすることはできない。

〈本条細目次〉
　1　本条の趣旨　376
　2　訂正申立て棄却決定　376
　3　再申立ての禁止　377

1　本条の趣旨
　判決訂正の申立てがあると、判決の確定が遮断されることになるため（418参照）、迅速に判断を示すべきものとされている。

2　訂正申立て棄却決定
　訂正の申立ては、申立てが不適法であるとき、又は理由がないときに、棄却される。不適法となる例としては、申立て期間経過後のもの、理由を付さないもの、上告趣意を単にむしかえして主張しているに過ぎないもの、申立人に不利益なものなどである。

〔§418〕上告判決の確定　377

3　再申立ての禁止

訂正の判決に対して再び訂正の申立てをすることはできない（本条Ⅱ）。訂正の判決があると上告審判決が確定することになるから（418参照）、別の事由を理由とするものであっても、訂正の申立てをすることはできない。

訂正申立てを棄却する決定に対しては、異議の申立てをすることも許されない（最決昭33・11・10刑集12・15・3511）。同様に、上告棄却決定に対する異議申立てを棄却する決定に対しても、再度の異議申立てをすることは許されない。

（池田修）

〔上告判決の確定〕

第418条　上告裁判所の判決は、宣告があつた日から第415条の期間を経過したとき、又はその期間内に同条第1項の申立があつた場合には訂正の判決若しくは申立を棄却する決定があつたときに、確定する。

1　本条の趣旨

本条は、上告審の判決の確定時期を明確にしている。これにより、上告審の判決は、判決訂正申立て期間（10日）の経過により、又は訂正の判決若しくは訂正の申立ての棄却決定により、確定する（本条）。後者は、具体的には、この判決又は決定が被告人に告知された時（送達された時）に確定することを意味する。上告棄却決定に対しては、異議の申立てが認められているので、異議申立て期間（3日）の経過により、又は異議申立てに基づく訂正若しくは棄却の決定により、確定する。

本条の予定しない再度の不服申立ては、許されない。すなわち、上告棄却の判決に対する訂正申立てを棄却する決定と、上告棄却の決定に対する異議申立てを棄却する決定に対し、再度の異議申立てをすることは許されない（417条の解説3参照）。

（池田修）

378　第3編　上訴　第4章　抗告

第4章　抗　告

〔一般抗告を許す決定〕

第419条　抗告は、特に即時抗告をすることができる旨の規定がある場合の外、裁判所のした決定に対してこれをすることができる。但し、この法律に特別の定のある場合は、この限りでない。

〈本条細目次〉

1　本条の趣旨　378
2　抗告に関する規定の概要　379
3　抗告審の構造　381
　(1)　学　説　381
　(2)　判　例　383
　(3)　検　討　385
4　抗告をすることができない決定　391
　(1)　裁判所の職権発動を促す趣旨でなされた申立てに対する裁判所の判断　391
　(2)　その他　392
　(3)　この法律に特別の定めのある場合　392
5　抗告をすることができる決定　392
　(1)　訴訟終了宣言　392
　(2)　第1回公判期日前にした裁判官の裁判に対する同期日後の準抗告の申立て　392
6　即時抗告の対象となる決定　393

1　本条の趣旨

　本条は、抗告の対象が裁判所のした決定であることを示す通則的な規定である。控訴及び上告と並ぶ刑訴法上の上訴の一種であり、第3編上訴の第4章に本条以下434条までの規定を定めている。前2者が判決に対するものであるのに、抗告は、決定に対するものである。即時抗告も抗告ではあるが、それをすることができる旨の特別の規定が定められている。裁判所の決定でも刑訴法に抗告をすることができないという特別の規定が定められている場

〔§419〕一般抗告を許す決定　379

合もある。

2　抗告に関する規定の概要

　抗告は、裁判所のした決定に対してすることができる。裁判官のした裁判（命令）及び検察官・検察事務官又は司法警察職員のした処分は、裁判所のしたものではないから、抗告の対象とはならず、刑訴法所定のものに限り（429・430）、特別の不服申立て（実務上ないし講学上、準抗告と呼ばれ、この名称は、実務上定着している。）が設けられている。名称は、命令でも、その性質は、決定である場合がある。例えば、証拠開示命令は、裁判所が行うものであるから、決定であり、これに対しては、次条の「訴訟手続に関し判決前にした決定」に当たるから、抗告をすることができない。

　抗告は、上訴そのものであるから、刑訴法の上訴通則の規定（第3編第1章）がそのまま適用される。その中で、352条は（「検察官又は被告人以外の者で決定を受けたものは、抗告をすることができる。」）、抗告に関する特別規定である。上訴通則の規定は、準抗告については、適用ではなく、準用（類推適用）されると解する（横田＝高橋・諸問題2）[1]。

　抗告は、刑訴法上の決定を対象としているから、抗告に関する規定は、少年法や心神喪失等の状態で重大な他害行為を行った者の医療及び観察等に関する法律（いわゆる医療観察法）における決定に対する抗告には適用されない。そこで、それぞれ、抗告に関する諸規定を定めている。また、特別抗告の規定も適用されないから、再抗告の規定が特別に置かれている（少35、医療観察70）。なお、国際捜査共助等に関する法律や刑事確定訴訟記録法では、刑訴法の抗告に関する規定を包括的に準用しているので、所定の決定に対して特別抗告をすることができる。法廷等の秩序維持に関する法律や刑事補償法には特別抗告に関する規定が定められている。

　抗告には、通常抗告、即時抗告及び特別抗告がある。前2者を一般抗告という。高等裁判所の決定には、抗告をすることができない（428Ⅰ）。そこで、抗告に代わる異議の申立てをすることができる（同Ⅱ）。この異議申立てについては、抗告及び即時抗告に関する規定が準用される（同Ⅲ）。特別抗告

---

　(1)　なお、古田佑紀＝河村博・大コメ刑訴9・658は、抗告の章に規定されていることなどから、上訴の一種とみなされるとするが、同779では、適用ではなく、準用としている。

380　第3編　上訴　第4章　抗告

は、「この法律により不服を申し立てることができない決定又は命令」に対
してすることができる。これは、憲法81条が「最高裁判所は、一切の法律、
命令、規則又は処分が憲法に適合するかしないかを決定する権限を有する終
審裁判所である。」と規定することに由来する。

　抗告は、「特に即時抗告をすることができる旨の規定がある場合の外、裁
判所のした決定に対しこれをすることができる。但し、この法律に特別の定
のある場合は、この限りでない。」とされているが、例外とされる決定とし
て、次条で「裁判所の管轄又は訴訟手続に関し判決前にした決定」が規定さ
れており、例外が広範に及んでいるので、結局、抗告をすることができる決
定の主要なものは、次条に定める「勾留、保釈、押収又は押収物の還付に関
する決定及び鑑定のためにする留置に関する決定」、すなわち、対人的・対
物的な強制処分であり、429条1項に定める準抗告の対象となる裁判官の裁
判もこれに相応する[2]。

　通常抗告は、実益がある限り、何時でもすることができるが（421）、即時
抗告は3日間、特別抗告は5日間という提起期間の制限がある。実益がない
ようになったときは、申立てが不適法となる点は（同但）、準用規定がない
が、即時抗告及び特別抗告にも適用されると解されている。準抗告について
は、429条1項4号又は5号の裁判の取消し又は変更の請求は、3日以内に
しなければならないが（429Ⅳ）、それ以外のものについては、時期的な制限
はなく、いずれも実益を欠けば違法となる点は、通常抗告と同様である。

　通常抗告及び特別抗告は、執行停止の効力はなく、原裁判所又は抗告裁判
所が決定で執行停止をすることができるが（424）、即時抗告には、執行停止
の効力がある（425）。前記の請求期間の制限のある準抗告については、執行
停止の効力があるが（429Ⅴ）、それ以外のものについては、424条が準用さ
れているので、執行停止の効力がない。もっとも、原裁判をした裁判官が執
行停止をすることができるかについては、有力な反対説もあるが、実務は、
肯定説が大勢である。

　通常抗告、即時抗告及び特別抗告については、申立書を原裁判所に差し出
さなければならず、原裁判所は、抗告を理由があるものと認めるときは、決

───────────

　(2)　同条1項4号又は5号の裁判は、裁判所による場合は、即時抗告の対象となる。

定で更正しなければならないが（423。特別抗告については、434条でこれを準用している。）、準抗告については、請求書を管轄裁判所（すなわち、準抗告裁判所）に差し出さなければならない（431）。そこで、原裁判をした裁判官等は、再度の考案による更正はできないと解されている。

3　抗告審の構造

(1)　学　説

　抗告審の構造については、従来から議論のあるところである[3]。その経緯を振り返ってみると、まず、戸田弘判事が提唱された「ゆるやかな事後審」説がその後通説化した（同・実務講座11・2648）。これは、原裁判前に生じた事実（旧事実）について、原裁判時には存在していなかった資料（新資料）の取調べ・参酌はできるが、原裁判後に生じた事実（新事実）についての新資料の取調べ・参酌はできないとするもので、前者の点では、原裁判時には既に存在していたが、提出されていなかった資料（旧資料）に限られないことから、事後審そのものではないが、後者の点では、事後審を貫くもので、そこで、「ゆるやかな事後審」と命名されたのである。このなかにあって、磯辺衛判事が「限られた続審」説を唱えられた（「準抗告審において取調べ審査しうる事項」実務ノート3・263以下）。これは、「実務では一般的に事実の取調べはできるだけ広くかつ弾力的に行っている傾向がある。しかも原裁判後に生じた事実についても、何らかの形でこれを参酌するという趨勢にある。」とした上で、新事実についても、原裁判の結論に影響を及ぼすべきことが明らかな事実であって、すみやかにこれを取り調べ得るものについては、準抗告審でもこれを取り調べて参酌できるというのである。これに対して、小林充判事は、準抗告審は事後審であるから、新事実を取り調べることはできないが、合理的事情がある場合には例外が許されるものの、そのような場合は見出しがたいとし、ただし、事実の取調べの開始後は、続審としての性格をもつから、新事実も自由に取り調べることができるとした（「準抗告審の構造と事実の取調」曹時23・3・63以下）。これは、控訴審の構造に関する小野清一郎博士のいわゆる「続審接木説」を彷彿とさせることから、続審接木説的

---

(3)　ここでは、準抗告審も同じ射程に入れて論ずる。準抗告審の特色については、429条の解説2であらためて触れる。

382　第3編　上訴　　第4章　抗告

見地とも評されている（鈴木・刑訴303）。その後、香城敏麿判事は、事後審という概念を用いずに論争点を検討するとして、抗告審の審理についての規定及び原審が対象とする事件についての規定に着目して法の趣旨を探るという立場から、これを3類型に分けて個別的な分析を示し、第1類型の勾留関係の裁判については、その裁判時点における資料の存在が必要であるとして、新事実・新資料の考慮は許されないとし、第2類型の保釈関係の裁判については、時の経過とともに事実の変動が予想され、それに対応して別個の申立て、裁判がなされるべきであるから、それによるべきであるとし、第3類型の再審関係や少年の保護処分決定関係等については、再度の申立て、裁判が許されないことから、新事実や新旧資料の考慮が認められるとする（「刑事抗告審の構造」同・著作集2・503）。これは、その趣旨から個別説と呼ばれるようになった。次いで、横田＝高橋・諸問題は、前記の戸田判事による「ゆるやかな事後審説」と大差はないとしつつ、新事実については、原則として取調べ・参酌することはできないが、それが原裁判時からわずかの期間（短時日）のうちに生じた原裁判の結論に影響を及ぼすような事実であって、しかも迅速に取り調べることが可能であり、当該準抗告手続のなかで右事実を取り調べて一挙に解決するのが適当と認める場合には、例外的にこれを職権により取調べ・参酌することができるとする。そして、松尾浩也教授は、抗告審は、新資料も調べ、必要ならば自判の労を惜しまないという意味で「続審的」であり、しかし、判断の基準時は原則として原決定の時とされ、新事実は例外的にしか考慮しない点で「審査審」の域にとどまるものであって、「続審的審査審」であるとされ、明らかに正義に反する事態を防ぐため、新事実を参酌しなければならないこともあり得るとする（松尾・刑訴下194）。古田佑紀検事は、抗告審は、事後審的なものであるが、合理的な範囲で新事実を考慮することができるとし、その際考慮すべき点として、①原裁判後接着して生じた事情で原裁判の合理的な範囲内での遅速いかんによっては原裁判時に考慮される蓋然性があるものかどうか、②関係者の重大な利益に関するもので、できるだけ早期に紛争解決が必要な事項に関するものかどうか、③必要な事実取調べが容易に行われるものかどうか、④関係者に再度の請求等をさせることが単に形式的に手続を繰り返させるだけの結果になるものかどうかの4点を挙げている（古田佑紀＝河村博・大コメ刑訴9・662）。

（2）　判　例

ア　新事実の考慮の是非

［消極説］

①　京都地決昭44・12・12判時581・95（保釈却下→準抗告棄却。嘆願書の提出等の事情変動は、原裁判官としては何ら考慮できなかった事柄であるから、これを資料とすることは許されない。）

②　東京地決昭46・12・18刑裁月報3・12・1758（勾留〔勾留場所の変更。以下、カッコ内は、申立ての内容。〕→準抗告棄却。勾留後生じた事情を考慮して勾留の裁判の当否を判断することは許されないから、勾留場所の変更は認められない。）

③　京都地決昭47・12・12刑裁月報4・12・2033（勾留〔勾留場所の変更〕→準抗告棄却。原判決後に生じた事実が原裁判後著しく遅れて発生した場合には、それが具体的妥当性ある裁判を結果づけない限り、原則としてこれを取調べ・参酌することは許されないから、起訴後の勾留場所の変更は認められない。）

④　東京地決昭48・4・14刑裁月報5・4・859（勾留〔勾留場所の変更〕→準抗告棄却。職権により勾留場所を変更することができるから、原裁判後著しく遅れて生じた事情を考慮することは許されない。）

⑤　神戸地決昭53・3・1判時911・170（勾留〔勾留場所の変更〕→準抗告棄却。準抗告審の事後審としての性格にかんがみ、原裁判後相当期間経過後に新たに生じた事由に基づいて原裁判に対し不服申立てをすることはできないから、勾留場所の起訴後の変更は認められない。）

⑥　東京地決昭62・10・26判時1260・66（勾留→準抗告棄却。勾留の裁判後捜査が進捗したことから被疑者に罪証隠滅のおそれがなくなったかのように主張する部分については、勾留に対する準抗告の理由にはなり得ない。）

⑦　大阪高決平4・4・30判タ826・283（保釈許可〔制限住居の変更〕→抗告棄却。保釈許可後の制限住居変更については、保釈制度の目的に照らし、裁判所が裁量権の限界を超え、あるいはこれを濫用するなどの特段の事情がない限り、これを理由に抗告することができず、本件では特段の事情も認められない。）

［積極説］

⑧　福岡地飯塚支決昭33・8・22一審刑集1・8・1292（勾留→原裁判取消し、勾留却下。大掛りな捜査は一応完了の段階に達し原裁判時と事情を異にす

るから、罪証隠滅のおそれありと疑うに足りる相当の理由があるとは認めがたい。）

⑨　広島地決昭37・1・20判時298・34（勾留→原裁判取消し、勾留却下。原裁判後、黙秘は他意がない旨の上申書を提出し、氏名、住所、職業等を陳述したことから、勾留の理由がなくなった。）

⑩　山口地下関支決昭38・5・20下刑集5・5＝6・626（勾留却下→準抗告棄却。勾留却下後の勤務状況等から、勾留の理由が存在しない。）

⑪　福岡地飯塚支決昭39・2・12下刑集6・1＝2・146（勾留→原裁判取消し、勾留却下。大綱的には捜査を遂げているから、罪証を隠滅すると疑うに足りる相当の理由があるものとはたやすく認められない。）

⑫　神戸地決昭39・9・22下刑集6・9＝10・1096（保釈許可→原裁判取消し、保釈却下。原裁判後、口裏合わせ工作等に出るなど、罪証を隠滅すると疑うに足りる相当な理由が認められる。）

⑬　東京地決昭42・8・5判タ209・198（鑑定留置→原裁判取消し、鑑定留置請求却下。原裁判後、鑑定留置の必要性がなくなった。）

⑭　岐阜地決昭44・11・18判時589・92（勾留却下→準抗告棄却。心境が変化し、裁判官に対して、住所、氏名を開示した。）

⑮　福岡地小倉支決昭45・6・20判タ252・252（勾留却下→準抗告棄却。黙秘していたが、その後、身元等が明らかになった。）

⑯　東京高決昭46・7・6判時649・96（保釈却下→抗告棄却。原裁判が理由とした89条3号の理由は認められないが、同条4号の理由が認められるし、その後実刑判決があったから、取り消す理由が消滅した。）

⑰　函館地決平13・3・24判タ1068・245（保釈許可→原裁判取消し、保釈却下。原決定後に追加された訴因〔窃盗未遂〕についての罪証隠滅のおそれを本件〔建造物侵入〕の重要な情状事実として考慮。）

なお、最決昭47・4・28刑集26・3・249は、起訴前になされた簡易裁判所への勾留理由開示請求事件の移送決定は、その時点においては正当であったが、起訴された後には、簡易裁判所では勾留理由開示ができなくなったので、これを取り消したものであり、極めて稀有な事案であって、積極説を肯定したものとは一般に解されていない（大久保太郎・判例解説（刑）昭47・42、横田＝高橋・諸問題145、古田佑紀＝河村博・大コメ刑訴9・660）。

〔§419〕一般抗告を許す決定　385

イ　旧事実についての旧資料の考慮の是非

［積極説］

⑱　東京地決昭36・6・5判時262・35（勾留却下→原裁判取消し。原裁判時には既に存在していたが提出されていなかった相被疑者等の司法警察員調書を考慮することは許され、これをあわせて考慮すると、勾留の嫌疑が認められる。）

ウ　旧事実についての新資料の考慮の是非

［消極説］

⑲　秋田地決昭48・9・18刑裁月報5・9・1340（勾留→準抗告棄却。事後審たる準抗告審の構造上、原則として原裁判後の資料を原裁判の当否の判断資料に供することはできないし、例外を認めるべき特段の事由も認められない。）

(3)　**検　討**

まず、判例の動向をみるに、新事実の考慮が許されないとする前記消極説の多くは、代用監獄から拘置所への勾留場所の変更を求めるもの（②〜⑤）か保釈の制限住居変更を求めるもの（⑦）であり、これに対して、積極説の多くは、被疑者の釈放を結論とするものである（⑧〜⑪、⑬〜⑮）。勾留場所の変更を求める準抗告の申立ては、その後裁判官に移監命令（移送命令）の職権発動を促すことができるとされたことなどから（最決平7・4・12刑集49・4・609）、あまり見受けられなくなったし、⑦の場合も、特殊な事例であるだけではなく、特段の事情があれば、事情変更を理由に抗告をすることができるとしているのであるから、むしろ積極説の枠組みを示すものである。⑧について、審判のための勾留の必要性は残るから、単に捜査が進展したという理由だけで原裁判を取り消すのは首肯できないという説（古田佑紀＝河村博・大コメ刑訴9・662）や、⑫については、保釈取消しの請求によるべきであり、疑問とする説がある（小林・前掲81、横田＝高橋・諸問題162）。また、⑬についても、鑑定留置取消しによるべきであり、疑問とする説がある（横田＝高橋・諸問題164）。消極説の判例も積極説の判例も主として昭和40年代までのものが中心で、最近は、判例とされるもの自体が少なくなっている。

学説上は、新事実の考慮につき消極に解する立場も有力であるが（戸田、小林、香城等）、一定の範囲でこれを認める立場も決して少なくない（磯辺、横田＝高橋、松尾、古田等）。これは、新事実を考慮すれば、原裁判を取り消し、勾留請求を却下したり、保釈を許可したりすべき場合には、抗告審自身

がこれを行うのが簡明かつ迅速に被疑者の身柄の釈放に結びついてよいという実務的な判断があるからであろう。確かに、こういう場合でも、他に勾留取消しや再保釈の申立てが可能であるから、新事実の考慮を認めず、勾留や保釈却下の原裁判を維持すべきであるという考え方も強いが、このような申立てを別途したからといって、必ず、最初の抗告審と同じ考えが採られるという保証はないし、むしろ準抗告や抗告の棄却決定が先行すると、後の準抗告審や抗告審がこれを一応尊重するという実務もあるから、身柄釈放が適切と考えた抗告審でこの問題を解決したほうが妥当だという判断に傾きやすいであろう。そうすると、実務の傾向は、横田＝高橋説の基本線に沿っていると評価することができるであろう。これを事後審か続審かという分類に強いて当てはめようとすれば、松尾説のいうように「続審的事後審」とでもいうべきであろう。横田＝高橋説が自説について、戸田説の「ゆるやかな事後審説」と大差はないとするのは、磯辺説よりは狭いとしても、新事実の考慮を一定の範囲で実質的に認めている点でやや疑問である。このように、事後審か続審かのいずれかに属するという構造論から具体的な結論をドグマティックに導き出すという手法は、控訴審についても既に克服されるに至っており（原田國男・大コメ刑訴9・80）、むしろ、前述のように、実際の抗告審を学問上分類するための講学上の概念操作にすぎないというべきである。さらにいえば、控訴審における事後審論は、その政策的目的として、第1審の審理の集中・強化があるが、抗告審における原裁判にはこのような要請は基本的に働かないから、控訴審における事後審論をなるべく抗告審にも当てはめようとするのは必ずしも適切ではないのである。むしろ、抗告審と控訴審とは別物であるという認識に立ったほうが、硬直した解決を避けることができるように思われる。このことは、控訴審が覆審であった旧刑訴法のもとにおける抗告審の規定に、新刑訴法で最小限の手直しを加えたという立法経過からもうなずけるところであろう（松尾・刑訴下194）。

　このような認識に立ってあらためて検討すると、抗告の対象は、刑訴法上の終局裁判への手続過程における派生的・付随的な手続に関するもの、ことに対人的・対物的強制処分の当否が中心であり、抗告により迅速に当該手続を確定しておくことが特に要請されるものである。しかも、勾留については勾留取消し請求が、保釈についてはその取消し・再請求が、押収物について

〔§419〕一般抗告を許す決定　387

は還付・仮還付請求が、いずれも認められ、その請求棄却の裁判に対しては、抗告を申し立てることができる。このように原裁判後の事情の変更に対処するための別個の手続が制度として確保されている。そうであれば、このような規定の有り様からして、刑訴法における抗告審は、原裁判時までに生じた旧事実を前提に原裁判の当否を審査すべきであって、原則として、その後の事情変更に当たる新事実を考慮することはできないというべきである。抗告審において、例外的に新事実を考慮することができるとすれば、それは、抗告審の決定があると、他に新事実を主張する手段がなく、それが考慮される機会も失われてしまう場合（特別抗告審における非常救済的措置は除く。433条の解説4参照）又はそのような手段・機会があっても、それを経るのが迂遠で手続の蒸し返しと認められる場合に限られるというべきである。

　これを前提に、個別にみてゆくことにする。なお、以下は、前記原則の立場から検討するもので、例外の後段に当たる場合には新事実の考慮も許されるという留保付きのものである。まず、勾留については、香城説が指摘するように、身柄拘束に対する司法による事前規制の趣旨からして、その裁判時点にそれを根拠づける資料が存在することが必要なのであるから、新事実の考慮は許されないというべきである。したがって、新事実に関する新資料の考慮も許されない。ところで、旧事実に関する新資料の考慮については、勾留請求時に既に存在した旧資料に限り考慮が許されるのであって、前記新資料の考慮は許されるないとする説（篠田省二「勾留の要件としての『犯罪の嫌疑』『勾留の必要性』（上）」警学21・12・110。前記⑱の判例）と裁判官の立場で勾留の理由の存否を判断するのであるから、その際に取り調べるのが相当であった資料は、抗告審で取調べが許される、すなわち、前記新資料の考慮が許されるとする説がある（香城・前掲511、横田＝高橋・諸問題157）。この問題は、その後、最高裁判例が、控訴裁判所は、旧事実に限り、新資料について、原判決の当否を判断するため必要と認めるときは、裁量により取調べをすることができるとしたことから（最決昭59・9・20刑集38・9・2810）、勾留請求についても同様に解することができるというべきである。したがって、旧事実に関する新資料の考慮は許されるということになる。

　勾留後の事情変更は、勾留取消しにより対処すべきである。⑧、⑨及び⑪は、疑問である。ことに、捜査の進展等を考慮している⑧及び⑪は、疑問で

388　第3編　上訴　第4章　抗告

あり、これを否定する⑥は、首肯できる。勾留に関する規定が準用される鑑
定留置についても、同様であり、鑑定留置取消しによるべきであるから、⑬
も疑問である。勾留場所の変更についても、原裁判後の事情変更からその変
更を求めるのであれば、前記最決平7・4・12により認められた裁判官によ
る移送命令（規80）の職権発動を促す申立てにより対処すべきであって、抗
告審においてこれを考慮して、原裁判を取り消して勾留場所を変更すべきで
はない。②～⑤の判断は、相当である。

　第三者との接見等禁止決定の取消し・解除については、近時、同決定が増
加し、かつ、期限を定めないものもあることから、同決定に対する抗告審に
おいて、原決定後相当日時を経過している場合であっても、新事実を考慮し
て、同決定を取り消すことができるとする説が現れている（樋口裕晃「接見
等禁止」判タ1176・24、東京高決平21・6・11〈未〉）。接見等禁止決定につい
ては、その取消し・解除の請求に対する職権不発動ないしその趣旨の却下決
定に対しては、不服申立てをすることができないと解されているから（429
条の解説9参照）、同決定を争う者にとって、手段的制約が非常に大きいこと
などを理由とするものである。接見等禁止決定が問題とされる背景的な事情
は十分理解できるところであるが、手続全体における位置づけをみれば、勾
留そのものに比べて付随的な手続であることは否めない。そのことから、取
消し・解除請求権が認められず、職権不発動に対して不服申立ても認められ
ないことはやむを得ないところである。原決定後の事情変更については、職
権発動を促す形でその都度裁判官・裁判所の判断を求めることができるし、
その趣旨の申立てに全く判断を示さないという実務は通常ではないことから
すれば、この事情変更を原決定自体の事後的取消しとして抗告審で処理する
のは相当ではないというべきである。ただし、期限を定めないだけでなく、
その後職権による解除が相当なのに放置しているとしか思われないような場
合、抗告審で取り消す実務も現状を考えると例外として認めるべきであろう。

　次に、保釈については、その取消し・再請求の手続があるから、新事実の
考慮は許されないというべきである。その意味では、⑫の判例は疑問の余地
がある。保釈保証金没取決定（96Ⅱ）については、実益がある限り、抗告を
することができるが、例えば、同決定後、逃亡した被告人が自ら収容のため
出頭し、又は保証金納付者が逃亡した被告人を同行した事実を考慮して抗告

〔§419〕一般抗告を許す決定　389

審で保証金の没取額を減額する場合が考えられるとする指摘がある（香城・前掲512）。同決定に対する抗告が棄却されてしまうと、再申立てをする手段がないから、抗告審でこれらの事情を考慮することは許されるというべきである。押収については、その後の事情変更は還付等の手続によるべきである。なお、この点については、準抗告審の構造についての意見の相違があるので、429条の解説2を参照されたい。

　再審請求については、申立てに対する裁判が確定した後に再度の申立て、裁判が許されない事件であるから、新事実を考慮することが許されるとする説がある（香城・前掲509）。確かに再審請求棄却決定があったときには、何人も同一の理由によっては、再請求をすることができないとされているが（447Ⅱ）、別個の理由による再請求は認められているから、新事実がそれに当たる場合には再請求によるべきであり、抗告審での考慮は許されないと考える。即時抗告をすることができる決定については、提起期間が短いから、原決定後の新事実の発生がそうあるものではないけれども、当該決定が確定してしまうと、新事実を主張する手段もなく、これが考慮される機会も失われてしまうので、抗告審でこれを考慮することができるというべきである（香城・前掲509）。

　以上の刑訴法上の抗告手続に対して、少年法や医療観察法等上の抗告については、刑訴法とは別個独立の手続であるから、当該手続の特徴・性質等に応じて適宜考えるべきであり、刑訴法上の抗告審の構造論をそのまま当てはめる必要はない。少年法の抗告については、申立てに対する裁判が確定した後に再度の申立て、裁判が許されない事件であるから、新事実を考慮することが許されるとする説があるが（香城・前掲509）、その後、最高裁判例は、少年法27条の2第1項による保護処分の取消しの規定は、非行事実がなかったことを認め得る明らかな資料を新たに発見した場合にも適用があるとし、これを取り消さない旨の決定について、少年側の抗告が許されるとした（最決昭58・9・5刑集37・7・901）。したがって、新事実の考慮は、この取消し手続によるべきであるから、抗告審では考慮することができないと解すべきである。

　これに対して検察官のする抗告受理の申立てについて受理の決定があった場合には、検察側には他に新事実を主張する手段も機会もないから、抗告審

における新事実の考慮は許されると解する。なお、処分が著しく不当である
とする少年からの抗告の申立てについては、新事実の考慮が許されるとする
のが実務の大勢であり、相当であるというべきである。医療観察法における
抗告については、抗告が理由があるときには、原決定を取り消し、差戻し又
は移送をしなければならず、40条1項各号の場合(4)には、自判して申立てを
却下することができるとされている（68Ⅱ）。事情の変更は退院の許可の申
立て等により対処することができる（50）。そうすると、42条1項所定の処
遇の要否及び内容に係る決定については、原決定後に対象者の病症が改善さ
れ、入院治療の必要性がなくなったなどの新事実を抗告審において考慮する
ことは許されないというべきである（東京高決平21・7・6判タ1325・281）。
なお、40条1項各号の事由については、新事実の存在自体は考えにくく、多
くは新鑑定書等の旧事実についての新資料が問題となると思われるが、この
場合については、後記のようにその考慮を許すのが一般であるといえよう(東
京高決平21・8・12家庭裁判月報62・1・128)。

　鑑定入院命令後、その必要がなくなったなどの事情は、同命令取消しの理
由には当たらないが、職権により同命令を取り消すことができるとした判例
がある（最決平21・8・7刑集63・6・776）。

　旧事実についての旧資料の考慮については、一般的に許されるとされてい
る。旧事実についての新資料の考慮については、一定の制限を課する見解も
あったが（小林・前掲78等）、前記最決昭59・9・20により、抗告審も必要で
あれば、新資料を考慮することができるという立場が一般的となった（横田
＝高橋・諸問題156）。その観点からすれば、消極説に立つ前記⑲は、既に先
例性を失っているといえる。なお、少年保護事件の抗告裁判所における事実
の取調べは、その性質を踏まえ、合理的な裁量により行われるべきであると
するのが判例であるが（最決昭58・10・26刑集37・8・1260、最決平17・3・30
刑集59・2・79)、これも旧事実についての新資料の考慮を合理的な裁量の範
囲内で許すものである。

---

(4)　対象者が対象行為を行ったと認められない場合と対象者が心神喪失者及び心神耗
　　弱者のいずれでもないと認める場合。

〔§419〕一般抗告を許す決定　391

4　抗告をすることができない決定

(1)　**裁判所の職権発動を促す趣旨でなされた申立てに対する裁判所の判断**

最決平7・4・12刑集49・4・609は、裁判官に移監命令の職権発動を促す趣旨でなされた勾留取消し請求を却下した裁判に対する不服申立ては許されないとした。この最決により、それまで、裁判所に応答義務がない事項に関するこの種の申立てに対して裁判所が却下の決定をした場合について、抗告をすることが許されるとした判例（東京高決昭32・5・9高刑集10・3・318〔勾留執行停止〕）と許されないとした判例（大阪高決昭49・11・20刑裁月報6・11・1158〔勾留執行停止〕等）とに分かれていたが、後者の考え方が採用されたことになる。この最決の趣旨からして、却下決定ではなく、職権不発動という判断が示された場合についても、当然、不服申立ては許されないことになる。この点は、従来の判例の立場であったといえる（東京高決昭46・9・6高刑集24・3・530〔勾留執行停止〕等）。かくして、勾留執行停止の申立て等の職権の発動を促すにすぎず、申立権が認められない場合について、職権を発動せずとの裁判や申立て却下決定があったときでも、これに対して抗告・準抗告の申立ては許されないことになった。

接見等禁止決定の取消しや一部解除の申立てについては、取消し・解除の申立権はないから、不服申立権もないとされている（東京地決昭46・6・30刑裁月報3・6・839、岩瀬徹・令状基本下149）。もっとも、大阪高決平14・7・17判タ1124・301は、被告人からの内妻に限った接見等禁止一部取消しの申立てに対し、特定日時に限って内妻との接見を認めた原決定を不服とする被告人の抗告を適法としている。この点については、429条の解説**9**を参照されたい。

押収物の還付請求却下決定について、不服申立てができるという高裁決定があったが（東京高決昭31・6・26東時7・7・256）、この点は、最決平15・6・30刑集57・6・893により確認された。すなわち、捜査機関による押収処分を受けた者は、222条1項において準用する123条1項にいう「留置の必要がない」場合に当たることを理由として、当該捜査機関に対して押収物の還付を請求することができると判示し、還付請求権があることを認めた。そうすると、この請求は、単なる職権発動を促すものではないから、還付請求を却下した決定に対しては、準抗告を申し立てることができることになる（上

392　第3編　上訴　第4章　抗告

田哲「判例解説」曹時58・6・2035)。

(2)　その他

　抗告をすることができない決定として、少年法20条による検察官送致決定
(最決平17・8・23刑集59・6・720、東京高決昭45・8・4家庭裁判月報23・5
・108)、同法55条による家裁への移送決定 (大阪高決昭30・3・31裁判特報2
・7・243)、同法18条2項による強制的措置許可決定 (最決昭40・6・21刑集
19・4・448、最決平16・11・11家庭裁判月報58・2・182)、少年補償決定 (最
決平13・12・7刑集55・7・823)、国選弁護人報酬支給決定 (最決昭63・11・
29刑集42・9・1389、名古屋高決昭62・6・22高刑集40・3・715〔前記最決の原
審決定〕)、裁定合議の取消し決定 (最決昭60・2・8刑集39・1・15)、裁判所
法による本庁支部間の事件回付決定 (最決昭44・3・25刑集23・3・212)、審
理方式 (最決昭49・3・13刑集28・2・1)、逃亡犯罪人引渡法10条1項3号
による決定 (最決平2・4・24刑集44・3・301) がある。

(3)　この法律に特別の定めのある場合

　この法律に特別の定めのある場合として、①裁判所の管轄又は訴訟手続に
関し判決前にした決定 (420)、②抗告又は準抗告に対する決定 (427・432)、
③高等裁判所の決定 (428Ⅰ) 及び最高裁判所の決定がある。

5　抗告をすることができる決定

(1)　訴訟終了宣言

　最決昭61・6・27刑集40・4・389は、高等裁判所がした控訴取下げによ
る訴訟終了宣言の決定に対しては、これに不服のある者は、3日以内にその
高等裁判所に異議の申立てをすることができるとした。訴訟終了宣言とこれ
に対する不服申立ての方法については、前記の線で実務は定着したといえる。
その後、最決平7・6・28刑集49・6・785は、高等裁判所による訴訟終了
宣言及びその異議審による異議申立て棄却決定をいずれも取り消している。
なお、最高裁判所による訴訟終了宣言に対して不服申立てが許されるかにつ
いては、なお慎重な検討を要するとされていたところ、最決平27・2・24刑
集69・1・214は、この不服申立は許されないとした (岩瀬徹・判例解説 (刑)
昭61・185)。

(2)　第1回公判期日前にした裁判官の裁判に対する同期日後の準抗告の申
　　立て

〔§420〕判決前の決定に対する抗告　393

　最決平7・4・12刑集49・4・609は、第1回公判期日前にした勾留取消し請求却下の裁判に対する準抗告申立てについて、第1回公判期日後にされたことのみを理由として不適法とした原判断は、是認することができないとした。この問題については、不適法説に立つ判例（札幌地決昭45・10・30刑裁月報2・10・1139〔勾留取消し請求却下〕、福岡地決昭47・7・15刑裁月報4・7・1430〔同上〕、東京地決昭53・9・11刑裁月報10・9＝10・1254〔接見等禁止〕）と適法説に立つ判例（札幌高決昭48・7・3刑裁月報5・7・1127〔保釈取消し、保証金没取〕、大阪高決昭60・11・19判時1185・169〔保釈請求却下〕）とが対立していたが、この判例により適法説が採用された。なお、前記のとおり、「第1回公判期日後にされたことのみを理由として」とあるのは、時間の経過に伴う事情の変化により準抗告申立ての利益が失われる余地のあることを否定するものではないという趣旨であると説明されている（中谷雄二郎・判例解説（刑）平7・193）。

6　即時抗告の対象となる決定

　移送又は移送請求却下決定（19Ⅲ）、忌避申立て却下決定（25。26条により裁判所書記官に対する忌避申立てに準用。）、出頭拒否に対する過料等の決定(133Ⅱ)、身体検査拒否に対する過料等の決定（137Ⅱ。171条により、鑑定人のする身体検査に準用。）、宣誓・証言拒絶に対する過料等の決定（160Ⅱ。171条により鑑定人に、178条により通訳人・翻訳人に各準用。）、訴訟費用の第三者負担の決定（186）、訴訟費用負担の決定（187）、費用補償の決定（188の3Ⅲ）、付審判請求者に対する費用賠償の決定（269）、公訴棄却決定（339Ⅱ）、刑の執行猶予の取消し決定（349の2Ⅴ）、刑法52条による刑を定める決定（350）、上訴権回復請求棄却決定（364）、第1審裁判所による控訴棄却決定（375）、再審請求についての決定（450）、略式命令不告知による公訴棄却決定（463の2Ⅲ）、正式裁判請求権回復請求棄却決定（467）、正式裁判請求棄却決定（468Ⅰ）、訴訟費用免除申立て、裁判の解釈申立て及び裁判執行異議申立てについてした決定（504）がこれである。　　　　　　　　　　　　（原田國男）

〔判決前の決定に対する抗告〕

第420条　裁判所の管轄又は訴訟手続に関し判決前にした決定に対しては、

394　第3編　上訴　第4章　抗告

この法律に特に即時抗告をすることができる旨の規定がある場合を除いては、抗告をすることはできない。

2　前項の規定は、勾留、保釈、押収又は押収物の還付に関する決定及び鑑定のためにする留置に関する決定については、これを適用しない。

3　勾留に対しては、前項の規定にかかわらず、犯罪の嫌疑がないことを理由として抗告をすることはできない。

〈本条細目次〉
1　本条の趣旨　394
2　裁判所の管轄に関し判決前にした決定　395
3　訴訟手続に関し判決前にした決定　395
4　2項の決定　397

1　本条の趣旨

本条は、裁判所の決定に対して抗告をすることができるという前条の定める原則の例外として、裁判所の管轄又は訴訟手続に関し判決前にした決定に対しては、抗告をすることができないと規定し（本条I）、さらにその例外として、勾留、保釈、押収又は押収物の還付に関する決定及び鑑定のためにする留置に関する決定については、抗告をすることができるとしたものである（同II）。あわせて、勾留に対する抗告においては、犯罪の嫌疑がないことを理由とすることはできないと規定する（同III）。原則の例外としては、かなり広範に及ぶものであるが、その趣旨は、終局判決に至る派生的・付随的な性質を有する決定の当否は、終局判決の段階でその必要に応じて判断すれば足りるし、そのような決定の当否をその都度争わせるのは、訴訟手続の円滑な進行を害するおそれがあるからである。しかし、勾留等の対人的・対物的な強制処分については、人権に直結するもので、事前の司法抑制の重要性にかんがみて、是正すべきものは、早期に是正しておく必要が特に大きいことから、例外の例外として原則に戻り、抗告をすることができるとしたものである。勾留について犯罪の嫌疑の有無は、まさに実体判決の内容をなすものであるから、抗告では理由とすることはできないとしたものである。429条2項が本条3項を準用していることから、公訴提起前の勾留に対しても、犯罪の嫌疑がないことを理由として準抗告をすることができないかという問

〔§420〕判決前の決定に対する抗告　395

題があり、これについては429条の解説16を参照されたい。

2　裁判所の管轄に関し判決前にした決定

　裁判所の管轄に関する決定は、判決前にしたものに当たるから、「判決前にした」という要件は不要である。本決定に当たるものとして、審判の分離による移送決定（4・7）、審判の併合決定（5・8）、同一事件の管轄競合の場合の上級裁判所の決定（10Ⅱ・11Ⅱ）、管轄指定・移転請求に対する決定（15〜18）、簡易裁判所から地方裁判所への移送決定（332）がある。関連事件への併合請求に対する却下決定もこれに当たる（大阪高決平7・1・31判時1526・162）。事件の移送・移送請求却下決定は、本決定に当たるが、即時抗告をすることができる（19Ⅲ）。なお、最決昭44・3・25刑集23・3・212は、支部の管轄区域は裁判所内部の事務分配の基準にすぎないとして、地方裁判所の本庁と支部間あるいは支部相互間の事件の回付は、訴訟法上の手続ではないから、回付の措置に対しては、当事者は、訴訟法に準拠する不服申立てはできないとした。

3　訴訟手続に関し判決前にした決定

　本決定に対して抗告をすることができない理由については、最大決昭28・12・22刑集7・13・2595が、「判決を目標とする訴訟手続に関しその前提としてなす個々の決定をいうのであって、右条項は、これらの決定については一々独立に不服を許さなくても、終局の判決に対して上訴を許しさえすればこれらの決定の当否に対する救済はできる」ことを挙げ、付審判請求棄却決定は、判決を目標とするものとはいえないから、通常の抗告をすることができる旨判示している。この考え方が、その後、当該決定がこの決定に当たるか否かについての判断の基準となっている。

　最高裁判例において、本決定に当り、抗告をすることができないとされた決定としては、①証拠採用決定（最決昭29・10・8刑集8・10・1588）、②証言拒絶を許容した違法があるとの異議申立てを棄却する決定（最決昭33・4・18刑集12・6・1109）、③録音テープが盗聴による違法証拠である旨の異議申立てを棄却してこれを取り調べる旨の決定（最決昭35・2・23刑集14・2・193）、④予備的訴因追加の許可決定（最決昭36・2・7刑集15・2・304）、⑤証拠調べ請求却下決定（最決昭37・3・8判時293・28）、⑥付審判決定（最決昭52・8・25刑集31・4・803）等がある。これらは、当該決定が本決定に当

396 第3編 上訴 第4章 抗告

たるが、433条1項にいう「この法律により不服を申し立てることができない決定」に当らないとして、特別抗告を不適法としているものである（433条の解説4参照）。⑥は、付審判決定が本決定に当たるとは、明示していないが、それを前提とする趣旨と解される（堀籠幸男・判例解説（刑）昭52・277）。なお、⑦最決昭44・9・18刑集23・9・1146は、付審判請求事件でなされた提出命令について、本決定に準ずるものとして本決定に当たるが、提出命令は、本条2項の押収に関する決定に当たるから通常の抗告をすることができるとしている。

高裁判例において、本決定に当たり、抗告をすることができないとされた決定としては、⑧精神鑑定申請却下決定（東京高決昭25・6・28特報16・94）、⑨公判期日変更申立て却下決定（東京高決昭58・10・25東時34・9＝12・67）、⑩略式命令（東京高決平13・11・5東時52・1＝12・88〔正式裁判の申立てができるから。〕）がある。

なお、旧刑訴法457条には、同じ規定があるが、大審院判例において、同条の決定に当たるとして抗告をすることができないとされた決定として、⑪裁判長の処分に対する異議申立てを却下した決定（大決大15・2・3刑集5・15）、⑫公開停止決定（大決昭7・5・12刑集11・619）、⑬審判分離決定（同前）、⑭証人尋問決定（最決昭27・12・27刑集6・12・1477）がある。

最高裁判例で、本決定に当たらないとして、419条による抗告をすることができるとしたものとして、⑮被疑者の弁護人の人数超過許可決定（最決平24・4・20刑集66・6・645）、⑯448条2項による刑の執行停止決定（最決平24・9・18刑集66・9・963）がある。

即決裁判手続における同手続によって審判をする旨の決定（350の8）に対しては、訴訟手続に関し判決前にした決定に当たるものとして、抗告をすることができないと解される。同決定の取消し決定（350の11）についても同様であろう。被害者特定事項秘匿決定（290の2Ⅰ）も同様である。裁判所において同決定が相当でないと認めるときは、何ら決定を要しないから、不服申立てもすることができない。被害者参加に関する許否の決定（316の33Ⅰ）についても、本決定に当たり、不服申立てをすることができない。309条1項及び2項の異議申立てもできない。被害者の意見陳述（292の2Ⅰ）をさせる際には決定を要しないから、被告人は、不服申立てをすることができ

〔§420〕判決前の決定に対する抗告　397

ない。

4　2項の決定

　勾留に関する決定としては、裁判所の勾留（60Ⅰ）、勾留期間更新決定（同Ⅱ）、勾留取消し・同請求却下決定（87・91）、勾留執行停止決定（95）、同取消し決定（96Ⅰ）、弁護人等との裁判所構内における接見の日時・場所・時間の指定（39Ⅱ、規30）、第三者との接見等禁止決定（81）、勾留理由開示請求却下決定（86）がある。勾留執行停止請求却下決定は、本決定には当たるが、職権発動を促す趣旨のもので、同請求権がないから、抗告をすることができない（419条の解説4(1)参照）。裁判官に移送命令の職権発動を促す趣旨でなされた勾留取消し請求を却下した決定についても同様である。

　保釈に関する決定としては、保釈許可決定・同請求却下決定（88〜92）、保釈取消し決定（96Ⅰ）、保釈保証金没取決定（同Ⅱ・Ⅲ）がある。本決定に当らないとして、抗告をすることができないとされたものとして、①保釈許可決定の執行停止決定（福岡高決昭45・11・25高刑集23・4・841〔訴訟手続に関し判決前にした決定に準じ、かつ、保釈に関する決定に含まれない。〕）、②保釈中の制限住居変更を認める措置（東京高決昭53・10・17東時29・10・176）、③保釈保証金の納付方法変更申立てを認めなかった措置（東京高決昭63・11・9東時39・9＝12・36）がある。

　押収又は押収物の還付に関する決定として、裁判所による差押え・提出命令・領置（99〜101）、押収物の還付・仮還付決定（123）、押収贓物の被害者還付決定（124）がある。提出命令は、本条2項の押収に関する決定に当たるとした判例として、前出の最決昭44・9・18刑集23・9・1146がある。なお、最決平2・6・18刑集44・4・385は、司法警察員が捜索差押えの際にした写真撮影は、430条2項の準抗告の対象となる「押収に関する処分」に当たらないとするものであるが、その趣旨からすれば、検証は、本条2項の「押収に関する決定」に当たらないということになる（430条の解説4参照）。

　鑑定のためにする留置に関する決定としては、鑑定留置（167Ⅰ）、167条5項の準用による鑑定留置取消し・同請求却下決定、鑑定留置執行停止決定、同取消し決定、弁護人等との裁判所構内における接見の日時・場所・時間の指定、第三者との接見等禁止決定、鑑定留置理由開示請求却下決定がある。

（原田國男）

398 第3編 上訴 第4章 抗告

〔通常抗告の時期〕

第421条 抗告は、即時抗告を除いては、何時でもこれをすることができる。但し、原決定を取り消しても実益がないようになったときは、この限りでない。

〈本条細目次〉

1 本条の趣旨 398
2 再度の抗告の許容性 398
3 時機に遅れた申立て 401
4 実益の有無 403
  (1) その趣旨 403
  (2) 特別抗告で実益なしとした裁判例 404
  (3) 勾留期間更新決定と当該勾留期間の満了 404
  (4) 起訴前の勾留と起訴 404
  (5) 保釈保証金納付釈放後の準抗告 405
  (6) 忌避申立て簡易却下の裁判と不服申立ての利益 405
  (7) 押収物関係 405

1 本条の趣旨

抗告は、提起期間について3日間という制限のある即時抗告を除いて、何時でもすることができると規定する。即時抗告をすることができる決定は、いずれも早期の確定が必要であるのに対して、通常抗告については、そこまでの必要はないとされたものである。通常抗告をすることができる決定の中心は、対人的・対物的な強制処分であり、その重要性から、提起期間の制限を設けず、他方、原裁判後の事情変更には、勾留取消し請求、再保釈請求及び還付請求等を認めて事後的な調整を図っている。実益があることは、抗告の適法要件であって、即時抗告、特別抗告又は準抗告に特に準用規定はないが、当然の法理として適用される。抗告の適法要件であるから、抗告後に実益がなくなった場合もその抗告は不適法となる。

2 再度の抗告の許容性

最決平12・9・27刑集54・7・710は、勾留の裁判に対する異議申立てが棄却され、右棄却決定がこれに対する特別抗告も棄却されて確定した場合においては、右異議申立てと同一の論拠に基づいて勾留を違法として取り消す

〔§421〕通常抗告の時期　399

ことはできないとした。これは、先行した勾留に対する異議申立てで主張したのと同一の論拠により、当該勾留自体が違法であるから勾留を取り消すべきであるとの主張を排斥した事例である。そこで、本最決については、確定裁判の内容的確定力に基づく制約と勾留取消し制度本来の趣旨に基づく制約とが指摘されている。前者は、前回の異議申立て棄却決定において論拠とされたのと同一事項については、同決定の確定により内容的確定力が生じるから、後訴においてその論拠の有無をあらためて蒸し返すような主張をすることが許されないというものである。後者は、一度勾留の裁判に対する不服申立ての手続で主張し判断された勾留の原始的瑕疵について、勾留取消しにおいてあらためて主張することはできないというものである。この判例は、その表現振りからみて、前者を採用したものと受け取られるという解説がなされている（福崎伸一郎・判例解説（刑）平12・210。小林充・重要判例解説平12・193もそうみるのが素直のように思われるとする。）。

　同一理由による再度の抗告については、札幌高決昭55・5・29高刑集33・2・214が、同一の決定に対して同一人が同一理由に基づいて抗告することは許されないとして付審判請求棄却決定に対する抗告を棄却している[1]。

　また、大阪高決昭47・11・30高刑集25・6・914は、「さきの保釈取消決定に対する抗告審において、被告人が公判期日に出頭しなかったのは正当な理由によるものであると判断して、原決定を取り消す旨の決定をし、その抗告審決定が確定した場合には、その後において、右抗告審の判断の資料が虚偽のものであって、被告人の右不出頭が正当な理由によるものでないことが判明したとしても、同じ公判期日への不出頭を理由にあらためて保釈を取り消すことは許されない。」とした。これも、公判期日への不出頭が正当な理由か否かという点についてこれを肯定した判断に内容的な拘束力を認めたものである。この決定に対しては、再審事由についての435条1号の趣旨からも事情変更があったもので、さきの抗告審決定の内容的確定力が及ばないと解すべきであるなどの批判的な見解があるが（横田＝高橋・諸問題252）、他方、罪証隠滅のおそれがあることを示すものとしてあらためて保釈を取り消すこ

────────

(1)　札幌高決昭55・7・21判時985・135は、上記高決後の3度目の抗告について、通常抗告の濫用であるとして、規1条2項に違反するとしている。

とを考慮すべきであるとする見解もある（古田佑紀＝河村博・大コメ刑訴9・722）。被告人が形式裁判を得るについて偽装工作を用いた場合には、再起訴が許されるとする判例（大阪地判昭49・5・2判時745・40）及びこれを支持する学説もあるが（田口・刑訴［第6版］446、光藤・刑訴中291、松尾・刑訴下172、高田・刑訴298等）、本決定の事案では、その後の公判期日に出頭し、逃亡等していなければ、保釈を取り消すほどのことではないという見方もあり得よう。なお、公判期日への不出頭に関する虚偽資料の提出が直ちに罪証隠滅のおそれと結びつくか疑問の余地もあろう。

　さらに、東京地決昭62・10・26判時1260・66は、本件と同一の趣旨の裁判を求める準抗告の申立てがなされ、右申立てが棄却された場合には、本件申立ては、再度の準抗告申立てとして不適法であるとした。この準抗告申立てでは、さきの準抗告申立てにおいては主張していなかった罪証隠滅のおそれがなくなったとの新たな主張も加えられており、「この部分は、勾留の取消を請求する理由としてはともかく、勾留の裁判に対する準抗告申立ての理由にはなり得ない。」としている。これは、抗告審の事後審性を理由とするものであろう。この決定も確定した前準抗告決定の内容的確定力を認めて、同一理由による再訴を認めないものといえる。

　そうすると、同一理由ないし同一論拠による再訴を禁じるという判例法が形成されているといえるであろう[2]。

　判決の内容的確定力の生じる客観的範囲については、「主文と直接関係するないし必要な理由部分」とする説（田口守一・刑事裁判の拘束力282）や「主文を導くうえで必要不可欠な理由」とする説（最決昭56・7・14刑集35・5・497における伊藤正己裁判官の反対意見、田宮・刑訴444。）、「主文と直結する理由、しかも判文上二様の解釈を許す余地のないほど明確に述べられた理由」とする説（木谷明・判例解説（刑）昭56・199）が有力である。これに対して、「主文に包含される判断であり、その判断内容を特定するに必要な限りにおいて、理由中の判断の一部が確定力の内容に取り込まれる」という説（中谷雄二郎・大コメ刑訴8・21）もあるが、前記最決の事案では、この説は採用さ

────────────

　(2)　もっとも、前記最決平12・9・27が「同一の理由」とはいわず、「同一論拠」といっている点に疑問は残るが、内容的には、同じことであろう。

〔§421〕通常抗告の時期　401

れていないということになる（福崎伸一郎・判例解説（刑）平12・213）。

　次に、理由を異にする場合でも、同一の決定に対して同一人から複数回の抗告の申立ては許されないという見解がある（古田佑紀＝河村博・大コメ刑訴9・694、667）。この説は、例えば、保釈取消請求却下の裁判に対する準抗告棄却決定については、「原裁判の時点で保釈を取り消すべき理由がない」とする点で内容的確定力が生じるとし、抗告の対象となる事項は、個別的な事由ごとに確定効を考えるのではなく、包括的に認めても特段の不利益を生ぜず、1回の手続ですべての理由を主張させ、判断すべきであるとするのである（古田＝河村・大コメ刑訴9・723）。横田＝高橋・諸問題251は、結論を留保し、今後の学説及び裁判例の動きに注目することとしたいとしている。少なくとも、判例法は、そこまでは判断していないといえる[3]。この点に関する判例の出現を待つとしかいえないが、検察官についてはすべてを主張しておくべきであるといえても、被疑者・被告人から必ずしも十全な情報を得ていない弁護人についてそこまで要求するのは疑問であり、むしろ、新たな事情が判明し、それによれば、決定を取り消すべきであったような場合について救済の道を残しておくのも必要ではないかと思われる（近藤寿夫「準抗告審決定の効力」判タ296・453）。なお、他の固有の抗告権者からの申立てについても同一理由については確定効が及ぶと解することができるから（古田佑紀＝河村博・大コメ刑訴9・723）、結局、前記判例法は、再審に関する447条2項と同様な内容を解釈により採用しているということができる。

3　時機に遅れた申立て

　時機に遅れた抗告の申立てを不適法とした裁判例として、①東京地決昭48・3・2刑裁月報5・3・360（保釈許可決定による釈放後8日を経過してなされた検察官からの準抗告の申立てについて、検察官の責めに帰すべからざる特別な事情のない限り、著しく遅れて申し立てられたものとして不適法とした。）、②東京地決昭51・12・2刑裁月報8・11＝12・532（保釈許可決定による釈放後3か月以上経過して同決定中の指定条件の一部〔関係者等との接触禁止〕取消し

───────

(3)　東京高決平20・12・26東時59・1＝12・132は、同一の決定に対して同一の申立人が複数回にわたり抗告を申し立てることは許されないとしているが、申立人の論旨が不明瞭で明確に同一理由によらない場合であるのかは決定文からははっきりしない。

を求めた準抗告の申立てを合理的な期間を徒過したものとして棄却した。)、③東京高決平20・12・26東時59・1＝12・130（第1審の公判審理中の段階でなされた保釈請求却下決定に対する実刑判決宣告後の抗告申立てを不適法とした。）がある。

　これに関連して、第1審裁判所がした保釈保証金没取決定に対する抗告の時期的な制限について、④東京高決昭29・4・1特報40・60（服役開始後の申立て）、⑤東京高決昭48・10・25東時24・10・163（刑期満了後の申立て）、⑥東京高決昭53・5・1東時29・5・73（有罪判決宣告後の申立て）、⑦大阪高決平8・10・23判時1606・156（上告審において審理中であり、未だ確定していない段階での申立て）の各判例があり、各申立てを適法とし、④～⑥では、保釈保証金没取決定を取り消し、⑦では、抗告を棄却している。これに対して、⑧東京高決昭53・6・1刑裁月報10・6＝8・1092は、この申立ては、控訴審の裁判の告知又は控訴の申立てなく、あるいは控訴申立て後でも取下げによって第1審判決が確定するまでになされなければならないとして、控訴審の判決があり、それが確定した後に申し立てられた抗告を不適法としている。⑧の決定は、抗告の申立ては、手続の安定性を重視する刑事訴訟の性格に照らし、合理的な申立て期間の制限に服すべきものであり、保釈保証金没取決定の基礎となる勾留、保釈の効力を含めて実体に関する上訴審の判断が示される控訴審の裁判の告知等までに不服申立てをしなければならないとするものである。⑧の決定に対しては、これを支持する見解が示されている（横田＝高橋・諸問題281、古田佑紀＝河村博・大コメ刑訴9・698〔ただし、基準時の設定が合理的かどうかやや疑問があるとする。〕）。

　抗告について、本条が「何時でもこれをすることができる。」としているにもかかわらず、無制限ではなく、合理的な期間に限られるという考え方が一般的であるが、その具体的な基準については、必ずしも明らかではない。特に、保釈保証金没取決定については、これが取り消されれば、保釈保証金が返還される以上は、実益がないとはいいがたいだけに、困難な問題である。結局、④～⑥の事例は、個別的な救済を優先させたものであって、今後もそのような場合には、時間的制約を厳しく課さない実務も存続するかもしれない。なお、最決平19・6・19判タ1247・135は、判決が確定した後、その基礎となった被告事件係属中の勾留について取消しを求める趣旨の書面が裁判

所に提出されても、裁判所は、これに対し何ら判断を示す必要はないとした。これは、上記の各判例では時機に遅れた申立ての適否が問題となっているのに対して、申立ての存在自体認められないとした事例であるが、一種の時期的な制限の最たるものともいえよう。また、ここで取り上げる問題ではないかもしれないが、東京高決平20・12・26東時59・1＝12・132は、同一の申立人による累次の保釈請求を却下した複数の決定に対する抗告のうち、特段の事情がない限り、直近の決定以前の決定に対するものを不適法とした。

4　実益の有無

(1)　その趣旨

　通常抗告は、提起期間に制限がない。その結果、その対象となる決定は、いつ確定するのかという疑問も生じる。そこで、実益がなくなったときに確定するという説明がなされている（平野・刑訴281、柏木・刑訴174等）。抗告をすることのできる決定は、告知があれば、直ちに執行力が生じるから、確定の時期を議論する特別の実益がないという指摘もある（高田卓爾・注解刑訴下275）。確かに、実益がなくなるまで確定しないといっても、執行力が生じているのであるから、確定時期を云々する利益はないというべきであろう。もっとも、前述した保釈保証金没取決定のように本案事件確定後ですら、実益はあるということになると、本案事件が確定しているのに、同決定は確定していないということにもなる。実益を欠くことが抗告の適法要件となることの実質的意義については、申立人のみからみた主観的、個別的な利益を離れてその有無を決すべき客観的なものと解する余地があり、たとえ、主観的、個別的には一定の利益が認められても、その手続を取り消すことによって起こる手続的支障、混乱、関係人に与える不利益などその他の利益に対する影響を考慮して、申立人の保護される利益に比べて、著しく他の利益を害するような場合には、実益がないと解する余地があるという説もある（古田＝河村・大コメ刑訴9・694）。同説は、検察官については、公益の代表者として、客観的に違法、不当な決定に対してすべてこれを取り消す利益をもつとしているが、その手続を取り消すことによって起こる手続的支障等の結果は、それが客観的なものであれば、申立人が検察官の場合であっても同様であると思われるから、客観的に実益が欠ければ、申立人が誰であっても不適法になると解さざるを得ないであろう。

404　第3編　上訴　第4章　抗告

(2)　**特別抗告で実益なしとした裁判例**

　最決昭29・1・19刑集8・1・37（保釈請求却下決定に関する特別抗告申立て後に保釈により釈放された。）、最大決昭29・4・26刑集8・4・539（保釈保証金の額についての特別抗告後、指定条件違反により保釈が取り消された。）、最大決昭29・11・24裁集100・573（押収物還付請求却下決定に対する特別抗告後に押収物が差出人に還付された。）、最決昭30・7・14刑集9・9・1872（勾留に対する特別抗告後に被疑者が釈放された。）、最決昭43・9・13裁集168・683（弁護人との接見交通の指定処分後に起訴があった。）、最決昭44・4・10裁集171・595（接見に関する処分に対する特別抗告以前に被疑者が釈放された。）、最決昭44・8・27裁集172・365（還付された物が売却等された。）、最決昭45・9・17裁集177・1145（差押物が申立人に還付された。）、最決昭51・10・28裁集202・185（接見に関する特別抗告中に、指定日が経過した。）、最決平3・8・14裁集258・67（保釈請求却下決定に対する特別抗告中に勾留執行停止により釈放された。）、最決平26・11・28刑集68・9・1069（勾留取消し請求却下決定に対する準抗告中に取下書提出。）。

(3)　**勾留期間更新決定と当該勾留期間の満了**

　勾留期間更新決定に関する抗告申立ての利益は、右決定による勾留の期間の満了により失われる（最決平6・7・8刑集48・5・47。観護措置更新決定につき、同旨〔最決平24・10・17裁集308・254〕）。これは、その後新たに勾留期間が更新されている場合であるが、勾留期間が更新されていない場合には、当然、不服申立ての利益は失われる（最決平3・2・26裁集257・195）。起訴前の勾留延長については、勾留更新とは性質を異にすることから、例えば、勾留期間を5日間延長した裁判に対する準抗告は、その5日の期間内に申し立てられたものである限り、その5日を経過したとしても、さらに勾留期間が延長されている場合には、起訴前である限り、適法であると解されている（龍岡資晃・判例解説（刑）平6・37）。

(4)　**起訴前の勾留と起訴**

　起訴前の勾留の裁判に対する準抗告申立ての利益は、起訴後は失われる（最決昭59・11・20刑集38・11・2984、最決昭63・9・13裁集250・75）。この最決の趣旨は、起訴前の勾留期間延長の裁判に対する準抗告にも当てはまる（最決昭61・7・9、最決平2・12・20裁集256・497）。勾留取消請求却下の裁判に対

する準抗告についても同様に当てはまると解される（安廣文夫・判例解説（刑）昭59・458、札幌地決平3・5・5判タ756・270）。これに対して、勾留取消し請求があった後に起訴がなされた場合について、同請求について法律上の利益を欠くとして却下した裁判例があるが（東京地決昭63・6・22判タ670・272）、起訴されたからといってこの請求について判断しなくてよいとすべき理由はないとする指摘がある（安廣文夫・判例解説（刑）昭59・466）。

(5) 保釈保証金納付釈放後の準抗告

保釈保証金を納付して釈放された後に保釈保証金額を不服として準抗告を申し立てることが許されるかについては、消極判例（神戸地決昭43・3・22下刑集10・3・328）と積極判例（東京地決平6・3・29判時1520・154）とがある。前者の被告人側の上訴権の放棄に相当するという理由づけは、必ずしも適切ではなく、後者が判示するように、準抗告の決定がなされるまでの間の身柄の拘束を甘受しなければならないというのはあまりに酷であり、とりあえず保釈保証金を納付して身柄が釈放された後に準抗告を申し立てることを許すべきであろう。

(6) 忌避申立て簡易却下の裁判と不服申立ての利益

刑の執行猶予言渡しの取消請求事件につき忌避された裁判官が忌避の申立てを簡易却下した場合において、同裁判官が、刑の執行猶予言渡しの取消決定をし、これに対する即時抗告につき意見書等を抗告裁判所に送付したときには、右簡易却下の裁判に対する不服申立ての利益は失われる（最決昭59・3・29刑集38・5・2095）。忌避申立て却下の裁判に対する不服申立ては、忌避された裁判官がその職務をすべて終えて当該事件の処理を終えた場合は、その利益を失う（安廣文夫・判例解説（刑）昭59・256。判決宣告があった場合について、最決昭36・10・31裁集139・817、最決昭39・9・29裁集152・987）。

(7) 押収物関係

差押え後に還付処分があった場合は、実益を欠く（山口地下関支決昭36・7・25下刑集3・7＝8・808、東京地決昭48・4・21刑裁月報5・4・872）。仮還付決定があった場合について、実益がないとした裁判例があるが（東京地八王子支決昭44・5・9刑裁月報1・5・595〔そのほとんどが本案判決と同時に還付の言渡しがあったとみなされるのが実務の実情であるから、捜査官側から再度提出を命ぜられる等の特段の事情が存しない限り、法律上の利益を欠く。〕）、押

406　第3編　上訴　第4章　抗告

収処分としての効力は依然として失われていないのであるから、疑問とすべきであろう（横田＝高橋・諸問題80、古田佑紀＝河村博・大コメ刑訴9・699）。恐喝罪の被害金員還付が違法であっても、右金員が特定性を欠くに至ったときは、還付処分取消しの実益がないとした裁判例（京都地決昭48・6・27刑裁月報5・6・1070）、押収物が検察官の歳入編入処分により国の一般財産と混和して特定性を失ったときには還付が不能であるとした裁判例（最決昭54・12・12刑集33・7・839）がある。他方、請求人に還付すべき押収物件を売却した場合について、歳入編入処分を取り消して当該金員を請求人に還付した裁判例もあるが（京都地決昭34・1・22下刑集1・1・246）、疑問である（横田＝高橋・諸問題83、古田佑紀＝河村博・大コメ刑訴9・700）。還付された後でも正当な権限者に還付されていないという抗告は当然実益がある（最決平2・4・20刑集44・3・283、最決平15・6・30刑集57・6・893）。　　　（原田國男）

〔即時抗告の提起期間〕
第422条　即時抗告の提起期間は、3日とする。

〈本条細目次〉
　1　本条の趣旨　406
　2　提起期間の計算等　406

1　本条の趣旨

　即時抗告の提起期間を3日とするものである。即時抗告をすることができる決定は、いずれも早期の確定を必要とするものであり、また、逆にそのような性質の決定については即時抗告によるべきものとされている。

2　提起期間の計算等

　期間の計算等については、55条、56条1項の適用がある。即時抗告決定謄本が被告人に送達された日から3日であり、初日は算入されない。期間の末日が日曜日、土曜日、休日等に当たるときは、これを期間に算入しない。申立て提起期間内になされた異議の申立てを右期間経過後にされた不適法なものとして誤って棄却決定をした原裁判所は、次条2項により右決定を更正し

〔§423〕抗告の手続 407

て新たな決定をすべきであるとした最決昭57・12・14刑集36・12・1015の事案も、末日不算入を見落としたものである。実務上、時折失念することもあるから、注意すべきである。検察官に対する送達ないし通知があれば、決定は外部的に成立するから、その後申立人が死亡したために送達ができない場合には、同決定は事後的に無効になったと解するほかない。あらためて、終了宣言的なものは必要ないと解する。刑の執行猶予言渡しの取消決定（349の2Ⅴ）のように宣告による場合を除き、所定の事情があれば、提起期間を延長することができる（いわゆる里程猶予。最決昭26・9・6刑集5・10・1907）。同謄本の送達が固有の上訴権者とそれ以外の上訴権利者に日を異にして送達された場合、固有の上訴権者に送達された日から進行するというのが判例・通説である（原田國男・大コメ刑訴9・42）。なお、弁護人に対する証拠開示命令請求棄却決定に対する即時抗告提起期間の起算日は、弁護人に同決定謄本が送達された日と解した判例がある（最決平23・8・31刑集65・5・935）。前条但し書の適用があるから、この提起期間の間に実益が欠ければ、即時抗告は不適法になる。上訴通則の規定が適用されるから、上訴権回復請求も認められる。 （原田國男）

〔抗告の手続〕

第423条　抗告をするには、申立書を原裁判所に差し出さなければならない。

2　原裁判所は、抗告を理由があるものと認めるときは、決定を更正しなければならない。抗告の全部又は一部を理由がないと認めるときは、申立書を受け取つた日から3日以内に意見書を添えて、これを抗告裁判所に送付しなければならない。

〔規〕　第271条（訴訟記録等の送付）　原裁判所は、必要と認めるときは、訴訟記録及び証拠物を抗告裁判所に送付しなければならない。
　　　2　抗告裁判所は、訴訟記録及び証拠物の送付を求めることができる。

408　第3編　上訴　第4章　抗告

〈本条細目次〉
1　本条の趣旨　408
2　抗告申立ての方式　408
3　申立書に理由を記載する必要性　409
4　2項による更正の範囲　409
5　375条の類推適用の有無　410

1　本条の趣旨

　本条は、抗告の手続を規定するものである。即時抗告に適用され、特別抗告に準用される（434）。準抗告については、準用はなく、請求書を管轄裁判所に差し出さなければならないとされている（431）。抗告をするには、申立書を原裁判所に差し出さなければならないとしているのは、原裁判所において、いわゆる再度の考案（実務上の呼称である。）をして決定を更正する機会を与えるためである。更正決定の趣旨は、原裁判所において決定を是正したほうがよいと判断すれば、早期に是正して手続の迅速な処理を図り、あわせて抗告裁判所の負担を軽減するものである。

2　抗告申立ての方式

　抗告申立ては、書面による必要がある。本条が申立書と規定していることから明らかである。電報による抗告申立ては、不適法である（最決昭57・8・11判時1078・27）。ファクシミリによる抗告申立ても同様に不適法と解すべきである。最決平17・7・4刑集59・6・510は、電子複写機によって複写されたコピーである控訴申立書による控訴申立ては、被告人の署名が複写されていても、無効であるとしている。抗告申立書についても同様であろう。抗告申立て期間に制限がある場合に、抗告申立書が直接抗告裁判所に提出されたときは、その期間内に原裁判所に送付されなければ、不適法となる（特別抗告申立書について、最決昭35・2・9刑集14・1・117）。もっとも、抗告裁判所において直ちに速達郵便に付さなかったり、司送ができるのにしなかった場合にまで、不適法とすべきかは若干問題があろう。この種の事例で、上訴権回復請求が認められた甲府地都留支決昭44・12・8刑裁月報1・12・1200及び東京高決昭51・12・16東時27・12・171が参考となろう。なお、実務上、意見書には、理由がない旨を簡潔に示すのが例であるが、最近は、抗告で指摘している問題点について、具体的に意見を述べるものも見受けられ、

これも抗告裁判所からみれば、便宜である場合がある。

3 申立書に理由を記載する必要性

　この点については、従来、必要説と不要説の対立があったが、最決昭54・11・6刑集33・7・685が「即時抗告又はこれに代わる異議の申立について、申立書に申立理由の記載があるとは認められず、申立期間内に理由書の提出もないときは、手続がその規定に違反したものとして、申立を棄却すべきである。」としたことにより、必要説で解決した。この決定は、通常抗告、これに代わる異議申立て及び準抗告にも当てはまるとされる（佐藤文哉・判例解説（刑）昭54・311）。このように申立て期限のない場合には、抗告審の裁判があるまでに理由書の提出があれば、申立ての瑕疵が治癒され、また、申立て期限のある抗告でもそれがない抗告でも、抗告審としては、理由書の提出を待つ必要はないとされている（前記判例解説315）。なお、準抗告審の裁判があるまでに追加として提出された抗告理由申立書について、同裁判で判断を示さなかったのは、違法であるとした裁判例がある（最決昭47・4・28判時667・92）。

4 2項による更正の範囲

　2項による更正決定は、原決定の主文を変更すべき場合に限られ、主文が同じであるのに、理由だけを変更すべき場合には、許されないと解されている（松尾・条解1107、横田＝高橋・諸問題285、古田佑紀＝河村博・大コメ刑訴9・705等）。ところで、最決昭57・12・14刑集36・12・1015は、申立て提起期間内になされた異議の申立てを右期間経過後にされた不適法なものとして誤って棄却決定をした原裁判所は、本条2項により右決定を更正して新たな決定をすべきであるとした。この事例の場合には、主文は、棄却決定で同一であるから、前記の通説的な見解によれば、これを更正することは許されないということになり、この決定を批判する見解もあるが（青柳文雄・判評295・214）、原裁判所は、申立て期間経過後の申立てと誤解して、実体判断自体に至っていないのであるから、更正決定において、実体判断に及ぶことは許されるし、また、そうすべきである（横田＝高橋・諸問題286、古田佑紀＝河村博・大コメ刑訴9・707もこの結論には賛成している。）。この事例とは逆に、期間経過後のものとして不適法棄却すべきところを、実体判断をして棄却した場合も同様であろう。また、前記最決の趣旨は、他の理由による不適法棄却の

410　第3編　上訴　　第4章　抗告

場合にも当てはまると思われる。なお、実体的理由を差し替えるための更正決定は許されない。

5　375条の類推適用の有無

　抗告提起期間の定めがある場合に、その期間を経過して申立てがあったときについて、375条を類推適用して、抗告の申立てが明らかに抗告権消滅後になされたものとして、原裁判所において抗告を棄却することができるかという問題がある。最決平18・4・24刑集60・4・409は、「抗告については、控訴に関する刑訴法375条に相応する規定がなく、即時抗告の申立てを受理した裁判所が、同条を類推してその申立てを自ら棄却することはできないと解するのが相当である。」と判示して、消極説を採ることを明らかにした。この問題については、既に、最決昭48・6・21刑集27・6・1197は、特別抗告についての上訴権回復請求を受理した裁判所は、これを棄却する場合には、同条及び414条を類推適用して、右請求と同時にされた特別抗告の申立てを自ら棄却することができるとしていた（その後の裁判例として、東京高決平11・5・11東時50・1＝12・37がある。）。しかし、この決定は、上訴権回復請求を伴う特別抗告に限っての判断であり、これを伴わない場合には類推適用の余地はないと解されていた（田崎文夫・判例解説（刑）昭48・156）。積極説（河上和雄・注釈刑訴7・23、古田佑紀＝河村博・大コメ刑訴9・709）と消極説（高田卓爾・注解刑訴下280、松尾・条解1108、横田＝高橋・諸問題299）とがあるが、前記の最決により、消極説が確定した。実務的には、あまりに期間を経過して本人からなされた申立てのような場合には、単なる上申書として扱うこともあり得る。

（原田國男）

　　　　〔通常抗告と執行停止〕
　第424条　抗告は、即時抗告を除いては、裁判の執行を停止する効力を有
　　　しない。但し、原裁判所は、決定で、抗告の裁判があるまで執行を停止
　　　することができる。
　2　抗告裁判所は、決定で裁判の執行を停止することができる。

〔§424〕通常抗告と執行停止　411

〈本条細目次〉
1　本条の趣旨　411
2　執行停止の対象となる裁判　411
3　抗告裁判所による裁判の執行停止　412
4　執行停止決定に対する抗告の不可　412

1　本条の趣旨

　本条は、通常抗告は裁判の執行を停止する効力を有しないとするもので、裁判は確定した後に執行するという原則の例外規定である（471）。特別抗告にも準用される（434）。即時抗告は、裁判の執行を停止する効力を有する（次条）。準抗告にも請求期間の制限のある準抗告（429Ⅰ④又は⑤）については、執行停止の効力があるが（429Ⅴ）、それ以外のものについては、本条が準用される（432）。執行不停止の例外として、原裁判所又は抗告裁判所において、決定で裁判の執行を停止することができるとされている。通常抗告は、実益がある限り、いつでもすることができることからして、原決定はその告知により直ちに執行し、通常抗告の申立てがあっても、執行を停止する効力を有しないものとし、ただ、抗告審で原決定を取り消しても、もはやそれが無意味になるおそれがある場合に備えて執行停止の決定をすることができるとした。例えば、保釈許可決定に対して検察官から抗告の申立てをしても、執行が停止されていないと、被告人が保釈保証金を納付して釈放された後、直ちに行方不明となった場合に保釈がその後取り消されても、身柄の確保ができないことになる。そこで、執行停止の申立ては、抗告の申立てとあわせて原裁判所に対して行われるのが通例であるが、抗告の後に執行停止の申立てをすることも当然許される。

2　執行停止の対象となる裁判

　刑の執行猶予言渡しの取消決定に対する即時抗告棄却決定に対する特別抗告において執行停止の対象となる裁判は、原決定（即時抗告棄却決定）ではなく、原原決定（執行猶予言渡しの取消決定）である（最決昭56・10・2刑集35・7・683）。なお、原裁判所が執行停止決定をすることができるのは、抗告申立て後、送付した申立書が抗告裁判所に到達するまでであり、到達後は、抗告裁判所が執行停止決定をすることができる。実務では、執行停止は、原裁判所が行うのが通例である。原裁判所は、更正決定をしない限り、申立書

412　第3編　上訴　第4章　抗告

を受け取った日から3日以内に意見書を添えて、これを抗告裁判所に送付しなければならないから（前条Ⅱ）、この間に執行停止の決定をしなければならないことになる。

3　抗告裁判所による裁判の執行停止

　執行停止の効力は、抗告裁判所の決定があるまでであるから、例えば、抗告裁判所が抗告を棄却した場合には、直ちに原決定の執行力が回復し、特別抗告には執行停止の効力がないから、それを再び停止するには、抗告裁判所の新たな決定が必要となる。抗告裁判所が原審の保釈許可決定を取り消し、さらに保証金を高額としたほか、他の条件を付加して保釈を許可した事例において、右決定をするとともにその執行を決定確定まで停止した裁判例がある（東京高決昭32・8・1裁判特報4・17・430）。この決定に対しては、未だ同決定に対して不服申立て（特別抗告）がないのに執行停止としたのは疑問ないし不当であるという見解がある（横田＝高橋・諸問題293、古田佑紀＝河村博・大コメ刑訴9・713）。執行停止の決定は、抗告の裁判があれば、失効するから、特別抗告を待って、抗告裁判所があらためて執行停止をすべきところ、既に抗告の裁判まで執行が停止されているので、その後の特別抗告申立てに伴う執行停止の再申立てまでの間の執行停止を停止期間の実質延長として行ったものであろうが、本条の本来の趣旨からすれば、やはり疑問が残る決定といわざるを得ない。

4　執行停止決定に対する抗告の不可

　保釈許可決定の執行停止決定に対しては抗告はできない（福岡高決昭45・11・25高刑集23・4・841〔訴訟手続に関し判決前にした決定に準じ、かつ、保釈に関する決定に含まれない。〕）。執行停止の申立ては、職権発動を促す趣旨にすぎないから、停止をしない場合に、これに対して不服申立てをすることはできない。

（原田國男）

　　〔即時抗告の執行停止の効力〕
　第425条　即時抗告の提起期間内及びその申立があつたときは、裁判の執
　　　　　行は、停止される。

〔§425〕即時抗告の執行停止の効力　413

〈本条細目次〉
1　本条の趣旨　413
2　執行停止の対象となる裁判　413
3　忌避申立て簡易却下決定に対する即時抗告　413

1　本条の趣旨

　本条は、即時抗告は、執行停止の効力があり、その提起期間内及びその申立てがあったときは、裁判の執行は、停止されるとするものである。即時抗告をすることができる決定は、過料や訴訟費用の負担の決定のように、その手続として完結した終局的な性質を有するから、直ちに執行力を生じるとする必要性が乏しく、また、提起期間が3日間に限定されているので、執行を停止しても特段の弊害が認められないからである。執行停止の効力は、抗告の裁判があるまで、又は即時抗告取下げがあるまで継続する。裁判員法35条1項の異議の申立てには、裁判員等選任手続の性質上、即時抗告の執行停止の効力に関する本条は準用されず、上記の異議の申立てがされても、裁判員等選任手続が停止されるものではないとした判例がある（最決平25・3・15刑集67・3・319）。

2　執行停止の対象となる裁判

　執行停止の対象となる裁判は、即時抗告の対象となる決定であり、同決定は、本条により、即時抗告提起期間内はその執行が停止されるし、即時抗告の申立てがあれば、執行が停止される。上訴権回復請求却下決定に対する即時抗告の場合は、同決定をいうから、365条によらない限り、有罪判決の執行は停止されない（福岡高決昭27・12・9特報19・127）。

3　忌避申立て簡易却下決定に対する即時抗告

　訴訟を遅延させる目的のみでされたことの明らかな忌避の申立てに対するいわゆる簡易却下決定（24Ⅰ前）に対する即時抗告（25）については、本条は適用されないから、その申立てがあっても、訴訟手続は停止されない（最判昭31・3・30刑集10・3・422）。通説である（高田卓爾・注解刑訴下284、松尾・条解1110、横田＝高橋・諸問題293、河上和雄・注釈刑訴7・27、古田佑紀＝河村博・大コメ刑訴9・714等）。

　24条1項後段の手続違反の忌避申立てに対する簡易却下決定についても同

414　第3編　上訴　第4章　抗告

様であろう。以上の場合も、前条による裁量上の執行停止が許されるという説もあるが（高田）、そのような場合には、簡易却下をしないで訴訟手続を停止させることになろう（規11）。　　　　　　　　　　　　　　　（原田國男）

〔抗告に対する決定〕

第426条　抗告の手続がその規定に違反したとき、又は抗告が理由のないときは、決定で抗告を棄却しなければならない。

2　抗告が理由のあるときは、決定で原決定を取り消し、必要がある場合には、更に裁判をしなければならない。

〔規〕　第272条（抗告裁判所の決定の通知）　抗告裁判所の決定は、これを原裁判所に通知しなければならない。

〈本条細目次〉
1　本条の趣旨　414
2　抗告裁判所による審理　414
3　抗告裁判所の裁判の内容　415
4　差戻し・移送の可否　417
5　内容的確定力　419
6　不利益変更の禁止　419

1　本条の趣旨

本条は、抗告裁判所のすべき裁判の内容を定めるものである。抗告の手続がその規定に違反して不適法なときと抗告が実体的に理由のないときは、決定で抗告を棄却し、抗告が理由のあるときは、決定で原決定を取り消し、必要がある場合には、さらに裁判をしなければならないと規定する。特別抗告又は準抗告にそれぞれ準用される（434・432）。抗告が不適法である場合も、却下ではなく、棄却である。

2　抗告裁判所による審理

抗告裁判所は、原裁判所が送付した訴訟記録及び証拠物を調査するだけではなく（規271）、必要がある場合には、事実の取調べをすることができる（43

Ⅲ）。事実の取調べの範囲については、抗告審の構造にかかわる問題があり、この点については、419条の解説**3**を参照されたい。審査の対象は、原裁判の当否である。抗告申立書に包含された事項については、審査は義務的であり、包含されていない事項であっても職権で審査をすることができる(392)。事実の取調べの方法については、厳格な証明は適用されず、適当と認める証拠を適当と認める方法で取り調べることができる（松尾・条解1111）。決定一般と同様に、口頭弁論に基づく必要はなく（43Ⅱ）、実務上も一般に行われていない。訴訟関係人の陳述を聴くことも必要的ではない（規33Ⅰ）。

3　抗告裁判所の裁判の内容

「抗告の手続がその規定に違反したとき」に当たる例としては、抗告をすることのできない決定に対する抗告であるとき、抗告申立権がない者からの抗告であるとき、抗告の利益が認められないとき、同一の理由によるとき、抗告提起期間を徒過したとき、抗告申立書の方式に違反しているとき等がある。

「抗告が理由のないとき」とは、文字どおり、抗告に理由がない場合をさすが、抗告に理由があっても、他の理由により、抗告を棄却すべき場合には、結局、抗告に理由がないことに帰する。その意味では、原決定の主文を取り消したり、変更する必要がない場合をいうことになる。例えば、89条4号の罪証を隠滅すると疑うに足りる相当な理由があるとして保釈を却下した原決定について、その事由までは認められないが、3号の常習として長期3年以上の懲役又は禁錮に当たる罪を犯したものと認められるときには、裁量保釈を認める事情がなければ、原決定を取り消すことはできず、抗告を棄却することになる（実務上は、この逆の例も時折見受けられる。）。

原決定が誤って申立て期間が経過したと判断して不適法棄却をした場合に[1]、抗告審で実体判断をして棄却が相当という結論になったときには、抗告棄却という主文に変更がないから、原決定を取り消すことはできず、抗告を棄却すべきなのか、原決定を取り消した上で、申立て棄却の自判か差戻しをすべきかという問題がある。最決昭57・12・14刑集36・12・1015は、申立

---

(1)　例えば、訴訟費用執行免除の申立ては、訴訟費用の負担を命ずる裁判が確定した後20日以内にこれをしなければならないところ、誤ってその期間経過後の申立てと判断した場合等。

416　第3編　上訴　　第4章　抗告

て提起期間内になされた異議の申立てを右期間経過後にされた不適法なもの
として誤って棄却決定をした原裁判所は、本条2項により右決定を更正して
新たな決定をすべきであるとした（この判例については、423条の解説**4**参照）。
この判例の趣旨からすれば、後者によるべきことになろう。原決定の更正決
定は、いわば、抗告審の裁判の先取りといえるからである。この事例とは逆
に、期間経過後のものとして不適法棄却すべきところを、実体判断をして棄
却した場合も同様であろう。また、前記最決の趣旨は、他の理由による不適
法棄却の場合にも当てはまると思われる。「抗告が理由のあるとき」とは、原
決定に違法又は不当な点があり、その全部又は一部を取り消し、変更すべき
場合をいう。原決定の違法だけにとどまらず、不当も審査の対象となる（最
決昭29・7・7刑集8・7・1065）。保釈については、適当性（90）、勾留や押
収については、必要性の各判断が原裁判所の裁量に委ねられていると解され
るから、その判断が裁量を逸脱した不当なものでなければ、取り消すことが
できないということになる（香城敏麿「刑事抗告審の構造」同著作集2・517）。

　この点について、最決平26・11・18刑集68・9・1020は、「抗告審は、原
決定の当否を事後的に審査するものであり、被告人を保釈するかどうかの判
断が現に審理を担当している裁判所の裁量に委ねられていること（刑訴法90
条）に鑑みれば、抗告審としては、受訴裁判所の判断が、委ねられた裁量の
範囲を逸脱していないかどうか、すなわち、不合理でないかどうかを審査す
べきであり、受訴裁判所の判断を覆す場合には、その判断が不合理であるこ
とを具体的に示す必要があるというべきである。」として、保釈を許可した
原々決定を取り消して、保釈請求を却下した原決定について、上記の観点か
ら、原々審の判断が不合理であることを具体的に示していないとして、これ
を取り消して、原々決定に対する抗告を棄却した。この判例は、昭和29年決
定が不当も審査の対象とした趣旨は、裁量の範囲内にとどまる判断でも抗告
審の心証と異なれば、これを不当として取り消すことができるとしたのでは
なく、裁量を逸脱して不合理な場合に取り消すことができるとしたと解する
ものである（伊藤雅人＝細谷泰暢・判例解説（刑）平26・318）。その後の最決
平27・4・15判時2260・129も同種の事例について同様の判断を示している。
さらに、最高裁は、勾留請求を却下した原々審の裁判を取り消した原決定を
取り消して、準抗告を棄却した判例においても、同様の判断を示している（最

〔§426〕抗告に対する決定　417

決平26・11・17判時2245・124、最決平27・10・22裁集318・11)。

　原決定を取り消しただけで十分な場合もあるが(証人・鑑定人に対する過料、費用補償の決定の取消し、職権による勾留・保釈等の取消し)、なお判断の対象が残る場合には、さらに裁判をしなければならない。しばしばある例としては、保釈許可決定を取り消す場合には、あわせて保釈請求却下の自判をするし、逆に保釈請求却下決定を取り消す場合には、保釈の自判をする。

　最決平15・6・30刑集57・6・893は、捜査機関による押収処分を受けた者から、還付請求を却下した処分の取消しと自己への還付を求めて430条2項の準抗告が申し立てられた場合において、押収物について留置の必要がないときは、一定の場合を除き、準抗告裁判所は、原処分の取消しのみにとどめず、捜査機関に対して押収物を申立人に還付するよう命ずる裁判をすべきであるとした。

4　差戻し・移送の可否

　差戻し・移送が可能か否かについては、原決定を取り消し、事件を差し戻す旨を主文に明記した裁判例がある(①最大決昭24・9・19刑集3・10・1598〔略式命令に対して弁護人による正式裁判請求ができるのにこれができないとして棄却した原決定を取り消して差し戻した。〕、②最大決昭31・6・13刑集10・6・847〔一人制裁判所の裁判官による保釈許可決定に対する不服申立ては抗告によるべきであるのに準抗告によるべきであるとして抗告を不適法棄却した原決定を取り消して差し戻した。〕、③最決昭41・7・26刑集20・6・728〔公訴提起後は余罪について接見指定権はないのにこれがあるとして準抗告を不適法棄却した原決定を取り消して差し戻した。〕、④最大決昭43・6・12刑集22・6・462〔保釈保証書を差し出した弁護人は、同人に対する没取決定に対して抗告ができるのにこれができないとして不適法棄却した原決定を取り消して差し戻した〕、⑤最決昭51・10・12刑集30・9・1673〔いわゆる財田川再審請求事件上告審決定。審理不尽の違法があるとして、原決定及び原原決定を取り消して差し戻した。〕、⑥最決昭57・12・14刑集36・12・1015〔申立て提起期間内になされた異議の申立てを右期間経過後にされた不適法なものとして誤って棄却した原決定(訴訟費用執行免除申立て棄却決定に対するもの)を取り消して差し戻した。〕、⑦最決平17・3・25刑集59・2・49〔被告人の父からの保釈請求を却下した裁判に対して同人は準抗告ができるのにこれができないとして不適法棄却した原決定を取り消して差し戻し

た。〕、⑧仙台高決昭48・9・18刑裁月報5・9・1312〔規286条に規定する請求人の意見陳述の機会を奪ったとして、再審請求棄却決定を取り消して差し戻した。〕)。

　学説としては、自判が原則であって、自判になじまない特殊事情があるときに限り(2)、差戻しが可能であり、原決定が請求等を不適法として棄却したときは、原則として自判はできないが、判断に必要な事実が十分明らかになっており、関係者に不利益がないときは、自判ができるとする説（古田佑紀＝河村博・大コメ刑訴9・721)、本条2項の「更に裁判」には、「取消・差戻」のみならず、「取消・移送」を含めてよいが、実際上、後者が問題となることは稀有であるとする説（横田＝高橋・諸問題187)、自判をすることができるのは、必要な裁判が可能な場合であり、そうでない場合には差し戻すことができるし、差戻しが必要な場合(3)もあるが、移送を刑訴法は認めていないとする説（戸田弘・実務講座11・2674）などがある。

　前記の最高裁の裁判例については、抗告を不適法とした原決定を取り消す場合（①〜④、⑥、⑦）のように、取り消せば、原裁判所で申立てがあった状態であらためて判断をしなければならない場合には、その旨を明らかにするために、主文で差戻しを明示するのは適法であるし、望ましいというべきである。審理不尽の場合（⑤）や原決定に手続違反がある場合（⑧）には、自判の余地もあるが、事実取調べのできない特別抗告審としては差し戻すほかないであろう。

　抗告審の実務としては、申立てを不適法として実体判断を示していない原決定を取り消す場合でも、すべて差し戻すべきで自判はできないとまでいう必要はなかろう。例えば、保釈請求権がないとして保釈請求を却下した原決定に対して、抗告審が請求権があると判断した場合には、さらに保釈請求の可否を自判するほうが迅速で一回的な解決になじむということもあろう。

　また、実体判断の当否が問題となり、原決定の判断を取り消す場合には、自判が原則である。例えば、前述したように、保釈許可決定を取り消した場

---

(2)　さらに詳細な事実取調べが必要かどうか、原決定の手続が当事者主義的な要素が強いかどうかなど。
(3)　公訴棄却決定に対する検察官の即時抗告が理由があるとき、付審判請求を不適法として棄却した決定に対する通常抗告を理由ありとするときなど。

合や、逆に、保釈請求却下決定を取り消した場合には、保釈却下ないし保釈許可の裁判を自判すべきであって、このような場合でも、原裁判所に差し戻すことは考えられない（最高裁判所が原決定及び本件保釈請求却下決定を取り消した上、保釈を許可した裁判例として、最決平17・3・9裁集287・203がある。）。再審請求棄却決定を実体判断をして取り消す場合も同様である。公訴棄却決定に対する検察官の即時抗告が理由があるときは、本案事件を終了させる決定であり、これが取り消されれば、当然、原審で実体審理を続けていかなければならないのであるから、抗告審ではこれを取り消せば足りる。

5　内容的確定力

この問題については、421条の解説2で述べたとおりである。

6　不利益変更の禁止

402条が規定する不利益変更禁止の原則については、抗告審に同条を準用する旨の規定がないが、実質的にこれが適用されると解するのが通説である（横田＝高橋・諸問題188、古田佑紀＝河村博・大コメ刑訴9・724等）。判例としては、東京高決昭29・12・28高刑集7・12・1822がある。これは、原決定が検察官からの刑法26条の2による執行猶予の取消請求とそれとともに刑法26条の3による前の執行猶予の取消請求があったのに、前者については何の判断も示さず、前者が取り消されなければ取り消すことができない後者の執行猶予のみ取り消した場合に、被告人のみから抗告があったときには、不利益変更禁止の規定を設けた法の精神からして、前者の執行猶予を取り消すことはできないとし、さらに後者の執行猶予も前者の執行猶予が取り消されていないことから、これを取り消すことができないとして、原決定を取り消し、検察官からの執行猶予取消し請求を棄却したものである。この事例でも、当然、検察官が抗告をして原決定を是正すべきであったのであるから、相当な結論である。

(原田國男)

〔再抗告の禁止〕
第427条　抗告裁判所の決定に対しては、抗告をすることはできない。

420　第3編　上訴　　第4章　抗告

〈本条細目次〉
1　本条の趣旨　420
2　抗告裁判所の決定に対する不服申立て　420

1　本条の趣旨

　再抗告を禁止する規定である。抗告裁判所の決定に対して、抗告を申し立てた者だけではなく、その相手方も抗告をすることができない。再抗告といっても、その意味では、少年法等における再抗告のように、抗告を申し立てた者が抗告審の決定に対して再度抗告をする場合とは異なる（高田卓爾・注解刑訴下287）。419条但し書で規定する「この法律に特別の定のある場合」の一つである。その趣旨は、最高裁判所の負担軽減と再抗告を認めるべきほどの必要性がないことによるものである。432条で準抗告にも本条が準用されるから、準抗告の裁判に対しても抗告をすることができない。そこで、433条の「この法律により不服を申し立てることができない決定」に当たるから、準抗告の裁判に対して特別抗告をすることができる。この準用は、最高裁判所の負担とは関係がなく、簡易かつ迅速な処理が要請されるからであると解されている（古田佑紀＝河村博・大コメ刑訴9・726）。

2　抗告裁判所の決定に対する不服申立て

　抗告裁判所の決定に対しては、本条により抗告をすることはできないが、433条の「この法律により不服を申し立てることができない決定」に当たるから、特別抗告をすることができる。本条は、高等裁判所のした決定に対する抗告に代わる異議申立てにも準用されるから（428Ⅲ）、異議申立ての裁判に対して抗告をすることはできず、特別抗告をすることができる。高等裁判所が抗告審としてした決定に対しては同決定は419条の規定により抗告をすることができる決定に当たらないから異議の申立てをすることはできない（最決昭27・9・10刑集6・8・1068、最決昭33・11・20裁集128・631）。原裁判所による更正決定は、抗告裁判所の決定ではないから、これに対して一般抗告をすることができる。

（原田國男）

〔§428〕高等裁判所の決定に対する抗告の禁止、抗告に代わる異議申立て　421

〔高等裁判所の決定に対する抗告の禁止、抗告に代わる異議申立て〕
第428条　高等裁判所の決定に対しては、抗告をすることはできない。
　2　即時抗告をすることができる旨の規定がある決定並びに第419条及び
　　第420条の規定により抗告をすることができる決定で高等裁判所がした
　　ものに対しては、その高等裁判所に異議の申立をすることができる。
　3　前項の異議の申立に関しては、抗告に関する規定を準用する。即時抗
　　告をすることができる旨の規定がある決定に対する異議の申立に関して
　　は、即時抗告に関する規定をも準用する。

　〈本条細目次〉
　1　本条の趣旨　421
　2　異議申立ての対象　421
　3　最高裁判所の決定　422
　4　異議申立ての手続　422

1　本条の趣旨

　本条は、高等裁判所の決定に対しては、抗告をすることはできないとし、その代わりに高等裁判所への異議申立てを認めるもので、419条但し書で規定する「この法律に特別の定のある場合」の一つである。これも最高裁判所の負担軽減を目的とする。異議申立ては、同一の高等裁判所に対するものであり、上級裁判所である最高裁判所への救済を求めるものではないから、厳密にいえば、上訴とはいえないが、その内容及び機能は、実質的に上訴と同様であるから、抗告や即時抗告に関する規定が準用される。

2　異議申立ての対象

　異議申立ての対象となる決定は、即時抗告のできる決定、419条又は420条による決定である。刑訴法上、異議申立てができる旨の規定があるものとして、①高等裁判所の上訴費用補償に関する決定（188の5Ⅲ）、②控訴裁判所の控訴棄却決定（385Ⅱ・386Ⅱ）及び③原裁判所が不法に公訴棄却決定をしなかった場合の控訴裁判所の公訴棄却（403Ⅱ）がある。いずれの場合も、即時抗告に関する規定が準用される。これらの規定がなくとも、本条2項により異議申立ての対象となり得るものであるが、確認的な意味と即時抗告に関する規定の準用のためである。

3　最高裁判所の決定

　414条、386条1項3号による上告棄却決定に対しては、414条、386条2項により異議申立てをすることができる（最大決昭30・2・23刑集9・2・372）。この異議申立ては、決定の内容に誤りのあることを発見した場合に限られる（最決昭36・7・5刑集15・7・1051）。この点は、既に確立した判例といえる。この判例法については、学説としては、反対説もみられ、415条の判決の訂正における判決に決定を含むと解する方が筋であるという指摘もある（高田卓爾・注解刑訴下290）。確かに、理論的にはすっきりしない点があるが、上告棄却決定についても誤りがあれば正そうとする考え方自体は妥当であるし、そうであれば、決定にふさわしい異議申立ての手続によるとするのも相当な解決方法として是認できるというべきである。いずれにしても、確定解釈として確立したものである。

　上告棄却決定以外の決定については、原則として異議の申立ては認められない（最大決昭30・12・23刑集9・14・2995〔忌避申立て却下決定〕、最決昭40・1・26裁集154・525〔保釈取消し決定〕、最決昭46・10・25裁集181・859〔訴訟費用執行免除申立て棄却決定〕、最決平27・2・24刑集69・1・214〔訴訟終了宣言〕）。ただし、保釈保証金没取決定については、異議の申立てが認められている（最決昭52・4・4刑集31・3・163）。

4　異議申立ての手続

　異議申立ての審理は、当該決定をした裁判所が行うことはできず、他の訴訟法上の裁判所がこれを行う。原決定に関与した裁判官は、異議申立ての審理から除斥される。309条の証拠調べに関する異議については、当該裁判所が決定を行うのとは、相違しており、この点に実質的な上訴の性格がうかがわれる。

　高等裁判所のした控訴棄却決定に対する異議申立てについては上訴権回復の規定が準用される（最決昭26・10・6刑集5・11・2177）。第1審の弁護人による控訴申立て後、控訴審がした控訴棄却決定に対する同弁護人からの異議申立ては不適法である（札幌高決昭27・10・6高刑集5・11・1904）。刑事被告事件の弁護人であっても、右事件が終結した後には、高等裁判所がした被告人に対する保釈保証金没取決定に対し、その特別の委任がない以上、同人を代理して異議の申立てをすることはできない（最決昭33・7・15刑集12・11

・2578）。訴訟記録が上告裁判所に到達した後には、高等裁判所の決定に対して異議の申立ては許されない（大阪高決昭39・12・19下刑集6・11＝12・1253）。　　　　　　　　　　　　　　　　　　　　　　　　　（原田國男）

〔準抗告〕
第429条　裁判官が左の裁判をした場合において、不服がある者は、簡易裁判所の裁判官がした裁判に対しては管轄地方裁判所に、その他の裁判官がした裁判に対してはその裁判官所属の裁判所にその裁判の取消又は変更を請求することができる。
　　一　忌避の申立を却下する裁判
　　二　勾留、保釈、押収又は押収物の還付に関する裁判
　　三　鑑定のため留置を命ずる裁判
　　四　証人、鑑定人、通訳人又は翻訳人に対して過料又は費用の賠償を命ずる裁判
　　五　身体の検査を受ける者に対して過料又は費用の賠償を命ずる裁判
　2　第420条第3項の規定は、前項の請求についてこれを準用する。
　3　第1項の請求を受けた地方裁判所又は家庭裁判所は、合議体で決定をしなければならない。
　4　第1項第4号又は第5号の裁判の取消又は変更の請求は、その裁判のあつた日から3日以内にこれをしなければならない。
　5　前項の請求期間内及びその請求があつたときは、裁判の執行は、停止される。

　〔規〕　第273条（準用規定）　法第429条及び第430条の請求があつた場合には、前2条の規定を準用する。
　　　　第277条（審理の方針）　法第1条参照。
　　　　第278条（少年鑑別所への送致令状の記載要件・少年法第44条）　少年法（昭和23年法律第168号）第44条第2項の規定により発する令状には、少年の氏名、年齢及び住居、罪名、被疑事実の要旨、法第60条第1項各号に定める事由、収容すべき少年鑑別所、有効期間及びその期間経過後は執行に着手することができず令状はこれを返還し

424 第3編 上訴 第4章 抗告

なければならない旨並びに請求及び発付の年月日を記載し、裁判官
が、これに記名押印しなければならない。
　2　前項の令状の執行は、法及びこの規則中勾留状の執行に関する規
定に準じてこれをしなければならない。
第279条（国選弁護人・法第37条等）　法第37条参照。
第280条（家庭裁判所調査官の観護に付する決定の効力・少年法第45
条）　法第345条参照。
第281条（勾留に代わる措置の請求・少年法第43条）　法第204条参照。
第282条（準用規定）　被告人又は被疑者が少年鑑別所に収容又は拘禁
されている場合には、この規則中刑事施設に関する規定を準用する。

〈本条細目次〉
1　本条の趣旨　424
2　準抗告審の構造　425
3　裁判官の裁判　426
4　準抗告申立権者　427
5　準抗告の対象となる裁判　428
6　逮捕に関する裁判　429
7　勾留の執行停止に関する裁判　429
8　勾留理由の開示に関する裁判　429
9　接見及び物等の授受の禁止に関する裁判　430
10　勾留場所に関する裁判　431
11　勾留に代わる観護措置　431
12　みなし勾留　431
13　起訴前の勾留に対する準抗告　432
14　第1回公判期日前にした勾留の裁判に対する同期日後の準抗告の申立て　432
15　差押許可状発付の裁判に対する準抗告　432
16　公訴提起前の勾留に対する420条3項の準用　434

1　本条の趣旨

　本条は、いわゆる準抗告について定めるものである。準抗告というのは、
実務上ないし講学上の呼称である。抗告が裁判所の決定に対する不服申立て
であるのに対して、本条の準抗告は、裁判官の裁判（命令）に対する不服申
立てである。なお、法文上からは、準抗告の請求というべきであるが、実務
上は、準抗告の申立てと表記することが多いので、これに従う。裁判官の裁

判のうち、対人的・対物的な強制処分にかかるもの（本条Ⅰ①～③）及び裁判所の決定であれば、即時抗告をすることができるものの一部（同④又は⑤）が準抗告の対象とされている。その性質をどうみるかについては、次項で検討するが、基本的には、抗告に準ずるものと位置づけるべきである。そこで、432条において、抗告に関する主要規定が準用され、上訴通則の規定も準用される。

2　準抗告審の構造

　本条の準抗告審については、基本的には抗告審の構造と同一に理解するのが一般であり、特に区別して論じないものもある。もっとも、準抗告は、実質的には、通常は裁判官が裁判を行うこととされている事項についてのその裁判所における決定という性格があるから、自判が原則であると考えられ、準抗告審の判断時点での妥当な解決が強調されるとし、これに対して430条の準抗告は、処分時における当不当が問題となるのであって、処分後に生じた事情等は一般に考慮すべきでないという説がある（古田佑紀＝河村博・大コメ刑訴9・735）。また、本条の準抗告については、抗告と同様に原則として原裁判後の新事実の考慮は許されないとして事後審を維持しつつ、他方、430条の準抗告については、原審たる裁判官の判断がない上、所定の捜査機関の処分は、本来行政処分であり、行政訴訟の対象となるものであるが、それが刑事手続の一環としてなされる関係から、刑事手続の中で解決するほうが迅速かつ適正に処理し得るとされたものであるから、事後審という概念で説明するのは適当でなく、むしろ「新しい訴訟」とみるべきであるとした上で、準抗告審決定時点を基準として原処分の当否を判断すべきであるとする説がある（横田＝高橋・諸問題165）。

　既に述べたように、事後審か続審かのいずれかに属するという構造論から具体的な結論をドグマティックに導き出すという手法は、相当ではない。準抗告についても事後審か否かをまず決定し、これに基づいて結論を導き出すという考え方を採るべきではない。ところで、本条の準抗告は、上級裁判所への不服申立てとはいえない。簡易裁判所の裁判官による裁判に対する準抗告も合議体で行う必要から、地方裁判所が管轄するものであって、上級裁判所への救済申立てとはいえない（高田卓爾・注解刑訴下292）。しかし、機能的には不服申立ての一種であることに違いはなく、抗告に準じるものであるか

426　第3編　上訴　　第4章　抗告

ら、その構造についても、抗告と基本的に同様に考えれば足りるというべきである。すなわち、証拠調べに関する異議（309）のように受訴裁判所において、いわば再度の考案をするような場合であれば、それは受訴裁判所における裁判そのものであるといえるが、準抗告の場合には、原裁判に対する不服申立てに対して、原裁判の当否を原裁判官を含まない裁判体で審査するのであるから、なお、一種の上訴に準じるものといえるのである。次条の準抗告について同様に考えても、特段の支障はないものと思われる。この点については、前述のように、審査時点を準抗告審決定時とする説と原処分時とする説とが対立している。押収処分についてみると、押収すべきでないものを押収したのであれば、早急に是正すべきであるが、相当期間を経過して押収の必要性がなくなったという場合には、還付請求により解決すれば十分足りるのであり、また、裁判所による押収とその性質上大きな違いも見出せない。あえて、審査基準時を準抗告審決定時とするほどの理由は乏しいものと思われる。そうすると、次条の準抗告についても、原則として新事実の考慮は許されないが、例外的にこれが許されるのは、押収については、還付等の手続を経るのが迂遠で手続の蒸し返しと認められる場合に限られるというべきであり、接見等の具体的指定に対する準抗告については、時期を置かずになされるのが普通であり、新事実の発生自体が考えがたいが、仮にそういう場合には、準抗告審の決定があると、他に新事実を主張する手段がなく、それが考慮される機会も失われてしまうときに当たるから、新事実の考慮が許されるというべきである（419条の解説**3**(3)参照）。

3　裁判官の裁判

　裁判官がした本条1項1号〜5号の裁判である。裁判官とは、起訴前又は第1回公判期日前にこれらの裁判をした裁判官、受命裁判官及び受託裁判官をさす。一人制裁判所がする裁判は、裁判所が行うものであるから、準抗告の対象とはならず、抗告の対象となる（最大決昭31・6・13刑集10・6・847〔保釈許可決定〕、最決昭35・1・26刑集14・1・29〔押収物仮還付請求却下〕）。

　一人制裁判所の裁判官がした24条2項による忌避申立て簡易却下の裁判については、準抗告によるべきであり、即時抗告をすることはできないとするのが確立した判例である（最決昭29・5・4刑集8・5・631、最決昭31・6・5刑集10・6・805）。学説上は反対説が強いが（古田佑紀＝河村博・大コメ刑

〔§429〕準抗告　427

訴9・738等）、既に実務上解決をみた問題である。

4　準抗告申立権者

「不服がある者」というのは、352条にいう「決定を受けたもの」と同一範囲のものをさすと一般に解されている（横田＝高橋・諸問題59、古田佑紀＝河村博・大コメ刑訴9・736、河上和雄・注釈刑訴7・42、松尾・条解934等）。その範囲についての一般論は、352条の解説を参照されたい。最決平17・3・25刑集59・2・49は、被告人の配偶者、直系の親族又は兄弟姉妹からの保釈請求を却下した裁判に対して、同人らは、「不服がある者」に当たるとしてその準抗告申立権を認めた。従来、積極説（札幌高決平7・11・7判時1570・146）と消極説（東京地決昭49・1・8刑裁月報6・1・101、東京高決昭62・7・2判時1253・140）に裁判例が分かれていたが、これで積極説が判例となった。これらの者が保釈請求をして却下された場合であるから、被告人の弁護人が保釈請求をして却下されたときに、これらの者に抗告申立権がないのは、当然である（東京高決平15・1・17〈未〉）。

差押え処分を受けた者と共犯者であることが被疑事実に記載されている者について「不服がある者」に該当するとして準抗告申立権を認めた裁判例（松江地決昭55・5・30判時968・136）があるが、共犯者としては相被疑者の関係でいかなる証拠物が収集されたかについて重大な利害関係があるとしても、当該処分を受けたものとはいえないから、消極に解すべきである（横田＝高橋・諸問題103、古田佑紀＝河村博・大コメ刑訴9・736）。被疑者であっても、当該差押え処分を受けたものではない場合には、準抗告申立権はないというべきである（東京地決昭55・1・11刑裁月報12・1＝2・55）。差押えの現場で立会人となったにすぎない者は、差押え処分に対する準抗告の申立権はない（東京地決平3・5・15判タ774・275）。

公職選挙法237条2項違反の罪（詐偽投票罪）等を被疑事実とする投票済投票用紙の差押えに対する準抗告において、被疑者である投票人については、申立権を認めたが、当選人及びその他の投票人については、「不服がある者」に当たらないとして申立権を否定した裁判例がある（大阪地堺支決昭61・10・20判時1213・59）。被疑者からの準抗告については、公判において証拠排除の申立てにより対応する性質の問題であり、準抗告審という簡易な手続にはなじまない面があり、疑問であろうとする見解がある（古田佑紀＝河村博・

428　第3編　上訴　第4章　抗告

大コメ刑訴9・737)。当該処分を受けた投票済投票用紙を管理している選挙管理委員会に申立権があるが、そうではない被疑者、当選人及び投票人には申立権はないというべきである。検察官については、公益の代表者として、その利益が害されるかどうかにかかわらず、申立権があるとする見解があるが(河上和雄・注釈刑訴7・42、古田佑紀=河村博・大コメ刑訴9・737)、前橋地決昭59・12・15刑裁月報16・11=12・756は、10日間の勾留延長請求に対して7日間とした原裁判に対する検察官からの準抗告について、208条2項による再延長請求によるべきであるとしてその利益を欠くとした。これは、他の方法があることを理由とするもので、検察官の抗告申立権一般を問題とするものではないと理解される。

　接見等禁止決定により接見等ができなくなった者からの準抗告申立ては許されないと解されている(古田佑紀=河村博・大コメ刑訴9・741等)。特定の者に限って接見等を禁止することも法律上可能であり、そのような場合は、その特定の者も裁判を受けた者として準抗告をすることができるとする説がある(古田佑紀=河村博・大コメ刑訴9・741)。しかし、この場合も、被疑者又は被告人が特定の者との接見等を禁止されることの反射的効果にすぎないというべきであるから、申立権はないと解するほうが、一貫するように思われる(樋口裕晃「接見等禁止」判タ1176・17)。なお、接見等禁止を解除する決定に対しては、勾留されている被告人にとって利益であるから、これに対して、被告人・弁護人から不服申立てをすることは許されない(東京高決平4・11・25高刑集45・3・120〔東京佐川急便事件においてその社長である被告人に対して衆議院予算委員会が国政調査権に基づく証言を求めるために、一部解除を申し立てたもの〕)。

5　準抗告の対象となる裁判

　準抗告の対象となる裁判は、本条1項1号～5号に規定する裁判である。

　忌避の申立てを却下する裁判として、忌避申立て簡易却下(24)がある。

　勾留に関する裁判としては、勾留(60Ⅰ・207Ⅰ)、勾留期間延長・同請求却下(208Ⅱ・208の2)、勾留期間更新(60Ⅱ)、勾留取消し・同請求却下(87)、勾留執行停止(95)、同取消し(96Ⅰ)、弁護人等との裁判所構内における接見の日時・場所・時間の指定(39Ⅱ、規30)、第三者との接見等禁止決定(81)、勾留理由開示請求却下(86)がある。保釈に関する裁判としては、保釈許可

〔§429〕準抗告　429

・同請求却下（88〜92）、保釈取消し・同請求却下（96Ⅰ）、保釈保証金没取
（96Ⅱ・Ⅲ）がある。押収又は押収物の還付に関する裁判としては、受命裁
判官、受託裁判官又は証拠保全の請求を受けた裁判官が行う差押え・提出命
令・領置（99〜101）、押収物の還付・仮還付（123）及び押収贓物の被害者還
付（124）がある。鑑定のため留置を命ずる裁判としては、捜査機関から請
求を受けた裁判官、受託裁判官、証拠保全の請求を受けた裁判官及び第1回
公判期日前に裁判官が行う鑑定留置（167Ⅰ・224Ⅰ）、同請求却下、鑑定留置
留取消し・同請求却下、鑑定留置執行停止、同取消し、鑑定留置理由開示請
求却下等がある。以上の他に、受命裁判官、受託裁判官又は証拠保全の請求
を受けた裁判官及び第1回公判期日前に裁判官による証人、鑑定人、通訳人
又は翻訳人に対して過料又は費用の賠償を命ずる裁判（150Ⅰ・160Ⅰ・171・
178）及び身体の検査を受ける者に対して過料又は費用の賠償を命ずる裁判
（133Ⅰ・137Ⅰ・172）がある。なお、227条1項の証人尋問で宣誓を拒否した
証人は、それに対する過料の裁判に対する準抗告で当該証人尋問が同項の要
件を満たさないと主張する適格を欠くとした判例がある（東京地決平21・7
・13判タ1311・310）。

6　逮捕に関する裁判

　逮捕に関する裁判は、本条1項各号所定の準抗告の対象となる裁判に含ま
れないから、これに対して準抗告を申し立てることはできない（最決昭57・
8・27刑集36・6・726、京都地舞鶴支決昭48・7・9判時710・114）。文理上の
理由のほか、逮捕の違法は勾留に対する準抗告で争うことができること（通
説）や時間的な緊急性等によるものである。逮捕状の発付のみならず、逮捕
状請求却下に対する準抗告も許されない。

7　勾留の執行停止に関する裁判

　勾留の執行停止の申立ては、裁判官の職権発動を促すものであって、申立
権は認められないから、職権を発動せずの裁判あるいは申立て却下決定をし
た場合でも、最決平7・4・12刑集49・4・609の趣旨からして、これに対
して準抗告の申立てをすることはできないと解される。

8　勾留理由の開示に関する裁判

　勾留理由開示請求却下決定に対しては、準抗告をすることができる（最決
昭46・6・14刑集25・4・565）。勾留理由開示を行う決定に対して検察官から

の準抗告は可能であるとする説がある（古田佑紀＝河村博・大コメ刑訴9・741）。明らかに濫用にわたると認められる請求の繰り返しによる場合等が考えられるとするものであるが、そのような場合には、請求を却下すれば足りるであろう。勾留理由開示の手続においてされる裁判官の行為に対しては、勾留に関する裁判には当たらず、これに対する準抗告の申立ては不適法である（最決平5・7・19刑集47・7・3、神戸地決昭47・2・17判時668・101、名古屋地決昭34・3・4下刑集1・3・861）。勾留理由開示の手続における裁判官の処分（弁護人不出頭での開廷、開示内容に関する釈明要求への対応、意見陳述の制限等）に対しては、309条2項を準用して異議を申し立てることができるが、この異議申立ての棄却決定に対しては、準抗告の申立ては許されないと解されている（川口政明・判例解説（刑）平5・27）。最決平17・10・24刑集59・8・1442は、勾留理由開示の期日調書の謄写の不許可は、勾留理由開示を担当した裁判官が40条1項に準じて行った訴訟に関する書類の謄写に関する処分であって、勾留に関する裁判に当たらないから、これに対して準抗告を申し立てることはできず、309条2項により異議を申し立てることができるにとどまるとした。

9　接見及び物等の授受の禁止に関する裁判

81条による接見等の禁止に関する裁判（207条1項により被疑者についても準用）に対しては、抗告・準抗告をすることができる。接見等禁止決定に対する弁護人等からの抗告等や接見等禁止請求却下決定に対する検察官からの抗告等がある。一部を除外する決定に対する検察官からの抗告等も見受けられる。弁護人等からの接見等禁止決定の全部ないし一部の取消しないし解除の申立てに対して、取消しないし解除の決定があれば、これに対して検察官は当然抗告等をすることができる（徳島地決昭43・1・20下刑集10・1・106）。取消しないし解除の申立権はないから、職権を発動しない旨の裁判ないし同申立ての却下決定については、最決平7・4・12刑集49・4・609の趣旨からして、これに対する不服申立ては許されないと解される（岩瀬徹・令状基本下149、東京地決昭46・6・30刑裁月報3・6・839。ただし、反対説として、渡辺修・刑事裁判と防御124がある。）。もっとも、大阪高決平14・7・17判タ1124・301は、被告人からの内妻に限った接見等禁止一部取消しの申立てに対し、特定日時に限って内妻との接見を認めた原決定を不服とする被告人の抗告を

〔§429〕準抗告　431

適法としている。これは、近時、接見等の禁止決定が増加していることを背景に、却下決定をしている場合には、不服申立てをあえて適法と認めようとする考え方であろう。ことに期限を定めない接見等の禁止決定に対しては、場合によっては、上告審までその効果が維持されることもあるから（上告審における解除決定例については、渡辺修・刑事裁判と防御109以下。）、取消しないし解除申立てに対する不服申立てを認めたほうが妥当だという実務的な感覚があるのかもしれない。しかし、実務の全体の流れからすれば、例外的な裁判例というべきであろう。

10　勾留場所に関する裁判

勾留場所に関する裁判は、被疑者・検察官双方から準抗告で不服を申し立てることができる。検察官からの申立てについて実質的に勾留請求を却下したに等しいような特別の場合を除きこれをすることができないとした裁判例もあったが（鳥取地決昭44・11・6刑裁月報1・11・1083）、申立権を肯定するのが確立した判例である（福岡地決昭43・12・28判時564・88、大阪地決昭44・10・1判時591・102）。なお、移送の同意請求に対して不同意とした裁判に対しては、不服を申し立てることができないと解される（最決平7・4・12刑集49・4・609。419条の解説 **4**(1)参照）。

11　勾留に代わる観護措置

少年法43条1項・2項・44条2項による勾留に代わる観護措置に関する裁判（申立てを却下する裁判を含む。）については、本条1項2号の「勾留に関する裁判」に当たり、準抗告の申立てができると解されている（横田＝高橋・諸問題22、古田佑紀＝河村博・大コメ刑訴9・742等）。広島家決昭44・11・20刑裁月報1・11・1096は、家庭裁判所送致前になされた勾留に代わる観護措置に対する準抗告について、同送致後は、少年法17条5項により同条1項2号の観護措置とみなされ、勾留に代わる措置とはその性格を一変するに至るから、準抗告の申立ては利益を欠くとして、これを却下したが、その趣旨からして、家庭裁判所送致以前は準抗告の申立てができることを前提としているといえる。

12　みなし勾留

少年法45条4号のいわゆるみなし勾留（観護措置が事件の逆送により裁判官のした勾留とみなされるもの）が「勾留に関する裁判」に当たり、これに対し

432　第3編　上訴　　第4章　抗告

て準抗告の申立てをすることができるというのが通説（金谷利廣・令状基本上368、横田＝高橋・諸問題24、河上和雄・注釈刑訴7・74、田宮裕＝廣瀬健二編・注釈少年法［第3版］436等）であり、かつ、判例（東京家決昭46・7・2家庭裁判月報23・11＝12・171、東京地決昭57・7・30家庭裁判月報35・9・128、東京家決昭57・8・5家庭裁判月報35・9・125）である。検察官からの準抗告か再逮捕のいずれかを可能とするのでなければ、問題があるという指摘もあるが（古田佑紀＝河村博・大コメ刑訴9・744）、実務は積極説で固まったといえる。その理由については、前記東京家決昭46・7・2家庭裁判月報23・11＝12・171は、少年法20条による検察官送致に先立って、裁判官が勾留の要件の具備について判断し、右要件を具備していないと判断した場合は観護措置を取り消し、具備していると判断した場合はこれを取り消すことなく、少年審判規則24条の2第1項によってあらかじめ本人に対し罪となるべき事実と刑訴法60条1項各号の事由がある旨を告げなければならないことから、その実質は起訴前の裁判官の勾留処分と同視すべきものであると判示している。

　検察官送致決定の際に観護措置を取り消した裁判に対して検察官が準抗告を申し立てることができるかについて、積極説（古田佑紀＝河村博・大コメ刑訴9・744）と消極説（金谷利廣・令状基本上371、横田＝高橋・諸問題24、田宮裕＝廣瀬健二編・注釈少年法［第3版］437等）とが対立している。みなし勾留に対する準抗告を認めることとのバランスも考えられるが、観護措置及びその取消しはいずれも家庭裁判所の職権によるものであり、申立てによるものではないことなどからすれば、消極説が妥当である。

13　起訴前の勾留に対する準抗告

　最決昭59・11・20刑集38・11・2984により、起訴前の勾留に対する準抗告の申立ての利益は、起訴後は失われるとされた（421条の解説4(4)参照）。

14　第1回公判期日前にした勾留の裁判に対する同期日後の準抗告の申立て

　最決平7・4・12刑集49・4・609は、第1回公判期日前にした勾留取消し請求却下の裁判に対する準抗告申立てについて、第1回公判期日後にされたことのみを理由として不適法とした原判断は、是認することができないとした（419条の解説5(2)参照）。

15　差押許可状発付の裁判に対する準抗告

　差押許可状発付の裁判（差押えの裁判）に対する準抗告の適否については、

適法説（横田＝高橋・諸問題26、河上和雄・注釈刑訴7・61等）と不適法説（大久保太郎・判例解説（刑）昭44・437等）とがある。裁判例としては、適法説（①東京地決昭33・5・8一審刑集1・5・832、②福島地会津若松支決昭41・8・6下刑集8・8・1176、③東京地決昭43・11・26判時538・17、④東京地決昭44・7・10刑裁月報1・7・786）と不適法説（⑤大阪地決昭54・5・29刑裁月報11・5・508）とがある。いずれの事案でも差押え処分にまで至っているが、①では差押えの裁判に対する準抗告があるのみで、これを棄却し、②でも同様であるが、これを取り消し、捜索差押許可状の請求を却下し、③では、差押えの裁判と差押え処分双方に対する準抗告があり、前者について、これを取り消し、後者についてはもはや判断の必要がないとし、④では、双方に対する各準抗告を棄却している。⑤では、双方に対する準抗告があり、前者については不適法とし、後者については、理由がないとして棄却した。差押え処分が行われている場合について、差押えの裁判を取り消す利益はないとする裁判例もある（⑦佐賀地決昭41・11・19下刑集8・11・1489〔準抗告棄却〕、⑧東京地決昭43・11・22判時538・17〔差押え処分取消し〕、⑨東京地決平3・5・15判タ774・275〔準抗告棄却〕）。文理的には適法説に分があるが、差押許可状の発付が被差押人に事前に知られること自体が問題であるという指摘がある（古田佑紀＝河村博・大コメ刑訴9・752）。しかし、どの事例でも差押え処分が実行された後の準抗告の申立てであり、指摘のようなこともありえないではないが、適法説の問題点とまではいえないように思われる。結局は、③のように、差押えの裁判自体に違法な点があれば、それを取り消すべきあり、それが取り消されれば、それに基づく差押え処分も無効となるから、取消しの実益もあるというべきである。逆に、⑧のように、関連性や必要性がないとして差押え処分を取り消す場合には、差押え裁判の適否をあらためて論ずる実益はないというべきである。差押えの裁判は、差押え処分のためのものであるから、その裁判独自の違法性があっても、それを宣言・確認するだけのために取り消すまでの必要性は認められないというべきである。差押え処分自体は適法な場合でも、その前提となる差押えの裁判の適否も判断せざるを得ないから、⑤のような不適法処理は問題であるが、同事例では、あわせて、実体判断も示しているので、問題はない。⑦では、差押えの裁判のうちの捜索差押えすべき場所の表示に一部無効とすべき点があるが、これに基づ

434　第3編　上訴　第4章　抗告

いて不法な執行がなされるおそれはなくなったというものであり、差押えの裁判全体を違法とするものではなく、しかもそれに基づいて具体的になされた差押え処分を違法とするような瑕疵でもないから、このような処理も支持することができる。

16　公訴提起前の勾留に対する420条3項の準用

　本条2項が準抗告に420条3項を準用していることから、公訴提起前の勾留に対して420条3項が準用されるかが問題となっている。判例としては、準用肯定説（前橋地決昭35・7・10下刑集2・7＝8・1173、札幌地決昭36・3・3下刑集3・3＝4・385）と準用否定説（大阪地決昭46・6・1判時637・106）とがある。学説も準用肯定説（横田＝高橋・諸問題111等）と準用否定説（磯辺衛「準抗告審において取調べ審査しうる事項」実務ノート3・261、光藤景皎「犯罪の嫌疑がないことを理由としてなされた起訴前勾留に対する準抗告申立の適否」ジュリ509・159、古田佑紀＝河村博・大コメ刑訴9・689等）に分かれている。準用肯定説によっても、職権による嫌疑の有無の調査が許され、嫌疑がなければ、勾留請求を却下することになるから、実際上の救済は図られることになる（横田＝高橋・諸問題111）。3項の準用を公訴提起後で第1回公判期日前の勾留に限定して解しても文理に著しく反するとはいえないし（古田佑紀＝河村博・大コメ刑訴9・749）、何よりも、嫌疑のない違法な逮捕・勾留に対する事前の司法抑制の重要性にかんがみれば、準用否定説に賛成する。最近、この問題に関する裁判例が見受けられないが、実務は、嫌疑なしの主張があるのに、準用肯定説から、これを一切検討しないというようなことはないといってよいのではあるまいか。嫌疑ありとして、準抗告を棄却する際に、あわせてこの点にも触れておくかどうかという程度の感覚ではあるまいか。

（原田國男）

〔捜査機関の処分に対する準抗告〕
　第430条　検察官又は検察事務官のした第39条第3項の処分又は押収若しくは押収物の還付に関する処分に不服がある者は、その検察官又は検察事務官が所属する検察庁の対応する裁判所にその処分の取消又は変更を請求することができる。

〔§430〕捜査機関の処分に対する準抗告　435

2　司法警察職員のした前項の処分に不服がある者は、司法警察職員の職務執行地を管轄する地方裁判所又は簡易裁判所にその処分の取消又は変更を請求することができる。

3　前2項の請求については、行政事件訴訟に関する法令の規定は、これを適用しない。

〈本条細目次〉
1　本条の趣旨　435
2　一般指定　435
3　接見日時の具体的な指定　436
4　捜索差押えの際の写真撮影　437
5　領置主体　438
6　国税犯則事件における収税官吏の差押え処分　438
7　刑事収容施設法令による文書の授受の禁止　439
8　還付等の請求に対する不応答　439
9　司法警察職員の職務執行地　439

1　本条の趣旨

　本条は、捜査機関の行う処分のうち、39条3項の処分又は押収若しくは押収物の還付に関する処分について、準抗告による不服申立てを認めるものであり、本条の請求については、行政事件訴訟に関する法令の規定は、適用されない。捜査機関の行う所定の処分が対象であるから、裁判官の裁判を対象とする前条の準抗告とは、性質を異にしており、これを「新しい訴訟」とみるべきであるとする見解も有力である（前条の解説2参照）。

2　一般指定

　この問題は、かつて、その処分性等をめぐって激しく準抗告で争われたが（判例の詳細は、横田＝高橋・諸問題213以下）、今日では、検察官による留置施設の長に対する事務連絡文書にすぎないという取扱いが確立したことなどから、処分性は否定されるに至っている（最判平12・2・23判タ1040・117は、前記通知は捜査機関の内部的な事務連絡であって、何ら法的な拘束力を及ぼすものではなく、一般的指定処分がされたとはいえないと判示している。）。また、具体的指定の要件・方法等も争われたが、これも時間的な制約があることなどか

ら、公刊物に登載されるような裁判例は見当たらなくなった。むしろ、この点は、一連の国家賠償請求事件に関する最高裁判所の民事判例により具体的な基準等が示されるに至っている（①最判昭53・7・10民集32・5・820、②最判平3・5・10民集45・5・919、③最判平3・5・31判時1390・33、④最大判平11・3・24民集53・3・514、⑤最判平12・6・13民集54・5・1635、⑥最判平17・4・19民集59・3・563等）。すなわち、39条3項の「捜査のため必要があるとき」の意義について、①及び②の最判を経て、④の最大判により、「右接見等を認めると取調べの中断等により捜査に顕著な支障が生ずる場合に限られ、右要件が具備され、接見等の日時等の指定をする場合には、捜査機関は、弁護人等と協議してできる限り速やかな接見等のための日時等を指定し、被疑者が弁護人等と防御の準備をすることができるような措置を採らなければならないものと解すべきである。そして、弁護人等から接見等の申出を受けた時に、捜査機関が現に被疑者を取調べ中である場合や実況見分、検証等に立ち会わせている場合、また、間近い時に右取調べ等をする確実な予定があって、弁護人等の申出に沿った接見等を認めたのでは、右取調べ等が予定どおり開始できなくなるおそれがある場合などは、原則として右にいう取調べの中断等により捜査に顕著な支障が生ずる場合に当たると解すべきである。」とされたのである。かくして、弁護人等との協議の重要性が確認され、およそ具体的指定を拒否するようなことは許されず、接見等をめぐる状況が大きく変化したのである。

3 接見日時の具体的な指定

具体的指定を拒否又は一般的指定を取り消した場合に、裁判所が自ら接見の日時を指定することができるというのが確立した判例である（熊本地決昭38・11・24下刑集5・11＝12・1203、東京地八王子支決昭42・1・26下刑集9・1・77、秋田地決昭42・2・19下刑集9・2・167、静岡地決昭43・3・1下刑集10・3・317、東京地八王子支決昭45・6・30判時615・105、札幌地決昭49・6・12判時749・116、浦和地決昭51・7・9判時822・113等）。これに反する裁判例もあり（水戸地決昭42・9・24判時508・81）、この立場を支持する見解もある（河上和雄・注釈刑訴7・81、古田＝河村・大コメ刑訴9・763）。確かに、取り消せば、いつでも接見できる状態になるのだから、裁判所があらためて接見の日時を具体的に指定する必要はないともいえるが、裁判所としては、準抗

〔§430〕捜査機関の処分に対する準抗告　437

告の機会に、接見の日時等を具体的に指定して、争いを解決するのも、準抗
告手続の一つの重要な機能といえるから、積極説（横田＝高橋・諸問題215）
が妥当である。なお、接見資格の疎明がないことを理由とする接見拒否につ
いて、準抗告をすることができるかについては、積極説（木谷明・令状基本
下187、河上和雄・注釈刑訴7・79）と消極説（古田佑紀＝河村博・大コメ刑訴9
・762）とがあるが、準抗告の申立てを認めて接見資格の有無について判断
するのが相当であろう。

4　捜索差押えの際の写真撮影

　最決平2・6・18刑集44・4・385は、司法警察員が捜索差押えの際にし
た写真撮影は、本条2項の準抗告の対象となる「押収に関する処分」に当た
らないとする。この判例の射程については、事例判例であることや藤島裁判
官の補足意見の趣旨からして、差押えの対象となっていないメモや日記帳の
内容の写真撮影といったケースについては、それにふさわしい事例を待つこ
ととしてその射程外であるという説明がされている（大谷直人・判例解説
（刑）平2・95）。この点について、写真撮影自体を「押収に関する処分」に
当たるとして本条による準抗告の対象となると解する説も有力であるが（後
藤昭「捜索差押の際の写真撮影」法時58・7・97、高部道彦「捜索差押の際の写
真撮影」研修496・47、井上・強制捜査459）、その撮影の態様を問わず準抗告の
対象とならないという説（横田＝高橋・諸問題327、河上和雄「捜索差押中の写
真撮影」判タ734・32）や立法趣旨等の観点から積極説に対する疑問を指摘す
る説（大谷・前掲96）もある。前記最決により写真撮影は検証に当たり、検
証に対しては準抗告をすることができないことは明らかとなったから、検証
ではあるが、実質的に押収と同視できるような場合に準抗告の対象となるの
かという論点になる。そこで、いわば実質説と形式説とが対立しているが、
少なくとも、捜索差押えの狙いがこのような文書の写真撮影にあるような場
合には、実質的にみて押収に当たるとして準抗告による救済を認めるべきで
あろう。その場合には、押収手続全体を違法とする説もあるが、本来適法な
押収部分まで違法とする理論的根拠は乏しいというべきである（井上・前掲
447）。そのような場合に例外的に準抗告の対象となるとして、426条2項に
よりネガ及び写真の廃棄又は引渡しを命ずることができるかについては、消
極説も多いが（高部・前掲55、古田佑紀＝河村博・大コメ刑訴9・769）、準抗告

438 第3編 上訴 第4章 抗告

を認める以上は、その効果を十全なものにするために前記のような措置も取り得ると解すべきであろう（井上・前掲460）。

5 領置主体

最決昭58・4・28刑集37・3・369は、検察官の保管にかかる公判不提出の押収物に関する還付等の処分に対する本条1項所定の準抗告は、右押収の基礎となった被告事件がどの裁判所に係属している場合であっても、その物の押収を継続している検察庁の検察官が還付等の処分をしたものと認められるときには、右検察官の所属する検察庁に対応する裁判所に申し立てるべきであるとする。要するに、当該被告事件は最高裁判所に係属していても、押収物を現に保管している東京地方検察庁の検察官が還付請求に対して還付しない旨の処分をしているから、同処分に対する本条による準抗告は、最高裁判所ではなく、東京地方検察庁に対応する東京地方裁判所に申し立てるべきであるというのである。この判例については、上告審の状況が把握できない地検の検事に還付の可否について実質的な判断を求めるのは困難がないわけではないという指摘もある（古田佑紀＝河村博・大コメ刑訴9・772）。

最決昭44・3・18刑集23・3・153は、司法警察職員は、事件を検察官に送致した後においては、当該事件につき司法警察職員がした押収に関する処分を取り消しまたは変更する裁判に対して抗告を申し立てることができないとする。この判例についても、証拠物が送致されている場合に限るべきであるという指摘がある（古田佑紀＝河村博・大コメ刑訴9・772）。

6 国税犯則事件における収税官吏の差押え処分

国税犯則取締法2条により収税官吏の請求に基づいて裁判官がした差押え等の許可自体に対しては、準抗告その他の不服申立ては許されず、同条により収税官吏がした差押え処分に対する不服申立ては、行政事件訴訟法によるべきであって、本条による準抗告は不適法であるが、当該物件が検察官に引き継がれた場合には（税犯18）、本条による準抗告によるべきことになる（最大決昭44・12・3刑集23・12・1525、大阪地判昭32・9・25訟務月報4・2・267、静岡地判昭59・7・19訟務月報30・12・2763）。証券取引法211条により証券取引等監視委員会職員の請求に基づいて裁判官がした捜索差押えの許可についても、同様にこれに対する準抗告は不適法とされている（東京地決平8・3・28判時1595・152）。

[§430] 捜査機関の処分に対する準抗告　439

7　刑事収容施設法令による文書の授受の禁止

　代用監獄留置員が監獄法50条、同法施行規則130条により接見等禁止中の被告人から弁護人への信書の授受を許さなかった処分は、本条2項の処分に当たらないから、これに対する準抗告は不適法である（東京地決平13・12・3判時1776・168、最決平14・1・10判時1776・169）。刑事収容施設及び被収容者等の処遇に関する法律のもとでも同様である。弁護人からの飲食物差入れ拒否及び弁護人への宅下げ禁止のような拘置所職員のした処分に対して本条の準抗告を申し立てることは許されないとした判例（最決平27・9・8裁集317・343）がある。

8　還付等の請求に対する不応答

　捜査機関が還付等の請求に対して応答しない場合については、却下処分があったものとして、準抗告の請求ができるというのが判例であり（東京地決昭40・7・15下刑集7・7・1525、大阪地決昭45・9・11判時613・104、大阪地決昭50・9・25判時804・113、岡山簡決昭50・11・28判時816・109等）、通説であるといってよい（横田＝高橋・諸問題54、古田佑紀＝河村博・大コメ刑訴9・773等）。

9　司法警察職員の職務執行地

　最決昭54・4・3刑集33・3・175は、本条2項にいう「職務執行地」とは、不服のある処分の行われた地をいうとする。ところで、同一被疑者の同一被疑事実について、複数の捜索差押令状が発付され、管轄地を異にして差押え処分がなされた場合に、6条、9条の立法趣旨に照らして他の管轄地で行われた差押え処分についてもあわせて準抗告の管轄を認めた裁判例がある（松江地決昭55・5・30判時968・136）。この裁判例については、消極説にも軽視しがたい根拠があるが、結論を保留し、今後の学説・裁判例の動きに注目したいとする見解（横田＝高橋・諸問題106）と積極説に問題があるのは否めないとしつつ、職務執行地には、現実の処分を行った地と通常の職務執行地の双方が含まれると解することにより妥当な結論が得られるとする見解（古田佑紀＝河村博・大コメ刑訴9・775）がある。後者の見解は、逮捕に伴い差押えが行われた場合には、その処分をした司法警察職員の通常の職務執行地を管轄する検察庁の検察官に事件を送致することになり、そうであれば、通常の職務執行地を管轄する裁判所が管轄裁判所になるのではないかという批

440　第3編　上訴　第4章　抗告

判（河上和雄・注釈刑訴7・85）を考慮するものである。　　　　（原田國男）

〔準抗告の手続〕
第431条　前2条の請求をするには、請求書を管轄裁判所に差し出さなければならない。

〈本条細目次〉
1　本条の趣旨　440
2　管轄裁判所への差出し　440
3　請求書に理由を記載する必要性　440
4　上訴通則の規定の準用　441

1　本条の趣旨

　本条は、準抗告の手続を定めるものであり、請求書を管轄裁判所に差し出さなければならないとするものである。

2　管轄裁判所への差出し

　請求書は、原裁判をした裁判官又は原処分をした捜査機関ではなく、準抗告裁判所に差し出さなければならない。この点は、抗告の場合には（423Ⅰ）、申立書を原裁判所に差し出さなければならないのと異なる。したがって、原裁判をした裁判官等は再度の考案をして更正することもできない（432条は423条を準用していない。）。準抗告申立ての方式については、抗告の場合と同様である。書面による必要があるし、電報による申立ても不適法である。ファクシミリによる申立ても同様に不適法と解すべきである。電子複写機によって複写されたコピーである請求書による申立ても同様である。

3　請求書に理由を記載する必要性

　この点については、即時抗告又はこれに代わる異議の申立てについて、申立書に申立理由を記載する必要があるとした最決昭54・11・6刑集33・7・685は、準抗告にも当てはまるとされる（佐藤文哉・判例解説（刑）昭54・311）。この点については、423条の解説3を参照されたい。なお、準抗告審の裁判があるまでに追加として提出された抗告理由申立書について、同裁判で判断を示さなかったのは、違法であるとした裁判例がある（最決昭47・4・28判

〔§432〕抗告に関する規定の準用　441

時667・92)。

4　上訴通則の規定の準用

　準抗告には、上訴通則の規定である刑事施設にいる被告人に関する特則(366)、準抗告申立ての取下げ等に関する規定（359等）が準用される。

（原田國男）

〔抗告に関する規定の準用〕

第432条　第424条、第426条及び第427条の規定は、第429条及び第430条の
　　　請求があつた場合にこれを準用する。

　〔規〕　第273条（準用規定）　法第429条参照。

〈本条細目次〉
1　本条の趣旨　441
2　執行停止　441
3　原裁判をした裁判官による執行停止　441
4　勾留請求却下の裁判の執行停止　442

1　本条の趣旨

　本条は、準抗告に抗告の主要規定の準用を認めるものである。執行停止に関する424条、抗告の裁判に関する426条及び再抗告の禁止に関する427条が準用される。

2　執行停止

　429条1項4号又は5号の裁判に対する準抗告については、同条5項により執行停止の効力があるが、それ以外の準抗告については、本条が準用する424条により執行停止の効力を有しない。同条2項の準用により準抗告裁判所は、原裁判又は原処分の執行を停止することができる。

3　原裁判をした裁判官による執行停止

　この点について、原裁判をした裁判官による執行停止を認めない見解もあるが（戸田弘・実務講座11・2682、高田卓爾・注解刑訴下295等）、積極説が大勢である（横田＝高橋・諸問題118、河上和雄・注釈刑訴7・69、古田佑紀＝河村博

442　第3編　上訴　　第4章　抗告

・大コメ刑訴9・780等）。確かに、原裁判官には再度の考案の機会はないが、準抗告審へ記録を送付するまでは、執行停止を判断する機会があるし、本条は、424条1項但し書の準用を排除していないから、積極説が相当であろう。実務もこれによっていると思われる（松尾・条解1125）。

4　勾留請求却下の裁判の執行停止

　勾留請求却下の裁判の執行停止については、消極説もあるが（高田卓爾・注解刑訴下303等）、積極説が通説であり（横田＝高橋・諸問題126等）、確立した実務といえる。執行停止の判断に合理的に必要な時間内は、被疑者の身柄を拘束することができるとするのが判例であり（高知地決昭42・11・17下民集8・11＝12・1111、福岡地決昭46・3・17刑裁月報3・3・477。ただし、金沢地決昭37・10・17下刑集4・9＝10・970は消極説を採る。）、これも確立した実務といえよう。

（原田國男）

〔特別抗告〕

第433条　この法律により不服を申し立てることができない決定又は命令に対しては、第405条に規定する事由があることを理由とする場合に限り、最高裁判所に特に抗告をすることができる。

2　前項の抗告の提起期間は、5日とする。

　〔規〕　第274条（特別抗告申立書の記載・法第433条）　法第433条の抗告の申立書には、抗告の趣旨を簡潔に記載しなければならない。
　　　　第275条（特別抗告についての調査の範囲・法第433条）　最高裁判所は、法第433条の抗告については、申立書に記載された抗告の趣意についてのみ調査をするものとする。但し、法第405条に規定する事由については、職権で調査をすることができる。
　　　　第66条（裁判所に対する訴訟行為をする者のための法定期間の延長・法第56条）　法第56条参照。

〈本条細目次〉

1　本条の趣旨　443
2　特別抗告の対象とならない裁判　443

〔§433〕特別抗告　443

　　3　特別抗告の対象となる裁判　443
　　4　訴訟手続に関し判決前にした決定　443
　　5　411条の準用　444
　　6　上訴権回復請求に関する規定の適用　444

1　本条の趣旨

　本条は、いわゆる特別抗告に関する規定であり、この法律により不服を申し立てることができない決定又は命令に対しては、405条に規定する事由があることを理由とする場合に限り、最高裁判所に特に抗告をすることができると規定し、その抗告の提起期間を5日としている。

2　特別抗告の対象とならない裁判

　特別抗告の対象とならない裁判としては、①裁判所法による裁定合議の取消し決定（最決昭60・2・8刑集39・1・15）、②逃亡犯罪人引渡法10条1項3号の逃亡犯罪人を引き渡すことができる場合に該当する旨の決定（最決平2・4・24刑集44・3・301）、③少年法18条2項による強制的措置許可決定（最決平16・11・11家庭裁判月報58・2・182）、④最高裁判所の決定（大法廷決定につき、最大決昭30・12・23刑集9・14・2991。小法廷決定につき、最決昭30・10・31刑集9・11・2349）がある。①〜③は、いずれも刑訴法上の決定・命令でないからであり、④は、最高裁判所が終審裁判所であることによる（古田佑紀・大コメ刑訴9・785）。もっとも、前者については、不服の申立てを認めないこと自体が憲法違反又は判例違反であると主張するときは、特別抗告をすることができるという見解があるが（佐藤文哉・松尾・刑訴2・468）、①〜③の判例からすれば、前記のような主張であっても、特別抗告を認めていないものと解される。

3　特別抗告の対象となる裁判

　特別抗告の対象となる裁判としては、裁判所の管轄について判決前にした決定、抗告審・準抗告審の決定、抗告に代わる異議申立てに対する決定及び準抗告の対象とならない命令等がある。

4　訴訟手続に関し判決前にした決定

　訴訟手続に関し判決前にした決定については、初期の最高裁判例は、420条1項により抗告をすることができないことから、本条1項の「この法律に

444 第3編 上訴 第4章 抗告

より不服を申し立てることができない決定」に当たるとして特別抗告ができるとしていたが、その後、本案判決に対する上訴においてその当否を争うことができることから、前記決定に当たらないものとして、特別抗告をすることができないとされ、これが確立した判例となった（証拠採用決定〔最決昭29・10・8刑集8・10・1588〕、証言拒絶を許容した違法があるとの異議申立てを棄却した決定〔最決昭33・4・18刑集12・6・1109〕、予備的訴因追加許可決定〔最決昭36・2・7刑集15・2・304〕、付審判の決定〔最決昭52・8・25刑集31・4・803〕等多数）。他方、若干の例において、特別抗告を許容したものもある（傍聴人に対する退廷命令〔最決昭35・7・11裁集134・425〕、期日指定〔最決昭35・7・11裁集134・425〕、公判期日変更決定〔最決昭36・5・9刑集15・5・771〕、公判期日を追って指定する旨の裁判長の処分〔最大決昭37・2・14刑集16・2・85〕、証拠開示命令〔最決昭44・4・25刑集23・4・248〕、付審判請求事件の審理手続において検察官から裁判所に送付された一件記録の閲覧謄写を許可した決定〔最決昭49・3・13刑集28・2・1〕等）。最高裁判所として時機を捉えて解決しておく必要がある重要問題（証拠開示関係）や時機に遅れると上訴では解決することができないような問題（公判期日指定関係）等については、具体的事案によって最高裁判所が介入判断することが許されるというべきである（田尾勇・判例解説（刑）昭44・193、古田佑紀＝河村博・大コメ刑訴9・786等）。

5 411条の準用

判例は、特別抗告についても、411条の準用があるとしている（最大決昭43・6・12刑集22・6・462、最大決昭37・2・14刑集16・2・24等）。確立した判例であり、かつ、通説でもある。

6 上訴権回復請求に関する規定の適用

特別抗告についても、362条以下の上訴権回復請求に関する規定の適用がある（最決昭48・6・21刑集27・6・1197）。 （原田國男）

〔一般抗告に関する規定の準用〕

第434条 第423条、第424条及び第426条の規定は、この法律に特別の定のある場合を除いては、前条第1項の抗告についてこれを準用する。

〔§434〕一般抗告に関する規定の準用　445

〔規〕　第276条（準用規定）　法第433条の抗告の申立があつた場合には、第256条、第271条及び第272条の規定を準用する。

〈本条細目次〉
1　本条の趣旨　445
2　原裁判所による更正の範囲　445
3　執行停止の対象　445
4　特別抗告審の構造　445

1　本条の趣旨
　本条は、特別抗告に抗告の主要規定の準用を認めるものである。抗告の手続に関する423条、執行停止に関する424条、抗告の裁判に関する426条が準用される。

2　原裁判所による更正の範囲
　原裁判所は、本条による423条2項の準用により、再度の考案をして、原裁判を更正することができるが、411条を適用して更正することができるかという問題がある。積極説（戸田弘・実務講座11・2693、河上和雄・注釈刑訴7・95）と疑問とする説（高田卓爾・注解刑訴下309）があるが、更正規定の趣旨からして、積極説が妥当であろう。

3　執行停止の対象
　執行停止の対象は、原則として原決定であるが、申立てを認容する決定に対して抗告棄却決定があり、これに対する特別抗告があった場合、最高裁判所が執行停止の裁判をするときは、原原決定だけが対象となる（最決昭56・10・2刑集35・7・683）。

4　特別抗告審の構造
　特別抗告審は、法律審であって、事実審ではない。ただし、411条の準用により、原裁判に影響を及ぼすべき重大な事実誤認があり、著しく正義に反する場合には、これを取り消さなければならないから、その限度では、事実審であるが、それは職権発動事由にすぎず、抗告審以上に事後審性が顕著であるといえる。抗告審の構造で述べた原則が当てはまり、例外事由も想定できない（419条の解説3参照）。もっとも、原裁判後に重大な事情変更があり、

446　第3編　上訴　　第4章　抗告

これを考慮する機会が特別抗告審にしかないときには、職権による裁量に基づき、非常救済的措置として原決定を取り消すことができるであろう。特別抗告審はオールマイティーであるからである。　　　　　　　　　　　　（原田國男）

第4編　再　審

〔§435〕再審の請求と理由(1)　449

〔再審の請求と理由(1)〕

第435条　再審の請求は、左の場合において、有罪の言渡をした確定判決に対して、その言渡を受けた者の利益のために、これをすることができる。

一　原判決の証拠となつた証拠書類又は証拠物が確定判決により偽造又は変造であつたことが証明されたとき。

二　原判決の証拠となつた証言、鑑定、通訳又は翻訳が確定判決により虚偽であつたことが証明されたとき。

三　有罪の言渡を受けた者を誣告した罪が確定判決により証明されたとき。但し、誣告により有罪の言渡を受けたときに限る。

四　原判決の証拠となつた裁判が確定裁判により変更されたとき。

五　特許権、実用新案権、意匠権又は商標権を害した罪により有罪の言渡をした事件について、その権利の無効の審決が確定したとき、又は無効の判決があつたとき。

六　有罪の言渡を受けた者に対して無罪若しくは免訴を言い渡し、刑の言渡を受けた者に対して刑の免除を言い渡し、又は原判決において認めた罪より軽い罪を認めるべき明らかな証拠をあらたに発見したとき。

七　原判決に関与した裁判官、原判決の証拠となつた証拠書類の作成に関与した裁判官又は原判決の証拠となつた書面を作成し若しくは供述をした検察官、検察事務官若しくは司法警察職員が被告事件について職務に関する罪を犯したことが確定判決により証明されたとき。但し、原判決をする前に裁判官、検察官、検察事務官又は司法警察職員に対して公訴の提起があつた場合には、原判決をした裁判所がその事実を知らなかつたときに限る。

　　　〔規〕　第283条（請求の手続）　再審の請求をするには、その趣意書に原判決の謄本、証拠書類及び証拠物を添えてこれを管轄裁判所に差し出さなければならない。
　　　　　　第284条（準用規定）　再審の請求又はその取下については、第224条、第227条、第228条及び第230条の規定を準用する。

450　第4編　再審

〈本条細目次〉
1　再審の意義　450
2　本条の趣旨　450
3　本条により再審請求の対象となる裁判　451
4　再審の対象となる事実誤認　451
5　6号以外の各号の再審理由　452
　(1)　1号・2号　452
　(2)　3　号　453
　(3)　4　号　453
　(4)　5　号　453
　(5)　7　号　454
6　6号の再審理由　454
　(1)　新証拠による証明が許される範囲　454
　(2)　証拠の新規性　456
　(3)　証拠の明白性　458
7　再審請求の手続　462

1　再審の意義

　再審は、有罪の確定判決に対し、被告人の利益のため、主として事実認定の不当を救済するために設けられた非常救済手続である。上訴が未確定の裁判に対する救済手続である点で、上訴と相違し、非常上告が審判の法令違反を是正して法令解釈の統一を主眼とする点で、非常上告と相違する。三審制の下で不服申立てをせずに、あるいはその方途を尽くして裁判が確定した以上、それを変更させないことが法的安定にも資することになるが、確定判決に重大な誤りがあっても是正できないとするのは具体的妥当性に欠けることになる。そこで、法的安定性の要求と具体的妥当性の要請をバランスよく充たすため、一定の理由がある場合に限って再審請求が認められている。なお、旧刑訴法は被告人に不利益な再審も認めていたが、現行法は、二重処罰を禁止する憲法39条の趣旨に基づき、被告人の利益のための再審のみを認めている。

2　本条の趣旨

　次条とともに、再審請求の対象となる判決の種類と再審の理由が定められている。再審の理由は、大きく分けて、(1)原判決の事実認定の基礎となった証拠等が偽りのものであった場合（本条①～⑤・次条Ⅰ①）、(2)原判決に関

与した裁判官や捜査官が事件に関して職務犯罪を犯していた場合（本条⑦・次条Ⅰ②）、(3)無罪等を言い渡すべき明らかな証拠を新たに発見した場合（本条⑥）の３種類である。(1)(2)は、原則として確定判決による証明があることを条件とするため、その例は極めて少なく、実務的に重要なのは(3)の理由による場合である。

3　本条により再審請求の対象となる裁判

　有罪の言渡しをした確定裁判である。第１審の有罪判決及び上訴審の破棄自判有罪判決で確定したもののほか、確定判決と同一の効力を有する確定した略式命令及び交通事件即決裁判手続法による即決裁判も含まれる。刑の免除の判決も有罪判決に当たるが、無罪の判決はもちろん、免訴、公訴棄却の裁判も、これに当たらない。

　再審は、有罪判決を受けた者の利益のためにのみ許される（旧刑訴法が不利益再審を認めていたことにつき前記１参照）。確定判決の事実認定の誤りを是正することにより、無罪、免訴、刑の免除の言渡し、あるいはより軽い罪を認めることとなる場合を意味する（本条⑥参照）。したがって、単に没収又は訴訟費用の裁判の不当を理由として再審を請求することは許されない（旧刑訴法485条につき、大決昭6・4・23刑集10・160）。

4　再審の対象となる事実誤認

　再審の対象として救済されるべき事実の誤認は、罪となるべき事実、法律上犯罪の成立を阻却すべき事実、刑の必要的免除事由となる事実、実体的訴訟条件となる事実、処罰条件となる事実、処罰阻却事由となる事実の誤認に限られる。

　実体的訴訟条件となる事実については、本条6号が免訴を言い渡すべき場合を含めていることから、これに該当し、例えば時効の成否を左右するような事実等がこれに含まれる。これに対し、形式的な訴訟条件に関する事実は、含まれない。例えば、少年を成人と誤認した場合について、最決昭43・7・4刑集22・7・581は、「少年を成人と誤認したため、家庭裁判所を経由せずに提起された公訴を受理し、かつ定期刑を科したことは、本条6号所定の再審事由に当たらない」旨判示している。なお、この点に関連して、供述証拠の証拠能力等の訴訟法的事実の誤認も再審理由になるとの趣旨の見解（高田・注解刑訴下317）があるが、当該証拠によって認定された実体法的事実の誤

認がある場合に再審の対象となり得るに過ぎない（なお、おとり捜査の疑いを否定した捜査官等の証言が虚偽であった事案につき、札幌地決平28・3・3判時2319・136は、有罪認定の基礎となった証拠が違法なおとり捜査によって収集された証拠能力のないものであり、犯罪の証明がないことに帰するとして、再審開始を決定し、その後再審無罪判決が確定している）。また、原判決の法令適用の誤りや訴訟手続の法令違反は、非常上告の問題とはなっても、再審理由とはならない（旧刑訴法485条につき、大決昭15・2・14新聞4533・5。なお、この点につき、東京高判昭32・6・10高刑集10・4・404は、原判決の確定後に最高裁が同種事案について刑の廃止があったものと解して免訴としたことが再審理由に当たるとするが、非常上告の問題と解すべきであろう）。

実体法的事実であっても、刑の任意的免除事由となる事実や、単なる刑の量定に関する事実は、6号にいう「刑の免除」や「軽い罪」等を導くものではないから、これに該当しない（後記6 (1)ア・イ参照）。後者については、最決平10・10・27刑集52・7・363が、「確定判決が詳しく認定判示した犯行態様の一部に事実誤認のあることが判明した場合であっても、そのことにより罪となるべき事実の存在に合理的な疑いを生じさせない限り、本条6号所定の再審事由に当たらない」として、その旨判示している。

5　6号以外の各号の再審理由

(1)　1号・2号

1号・2号の再審理由は、原判決の証拠となった証拠書類・証拠物が偽造・変造であったこと、又は証言・鑑定・通訳・翻訳が虚偽であったことが確定判決により証明された場合である。

「原判決の証拠となった」とは、原判決が当該証拠を有罪判決の証拠として引用していることが必要であり、単に有効な証拠調べがされただけでは足りない（旧刑訴法485条2号につき、大決昭8・6・8刑集12・771）。また、理由中に掲げられていても、それが犯罪事実に含まれない単なる情状に関する事実の証拠である場合は、これに当たらない（前同号につき、大決昭4・4・5新聞2986・15）。

「確定判決」とは、刑事の確定判決をいい、民事の確定判決は含まれないし（旧刑訴法485条1号・2号につき、大決昭13・5・30刑集17・401）、これと同一の効力を有する和解調書、認諾調書も含まれない（前同条2号につき、大

〔§435〕再審の請求と理由(1)　453

判昭12・2・20刑集16・107)。

「証言」とは、法律により宣誓した証人の陳述に限られ、捜査機関等に対する供述は該当しない(京都地決昭44・10・31判時590・103)。共同被告人の公判廷における供述もこれに含まれない(最決昭42・5・26刑集21・4・723)から、共同被告人の公判供述が虚偽であるなら、本条6号によることになる。また、原判決の証拠となった供述調書の内容と同趣旨の証言が確定判決により虚偽と証明された場合について、本条2号に該当するとした裁判例(東京高決昭36・3・14下刑集3・3＝4・227)もあるが、原判決の証拠となっていない以上は、2号には当たらず、6号の問題として扱うのが相当である(同旨、松尾・条解1132、臼井＝河村・注釈刑訴7・109)。

「鑑定」とは、宣誓に基づく鑑定人による鑑定をいい、223条により嘱託された鑑定は含まれない。「通訳」及び「翻訳」も同様である。

(2)　3　号

3号の再審理由は、有罪の言渡しを受けた者を誣告(虚偽告訴)した罪が有罪の確定判決により証明された場合である。他の再審理由と対比して考えると、単に誣告によって捜査が開始されて有罪判決に至ったことでは足りず、誣告の供述が原判決の証拠となっていた場合をいうものと解される(同旨、臼井＝河村・注釈刑訴7・109)。本号の「確定判決」も、1号・2号と同様、刑事の確定判決をいう。

(3)　4　号

4号の再審理由は、原判決の証拠となった裁判が確定判決により変更された場合である。「裁判」は、判決・決定・命令の別を問わず、また、刑事に限定されないから、「確定判決」も、民事であると刑事であるとを問わない。

(4)　5　号

5号の再審理由は、特許権・実用新案権・意匠権・商標権を侵害する罪により有罪判決が確定した事件について、その権利の無効の審決が確定した場合又は無効の判決があった場合である。「権利の無効の審決」とは、特許庁の審判手続による権利無効の審決をいう(特許125、実用新案41、意匠49、商標46の2)。「無効の判決」とは、特許庁の審決・決定に対する訴えにつき、裁判所が判決の中で権利が無効である旨の判断を示した場合をいい、その判決が確定することを要するものと解される。なお、特許権等の侵害を理由と

454　第4編　再審

する訴え等において権利が無効である旨の抗弁が容れられる場合があるが（特許104の3等参照）、いまだ本号にいう無効の判決があったとはいえないであろう。

(5) 7号

7号は、原判決に関与した裁判官や捜査官が事件に関して職務犯罪を犯したことが確定判決により証明された場合であり、裁判の公正を確保する観点から認められたもので、事実認定の誤りを是正する他の再審理由とは性格を異にする。裁判員が関与した判決の場合には、本号にいう「裁判官」は「裁判官若しくは裁判員」と読み替えられる（裁判員64）。

「原判決に関与した裁判官」とは、実質的に裁判の内容に関与した場合をいい、言渡しだけに関与した場合は含まれない（20⑦参照）。「原判決の証拠となった」及び「確定判決」の意義は、1号・2号の場合と同様と解される。「職務に関する罪」は、当該事件に関し職務として行った犯罪であり、汚職の罪には限定されないが、取調べに関して惹起したすべての犯罪を含むものではない（旧刑訴法485条7号につき、大判昭12・6・8刑集16・921）。職務に関する文書偽造等がこれに含まれる。

7号ただし書は、原判決をした裁判所がその事実を知っていたとすれば、それを考慮して判決したはずであり、そのような場合まで再審を許す必要はないとの考えに基づくものである。

6　6号の再審理由

6号は、①(a)有罪の言渡しを受けた者に対して無罪若しくは免訴を言い渡し、(b)刑の言渡しを受けた者に対して刑の免除を言い渡し、又は(c)原判決において認めた罪より軽い罪を認めるべき、②明らかな証拠を、③新たに発見したという3つの要件を充たす場合を再審理由としている。

(1) 新証拠による証明が許される範囲

ア　無罪を言い渡すべき場合には、被告事件が罪とならない場合と、犯罪の証明がない場合とがある（336参照）が、前者のうち法令解釈の誤りを理由として無罪を主張することは、再審理由とならない（前記4参照）。

免訴を言い渡すべき場合とは、実体的訴訟条件となる事実に誤認があることを理由とする場合である（前記4参照）。

刑の免除を言い渡すべき場合とは、刑の必要的免除の事由が存在する場合

〔§435〕再審の請求と理由(1) 455

であり、刑の任意的免除事由の存在は、免除するか否かが裁判所の裁量に属するので、これに該当しない。

　イ　軽い罪を認めるべき場合とは、原判決が認定した犯罪よりも法定刑が軽い他の犯罪を認定すべき場合をいう（例えば、殺人罪が強盗殺人罪より軽い罪に当たることにつき、高松高決昭56・3・14高刑集34・1・1）。したがって、刑の減軽事由の存在は、それが任意的減軽事由である場合はもちろん、必要的減軽事由であっても、該当しない（心神耗弱の主張がこれに当たらないとした最決昭28・10・15刑集7・10・1921、最決昭33・5・27刑集12・8・1683参照）。刑の加重事由（累犯加重等の原因となる事実）の誤認も、これに該当しない。異なる罪を認めるべきときであっても、法定刑が同一であれば、軽い罪を認めるべき場合には該当しない（最決昭29・10・19刑集8・10・1610。もっとも、強盗殺人罪と強盗致死罪については、それらが異なる犯罪類型に当たるなどとして、後者が前者より「軽い罪」に当たるとした例がある〔広島高岡山支決平28・1・6判時2304・138〕）。単なる刑の量定に関する事実も、これに該当しない（旧刑訴法485条6号につき最大決昭25・4・21刑集4・4・666、現行法について同判例を引用したものとして最決昭42・10・31裁集164・1049）。

　ウ　併合罪の一部について本号の事由があると主張して再審請求することは、当然許される（その場合の再審開始決定の範囲等については、448条の解説2参照）。

　科刑上一罪の一部の罪について本号の事由があるとする場合については、本号に当たるとする見解（高田・注解刑訴下318）と、最も重い罪にかかるときは本号に当たるが、そうでない場合は当たらないと解する見解（臼井＝河村・注釈刑訴7・113）が対立していたが、判例は、前者の見解を採用した。すなわち、最決平10・10・27刑集52・7・363は、「確定判決が科刑上一罪として処断した一部の罪について無罪とすべき明らかな証拠を新たに発見した場合は、その罪が最も重い罪ではないときであっても、主文において無罪の言渡しをすべき場合に準じて、本号の再審事由に該当する」旨判示し、観念的競合とされた強盗殺人・同未遂・現住建造物等放火のうち放火事件のみに再審事由がある場合も再審請求が許されるとした。事実誤認からの救済を図る再審制度の趣旨（再審による申立人の名誉回復を含む）に照らし、科刑上一罪の一部の場合にも再審の途を開いておくのが相当と判断したものと考えら

456　第4編　再審

れる。

(2)　証拠の新規性

ア　「あらたに発見」(新規性)とは、原判決後に新たに存在するに至った証拠が発見された場合のみでなく、原判決以前から存在していた未発見の証拠を原判決後に発見した場合でもよい(東京高決昭27・7・17高刑集5・7・1163、高松高決平5・11・1判時1509・146等)。ここにいう「証拠」は、証拠方法のみでなく、証拠資料も含まれると解されるから、証拠の実質的内容を考慮して新規性を検討する必要がある。例えば、証人が原判決後に新事実について供述した場合や、前の供述を変更した場合は、新規性が認められる。また、証人の存在とその氏名等は知っていても、被告人に有利な証言が得られるとは認識していなかったところ、原判決確定後にその事実を知ったような場合も、新たに発見したことに当たる。このように、証拠方法としては新たなものでなくても新規性が認められる場合がある。

他方、原審で証言した者が証言と同じ内容を記載して作成した供述書等は、証拠方法としては新たに得られたものであるが、証拠資料に変わりはないから、新たに発見した証拠とはいえない(最決昭33・4・23裁集124・549参照)。同様に、証人として尋問されれば証言するであろう内容を原判決以前から知っていながら、請求しなかったような場合は、原判決確定後にその内容を記載した供述書等を作成しても、新たに発見したとはいえない。さらに、原判決前に証人の供述内容が変遷しているのを知っており、その供述の変遷状況を捉えて被告人に有利な証拠として利用することが十分可能な状況にあった場合には、当時はそれを利用することに思い及ばず、原判決確定後にそれに気付いたとしても、新たに発見したことには当たらない(東京高決昭46・7・27高刑集24・3・473)。

また、原判決が有罪の基礎とした証拠について、その評価方法を変更し、別の観点から評価し直して新規性を主張しても、その証拠が新規性を取得するものではない(前掲東京高決昭46・7・27)。

イ　鑑定の新規性については、鑑定方法とその基礎資料によって判断される(東京高決平27・12・16判タ1425・240参照)。原判決の基礎となった鑑定と同一の基礎資料と経験法則による鑑定の場合は、仮に結論を異にする場合であっても、新規性は認められない(東京高決昭40・4・8下刑集7・4・582)。

〔§435〕再審の請求と理由(1)　457

これに対し、鑑定方法と基礎資料が異なれば、結論が異ならない場合であっても、新規性が認められる（札幌高決昭44・6・13判時558・14）。

　ウ　裁判所にとって新規であることで足りるか、当事者にとっても新規であることを要するかについては、争いがある。具体的には、犯人の身代わりとなって有罪判決を受けた者が、その後、身代わりであることの明らかな証拠があるとして再審請求することが許されるかという問題である。消極説は、故意に身代わりになって有罪判決を受けた者が、確定後に身代わりであることを示す証拠を提出して再審請求することは、禁反言の原則等にも反するから、身代わりとなった者の側からの請求は許されないとする。他方、積極説は、罪のない者を罰するという誤りを是正できないことは正義に反するし、身代わり行為は犯人隠避等として別に処罰することができるとして、証拠の新規性を認めるべきとする。この点に関する判例をみると、最決昭29・10・19刑集8・10・1610は、再審請求者が、その証拠があることを知っていて提出できたのにことさら提出しないで、有罪判決確定後その証拠を援用して再審請求する場合は、証拠を新たに発見したときに当たらないとして、再審請求を許さなかった。しかし、その後、最判昭45・6・19刑集24・6・299は、上告審係属後に真犯人が自首するなどして身代わりと判明した事案について、本条6号に当たるとし、411条4号により第1・2審の有罪判決を職権で破棄し、無罪を言い渡した（その後も、最判昭47・12・12判時687・99、最判昭53・12・15判時926・130は、いずれも、上告審係属後に初めて被告人が身代わりであったと主張し、捜査の結果身代わりと判明した事案について、本条6号に当たるとし、原審の有罪判決を職権で破棄している）。これらの判例をどのように理解すべきか見解は分かれているが、判例は、検察官からの再審請求は認める一方、身代わり犯人自身からの再審請求は認めないとする中間説を採用したものと解するのが相当であろう。すなわち、身代わりを示す証拠は身代わり犯人にとっては新たに発見したものとはいえないが、裁判所及び検察官にとっては新たに発見したものに当たると解することにより、新規性に関する前記アの判例を含めたこれらの判例について、裁判所と再審請求者にとっての新規性を要求するものと整合的に理解できるからである。その後の下級審の裁判例として、大阪高決平4・11・19判タ831・255は、保険金を騙取する目的で交通事故を偽装する行為に加わって業務上過失致傷罪により略式命

令を受けた者からの再審請求につき、衡平の精神、禁反言の原則等に反し、刑事訴訟の当事者主義構造に照らし、許されないとしている。これも中間説の流れに沿うものと理解できる（なお、439 II 参照）。

エ　原審で証拠調べ請求がされた証拠は、それが取り調べられなかったとしても、新たに発見したものには該当しない。原判決確定前の上告審係属中に発見され、上告趣意書等に添付された証拠については、見解が分かれている。上告趣意書等に添付された証拠は、単に上告趣意の内容を理解させ又はこれを敷衍するという以上の意味を持たなかったと解する余地があるなどとして、新規性を失わないとした裁判例がある（札幌高決昭44・6・13判時558・14）一方、上告趣意書等に添付され上告論旨にも組み込まれて、上告審がその内容を了知して検討の対象としたとみられるような場合については、新規性に欠けるとした裁判例もある（東京高決昭55・2・5高刑集33・1・1）。ただ、この東京高決昭55・2・5が新規性を否定した証拠についても明白性について判断したこともあって、同事件の特別抗告審である最決昭60・5・27裁集240・57は、この論点には触れずに、明白性を否定した原決定を維持しており、この論点に関する最高裁の見解は示されていない。上告審の構造に照らすと、上告審が当該証拠の内容に踏み込んで判断して上告を棄却したことが判文等からも明白な場合を除き、新規性を失うと解するのは困難であろう（福岡高決平12・2・29高刑集53・1・34も、上告趣旨書に添付された証拠について明確な判断がなされず、職権調査の対象となったか明らかでない場合は、新規性を失わないとしている）。

　原裁判確定前から検察官の手許に存在していた証拠であっても、被告人・弁護人がその内容を知らなかった証拠については、新規性を失わないものと解される（同旨、臼井＝河村・注釈刑訴7・120）。

(3)　証拠の明白性

ア　明白性の意義

　明らかな証拠（明白性）について、最決昭50・5・20刑集29・5・177（いわゆる白鳥決定）は、確定判決における事実認定について合理的な疑いを抱かせ、その認定を覆すに足りる蓋然性のある証拠をいう旨判示している。同決定以前は、下級審の裁判例には、より厳しく「無罪等の事実認定に到達する高度の蓋然性」を要求するものが多く、他方、学説には、より緩やかに「確

定判決を覆す可能性」で足りるとするような見解も少なくなかったが、同決定は、「高度の蓋然性」までは必要とせず、しかも、確定判決の事実認定に合理的な疑いを抱かせ、その認定を覆すに足りる蓋然性で足りるとして、より厳格な下級審裁判例の立場を否定する一方、可能性で足りるとするより緩やかな見解も採用しなかったものである。

　明らかな証拠であるか否かは、当該証拠によって無罪が予測できるか否かではなく、確定判決の事実認定の当否に関するものであって、確定判決の認定した事実の不存在が確実であるとの心証まで得る必要はない。この点、最決昭51・10・12刑集30・9・1673も、白鳥決定を引用した上、「本号にいう『無罪を言い渡すべき明らかな証拠』であるかどうかの判断に当たっては、確定判決が認定した犯罪事実の不存在が確実であるとの心証を得ることを必要とするものではなく、確定判決の事実認定の正当性についての疑いが合理的な理由に基づくものであるかどうかを判断すれば足りる」旨判示している。

　白鳥決定により、非常に狭かった再審の門が広がったとされ、死刑で確定していた4件（いわゆる免田、財田川、松山、島田の各事件）の再審無罪が次々と確定したりした。その後、再審の認められる著名な事件が少なかったことから、再び門が狭まったとの批判も見られたが、各事案の証拠の個別的な検討なしに再審請求の当否を論ずることはできない（なお、近時、無期懲役で確定していたいわゆる布川、足利、東電OL殺害等の各事件で再審無罪が言い渡されている。足利事件につき宇都宮地判平22・3・26判時2084・157、東電OL殺害事件につき東京高判平24・11・7判タ1400・372、保険金目的放火殺人事件につき大阪地判平28・8・10判時2324・11参照）。

　イ　明白性の判断方法
　前記白鳥決定は、証拠の明白性について上記のように判示した上で、「『無罪を言い渡すべき明らかな証拠』であるかどうかは、もし当の証拠が確定判決を下した裁判所の審理中に提出されていたとするならば、はたしてその確定判決においてなされたような事実認定に到達したであろうかどうかという観点から、当の証拠と他の全証拠とを総合的に評価して判断すべきであり、この判断に際しても、再審開始のためには確定判決における事実認定につき、合理的な疑いを生ぜしめれば足りるという意味において、『疑わしいときは被告人の利益に』という刑事裁判における鉄則が適用される」旨判示してい

460 第4編 再審

る。同決定以前には、新証拠のみによって確定判決の事実認定を動揺させることを必要とする見解もあったが、同決定は、その見解を採用せず、請求後に提出された新証拠と確定判決を言い渡した裁判所で取り調べられた旧証拠とを総合的に評価して、確定判決の事実認定の当否を判断すべきものとした。また、総合評価の仕方についても、同決定以前には、心証引継説（確定判決の証拠評価に拘束力を認める立場から、原裁判官の心証を引き継ぎ、この心証と新証拠の証拠価値とを併せて、原判決の有罪心証が動揺させられるか判定すべきとする）と再評価説（確定判決の証拠評価の拘束力を否定する立場から、旧証拠全体を再評価して心証形成の程度を確認し、次いで新証拠を加味して再考慮することにより、心証形成にどのような影響を及ぼすか精査すべきとする）の対立があったが、同決定は、再評価説を採用したものと理解される。同決定は、再審請求審の立場から独自に実体判断をしたり、無罪判決の可能性を予測しようとするものではなく、原裁判所の立場に身を置いて、その事実認定を事後的に審査すべきとしているものと考えられる（中谷・判例解説（刑）平9・17、布川事件の再審請求に関する最決平21・12・14裁集299・1075の補足意見参照）。なお、再評価に当たっては、全面的な再評価をするのではなく、確定判決の事実認定の当否を事後的に審査するのに必要な限度で評価すれば足りる。再評価すべき旧証拠の範囲も、新証拠の持つ重要性とその立証命題に照らし、それが影響を及ぼす可能性のある範囲に限られることになろう。

　総合評価に当たっては、確定判決の証拠判断に拘束されず、また、確定判決の基礎となった積極証拠のみでなく、消極証拠も評価の対象となる。さらに、確定判決が標目を挙示しなかったものであってもその審理中に提出されていた証拠や、再審請求後の審理において新たに得られた他の証拠も、評価の対象となる（最決平10・10・27刑集52・7・363）。したがって、例えば、第1審判決が確定判決であれば、その判決の当否を審査する過程で上訴審が取り調べた証拠も当然含まれることになる（東京高決平13・10・29高刑集54・2・142）。このように、再審請求を受けた裁判所は、提出された新証拠に加えて、原判決の確定の前後を問わず裁判所で取り調べられた全証拠を併せて、総合的に評価し、確定判決の有罪認定につき合理的な疑いを生じさせ得るか否かを判断することになる。

ウ　「疑わしいときは被告人の利益に」の原則

　前記白鳥決定は、前記のように判示して、総合評価に当たっても、「疑わしいときは被告人の利益に」の原則が適用されるとした。刑事裁判において被告人は自己の無罪を証明すべき責任を負担するものではなく、再審請求の場面もその例外ではないからである。

エ　いわゆる証拠構造論について

　再審をより広く認めるべきものとする論者からは、新証拠によって確定判決の証拠構造が維持できなくなれば明白性が認められるとするいわゆる証拠構造論が主張されている。この点につき、最決平9・1・28刑集51・1・1は、新証拠によって確定判決の有罪認定の根拠となった証拠の一部について証明力が大幅に減殺された場合であっても、新旧全証拠を総合して評価した結果として、確定判決の有罪認定につき合理的な疑いを生ずる余地がないときは、「無罪を言い渡すべき明らかな証拠」を発見した場合に当たらないとし、また、最決平10・10・27刑集52・7・363は、総合評価の対象となる旧証拠につき、確定判決が有罪認定の根拠として掲げていなくても、その審理中に提出されていたものであれば、検討の対象となると判断して、いずれも、再審請求を棄却した原決定を是認している。これらの判例は、新旧全証拠の総合評価により確定判決の事実認定に合理的疑いを抱かせるかを検討すべきであることを示しており、その際には確定判決の証拠構造も考慮されることになると思われるが、その証拠構造に拘束力を認めるものではないから、いわゆる証拠構造論を排斥したものと解される（中谷・判例解説（刑）平9・25、三好・判例解説（刑）平10・153、寺崎嘉博「再審」井上＝酒巻・刑訴の争点199参照）。

オ　証明力

　「明らかな証拠」について、最決昭33・5・27刑集12・8・1683は、証拠能力があり証明力も高いものをいうとしている。具体的には、事件を否認するとした被告人の弁護人宛て書信（前掲最決昭33・5・27）、証人として供述した者がその内容が虚偽である旨記載した書面（最決昭35・3・29刑集14・4・479）などが「明らかな証拠」に当たらないとされているが、それらはいずれも証明力が乏しいものであったと考えられる。

　共犯者について無罪判決が言い渡された場合については、見解が分かれて

いる。判例は、共犯者間で相容れない裁判が確定したことのみで無罪を言い渡すべき明らかな証拠に当たるとはいえないが、無罪となった共犯者の事件の証拠の中に、自らの事件の証拠とはなっていなかった消極証拠があれば、それが明らかな証拠となり得るとする（旧刑訴法485条6号につき、大決昭14・5・16刑集18・317。その後も、最判昭29・4・20裁集94・549は、収賄者が賄賂の認識がなかったとして無罪となっても、それのみで贈賄者の有罪判決について再審理由があるとはいえないとしている。同旨、福岡高決昭30・7・25裁判特報2・21・1071、大阪地堺支決昭63・7・19判時1315・146）。一方の裁判所の証拠の証明力に関する判断が他方の裁判所を拘束するものではないことなどを理由として、この判例を支持する見解がある一方、矛盾する無罪判決が確定している事実のみでも有罪判決の正当性を疑うに十分であるとして、再審理由該当性を認める見解も少なくない。論理的には前者の見解が相当と思われるものの、罪責の有無について共犯者間で矛盾するような場合は、証拠関係に差異があり、請求者の事件にはなかった何らかの消極証拠が共犯者の事件に存在するのが通例であろうから、両説によって具体的結論の異なる事態が生じることは実務上は想定し難いといえるであろう。

7　再審請求の手続

　再審請求の手続は、書面主義とされており、再審請求者は、請求趣意書に原判決の謄本、証拠書類及び証拠物を添えて管轄裁判所に提出しなければならない（規283）。これに反する請求は不適法として棄却される（446）が、原判決の謄本の添付がない場合、請求書のみからでも理由のないことが明白な場合などを除き、一定の期間を定めて請求者に追完の機会を与えるのが相当と思われる。証拠書類等の添付については、本条6号の再審理由の場合、多様な証拠があり得るから、性質上添付の可能なものに限って添付を要求しているものと解すべきであろう。したがって、添付できる証拠書類等を添付しないような場合は不適法となる（弁護人が依頼できる鑑定の結果を添付しなかった請求を不適法とした例として、東京地決昭63・4・30判タ669・237参照）。これに対し、証人の取調べのみを求める場合には、証人を特定する記載がされていれば、証拠書類等の添付がなくても不適法ではなく、また、検察庁等に保管されている証拠書類等については、保管先を特定して取り寄せ申請していれば、不適法とはならない（後者につき、東京高決昭30・9・1高刑集8・

〔§436〕再審の請求と理由⑵　463

6・875)。　　　　　　　　　　　　　　　　　　　　　　（池田修）

〔再審の請求と理由⑵〕
第436条　再審の請求は、左の場合において、控訴又は上告を棄却した確
　定判決に対して、その言渡を受けた者の利益のために、これをすること
　ができる。
　　一　前条第1号又は第2号に規定する事由があるとき。
　　二　原判決又はその証拠となつた証拠書類の作成に関与した裁判官につ
　　　いて前条第7号に規定する事由があるとき。
　2　第1審の確定判決に対して再審の請求をした事件について再審の判決
　　があつた後は、控訴棄却の判決に対しては、再審の請求をすることはで
　　きない。
　3　第1審又は第2審の確定判決に対して再審の請求をした事件について
　　再審の判決があつた後は、上告棄却の判決に対しては、再審の請求をす
　　ることはできない。

　　〔規〕　第285条（請求の競合）　第1審の確定判決と控訴を棄却した確定判決
　　　　とに対して再審の請求があつたときは、控訴裁判所は、決定で第1
　　　　審裁判所の訴訟手続が終了するに至るまで、訴訟手続を停止しなけ
　　　　ればならない。
　　　　2　第1審又は第2審の確定判決と上告を棄却した確定判決とに対し
　　　　て再審の請求があつたときは、上告裁判所は、決定で第1審裁判所
　　　　又は控訴裁判所の訴訟手続が終了するに至るまで、訴訟手続を停止
　　　　しなければならない。

　　〈本条細目次〉
　　1　本条の趣旨　463
　　2　本条1項の再審理由　464
　　3　再審請求の競合　464

1　本条の趣旨
　本条は、控訴棄却や上告棄却の確定判決に対する再審理由を定めるととも

に、各審級の確定判決に対する再審請求が競合した場合の取扱いについて定めている。

上訴棄却の判決は本来執行すべき内容を有しないから、有罪の言渡しをした確定判決に対する前条の再審請求を認めれば足りるように考えられるが、上訴棄却の判決の基礎となった証拠又はその判断に関与した裁判官に本条所定の理由がある場合は、重大な事実誤認の疑いあるいは裁判の公正への重大な疑いが生じるから、このような場合に独立の再審請求を認めることとしたものである。上訴棄却の確定判決に対する再審が認められれば、下級審の判決の確定力が消滅し、訴訟は上訴がされた状態に戻るから、請求者としては、再び実体審判を受ける機会が生じることになる。その意味で、本条は前条の補充的規定といえる。

上告棄却の確定判決には、上告棄却の確定決定（414・386Ⅰ③）も含まれる（最大決昭31・5・21刑集10・5・717）。両者の法的効果に実質的な差がないからである。

2 本条1項の再審理由

1号・2号については、435条の解説5(1)、(5)参照。上訴棄却の確定判決に対する再審請求は、当該確定判決自体に本条1項各号所定の事由があることを理由とする場合にのみ許される（最決昭28・7・24刑集7・7・1648）。上訴棄却の確定判決の基礎となった証拠が虚偽であることが証明された場合としては、例えば、控訴審が自ら事実の取調べ（393）をして判決に引用した証拠が偽造・変造であったことが確定判決により証明された場合が考えられる（上告審につき、最決昭30・6・30裁集106・935参照）。

3 再審請求の競合

下級審の確定判決に関する再審の判決が確定すれば当該確定判決は当然に失効するから、更にこれに関する上訴棄却の判決に対する再審請求を認める必要はなくなる。そこで、本条2項・3項は、そのような再審請求を許さないこととした。これに反する再審請求は、請求権消滅後にされたものとして棄却される（446）。

同一事件に関する各審級の確定判決に対する再審請求が競合した場合、控訴裁判所又は上告裁判所は、審理の重複や判断の矛盾等を避けるため、下級審の訴訟手続が終了するまで訴訟手続を停止しなければならず（規285）、下

〔§437〕確定判決に代わる証明　465

級審で再審の判決があれば上訴審の判決に対する再審請求は意味を失うから、棄却されることになる（449）。もっとも、上訴棄却の確定判決に対する再審請求自体が適法な再審理由の主張がなく不適法であることが明らかなときは、審理の重複や判断の矛盾等のおそれはないから、訴訟手続を停止することなく請求を棄却することも許される（最決平24・2・14刑集66・4・582）。

（池田修）

〔確定判決に代わる証明〕
第437条　前2条の規定に従い、確定判決により犯罪が証明されたことを再審の請求の理由とすべき場合において、その確定判決を得ることができないときは、その事実を証明して再審の請求をすることができる。但し、証拠がないという理由によつて確定判決を得ることができないときは、この限りでない。

〈本条細目次〉
　1　本条の趣旨　465
　2　本条の証明が許される場合　465
　3　確定判決に代わる証明　466

1　本条の趣旨

　435条1号ないし3号・7号、436条1項1号・2号は、各号所定の犯罪が確定判決によって証明されたことを再審理由としているが、その証明が可能であったのに、当該行為者の死亡、逃亡、時効完成等によって確定判決を得られないために再審を許さないとすることは、不公平であり、正義に反するため、確定判決に代わる事実の証明による再審請求を許したものである。他方、本条ただし書に当たる場合は、そのような事実証明のできないことが明らかであるため、再審請求できないとしている。

2　本条の証明が許される場合

　本条の証明は、確定判決を得られない場合に許されるから、確定判決を得る方途が存在する間は、本条によることができない（証人を偽証罪で告訴し

466　第4編　再審

ている間に再審請求した場合につき、大阪高決昭27・7・5高刑集5・6・1030)。したがって、本条による証明ができるのは、再審理由に該当する犯罪を犯した者の死亡、所在不明、時効完成、大赦等の事由がある場合のほか、その者が起訴猶予処分を受けた場合（旧刑訴法489条につき、大決昭13・8・19新聞4319・17参照）などである。これに対し、行為者が犯罪の嫌疑なしとして不起訴処分に付された場合は、本条ただし書にいう「証拠がないという理由によって確定判決を得ることができないとき」に該当する（前同条につき大決昭16・4・8刑集20・160、本条につき福岡高決昭30・5・23裁判特報2・11・534)。

3　確定判決に代わる証明

　本条にいう「事実の証明」は、確定判決を得ることができなかった事実の証明だけでなく、再審理由に該当する犯罪事実についても、確定判決以外の証拠によって証明することを必要とする（名古屋高決昭36・4・11高刑集14・9・589)。その証明の程度は、前2条の当該再審理由が原判決に影響を及ぼすか否かにかかわらず再審を許すものであることを考慮すると、当該犯罪事実の有罪を認定できる程度の証明、すなわち合理的疑いを容れる余地のない程度に至る証明が必要と解される（名古屋高決昭37・1・30高刑集15・1・11、札幌高決昭43・6・15判タ224・208。これに対し、前掲名古屋高決昭36・4・11は証拠の優越で足りるかのような趣旨を判示しているが、相当でない)。

（池田修）

〔再審請求と管轄〕
第438条　再審の請求は、原判決をした裁判所がこれを管轄する。

〈本条細目次〉
1　本条の趣旨　466
2　原判決に関与した裁判官の再審請求事件への関与　467

1　本条の趣旨

　再審請求についての管轄裁判所を定めている。「原判決をした裁判所」と

〔§439〕再審請求権者　467

は、確定判決を言い渡した裁判所である。上訴審が破棄自判の有罪判決を言い渡し、それが確定した場合、これに対する再審請求（435）は当該上訴審が管轄することになる。また、上訴棄却の判決（上告棄却決定を含む。436条の解説1参照）に対する再審請求（436Ⅰ）の場合も、当該上訴審が再審請求を管轄することになる。

　なお、控訴審が破棄自判の有罪判決をした場合については、控訴審としての性格から事実審理に制約があるため、立法政策として、その場合も第1審裁判所を再審請求の管轄裁判所とする方がよいのではないかとの意見が有力である。

2　原判決に関与した裁判官の再審請求事件への関与

　「原判決をした裁判所」とは、訴訟法上の裁判所ではなく、国法上の裁判所をいう。実務の取扱いをみると、各裁判所の定める事務分配規程により、原判決をした裁判部が再審請求を担当するとされている例が多い。判例は、再審請求の目的となった確定判決に関与した裁判官は、「前審の裁判」（20⑦）に関与した裁判官に当たらず、再審請求手続から除斥されないし（最決昭34・2・19刑集13・2・179）、原判決に対する控訴を棄却する裁判に関与した裁判官も、再審請求の抗告審の審理手続から除斥されないとしている（最決昭42・5・26刑集21・4・723）。再審請求手続は原裁判手続とは別個のものであるから、確定判決に関与した裁判官が再審請求の審判に関与しても不公平な裁判をするおそれはないことが根拠となっている。もっとも、実際には、事実認定に深刻な争いがあって上訴されて確定したような事件では、確定判決に関与した裁判官が他に転出又は退官していることが多いため、別の裁判官が再審請求手続を担当するのが通例であろう。　　　　　　　　　　　（池田修）

〔再審請求権者〕
　第439条　再審の請求は、左の者がこれをすることができる。
　　一　検察官
　　二　有罪の言渡を受けた者
　　三　有罪の言渡を受けた者の法定代理人及び保佐人
　　四　有罪の言渡を受けた者が死亡し、又は心神喪失の状態に在る場合に

468　第4編　再審

　は、その配偶者、直系の親族及び兄弟姉妹

　2　　第435条第7号又は第436条第1項第2号に規定する事由による再審の
　　　請求は、有罪の言渡を受けた者がその罪を犯させた場合には、検察官で
　　　なければこれをすることができない。

〈本条細目次〉
　1　　本条の趣旨　468
　2　　検察官　468
　3　　有罪の言渡しを受けた者　468

1　本条の趣旨

　本条は、再審請求権者の範囲を定めている。有罪の言渡しを受けた者（及
びその法定代理人・保佐人）のほか、検察官も、公益の代表者として請求権が
認められている。また、再審には名誉回復等の機能もあるため、有罪の言渡
しを受けた者が死亡した（又は心神喪失の状態にある）場合には、その配偶者、
直系の親族、兄弟姉妹に請求権が認められる（なお、内縁の妻が配偶者に当た
らないことにつき東京高決昭55・10・9判時999・128）。

　本条2項は、正義・衡平の観点から、裁判官・検察官等に職務犯罪を犯さ
せた者自身（及びその代理人等）には請求権を認めず、請求権者を検察官に
限定している。

2　検察官

　本条の検察官は、再審請求を管轄する裁判所に対応する検察庁の検察官で
ある（検察5）。検察官が有罪の言渡しを受けた者の明示の意思に反して再
審請求できるかについては、見解が分かれている。消極説が、憲法39条の趣
旨あるいは再審制度の一義的目的が具体的救済にあることを根拠とする（松
尾・条解1140、高田・注解刑訴下313）のに対し、積極説は、上訴の場合も積
極に解されていることなど、客観的な具体的正義を重視するものである（臼
井＝河村・注釈刑訴7・145）。

3　有罪の言渡しを受けた者

　有罪の言渡しを受けた者の再審請求権は、固有の権利である。その者が再
審請求のために選任した弁護人（440）も、代理権に基づいて再審請求でき

〔§440〕弁護人の選任　469

ると解される（京都地決昭46・11・9判時657・100。弁護人の代理に関する最大判昭24・1・12刑集3・1・20、弁護士の代理による付審判請求に関する最決昭24・4・6刑集3・4・469参照）。

　有罪の言渡しを受けた者が請求後その裁判の前に死亡した場合は、再審請求者の地位の承継を認める規定がないため、その死亡によって審判手続は当然終了するものと解される（東京高決昭42・6・7下刑集9・6・815、最決平16・6・24判タ1159・148）。親族らによる再審請求についても、請求人の死亡によって手続が終了する（最決平25・3・27判時2230・112、最決平26・1・27判時2230・114）。もっとも、手続の終了について争いがあるような場合には、手続が終了した旨の判断を示す必要がある。このような理由で手続が終了しても、他の再審請求権者が改めて再審請求することは妨げられない。なお、再審が開始された後は、請求人が死亡しても手続が当然終了するものではないことにつき、最判平20・3・14刑集62・3・185参照。　　　（池田修）

　〔弁護人の選任〕
　第440条　検察官以外の者は、再審の請求をする場合には、弁護人を選任することができる。
　2　前項の規定による弁護人の選任は、再審の判決があるまでその効力を有する。

　〈本条細目次〉
　1　本条の趣旨　469
　2　弁護人選任の効力　471

1　本条の趣旨

　再審請求手続は当事者主義構造をとる公判手続とは性格を異にするため、総則中の弁護に関する諸規定（30以下）は、当然には適用されない。しかし、弁護人の関与を認めることは、再審請求者の利益を保護することになるため、再審請求手続における弁護人の選任とその効力について特に規定したものである。弁護人選任の効力に関する本条2項も考慮すると、少なくとも、弁護

人の資格を弁護士に限定する総則中の31条1項は適用があるものと解される。また、弁護人の裁判所における訴訟書類・証拠物の閲覧・謄写の権利を認めた40条も、適用されると解される。

これに対し、接見交通権を保障した39条については、いずれの段階であるかにかかわりなく適用ないし準用を肯定する見解（松尾・条解1141、高田・注解刑訴下349）と、再審請求に対する審判手続の段階では準用を否定する見解（臼井＝河村・注釈刑訴7・150）に分かれている。まず、再審開始決定が確定した後の再審公判の段階において、弁護人との接見交通に関する39条が適用されることは疑いがない。刑事収容施設法も、別事件による場合ではあるが、被収容者（受刑者又は死刑確定者）の立場と未決拘禁者の立場が併存する場合の弁護人との接見交通については、未決拘禁者の場合と同様に取り扱う旨の調整規定を設けている（同法145）。他方、それ以前である再審請求審判の段階については、それと全く同じとはいえず、適用ないし準用を認めるのは困難と考えられるものの、再審請求を行おうとする時点から請求を経て事実の取調べや意見の聴取が行われる段階まで、手続が進行するほど再審請求者と弁護人との接見交通を保障する必要性が強まるから、いずれの段階でも弁護人との接見交通を尊重すべきことは疑いがない。刑事収容施設法も、死刑確定者につき、「訴訟の準備その他の正当な利益の保護のためその立会い又は録音若しくは録画させないことを適当とする事情がある」ときは、刑事施設の長が施設職員の立会いなしに再審請求の代理人である弁護士と面会させることができる旨規定して（同法121）、施設職員の立会いのない面会（秘密面会）をする利益を一定の範囲で認めており、受刑者についても同様と考えられる（同法112条、林眞琴ほか・逐条解説刑事収容施設法［第3版］571参照）。最判平25・12・10民集67・9・1761も、再審請求弁護人と死刑確定者の秘密面会の申出を拒否したことの当否が争われた事案について、「死刑確定者又は再審請求弁護人が再審請求に向けた打合せをするために秘密面会の申出をした場合に、これを許さない刑事施設の長の措置は、秘密面会により刑事施設の規律及び秩序を害する結果を生ずるおそれがあると認められ、又は死刑確定者の面会についての意向を踏まえその心情の安定を把握する必要性が高いと認められるなど特段の事情がない限り、裁量権の範囲を逸脱し又はこれを濫用して死刑確定者の秘密面会をする利益を侵害するだけではなく、再審請

〔§441〕再審請求の時期　471

求弁護人の固有の秘密面会をする利益も侵害するものとして、国家賠償法 1 条 1 項の適用上違法となると解するのが相当である」と判示している。

2　弁護人選任の効力

　再審開始決定が確定した後の再審の審判手続は、通常の公判手続であるから、当然に総則の規定が適用される。したがって、本条 2 項にいう「再審の判決」とは、当該審級における終局判決を意味し、その判決に対して上訴する場合は、総則の規定（32Ⅱ）に従い、審級ごとに弁護人を選任しなければならない。

(池田修)

　　〔再審請求の時期〕
　第441条　再審の請求は、刑の執行が終り、又はその執行を受けることがないようになつたときでも、これをすることができる。

　　〈本条細目次〉
　　1　本条の趣旨　471
　　2　刑の執行を受けることがないようになったとき　471

1　本条の趣旨

　再審には名誉・信用等を回復する利益のほか、刑事補償その他の付随的利益もあるため、請求に期間の制限がなく、刑の執行が終わり、又はその執行を受けることがないようになった後も行うことができることを明らかにしている。

2　刑の執行を受けることがないようになったとき

　法律上又は事実上刑の執行を受けることがなくなったことをいい、刑の時効完成（刑31）、外国判決執行後の刑の免除（刑 5 但）、刑の執行猶予期間の経過（刑27）のほか、本人の死亡等がこれに含まれる。

　大赦により有罪の言渡しが効力を失った場合については見解が分かれており、消極に解する見解及びそれと同旨の裁判例（東京高決昭27・4・24特報29・148）もあるが、名誉回復や刑事補償等の利益があるから、積極に解すべきであろう（裁判例として、いわゆる横浜事件に関する東京高決平17・3・10高

472　第4編　再審

刑集58・1・6）。刑の廃止については、有罪の言渡しは失効しないので、再審請求が認められることに異論はない（東京高決昭40・12・1高刑集18・7・836）。なお、原判決確定後に刑の廃止又は大赦があったときは、無罪を言い渡すべき明らかな証拠があることを理由として再審請求が認められた場合でも、再審開始後の審判手続においては、実体判決をすることができず、免訴の判決が言い渡されることになる（いわゆる横浜事件に関する最判平20・3・14刑集62・3・185）。　　　　　　　　　　　　　　　　　　　　（池田修）

〔再審請求と執行停止の効力〕
第442条　再審の請求は、刑の執行を停止する効力を有しない。但し、管轄裁判所に対応する検察庁の検察官は、再審の請求についての裁判があるまで刑の執行を停止することができる。

〈本条細目次〉
1　本条の趣旨　472
2　対象となる刑　472

1　本条の趣旨

　再審請求があっても確定判決に対し影響を及ぼすものではない。しかし、確定判決の誤りが明らかである場合など、速やかに刑の執行を見合わせるのが相当なときもあり得る。そこで、本条は、再審請求に刑の執行を停止する効力はないものの、検察官が裁量で請求についての判断があるまで刑の執行を停止することができる旨を明らかにしている。

　検察官の健全な裁量に委ねられており、検察官が執行停止を不相当と判断して執行の措置を執ることもできるが（大阪高決昭44・6・9高刑集22・2・265）、それに対しては異議申立て（502）が可能である。

2　対象となる刑

　没収・追徴を含むすべての種類の刑が執行停止の対象となる。死刑については、判決確定から6か月以内に法務大臣が執行命令を発しなければならないとされているが、再審請求があった場合、その手続の終了するまでの期間

〔§443〕再審請求の取下げ　473

は、その期間に算入されない（475Ⅱ）。

（池田修）

〔再審請求の取下げ〕
　第443条　再審の請求は、これを取り下げることができる。
　2　再審の請求を取り下げた者は、同一の理由によつては、更に再審の請
　　求をすることができない。

〈本条細目次〉
　1　本条の趣旨　473
　2　取下げの時期・方法　473
　3　取下げの効果　473

1　本条の趣旨
　本条は、再審請求の取下げが可能であることと、取り下げた者については
同一の理由による再度の請求が許されないことを定めている。

2　取下げの時期・方法
　取下げができる終期については、明文の規定はなく、再審請求に関する裁
判の確定までとする見解や、再審の審判手続における裁判の確定までとする
見解もあり得るが、再審開始決定自体に執行停止の効力がないこと（448条
の解説3参照）などを考慮すると、再審の審判手続における当該審級の終局
裁判の告知までと解するのが相当であろう（同旨、松尾・条解1142、臼井＝河
村・注釈刑訴7・156）。
　取下げの方式等については、上訴の取下げに関する規定が準用されるので、
原則として、書面によることになる（規284・224）。

3　取下げの効果
　再度の請求が許されなくなる「同一の理由」とは、447条2項と同様、同
一の事実関係、証拠関係に基づく主張をいうものと解される（447条の解説2
参照）。
　再審請求権者が競合する場合の取下げの効果については、本人が取り下げ
た場合は、本人の代理権者と解される439条1項3号・4号所定の者も同一
理由による再度の請求が許されなくなるが、逆に、上記代理権者が取り下げ

474　第4編　再審

た場合は、本人又は他の代理権者の請求に影響を及ぼさないものと解される。

（池田修）

〔被収容者に関する特則〕

第444条　第366条の規定は、再審の請求及びその取下についてこれを準用する。

1　本条の趣旨

本条は、刑事施設に収容されている者による再審の請求・取下げについて、366条が準用されることを定めたものである。これに伴い、規227条・228条も準用される（規284）。

再審の請求のみでなく、再審請求棄却決定に対する異議申立て（最決昭54・5・1刑集33・4・271）や特別抗告の申立て（最決昭50・3・20裁集195・639）にも準用される。

（池田修）

〔事実の取調べ〕

第445条　再審の請求を受けた裁判所は、必要があるときは、合議体の構成員に再審の請求の理由について、事実の取調をさせ、又は地方裁判所、家庭裁判所若しくは簡易裁判所の裁判官にこれを嘱託することができる。この場合には、受命裁判官及び受託裁判官は、裁判所又は裁判長と同一の権限を有する。

〈本条細目次〉

1　本条の趣旨　475
2　事実の取調べ　475
　(1)　意　義　475
　(2)　取調べの範囲　476
　(3)　取調べの方法　476
　(4)　検察官手持ち公判未提出記録の開示請求　477
　(5)　取調べの結果　477

〔§445〕事実の取調べ　475

1　本条の趣旨

　本条は、再審請求の審判手続に関する規定である。再審は、①再審理由の有無を判断して再審を許すか否かを決定する手続と、②それが認められた場合に行われる再審公判手続の2段階に分けられるが、本条は①の手続に関し、裁判所が必要と判断した事実の取調べをすることができる旨を定めている。

　上記①の再審請求の審判手続は、②の手続とは異なり、当事者主義は妥当せず、原則として職権主義が支配する。決定手続であるから、口頭弁論に基づいて裁判する必要はなく（43Ⅱ）、また、憲法82条にいう「裁判の対審及び判決」に含まれないので、公開の法廷で行われることを要しない（最大決昭42・7・5刑集21・6・764、最決昭33・5・27刑集12・8・1683）。

　裁判所が決定で裁判をする場合には、自ら必要な事実の取調べを行い、あるいは受命裁判官・受託裁判官にそれを行わせることができる（43Ⅲ・Ⅳ）から、本条前段は、確認的な規定に過ぎない。本条後段は、受命裁判官・受託裁判官に裁判所又は裁判長と同一の権限を与えることにより、規33条3項による制約を超えて、証人尋問・鑑定以外の強制処分を行うことも認める趣旨と解される（規302Ⅰ参照。なお、決定のための事実の取調べとして、裁判所は、強制力を伴わない処分はもとより、強制処分についても総則に定められているものは当然許されると一般に解されている。43条の解説 **3** 参照）。

2　事実の取調べ

(1)　意　義

　再審請求書及びこれに添付された証拠書類等（規283）を閲読し検討することと、対象となっている事件の確定記録を調査・検討することは、再審請求に理由があるか否かを判断するために当然行うべきことであるから、事実の取調べは、このような調査の範囲を超える一切の取調べをいうものと解される。

　事実の取調べの要否・範囲・方法などは、裁判所の適切かつ合理的な裁量に委ねられている（最決昭28・11・24刑集7・11・2283、最決昭29・11・22刑集8・11・1857）。再審請求者に証拠調べの申立権は認められていないから、裁判所の職権発動を促すに止まり、取調べをしない場合でも却下決定は不要である（旧刑訴法503条につき、大決昭13・2・18刑集17・60）。また、再審請求者が指摘する証拠方法に限定されず、必要があれば職権で実施することがで

476　第4編　再審

きる。例えば、再審請求者が証人の取調べを申し出ている場合でも、その証人の取調べをするか他の方法による事実の取調べをするかは、裁判所の裁量に委ねられている（前掲最決昭28・11・24）。

（2）　**取調べの範囲**

　事実の取調べの範囲は、前記のとおり、裁判所の合理的裁量に委ねられている。435条6号以外の再審理由の場合は、確定判決等による証明を要件としているから、事実の取調べの必要が生じる余地はほとんどなく、事実の取調べの範囲が問題となるのは専ら435条6号を再審理由とする場合である。

　裁判所が職権で、請求されていない再審理由に関する調査及び事実の取調べをすることは許されないと解される。ただ、再審請求者の主張する事実には拘束される（最決昭50・5・20刑集29・5・177）としても、法律的見解にまで拘束されるものではないと解されるから、例えば、再審請求者が435条1号又は2号に該当すると主張している場合であっても、その主張の中に同条6号に該当する事実が含まれていると理解できるときは、同号の再審理由についても調査及び事実の取調べができるものと解される。もっとも、その場合、裁判所は、適切な訴訟指揮権を行使し、再審請求者に釈明を求めるなどして、再審理由を明確にさせることが望ましい。

　事実の取調べは、再審請求の当否を判断するためのものであるから、確定判決の事実認定について合理的疑いが生じた場合、それを解明するためにまで事実の取調べをしなければならないものではない（高松高決昭56・3・14高刑集34・1・1参照）。

（3）　**取調べの方法**

　事実の取調べの方法としては、規33条3項所定の証人尋問、鑑定に限定されない。押収、捜索、検証、通訳、翻訳のほか、適宜な方法により、再審請求者や参考人の尋問（東京高決昭27・7・17高刑集5・7・1163）、別件訴訟記録の取寄せ、当該再審請求事件の公判未提出記録の取寄せ、公務所・公私の団体に対する照会（279）等を行うことも可能である。

　証人尋問を行う場合、再審請求人や弁護人に立会いの権利が認められているわけではないが（前掲東京高決昭27・7・17参照）、裁判所が相当と認めたときは、規33条4項により立会いを認めることができるし、証人に尋問する機会を与えることもできる。裁判所の裁量によって事実の取調べを公開する

〔§446〕請求棄却の決定(1)　477

ことは可能であり、事実の取調べの一部を公開した例もあるが、再審請求の
審判手続は「裁判の対審及び判決」に含まれないから（前記１参照）、非公開
で行われることが多い。

(4)　検察官手持ち公判未提出記録の開示請求

　事実の取調べの前提として、再審請求者から検察官手持ちの公判未提出記
録（証拠物を含む）の開示が求められる例が少なくない。特に、平成16年の
法改正によって公判前整理手続に組み込まれた形で段階的証拠開示が認めら
れる以前に確定していた事件に関しては、開示を求められる例が多い。再審
請求審としては、事案の内容を踏まえ、当該証拠を開示する必要性と弊害等
を考慮して判断することになるが（最決昭44・4・25刑集23・4・248参照）、
法改正後のいわゆる類型証拠や主張関連証拠に該当するものであれば、再審
請求審が検察官に対して開示を促し、あるいは勧告し、検察官もそれに応じ
て開示する運用が多くなっている（遠藤邦彦ほか「共同研究・刑事証拠開示の
あり方」判タ1387・65参照）。

(5)　取調べの結果

　事実の取調べを行った場合、それが証人尋問であれば一般の定めに従って
証人尋問調書を作成しなければならないが、それ以外の方法による場合も、
再審請求の許否の決定が上訴の対象となることなどに照らすと、記録上明ら
かにしておくべきである。実務では、事実取調書や尋問調書等という調書が
作成されている。　　　　　　　　　　　　　　　　　　　　　　（池田修）

〔請求棄却の決定(1)〕

第446条　再審の請求が法令上の方式に違反し、又は請求権の消滅後にさ
　れたものであるときは、決定でこれを棄却しなければならない。

　〔規〕　第286条（意見の聴取）　再審の請求について決定をする場合には、請
　　　求をした者及びその相手方の意見を聴かなければならない。有罪の
　　　言渡を受けた者の法定代理人又は保佐人が請求をした場合には、有
　　　罪の言渡を受けた者の意見をも聴かなければならない。

478　第4編　再審

〈本条細目次〉
1　本条の趣旨　478
2　不適法な請求　478
3　本条による請求棄却決定の効果　478
4　意見の聴取　478

1　本条の趣旨

　本条は、再審請求が不適法な場合になすべき請求棄却決定について定めている。

2　不適法な請求

　本条が不適法としている①法令上の方式に違反する請求とは、438条、439条、規283条等に違反するものをいい、②請求権の消滅後にされた請求とは、436条2項・3項、443条2項、447条2項に違反するものをいう。

3　本条による請求棄却決定の効果

　本条による請求棄却決定は形式的裁判であるから、これが確定しても447条2項の制限を受けず、同一の理由による再審の請求を妨げられない。

　本条による請求棄却決定に対しては、即時抗告をすることができる（450）。

4　意見の聴取

　再審請求について決定をするときは、規286条による意見の聴取が必要である。請求を不適法として棄却する場合には同条の適用がないとする見解もあるが、文理においても実質においても、適用があると解すべきであろう（同旨、松尾・条解1144、臼井＝河村・注釈刑訴7・165）。

　意見聴取の手続、方法については明文の規定がなく、裁判所は、適切かつ妥当と思われる方法によって所定の者から意見を聴取すれば足りる。意見を陳述する機会を与えれば足りる趣旨であり（最決昭32・10・23刑集11・10・2696）、その機会を与えられた者が相当期間内に意見を述べなかったとしても、同条の要件を充たしたものとして、決定することができる。

　実務上、裁判所は、再審請求を受理すると、再審請求者及びその相手方（さらに、有罪の言渡しを受けた者の法定代理人・保佐人が請求した場合は、有罪の言渡しを受けた者）に同時に求意見書を発して書面により意見聴取することが多い。また、裁判所が事実の取調べを行い、請求時と証拠関係が異なってきたような場合には、その後、再審許否の決定をする前に、事実取調べの結

果を踏まえた最終意見を述べる機会を与えているのが通例である。事実取調べの内容如何に関わらず常に最終意見を述べる機会を与えなければならないわけではないが、その機会を与えずに決定すると違法となる場合もあり得る（例えば、仙台高決昭48・9・18判時721・104は、事実取調べ終了後に改めて意見を述べる機会があるとの期待を再審請求者に抱かせたまま、その機会を与えずに請求棄却決定をしたことを違法としている）。同条は、裁判所が再審請求者と相手方の意見を踏まえて再審請求の要否を慎重に判断させることを目的としたものであるから、その趣旨に沿う実質的な意見聴取の行われることが必要であるが、そのような意見聴取の機会が与えられればそれで足りるものと解される。　　　　　　　　　　　　　　　　　　　　　　　　　　（池田修）

〔請求棄却の決定(2)〕
第447条　再審の請求が理由のないときは、決定でこれを棄却しなければ
　　ならない。
　2　前項の決定があつたときは、何人も、同一の理由によつては、更に再
　　審の請求をすることはできない。

〈本条細目次〉
　1　本条の趣旨　479
　2　本条2項の趣旨　479

1　本条の趣旨

　本条は、再審請求が理由のない場合になすべき請求棄却決定及びその効果について定めている。本条の決定をする場合も規286条による意見聴取が必要である（446条の解説4参照）。
　本条による請求棄却決定に対しては、即時抗告をすることができる（450）。

2　本条2項の趣旨

　本条2項は、1項による請求棄却決定の内容的確定力の効果を定めており、決定で判断された事項は、後の再審請求に対する判断において裁判所がこれと異なる判断をすることは許されない（名古屋高決昭37・1・30高刑集15・1

480 第4編 再審

・11)。ここにいう「同一の理由」とは、同一の事実関係・証拠関係に基づく主張をいうものと解されるから（大阪高決昭60・12・5判タ586・84、旧刑訴法505条2項につき東京高決平12・1・11判時1712・189等）、同一の事実関係・証拠関係の主張であれば、法的構成が異なっても「同一の理由」に該当する反面、同一の事実の主張であっても証拠が異なるのであれば、「同一の理由」には該当しない。

　一度再審請求が棄却された場合、後の再審請求において前の請求時にも引用した証拠を提出することが許されないわけではないが（前の請求時に提出した証拠も、その時点で435条6号の新規性を有していたものであれば、後の請求においても新規性を失うものではない。高松高決昭58・3・12判時1073・3参照）、その証拠の評価に関する前の請求審の判断に拘束されるから、同じ証拠のみでは「同一の理由」によるものとされて、不適法となる。これに対し、前の請求時に提出した証拠に加えて新たな証拠も提出し、前の証拠の位置付けを変えるなどして新たな主張となっていれば、「同一の理由」とはならない（前掲東京高決平12・1・11参照）。

　本項による再審請求禁止の効果は、443条2項の場合とは異なり、全再審請求者に及ぶものと解される。　　　　　　　　　　　　　　　　　（池田修）

　〔再審開始の決定〕
　第448条　再審の請求が理由のあるときは、再審開始の決定をしなければならない。
　2　再審開始の決定をしたときは、決定で刑の執行を停止することができる。

　〈本条細目次〉
　1　本条の趣旨　481
　2　再審開始決定の範囲　481
　3　再審開始決定の効果　481
　4　執行停止の決定（本条2項）　482

〔§448〕再審開始の決定　481

1　本条の趣旨

本条は、再審開始決定をすべき場合及び再審開始決定と刑の執行の関係を定めている。本条1項の決定をする場合も規286条による意見聴取が必要である（446条の解説4参照）。

2　再審開始決定の範囲

併合罪の関係にある数個の犯罪事実を認定して一つの刑を言い渡した確定判決に関しては、その一部の犯罪事実にのみ再審理由がある場合にも再審請求が許されるが（435条の解説6(1)ウ参照）、その場合の再審開始決定の範囲については、見解が分かれている。再審理由の認められる犯罪事実のみ再審開始決定をすべきとする見解もあるが（高田・注解刑訴下365）、1個の刑が言い渡されている以上は、併合罪の全部について再審開始決定をするのが相当であろう（同旨、松尾・条解1147）。裁判例も分かれているが、最近は後者の見解によって全部について再審開始決定をする例が多い（東京高決平20・7・14判タ1290・73等）。なお、前者（一部説）によれば、再審理由のない犯罪事実は再審の審判の対象から外れ、併合罪の一部について大赦があった場合（刑52）に準じて別個に量刑されることになるが（仙台高決昭52・2・15高刑集30・1・28参照）、後者（全部説）によっても、全部の事実が再審の審判の対象となるものの、再審理由のない犯罪事実については有罪認定を覆すことはできないから、量刑に必要な限度で考慮されるに過ぎないであろう（臼井＝河村・注釈刑訴7・176参照）。科刑上一罪の一部についてのみ再審理由がある場合（435条の解説6(1)ウ参照）も、同様に考えることができる。

3　再審開始決定の効果

再審開始決定が確定すると、再審請求に対する審判手続は終了し、再審公判手続が開始される（451）。再審開始決定は、直ちに確定判決の効力に影響を及ぼすものではない。確定判決の効力が失効する時点を何時と解するかは見解が分かれているが（451条の解説5参照）、再審開始決定の時点ではいまだ確定判決の執行力が失われるものでないことは、本条2項の存在から明らかである。

再審開始決定の確定により再審公判手続が開始されるから、再審請求者は、再審公判を受ける被告人の立場を併せ持つことになる。再審請求者の身柄が拘束されている場合、その執行力は失われないから、受刑者又は死刑確定者

としての身分と被告人としての身分が併存することになる。この場合の面会及び信書の発受に関しては、刑事収容施設法145条に調整規定が設けられており、弁護人又は弁護人となろうとする者との面会及び信書の発受については未決拘禁者と同様に扱われることになる一方、それ以外の外部交通については受刑者又は死刑確定者としての処遇がされることになる。

再審開始決定については、破棄差戻し判決と同様の拘束力（400条の解説参照）を認める見解もあるが、通説はそのような拘束力を否定しており、判例も同様である（青森地判昭53・7・31判時905・15参照）。再審開始決定は、確定判決について再審理由が認められるので再審の審判を行うべきことを判断したに止まり、事実認定まで行ったものではないからである。

本条による再審開始決定に対しては、即時抗告をすることができる（450）。

4 執行停止の決定（本条2項）

再審開始決定が確定しても、確定判決の執行力が失われるものではないが（前記3参照）、確定判決の事実認定が覆る蓋然性が高まったことになり、将来的には効力が失われることにもなるため、裁判所が裁量により刑の執行を停止できることとされている。

再審請求者が受刑中の場合には、再審開始決定と同時に執行停止決定が行われるのが通例であるが、同時でなければならないわけではない。再審請求者が死刑確定者の場合、死刑の執行とは絞首であるから（刑11Ⅰ）、本項によって死刑の執行停止決定がされても、死刑の執行を確保するための拘置（同条Ⅱ）については、その執行も停止されない限り、継続される。この場合、拘置をどの段階まで継続できるかは、確定判決の効力が失効する時点を何時と解するか（451条の解説5参照）によって異なることになるが、再審判決の確定により失効すると解する通説の立場では、再審無罪判決の確定まで拘置を続けても違法ではないことになる。しかし、通常の公判手続であれば無罪判決により勾留状が失効する（345）ことと対比して相当性を欠くことになるから、再審無罪判決の言渡しがあれば直ちに拘置を解く運用が求められる。従前は、①検察官が言渡し直後に拘置の執行を解く（熊本地八代支判昭58・7・15判時1090・21〔免田事件〕、高松地判昭59・3・12判時1107・13〔財田川事件〕）、あるいは②再審公判裁判所が無罪判決と同時に拘置の執行を停止する決定をする（仙台地決昭59・7・11判時1127・34〔松山事件〕、静岡地判平元・

〔§449〕請求の競合による棄却決定　483

1・31判時1316・21〔島田事件〕）ことによって、再審無罪判決の言渡し後に拘置が解かれていた。その後、袴田事件につき、静岡地裁は、再審開始決定と併せて、死刑及び拘置の執行を停止する旨の決定をし（静岡地決平26・3・27判時2235・113）、抗告審も、本条2項により拘置の執行を停止することもできると解されるところ、原決定が裁量の範囲を逸脱したとはいえないとして、拘置の執行を停止した原決定を維持した（東京高決平26・3・28判時2235・137）。

　本条2項による刑の執行停止決定は、「訴訟手続に関し判決前にした決定」（420）又はそれに準ずる決定に当たらないから、これに対しては419条による抗告をすることができる（最決平24・9・18刑集66・9・936）。　　（池田修）

〔請求の競合による棄却決定〕
　第449条　控訴を棄却した確定判決とその判決によつて確定した第1審の
　　判決とに対して再審の請求があつた場合において、第1審裁判所が再審
　　の判決をしたときは、控訴裁判所は、決定で再審の請求を棄却しなけれ
　　ばならない。
　2　　第1審又は第2審の判決に対する上告を棄却した判決とその判決によ
　　つて確定した第1審又は第2審の判決とに対して再審の請求があつた場
　　合において、第1審裁判所又は控訴裁判所が再審の判決をしたときは、
　　上告裁判所は、決定で再審の請求を棄却しなければならない。

1　本条の趣旨

　本条は、同一事件に関する各審級の確定判決に対する再審請求が競合した場合における調整方法を定めたものである。下級審の確定判決に関する再審の判決が確定すれば、再審請求の目的を達し、上訴棄却の確定判決に対する再審請求は意味を失うことから、同請求を棄却すべきものとしている。なお、再審請求が競合した場合の訴訟手続の停止につき、規285条（436条の解説3）参照。　　　　　　　　　　　　　　　　　　　　　　　　（池田修）

484 第4編 再審

〔即時抗告〕
第450条 第446条、第447条第1項、第448条第1項又は前条第1項の決定
に対しては、即時抗告をすることができる。

〈本条細目次〉
1 本条の趣旨 484
2 抗告審における事実の取調べ 484

1 本条の趣旨

本条は、再審請求棄却決定及び再審開始決定に対する不服申立て手続を定めている。再審請求棄却又は再審開始の決定に対しては、即時抗告をすることができる。高等裁判所が決定したときは、即時抗告に代わる異議申立て(428 II)ができる。ただし、旧刑訴法事件について高等裁判所がした決定に対しては、異議申立ては許されない(最大決昭37・10・30刑集16・10・1467)。

2 抗告審における事実の取調べ

抗告審は、原則として事後審の立場に立って処理されるから(426条の解説参照)、再審請求棄却決定に対する抗告審(高等裁判所の決定に対する場合は異議審)において、再審理由を追加的に主張する趣旨で新たな鑑定書を提出することは許されない(最決平17・3・16判時1887・15)。　　　　(池田修)

〔再審の審判〕
第451条 裁判所は、再審開始の決定が確定した事件については、第449条
の場合を除いては、その審級に従い、更に審判をしなければならない。
2 左の場合には、第314条第1項本文及び第339条第1項第4号の規定は、
前項の審判にこれを適用しない。
一 死亡者又は回復の見込がない心神喪失者のために再審の請求がされ
たとき。
二 有罪の言渡を受けた者が、再審の判決がある前に、死亡し、又は心
神喪失の状態に陥りその回復の見込がないとき。
3 前項の場合には、被告人の出頭がなくても、審判をすることができる。

但し、弁護人が出頭しなければ開廷することはできない。

4　第2項の場合において、再審の請求をした者が弁護人を選任しないときは、裁判長は、職権で弁護人を附しなければならない。

〈本条細目次〉
1　本条の趣旨　485
2　再審公判手続　485
3　有罪の言渡しを受けた者の死亡等の場合　486
4　再審の判決　486
5　原確定判決との関係　487

1　本条の趣旨

　再審開始決定が確定すると、確定判決の審級に応じて、更に審判が行われる。通常の公判手続として行われるが、その特殊性に鑑み、本条が特則を定めている。

2　再審公判手続

　再審の審判は、原判決の手続とは別個に、事件について新たに審理裁判することになる。第1審における手続に関しては、①原判決の手続との連続性を認めても問題はないとの理由から、破棄差戻し又は移送後の手続に準じて、公判手続の更新（規213の2）と同様の手続によれば足りるとする見解（更新説。小西秀宣「再審」新刑事手続3・509）と、②再審の審判手続と原判決の手続との間に連続性はなく、別個の手続であるから、新たに進行させるのを原則とする見解（やり直し説。松尾・条解1149、臼井＝河村・注釈刑訴7・186）に分かれている。実務の運用も固まっているわけではなく、いずれの見解による運用も見られるが、近時は前者による例が多くなっている（足利事件・布川事件等）。更新説によれば、規213条の2と同様の手続が行われることになり、やり直し説によれば、人定手続、起訴状の朗読から開始され、原判決の手続で取り調べられた証拠も、再度の証拠調べが行われることになる。また、原判決の公判期日又は公判準備における証人尋問調書は、更新説によれば321条2項により、やり直し説によれば同条1項1号によって証拠能力が認められるものと解される。

　通常の公判手続と同じであるから、公判前整理手続又は期日間整理手続に

486　第4編　再審

付することもできる（更新説によれば期日間整理手続に付することになる。なお、裁判員裁判においては整理手続に付することが必要的である）。

　再審の公判においては、訴因・罰条の追加・撤回・変更も可能である（訴因変更手続を経なかった点に違法があるとして再審第1審判決を破棄した例として、大阪高判昭37・9・13高刑集15・6・510参照）。ただし、被告人に不利益な再審は禁止されているから（435条の解説1参照）、その制約は受けることになる。

　併合罪の一部の犯罪事実にのみ再審理由がある場合、その全部の事実について再審開始決定がされれば、再審の審判の対象も全部に及ぶことになる。ただし、再審理由があるとされた事実以外の事実については実質的審理を行うことは許されず、確定判決の認定が維持されることになる（448条の解説2参照）。科刑上一罪の一部にのみ再審理由がある場合（435条の解説6(1)ウ参照）も、同様である。

　略式命令に対する再審の審判は、略式命令が請求された段階から審理されることになるが、再び略式命令をするのは相当でないから（463参照）、通常の審判手続によることになる。

　上訴審における破棄自判の有罪判決又は上訴棄却の裁判について再審開始決定があった場合、再審の審判は、当該上訴審における上訴趣意書が提出された段階から進められるものと解される（同旨、臼井＝河村・注釈刑訴7・189）。

3　有罪の言渡しを受けた者の死亡等の場合

　有罪の言渡しを受けた者が死亡した場合又は心神喪失の状態に在る場合にも再審が認められていることから、本条2項1号・2号所定の場合は、被告人が出頭しなくても審理裁判することができる（本条Ⅱ・Ⅲ）。ただし、これらの場合には弁護人の出頭がなければ開廷できないとされ、弁護人がいないときは裁判長が職権で弁護人を選任すべきものとされている（本条Ⅲ但・Ⅳ）。この国選弁護人に関しては、総則の規定が適用される。

4　再審の判決

　再審の判決は、原判決の当否を判断するものではないから、審理をして原判決と同一の犯罪事実を認定する場合であっても、新たに判決しなければならない。この場合は、次条の不利益変更禁止が適用されるが、それに反しな

い限り、原判決の刑に拘束されない（大阪高判昭37・9・13高刑集15・6・510）。なお、再審開始決定に拘束力がないことについては、448条の解説**3**参照。

　再審の判決において有罪部分につき刑の執行猶予を言い渡す場合、執行猶予の起算日は原判決の確定日としないと不利益変更となる可能性があるから、注意を要する（執行猶予の起算日を「この裁判確定の日から」とした再審の第1審判決が破棄された例として、大阪高判平4・1・22判時1429・144参照）。

　再審の判決に対しても、通常の公判手続による判決同様、上訴することができる。

5　原確定判決との関係

　原確定判決の失効する時期については、見解が分かれている。再審開始決定の確定時と解する見解（高田昭正・大コメ刑訴10・162）や、再審判決の言渡し時と解する見解（ポケット刑訴下1186）もあるが、通説は、再審判決確定時と解している（松尾・条解1146、臼井＝河村・注釈刑訴7・178）。再審請求の取下げが可能な時期（443条の解説**2**参照）や、刑の執行停止に関する規定（442但・448Ⅱ）との整合性等に照らすと、通説が相当である。

　再審の判決で刑の言渡しがされると、原判決による刑の執行は、新判決の刑の執行とみなされる。　　　　　　　　　　　　　　　　　　　　（池田修）

　　〔不利益変更の禁止〕
　第452条　再審においては、原判決の刑より重い刑を言い渡すことはできない。

　〈本条細目次〉
　1　本条の趣旨　487
　2　不利益変更の禁止　488

1　本条の趣旨

　本条は、再審の判決における不利益変更の禁止を定めたものであり、憲法39条の要請に基づくものと解されるから、検察官が再審の請求をした場合も

488　第4編　再審

適用される。

2　不利益変更の禁止

　再審においては、原判決より重い刑を言い渡すことはできない（451条の解説4参照）。不利益変更に該当するか否かは、上訴の場合と同様に考えることができる（402条の解説参照）。　　　　　　　　　　　　　　　（池田修）

〔無罪判決の公示〕
第453条　**再審において無罪の言渡をしたときは、官報及び新聞紙に掲載して、その判決を公示しなければならない。**

〈本条細目次〉
1　本条の趣旨　488
2　無罪の言渡し　488

1　本条の趣旨

　再審による無罪判決が確定したときは、無罪の言渡しを受けた者の申立ての有無にかかわらず、官報及び新聞紙上にその判決を公示しなければならない。有罪判決の言渡しを受けた者の名誉を回復するために設けられた措置である。公示すべき内容は、名誉の回復に欠けないものであれば、判決理由の要旨に止めることもできる。

　無罪判決が確定した場合には、刑事補償の対象となる（刑補1Ⅱ）。費用補償の対象にもなるが（188の2）、再審請求手続に要した費用は補償の対象とはならない（最決昭53・7・18刑集32・5・1055）。

2　無罪の言渡し

　併合罪の一部が無罪になった場合も、本条に該当する。科刑上一罪の一部が無罪とされた場合は、主文では無罪言渡しはされないが、本条の趣旨に鑑みると、公示すべきものと解するのが相当であろう（435条の解説6(1)ウ参照）。　　　　　　　　　　　　　　　　　　　　　　　　　　　　（池田修）

第５編　非常上告

〔非常上告理由〕

第454条　検事総長は、判決が確定した後その事件の審判が法令に違反したことを発見したときは、最高裁判所に非常上告をすることができる。

〈本条細目次〉
1　趣　旨　491
2　申立ての主体・管轄裁判所　491
3　判決が確定した後　491
4　その事件の審判が法令に違反したこと　492

1　趣　旨

　本条は、検事総長が、判決が確定した後その事件の審判が法令に違反していることを発見したとき、最高裁判所に非常上告をすることができることを規定する。

　非常上告は、判決が確定した後その事件の審判が法令に違反していることが発見された場合に、法令の解釈適用を統一することを目的として、この法令違反を是正するために行う非常救済手続であり、その判決の法令違反が被告人のため不利益であるときは、併せて被告人の不利益の救済を図るものである。

　非常上告は、判決が確定した後に行われる非常救済であり、検事総長が最高裁判所に対して行うものである点で、上訴と異なる。また、法令の解釈適用を統一することを目的として、法令違反を是正するために行うものであり、有罪判決に限られず、また、被告人の不利益の救済は、法令違反の是正の限度で行うものである点で、再審とも異なる。

2　申立ての主体・管轄裁判所

　非常上告は、検事総長が最高裁判所にする。これは、この制度が法令の解釈適用を統一することを目的として、確定判決の審判の法令違反を是正するために行うものであることによる。

3　判決が確定した後

　非常上告は、判決が確定した後、その事件の審判が法令に違反していることを発見したときは、いつでもできる。その時期に制限はない。判決確定後に被告人が本邦を出国し非常上告申立て時に再入国していない場合（最判平

22・7・22刑集64・5・819）、判決確定後に被告人が死亡している場合（最判平22・7・22刑集64・5・824）も、非常上告をすることができる。

「判決」は、審級を問わない。有罪の判決に限られず、無罪、免訴、公訴棄却、管轄違いの判決も含まれる。略式命令や交通事件の即決裁判も、確定すれば確定判決と同一の効力を有するので（470、交通裁判14Ⅱ）、これに含まれる。

上訴棄却の裁判が含まれないとする見解（平野・刑訴345）もあるが、判例は、上訴棄却の決定も含まれるとする（最判昭25・4・13刑集4・4・567）。

当然無効の判決について、判例は、かつて、控訴取下書が提出されたのにこれを知らないでした控訴審判決も含まれるとしたが（最判昭24・5・19刑集3・6・855）、その後、これは含まれないとしている（最大判昭27・11・19刑集6・10・1217）。学説は、これに反対する見解が多い（団藤・綱要598、平野・刑訴345）。

4　その事件の審判が法令に違反したこと

「審判」とは、審理及び判決を意味する。審判の法令違反は、実体法及び手続法の法令違反がすべて含まれる。

「法令に違反した」とは、法令違反が明白であることを意味する。法令の解釈に疑義や争いがあるなど、法令違反が明白とはいえない場合は、これに当たらない。なお、強姦罪の告訴が取り下げられた場合でも、その手段である共同暴行に関し暴力行為等処罰に関する法律1条に違反するものとして有罪とした判決について、その確定後、その共犯者の事件に関する上告審（第二小法廷）が異なる解釈に基づき公訴棄却の判決をしたことから、非常上告の申立てがされた場合、原判決の解釈を肯定した上で、これは、第二小法廷の判決とは相反するが、何ら法令に違反した点が認められないとした大法廷の判決がある（最大判昭28・12・16刑集7・12・2550）。

いわゆる前提事実を誤認したため法令違反が生じた場合、「法令に違反した」といえるかについては議論がある。

学説は、訴訟法上の事実の誤認による法令違反はこれに当たるとする見解（平野・刑訴345）、訴訟法上の事実の誤認による法令違反も実体法上の事実の誤認による法令違反もこれに当たるとする見解（高田・注解刑訴下387）などがある。

〔§454〕非常上告理由　493

　判例は、非常上告は、法令の適用の誤りを是正して、法令の解釈適用の統一を目的とするものであり、個々の事件の事実認定の誤りを是正して、被告人を救済することを目的とするものではないから、実体法と手続法とを問わず、その法令の解釈に誤りがあるというのではなく、単に前提事実の誤りのため法令違反の結果が生じた場合は、「事件の審判が法令に違反したこと」には当たらないとし（最大判昭27・4・23刑集6・4・685）、そのような例としては、実体法上の事実に関するものとして、累犯加重の理由とならない前科をその理由となる前科として累犯加重をしたもの（最判昭25・11・8刑集4・11・2221）、成人の被告人が生年月日を偽っていたために少年と誤認して不定期刑に処したもの（最判昭26・7・6刑集5・8・1408）、訴訟法上の事実に関するものとして、控訴趣意書が提出されていたにもかかわらず、それが提出されていないものとして控訴を棄却したもの（最判昭25・11・30刑集4・12・2468）、被告人が死亡した後に、生存しているものとして被告人欠席のまま控訴審判決がされたもの（最判昭28・7・18刑集7・7・1541）、実体法上及び訴訟法上の事実に関するものとして、少年の被告人を成人と誤認して家庭裁判所を経由することなく公訴が提起されて有罪の判決がされたもの（最判昭26・1・23刑集5・1・86、最大判昭27・4・23刑集6・4・685等）などがある。

　これに対し、原判決の内容からその前提事実が明らかであるときはそれに基づいて法令違反が肯定されている（累犯加重の理由とならない前科であることが明らかであるとしたものとして最判昭48・3・8刑集27・2・87等、被告人が少年であることが明らかであるとしたものとして最判昭42・2・10刑集21・1・271等）。

　さらに、原判決の内容からは明らかでない場合であっても、一件記録又は事実の取調べの結果により、原判決が看過した事実又は原判決と異なる事実を認定した上で、法令違反を肯定した例も少なくない。例えば、最高速度の指定がされておらず、法定最高速度が適用される道路であり、その最高速度を超える速度で車両を運転して進行したとはいえないのに、それを超えるものとして公訴が提起され、略式命令がされたもの（最判平26・4・15裁集313・369）、同一の事件に関し二重の起訴又は二重の裁判がされたもの（最判昭24・2・8刑集3・2・124、最判昭25・5・2刑集4・5・753ほか多数）、被告

人において税務署長の通告処分を履行したため収税官吏の告発がなかったに
もかかわらず、酒税法違反の事実に関し公訴が提起され、略式命令がされたも
の（最判昭32・12・24刑集11・14・3371）、道路交通法により自転車のみが
通行することができる自転車専用通行帯であり、自転車道には当たらないの
に、自転車道を通行したものとして公訴が提起され、略式命令がされたもの
（最判平27・4・20裁集316・155）、道路交通法の「車両通行帯の設けられた道
路」に当たらないのに、法定の車両通行帯以外の車両通行帯を通行したもの
として公訴が提起され、略式命令がされたもの（最判平27・6・8裁集317・
355）、道路交通法の反則行為の告知はされていたものの、通告を欠いたまま
公訴が提起され、略式命令がされたもの（最判平27・6・8裁集317・339）、
道路交通法の反則金を納付したにもかかわらず、公訴が提起されて略式命令
がされたもの（最判昭46・12・23裁集182・531等）、道路交通法の反則者に当
たるのに、反則者に当たらないと誤認をしたことにより、反則金の納付通告
等を経ないで公訴が提起されて略式命令がされたもの（過去1年以内の行政
処分歴を有していないのに、それを有しているとして反則者に当たらないと誤認
したものにつき最判昭57・9・28裁集228・639等、運転免許証の有効期間が経過
していないのに、既にそれが経過しているとして反則者に当たらないと誤認した
ものにつき最判平29・4・7裁集321・73）、反則行為に当たる速度違反である
のに、反則行為に当たらないと誤認したことにより、反則金の納付通告等を
経ないで公訴が提起されて略式命令がされたもの（最高速度の指定がされてい
ないのに、その指定がされているとして反則行為に当たらないと誤認したものに
つき最判平13・12・13裁集280・1043、最判平25・9・17裁集311・187、最判平26
・4・15裁集313・363、自動車専用道路の指定を受けていた区間内であるのに、そ
の区間内ではないとして反則行為に当たらないと誤認したものにつき最判平16・
11・2裁集286・527、最判平22・3・29裁集300・163、最判平22・7・22刑集64
・5・819等）などがある。

　また、最高裁は、検察官事務取扱の職務命令の発令を受けていなかった検
察事務官がした公訴提起及び略式命令請求により発せられた略式命令につい
て、法令違反を肯定したが、その際、第三小法廷（最判平24・9・18刑集66・
9・958）と第一小法廷（最判平24・9・27裁集308・247）は、「手続の前提と
なる事実の誤認ではなく、手続そのものについての誤りであるから」とした

が、第二小法廷（最判平24・9・28裁集308・251）は、そのような理由を加えなかった。「手続そのものについての誤り」といっても新たに判明した事実を前提とするものであるから、「手続の前提となる事実の誤認」であるか、「手続そのものについての誤り」であるかの区別はそれほど明確なものとはいえない。第二小法廷は、敢えてそのような基準を避けたのではないかとも考えられる。

　結局、これまで最高裁が新たな事実を認定して法令違反による非常上告を肯定したのは、認定事実が罪とならないものであった場合、同一の事件に関し、二重の公訴提起又は裁判があった場合、公訴提起の手続がその規定に違反したため無効であった場合である。非常上告は、法令の解釈適用を統一することを目的として、法令違反を是正するものであり、事実認定の是正を目的とするものではないが、裁判所は、非常上告の審理において、裁判所の管轄、公訴の受理、訴訟手続に関して事実の取調べをすることができるものとされており（460Ⅱ）、原判決に明白な事実の誤認があり、その事実関係を前提とすれば判決に法令の違反が存在すると認められる場合、その法令違反の是正を図ることを法がおよそ予定しないものとはいえないであろう。特に、非常上告は、原則として、法令に違反する部分又は手続を破棄するにとどめ（458①本・②）、その効力を被告人に及ぼさないが（459）、原判決が法令に違反し、それが被告人のため不利益であるときは、原判決を破棄した上で、被告事件について更に判決をし（458①但）、その効力を被告人に及ぼすものとして（459）、その限度で原判決の効力を失わせ、被告人の不利益を救済することとしている。前提事実の誤認が明らかであり、その事実関係を前提とすれば、例えば無罪、免訴又は公訴棄却の判決がされるべきであったことが明白であるような場合、そのまま原判決の効力を維持して刑の執行を行うことは、著しく正義に反し、このような非常上告制度の趣旨にも沿わないものと考えられる。

　　　　　　　　　　　　　　　　　　　　　　　　　　　（三浦守）

〔申立ての方式〕
　第455条　非常上告をするには、その理由を記載した申立書を最高裁判所に差し出さなければならない。

496　第5編　非常上告

　本条は、非常上告の方式について規定する。

　非常上告をするには、その理由を記載した申立書を最高裁判所に差し出さなければならない。その理由を裏付ける資料を提出することもできる。

（三浦守）

　〔公判期日〕
　第456条　公判期日には、検察官は、申立書に基いて陳述をしなければならない。

　本条は、非常上告の審理のための公判期日において、検察官が申立書に基づいて陳述しなければならないことを規定する。

　非常上告の申立てがあったときは、公判期日を開かなければならないが、その公判期日において、検察官が申立書に基づいて陳述しなければならないとしたものである。

　「検察官」は、検事総長に限られず、最高検察庁の検察官であればよい。

（三浦守）

　〔棄却の判決〕
　第457条　非常上告が理由のないときは、判決でこれを棄却しなければならない。

　本条は、非常上告が理由のないときは、判決でこれを棄却しなければならないことを規定する。

　「非常上告が理由のないとき」とは、非常上告の申立てにおいて理由とされる審判の法令違反が認められない場合をいう。

　非常上告が理由のないものとして棄却された例としては、単に前提事実の誤りのため法令違反の結果が生じた場合は、「事件の審判が法令に違反したこと」には当たらないとしたもの（最大判昭27・4・23刑集6・4・685等）のほか、第二審判決が第一審判決の追徴部分を破棄して改めて追徴の判決をし

〔§458〕破棄の判決　497

た場合において、それが法令に違反し追徴することができない場合であったという事案について、非常上告の申立てにおいて、第一審判決及び第二審判決の破棄並びに更に相当の裁判が求められたが、第二審判決中被告人から金〇円を追徴するとの部分を破棄すれば足り、第一審判決中第二審判決によって破棄されている部分は非常上告によって是正する必要はないとして、第二審判決中その余の部分及び第一審判決に対する申立てを棄却したもの（最判昭55・11・14刑集34・6・409）、被告人を懲役1年2月に処する旨の判決をしたが、その判決書に、被告人を懲役1年6月に処する旨の記載をした場合について、非常上告の申立てにおいて、第一審判決の宣告手続及び判決書作成手続の破棄並びに第二審判決及び上告審決定の破棄及び相当な裁判が求められたが、法令違反は宣告された内容と異なる判決書の記載部分にあるとして、これを破棄した上、第一審判決のその余の部分に法令違反はなく、また、第二審判決手続及び上告審決定手続には職権調査義務違反はなく、法令違反があるとは認められないとして、第一審判決中その余の部分並びに第二審判決及び上告審決定に対する申立てを棄却したもの（最判平17・11・1裁集288・283）などがある。　　　　　　　　　　　　　　　　　　　　　　　　（三浦守）

〔破棄の判決〕
　第458条　非常上告が理由のあるときは、左の区別に従い、判決をしなければならない。
　　一　原判決が法令に違反したときは、その違反した部分を破棄する。但し、原判決が被告人のため不利益であるときは、これを破棄して、被告事件について更に判決をする。
　　二　訴訟手続が法令に違反したときは、その違反した手続を破棄する。

〈本条細目次〉
1　趣　旨　498
2　非常上告が理由のあるとき　498
3　原判決が法令に違反したとき・訴訟手続が法令に違反したとき　498
4　破棄の対象及び範囲　504

498　第5編　非常上告

　　5　原判決が被告人のため不利益であるとき　506
　　6　被告事件について更に判決をする　508

1　趣　旨

　本条は、非常上告が理由のある場合における判決について規定する。

　この場合、原判決が法令に違反したときは、その違反した部分を破棄しなければならないが、原判決が被告人のため不利益であるときは、これを破棄して、被告事件について更に判決をしなければならない（本条①）。また、訴訟手続が法令に違反したときは、その違反した手続を破棄しなければならない（本条②）。

　非常上告は、法令の解釈適用を統一することを目的とするものであるから、非常上告が理由のあるときは、原則として、法令に違反する部分又は手続を破棄するにとどめ、その効力を被告人に及ぼさないものとされる（459）。しかし、原判決が法令に違反し、それが被告人のため不利益であるときは、原判決を破棄した上で、被告事件について更に判決をし、その効力を被告人に及ぼすものとして（同条）、被告人の不利益を救済することとしている。

2　非常上告が理由のあるとき

　「非常上告が理由のあるとき」とは、非常上告の申立てにおいて理由とされる審判の法令違反が認められる場合をいう。

3　原判決が法令に違反したとき・訴訟手続が法令に違反したとき

　本条は、法令違反の理由を区別し、1号は「原判決が法令に違反したとき」、2号は「訴訟手続が法令に違反したとき」について規定するが、前者については、原判決が被告人のために不利益であるときは、原判決を破棄して、被告事件について更に判決をしなければならないものとし、後者については、このような自判を認めていない。そこで、両者の区別が問題となるが、控訴理由における「法令の適用に誤」（380）と「訴訟手続に法令の違反」（379）の区別とも関連して議論がある。

　まず、罪となるべき事実に対する実体法の適用の誤りは、1号の「原判決が法令に違反したとき」に当たる。犯罪の成否に関するものとしては、行為当時既に廃止された罰則を適用して有罪としたもの（最判昭27・4・4刑集6・4・578）、認定事実が罪とならないのに有罪としたもの（最判昭40・7・

〔§458〕破棄の判決　499

14刑集19・5・585、最判昭41・2・22判時439・113、最判昭59・12・20裁集238・385、最判昭62・2・19裁集245・669、最判昭62・12・1裁集247・1243、最判平8・9・3裁集268・135、最判平26・4・15裁集313・369、最判平27・4・20裁集316・155、最判平27・6・8裁集317・335）などがある。なお、家系図の作成に関する行政書士法違反事件について有罪とした略式命令に関し、その後、共犯者に対する同法違反事件について、最高裁が同家系図は同法の「事実証明に関する書類」に当たらないとして無罪を言い渡した場合、この共犯者の事件と証拠が共通で、認定できる事実も全く同一であるとして、原略式命令は、その審判が法令に違反するものとされた（最判平23・12・9刑集65・9・1371）。

　また、刑に関するものとしては、法定刑又は処断刑の上限を超える刑を科したもの（法定刑を超える科料を科したものにつき最判昭25・7・4刑集4・7・1174等、法定刑を超える罰金を科したものにつき最判昭24・2・1刑集3・2・65ほか多数、法定刑を超える懲役を科したものにつき最判平4・1・24裁集259・1、最判平6・4・25裁集263・461、心神耗弱に関する処断刑を超える刑を科したものにつき最判平28・7・4裁集320・387、観念的競合に関する処断刑を超える刑を科したものにつき最判平4・10・15裁集261・161、最判平16・6・11裁集285・443、最判平21・7・14裁集297・137、幇助犯に関する処断刑を超える刑を科したものにつき最判昭54・11・1裁集216・243、最判昭56・7・17刑集35・5・563、併合罪に関する処断刑を超える刑を科したものにつき最判昭62・6・30裁集246・59）、法定刑が懲役刑のみである罪について罰金を科したもの（最判昭58・7・12刑集37・6・875）、1年を超える懲役に処しながら再度の執行猶予に付したもの（最判昭29・7・8裁集97・201、最判昭29・9・17裁集98・667、最判昭32・7・2裁集119・719、最判昭33・2・7裁集123・173）、刑の執行猶予の言渡しに当たり保護観察に付することができないのにこれに付したもの（最判昭29・11・25刑集8・11・1905）、追徴することができないのに追徴したもの（最判昭55・11・14刑集34・6・409）、累犯加重の理由とならない前科に関し累犯加重をしたもの（執行猶予中の前科につき最判昭25・9・5裁集19・155、最判昭28・3・20裁集76・663、執行中の前科につき最判昭48・3・8刑集27・2・87）、少年法51条により定期刑に処すべきであったのに不定期刑に処したもの（最判昭26・12・21刑集5・13・2607、最判昭27・12・11刑集6・11

500　第5編　非常上告

・1294）、少年法52条により不定期刑に処すべきであったのに定期刑に処したもの（最判昭42・2・10刑集21・1・271、最判昭48・12・24刑集27・11・1496、最判平7・6・19裁集265・815）、刑法5条但書により刑の執行の減軽又は免除をすべきであったのにこれをしなかったもの（最判昭30・2・24刑集9・2・374）などがある。

　いわゆる実体的訴訟条件を具備しないため免訴の判決（337）がされるべきであったのに実体裁判がされて確定した場合は、1号の「原判決が法令に違反したとき」に当たり、原判決を破棄し、免訴の判決がされる。「確定判決を経たとき」（337①）に関するものとして、同一事実に関する有罪の裁判の確定後に起訴され、有罪の裁判がされたもの（最判昭24・2・8刑集3・2・124ほか多数）、同一事実に関する有罪の裁判（A）の後その確定前に起訴され、A裁判の確定後に有罪の裁判がされたもの（最判昭39・10・27裁集152・1151）、同一事実に関し後に起訴された事件に係る有罪の裁判の確定後に有罪の裁判がされたもの（最判昭28・12・18刑集7・12・2578、最判昭43・10・15刑集22・10・940）、常習一罪に関する略式命令の確定後にその確定前の犯行について起訴されて略式命令がされたもの（最判平15・6・2裁集284・353）などがある。なお、同一事実に関し後に起訴された事件に係る有罪の裁判（A）の前又はその裁判の後その確定前に有罪の裁判がされ、A裁判の確定後に確定したものについても1号に当たるものとし、免訴の判決をした例がある（A裁判の前に有罪の裁判がされたものにつき最判昭38・9・27裁集148・589、A裁判の後その確定前に有罪の裁判がされたものにつき最判昭39・3・5裁集150・707）。法令違反の瑕疵の判断の基準時を裁判時とするか、確定時とするかの問題であり、後者を支持する見解（平野・刑訴347）もあるが、前者が相当であろう（臼井＝河村・注釈刑訴7・224）。

　また、「時効が完成したとき」（337④）に関するものとして、公訴提起の時点で既に公訴時効が完成していたのに、有罪の裁判がされたもの（最判昭51・4・30裁集200・363）がある。

　判決前の訴訟手続に法令違反があった場合は2号の「訴訟手続が法令に違反したとき」に当たる。

　問題となるのは、①いわゆる形式的訴訟条件を具備しないため公訴棄却の裁判（338・339）又は管轄違いの判決（329）がされるべきであったのに実体

〔§458〕破棄の判決　501

裁判がされて確定した場合、②判決手続に法令違反があった場合である。

学説には、いずれも1号に当たるとする見解（団藤・綱要600）、①は1号、②は2号に当たるとする見解（平野・刑訴345）、いずれも2号に当たるとする見解（高田・注解刑訴下394）がある。

判例は、まず、公訴棄却の裁判がされるべきであった場合は1号の「原判決が法令に違反したとき」に当たるものとする。

公訴の提起があった事件について、更に公訴が提起された場合（338③・339Ⅰ⑤）、先に起訴された事件に係る有罪の裁判（A）の確定前に有罪の裁判がされたときは、その裁判の先後又はその確定の先後にかかわらず、1号により、後に起訴された事件に係る裁判を破棄し、公訴棄却の判決がされている（A裁判の後その確定前に裁判がされ、A裁判の確定後に確定したものにつき最判昭25・5・2刑集4・5・753、最判昭31・11・30刑集10・11・1577、最判昭39・1・24裁集150・263、最判昭39・4・16裁集151・61、最判昭41・11・15裁集161・331、A裁判の後その確定前に裁判がされ、A裁判の確定前に確定したものにつき最判昭26・9・18裁集53・91、最判昭31・11・27裁集115・543、A裁判の後その確定前に裁判がされ、A裁判と確定日が同一のものにつき最判昭40・7・1刑集19・5・503、A裁判の前に裁判がされ、A裁判の後その確定前に確定したものにつき最判昭52・12・23裁集208・597）。なお、前記のとおり、起訴の先後にかかわらず、同一事実に関する有罪の裁判の確定後に有罪の裁判がされたときは、「確定判決を経たとき」（337①）に当たる法令違反があるものとして、原判決を破棄し、免訴の判決がされる。

また、公訴提起の手続がその規定に違反したため無効であり、公訴棄却の判決をすべきであったものとされ（338④）、1号の「原判決が法令に違反したとき」に当たるものとされた事案としては、起訴状に「○区検察庁検察官事務取扱検事」などと記載されているが、検察官の署名（記名）及び押印を欠いていたにもかかわらず、略式命令がされたもの（最判平18・7・18裁集289・503、最判平19・7・5裁集292・47）、検察官事務取扱の職務命令の発令を受けていなかった検察事務官により公訴が提起されて略式命令がされたもの（最判平24・9・18刑集66・9・958、最判平24・9・27裁集308・247、最判平24・9・28裁集308・251）。被告人において税務署長の通告処分を履行したため収税官吏の告発がなかったにもかかわらず、酒税法違反の事実に関し公訴

が提起され、略式命令がされたもの（最判昭32・12・24刑集11・14・3371）、少年の被告人について家庭裁判所を経由することなく公訴が提起されて略式命令等がされたもの（罰金のみに当たる罪に係る事件につき最判昭42・6・20刑集21・6・741、懲役又は罰金に当たる罪に係る事件につき最判平14・4・8裁集281・427、最判平19・12・13裁集292・703）、罰金のみに当たる罪に係る少年の事件について、少年法20条の規定に違反して検察官に送致され、公訴が提起されて略式命令がされたもの（最判平4・9・8判時1440・157、最判平14・11・8裁集282・1037）、故意により通行禁止場所を通行した事実により家庭裁判所から検察官に送致された少年の事件について、過失により通行禁止場所を通行した事実（罰金以下の刑に当たる罪の事件）により公訴が提起されて略式命令がされたもの（最判平26・1・20刑集68・1・79）、道路交通法の反則行為の告知はされていたものの、通告を欠いたまま公訴が提起され、略式命令がされたもの（最判平27・6・8裁集317・339）、道路交通法の反則金を納付したにもかかわらず、公訴が提起されて略式命令がされたもの（最判昭46・12・23裁集182・531、最判昭51・6・29裁集201・101、最判昭54・5・10裁集214・495、最判昭54・11・19裁集216・485、最判昭60・10・28裁集241・75、最判昭62・3・27裁集245・1249、最判平元・4・20裁集251・653、最判平元・12・7裁集263・579、最判平20・6・9裁集294・509）、道路交通法の反則金不納付のため家庭裁判所に送致された少年が、家庭裁判所の反則金の納付指示に基づき反則金を納付したが、その後、家庭裁判所から検察官に事件が送致され、公訴が提起されて略式命令がされたもの（少年が成人に達したことを理由として検察官送致されたものにつき最判平15・4・15裁集284・55、警察から家庭裁判所に対し反則金が不納付である旨の誤った通知がされ、少年法20条により検察官送致されたものにつき最判平15・7・15裁集284・387）、道路交通法の反則者に当たるのに、反則者に当たらないと誤認をしたことにより、反則金の納付通告等を経ないで公訴が提起されて略式命令がされたもの（過去1年以内の行政処分歴を有していないのに、それを有しているとして反則者に当たらないと誤認したものにつき最判昭57・9・28裁集228・639、最判昭58・11・1裁集232・637、最判昭61・5・27裁集243・1、最判昭63・4・1裁集249・1、運転免許証の有効期間が経過していないのに、既にそれが経過しているとして反則者に当たらないと誤認したものにつき最判平29・4・7裁集321・73）、反則行為に当たる

〔§458〕破棄の判決　503

速度違反であるのに、反則行為に当たらないと誤認したことにより、反則金の納付通告等を経ないで公訴が提起されて略式命令がされたもの（最高速度の指定がされていないのに、その指定がされているとして反則行為に当たらないと誤認したものにつき最判平13・12・13裁集280・1043、最判平25・9・17裁集311・187、最判平26・4・15裁集313・363、自動車専用道路の指定を受けていた区間内であるのに、その区間内ではないとして反則行為に当たらないと誤認したものにつき最判平16・11・2裁集286・527、最判平22・3・29裁集300・163、最判平22・7・22刑集64・5・819等）、反則行為である運転免許条件違反であるのに、無免許運転に当たるとして、反則金の納付通告等を経ないで公訴が提起されて略式命令がされたもの（最判平17・12・12裁集288・747、最判平21・3・16裁集296・189）などがある。

　起訴状に記載された事実が真実であっても、何らの罪となるべき事実を包含していないため、公訴棄却の決定をすべきであったものとし（339Ⅰ②）、1号の「原判決が法令に違反したとき」に当たるものとした例があるが（最判昭37・6・14刑集16・7・1245、最判昭37・6・26裁集143・219、最判昭38・5・31裁集147・451）、その後の判例においては、認定事実が罪とならない場合は、実体法の適用の誤りとして、原判決を破棄した上で無罪の判決がされている（最判昭40・7・14刑集19・5・585、最判昭41・2・22判時439・113、最判昭59・12・20裁集238・385、最判昭62・2・19裁集245・669、最判昭62・12・1裁集247・1243、最判平8・9・3裁集268・135、最判平26・4・15裁集313・369、最判平27・4・20裁集316・155、最判平27・6・8裁集317・335）。

　これに対し、管轄違いの判決がされるべきであった場合は2号の「訴訟手続が法令に違反したとき」に当たるものとされる（少年法37条1項により家庭裁判所の専属管轄に属する事件に関し簡易裁判所がした略式命令につき最判昭32・2・5刑集11・2・498、罰金刑の定めがなく、簡易裁判所の事物管轄に属しない罪に係る事件に関し簡易裁判所がした略式命令につき最判昭58・7・12刑集37・6・875）。

　また、判決手続に法令違反があった場合も2号の「訴訟手続が法令に違反したとき」に当たる。まず、簡易裁判所が科刑権の制限に違反して懲役に処した場合、判例は、かつて1号に当たるものとし、罰金に処する判決をしていたが（最判昭24・9・24刑集3・10・1612等）、その後、2号に当たり、事

504　第5編　非常上告

件を管轄地方裁判所に移送することなく、懲役刑を選択処断した手続を破棄するものとした（最判昭40・4・28刑集19・3・344）。このほか、法定合議事件について一人の裁判官が審理して判決した場合（最判昭46・3・23裁集179・363）、略式手続による科刑限度を超えて罰金を科した場合（最判昭53・2・23刑集32・1・77）、被告人を懲役1年2月に処する旨の判決をしたが、その判決書に、被告人を懲役1年6月に処する旨の記載をしたような場合（最判平17・11・1裁集288・283、最判平20・4・15裁集294・147）などがある。

　非常上告は、法令の解釈適用を統一することを目的とするものであるから、原則として、法令に違反する部分又は手続を破棄するにとどめ（本条①本・②）、その効力を被告人に及ぼさないが（459）、原判決が法令に違反し、それが被告人のため不利益であるときは、原判決を破棄した上で、被告事件について更に判決をし（本条①但）、その効力を被告人に及ぼすものとして（459）、被告人の不利益を救済することとしている。このような非常上告制度の趣旨を前提とすると、公訴棄却の裁判がされるべきであった場合は、二重起訴や公訴提起が無効である場合のように、そのまま原判決の効力を維持して刑の執行を行うことが、被告人のため不利益で、著しく正義に反すると考えられるのに対し、管轄違いの判決がされるべきであった場合や判決手続に法令違反があった場合は、裁判の内容自体ではなく、その手続に瑕疵がある場合であって、その瑕疵も確定裁判の効力を失わせるまでの必要はない程度のものと考えられる。

4　破棄の対象及び範囲

　非常上告が理由のある場合の判決は、原判決が法令に違反したときは、その違反した部分を破棄するが、原判決が被告人のため不利益であるときは、原判決を破棄して、被告事件について更に判決をする（本条①）。また、訴訟手続が法令に違反したときは、その違反した手続を破棄する（本条②）。

　「その違反した部分を破棄する」とは、原判決のうち法令に違反した部分を破棄することを意味し、「その違反した手続を破棄する」とは、法令に違反した訴訟手続を破棄することを意味する。例えば、罰金刑の定めがなく、簡易裁判所の事物管轄に属しない罪について罰金を科した略式命令については、管轄違いの言渡しをすることなく略式命令をした手続及び略式命令中罰金刑をもって被告人を処断すべきものとした部分をそれぞれ破棄するものと

〔§458〕破棄の判決　505

される（最判昭58・7・12刑集37・6・875）。

　このほか、1号本文による法令に違反した部分の破棄に関するものとして、既に廃止された罰則を適用した略式命令について、原略式命令中適条において当該罰則を適用した部分を破棄するとしたもの（最判昭27・4・4刑集6・4・578）、1年を超える懲役に処しながら再度の執行猶予に付した場合、原判決が刑法25条2項を適用した部分を破棄するとしたもの（最判昭29・9・17裁集98・667、最判昭32・7・2裁集119・719）、原判決が累犯加重の理由とならない前科に関し累犯加重をした場合、原判決中法令の適用において累犯加重をした刑期の範囲内で被告人を処断すべきものとした部分を破棄するとしたもの（最判昭48・3・8刑集27・2・87）、少年法51条により懲役10年以上15年以下の間で定期刑に処すべきであったのに、懲役13年以上15年以下の不定期刑に処した場合、原判決中同法51条後段を適用して被告人を懲役13年以上15年以下に処すべきものとした部分を破棄するとしたもの（最判昭26・12・21刑集5・13・2607）、同様に、懲役10年以上15年以下の不定期刑に処した場合、原判決が少年法51条は不定期刑を科すべきものとした規定であると解釈した法律解釈の部分を破棄するとしたもの（最判昭27・12・11刑集6・11・1294）などがある。

　また、2号による手続の破棄に関するものとして、簡易裁判所が科刑権の制限に違反して懲役に処した場合、事件を地方裁判所に移送することなく、懲役刑を選択処断した手続を破棄するとしたもの（最判昭40・4・28刑集19・3・344）、法定合議事件について一人の裁判官が審理して判決した場合、裁判所が一人の裁判官で審理判決した訴訟手続を破棄するとしたもの（最判昭46・3・23裁集179・363）、略式手続による科刑限度を超えて罰金を科した場合、略式命令により罰金〇円を科した手続を破棄するとしたもの（最判昭53・2・23刑集32・1・77）、被告人を懲役1年2月に処する旨の判決をしたが、その判決書に、被告人を懲役1年6月に処する旨の記載をした場合、判決書のうち、被告人を懲役1年6月に処するとの記載部分を破棄するとしたもの（最判平17・11・1裁集288・283、最判平20・4・15裁集294・147）などがある。

　1号但書において、原判決が被告人のため不利益であるときは、「これを破棄して」とは、原判決を破棄するという意味である。この場合、原判決中の可分的な一部について非常上告の理由があるときは、原判決中その違法な

506 第5編 非常上告

部分を破棄するものとされる。例えば、窃盗及び道路交通法違反（無免許運転）の併合罪に関し、原判決が懲役及び罰金に処している場合において、道路交通法違反の罪についての非常上告に理由があるときは、原判決が窃盗罪につき懲役、道路交通法違反の罪につき罰金に処したものであることが明らかであり、原判決中罰金刑の部分のみを破棄すれば足りるものとされる（最判昭43・10・15刑集22・10・940）。また、第二審判決が第一審判決の追徴部分を破棄して改めて追徴の判決をした場合において、それが法令に違反し追徴することができない場合であったという事案について、非常上告の申立てにおいて、第一審判決及び第二審判決の破棄並びに更に相当の裁判が求められたが、第一審判決中第二審判決によって破棄されている部分は非常上告によって是正する必要はなく、第二審判決中被告人から金〇円を追徴するとの部分を破棄すれば足りるものとされた（最判昭55・11・14刑集34・6・409）。

一方、少年の被告人に関し、2個の事実のうち1個について家庭裁判所を経由することなく、公訴が提起され、2個の罪について1個の罰金が科された場合、原略式命令を破棄し、家庭裁判所を経由していない事実につき公訴を棄却し、他の事実につき罰金に処する判決がされた（最判平19・12・13裁集292・703）。

5 原判決が被告人のため不利益であるとき

「原判決が被告人のため不利益であるとき」とは、事件につき更になされるべき判決が原判決より被告人のため利益なことが法律上明白である場合をいう（最判昭26・12・21刑集5・13・2607）。これは、原判決の認定した事実に正しい法令を適用して新たに言い渡すべき判決が、原判決より被告人のため利益なことが法律上明白であることを意味する（最判昭48・12・24刑集27・11・1496）。

原判決が有罪の判決で、新たに言い渡すべき判決が無罪の判決である場合（最判昭40・7・14刑集19・5・585等）、原判決の刑が、原判決の認定した事実に正しい法令を適用した場合の法定刑又は処断刑を上回る場合（最判昭24・2・1刑集3・2・65等）がこれに当たることはいうまでもない。また、刑の執行猶予の言渡しに当たり保護観察に付することができないのにこれを付したもの（最判昭29・11・25刑集8・11・1905）、追徴することができないのに追徴したもの（最判昭55・11・14刑集34・6・409）、刑法5条但書により刑

〔§458〕破棄の判決　507

の執行の減軽又は免除をすべきであったのにこれをしなかったもの（最判昭30・2・24刑集9・2・374）も、原判決が被告人のため不利益である。

原判決の刑が、原判決の認定した事実に正しい法令を適用した場合の法定刑又は処断刑の範囲内である場合も、原判決の認定した事実に基づき、原判決の量刑評価を前提としながら、原判決の法令違反を是正することにより、新たにどのような刑を言い渡すのが相当であるか、それが原判決より被告人のため利益なことが法律上明白であるかを判断することになる（金谷利廣・判例解説（刑）昭48・370）。したがって、原判決が累犯加重の理由とならない前科に関し累犯加重をした場合は、原判決が被告人のため不利益であるとして、原判決を破棄し、軽い刑を言い渡すのが通常であろうが（最判昭25・9・5裁集19・155、最判昭28・3・20裁集76・663）、原判決認定の犯行事実、前科の存すること及び原判決により言い渡された刑期等を考慮すると、原判決が被告人のため不利益であるとはいえないとして、原判決中法令の適用において累犯加重をした刑期の範囲内で被告人を処断すべきものとした部分を破棄するにとどめた例もある（最判昭48・3・8刑集27・2・87）。また、既に廃止された罰則（50円以下の罰金又は拘留若しくは科料）を適用した略式命令（罰金50円）について、本来適用すべき罰則（10年以下の懲役又は10万円以下の罰金）を適用した場合なされるべき判決より、原略式命令が被告人のため利益であることは法律上明白であるとされ、原略式命令中適条において当該廃止された罰則を適用した部分を破棄するにとどめられた（最判昭27・4・4刑集6・4・578）。

原判決が少年法52条により不定期刑に処すべきであったのに定期刑に処した場合は、原判決が被告人のため不利益であるとして、原判決を破棄し、その刑を長期とする不定期刑が言い渡されている（最判昭42・2・10刑集21・1・271、最判昭48・12・24刑集27・11・1496、最判平7・6・19裁集265・815）。これに対し、少年法51条により懲役10年以上15年以下の間で定期刑に処すべきであったのに懲役10年以上15年以下の間で不定期刑に処した場合、原判決が被告人のため不利益なものとはいえないとして、原判決の法令違反の部分を破棄するにとどめられた（懲役13年以上15年以下の不定期刑に処したものにつき最判昭26・12・21刑集5・13・2607、懲役10年以上15年以下の不定期刑に処したものにつき最判昭27・12・11刑集6・11・1294）。

508 第5編 非常上告

そのほか、刑に関する事例で、被告人のため不利益であるときに当たらないとされたものとして、法定刑が懲役刑のみである罪について罰金を科したもの（最判昭58・7・12刑集37・6・875）、1年を超える懲役に処しながら再度の執行猶予に付したもの（最判昭29・9・17裁集98・667、最判昭32・7・2裁集119・719、最判昭33・2・7裁集123・173）がある。

原判決が有罪判決で、新たに言い渡すべき判決が免訴である場合も、原判決が被告人のため不利益である（最判昭24・2・8刑集3・2・124等）。

公訴棄却の裁判がされるべきであった場合については、前記のとおり、それが1号の「原判決が法令に違反したとき」に当たるか、2号の「訴訟手続が法令に違反したとき」に当たるかについて議論があるが、これに関連して、「原判決が被告人のため不利益であるとき」に当たるか、原判決を破棄して公訴棄却の判決をすべきか、公訴棄却の判決がされた場合再起訴ができるかが議論されている。判例は、原判決が被告人のため不利益であるときに当たるものとして、原判決を破棄し、公訴棄却の判決をしているが（最判昭25・5・2刑集4・5・753等）、その後の再起訴の可否についての見解は明らかでない。前記のような様々な事例においては、実際に再起訴の余地がない場合も多いが、そうとはいえない場合もある。非常上告は、法令の解釈適用を統一することを目的とするものであるから、原則として、法令に違反する部分又は手続を破棄するにとどめ（本条①本・②）、その効力を被告人に及ぼさないものであり（459）、例外的に、原判決の法令違反が被告人のため不利益である場合に、原判決を破棄した上で、被告事件について更に判決をし（本条①但）、その効力を被告人に及ぼすが（459）、これは、そのまま原裁判の効力を維持して刑の執行を行うことが、被告人のため不利益で、著しく正義に反すると考えられることから、その限度で原判決の効力を失わせ、被告人の不利益を救済しようとするものである。そのような趣旨からすれば、再起訴ができると解する立場においても、原判決の刑より重い刑を言い渡すことはできないと考えられるが、その旨の規定はなく（402・452参照）、それを確保するための手続の定めもないことについてどのように考えるか検討する必要があろう。

6 被告事件について更に判決をする

原判決が法令に違反し、それが被告人のため不利益であるときは、原判決

〔§458〕破棄の判決　509

を破棄した上で、被告事件について更に判決をする。

　この判決は、原判決の認定した事実に正しい法令を適用して行う。原判決の認定事実に拘束されるのが原則であるが、いわゆる前提事実の誤認により法令違反が生じた場合に関し議論があることについては、454条の解説を参照されたい。

　この判決の標準時については、原判決時を標準とする見解（高田・刑訴617、臼井＝河村・注釈刑訴7・229）と自判時を標準とする見解（団藤・綱要602、平野・法律実務講座6・1326）があるが、判例は、前者の立場に立ち、被告人が原判決当時少年であった場合、少年法52条により不定期刑に処し（最判昭42・2・10刑集21・1・271）、罰金に処するときは、同法54条により、労役場留置の言渡しをしない（最判平19・12・13裁集292・703、最判平26・1・20刑集68・1・79）。原判決の事実認定に拘束される上、これについて原判決当時の法令を適用する。この場合、原判決が行った適法な法令の適用にも拘束されるものと解される（堀江一夫・判例解説（刑）昭42・13）。

　また、自判判決において量刑を行う場合、原判決の認定した事実に基づき、原判決の量刑評価を前提としながら、原判決の法令違反を是正することにより、新たにどのような刑を言い渡すのが相当であるかを判断することになる（金谷利廣・判例解説（刑）昭48・370）。具体的には、原判決の刑が、原判決の認定した事実に正しい法令を適用した場合の法定刑又は処断刑の上限を超える場合は、その法定刑又は処断刑の範囲内の刑が言い渡されるが（最判昭24・2・1刑集3・2・65等）、その法定刑又は処断刑の上限又はそれに近い刑が言い渡されることが多い。そのほか、刑に関するものとしては、原判決が累犯加重の理由とならない前科に関し累犯加重をした場合、原判決より軽い刑を言い渡したもの（最判昭25・9・5裁集19・155、最判昭28・3・20裁集76・663）、原判決が少年法52条により不定期刑に処すべきであったのに定期刑に処した場合、その刑を長期とする不定期刑を言い渡したもの（最判昭42・2・10刑集21・1・271、最判昭48・12・24刑集27・11・1496、最判平7・6・19裁集265・815）、刑の執行猶予の言渡しに当たり保護観察に付することができないのにこれを付した場合、原判決を破棄した上で、原判決と同じ主刑、未決勾留日数の算入及び執行猶予を言い渡したもの（最判昭29・11・25刑集8・11・1905）、刑法5条但書により刑の執行の減軽又は免除をすべきであっ

510　第5編　非常上告

たのにこれをしなかった場合、原判決を破棄した上で、原判決と同じ主刑を
言い渡した上で、その刑の執行を懲役〇年〇月に減軽する旨を言い渡したも
の（最判昭30・2・24刑集9・2・374）などがある。

そのほか、自判判決としては、無罪の判決（最判昭40・7・14刑集19・5・
585等）、免訴の判決（最判昭24・2・8刑集3・2・124等）、公訴棄却の判決
（最判昭25・5・2刑集4・5・753等）などがある。

なお、第二審判決が第一審判決の追徴部分を破棄して改めて追徴の判決を
した場合において、それが法令に違反し追徴することができない場合であっ
たという事案において、本条1号但書を適用して、主文において、第二審判
決中被告人から金〇円を追徴するとの部分を破棄するとし、その理由中で、
その追徴を科さないこととする旨を明らかにしたが、自判判決をしなかった
（最判昭55・11・14刑集34・6・409）。　　　　　　　　　　　　（三浦守）

〔判決の効力〕
　第459条　非常上告の判決は、前条第1号但書の規定によりされたものを
　　　除いては、その効力を被告人に及ぼさない。

本条は、非常上告の判決の効力について規定する。

非常上告の判決は、原則として、その効力を被告人に及ぼさない。非常上
告が理由のない場合における棄却の判決（457）はいうまでもないが、非常
上告が理由のある場合における判決も、非常上告が法令の解釈適用を統一す
ることを目的とするものであるから、原則として、法令に違反する部分又は
手続を破棄するにとどめ（458①本・②）、その効力を被告人に及ぼさない。そ
の例外として、原判決が法令に違反し、それが被告人のため不利益であると
きは、原判決を破棄した上で、被告事件について更に判決をするものとし（458
①但）、その効力を被告人に及ぼし、被告人の不利益を救済することとして
いる。

458条1号本文及び同条2号により法令に違反する部分又は手続を破棄す
る判決は、その効力を被告人に及ぼさないものであり、原判決の効力は、そ
のまま維持され、刑の執行も行われる。

〔§460〕調査範囲、事実の取調べ　511

　458条1号但書により原判決を破棄し、被告事件について更に判決をした場合は、原判決の効力は失われ、新たに言い渡された判決が効力を有することになるので、原判決による刑の執行等はできず、新たに言い渡された判決が有罪の判決であるときは、それに従って刑の執行等がされることになる。新たに言い渡された判決が無罪の判決である場合、未決勾留及び刑の執行を受けていたときは、その補償を請求することができる（刑補1Ⅰ・Ⅱ）。既に罰金、没収・追徴、訴訟費用の裁判が執行されているときは、還付されるべきである。

　なお、旧刑訴法の事例であるが、勾留中の被告人に対する公判期日の通知を誤って本籍地にしたため被告人に到達せず、適法な期日の通知のないまま、期間内に上告趣意書を提出しなかったものとして上告棄却の決定がされた場合について、原決定並びに公判期日の指定及びその後の訴訟手続を破棄し（最判昭25・4・13刑集4・4・567）、その後、改めて公判期日を指定して上告審の審判を行ったものがあるが、学説の批判が強い（平野・刑訴348等）。

（三浦守）

〔調査範囲、事実の取調べ〕
　第460条　裁判所は、申立書に包含された事項に限り、調査をしなければならない。
　2　裁判所は、裁判所の管轄、公訴の受理及び訴訟手続に関しては、事実の取調をすることができる。この場合には、第393条第3項の規定を準用する。

　本条は、非常上告の審理における調査の範囲及び事実の取調べについて規定する。

　非常上告の審理において、裁判所は、申立書に包含された事項に限り、調査しなければならない。これは、非常上告が法令の解釈適用を統一することを目的とするものであることによる。

　非常上告の審理において、裁判所は、裁判所の管轄、公訴の受理、訴訟手続に関しては事実の取調べをすることができる。

512　第5編　非常上告

　判例は、非常上告は、法令の適用の誤りを是正して、法令の解釈適用の統
一を目的とするものであり、個々の事件の事実認定の誤りを是正して、被告
人を救済することを目的とするものではないから、実体法と手続法とを問わ
ず、その法令の解釈に誤りがあるというのではなく、単に前提事実の誤りの
ため法令違反の結果が生じた場合は、「事件の審判が法令に違反したこと」
には当たらないとするが（最大判昭27・4・23刑集6・4・685）、本条2項の
「訴訟手続に関して」についても、手続そのものを構成する事実をいい、手
続の前提たる事実を含まないものとする（最判昭28・7・18刑集7・7・
1541）。しかし、その後の判例においては、手続の前提に当たると考えられ
る事実に関し、事実の取調べを行って、原判決が看過し又は異なる認定をし
た前提事実を認定した上で、法令違反を肯定した例も少なくない（過去1年
以内の行政処分歴を有し、道路交通法の反則者に当たらないとして、反則金の納
付通告等を経ないで公訴が提起されて略式命令がされた事案に関し、事実の取調
べを行って、行政処分を受けた日を認定し、反則者に当たるものとして、略式命
令を破棄し、公訴棄却の判決をしたものにつき最判昭57・9・28判時1058・145、
そのほか454条の解説参照）。

　事実の取調べに関しては、393条3項の規定が準用され、合議体の構成員
にさせ、又は地方裁判所、家庭裁判所若しくは簡易裁判所の裁判官にこれを
嘱託することができ、この場合、受命裁判官又は受託裁判官が裁判所又は裁
判長と同一の権限を有する。　　　　　　　　　　　　　　　　（三浦守）

第6編　略式手続

〔§461〕略式命令　515

〔略式命令〕
第461条　簡易裁判所は、検察官の請求により、その管轄に属する事件について、公判前、略式命令で、100万円以下の罰金又は科料を科することができる。この場合には、刑の執行猶予をし、没収を科し、その他付随の処分をすることができる。

〔規〕　第290条（略式命令の時期等）　略式命令は、遅くともその請求のあつた日から14日以内にこれを発しなければならない。
　　　2　裁判所は、略式命令の謄本の送達ができなかつたときは、直ちにその旨を検察官に通知しなければならない。

　本条は、簡易裁判所が検察官の請求により公判前略式命令で罰金又は科料を科することができること及びその対象事件、科刑の範囲等について規定する。
　「略式命令」とは、簡易裁判所が、検察官の請求により、その管轄に属する事件について、公判前、一定額以下の罰金又は科料を科す裁判である。略式命令を受けた者又は検察官は、一定の期間内に正式裁判の請求をすることができるが（465Ⅰ）、正式裁判の請求期間の経過等により、確定裁判と同一の効力を生ずる（470）。略式命令をする手続を略式手続（第6編の編名、461の2）という。
　略式命令は、公判手続によらないで行うものであり、被告人の証人審問権（憲37Ⅱ）、裁判の公開（憲82Ⅰ）等との関係が問題となり得るが、被疑者があらかじめ略式手続を理解するために必要な事項についての説明を受け、通常の規定に従い審判を受けることができる旨を告げられた上で、略式手続によることついて異議がないことを明らかにした場合に請求がされるものであること、略式命令を受けた者は、一定の期間内に正式裁判の請求をすることができること、公判前の手続であって、「対審及び判決」に当たらないことなどから、憲法上問題はない（旧刑訴法の略式手続につき最判昭24・7・13刑集3・8・1290）。
　略式命令をすることができるのは、簡易裁判所である。略式命令は、簡易裁判所がその管轄に属する事件についてすることができるので、この簡易裁

516 第6編・略式手続

判所は、当該事件について土地管轄（2）を有する簡易裁判所である。実務
上、被告人を検察庁に在庁させて略式命令の請求がされる場合（いわゆる在
庁略式請求）があるが、犯罪地又は被告人の住所若しくは居所による土地管
轄がない場合であっても、被告人の現在地として土地管轄を有する。

　略式命令は、検察官の請求による。この検察官は、請求する簡易裁判所に
対応する区検察庁の検察官である（検察5）。区検察庁の検察事務官にその
庁の検察官の事務を取り扱わせるときは（検察附則36）、この検察事務官も、
略式命令の請求をすることができる。略式命令の請求は、公訴の提起と同時
に、書面でしなければならない（462Ⅰ）。

　略式命令は、簡易裁判所が、その管轄に属する事件についてすることがで
きる。簡易裁判所の土地管轄（2）及び事物管轄に属する事件（裁33Ⅰ②）
でなければならない。他の裁判所の専属管轄に属する事件（少37Ⅰ等）は含
まれない。略式命令は、罰金又は科料を科すものであるから、簡易裁判所の
事物管轄に属する事件のうち、罰金以下の刑に当たる罪又は選択刑として罰
金が定められている罪に係る事件でなければならない。罰金刑の定めがなく、
簡易裁判所の事物管轄に属しない罪について罰金を科した略式命令が確定し
た場合、非常上告により、管轄違いの言渡しをすることなく略式命令をした
手続及び略式命令中罰金刑をもって被告人を処断すべきものとした部分がそ
れぞれ破棄される（458①本・②、最判昭58・7・12刑集37・6・875）。

　略式命令は、公判前に行う。略式命令は、公判手続によることなく、検察
官の提出する書類及び証拠物に基づいて行われ（規289）、被告人の出頭や被
告人の陳述を聴くことも要しない。必要があるときは事実の取調べもできる
が（43Ⅲ）、略式命令をすることが相当でないものであると思料するときは、
公判手続によらなければならないので（463Ⅰ）、実際に事実の取調べを行う
範囲は限られる。

　略式命令では、100万円以下の罰金又は科料を科すことができる。略式命
令は、罪となるべき事実を認定し、これに法令を適用して刑及び付随の処分
を定めるものであり（464）、法定刑又は処断刑の範囲内でなければならない
ことはいうまでもない。科料は、千円以上1万円未満である（刑17）。主文
において2個以上の罰金を科す場合、それぞれについて100万円以下の罰金
を科すことができる。本条による科刑の限度を超えて罰金を科した略式命令

〔§461の2〕略式手続についての説明と被疑者の異議　517

が確定した場合、非常上告により、略式命令により罰金〇円を科した手続が破棄される（458②、最判昭53・2・23刑集32・1・77）。

　略式命令で罰金又は科料を科す場合、刑の執行猶予をし、没収を科し、その他付随の処分をすることができる。罰金又は科料を科す場合、罰金又は科料を完納することができない場合における留置の期間を定めなければならない（刑18Ⅳ）。罰金又は科料を科す場合、仮納付を命ずることができる（348Ⅰ）。罰金を科す場合、その刑の執行を猶予し（刑25Ⅰ）、猶予の期間中保護観察に付することができる（刑25の2Ⅰ）。未決勾留の日数は、その全部又は一部を本刑に算入することができる（刑21）。没収することができない場合、その価額を追徴することができる（刑19の2）。押収した贓物で被害者に還付すべき理由が明らかなものは、被害者に還付しなければならない（347Ⅰ）。公職選挙法違反に係る事件に関し罰金を科す場合、公民権停止の規定を適用せず又は停止期間を短縮することができる（公選252Ⅳ）。　　　　　　（三浦守）

　〔略式手続についての説明と被疑者の異議〕
　第461条の2　検察官は、略式命令の請求に際し、被疑者に対し、あらかじめ、略式手続を理解させるために必要な事項を説明し、通常の規定に従い審判を受けることができる旨を告げた上、略式手続によることについて異議がないかどうかを確めなければならない。
　2　被疑者は、略式手続によることについて異議がないときは、書面でその旨を明らかにしなければならない。

　　〔規〕　第288条（書面の添附・法第461条の2等）　略式命令の請求書には、法第461条の2第1項に定める手続をしたことを明らかにする書面を添附しなければならない。

　本条は、略式命令の請求に際して検察官が行う被疑者に対する説明及び被疑者の異議に関する確認等について規定する。

　略式命令は、公判手続によらないで行われるものであり、確定判決と同一の効力を有することから、被疑者がその手続について理解をした上で、その

518　第6編　略式手続

手続によることについて異議がないことを確認する必要がある。そこで、検察官は、略式命令の請求に際し、被疑者に対し、あらかじめ、略式手続を理解させるために必要な事項を説明し、通常の規定に従い審判を受けることができる旨を告げた上、略式手続によることについて異議がないかどうか確かめなければならないものとし（本条Ⅰ）、被疑者は、略式手続によることについて異議がないときは、書面でその旨を明らかにしなければならないものとする（本条Ⅱ）。検察官が、本条に定める手続をしないで略式命令を請求したときは、通常の規定に従い、審判をしなければならない（463Ⅱ）。

　この説明、告知及び確認をするのは、検察官である。略式命令の請求をする検察官は、請求する簡易裁判所に対応する区検察庁の検察官であるが（検察5）、この説明等をする検察官は、他の検察庁の検察官でもよい。区検察庁の検察事務官にその庁の検察官の事務を取り扱わせるときは（検察附則36）、この検察事務官も、この説明等をすることができる。

　この説明、告知及び確認を受け、略式手続によることについて異議がないかどうかを明らかにするのは、被疑者である。被疑者が法人であるときは、その代表者である（27Ⅰ）。なお、法人の清算人が清算結了前に解散前の犯罪に関し略式手続によることについて異議がないかどうかを確かめられ、異議がない旨を明らかにし、清算結了の登記の前に略式命令の請求がされた場合、「被告人たる法人が存続しなくなったとき」（339Ⅰ④）に当たらない（最決昭33・5・24刑集12・8・1611）。

　「略式手続を理解させるために必要な事項」とは、通常の手続が公判手続であるのに対し、略式手続が公判手続によることなく、検察官の提出する書類及び証拠物に基づいて行われ（規289）、被告人の出頭も要しないこと、略式命令により科される刑は100万円以下の罰金又は科料であること、略式命令を受けた者は、一定の期間内に正式裁判の請求をすることができること等である。

　「通常の規定に従い審判を受けることができる旨」とは、通常の公判手続による審判を受けることができる旨である。

　検察官は、略式手続を理解させるために必要な事項を説明し、通常の規定に従い審判を受けることができる旨を告げた後に、略式手続によることについて異議がないかどうかを確かめなければならない。略式命令の請求書には、

〔§462〕略式命令の請求　519

これらの説明等の手続をしたことを明らかにする書面を添付しなければならない（規288）。

　被疑者が略式手続によることについて異議がない旨を明らかにするときは、書面でしなければならない。略式命令の請求書には、この書面を添付しなければならない（462②）。実務上、一定の書式により、検察官が説明等の手続をした旨を記載するとともに、被疑者が略式手続によることについて異議がない旨を記載する書面が作成され、略式命令の請求書に添付されている。

（三浦守）

　　〔略式命令の請求〕
　第462条　略式命令の請求は、公訴の提起と同時に、書面でこれをしなければならない。
　　2　前項の書面には、前条第2項の書面を添附しなければならない。

　本条は、略式命令の請求が公訴の提起と同時に書面でしなければならないこと及びその書面には被疑者が略式手続によることについて異議がない旨を明らかにした書面を添附しなければならないことを規定する。

　略式命令の請求は、公訴の提起と同時に、書面でしなければならない（本条Ⅰ）。起訴状と別個の書面である必要はない。実務上は、起訴状に「下記被告事件につき公訴を提起し、略式命令を請求する」と記載されている。

　略式命令の請求書には、被疑者が略式手続によることについて異議がない旨を明らかにした書面を添附しなければならない（本条Ⅱ）。これに違反して略式命令を請求したときは、通常の規定に従い、審判をしなければならない（463Ⅱ）。

　さらに、略式命令の請求書には、検察官が、前条1項に定める手続をしたことを明らかにする書面を添附しなければならない（規288）。

　また、検察官は、略式命令の請求と同時に、略式命令をするために必要があると思料する書類及び証拠物を裁判所に提出しなければならない（規289）。略式命令が公判手続によらないで行われることによるものであり、いわゆる起訴状一本主義（256Ⅵ）の例外である。「略式命令をするために必要

520　第 6 編　略式手続

があると思料する書類及び証拠物」とは罪となるべき事実の認定、量刑、訴
訟条件の存在等の手続上の判断に必要な書類及び証拠物をいう。

　実務上、略式命令の請求書に、科刑（没収・追徴、仮納付、付随処分を含む。）
に関する検察官の意見書が添付されているが、これが適法であることはいう
までもない（大阪高判昭28・6・22特報28・40）。

　略式命令の請求をする場合、検察官は、公訴の提起と同時に被告人の数に
応ずる起訴状の謄本を裁判所に差し出す必要がない（規165Ⅳ・Ⅰ）。この場
合、裁判所は、通常の規定に従い審判をする場合を除き（463Ⅰ・Ⅱ・Ⅳ・271
Ⅰ）、起訴状の謄本を被告人に送達する必要がないからである（東京高判昭26
・10・12高刑集4・13・1831等）。

　略式命令は、遅くともその請求があった日から14日以内にこれを発しなけ
ればならないが（規290Ⅰ）、これは、訓示規定であるとされる（最決昭39・
6・29刑集18・5・230）。略式命令は、検察官及び被告人にその謄本を送達
して告知する（規34）。裁判所は、略式命令の謄本の送達ができなかったと
きは、直ちにその旨を検察官に通知しなければならない（規290Ⅱ）。略式命
令の請求があった日から4箇月以内に略式命令が被告人に告知されないとき
は、公訴の提起は、さかのぼってその効力を失う（463の2Ⅰ）。

　略式命令の請求があった場合、公判手続によらないで、無罪、免訴、公訴
棄却又は管轄違いの判決をすることはできない。これらの判決をすべきもの
と思料するときは、通常の規定に従い、審判しなければならない（463Ⅰ）。

（三浦守）

〔通常の審判〕
第463条　前条の請求があつた場合において、その事件が略式命令をする
　　ことができないものであり、又はこれをすることが相当でないものであ
　　ると思料するときは、通常の規定に従い、審判をしなければならない。
2　検察官が、第461条の2に定める手続をせず、又は前条第2項に違反
　　して略式命令を請求したときも、前項と同様である。
3　裁判所は、前2項の規定により通常の規定に従い審判をするときは、
　　直ちに検察官にその旨を通知しなければならない。

〔§463〕通常の審判　521

　4　第1項及び第2項の場合には、第271条の規定の適用があるものとする。但し、同条第2項に定める期間は、前項の通知があつた日から2箇月とする。

　　〔規〕　第292条（起訴状の謄本の差出等・法第463条）　検察官は、法第463条第3項の通知を受けたときは、速やかに被告人の数に応ずる起訴状の謄本を裁判所に差し出さなければならない。
　　　　2　前項の場合には、第176条の規定の適用があるものとする。
　　　第293条（書類等の返還）　裁判所は、法第463条第3項又は第465条第2項の通知をしたときは、直ちに第289条の書類及び証拠物を検察官に返還しなければならない。

　本条は、略式命令の請求があった場合において、略式命令をすることができないものであると思料するときその他一定の場合、通常の規定に従い審判をしなければならないこと及びその場合の措置について規定する。
　通常の規定に従い審判をしなければならないのは、①その事件が略式命令をすることができないものであると思料するとき、②略式命令をすることが相当でないものであると思料するとき、③検察官が461条の2に定める手続をしないで略式命令を請求したとき、④検察官が前条2項に違反して略式命令を請求したときである（本条Ⅰ・Ⅱ）。
　「その事件が略式命令をすることができないものである」とは、その事件が請求を受けた簡易裁判所の管轄に属するものでない場合、犯罪の証明がない場合、訴訟条件を具備しない場合などである。
　「これをすることが相当でないものである」とは、罪となるべき事実の認定、法令の適用又は量刑について慎重に検討すべき問題があり、公判手続による審理が相当である場合などである。
　「検察官が、第461条の2に定める手続をせず」とは、検察官が、略式命令の請求に際し、被疑者に対し、あらかじめ、略式手続を理解させるために必要な事項を説明し、通常の規定に従い審判を受けることができる旨を告げた上、略式手続によることについて異議がないかどうか確かめる手続をしなかった場合をいう。「前条第2項に違反して略式命令を請求した」とは、略式命令の請求書に被疑者が略式手続によることについて異議がない旨を明らか

522　第6編　略式手続

した書面を添附しなかった場合をいう。

「通常の規定に従い、審判をしなければならない」とは、通常の公判手続により審判をしなければならないことを意味する。

裁判所は、通常の規定に従い審判をするときは、直ちに、検察官にその旨を通知しなければならない（本条Ⅲ）。通常の規定に従い審判をする旨の裁判は必要ではなく、検察官が不服を申し立てることもできない。

通常の規定に従い審判をしなければならない場合、271条の規定の適用があり、裁判所は、遅滞なく起訴状の謄本を被告人に送達しなければならない（本条Ⅳ・271Ⅰ）。また、裁判所から検察官に通常の規定に従い審判をする旨の通知（本条Ⅲ）があった日から2箇月以内に起訴状の謄本が送達されないときは、公訴の提起は、さかのぼってその効力を失う（本条Ⅳ・271Ⅱ）。この場合、公訴棄却の決定がされる（339Ⅰ①）。

そこで、検察官は、通常の規定に従い審判をする旨の通知を受けたときは、速やかに被告人の数に応ずる起訴状の謄本を裁判所に差し出さなければならない（規292Ⅰ）。そして、裁判所は、起訴状の謄本を受け取ったときは、直ちにこれを被告人に送達しなければならず、また、裁判所は、起訴状の謄本の送達ができなかったときは、直ちにその旨を検察官に通知しなければならない（規292Ⅱ・176）。

さらに、裁判所は、検察官に通常の規定に従い審判をする旨の通知をしたときは、直ちに、検察官から略式命令と同時に差し出された書類及び証拠物（規289）を検察官に返還しなければならない（規293）。

事件が略式命令をすることができないものであり、又はこれをすることが相当でないものであると思料し、通常の規定に従い審判をする旨の通知をした裁判官は、事件について略式命令又はその基礎となった取調べに関与したとき（20⑦）には当たらないので、その後の審判に関し除斥されない（最判昭28・2・19刑集7・2・293）。

　　　　　　　　　　　　　　　　　　　　　　　　　　　　　（三浦守）

〔公訴提起の失効〕

第463条の2　前条の場合を除いて、略式命令の請求があつた日から4箇月以内に略式命令が被告人に告知されないときは、公訴の提起は、さか

〔§463の2〕公訴提起の失効　523

のぼつてその効力を失う。

2　前項の場合には、裁判所は、決定で、公訴を棄却しなければならない。略式命令が既に検察官に告知されているときは、略式命令を取り消した上、その決定をしなければならない。

3　前項の決定に対しては、即時抗告をすることができる。

　　〔規〕　第291条（準用規定）　法第463条の2第2項の決定については、第219条の2の規定を準用する。

　本条は、略式命令の請求があった日から4箇月以内に略式命令が被告人に告知されない場合における公訴の提起の失効について規定する。

　略式命令の謄本を被告人に送達できないこと等により、略式命令の請求があった後長期間略式命令が被告人に告知されないときは、被告人を長く不安定な地位に置くものであり、その間、被告人には起訴状の謄本も送達されないことから、前条の場合を除いて、略式命令の請求があった日から4箇月以内に略式命令が被告人に告知されないときは、公訴の提起は、さかのぼってその効力を失うものとする（本条Ⅰ）。そして、この場合、手続を明確にするため、裁判所は、決定で公訴を棄却し、略式命令が検察官に告知されているときは、略式命令を取り消した上で、その決定をしなければならない（本条Ⅱ）。

　「略式命令の請求があった日から4箇月以内に」の期間は、初日を算入しないで暦に従って計算する（55Ⅰ・Ⅱ）。

　「略式命令が被告人に告知されない」とは、略式命令が発せられたが、その謄本が被告人に送達されない場合のほか、略式命令が発せられない場合も含まれる。463条の規定により通常の規定に従い審判をするときは、4箇月を経過しても公訴提起が効力を失うことはない。

　公訴棄却の決定に対しては、即時抗告ができる（本条Ⅲ）。

　公訴棄却の決定は、被告人に送達することを要しないが、被告人に弁護人があるときは弁護人にその旨を通知しなければならない（規291・219の2）。

（三浦守）

524　第6編　略式手続

〔略式命令の方式〕

第464条　略式命令には、罪となるべき事実、適用した法令、科すべき刑及び附随の処分並びに略式命令の告知があつた日から14日以内に正式裁判の請求をすることができる旨を示さなければならない。

本条は、略式命令の記載事項について規定する。

略式命令には、罪となるべき事実、適用した法令、科すべき刑及び附随の処分並びに略式命令の告知があった日から14日以内に正式の裁判の請求ができる旨を示さなければならない。

「罪となるべき事実」とは、有罪判決に記載する罪となるべき事実（335Ⅰ）と同じである。「適用した法令」とは、科すべき刑及び附随の処分を導く過程で適用した法令をいう。その法令を列挙すれば足りる。「科すべき刑及び附随の処分」とは、461条の規定により科すべき刑及び附随の処分である。

有罪判決と異なり、証拠の標目（335Ⅰ）を記載する必要はない。

（三浦守）

〔正式裁判の請求〕

第465条　略式命令を受けた者又は検察官は、その告知を受けた日から14日以内に正式裁判の請求をすることができる。

2　正式裁判の請求は、略式命令をした裁判所に、書面でこれをしなければならない。正式裁判の請求があつたときは、裁判所は、速やかにその旨を検察官又は略式命令を受けた者に通知しなければならない。

〔規〕　第294条（準用規定）　正式裁判の請求、その取下又は正式裁判請求権回復の請求については、第224条から第228条まで及び第230条の規定を準用する。

〈本条細目次〉

1　趣　旨　525

2　正式裁判の請求をすることができる者　525

〔§465〕正式裁判の請求　525

　　3　正式裁判の請求期間及び手続等　527

1　趣　旨

　本条は、略式命令を受けた者又は検察官が、その告知を受けた日から14日以内に正式裁判の請求をすることができること及びその手続等について規定する。

　「正式裁判の請求」とは、略式命令がされた後、通常の規定に従い審判をすることの請求をいう。この請求が適法であるときは、略式命令に拘束されないで、通常の規定に従い、審判をしなければならず（468Ⅱ・Ⅲ）、これにより判決をしたときは、略式命令は、その効力を失う（469）。これは、略式命令に対する不服申立てではない。

2　正式裁判の請求をすることができる者

　正式裁判の請求をすることができるのは、まず、略式命令を受けた者又は検察官である。

　「略式命令を受けた者」とは、略式命令の名宛人として効力が及ぶ者である。通常は、略式命令において被告人として表示され、その謄本の送達を受けた者である。

　問題となるのは、検察官が起訴しようとした者や被疑者として行動した者と略式命令において被告人として表示された者又はその謄本の送達を受けた者が異なる場合である。まず、甲が乙の氏名を冒用して被疑者として行動して起訴され、乙を被告人と表示する略式命令が発せられ、その謄本が乙に送達された場合は、乙が略式命令の名宛人であると解される。略式命令は、公判手続によらないで行われる裁判であり、裁判所における被告人の行動等が予定されていないので、基本的には、被告人として表示される者を基準とすべきである。この場合、正式裁判の請求がされ、検察官が公訴を取り消したときは、公訴棄却の決定がされる（339Ⅰ③）。公訴の取消しがされない場合、無罪の判決をすべきであるとする見解（内藤丈夫・判例解説（刑）昭50・112、吉田・大コメ刑訴［初版］4・98）と公訴棄却の判決（338④）をすべきであるとする見解（臼井・注釈刑訴3・380）がある。また、このような事案に関し検察官が正式裁判の請求をした場合において、起訴状の被告人の氏名等の記載を変更する旨の起訴状訂正の申立ては許されないとした例があるが（東京

526 第6編 略式手続

高決昭36・7・28東時12・7・128)、略式命令の名宛人の判定の問題と公訴提
起の名宛人の判定の問題は別であるとして、そのような申立てを肯定する見
解（井上正仁・警研53・4・85）もある。なお、このような略式命令が正式裁
判の請求期間の経過等により確定したときは、再審により救済される（上田
簡決昭36・11・6下刑集3・11＝12・1292、朝日簡決昭39・10・28下刑集6・9
＝10・1193）。

　つぎに、甲が被疑者として乙の氏名を冒用して起訴され、乙を被告人と表
示する略式命令が発せられ、その謄本が甲に送達された場合について、判例
は、いわゆる三者即日処理方式による略式手続に関する事案に関し、略式命
令が確定した後その罪と観念的競合の関係にある罪について甲が起訴された
場合、確定判決を経たとき（337①）に当たるかどうかが問題になったが、被
告人が他人の氏名を冒用して交付を受けた略式命令は、冒用者である被告人
に効力が生じないとする（最決昭50・5・30刑集29・5・30）。この場合、略
式命令の名宛人である乙には略式命令の告知がされないが、略式命令の請求
があった日から4箇月以内に略式命令が被告人に告知されないときは、公訴
の提起は、さかのぼってその効力を失い、裁判所は、公訴棄却の決定をする
ことになる（463の2Ⅰ・Ⅱ）。

　これに対し、いわゆる逮捕中在庁略式請求に関する事案に関し、略式命令
の効力は、冒用者について生ずるとした例（大阪高決昭52・3・17判時850・
13、東京高決昭61・9・19高検速報昭61・139）がある。これらは、いずれも、
検察官が正式裁判の請求をして、起訴状の被告人の氏名等の記載を変更する
旨の起訴状訂正の申立てをしたものであるが、これに対し、①裁判所がこの
申立てを却下した上、略式命令の請求があった日から4箇月以内に略式命令
が被告人に告知されなかったとして公訴棄却の決定をしたもの（大阪高決の
事案）、②裁判所が正式裁判の請求を棄却する決定をしたもの（東京高決の事
案）であり、いずれも、検察官の即時抗告により、原決定が取り消された。
これらの事案では、いずれも、起訴における被告人は冒用者であるとされて
おり、このような場合、検察官による起訴状の被告人の氏名等の記載を変更
する旨の起訴状訂正の申立てを許した上で、公判手続を行うべきものと解さ
れる（東京高決は、その点を明示する。）。この問題は、三者即日処理方式ある
いは在宅の在庁略式請求であるか、逮捕中あるいは勾留中の在庁略式請求で

〔§465〕正式裁判の請求　527

あるかという形で区別されることが多いが、前記の見解のように、略式命令の名宛人の判定の問題であるか、公訴提起の名宛人の判定の問題であるかという観点からも検討する必要があると考えられる。

　略式命令を受けた者のほかに、その法定代理人又は保佐人（467・353）及び略式手続における代理人又は弁護人（467・355）は、略式命令を受けた者のために正式裁判の請求をすることができる。ただし、略式命令を受けた者の明示した意思に反してこれをすることができない（467・356）。略式手続における代理人又は弁護人及び被告人の法定代理人又は保佐人に該当しない被告人の支配人からの正式裁判請求は、不適法である（最決昭43・1・17刑集22・1・1）。

　正式裁判の請求は、略式命令をした裁判所にするので（本条Ⅱ）、この請求をする検察官は、その裁判所に対応する区検察庁の検察官である（検察5）。

3　正式裁判の請求期間及び手続等

　正式裁判の請求は、略式命令の告知を受けた日から14日以内にすることができる（本条Ⅰ）。この期間の計算は、初日を算入しない（55Ⅰ）。

　略式命令は、検察官及び被告人にその謄本を送達して告知されるので（規34）、「その告知を受けた日」とは、略式命令の謄本の送達を受けた日である。略式命令の謄本が送達される前にされた正式裁判の請求は不適法であるが、そのような請求も、その請求当時、同文の謄本が既に検察官及び他の共同被告人に対しては送達されており、かつ、請求を受けた裁判所がこれを不適法として棄却する前に、請求人に対する送達が完了したときは、その瑕疵が治癒される（最大決昭40・9・29刑集19・6・749）。

　正式裁判の請求は、略式命令をした裁判所に、書面でしなければならない（本条Ⅱ前）。

　正式裁判の請求には理由を付す必要はない。検察官が正式裁判の請求をするのは、検察官の科刑意見と略式命令の量刑とが異なった場合、略式命令がされた後被告人が真犯人ではないことが判明した場合などが多いであろうが、無免許運転等の道路交通法違反事件に関し、科刑意見と同じ略式命令が発せられた後、被告人に累犯前科を含む無免許運転の前科が多数あることが判明したことから、検察官が、懲役刑を求刑するのが相当と判断し、適正な

528　第6編　略式手続

科刑を実現するために正式裁判を請求したことは、適法であるとされた（最決平16・2・16刑集58・2・124）。

正式裁判の請求があったときは、裁判所は、速やかにその旨を検察官又は略式命令を受けた者に通知しなければならない（本条Ⅱ後）。また、裁判所は、この通知をしたときは、直ちに、検察官から略式命令と同時に差し出された書類及び証拠物（規289）を検察官に返還しなければならない（規293）。なお、刑事施設に収容中の者の正式裁判の請求については、上訴の場合と同様の取扱いをすることが定められている（規294・227・228）。

正式裁判の請求は、略式命令の一部についてすることができ、部分を限らないで正式裁判の請求をしたときは、略式命令の全部についてしたものとみなされる（467・357）。　　　　　　　　　　　　　　　　　　（三浦守）

〔正式裁判請求の取下げ〕
第466条　正式裁判の請求は、第1審の判決があるまでこれを取り下げることができる。

本条は、第一審の判決があるまでは正式裁判の請求を取り下げることができることを規定する。

検察官又は略式命令を受けた者は、正式裁判の請求の取下げをすることができ（467・359）、略式命令を受けた者の法定代理人又は保佐人は、書面による略式命令を受けた者の同意を得て、正式裁判の請求の取下げをすることができる（467・360）。この取下げをすることができる期間は、第一審の判決があるまでである。

正式裁判の請求の取下げの申立ては、書面でしなければならないが、公判廷においては、口頭ですることができ、この場合、その申立てを調書に記載しなければならない（規294・224）。略式命令を受けた者の法定代理人又は保佐人は、正式裁判の請求の取下げの申立てをするときは、同時に、略式命令を受けた者のこれに同意する旨の書面を差し出さなければならない（規294・224の2）。正式裁判の請求の取下げがあったときは、裁判所書記官は、速やかにこれを相手方に通知しなければならない（規294・230）。なお、刑事施

設に収容中の者の正式裁判の請求の取下げについては、上訴の取下げの場合と同様の取扱いをすることが定められている（規294・227・228）。

略式命令の告知を受け、正式裁判の請求をしたところ、別の事件と審判の併合をされ、併せて懲役刑に処せられた場合、被告人が正式裁判請求の取下げの制度の告知を受けず、その制度を知らなかったとしても、訴訟手続に違法はない（東京高判平18・5・16高検速報95）。

正式裁判の請求の取下げをした者及び正式裁判の請求の取下げに同意をした略式命令を受けた者は、その事件について更に正式裁判の請求をすることができない（467・361）。　　　　　　　　　　　　　　　　　　（三浦守）

〔上訴規定の準用〕
第467条　第353条、第355条乃至第357条、第359条、第360条及び第361条乃至第365条の規定は、正式裁判の請求又はその取下についてこれを準用する。

本条は、正式裁判の請求又は取下げについては、上訴に関する規定を準用することを規定する。正式裁判の請求は、略式命令に対する不服申立てではないが、上訴と同様の機能を有する面があることによる。正式裁判請求権回復の請求に関するものを除き、正式裁判の請求及びその取下げに関する準用については、465条及び466条の解説を参照されたい。

正式裁判の請求をすることができる者（465Ⅰ・本条・353・355）は、自己又は代人の責に帰することができない事由によって正式裁判の請求期間内に正式裁判の請求をすることができなかったときは、略式命令をした裁判所に正式裁判請求権回復の請求をすることができる（本条・362）。正式裁判請求権回復の請求は、事由がやんだ日から正式裁判の請求期間に相当する期間内にこれをしなければならず、正式裁判請求権回復の請求をする者は、その請求と同時に、正式裁判の請求をしなければならない（本条・363）。被告人が不在の間に家人が略式命令の謄本を受領して、適法な送達がされた場合、被告人がそれを知らないまま正式裁判の請求期間を経過したとしても、「自己又は代人の責に帰することができない事由」によるとはいえないとされた例

530　第6編　略式手続

があり（仙台高秋田支決昭34・8・29下刑集1・8・1749、東京高決平4・10・30判タ811・242）、他方、略式命令の謄本の送達は不適法であったが、その後被告人がこれを受領し、その受領の日から14日以内に正式裁判請求権回復の請求及び正式裁判の請求をした場合、正式裁判請求権回復の請求は理由がないが、正式裁判の請求は適法であるとされた例がある（大阪高決昭31・9・18判時92・26、東京高決昭34・2・21東時10・2・126）。

　正式裁判請求権回復の請求についてした決定に対しては、即時抗告をすることができる（本条・364）。正式裁判請求権回復の請求があったときは、略式命令をした裁判所は、この請求についての決定をするまで裁判の執行を停止することができる（本条・365）。

　正式裁判請求権回復の請求があったときは、裁判所書記官は、速やかにこれを相手方に通知しなければならない（規294・230）。なお、刑事施設に収容中の者の正式裁判請求権回復の請求については、上訴権回復の請求の場合と同様の取扱いをすることが定められている（規294・227・228）。　　　（三浦守）

　　〔正式裁判請求の棄却、通常の裁判〕
　第468条　正式裁判の請求が法令上の方式に違反し、又は請求権の消滅後にされたものであるときは、決定でこれを棄却しなければならない。この決定に対しては、即時抗告をすることができる。
　2　正式裁判の請求を適法とするときは、通常の規定に従い、審判をしなければならない。
　3　前項の場合においては、略式命令に拘束されない。

　本条は、正式裁判の請求があった場合の措置について規定する。
　まず、正式裁判の請求が法令上の方式に違反し、又は請求権の消滅後にされたものであるときは、決定でこれを棄却しなければならない（本条I前）。この決定に対しては、即時抗告をすることができる（本条I後）。
　「正式裁判の請求が法令上の方式に違反」するとは、正式裁判を請求することができる者以外の者が請求をした場合（465I・467・353・355）、略式命令をした裁判所以外の裁判所に請求をした場合（465II前）、書面によらない

で請求をした場合（465Ⅱ前）などである。略式命令の謄本が送達される前にされた正式裁判の請求は不適法であるが、そのような請求も、その請求当時、同文の謄本が既に検察官及び他の共同被告人に対しては送達されており、かつ、請求を受けた裁判所がこれを不適法として棄却する前に、請求人に対する送達が完了したときは、その瑕疵が治癒される（最大決昭40・9・29刑集19・6・749）。

「請求権の消滅後にされた」とは、略式命令の告知を受けた日から14日を経過した後に請求をした場合（465Ⅰ）、正式裁判の請求の取下げをした者が更に請求をした場合（467・361）などである。

正式裁判の請求を適法とするときは、通常の規定に従い、審判をしなければならない（本条Ⅱ）。この場合、略式命令に拘束されない（本条Ⅲ）。「通常の規定に従い、審判をしなければならない」とは、通常の公判手続により審判をしなければならないことを意味する。正式裁判の請求は、略式命令に対する不服申立てではないから、略式命令に拘束されるものではなく、不利益変更の禁止も適用されない（最決昭31・7・5刑集10・7・1020）。

適法な正式裁判の請求があった場合、略式命令が被告人に適法に告知されている以上、改めて起訴状の謄本を送達する必要はない（最決昭29・12・2刑集8・12・2061）。これは、起訴状の公訴事実と略式命令の認定する罪となるべき事実が同一であることが想定されているからである。これに対し、起訴状と略式命令の記載内容に軽微とはいえない差異があるということは異例であろうが、この場合、被告人に略式命令の謄本だけが送達されたまま、正式裁判の請求がされ公判が開始されたときは、その公判における審理の対象は、起訴状と略式命令の記載内容が一致した部分に限られるとされた（最決昭42・11・24刑集21・9・1258）。この場合、検察官が訴因・罰条の追加・変更の請求（322Ⅰ）をすることができることはいうまでもない。　　（三浦守）

〔略式命令の失効〕
第469条　正式裁判の請求により判決をしたときは、略式命令は、その効力を失う。

532 第6編 略式手続

　本条は、正式裁判の請求により判決をしたときは、略式命令がその効力を失うことを規定する。

　「判決をしたとき」とは、判決が確定したときをいう。「判決」には、公訴棄却の決定も含まれる。
(三浦守)

　〔略式命令の効力〕
　第470条　略式命令は、正式裁判の請求期間の経過又はその請求の取下により、確定判決と同一の効力を生ずる。正式裁判の請求を棄却する裁判が確定したときも、同様である。

　本条は、略式命令が正式裁判の請求期間の経過若しくはその請求の取下げにより、又は正式裁判の請求を棄却する裁判が確定したとき、確定判決と同一の効力を生ずることを規定する。

　「確定判決と同一の効力を生ずる」とは、確定判決と同一の執行力、既判力等を生ずることを意味する。確定判決と同様に、再審及び非常上告の対象となる。
(三浦守)

第7編　裁判の執行

〔§471〕裁判の確定と執行　535

〔裁判の確定と執行〕
第471条　裁判は、この法律に特別の定のある場合を除いては、確定した後これを執行する。

〈本条細目次〉
1　趣　旨　535
2　裁判確定の時期　535
3　例外（「特別の定め」）　536
　⑴　裁判確定前に執行できる場合　536
　⑵　裁判確定後も直ちに執行できない場合　536

1　趣　旨

　本条は、裁判は、その確定後に執行するとの原則を定めたものであるが、同時に、裁判確定後は速やかに裁判を執行しなければならないという趣旨も含んでいる（朝倉京一・注釈刑訴7・271）。

2　裁判確定の時期

　不服申立の許される裁判については、⑴上訴期間その他の不服申立期間の経過、⑵上訴その他の不服申立の放棄・取下げ、⑶上訴その他の不服申立を棄却する裁判の確定した時が確定の時期となる。

　不服申立の許されない裁判については、告知と同時に確定するのが原則である。

　なお、不服申立期間は、裁判の宣告があった場合には、宣告の日から進行する。この点、不服申立期間が裁判宣告の日から進行するのか、裁判結果の通知書の到達日から進行するのかが争われた事案について、東京高決昭34・2・12高刑集12・1・23は、「昭和33年11月27日最高裁判所の法廷において上告棄却の決定が宣告され、在監者たる被告人に同月29日その宣告の結果が通知されたときでも、右決定は宣告後3日の期間経過と同時に確定するものであるから、検察官が同年12月2日右上告棄却決定の確定により原判決の刑が確定したものであるとして刑の執行指揮をしても、右刑の執行指揮は何ら違法無効なものとはいえない。」旨判示し、裁判宣告の日から不服申立期間が進行するとしている。

536　第7編　裁判の執行

3　例外（「特別の定め」）

(1)　裁判確定前に執行できる場合

　決定や命令は、即時抗告又はこれに準ずる不服申立が許される場合のほか
は、原則として告知により直ちに執行することができるとされている（決定
につき424・428Ⅲ、命令につき432・429）。ただし、保釈を許す決定や命令は、
保証金の納付があった後でなければ執行することができない（94Ⅰ・280Ⅰ）
し、証人、鑑定人、通訳人、翻訳人又は身体の検査を受ける者に対して過料
又は費用の賠償を命ずる裁判については、429条4項、5項により確定後に
執行することとなる。

　また、罰金や過料についての仮納付の裁判は、裁判の確定前でも執行する
ことができる（348Ⅲ）。交通事件即決裁判手続法15条2項により、即決裁判
の付随処分としての仮納付の裁判も直ちに執行することができる。

　さらに、監置の裁判も告知により直ちに執行することができることとされ
ている（法定秩序5Ⅲ）。

(2)　裁判確定後も直ちに執行できない場合

　訴訟費用の負担を命じる裁判については、500条により、訴訟費用免除の
申立をすることができるが、483条により、申立期間内及びその申立があっ
たときは、申立についての裁判が確定するまでは執行することはできない。

　労役場留置についても、本人が承諾しない限りは、裁判確定後、罰金につ
いては30日以内、科料については10日以内は執行することはできない（刑18
Ⅴ）。

　前述のように、保釈を許す決定や命令は、保証金の納付があった後でなけ
れば執行することができない（94Ⅰ・280Ⅰ）。　　　　　　　　　（平尾覚）

　〔執行指揮〕
第472条　裁判の執行は、その裁判をした裁判所に対応する検察庁の検察
　　官がこれを指揮する。但し、第70条第1項但書の場合、第108条第1項
　　但書の場合その他その性質上裁判所又は裁判官が指揮すべき場合は、こ
　　の限りでない。
　2　上訴の裁判又は上訴の取下により下級の裁判所の裁判を執行する場合

には、上訴裁判所に対応する検察庁の検察官がこれを指揮する。但し、訴訟記録が下級の裁判所又はその裁判所に対応する検察庁に在るときは、その裁判所に対応する検察庁の検察官が、これを指揮する。

〔規〕 第36条（謄本、抄本の送付） 法第44条参照。

〈本条細目次〉
1 趣 旨 537
2 執行指揮の性質 538
3 裁判所又は裁判官の執行指揮 539
　(1) 特別の規定がある場合 539
　(2) 性質上、裁判所又は裁判官が指揮すべき場合 540

1 趣 旨

　本条は、裁判の執行が原則として検察官によって指揮されることを明らかにしたものである。例外として、70条1項但書の場合、108条1項但書の場合その他その性質上裁判所又は裁判官が指揮すべき場合には、検察官が執行指揮をすることは不合理であることから、裁判所又は裁判官が指揮することとされている。裁判を執行するのは、当該裁判をした裁判所に対応する検察庁の検察官であるが（本条Ⅰ）、上訴の裁判又は上訴の取下げにより、下級の裁判所の裁判を執行する場合には、訴訟記録は上訴裁判所にあるのが通例であることから、上訴裁判所に対応する検察庁の検察官がこれを指揮することになる（本条Ⅱ本）。ただし、訴訟記録が下級の裁判所又はそれに対応する検察庁にあるときは、下級の裁判所に対応する検察庁の検察官が指揮することとなる（本条Ⅱ但）。具体的には、訴訟記録が上訴裁判所に送付される前に上訴の取下げがなされたような場合がこれに該当する。もっとも、訴訟記録は、最終的には、第一審裁判所に対応する検察庁において保管されることになるが（刑訴記録2Ⅰ）、裁判は確定後速やかに執行しなければならず、通常、第一審裁判所に対応する検察庁に訴訟記録が送付されるまでに執行指揮がなされないということは考えにくいのであるから、本条2項但書の規定はこのような場合までも包含したものではないと考えるのが相当であろう。

538　第7編　裁判の執行

2　執行指揮の性質

　執行指揮を行う検察官は、裁判の実質的内容に立ち入ってその当否を判断する裁量は有しておらず、再審又は非常上告の手続をとることは別として、原則として裁判が確定した以上、その執行を指揮しなければならない。

　この点につき参考となる裁判例として、福岡高決昭28・11・7高刑集6・10・1378がある。この事案は、裁判所が裁定通算した未決勾留日数が、他の刑の執行に替えられた他の未決勾留日数と重複していたところ、検察官が、重複部分を算入すべき未決勾留日数から控除して執行指揮をなしたため、被執行者が異議（502参照）を申し立てたという事案である。同決定は、「未決勾留が、他の自由刑の執行と重複し、若しくは裁判確定の結果本刑たる自由刑に算入されて既にその執行に替えられた他の未決勾留と重複する場合の未決勾留については、他の刑の執行若しくは他の未決勾留による身柄の拘禁と別個の拘禁があるわけではなく、刑の執行にも比すべき法益侵害の事実は存しないのであるから、これを本刑に算入すべき法律上の理由なく、このような未決勾留を更に本刑たる自由刑に算入する措置は、未決勾留の本刑算入に関する刑法第21条、刑訴第495条の規定本来の趣旨に違反する違法の措置である」旨判示したものの、さらに、「違法な判決であっても、法律上適法な救済方法によって是正されることのないままに確定するに至ったときは、これが執行を指揮する検察官としては、もはや、判決に示されたところに従い未決勾留を本刑に算入して執行を指揮するのほかないものと解すべきである」と判示した。その理由として同決定は、「裁判所の訴訟行為、特に判決は、その形式的な確実性が最も強く要請せられ、上訴、非常上告等法律に定められた救済方法によるのほか、是正変更の余地は全くないものというべきであり、執行指揮の機関たる検察官において、確定判決の合理的な解釈の範囲を逸脱してその内容の当否に関する判断を加え任意に確定判決の文理を変更して執行指揮することは到底是認され難いところである」としている。

　もっとも、違法な裁判でその執行が事実上又は法律上不能であるような場合には、裁判の内容を実現することは不可能であり、執行不能とするほかない。上記福岡高決も、「判決において本刑に算入された未決勾留が、当初から客観的に全く存在しない場合には、判決において没取若しくは還付を命ぜられた物件が客観的に不存在の場合と同様、たとえその判決が確定しても、

〔§472〕執行指揮　539

その判決の執行は、客体の欠缺によって事実上絶対的に不能であり、従って、このような判決が、執行の段階において、執行不能の判決として不問に付せらるべきは当然である」としている[1]。また、最判昭25・9・5刑集4・9・1617は、被告人が控訴審において身柄を拘束されたことはないにもかかわらず、未決勾留日数中80日を本刑に算入するとした裁判について、「右未決勾留日数算入は錯誤によるものであって算入すべき未決勾留日数は全然ないのであるから原判決中原審における未決勾留日数中80日を本刑に算入するとした部分は全く実質なき無用の空文であるといわなければならない。」旨判示している。

　その他、判決の当然無効の例としては、最大判昭27・11・19刑集6・10・1217が、控訴の取下げがあったことを知らないで言い渡された控訴審判決は、当然無効であって、非常上告の対象とならない旨判示した例や、東京高判昭45・11・2刑裁月報2・11・1143が、裁判官が定年退官による資格喪失後に署名押印して判決書を作成したときは、同判決書は当然に無効である旨判示した例がある。

3　裁判所又は裁判官の執行指揮

(1)　特別の規定がある場合

　急速を要する勾引状及び勾留状の執行は、裁判長又は受命裁判官又は地方裁判所、家庭裁判所若しくは簡易裁判所の裁判官が指揮する（70Ⅰ但）。この場合は、検察事務官又は司法警察職員に指揮する。

　差押状、記録命令付差押状又は捜索状の執行につき、裁判所が被告人の保護のため必要があると認めるときは、裁判長が裁判所書記官又は司法警察職

---

(1)　もっとも、同決定の事案については、「他の刑の執行若しくは本刑に算入された他の未決勾留と重複する未決勾留は、客観的に全く存在しない未決勾留とはその趣を異にし、現に勾留状の執行により勾留の事実は厳存するのであり、ただ、そのような未決勾留は、果してこれを本刑に算入し得べきかどうかの法律評価上、本刑に算入すべきでないとされるのに止まり、これが本刑算入を命ずる判決は、その法律上の評価を誤まる点において違法であるに過ぎない」とした上、「もしこのような判決が執行の段階において、執行不能として不問に付せらるべきものであるとすれば、客観的に存在する未決勾留の本刑算入に関し、たまたま法律の適用を誤まった判決について、その判決内容の当否が執行機関の審査判断によって決せられ、確定判決の内容が事実上執行機関の判断によって任意に変更される結果となり、判決の確定による法的安全は望むべくもなく、その不当なことは多言を要しない」旨判示している。

540　第7編　裁判の執行

員にその執行を命ずる（108Ⅰ但）。

(2)　**性質上、裁判所又は裁判官が指揮すべき場合**

　裁判所が押収した押収物の還付・仮還付、売却及び保管、裁判所が受納した保釈保証金（現金又は有価証券）の没取又は還付等の裁判は、裁判所又は裁判官の指揮により裁判所職員が執行する。ただし、保証書をもって保証金に代えることを許可した場合において、没取の裁判があれば、490条に基づき、検察官の命令によりその裁判を執行する。　　　　　　　　　（平尾覚）

〔執行指揮の方式〕

第473条　裁判の執行の指揮は、書面でこれをし、これに裁判書又は裁判を記載した調書の謄本又は抄本を添えなければならない。但し、刑の執行を指揮する場合を除いては、裁判書の原本、謄本若しくは抄本又は裁判を記載した調書の謄本若しくは抄本に認印して、これをすることができる。

　〔規〕　第57条（裁判書等の謄本、抄本）　裁判書又は裁判を記載した調書の謄本又は抄本は、原本又は謄本によりこれを作らなければならない。
　　　2　判決書又は判決を記載した調書の抄本は、裁判の執行をすべき場合において急速を要するときは、前項の規定にかかわらず、被告人の氏名、年齢、職業、住居及び本籍、罪名、主文、適用した罰条、宣告をした年月日、裁判所並びに裁判官の氏名を記載してこれを作ることができる。
　　　3　前項の抄本は、判決をした裁判官がその記載が相違ないことを証明する旨を附記して認印したものに限り、その効力を有する。
　　　4　前項の場合には、第55条後段の規定を準用する。ただし、署名押印に代えて認印することができる。
　　　5　判決書に起訴状その他の書面に記載された事実が引用された場合には、その判決書の謄本又は抄本には、その起訴状その他の書面に記載された事実をも記載しなければならない。但し、抄本について当該部分を記載することを要しない場合は、この限りでない。
　　　6　判決書に公判調書に記載された証拠の標目が引用された場合において、訴訟関係人の請求があるときは、その判決書の謄本又は抄本には、その公判調書に記載された証拠の標目をも記載しなければな

〔§473〕執行指揮の方式　541

　　らない。
　　第36条（謄本、抄本の送付）　法第44条参照。

〈本条細目次〉
1　趣　旨　541
2　執行指揮の方法　541
　(1)　拘禁中の者に対する執行指揮　541
　(2)　不拘禁中の者に対する執行指揮　542
3　添付書類　542
4　執行指揮の方式に欠缺のある場合と刑の執行　543

1　趣　旨

　本条は、裁判の執行指揮の方式について、刑の執行を指揮する場合には、それが個人の基本的人権に重大な関係を有することから、特に慎重を期して誤りのないようにするため、書面（執行指揮書〔執行事務規程10・19等〕）をもってこれをすることとし、これに裁判書又は裁判を記載した調書の謄本又は抄本を添えなければならないとした。ただし、刑以外の裁判の執行をする場合には、裁判書の原本、謄本若しくは抄本又は裁判の内容を記載した調書の謄本若しくは抄本に認印して行うという簡易な方法を認めている。

2　執行指揮の方法

(1)　拘禁中の者に対する執行指揮

　身柄を拘束されている者に対する自由刑が確定したときは、検察官は、速やかにその者が収容されている刑事施設の長に刑の執行を指揮する（執行事務規程17Ⅰ）。また、勾留中の被告人について、上訴申立期間と勾留期間が同時に満了する場合、その他やむを得ない事由がある場合には、確定後に執行指揮をするという原則に従った場合、執行指揮がなされるまでの間に時間を要し、その間に被執行者を拘禁する法的根拠を失うこととなることから、かかる事態を避けるため、判決確定前に、判決確定の上執行すべき旨を明らかにしていわゆる条件付きの執行指揮をすることができる（執行事務規程17Ⅱ）。この場合においては、上訴申立の有無に特に注意し、その申立があったときは直ちに執行指揮を取り消さなければならない。

　拘禁中の者に対して自由刑の執行指揮がなされた場合の刑の起算日は、①

542　第7編　裁判の執行

当該事件で勾留されている場合には、確定裁判の日となるが、②別事件で勾留中の場合には、執行指揮の日となる。

　この点、最決昭54・3・26刑集33・2・121は、刑法23条は、自由刑に処する裁判を受けた者が当該事件に関して拘禁されている場合に、その裁判確定の日から刑期を起算する趣旨の規定であって、当該事件に関して拘禁されていない場合には、たまたま他事件に関し拘禁されていても、同条1項の適用はない旨述べている。

　(2)　不拘禁中の者に対する執行指揮

　身柄を拘束されていない者につき、自由刑が確定したときは、検察官は、執行のためにその者を呼び出し（484）、呼出を受けた者が出頭したときは、本人であることを確認した上で、刑事施設の長に引き渡し、刑の執行を指揮する（執行事務規程18Ⅱ）。この場合、刑の起算日は被執行者が現実に刑事施設に収容された日である。

3　添付書類

　執行指揮書には、裁判書の謄本若しくは抄本又は裁判を記載した調書の謄本若しくは抄本を添えなければならない。その趣旨は、刑の種類及び範囲を明確にするための確実な証明資料を添付することにより過誤を防止しようとする点にある。

　この点、最決昭26・7・18刑集5・8・1476において、天災事変等によって裁判書が滅失してその謄本等の作成が不能となった場合の執行指揮の方式が問題となった[1]。が、同決定は、「旧法536条は、『裁判執行ノ指揮ハ、書面ヲ以テ之ヲ為シ、之ニ裁判書又ハ裁判ヲ記載シタル調書ノ謄本又ハ抄本ヲ添付スベシ』と定めている。その趣旨は、個人の基本的人権に重大な関係を持つ刑の執行に当っては、刑の種類及び範囲を明確ならしめるために、裁判書又は裁判を記載した調書の謄本又は抄本という確実な証明資料を添付せしめて、いやしくも刑の執行に過誤なからしめんことを期したものである。しかし、これら裁判書等は、もとより権利の化体している有価証券とは異なり、刑罰の執行に絶対必要なものではなく、ただ証明資料として最も適切かつ典型的なものであるから、通常の事態を標準として法律に掲げられたものと見

---

(1)　旧法536条に関する裁判例であるが、同条は本条と同様の定めを置いていた。

〔§473〕執行指揮の方式　543

るべきである。されば、天災事変等によってこれらの書類の原本が滅失して謄本等の作成が不可能となった場合においては、犯行、刑の種類及び範囲を具体的に明確ならしめるに足るその他の証明資料を添付して裁判執行の指揮をすることができるものと解するを相当とする。」旨述べている。

　これに関連して、宣告刑と判決書に記載された刑が齟齬する場合において、裁判例は、裁判は宣告と同時に効力を発生するのであるから、宣告刑をもって執行指揮すべきであり、判決書の誤記については、刑の執行指揮に当たりただされなければならないとする（東京高決昭30・6・10高刑集8・5・654）。この場合においても、執行指揮に当たっては、その経緯を明らかにした書面を添付するなどして、宣告刑を明らかにして裁判執行の指揮をすることとなろう。

　なお、規57条2項〜4項の規定により、執行指揮書に添付する判決書又は判決を記載した調書の抄本については、急速を要する場合には簡易な抄本が認められている。

　このような一定の場合に簡易な抄本を添付することが認められていることと関連して、東京高決昭42・5・11判時484・70は、規219条1項但書の請求があったため調書判決の許されない場合であったにもかかわらず調書判決謄本を添付してなした刑の執行指揮について、「本判決は、控訴提起期間の満了を待たずして確定をみたのであるから、その刑の執行はおよそ急速を要したものと推認せられるところ、このような場合の応急措置として、刑訴規則57条2項、3項、4項による便法が認められており、本件調書判決の謄本は、少なくともその形式・内容ともに右簡便な抄本よりも優れており、結局刑訴規則36条1項本文によって、速やかに検察官に送付されるべき同規則57条2項以下所定の抄本としての効力を認めるのが相当であるから、これによって行われた検察官の本件執行指揮もまた有効と解しなければならない。」旨判示している。

4　執行指揮の方式に欠缺のある場合と刑の執行

　刑の執行指揮の方式は、必要的要件であり、その方式に欠缺のある場合には、執行を実施することができないのが原則である。しかし、その欠缺がわずかな誤記や不備であれば、執行に支障はない。この点、福岡高判昭25・3・30特報7・159は、氏名の誤記があってもその者の年齢、職業、住居、本

544　第7編　裁判の執行

籍、罪名、裁判の宣告をした年月日及び裁判所によって同一人であることが
判別できる以上、裁判の執行に支障はない旨判示している。　　　（平尾覚）

〔刑の執行の順序〕
第474条　2以上の主刑の執行は、罰金及び科料を除いては、その重いも
　のを先にする。但し、検察官は、重い刑の執行を停止して、他の刑の執
　行をさせることができる。

〈本条細目次〉
1　趣　旨　544
2　刑の軽重の基準　545
3　刑の執行順序の変更　545

1　趣　旨

　本条は、2つ以上の刑の言渡しを受けた者に対して刑の執行をする際の執
行の順序について定めている。罰金及び科料については、同時に執行するこ
とが可能であるが、懲役、禁錮、拘留については、同時に執行することがで
きないことから、本条により、その執行の順序を定めたものである。

　本条にいう「主刑」とは、懲役、禁錮、罰金、拘留及び科料のことである。
死刑については、そもそも、法務大臣の命令によって執行するものであるし、
刑法51条但書により、併合罪のうち、死刑を執行すべきものがあるときには、
他の刑は執行しない旨定められており、併合罪の場合でなくても、死刑の執
行をすべきときには他の刑を執行しないのが相当であることから、2つ以上
の主刑の中に死刑が含まれているときには、刑の執行の順番が問題になるこ
とはなく、本条の適用はない。

　なお、本条の適用があるのは、検察官が2個以上の主刑の執行を同時に指
揮した場合である。検察官が既に1個の刑の執行を指揮し、その刑の執行中
に新たにそれよりも重い刑の執行をすることになったときには、本条の適用
はなく、重い刑の執行に切り替える必要はない。

〔§474〕刑の執行の順序　545

2　刑の軽重の基準

　本条にいう「重い」刑は、刑法10条の規定の趣旨を参考に決められること
になる。もっとも、刑法10条の規定は、法定刑ないし処断刑について定めた
ものであり、それをそのまま宣告刑の軽重を問題とすべき本条の場面に適用
することはできない。例えば、懲役1年と禁錮2年を比較した場合、刑法10
条により、懲役刑のほうが禁錮刑よりも重いとされていることから、懲役1
年のほうが重いといえるかに思えるが、現実の刑の執行を問題とするときに
は、「懲役」、「禁錮」といった概念による観念的な軽重比較をなすのは相当
ではなく、自由を剥奪される期間という実質的な要素により比較するのが相
当であり、このような場合には、禁錮2年のほうが懲役1年よりも重いとい
うべきである。

3　刑の執行順序の変更

　本条但書により、検察官は、その裁量により刑の執行順序を変更すること
ができる。刑の執行順序の変更についての規定は、2つ以上の刑の執行指揮
が同時になされた場合に限らず、順次執行された刑の執行についても適用が
あると解するのが一般的である。また、本条但書による刑の執行順序の変更
は、労役場留置の執行についても適用がある（505）。

　本条但書の実益は、受刑者に対する早期の仮釈放の機会が与えられる点に
ある。すなわち、受刑者が重い刑について服役し、重い刑の仮釈放期間を経
過した後にその執行を停止し、軽い刑の執行に着手すれば、受刑者は、より
早期に仮釈放の機会を得ることとなる。もっとも、場合によっては、受刑者
にとって不利益な結果となる場合もありうる。例えば、懲役刑の執行中、そ
の執行を一時停止して、労役場留置の執行をし、労役場留置の執行終了後に
懲役刑の残刑を執行した場合、当該受刑者が再び罪を犯したときに、前の懲
役刑が刑法56条、57条による再犯加重の対象となる可能性が高くなる。東京
高判昭51・7・16高刑集29・3・399では、このような事案について、懲役
刑の執行中、その執行を一時停止して、労役場留置の執行をしたのは違法で
あるとの主張がなされたが、同判決は、「刑訴法474条本文によれば、2以上
の主刑の執行は、罰金及び科料を除いて、その重いものを先にするのが原則
であり、いわゆる換刑処分である労役場留置の執行については、その実質が
自由刑の執行に近似しているところから、その執行については、同法505条

546 第7編 裁判の執行

により自由刑の執行に関する規定が準用されるのであるから、右刑の執行の
順序に従えば、その執行は自由刑の執行終了の後にすべきであることは所論
のとおりである。しかしながら、同法474条但書は、検察官は重い刑の執行
を停止して他の刑の執行をさせることができる旨規定しているのであって、
検察官が右規定に基づいて、重い懲役刑の執行を停止して、軽い労役場留置
の執行をさせる場合には、検察官において、受刑者に対する妥当な行刑的処
遇（例えば仮出獄の資格を早期に取得させるため）、判決の適正な執行の確保（例
えば懲役刑の執行が長期にわたる場合、軽い労役場留置の時効の完成を防止する
ため）などの見地に立って、適正な裁量のもとに、右刑の執行順序の変更の
当否、変更の時期について決すべきものであるところ、記録を調査しても被
告人に対する右刑の執行順序の変更に当たり、当該検察官において、前記の
ごとき適正な裁量の範囲を逸脱して、被告人の懲役刑の執行終了の時期を遅
延させることを目的とする等、ことさら被告人の不利益を図った特段の事情
はなんら窺えないから、右執行順序の変更が違法であるとは考えられず、右
違法を前提とした所論も、前提を欠き失当といわざるを得ない。もっとも、
懲役刑の執行中、労役場留置の執行を行う場合には、懲役刑の執行終了の時
期が、労役場留置日数だけ遅れることは所論のとおりであるとしても、それ
だけの理由で、右刑の執行順序の変更が受刑者に不利益であると認めること
もできない。」旨判示しており、検察官が適正な裁量の範囲を逸脱し、こと
さら受刑者の不利益を図ったというような特段の事情の存しない限り違法の
問題は生じないというべきである。

　このように刑の執行順序を変更した場合の仮釈放期間中の刑期の進行につ
いては、札幌高判昭29・4・27高刑集7・3・466が、「2つの懲役刑につい
て仮出獄を許された者の仮出獄期間は、まず仮出獄を許された当時執行を受
けていた刑の残刑期間が仮出獄の時から進行し、その刑期の満了の翌日から
他の刑の残刑期が進行する。」旨判示している（東京高判昭31・1・31裁判特
報3・3・67も同旨。）。

（平尾覚）

　〔死刑執行の命令〕
　第475条　死刑の執行は、法務大臣の命令による。

〔§475〕死刑執行の命令　547

2　前項の命令は、判決確定の日から 6 箇月以内にこれをしなければならない。但し、上訴権回復若しくは再審の請求、非常上告又は恩赦の出願若しくは申出がされその手続が終了するまでの期間及び共同被告人であつた者に対する判決が確定するまでの期間は、これをその期間に算入しない。

〈本条細目次〉
1　趣　旨　547
2　死刑執行命令の期限　547

1　趣　旨

　本条は、死刑が人の生命を奪う重大な刑罰であることにかんがみ、その執行に際しては、死刑執行の停止すべき事由、再審事由、非常上告事由、恩赦を相当とする事由の有無等につき慎重に検討する必要があることから、死刑の執行を法務行政の最高責任者たる法務大臣の命令によるものとしている。法務大臣により執行命令がなされた場合には、検察官が執行を指揮して死刑が執行される。

2　死刑執行命令の期限

　本条 2 項により、死刑執行命令は、判決確定後 6 ヶ月以内になさなければならないとされている。この点、東京高判平10・3・20判タ983・222は、判決確定の日から 6 ヶ月以内に執行命令がなされたなかったのは違法であるかどうかが争われた事案において、「死刑という重大な刑罰の執行に慎重な上にも慎重を期すべき要請と、確定判決を適正かつ迅速に執行すべき要請とを調和させる観点から、法務大臣に対し、死刑判決に対する十分な検討を行わせ、管下の執行関係機関に死刑執行の準備をさせるために必要な期間として、6 ヶ月という一応の期限を設定し、その期間内に死刑執行を命ずるべき職務上の義務を課したものと解される。したがって、同条 2 項は、それに反したからといって特に違法の問題の生じない規定、すなわち法的拘束力のない訓示規定であると解するのが相当である。」旨判示している。なお、死刑確定者が刑事施設において拘置されている間は、死刑の時効は進行することはない。いわゆる帝銀事件人身保護請求事件において、最決昭60・7・19判時1158

548 第7編 裁判の執行

・28も「死刑の確定裁判を受けた者が刑法11条2項に基づき監獄に継続して拘置されている場合には死刑の時効は進行しないとした原審の判断は、正当として是認することができる」旨述べている。

　死刑執行命令の期限については、本条2項但書により、上訴権回復若しくは再審の請求、非常上告又は恩赦の出願若しくは申出がされその手続が終了するまでの期間及び共同被告人であった者に対する判決が確定するまでの期間は、6ヶ月の期間に算入しないとされている。かかる規定が置かれた理由は、判決が確定した後も、再審や非常上告又は恩赦によって内容が変更される可能性は否定できないし、共同被告人の審理結果が再審、非常上告を通じて間接的に影響を与える可能性があることによる。これらの事由は、死刑の執行停止の効力を有するものではない。

　本条2項所定の事由に該当するか否かについては厳格に解釈するべきであり、単に趣旨を同じくするという理由だけで拡大解釈することは許されない。この点、大阪高判昭28・5・19特報28・30は、共犯の未逮捕者がいるという場合は、6ヶ月以内に死刑の執行が命令されるべきである旨判示している。

（平尾覚）

〔死刑執行の期限〕
第476条　法務大臣が死刑の執行を命じたときは、5日以内にその執行をしなければならない。

〈本条細目次〉
1　趣　旨　548
2　死刑の執行を命じたとき　549

1　趣　旨

　本条は、法務大臣が死刑執行を命じてから実際に死刑を執行するまでの期限について定めている。

　死刑執行の命令から執行までに5日間という期限の余裕が設けられた趣旨は、主として、死刑執行のための準備の余裕を与えるという点にある。

2 死刑の執行を命じたとき

「死刑の執行を命じたとき」とは、死刑執行命令書が発出されたときではなく、執行を指揮すべき検察官が死刑執行命令書を受理した日であり、その日から5日以内に死刑の執行をしなければならない。 　　　　（平尾覚）

〔死刑執行の立会者〕
第477条　死刑は、検察官、検察事務官及び刑事施設の長又はその代理者の立会いの上、これを執行しなければならない。
2　検察官又は刑事施設の長の許可を受けた者でなければ、刑場に入ることはできない。

1　趣　旨

本条は、1項において、死刑執行の立会者を定めるとともに、2項において、死刑執行密行の原則を定めている。検察官又は刑事施設の長による刑場への立入り許可は、専ら、学術研究や実務に従事する者がその参考にする目的で立ち入る場合になされる。 　　　　（平尾覚）

〔執行始末書〕
第478条　死刑の執行に立ち会つた検察事務官は、執行始末書を作り、検察官及び刑事施設の長又はその代理者とともに、これに署名押印しなければならない。

1　趣　旨

本条は、死刑執行に立ち会った検察事務官が執行始末書を作成することを義務づけた規定であり、死刑執行の重大性にかんがみ、実施を確認したことを認証する文書を作成することとしたものである。 　　　　（平尾覚）

550 第7編 裁判の執行

〔死刑の執行停止〕

第479条　死刑の言渡を受けた者が心神喪失の状態に在るときは、法務大臣の命令によつて執行を停止する。

2　死刑の言渡を受けた女子が懐胎しているときは、法務大臣の命令によつて執行を停止する。

3　前2項の規定により死刑の執行を停止した場合には、心神喪失の状態が回復した後又は出産の後に法務大臣の命令がなければ、執行することはできない。

4　第475条第2項の規定は、前項の命令についてこれを準用する。この場合において、判決確定の日とあるのは、心神喪失の状態が回復した日又は出産の日と読み替えるものとする。

〈本条細目次〉

1　趣　旨　550
2　死刑の執行停止の意義　550
3　執行停止事由　551
4　執行停止事由の消滅と執行命令　551

1　趣　旨

　本条は、死刑の執行を停止すべき場合について規定しており、本条1項、2項に規定する事由が存在するときは、法務大臣の命令によって死刑の執行を停止する。

　自由刑の執行停止については、検察官の指揮によることとされている（480・481）が、死刑の執行が法務大臣の命令によることとされていることに対応して、死刑の執行停止についても法務大臣の命令によることとされている。

2　死刑の執行停止の意義

　本条により停止されるのは、あくまで死刑の執行であり、死刑の執行が停止されたからといって、刑事施設における拘置（刑11Ⅱ）が解かれるものではない。この点、東京地判昭62・4・23判時1229・108は、「死刑の言渡を受けた者は、死刑の執行に至るまで監獄に拘置されるが（刑法11条2項）、他方刑訴法479条1項は、死刑の言渡を受けた者が心神喪失の状態にあるときは、法務大臣の命令によって執行を停止するものと定めている。そして、刑訴法

〔§480〕自由刑の必要的執行停止　551

の右の規定に基づき法務大臣の命令によって停止されるのは死刑の執行自体
であり、これにより監獄における拘置が解かれるものではない。けだし、心
神喪失者に対して死刑の執行が停止されるのは、このような状態にある限り、
その者に対する死刑の執行が刑罰の目的に沿わないからにほかならず、この
ことに、心神喪失の状態が回復した後における執行が予定されていること
（479条3項）を併せ考慮すれば、執行停止の命令により拘置を解くべき何ら
の理由もないからである。」旨判示している。

3　執行停止事由

　本条1項においては、死刑の言渡しを受けた者が心神喪失の状態にあると
きは、死刑の執行を停止する旨規定している。心神喪失の状態にある者は、
死刑の執行により、自らの生命が奪われるということを自覚することができ
ず、刑の執行の意味をなさないことから、執行停止事由とされたものである。
一般的に、心神喪失の状態にあるとは、「精神の障害により事物の理非善悪
を弁別する能力又はその弁別に従って行動する能力のない状態」を指す（上
記東京地判昭62・4・23）とされているが、上記趣旨にかんがみるならば、本
条にいう「心神喪失」とは、死刑の執行に際して自己の生命が裁判に基づい
て絶たれることを認識する能力のないことをいうと解される（青柳・通論下
656）。

　本条2項においては、死刑の言渡しを受けた女性が懐胎しているときは、
死刑の執行を停止する旨規定しているが、死刑の執行の累をその子に及ぼし
てはならないことから執行停止事由とされたものである。

4　執行停止事由の消滅と執行命令

　本条3項及び4項により、法務大臣は、心神喪失の状態が回復した日又は
出産の日から原則として6ヶ月以内に死刑の執行を命令しなければならな
い。

　　　　　　　　　　　　　　　　　　　　　　　　　　　　　（平尾覚）

　〔自由刑の必要的執行停止〕

　第480条　懲役、禁錮又は拘留の言渡を受けた者が心神喪失の状態に在る
　　　ときは、刑の言渡をした裁判所に対応する検察庁の検察官又は刑の言渡
　　　を受けた者の現在地を管轄する地方検察庁の検察官の指揮によつて、そ

552　第7編　裁判の執行

の状態が回復するまで執行を停止する。

〈本条細目次〉
1　趣　旨　552
2　執行停止の手続　552

1　趣　旨

　本条は自由刑の言渡しを受けた者が心神喪失の状態にある場合には、必ず自由刑の執行を停止しなければならない旨規定している。心神喪失の状態にある者は刑の意義を理解することができず、そのような者に刑の執行をすることは無意味であることから設けられた規定である。

　刑の執行停止は、刑の執行前でもできる。

2　執行停止の手続

　刑事施設の長は、新たに収容する者あるいは現に収容中の者について執行停止事由があると認めるときは、直ちに検察官に上申し、検察官は、審査の結果、執行停止事由があると認めるときは、刑の執行停止書を作成し、釈放指揮書により刑事施設の長に対して釈放を指揮する（執行事務規程28）。また、検察官が職権で執行停止事由があると認めて刑の執行を停止する場合や刑確定者の関係人からの上申を受けて審査をし、刑の執行を停止する場合もあり得る。

（平尾覚）

〔自由刑の必要的執行停止の事後処分〕
第481条　前条の規定により刑の執行を停止した場合には、検察官は、刑の言渡を受けた者を監護義務者又は地方公共団体の長に引き渡し、病院その他の適当な場所に入れさせなければならない。
2　刑の執行を停止された者は、前項の処分があるまでこれを刑事施設に留置し、その期間を刑期に算入する。

〈本条細目次〉
1　趣　旨　553

〔§482〕自由刑の任意的執行停止　553

　　2　事後処分の具体的内容　553

1　趣　旨

　本条は、480条により自由刑の執行を停止した後になすべき処分について規定しており、検察官は、同条により刑の執行を停止した場合には、刑の言渡しを受けた者を監護義務者又は地方公共団体の長に引き渡し、精神科病院等の施設に入れなければならない旨定めている。本条は、それにより刑の言渡しを受けた者の精神状態を改善させ、刑の執行を確保する趣旨で設けられた。

2　事後処分の具体的内容

　現行法制上は、精神保健及び精神障害者福祉に関する法律上の保護者又は市区町村長に同法所定の精神科病院への入院措置をとらせることとなる。

（平尾覚）

〔自由刑の任意的執行停止〕

第482条　懲役、禁錮又は拘留の言渡を受けた者について左の事由があるときは、刑の言渡をした裁判所に対応する検察庁の検察官又は刑の言渡を受けた者の現在地を管轄する地方検察庁の検察官の指揮によつて執行を停止することができる。

一　刑の執行によつて、著しく健康を害するとき、又は生命を保つことのできない虞があるとき。

二　年齢70年以上であるとき。

三　受胎後150日以上であるとき。

四　出産後60日を経過しないとき。

五　刑の執行によつて回復することのできない不利益を生ずる虞があるとき。

六　祖父母又は父母が年齢70年以上又は重病若しくは不具で、他にこれを保護する親族がないとき。

七　子又は孫が幼年で、他にこれを保護する親族がないとき。

八　その他重大な事由があるとき。

554 第7編 裁判の執行

〈本条細目次〉
1 趣 旨 554
2 執行停止事由 554
3 執行停止の取消 555

1 趣 旨

本条は、自由刑に処せられた者について一定の事由がある場合に、検察官の裁量により刑の執行を停止することができる旨定めている。

2 執行停止事由

1号〜4号は、病者、老者、妊産婦を保護する趣旨から規定された。

5号は、自由刑の執行を受けることにより、健康や生命に及ぼす不利益以外に重大な不利益をもたらす場合を指しており、刑の執行を受けること自体の不利益は含まれない。この点、本号と同様の規定をしていた旧546条5号につき、大決昭16・1・31刑集20・63は、同号の「刑の執行によって回復することのできない不利益を生ずる虞」とは、刑の即時の執行が受刑者に対して刑罰の目的以外に重大な不利益を生じさせるおそれがあることをいい、刑の執行を受けること自体の不利益や損害を意味しない旨述べている。

6号及び7号は、自由刑に処せられた者の家族のうち、老者、病者、障害者、幼者を保護する観点から規定されており、刑の言渡しを受けた者の家族に不当な不利益を与えることを防止する趣旨から設けられた。

8号については、1号〜7号に規定する事由に準じる重大な事由が存在する場合に認められると解されているが、実務上、かつて受刑者が入所後両目を失明し、または不具廃疾となり、作業不能かつ他人の介補を必要とし、とうてい行刑目的を達することができなくなった場合のほか、自由刑に併科された罰金の時効完成を防ぐための労役場留置の執行に移る場合、監置の裁判の執行をする必要がある場合、自由刑の執行中に死刑の判決が確定した場合などに適用されるとしている。

本条各号に該当するか否かが争われた事案で公刊物に掲載されているものとしては、山口地岩国支決平7・11・22判タ907・285がある。同決定は、自由刑に処せられた者から、検察官の収監処分に対し、脳梗塞により右半身不随である等の事由があるから、本条1号及び8号に該当するとの主張がなさ

〔§483〕訴訟費用の裁判の執行停止　555

れ執行異議の申立がなされたという事案であるが、申立人の入退院状況、病状、行動等を詳細に認定し、さらに、収監後の服役状況、治療状況、治療態勢、経験等の事実を認定し、これらの事実を総合勘案した上で、検察官のなした収監処分は適法であり、本条1号及び8号に該当せず、他の事由も存しないとして申立を棄却している。

3　執行停止の取消

　法文上、刑の執行停止の取消についての規定はないが、刑の執行停止の権限が検察官にあることから、その取消権限も当然に検察官にあるものと解される。

　検察官は、刑の執行を停止した場合には、刑の執行を停止された者の帰住地を管轄する警察署の長にその旨を通知した上、刑の執行停止事由について引き続き調査することとされている（執行事務規程31）。刑の執行停止期間中は刑の時効は停止される（刑33）ところ、刑の執行停止が取り消されたときには、その時点から刑の時効が進行する。この点、執行停止事由が止んだことが認定ないし推認され得る事情があるにもかかわらず、検事が故意、過失、又は法律の解釈を異にし、あるいは執行停止事由の消滅の認定につき見解を異にすることなどにより、そのまま取消決定をしないで放置し、余りにも長年月を経過した後には、その取消決定をすべき時期に取消決定があったものと認め、その時から時効が進行するものと解するのが相当であるとする裁判例もあり（大阪高決昭45・1・19高刑集23・1・1）、検察官は、刑の執行停止をされた者について執行停止事由がなくなったときは、速やかに刑の執行停止を取り消すよう留意する必要がある。　　　　　　　　　　　　（平尾覚）

〔訴訟費用の裁判の執行停止〕
第483条　第500条に規定する申立の期間内及びその申立があつたときは、訴訟費用の負担を命ずる裁判の執行は、その申立についての裁判が確定するまで停止される。

1　趣　旨

　訴訟費用の負担を命ずる裁判については、500条に基づきその執行免除を

556 第7編 裁判の執行

申し立てることができることから、本条は、その申立についての裁判が確定するまでは、訴訟費用の負担を命ずる裁判の執行を停止することとしている。

執行免除の申立があった場合には、裁判所は検察官にその旨を直ちに通知しなければならない（規295の5）。 （平尾覚）

〔執行のための呼出〕
第484条　死刑、懲役、禁錮又は拘留の言渡しを受けた者が拘禁されていないときは、検察官は、執行のためこれを呼び出さなければならない。呼出しに応じないときは、収容状を発しなければならない。

〈本条細目次〉
1　趣　旨　556
2　呼出の方式　556
3　収容状の発付　556

1　趣　旨

本条は、身柄を拘束されていない者に対して死刑や自由刑が確定した場合において、死刑確定者の拘置や自由刑の執行のために身柄を拘束する方式について定めた規定である。本条により、まず、刑の対象者を呼び出すこととしており、それに応じない場合に収容状を発して身柄拘束をすることとなる。本条は、労役場留置の執行についても準用がある（505）。

2　呼出の方式

呼出の方式について、法は特段の定めを置いていないが、実務上、呼出を書面でするときは、封をした呼出状によることとされており、呼出を受けた者が検察庁に出頭した場合には、本人であることを確認した上で刑事施設の長に引き渡すこととされており（執行事務規程18）、具体的には、検察事務官が身柄を刑事施設に護送して引き渡している。

3　収容状の発付

本条後段により、呼び出された者が出頭しない場合には、検察官は収容状を発しなければならない。収容状は、裁判所によって宣告された確定判決に

基づくものであることから、令状主義（憲33）は要求されていないのは当然である。 (平尾覚)

〔収容状の発付〕
第485条　死刑、懲役、禁錮又は拘留の言渡しを受けた者が逃亡したとき、又は逃亡するおそれがあるときは、検察官は、直ちに収容状を発し、又は司法警察員にこれを発せしめることができる。

〈本条細目次〉
1　趣　旨　557
2　「逃亡したとき」又は「逃亡するおそれがあるとき」　557

1　趣　旨

　本条は、484条の特例を定めたものであり、刑の言渡しを受けた者が逃亡し、又は逃亡するおそれがあるときは、呼出を経ずに収容状を発することができる旨規定している。本条は、労役場留置の執行についても準用がある（505）。

2　「逃亡したとき」又は「逃亡するおそれがあるとき」

　本条にいう「逃亡」とは、一般的には、身柄不拘束の者が所在不明となることをいうが、死刑確定者又は受刑者が刑事施設から逃走したときは、逃亡状態となることから、刑務官による連れ戻し（刑事収容81）や逃走罪による逮捕の対象となるほか、必要により、本条に基づき収容状が発付される。
　本条にいう「逃亡するおそれがあるとき」とは、刑の確定した者が所在不明になる可能性があるときをいう。
　本条は、仮釈放を取り消された者の収容についても適用がある（更生75Ⅲ）。この点、大阪高決昭36・12・11下刑集3・11＝12・1は、「本人が逃亡するおそれのある場合は、検察庁において仮出獄取消の通知を受けた後、本人に対するその決定告知前に検察官が収監状を作成発付しておき、決定の告知直後、収監状を執行することができる」旨述べており、実務上も地方更生保護委員会の法務事務官が本人に対して決定の告知に赴く際、収容状を携行

558　第7編　裁判の執行

した検察事務官が同行し、決定の告知の直後に収容状を執行する取扱いがなされている。　　　　　　　　　　　　　　　　　　　　　　　　　　　　（平尾覚）

〔検事長に対する収容の請求〕

第486条　死刑、懲役、禁錮又は拘留の言渡しを受けた者の現在地が分からないときは、検察官は、検事長にその者の刑事施設への収容を請求することができる。

　2　請求を受けた検事長は、その管内の検察官に収容状を発せしめなければならない。

〈本条細目次〉

1　趣　旨　558

2　手　続　558

1　趣　旨

　本条は、死刑又は自由刑の確定者が所在不明の場合に、広域にわたる所在調査を行いその身柄拘束を遂げる目的から、検察官は、広い管轄区域を持つ検事長に対して収容を請求することができる旨定めている。

2　手　続

　実務上は、検察官は、全国の検事長に対して収容を請求し、請求を受けた検事長は、管内の全ての地方検察庁の検察官に収容状を発付させている。

　検察官は、収容すべき事由が消滅した場合には、検事長に対して、収容の請求の取消をすることとされており、具体的には、刑の時効が完成した場合などに取消がなされている。　　　　　　　　　　　　　　　　　　　（平尾覚）

〔収容状の方式〕

第487条　収容状には、刑の言渡しを受けた者の氏名、住居、年齢、刑名、刑期その他収容に必要な事項を記載し、検察官又は司法警察員が、これに記名押印しなければならない。

1 趣　旨

本条は、収容状の方式について規定したものである。

執行事務規程21条様式第14号に収容状の様式が定められている。

（平尾覚）

〔収容状の効力〕

第488条　収容状は、勾引状と同一の効力を有する。

〈本条細目次〉
1　趣　旨　559
2　勾引状と同一の効力　559
3　収容状の執行と刑期の起算点　559

1 趣　旨

本条は、収容状が勾引状と同一の効力を有する旨定めている。

なお、収容状の執行により、刑の時効は中断される（刑34Ⅰ）。

2 勾引状と同一の効力

「勾引状と同一の効力を有する」とは、収容状により、刑確定者を強制的に指定された官署まで引致することができるという趣旨である。収容状の執行は、刑の執行とは異なるため、検察官は、刑確定者が検察庁に引致された後、執行指揮書を発して、刑の執行を指揮しなければならない。

なお、実務上、引致された者が引致後に発病するなどして刑の執行をするのが相当でない場合には、手続上の明確性を担保する観点から、480条又は482条に基づき、刑の執行を停止し、釈放する取扱いとしている。

3 収容状の執行と刑期の起算点

収容状が執行された場合、刑期は、収容状の執行時から起算される。収容状の執行により、事実上身柄を拘束されるからである（刑23Ⅰ・Ⅱ）。

（平尾覚）

560　第7編　裁判の執行

〔収容状の執行〕

第489条　収容状の執行については、勾引状の執行に関する規定を準用する。

〈本条細目次〉
1　趣　旨　560
2　準用による読替　560

1　趣　旨

前条の規定により、収容状は勾引状と同じ効力を有するとされていることから、勾引状の執行に関する規定も準用することとしたものである。

2　準用による読替

勾引状の執行に関する規定が準用されることにより、①収容状は、検察官の指揮によって、検察事務官又は司法警察職員がこれを執行することとされ（70の準用）、②検察事務官又は司法警察職員は、必要があるときは、管轄区域外で収容状を執行し、又はその地の検察事務官若しくは司法警察職員にその執行を求めることができることとされ（71の準用）、③収容状を執行するには、これを被収容者に示した上、できる限り速やかに且つ直接、指示された場所に引致しなければならないこととされ（73Ⅰの準用）、④収容状を所持しないためこれを示すことができない場合において、急速を要するときは、前2項の規定にかかわらず、被収容者に対し収容状が発せられている旨を告げて、その執行をすることができる。ただし、収容状は、できる限り速やかにこれを示さなければならないこととされる（73Ⅲの準用）。また、⑤収容状の執行を受けた被収容者を護送する場合において必要があるときは、仮に最寄の刑事施設にこれを留置することができることとされる（74の準用）。また、収容状の執行についても、現場で被収容者を発見するため、捜索の令状なしに他人の住居等に入り、捜索することが許される（126の準用）。

（平尾覚）

〔§490〕財産刑等の執行　561

〔財産刑等の執行〕
第490条　罰金、科料、没収、追徴、過料、没取、訴訟費用、費用賠償又
　　は仮納付の裁判は、検察官の命令によつてこれを執行する。この命令は、
　　執行力のある債務名義と同一の効力を有する。
　　2　前項の裁判の執行は、民事執行法（昭和54年法律第4号）その他強
　　制執行の手続に関する法令の規定に従つてする。ただし、執行前に裁判
　　の送達をすることを要しない。

〈本条細目次〉
1　趣　旨　561
2　財産刑等の執行の性質　561
3　徴収金の裁判の執行　562
4　没収の裁判の執行　563
5　不服申立　564

1　趣　旨

　罰金、科料、没収、追徴、過料、没取、訴訟費用、費用賠償又は仮納付の
裁判についても、検察官の指揮により執行される（472）が、被執行者が任
意に納付しない場合などには、強制執行をする必要があり、本条は、検察官
の命令が執行力のある債務名義と同一の効力がある旨規定し、強制執行につ
いては、民事執行法その他の強制執行の手続に関する法令の規定に従う旨規
定している。実務上、罰金、科料、追徴、過料、没取、訴訟費用、費用賠償
及び仮納付に加え民事訴訟法303条1項の納付金を併せて徴収金と総称して
いる。

　なお、本条で規定する過料とは、刑訴法に規定されている過料であり、そ
の他民法、商法等に規定される過料については、別途、民事訴訟法、非訟事
件手続法等で検察官が執行するものとされている。

2　財産刑等の執行の性質

　財産刑の執行の性質については、いわゆる指揮説と命令説の対立がある。
　いわゆる指揮説とは、財産刑等の執行についても死刑や自由刑と同じく検
察官の執行指揮（472）が必要であるとし、本条は、強制執行の場面におい
て、検察官の命令が執行力のある債務名義と同様の効力を有する旨規定して

562　第7編　裁判の執行

いるに過ぎないとする。この立場によれば、検察官はあくまで執行指揮機関であり、執行機関ではないとされる。

　これに対して、いわゆる命令説は、財産刑等の執行については、検察官による執行指揮は必要ではなく、本条に規定する検察官の命令によって執行するとする。この立場によれば、本条は472条の特則と位置づけられる。いわゆる命令説の中でも、検察官が納付義務者に対して直接命令するといういわゆる直接命令説と検察官が検察事務官や執行官等に命じて執行をするといういわゆる間接命令説がある。そして、直接命令説の立場によれば、本条は、検察官の納付義務者に対する命令によって検察官が徴収するという意味であり、執行権は検察官が有し、任意徴収の場合は検察官が検察事務官の補佐により徴収し、強制執行の場合は検察官が執行債権者となるとしている。間接命令説の立場によれば、検察官の命令は特定の執行機関に対するものであり、命令を受けた執行機関が執行をするとしている。そして、執行機関とは、任意徴収の場合は検察事務官であり、強制執行の場合は執行官又は執行裁判所であり、労役場留置の場合は刑事施設の長であるとしている。

　このように、財産刑の執行の性質については、諸説あるものの、実務は概ねいわゆる指揮説に従った運用がなされている。

3　徴収金の裁判の執行

　徴収金に係る裁判が確定したとき、徴収係事務官は、裁判書の原本等により裁判の内容を把握し、徴収金原票(1)を作成し、検察官の指揮印を受ける（徴収事務規程8〜11）。徴収金原票が作成されたときは、検察官は徴収金を収納するため納付期限を定め、徴収係事務官をして納付義務者に対し納付すべき旨を告知させる（納付告知〔徴収事務規程14〕）。この納付期限の定めは、履行期限を定めるものではなく、裁判の確定により履行期限は既に到来しているものを単に催告するに過ぎない（猪俣尚人・大コメ刑訴［初版］7・366）。納付期限までに納付なされなかったときは、検察官は、必要に応じ、徴収係事務官をして納付義務者等に対し、督促状その他適宜の方法により納付を督促する。

―――――――――
（1）　徴収金の種別ごと、納付義務者ごとに執行すべき裁判の内容等を登載し、また、その執行状況等をその都度記入して把握する帳票であり、徴収金に対する事務手続の中心となるものである。

〔§490〕財産刑等の執行　563

納付義務者が任意に納付しない場合には、強制執行を行うこととなる。強制執行をするときは、検察官は徴収命令書を作成し、強制執行手続依頼書により法務局の長又は地方法務局の長に対し、その手続を依頼する（徴収事務規程26）。

前述のとおり、実務は概ねいわゆる指揮説に従った運用がなされており、徴収金原票へ検察官が指揮印を押捺するのは、検察官が472条に基づき執行指揮をするからであり、強制執行の際に、徴収命令書を作成するのは、本条に基づく。

4　没収の裁判の執行

本条にいう没収の裁判の執行とは、没収物が押収されていない場合において、当該没収物の占有を強制的に国に移すことをいう。没収物が国に押収されている場合には、没収の裁判が確定したとしてもその裁判を執行する必要はなく、没収物の処分をするだけである。

この点、大阪高判昭51・7・9判時841・45も、「没収物の国庫帰属の効力は、没収物が押収されているか否か及び没収物の種類（動産、株券等）を問わず、検察官の命令による執行をまたず、没収の裁判確定と同時に発生すると解するのが相当である。……没収の判決の執行に関する刑訴法490条ないし492条の規定は、押収されていない物を没収した場合に国が取得する没収物引渡請求権についての執行に関する規定であると解すべきである。」旨判示している。

没収の執行の手続としては、裁判所や検察官などにおいて押収していない証拠品について没収の裁判があったときは、検察事務官は、検察官の指揮を受け、没収の裁判を受けた者に対して、没収物提出命令書を送付して提出を求める（証拠品事務規程37Ⅰ・Ⅱ）。そして、この提出命令に応じない場合には、検察官は没収執行命令書を作成し、強制執行手続依頼書により法務局又は地方法務局の長に対して強制執行手続を依頼し（証拠品事務規程37Ⅲ）、執行官ないし地方裁判所により強制執行が行われる。

なお、没収の執行は、一般的には、上記のとおり、没収物の占有を強制的に国に移すことをいうが、これに限られるものとはいえないであろう。例えば、498条は、偽造（変造）された物の返還に際しては、偽造（変造）部分を表示する旨規定しており、同条は、偽造（変造）部分を没収する旨の裁判が

564　第7編　裁判の執行

なされた場合にも適用されるが、この場合に同条に基づいて偽造（変造）部分を表示することも没収の執行である（最決昭31・11・1刑集10・11・1525も偽造〔変造〕の表示が没収の裁判の執行に当たることを前提としている。）。

5　不服申立

　裁判の執行に関し不服を申し立てる手続としては、502条において、裁判の言渡しをした裁判所に対する異議の申立が認められており、財産刑等の執行に関し不服申立をする場合でも同条によることとなるが、後述するように、同条の異議申立において、執行の前提となる裁判内容の不当を主張することはできない。

　この点、本条2項において、財産刑等の裁判の執行については、民事執行法その他強制執行の手続に関する法令の規定に従うものとされているところ、被執行者が民事執行法に規定する請求異議の訴えを提起することができるかが問題となり得る。

　請求異議の訴えは、民事執行法35条に定められており、債務者が債務名義に表示された給付請求権について、実体上の事由に基づき、その債務名義の有する執行力を排除することを求める訴えである。

　この点、最判平4・7・17民集46・5・538は、検察官が訴訟費用の裁判の執行のため発した徴収命令に対し、請求異議の訴えを提起したという事案について、「刑事訴訟法上、裁判の執行に関する検察官の処分については、言渡しをした裁判所に対する異議の申立及びこれについてされた決定に対する即時抗告という特別の不服申立手続が定められている（同法502条、504条）のであるから、検察官のした徴収命令の瑕疵を理由にその効力を争うためには、右手続によるべきであって、民事執行法に定める請求異議の訴えによることは許されないものと解するのが相当である。」と判示している。財産刑等の執行命令の対象である請求権は公法上のものであり、その確定手続や権利の内容それ自体、民事執行法が請求異議の対象として予定している私法上の請求権の場合とは趣を異にしているし、そもそも財産刑等の執行に関して請求異議の訴えを許すこと自体が、刑事手続により形成された請求権を民事手続により覆すことを容認するものであり許容されないというべきである（西謙二・判例解説（民）平4・311）。

（平尾覚）

〔§491〕〔相続財産に対する執行〕　565

〔相続財産に対する執行〕
第491条　没収又は租税その他の公課若しくは専売に関する法令の規定に
　より言い渡した罰金若しくは追徴は、刑の言渡を受けた者が判決の確定
　した後死亡した場合には、相続財産についてこれを執行することができ
　る。

〈本条細目次〉
　1　趣　旨　565
　2　没　収　565
　3　租税その他の公課若しくは専売に関する法令の規定により言い渡した罰金若し
　　くは追徴　566
　4　その他の財産刑　566

1　趣　旨
　裁判の効力は、当該裁判の言渡しを受けた被告人に対してのみ及ぶことか
ら、その執行も刑の言渡しを受けた者に対してのみなされるのが原則である。
したがって、裁判の言渡しを受けた者が死亡した場合には、刑の執行を行う
ことはできないのが原則である。しかし、財産刑等の執行の本質は、財産的
価値の剥奪にあり、財産的価値は代替性を有することから、本条は、この原
則に対する例外を定め、財産刑等の言渡しを受けた者が判決確定後に死亡し
た場合には、その相続財産について執行をすることができる旨定めている。
　もっとも、被告人が死亡したことを知らずに刑が言い渡された場合や、刑
の言渡しがなされた後その確定前までに被告人が死亡した場合には、本条の
適用はなく、刑の執行はできない。

2　没　収
　既に押収されている没収物については、没収の執行は必要がないことから、
本条は、押収していない目的物につき、没収の言渡しを受けた場合について
の規定である。
　没収の言渡しが確定すると没収物は国庫に帰属することから、相続人は、
単にこれを占有する者に過ぎないこととなり、本条に基づき、その占有を強
制的に国に移したとしても相続人に対して特別の苦痛を与えるものとはいえ
ない（大阪高判昭51・7・9判時841・45参照）。

566　第7編　裁判の執行

3　租税その他の公課若しくは専売に関する法令の規定により言い渡した罰金若しくは追徴

　租税に関する法令の規定により科される罰金刑や追徴は、課税の公平適正を図ると共に、不正な利益の剥奪を目的としており、被告人が死亡したとしてもその相続財産について執行することとしたものである。このような趣旨にかんがみるならば、本条の適用があるのは、租税の納付や徴収に直接に関連する違反に対して言い渡された罰金や追徴であり、税務職員の秘密漏示盗用罪（税通126等）、国税犯則取締法19条の2に規定する収税官吏による検査の拒否、妨害、忌避の罪等につき言い渡された罰金は含まないものと解するべきである（増井清彦・注釈刑訴7・332）。

　また、専売に関する法令の規定により科される罰金刑や追徴は、専売制度を維持し、国庫収入を確保することや、不正な利益の剥奪を目的としており、その趣旨にかんがみ、被告人が死亡した場合であってもその相続財産について執行することとしている。したがって、専売に関する法令の規定であっても、国庫収入の確保や不正な利益の剥奪といった趣旨とは直接関係しない規定については、本条の適用はなく、例えば日本たばこ産業株式会社法14条及び15条の贈収賄罪や同法16条の虚偽報告、検査拒否等の罪に対して科された罰金刑や追徴については本条の適用はない（前掲注釈刑訴7・333）。

4　その他の財産刑

　本条により、相続財産についての執行が許されるのは、罰金及び追徴に限られ、本条に掲げられていない科料や訴訟費用については、相続財産についての執行は許されない。　　　　　　　　　　　　　　　　　　　（平尾覚）

〔合併後の法人に対する執行〕

第492条　法人に対して罰金、科料、没収又は追徴を言い渡した場合に、その法人が判決の確定した後合併によつて消滅したときは、合併の後存続する法人又は合併によつて設立された法人に対して執行することができる。

1 趣 旨

　本条は、前条と同様、確定した裁判は当該裁判の言渡しを受けた者に対してのみ執行することができるとの原則に対する例外を定めている。

　法人が合併によって消滅した場合には、当該消滅した法人の財産は、合併後存続する法人又は合併によって設立された法人に包括承継されることから、これらの法人に対して執行をなす合理的理由が存する。

　なお、法人が合併以外の理由により解散し、清算手続に入った場合には、法人は清算法人として依然存続し、裁判の執行はその清算法人に対してすればよいと解するのが一般的である（増井清彦・注釈刑訴7・336）。この点、339条に関し、最決昭29・11・18刑集8・11・1850は、「被告人たる法人が存続しなくなったときとあるのは、法人が総ての関係において終局的に存続しなくなったときをいうものであって、会社が解散しても……清算の目的の範囲内においてなお存続するものとみなされる場合のごときを含むものではない。」旨判示しているのが参考となるであろう。　　　　　　　　（平尾覚）

〔仮納付の執行の調整〕

第493条　第1審と第2審とにおいて、仮納付の裁判があつた場合に、第1審の仮納付の裁判について既に執行があつたときは、その執行は、これを第2審の仮納付の裁判で納付を命ぜられた金額の限度において、第2審の仮納付の裁判についての執行とみなす。

2　前項の場合において、第1審の仮納付の裁判の執行によつて得た金額が第2審の仮納付の裁判で納付を命ぜられた金額を超えるときは、その超過額は、これを還付しなければならない。

〈本条細目次〉

1　趣　旨　568

2　調整の内容　568

3　執行の対象となる裁判　568

568　第7編　裁判の執行

1　趣　旨

　罰金、科料又は追徴に係る裁判について仮納付の裁判がなされた場合、その裁判は直ちに執行することができる（348）。

　第一審で仮納付が命ぜられ、仮納付金が納められた場合において、第二審で改めて仮納付の裁判がなされたときには、その調整を図る必要があることから本条が設けられた。

2　調整の内容

　本条1項により、第一審で命ぜられた仮納付の裁判の執行は、第二審において仮納付を命ぜられた額の限度で第二審の仮納付の裁判についての執行とみなされる。したがって、納付されている金額が第二審で命ぜられた仮納付の金額と同額であるときは、第二審の仮納付の裁判の執行は済んだものとみなされることになるし、納付されている金額が第二審で命ぜられた仮納付の金額に満たないときは、不足額についてさらに執行の手続をとることとなる。また、本条2項により、納付されている金額が第二審において命ぜられた仮納付の金額を超過する場合には、超過額について納付者に還付する手続をしなければならない。

3　執行の対象となる裁判

　略式命令においても、「附随の処分」として仮納付を命ずることができるとされている（461）ところ、実務上、略式命令における仮納付の裁判につき、仮納付金が納付された後、正式裁判申立がなされ、当該正式裁判ないしそれに対する上訴審で仮納付の裁判があった場合にも本条を準用し、執行の調整を行っている（徴収事務規程49）。

　なお、交通事件即決裁判手続法による即決裁判手続においても仮納付の裁判をすることができる（同法15Ⅰ）が、490条、493条及び494条の規定が準用されている（同法15Ⅲ）。　　　　　　　　　　　　　　　　　　　　（平尾覚）

　〔仮納付の執行と本刑の執行〕

　第494条　仮納付の裁判の執行があつた後に、罰金、科料又は追徴の裁判
　　が確定したときは、その金額の限度において刑の執行があつたものとみ
　　なす。

〔§495〕勾留日数の法定通算　569

2　前項の場合において、仮納付の裁判の執行によつて得た金額が罰金、
　科料又は追徴の金額を超えるときは、その超過額は、これを還付しなけ
　ればならない。

1　趣　旨

　本条も、前条と同様、仮納付の裁判がその確定を待たずに執行されること
から、上級審において確定した本刑の執行との間の調整をする趣旨で設けら
れた規定である。
　本条により、仮納付の裁判の執行があった後に、罰金、科料又は追徴に係
る裁判が上級審において確定したときには、その限度で刑の執行があったも
のとみなされることとなり、納付された金額が確定した金額と同額であると
きは本刑の執行があったものとみなされるし、納付されている金額が確定し
た金額に満たないときは、不足額について執行の手続をすることとなり、納
付されている金額が確定した金額を超過する場合には、超過額について納付
者に還付することとなる。　　　　　　　　　　　　　　　　　（平尾覚）

〔勾留日数の法定通算〕
第495条　上訴の提起期間中の未決勾留の日数は、上訴申立後の未決勾留
　の日数を除き、全部これを本刑に通算する。
2　上訴申立後の未決勾留の日数は、左の場合には、全部これを本刑に通
　算する。
　一　検察官が上訴を申し立てたとき。
　二　検察官以外の者が上訴を申し立てた場合においてその上訴審におい
　　て原判決が破棄されたとき。
3　前2項の規定による通算については、未決勾留の1日を刑期の1日又
　は金額の4000円に折算する。
4　上訴裁判所が原判決を破棄した後の未決勾留は、上訴中の未決勾留日
　数に準じて、これを通算する。

570　第7編　裁判の執行

〈本条細目次〉
1　趣　旨　570
2　未決勾留と未決勾留日数の算定　571
3　法定通算の対象となる未決勾留日数　572
　(1)　上訴提起期間中の未決勾留日数（1項）　572
　(2)　上訴申立後の未決勾留日数（2項）　573
　(3)　原判決破棄後の未決勾留日数　575
4　未決勾留日数の裁定算入との関係　576

1　趣　旨

　本条は、未決勾留のいわゆる法定通算について定めている。

　未決勾留は、刑事訴訟の円滑な遂行のために身柄を拘束する強制処分であって、刑の執行とその本質を異にするものではあるが、被告人の自由を剝奪し苦痛を与えるという点において自由刑の執行に類似しているし、勾留されるかどうか及びその期間の長短については、刑事手続上の必要に左右されることが多い。したがって、およそ被告人の責めに帰することができない未決勾留日数については、本刑に通算できることとすることが公平の観念に合致することから、法定通算の制度が設けられた。福岡高決昭28・11・7高刑集6・10・1378も「本来、未決勾留は、刑事訴訟遂行の必要上、やむなく人の自由を拘束して身柄を指定の監獄に引致拘禁する強制処分であって、もとより刑の執行とはその本質を異に〔するが〕、刑法第21条及び刑訴第495条に、未決勾留の本刑算入を是認する法意は、未決勾留による自由の拘束、身柄の拘禁によって個人の法益の侵されるところ少なくなく、又、未決勾留は、その執行の実態においてもある程度自由刑の執行のそれと相通ずるものがある等の点にかんがみ、未決勾留を本刑に算入し、その算入された日数について既に本刑の執行があったものとみなして本刑の執行に替え、本刑の執行による法益の剝奪をそれだけ軽減することによって、未決勾留による個人の法益侵害を適宜に調整し、もって刑事司法における衡平の維持を図ろうとする趣旨にほかならない。」旨述べている。

　したがって、本刑全部に未決勾留日数を算入した場合には、裁判確定と同時に刑の執行を終わったことになる。

　本条による未決勾留日数の通算は、刑法21条による裁定通算とは異なり、

〔§495〕勾留日数の法定通算　571

裁判所の裁量に委ねられてはおらず、検察官が刑の執行指揮をするに当たり、必ず本刑に通算しなければならないものである。最決昭26・3・29刑集5・4・722も「刑訴法495条に定める未決勾留日数は、判決が確定して本刑の執行される際当然に全部本刑に通算されるべきものであって、原裁判所には、右日数を本刑に通算するか否かの裁量権が委ねられてないのであると解するを相当とするから、原裁判所が右日数を本刑に通算すべき旨を言い渡さなかったことは当然であって、毛頭違法ではない。」旨判示している（最判昭46・4・15刑集25・3・439も同旨。）。

2　未決勾留と未決勾留日数の算定

　未決勾留とは、勾留状による拘禁をいう。したがって、逮捕や勾引は未決勾留には含まれない。もっとも、167条1項による鑑定留置や少年法17条1項2号による観護措置としての少年鑑別所への収容は、それぞれ未決勾留日数とみなされる（167Ⅳ、少53）。

　通算の対象となる未決勾留日数は、勾留状の執行により勾留された日から裁判確定の日の前日までの間に実際に拘禁された日数であり（法曹会決議昭33・4・1曹時10・6・179）、保釈や勾留執行停止等により拘禁が中断した場合には、その中断した日数は通算の対象とはならない。

　未決勾留日数の算定については、55条に定める公訴時効の期間の計算に関する特則が準用されると解される（増井清彦・注釈刑訴7・343）ことから、勾留の初日は時間を論ずることなく1日とし、末日が休日に当たる場合でも期間に算入する。

　また、保釈等により拘禁を解かれた日は、1日として未決勾留日数に算入することとされているし、保釈の取消や勾留執行停止期間の満了等により収容された日もそれぞれ1日として未決勾留日数に算入される。また、収容され、即日釈放された場合でもこれを未決勾留日数1日として算入する（法曹会決議昭31・8・27曹時8・9・155）。

　もっとも、釈放等の日と収容日が同一日である場合、例えば、保釈した同日にそれが取り消され収容された場合などには、それぞれを別個に1日と数えるのは公平の観念に反することから、実務上、釈放の日については未決勾留日数には算入しないこととされている（前掲注釈刑訴7・343）。

572 第7編　裁判の執行

3　法定通算の対象となる未決勾留日数

　法定通算の対象となる未決勾留日数は、裁判言渡しの日及びその後の未決勾留日数のうち、本条1項、2項及び4項に該当する日数である。

(1)　上訴提起期間中の未決勾留日数（1項）

　上訴の提起期間中の未決勾留日数については、上訴申立後の未決勾留日数を除き、全てこれを本刑に通算する。上訴提起期間は、上訴をするか否かを考慮する期間であり、これを被告人の責に帰するべきではないからである。

　本項により、①上訴の申立がないまま、上訴提起期間が経過した場合には、判決言渡しの日から上訴提起期間満了の日すなわち判決確定の日の前日までの未決勾留日数全部が算入されることとなり、通常の場合であれば、上訴提起期間である14日に判決の日を加えた合計15日が未決勾留日数に算入されることとなる(1)。また、②上訴の申立があった場合には、判決言渡しの日から上訴申立の日の前日までの日数が未決勾留日数に算入される。さらに、③被告人のみが上訴の申立をし、上訴の提起期間内に上訴を取り下げ、上訴提起期間が経過したときには、判決言渡しの日から上訴申立の日の前日までの日数と上訴取下げの日から上訴提起期間満了の日までの日数の合計日数が未決勾留日数に算入される。ただし、この場合において上訴の申立と取下げが同一日に行われた場合には、その日は1日として通算されることとなるので、結局①の場合と同様になる。

　第一審で勾留中の被告人に対して刑の執行猶予や罰金又は科料の判決の宣告があったときは、判決の告知により勾留状は失効し（345）、被告人は釈放されることから、上訴提起期間中に勾留されたとは認められず、判決宣告の日は、法定通算の対象とはならない。もっとも、当該判決の日も判決宣告のときまでは勾留されていることから、第一審の裁定算入の対象となる（前掲注釈刑訴7・343）。

　また、保釈中の被告人が第一審判決の言渡しにより保釈が失効し即時収容されたものの、その同日に再保釈され、かつ控訴申立もなされていない場合には、その日は上訴提起期間中の未決勾留1日として算入されることとなる。

----

(1)　なお、上訴提起期間の満了日が55条3項に規定する土、日、祝日等に当たる場合には、同項により繰り延べられた日数を15日に加算した日数が未決勾留日数に算入されることとなる。

〔§495〕勾留日数の法定通算　573

　もっとも、この場合において、その日のうちに被告人から控訴申立があった場合には、最判昭54・7・13刑集33・5・405が判示するように、判決宣告の日は、上訴申立後の未決勾留として法定通算の対象とはならず、控訴審における裁定通算の対象となる。

　385条1項又は386条1項により控訴審裁判所がなした公訴棄却決定に対しては、各条2項により異議申立ができるとされている。この異議申立については即時抗告に関する規定が準用されることから、原判決は直ちには確定しないこととなる。この異議申立は上訴に準ずるものであり、異議申立期間の未決勾留日数についても上訴申立期間の未決勾留日数に準じて取り扱うべきである。したがって、異議の申立がなく申立期間が経過したときは決定告知の日から申立期間満了の日までの日数を、また、異議申立があったときは決定告知の日から異議申立の日の前日までの日数をそれぞれ法定通算することとなる。なお、公訴棄却決定の告知は決定謄本の送達によってなされることから、検察官が告知を受けた日と被告人が告知を受けた日が異なる場合があり得、その場合には以後申立期間はそれぞれ別個に進行することとなる。仮に被告人に対して先に決定謄本が送達された場合、被告人にとっての申立期間は3日で経過するものの、公訴棄却決定の確定自体は、さらに検察官にとっての申立期間の経過を待たねばならない。この場合において、法定通算の対象となる未決勾留日数を被告人が決定の告知を受けた日すなわち決定謄本の送達を受けた日から被告人にとっての異議申立期間の満了の日までとした場合、被告人にとって不利益な結果となることから、このような場合には、被告人に決定謄本が送達された日から検察官の異議申立期間が満了した日までの日数を法定通算するべきである（前掲注釈刑訴7・345）。

　また、414条により準用される385条及び386条に基づく上告棄却決定についても、異議申立期間の経過した日又は異議の申立を棄却する決定の告知された日に確定するのであり、異議申立期間中の未決勾留日数については、これを法定通算することとなる（前掲注釈刑訴7・345）。

　(2)　上訴申立後の未決勾留日数（2項）

　上訴申立後の未決勾留日数は、①検察官が上訴を申し立てたとき及び②検察官以外の者が上訴を申し立てた場合であっても、その上訴審において原判決が破棄されたときには、本刑に通算される。

574　第7編　裁判の執行

　上訴申立後の未決勾留日数は、審級ごとに計算されることとなり、控訴申立の場合には、控訴申立の日から控訴審の判決の告知の日の前日までであり、上告申立の場合には、上告申立の日から裁判確定の日までとなる。

　なお、415条は、上告審判決の訂正について規定しているが、判決訂正の申立期間[2]については、上告審の未決勾留日数として法定通算の対象となる。この点、盛岡地判昭40・8・2下刑集7・8・1757も、判決訂正申立期間及び訂正申立後判決確定までの期間の未決勾留日数は、上告申立後の未決勾留日数として本条2項により法定通算の可否が定まる旨判示しており、実務上もそのように取り扱われている。したがって、①判決訂正の申立があり、判決が訂正された場合であって、その訂正判決が破棄判決であるとき、②判決訂正の申立があったが訂正がなされなかった場合であって、当該上告審判決が破棄判決であるとき、③判決訂正の申立がなく、当該上告審判決が破棄判決であるとき、④検察官が上告しているときは、いずれも、上告申立の日から確定の日の前日までの未決勾留日数を法定通算することとなる（前掲注釈刑訴7・346）。

　　ア　検察官の上訴申立

　検察官が上訴を申し立てた場合に、上訴申立後の未決勾留日数を全て本刑に通算することとしたのは、検察官が上訴を申し立てた場合は、被告人の責めに帰すことのできない事情によって、被告人は刑に服することができないのであるから、上訴審判決の内容にかかわらず、上訴申立後の未決勾留日数を全て本刑に通算するのが相当であるからである。検察官の上訴申立があった場合には、仮に、被告人その他の者の上訴もなされていたとしても、検察官が上訴を申し立てた日以降の未決勾留日数を法定通算する[3]。

　　イ　検察官以外の者が上訴を申し立てた場合において原判決が破棄されたとき

　検察官以外の者（被告人、原審における代理人又は弁護人等）が上訴を申し立てた場合において、原判決が破棄されたときには、被告人らの上訴の結果、

---

(2)　通常判決の宣告があった日から10日である。
(3)　旧法に関するものではあるが、大判昭14・4・14刑集18・215は、検事の上訴があれば、被告人その他検事以外の者の上訴があるか否かを問わず、またその上訴の理由があるか否かを区別せず、常に旧法556条1項1号の適用がある旨判示している。

〔§495〕勾留日数の法定通算　575

原判決が是正されたのであり、上訴申立後の未決勾留日数を本刑に通算するのが相当であるとの趣旨に基づく規定である。

　もっとも、最判昭32・3・28刑集11・3・1306も判示しているとおり、上訴裁判所が被告人の上訴を棄却した場合であっても、その審級における未決勾留日数を刑法21条により本刑に裁定算入することは可能である。

　「上訴審において原判決が破棄されたとき」とは、破棄の内容や破棄理由を問わず、上訴審において原判決が破棄された全ての場合をいうとされている。もっとも、原判決に対し被告人が上訴した後、検察官も上訴し、検察官の上訴に対しては破棄自判がなされ、被告人の上訴については棄却された場合には、確かに上訴審において原判決が破棄されているものの、それは「検察官以外の者の上訴」によるものではないことから、被告人の上訴申立の日から検察官の上訴申立の日までの未決勾留日数は法定通算されない。

　「上訴審において原判決が破棄されたとき」の意義については、従来2つの説が対立していた。すなわち、「上訴審において原判決が破棄されたとき」とは、上訴審における破棄判決が確定した場合をいい、例えば、第二審の破棄判決が上告審で破棄され確定しなかった場合はこれに当たらないとする説と、第二審における破棄判決が上告審において破棄されても第二審における未決勾留日数について本項2号の適用があるとする説である。

　この点、最判平15・7・10刑集57・7・903は、第二審の破棄判決を破棄した上で、第二審における未決勾留日数について刑法21条を適用した上でその一部を裁定算入しており、「上訴審において原判決が破棄されたとき」とは、当該上訴審における破棄判決が確定した場合をいうとの解釈を採っている。

　また、最判昭26・7・20刑集5・8・1604は、被告人が控訴し、さらに上告した事件について、上告審が第一審及び第二審の判決を破棄自判した場合には、第一審判決言渡しの日以後の未決勾留日数は全て本刑に法定通算されるとしているが、同様の考えに基づくものであるといえよう。

(3)　原判決破棄後の未決勾留日数

　上訴裁判所において、原判決を破棄して差戻し、移送の判決があった場合には、破棄判決の日から、差戻し、移送を受けた裁判所の判決の言渡しの日の前日までの未決勾留日数が本刑に通算されることとなる。確かに、原判決

576　第7編　裁判の執行

破棄後の未決勾留日数は、上訴中の未決勾留日数とは異なるが、被告人の上訴が原判決の是正につながったことには変わりはなく、これを被告人の責に帰せしめることは適当ではないからである。

　差戻し、移送を受けた裁判所において判決が言い渡された日以降の未決勾留日数の通算に関しては、本条1項及び2項が適用される。

　控訴審の破棄差戻し・移送の判決に対し被告人が上告し、上告棄却の裁判があった場合、上告中の未決勾留日数には、本条4項の適用はなく、裁定算入の対象とはなり得ても、法定通算の対象とはならない（大阪地判昭54・1・11刑裁月報11・1＝2・55）。この場合には、上告棄却の判決が確定した日から、控訴審における差戻し・移送の判決に基づく差戻し・移送後の裁判所における判決の日の前日までの未決勾留日数が本条4項により法定通算される。

　保釈されていた被告人が差戻し・移送を受けた裁判所において審理中に保釈を取り消されるなどして収容された場合にも、当該収容後の未決勾留日数には本条4項が適用され、法定通算される。

　もっとも、本条4項により法定通算されるのは、破棄に係る事件について発せられた勾留状による未決勾留の日数であり、例えば、破棄差戻後に追起訴された事件について発せられた勾留状に基づく勾留は、当該追起訴事件が差戻事件と併合審理され、追起訴事件に係る勾留が差戻事件の審理に事実上利用されていても、本条4項の法定通算の対象とならない（大阪高決昭38・1・29高刑集16・1・29）。

4　未決勾留日数の裁定算入との関係

　本条により法定通算される未決勾留日数について、裁定算入をすることは許されない。この点、最判昭48・11・9刑集27・10・1447も、甲事件の裁判確定によりその本刑に法定通算されるべき未決勾留日数と重複する未決勾留日数を乙事件の本刑に裁定算入しても、乙事件の裁判当時甲事件の裁判が未確定の状態であるときは、直ちにこれを違法なものとはいえないが、後に甲事件の裁判が確定し法定通算されるべき未決勾留日数が、その本刑に通算されて刑の執行に替えられたときは、結局違法なものとなる旨判示している（最判昭55・1・11刑集34・1・1も同旨。）。　　　　　　　　　（平尾覚）

〔§496〕没収物の処分　577

〔没収物の処分〕
第496条　没収物は、検察官がこれを処分しなければならない。

〈本条細目次〉
　1　趣　旨　577
　2　処分の態様　577
　　(1)　有価物の処分　577
　　(2)　無価物の処分　578
　　(3)　通貨の処分　578
　　(4)　換価代金の処分　579
　　(5)　特定物の処分　579
　　(6)　没収物の特別処分　579

1　趣　旨

　没収の裁判は、検察官の命令によって執行するが、没収物の処分について
も検察官により行われる。したがって、裁判所において押収している証拠品
について没収判決が確定したときは、裁判所から検察官に没収物が引き継が
れ、検察官において没収物を処分することとなる。また、没収物が押収され
ていない場合には、検察官の命令によって没収の執行をした上で没収物の処
分を行うこととなる。

2　処分の態様

　没収物の処分方法については、刑訴法上、特段の規定があるわけではなく、
当該没収物の性質に応じた処分をすることとなるが、証拠品事務規程は、没
収物の性質に応じた一般的な処分方法を定めている。

　同規程は具体的には、没収物を有価物、無価物、通貨、換価代金、特定物
に分類し、それぞれについて処分方法を定めている。

(1)　有価物の処分

　有価物については、原則として売却処分をすることとなる（証拠品事務規
程29）が、有価物であっても危険物であったり、破壊し又は破棄すべきもの
であったりするときは、破壊又は廃棄の処分をすることとなる。例えば、関
税法違反に係る輸入禁制品や電波法違反に係る改造無線機などがこれに当た
る。

578 第7編 裁判の執行

　刑法19条により没収の対象となるのは、有体物であり、債権等が没収の対象となることはない。したがって、借用書が没収の対象物となっても、当該借用書に記載されている債権を取り立てることは許されないし、預金通帳についても預金名義人が国になるわけではないことからその引き下ろしをすることはできず、借用書や預金通帳自体を廃棄処分することとなる。

　しかし、債権その他の無形の財産権であっても、証券に化体し、物理的に管理可能なものについては、没収の対象となる。例えば、手形、小切手、貨物引換証、倉庫証券、船荷証券などの有価証券、郵便為替証書、商品券、宝くじ等の無記名債権がこれに当たる（なお、民法86条3項により、無記名債権は、物とみなされる。）。これらの有価証券等については、没収の裁判があったときには、単なる紙片のみならず、それらに表彰された権利も国庫に帰属することとなり、それを換金した上で歳入編入することが可能である。

　株券については、最決昭37・4・20民集16・4・860が株券没収の判決確定と同時に没収判決の言渡を受けた者と国との関係においては、株券に表象される株主権は国に移転すると解すべきである旨判示している。もっとも、株券については国有財産法2条、8条により、財務大臣に引き継ぐこととされていることから、証拠品事務規程33条、同規程別表第2においても、売却することなく所管財務局長に引き継ぐこととされている。

　なお、組織的な犯罪の処罰及び犯罪収益の規制等に関する法律や国際的な協力の下に規制薬物に係る不正行為を助長する行為等の防止を図るための麻薬及び向精神薬取締法等の特例等に関する法律は、無形の財産権の没収を認めており、それぞれ、没収された債権について検察官の処分権を規定している（組織犯罪19、麻薬特17）。

　(2)　**無価物の処分**

　没収物が無価物であるときは、破壊又は廃棄すべきとされている（証拠品事務規程30）。廃棄又は破壊の方法は、没収物の性質・形状によって異なるが、没収物の原形が完全に消失するような方法で廃棄等すべきである。検察庁で廃棄処分をすることが困難な危険物等の廃棄については、その処理を専門に取り扱う業者等に依頼している。

　(3)　**通貨の処分**

　没収物が通貨であるときは、それが通用力のある邦貨であれば、歳入編入

〔§496〕没収物の処分　579

の処分をする（証拠品事務規程31）。邦貨であっても、国内で通用していない古銭等については、証拠品事務規程上は、通貨としては取り扱われておらず、市場価値を有していれば、有価物として売却処分することとなる。外国通貨も同様であり、通常の証拠品と同様、有価物ないし無価物として処分する。

(4)　換価代金の処分

122条、222条1項において、没収することができる押収物で滅失若しくは破損のおそれがあるもの、又は保管に不便なものは売却してその代価を保管することができるとされており、この換価代金を没収することも可能である（最決昭25・10・26刑集4・10・2170）。証拠品事務規程32条は、没収された換価代金については、これを歳入編入することとしている。

(5)　特定物の処分

証拠品事務規程別表第2に掲げる特定物については、当該没収物が有価物か無価物かにかかわらず、同表に定める処分をすることとされている（同規程33）。例えば、麻薬・向精神薬・あへん・けし・けしがら・大麻については厚生労働大臣に、拳銃は警察庁にそれぞれ引き継ぐこととされている。なお、かつて、外国通貨は、同規程別表第2に掲げる特定物とされており、外国為替公認銀行に売却するなどの処分が定められていたが、平成10年、外国為替業務の自由化と外国為替公認銀行制度の廃止に伴い、同規程が改正され、外国通貨は特定物とはされず、有価物ないし無価物として取り扱われることとされた。

(6)　没収物の特別処分

没収物の処分については、上記(1)～(5)の処分を行うのが一般的であるが、法律上、没収物の処分方法は検察官の裁量により決せられるのであるから、処分方法もこれらの方法に限定されるわけではなく、証拠品事務規程34条も、検察官の裁量により相当と認める方法で没収物を処分することができる旨規定している。

特別処分の例としては、造幣、印刷上又は犯罪捜査上史料価値のある偽造通貨を造幣局、印刷局又は科学捜査研究所に引き継ぐことや[1]特別天然記念物である「かもしか」の獣皮を学術研究資料として国立博物館等の学術研究機関に引き継ぐこと、偽変造の手段、方法等が特異な運転免許証を参考資料として都道府県公安委員会に引き継ぐこと、わが国政府発行の旅券を外務

580　第7編　裁判の執行

省領事局旅券課長に引き継ぐことなどがある。　　　　　　　　　　（平尾覚）

〔没収物の交付〕
第497条　没収を執行した後3箇月以内に、権利を有する者が没収物の交
　　付を請求したときは、検察官は、破壊し、又は廃棄すべき物を除いては、
　　これを交付しなければならない。
　2　没収物を処分した後前項の請求があつた場合には、検察官は、公売に
　　よつて得た代価を交付しなければならない。

1　趣　旨

　没収は、原則として、没収物が犯人以外の者に属しない場合に限って許さ
れるが、没収を執行した後に当該物について権利を有する者がいることが明
らかとなった場合に、当該権利者を保護するために設けられた規定である。
もっとも、没収の執行の効果が不安定なものとならないようにするため、申
立期間は没収執行後3ヶ月と限定されている。押収物について没収判決が確
定した場合には、没収の執行は不要であるが、その場合には、本条の申立は、
没収物が国庫に帰属した後3ヶ月以内に行わなければならないと解される
（増井清彦・注釈刑訴7・367）。

　もっとも、昭和38年に刑事事件における第三者所有物の没収手続に関する
応急措置法が制定されたことに照らせば、現在では、本条の意義はほとんど
なくなったとされる（近藤康利・大コメ刑訴［初版］7・404）。

　同応急措置法によれば、検察官は被告人以外の者の所有に属する物を没収
する必要があると認められるときは、当該第三者に対し、当該被告事件に参
加し没収に関して陳述する等の機会を与えなければならない（同法2）。そ
して、第三者がその責めに帰することのできない理由により訴訟に参加でき
なかった場合には、当該第三者は、没収裁判の確定後、法律上没収すること

---

(1)　もっとも、証拠品事務規程33条、同規定別表第2により、巧妙に作成された偽造
　通貨で広く実務の参考に供するのを相当と認められるものについては法務省刑事局
　総務課に引き継ぐこととしており、特別処分の対象になるのは、法務省刑事局長か
　ら引き継ぐ必要がない旨の指示があったものである。

〔§498〕偽造変造の表示　581

のできない物であることを理由として、没収裁判の取消請求をすることができるとされている（同法13）。

　本条による交付請求者が、既に同応急措置法により訴訟参加の機会を与えられたものであるときは、特段の事情のない限り、本条の請求に応じることはできないものと解される。　　　　　　　　　　　　　　　　　　（平尾覚）

　〔偽造変造の表示〕
　第498条　偽造し、又は変造された物を返還する場合には、偽造又は変造の部分をその物に表示しなければならない。
　2　偽造し、又は変造された物が押収されていないときは、これを提出させて、前項に規定する手続をしなければならない。但し、その物が公務所に属するときは、偽造又は変造の部分を公務所に通知して相当な処分をさせなければならない。

　〈本条細目次〉
　1　趣　旨　581
　2　表示の方法　582

1　趣　旨

　裁判において偽造又は変造であると認定されたものをそのまま権利者に返還し、あるいは所持を許すと、それが悪用されるなどの弊害が生じることから、偽造又は変造された部分を明示する手続を定めたものである。

　本条は、判決において、偽造部分又は変造部分を没収する旨言い渡された場合のみならず、判決の理由中において偽造又は変造であると認定されたものについても適用される。さらには、何人の所有も許さないものとして全部没収の言渡しがなされた偽造手形についても本条の適用があり得る。最決昭31・11・1刑集10・11・1525も、偽造手形は何人の所有も許されないが、検察官が没収の執行として、これに偽造の旨を表示したものを所有又は所持することは許される旨判示しており、民事訴訟等に利用する必要があるとして還付の請求があった場合等には、偽造（変造）部分を表示した上で還付する

582　第7編　裁判の執行

こととなる。

2　表示の方法

　偽造又は変造部分の表示については、検察官が偽造又は変造部分を朱線で表示した上で、裁判年月日、裁判所名、事件名及び没収の旨を付記し、これに所属庁名及び官氏名を記入し押印することとしている（証拠品事務規程41Ⅰ）。

　押収されていない物について、偽造又は変造が確定裁判で認定された場合には、これを提出させた上で偽造又は変造部分の表示をし、還付する。

　また、これが登記申請書の付属書類のように公務所に属するものである場合には、検察官に提出させるのではなく、検察官が偽造・変造部分没収通知書を送付して、公務所に相当な処分をさせる（証拠品事務規程41Ⅱ）。

（平尾覚）

〔不正に作られた電磁的記録の消去等〕

第498条の2　不正に作られた電磁的記録又は没収された電磁的記録に係る記録媒体を返還し、又は交付する場合には、当該電磁的記録を消去し、又は当該電磁的記録が不正に利用されないようにする処分をしなければならない。

2　不正に作られた電磁的記録に係る記録媒体が公務所に属する場合において、当該電磁的記録に係る記録媒体が押収されていないときは、不正に作られた部分を公務所に通知して相当な処分をさせなければならない。

〈本条細目次〉

1　本条の趣旨等　583

2　1 項　583

　(1)　本項の処分をすべき場合　583

　(2)　処分の内容　583

3　2 項　583

〔§498の2〕不正に作られた電磁的記録の消去等　583

1　本条の趣旨等

　電磁的記録とは、一定の記録媒体上に情報ないしデータが記録・保存されている状態を表す概念であり（刑7の2参照）、常に、有体物である記録媒体上に記録・保存されている状態で存在する。したがって、刑法上、その没収は、文書偽造における偽造部分の没収と同様に、有体物の一部の没収として行うことができると考えられるが、従来、文書偽造における偽造部分の没収については498条においてその執行方法が規定されていたのに対し、電磁的記録の没収についてはこのような規定が設けられておらず、その執行方法が必ずしも明らかではなかった。そこで、これを明確にするため、平成23年改正により、498条と同趣旨の規定として本条が新設されたものである。

2　1　項

(1)　本項の処分をすべき場合

　本項の処分は、「不正に作られた電磁的記録又は没収された電磁的記録に係る記録媒体を返還し、又は交付する場合」に必要となる。

　「不正に作られた電磁的記録」とは、権限がないのに、又は権限を濫用して、記録媒体上に存在するに至らしめられた電磁的記録をいう。例えば、電磁的記録不正作出罪（刑161の2Ⅰ・Ⅱ）等の犯罪行為により作られた電磁的記録等がこれに当たる。また、「没収された電磁的記録」とは、没収の言渡しの対象とされた電磁的記録をいう。

　「返還」は、その相手方が当該記録媒体の所有者等である場合を前提とし、「交付」は、その相手方が当該記録媒体の所有者等ではない場合（例えば、110条の2により捜査機関の所有する記録媒体に移転された電磁的記録の一部について没収の言渡しがあった場合において、捜査機関が当該記録媒体の所有権を放棄するときなど）を前提とする。

(2)　処分の内容

　「消去」とは消すことであるが、通常の方法では電磁的記録の内容を認識し得ない状態にすることによって行われることとなる。「当該電磁的記録が不正に利用されないようにする処分」としては、例えば、電磁的記録に複雑な暗号をかけて利用できないようにすること等が考えられる。

3　2　項

　本項は、498条2項ただし書に相当する規定である。同項本文に相当する

584　第7編　裁判の執行

内容、すなわち、不正に作られた電磁的記録に係る記録媒体が公務所に属するものでない場合に当該記録媒体を提出させることについては規定していないが、これは、電磁的記録は、物とは異なり、容易に複写できることから、あらかじめ、没収の対象となるべき電磁的記録が記録されている記録媒体の押収等をしておかなければ、当該電磁的記録と没収の裁判時に存する電磁的記録との同一性を判断することは困難であることによる。　　　　（吉田雅之）

〔還付不能と公告〕

第499条　押収物の還付を受けるべき者の所在が判らないため、又はその他の事由によつて、その物を還付することができない場合には、検察官は、その旨を政令で定める方法によつて公告しなければならない。

2　第222条第1項において準用する第123条第1項若しくは第124条第1項の規定又は第220条第2項の規定により押収物を還付しようとするときも、前項と同様とする。この場合において、同項中「検察官」とあるのは、「検察官又は司法警察員」とする。

3　前2項の規定による公告をした日から6箇月以内に還付の請求がないときは、その物は、国庫に帰属する。

4　前項の期間内でも、価値のない物は、これを廃棄し、保管に不便な物は、これを公売してその代価を保管することができる。

〈本条細目次〉

1　趣　旨　584
2　公　告　585
3　国庫帰属の効果　585
4　公訴時効の廃止・延長に伴う改正について　585

1　趣　旨

本条は、押収物の還付を受けるべき者の所在が判らないため、又はその他の事由により還付できない場合に検察官がなすべき公告の処分について定め、その国庫帰属の時期について規定している。

なお、受還付人が外国に居住している場合であっても、当該外国と国交が

〔§499〕還付不能と公告　585

あり、受還付人の所在が判明している場合には、外交ルート等を通じて還付するべきである。

2　公　告

公告の方法については、押収物還付等公告令により規定されており、検察官が公告する場合は検察庁の掲示板に、司法警察員が公告する場合はその所属する官公署の掲示板にそれぞれ14日間掲示することとされているほか、必要に応じて官報公告を行うこともできる。また、社会通念上無価値と認められる押収物について受還付人が判明しない場合には、あえて公告の手続をせずに廃棄処分をすることができると解されている。

3　国庫帰属の効果

還付請求期間内に還付の請求がないときは、その物の所有権は国庫に帰属する。国庫に帰属した後で受還付人が判明し、その者から還付の請求があったとしてもこれに応じる必要はない。もっとも、東京地判平5・1・29判時1444・41も判示するように、本条により国庫帰属になった押収物の真実の権利者は、国に対し不当利得の返還請求をすることができる。

4　公訴時効の廃止・延長に伴う改正について

第174回国会において成立した「刑法及び刑事訴訟法の一部を改正する法律」（平成22年法律第26号）により、刑訴法が改正され、人を死亡させた罪であって死刑に当たるものについては、これまで公訴時効の対象とされ、その公訴時効期間が25年とされていたところ、公訴時効の対象から除外されることとされ、そのほか、人を死亡させた罪に係る公訴時効が延長されることとなった。

かかる公訴時効の廃止・延長に伴い問題となったのが、警察署で保管されている証拠品の取扱いであり、特に還付を受けるべき者が所在不明であるなどの理由により還付や被害者還付もできないといった証拠品の取扱いが問題となった。

すなわち、従前の刑訴法の規定によれば、還付公告の主体は検察官に限定されていたことから司法警察員が還付公告を行うことはできず、その一方で、検察官送致前の事件について検察官が還付公告を行うことも考えがたいことから、証拠品の還付を受けるべき者が所在不明などの場合には、警察署において当該証拠品を保管し続けなければならなくなり、ひいては警察の捜査現

586　第7編　裁判の執行

場に過大な負担をかけるのではないかとの懸念が生じた。

　そのため、本条2項を新設し、司法警察員が捜査活動に伴って押収した証拠品を還付するに際し、司法警察員にも還付公告の権限を与えることとしたものである。

　なお、1項において還付公告の主体が「検察官」とされているのを2項において「検察官又は司法警察員」と読み替えることとし、司法警察員のみならず検察官をも還付公告の主体に含める旨規定した趣旨であるが、従前、検察官は、執行段階のみならず捜査段階においても証拠品を還付公告していたところ、本条はあくまで執行段階における還付公告について定めた規定であることからすると、捜査段階においても当然に同条の規定が準用されるとはいえず、その法的根拠は必ずしも明確であるとはいい難かった。そのため、司法警察員に捜査段階における還付公告の権限を付与するのと同時に、検察官についても改めて還付公告の主体として規定することで、捜査段階における還付公告の根拠を明確にしたものである。　　　　　　　　（平尾覚）

〔電磁的記録に係る記録媒体の還付不能〕
第499条の2　前条第1項の規定は第123条第3項の規定による交付又は複写について、前条第2項の規定は第220条第2項及び第222条第1項において準用する第123条第3項の規定による交付又は複写について、それぞれ準用する。
2　前項において準用する前条第1項又は第2項の規定による公告をした日から6箇月以内に前項の交付又は複写の請求がないときは、その交付をし、又は複写をさせることを要しない。

　本条は、差押えの際に電磁的記録の移転（110の2）をした場合における原状回復措置に関し、その相手方となるべき者の所在不明等によりこれを行うことができない場合について、公告等の手続を規定するものであり、499条と同趣旨の規定である。

　すなわち、499条は、押収物の還付を受けるべき者の所在不明等により、その還付をすることができない場合について、公告等の手続を規定していると

〔§500〕訴訟費用執行免除の申立 587

ころ、差押えの際に電磁的記録の移転をした場合であって、原状回復の方法
として、123条3項の措置をとるときにおいても、相手方となるべき者の所
在不明等により当該措置をとることができない場合には、499条の場合と同
様の配慮が必要となる。

　そこで、このような場合には、検察官は、公告をしなければならず（本条
Ⅰ・499Ⅰ・Ⅱ）、公告をした日から6か月以内に請求がないときは、その交
付をし又は複写をさせることを要しない（本条Ⅱ）こととされているもので
ある。

（吉田雅之）

　〔訴訟費用執行免除の申立〕
第500条　訴訟費用の負担を命ぜられた者は、貧困のためこれを完納する
　ことができないときは、裁判所の規則の定めるところにより、訴訟費用
　の全部又は一部について、その裁判の執行の免除の申立をすることがで
　きる。
2　前項の申立は、訴訟費用の負担を命ずる裁判が確定した後20日以内に
　これをしなければならない。

　〔規〕　第295条（訴訟費用免除の申立等・法第500条等）　訴訟費用の負担を
　　　命ずる裁判の執行免除の申立又は裁判の解釈を求める申立若しくは
　　　裁判の執行についての異議の申立は、書面でこれをしなければなら
　　　ない。申立の取下についても、同様である。
　　2　前項の申立又はその取下については、第227条及び第228条の規定
　　　を準用する。
　　　第295条の2（免除の申立裁判所・法第500条）　訴訟費用の負担を命
　　　ずる裁判の執行免除の申立は、その裁判を言い渡した裁判所にしな
　　　ければならない。但し、事件が上訴審において終結した場合には、
　　　全部の訴訟費用について、その上訴裁判所にしなければならない。
　　2　前項の申立を受けた裁判所は、その申立について決定をしなけれ
　　　ばならない。但し、前項但書の規定による申立を受けた裁判所は、
　　　自ら決定をするのが適当でないと認めるときは、訴訟費用の負担を
　　　命ずる裁判を言い渡した下級の裁判所に決定をさせることができ
　　　る。この場合には、その旨を記載し、かつ、裁判長が認印した送付

588　第7編　裁判の執行

　　　書とともに申立書及び関係書類を送付するものとする。
　　3　前項但書の規定による送付をしたときは、裁判所は、直ちにその
　　　旨を検察官に通知しなければならない。
　第295条の3（申立書が申立裁判所以外の裁判所に差し出された場合
　　・法第500条）　前条第1項の規定により申立をすべき裁判所以外の
　　裁判所（事件の係属した裁判所に限る。）に申立書が差し出された
　　ときは、裁判所は、すみやかに申立書を申立をすべき裁判所に送付
　　しなければならない。この場合において申立書が申立期間内に差し
　　出されたときは、申立期間内に申立があつたものとみなす。
　第295条の4（申立書の記載要件・法第500条）　訴訟費用の負担を命
　　ずる裁判の執行免除の申立書には、その裁判を言い渡した裁判所を
　　表示し、かつ、訴訟費用を完納することができない事由を具体的に
　　記載しなければならない。
　第295条の5（検察官に対する通知・法第500条）　訴訟費用の負担を
　　命ずる裁判の執行免除の申立書が差し出されたときは、裁判所は、
　　直ちにその旨を検察官に通知しなければならない。

〈本条細目次〉
1　趣　旨　588
2　申立権者　588
3　申立期間　589
4　申立裁判所　589
5　訴訟費用負担の裁判の執行免除の法的性質　590

1　趣　旨

　本条は、貧困を理由とする訴訟費用の執行免除について規定している。貧
困者に対して訴訟費用を負担させることは相当ではないことから設けられた
規定である。

2　申立権者

　訴訟費用の執行免除の申立をなすことができるのは、原則として、当該訴
訟費用の負担を命ぜられた者である。明文の規定はないものの代理人による
申立も認められると解される。もっとも、訴訟費用を命じた裁判において被
告人の代理人であった弁護士であったとしても、訴訟費用の負担を命ぜられ
た被告人から特に申立について委任がない限り、本条の申立をすることはで
きない。この点、最決昭28・10・6刑集7・10・1897も、被告人から特に委

〔§500〕訴訟費用執行免除の申立 589

任がないのに国選弁護人のした訴訟費用の執行免除の申立は、不適法である
としている。

3 申立期間

申立期間は、裁判確定後20日であり、55条1項本文により初日は算入され
ない。もっとも、訴訟費用負担の裁判がその不服申立期間満了によって確定
したときには、申立期間は期間満了日の翌日午前0時から進行し、初日も1
日として算入される（最決昭40・8・2刑集19・6・609）。

上訴権回復に関する規定が本条の規定による申立に準用されるか否かにつ
いては、これを認めるべきとする見解もあるが、最決昭36・7・13刑集15・
7・1082は、訴訟費用の負担を命ずる裁判の執行免除の申立については、そ
の申立期間経過後その申立権回復の請求を認めた規定は存しないから、本件
申立は不適法である旨述べ、上訴権回復に関する規定の準用がないことを明
らかにしている（最決昭54・7・2刑集33・5・397も同旨。）。

裁判確定前の申立は、原則として無効であるが、被告人が控訴取下げと同
時に本条の申立をしたという事案について、最決昭51・2・19刑集30・1・
72は、控訴の取下げが高等裁判所に受理されると同時に、申立人に対する被
告事件は直ちに確定をみるのであり、訴訟費用執行免除の申立が申立人に対
する被告事件の確定を待たずに提出された点に瑕疵があるとしても、これに
よって、訴訟行為の形式的確実性、法的安定性、迅速性のいずれをも害する
ところはないから、当該申立は、申立人に対する被告事件の判決確定を条件
とする申立として有効であったものと解されるとしている。

4 申立裁判所

本条により申立をなすべき裁判所は、訴訟費用の負担を命ずる裁判を言い
渡した裁判所であるが、事件が上訴審で確定した場合には、全ての訴訟費用
について当該上訴審裁判所に対して申し立てなければならない（規295の
2）。もっとも、申立書が申立裁判所以外の裁判所（事件の係属した裁判所に
限る）に差し出されたときも、申立裁判所に申立書を送付することとなる（規
295の3）。

また、申立を受けた上訴審裁判所は、自らが判断せずに訴訟費用の負担を
命ずる裁判を言い渡した下級審の裁判所に決定させることができる（規295
の2）。

590　第7編　裁判の執行

5　訴訟費用負担の裁判の執行免除の法的性質

　訴訟費用負担の裁判の執行の免除については、実務上、実質上の債務の免除と考えられており、例えば、訴訟費用を連帯して負担するように命ぜられた者の一人が本条の申立を行い、訴訟費用の免除決定を得た場合、民法437条の類推適用により、他の者も執行免除を得た者の負担部分の範囲で納付義務を免除される取扱いとされている（増井清彦・注釈刑訴7・382、猪俣尚人・大コメ刑訴［初版］7・426）。　　　　　　　　　　　　　　　　　（平尾覚）

〔訴訟費用の予納〕
第500条の2　被告人又は被疑者は、検察官に訴訟費用の概算額の予納をすることができる。

〈本条細目次〉
1　趣　旨　590
2　予納する金額　590

1　趣　旨

　本条～500条の4の各条文は、平成16年法律第62号による刑訴法の改正により新設された規定であり、平成18年10月2日から施行されている。

　本条は、被告人及び被疑者による訴訟費用の概算額の予納について規定している。被疑者に対する国選弁護人制度を始めとする国選弁護人制度の整備に当たって、訴訟費用の回収の実効化を図るために設けられた制度である。判決が確定し訴訟費用の執行免除の申立期間が経過した後では、被告人に対して任意に訴訟費用の支払いを期待することが困難な場合があり、そのような場合に強制執行を行うことには相応のコストを要することから、訴訟費用の負担を命ずる裁判の執行が可能となる以前の段階においても訴訟費用を確保することができることとしたものである。

　当然のことながら、予納は義務ではなく、任意に行われるものである。

2　予納する金額

　予納する金額は、「訴訟費用の概算額」であり、被告人又は被疑者は、国

〔§500の4〕予納金の返還　591

選弁護人に係る訴訟費用の見込額について、日本司法支援センターから告知を受けることができる（法律支援39Ｖ）。　　　　　　　　　　　（平尾覚）

〔訴訟費用の裁判の執行〕
第500条の3　検察官は、訴訟費用の裁判を執行する場合において、前条の規定による予納がされた金額があるときは、その予納がされた金額から当該訴訟費用の額に相当する金額を控除し、当該金額を当該訴訟費用の納付に充てる。
2　前項の規定により予納がされた金額から訴訟費用の額に相当する金額を控除して残余があるときは、その残余の額は、その予納をした者の請求により返還する。

1　趣　旨

　本条は、予納された金額がある場合における訴訟費用の裁判の執行のための手続について定めている。
　1項により、検察官は訴訟費用の裁判を執行する場合において、予納された金額があるときは、当該予納された金額から訴訟費用の額に相当する金額を控除し、それを訴訟費用の納付に当てる。
　訴訟費用の額に相当する金額を控除し、なお、予納金額に残余がある場合には、2項により、予納をした者の請求により返還することとなる。

（平尾覚）

〔予納金の返還〕
第500条の4　次の各号のいずれかに該当する場合には、第500条の2の規定による予納がされた金額は、その予納をした者の請求により返還する。
　一　第38条の2の規定により弁護人の選任が効力を失つたとき。
　二　訴訟手続が終了する場合において、被告人に訴訟費用の負担を命ずる裁判がなされなかつたとき。
　三　訴訟費用の負担を命ぜられた者が、訴訟費用の全部について、その

592　第7編　裁判の執行

裁判の執行の免除を受けたとき。

〈本条細目次〉

1　趣　旨　592

2　予納金額の保管を継続する必要がない場合　592

1　趣　旨

　本条は、予納された金額の保管を継続する必要がない場合における当該予納金額の返還について定めている。

2　予納金額の保管を継続する必要がない場合

　38条の2は、被疑者に対する国選弁護人の選任について、被疑者が当該選任に係る事件について釈放されたとき（勾留執行停止による場合を除く）には、その効力を失うとされているところ、公訴が提起されなかった場合において、被疑者が訴訟費用を負担するのは、その責めに帰すべき事由により生じた費用があるときという例外的場合に限られることから（181Ⅳ）、予納金額の保管を継続する必要はないと考えられる。したがって、1号において、請求により予納金額を返還することとした。2号及び3号所定の事由についても、訴訟費用を負担することは考えられないことから、請求により予納金額を返還することとしたものである。　　　　　　　　　　　　　　　　　　　　（平尾覚）

〔解釈の申立〕

第501条　刑の言渡を受けた者は、裁判の解釈について疑があるときは、言渡をした裁判所に裁判の解釈を求める申立をすることができる。

〈本条細目次〉

1　趣　旨　593

2　申立権者　593

3　裁判の解釈について疑いがあるとき　593

4　申立先裁判所　594

5　申立時期　594

〔§501〕解釈の申立　593

1　趣　旨

　本条は、裁判の趣旨が刑の言渡しを受けた者にとって不明であった場合、不当な執行を受けることを避ける趣旨から、裁判の言渡しをした裁判所に裁判の解釈を求めることができる旨規定している。当然のことながら、本条により、裁判そのものに対して不服申立をすることはできない。

2　申立権者

　本条による申立をすることができるのは、刑の言渡しを受けた者である。502条において、裁判の執行を受ける者の他にその法定代理人や保佐人も申立権者として掲げられていることとの比較からも、法定代理人や保佐人には申立権は認められないと解される。

3　裁判の解釈について疑いがあるとき

　「裁判の解釈について疑があるとき」とは、判決主文の趣旨が明瞭でなく、その解釈につき疑義があることをいうとされている（最決昭25・12・22刑集4・13・2880）。したがって、判決の理由について疑義がある場合には本条の申立は許されないというべきである。本条は、不当な執行を防止する趣旨から設けられた規定であるところ、刑の執行は判決主文のみに基づいて行われており、判決理由について解釈を求める意義が認めがたいからである。東京高決昭42・4・28判タ210・222も、解釈の申立は、判決主文の解釈に疑いがある場合に限ってすることができ、理由に関してすることはできない旨判示している。

　また、判決主文であればその全てについて本条の申立ができるわけではない。最決平6・2・23判時1494・157の事案においては、訴訟費用の裁判が本条にいう「裁判」に含まれるか否かが争われたが、同決定は、本条にいう「裁判」には訴訟費用の裁判は含まれないと解するのが相当であるとしている。

　この点、旧々法においては、「刑ノ言渡ヲ受ケタル者其言渡ニ付キ疑義ノ申立……ヲ為シタルトキハ」とされており、解釈の申立の対象が「刑ノ言渡」に係る部分に限られることは明らかであったし、現行法と同様の規定をしていた旧法についても解釈の申立は刑の言渡しに係る部分に限られると解釈されており、刑の言渡しという被執行者の重大な利害に関する部分については、その執行がなされる前であったとしても本条に規定する解釈の申立を認め、

594 第7編 裁判の執行

訴訟費用の裁判のような付随的な裁判については、その執行の着手を待って次条に定める執行に対する異議申立を認めれば足りるというのが現行法の趣旨であると考えられる。

4 申立先裁判所

本条の申立は、刑の言渡しをした裁判所に対して行わなければならない。この点、上訴審において上訴が棄却され、刑の言渡しをした下級審の裁判が確定した場合には、刑の言渡しをしたのはあくまで下級審の裁判所であるから、同裁判所に対して本条の申立をしなければならない。この点、東京高決昭55・9・26判時999・129は、刑の言渡しの裁判に当らない控訴棄却の判決に対して本条の申立はできないとしている（上告棄却につき最決昭25・12・22刑集4・13・2880、上告棄却決定に対する異議申立棄却決定について最決昭33・6・17刑集12・10・2232、再審請求棄却決定に対する異議申立棄却決定に対してなされた特別抗告を棄却した決定について最決昭33・12・24刑集12・16・3551参照）。

また、刑の言渡しをした裁判所とは、国法上の裁判所であり、当該判決に関与した裁判官が解釈の申立に関する決定をする必要がないことはいうまでもない（東京高決平12・5・31高検速報平12・98）。

5 申立時期

本条による申立は、裁判が確定した後になすことができ、未確定の裁判に対しては本条の申立は許されない（最決昭44・2・1裁集170・17）。未確定の裁判は執行することができず、また、上訴等によりその内容が変更される可能性があり、本条の申立を認める実益に乏しいからである。もっとも、学説上は、確定前の申立を認め、あるいは、確定前の申立が不適法であるとしても、確定により瑕疵が治癒されるとする見解が有力である（団藤・綱要586、平場・講義633、青柳・通論下665）。

本条による申立は、裁判の執行中もなすことができるが、執行後はその実益がないことから認められない（仙台高決昭30・10・6裁判特報2・19・995）。

申立に対する決定が確定したときは、同一事情の下で同一理由による申立はできない（旧法につき、大決昭7・3・14刑集11・232）。　　　　　　（平尾覚）

〔§502〕異議の申立　595

〔異議の申立〕
第502条　裁判の執行を受ける者又はその法定代理人若しくは保佐人は、執行に関し検察官のした処分を不当とするときは、言渡をした裁判所に異議の申立をすることができる。

　〔規〕　第295条（訴訟費用免除の申立等・法第500条等）　法第500条参照。

〈本条細目次〉
1　趣　旨　595
2　申立権者　595
3　申立の理由　596
4　申立先裁判所　597
5　申立の時期　597

1　趣　旨

　本条は、裁判の執行を受ける者等が裁判の執行に関する検察官の不当な処分を免れるため、裁判言渡しをした裁判所に救済を求める手続について規定する。

　本条は、裁判の執行に関する救済制度であり、前条の解釈の申立と同様、裁判そのものの不当を主張することはできない。最決昭36・8・24刑集15・7・1301も、裁判の執行に関する異議において、裁判の内容そのものの不当性を主張し、あるいは現行刑罰制度ないし行刑制度を非難することは許されないとしている。

2　申立権者

　本条は、被執行者の他に法定代理人や保佐人も本条の申立をなすことができるとしている。申立について特に委任を受けた弁護士が申立をなし得るかについて、旧法下において、大決昭14・7・5刑集18・382がこれを否定したが、最高裁判所は手続形成行為について弁護人が受けてする代理を適法と認める傾向にあり（増井清彦・注釈刑訴7・388）、学説上もこれを認めるべきであるとする見解が有力である（団藤・綱要172）。もっとも、前記最決昭28・10・6刑集7・10・1897（500条の解説2参照）にかんがみても、弁護士が本条の申立について特に委任を受けている必要はあると解される。

596 第7編 裁判の執行

3 申立の理由

　申立の理由である「執行に関し検察官のした処分」とは、検察官が刑訴法の規定に基づいてする裁判の執行に関する処分を指す（大決昭13・6・25刑集17・497）。472条の刑の執行指揮、480条〜482条の刑の執行停止の指揮、490条の財産刑等の執行命令、496条〜499条の没収物の処分などがそれに当たるが、その他にも、442条但書の再審請求に関する刑の裁量的執行停止（大阪高決昭44・6・9高刑集22・2・265）、484条〜489条の執行のための呼出や収容状の発付、執行（岐阜地決昭35・7・30下刑集2・7＝8・1184）も本条にいう「処分」であるとされている。

　また、徴収事務規程14条に規定する徴収金に関する納付告知についても本条にいう処分であるとする裁判例もある（札幌地決昭37・10・23下刑集4・9＝10・974、福岡高宮崎支決昭35・3・24下刑集2・3＝4・393）が、大阪高決平9・6・13判時1623・159は、納付告知及び督促は、罰金の納付義務者に対し徴収金の任意の支払いを催告するに過ぎないから、本条の「裁判の執行に関し検察官のした処分」に当たらない旨判示しており、東京高決昭53・12・5刑裁月報10・11＝12・1418も確定判決により負担を命じられた訴訟費用中の未納残金につき、検察官においてこれを納付すべき旨告知し、さらに督促した上、納付しないときは強制執行の手続をとる旨通告したことは、本条の「裁判の執行に関し検察官のした処分」に当たらない旨判示している。

　また、検察官が恩赦令により変更された刑期を判決原本に付記し、付記に関する通達をすることは、刑訴法の規定に基づいてなされる手続ではないから本条にいう「処分」には当たらない（旧法につき、大決昭13・6・25刑集17・497）し、恩赦不該当の認定をすることも「処分」に当たらない（和歌山地田辺支決昭33・1・10一審刑集1・1・163）。

　処分が「不当」であるとは、不適法な処分又はその措置が著しく不適当で不適法と同視し得る処分を指す（前掲大阪高決昭44・6・9）。

　検察官の処分が不当であるとした裁判例としては、宣告された刑と判決原本に記載された刑とが異なり後者が長期の場合、後者に基づいてされた刑の執行が不当であるとしたもの（東京高決昭30・6・10高刑集8・5・654）、偽造に係る保証書の名義人に対する保釈保証金没取決定の執行としてした納付告知処分が不当であるとしたもの（前掲札幌地決昭37・10・23、前掲福岡高宮

〔§502〕異議の申立　597

崎支決昭35・3・24）、控訴取下げが無効であるのに、有効であるとの前提でなされた刑執行のための呼出が不当であるとしたもの（前掲岐阜地決昭35・7・30）などがある。

　一方で、検察官の処分が不当ではないとされた裁判例としては、他の共同被告人の国選弁護人に支給した訴訟費用の連帯負担を命じたのは違法な判決であるが、その執行指揮は違法とはいえないとしたもの（広島地決昭35・5・2下刑集2・5＝6・949）、刑法18条の制限を超える労役場留置期間を言い渡したのは違法な判決であるが、その執行指揮は違法とはいえないとしたもの（東京高決昭36・3・20下刑集3・3＝4・230）、ことさらに被告人の不利益を図ったような事情がない場合において、重い懲役刑の執行を停止して、軽い罰金刑について労役場留置の執行をした刑の執行順序の変更は違法とはいえないとしたもの（東京高判昭51・7・16高刑集29・3・399）、懲役刑の裁判確定当時、他事件につき勾留され、当該事件に関しては拘禁されていなかった者につき、刑期起算日を裁判確定日とする執行指揮をした検察官が、後に刑期の起算日を現実の刑執行開始に照応するよう訂正する措置をしたのは不当な処分とはいえないとしたもの（最決昭54・3・26刑集33・2・121）などがある。

4　申立先裁判所

　前条と同様、執行すべき刑の言渡しをした国法上の裁判所が申立先となる。被告人に対し刑の言渡しをした第一審判決に対して控訴、上告がなされ、それぞれ棄却された場合には、本条の申立は、刑の言渡しをした第一審裁判所に対してなすべきである（最決昭26・9・13刑集5・10・1926）。刑の執行猶予取消決定に基づく刑の執行に関し、刑の執行猶予取消決定の未確定を理由に異議の申立をするときは、執行猶予付の判決をした裁判所ではなく、執行猶予の取消決定をした裁判所にすべきであるとする裁判例（東京高決昭40・3・26下刑集7・3・322）があるが、執行猶予の取消決定をした裁判所だけでなく執行猶予付の判決をした裁判所も申立先裁判所となるとする裁判例もある（大阪高決昭62・12・17判タ662・256）。

5　申立の時期

　検察官が裁判の執行指揮その他の処分をする前に本条の申立をすることは許されない（前掲最決昭36・8・24）し、裁判の執行終了後も異議申立の実

598　第7編　裁判の執行

益がないことから許されないが、検察官のした処分がある以上、当該裁判の
確定の前後を問わず申立をすることができるものと解される（前掲注釈刑訴
7・390、団藤・綱要587、平場・講義633、青柳・通論下666）。　　　（平尾覚）

〔申立の取下げ〕
第503条　第500条及び前2条の申立ては、決定があるまでこれを取り下げ
　　ることができる。
　2　第366条の規定は、第500条及び前2条の申立て及びその取下げについ
　　てこれを準用する。

1　趣　旨

　本条は、訴訟費用執行免除の申立（500）、裁判の解釈を求める申立（501）、
執行に関する異議の申立（502）の取下げは、裁判所の決定があるまで行う
ことができることを規定している。決定があるまでとは、決定の告知がある
までとの意味である。
　刑事施設にいる者については、366条の特則の適用がある。　　（平尾覚）

〔即時抗告〕
第504条　第500条、第501条及び第502条の申立てについてした決定に対し
　　ては、即時抗告をすることができる。

1　趣　旨

　本条は、500条、501条及び502条の申立についてした決定に対して即時抗
告をすることができる旨規定している。　　　　　　　　　　　（平尾覚）

〔労役場留置の執行〕
第505条　罰金又は科料を完納することができない場合における労役場留
　　置の執行については、刑の執行に関する規定を準用する。

〔§505〕労役場留置の執行　599

〈本条細目次〉
1　趣　旨　599
2　準用される規定　599
3　労役場留置の執行指揮　599

1　趣　旨

　労役場留置は、罰金又は科料を完納することができない者に対して行う換刑処分であり、形式的には自由刑の執行ではないが、その実質においては自由刑の執行に近い取扱いがなされることから、労役場留置の執行について刑の執行に関する規定を準用することとしたものである。

2　準用される規定

　刑の執行に関する規定が準用されることにより、①労役場留置の執行は、その裁判をした裁判所に対応する検察庁の検察官が指揮することとされ（472の準用）、②労役場留置の執行の指揮は、書面でこれをし、これに裁判書又は裁判を記載した調書の謄本又は抄本を添えなければならないこととされ（473の準用）、③例えば、自由刑を執行中の者に対して労役場留置の執行を行うために刑の執行の順序を変更したり、2個以上の労役場留置の執行の順序を変更することができることとされ（474但の準用）、④刑の必要的ないし任意的執行停止があり得ることとされ（480〜482の準用）、⑤労役場留置をなすべき者が拘禁されていないときは、検察官は執行のため呼び出し、これに応じないときは、収容状を発することとされ（484の準用）、⑥その他、収容状の発付・方式・効力・執行に関する485条〜489条の規定が準用される。

3　労役場留置の執行指揮

　納付義務者が罰金等を完納しない場合であっても、納付義務者に完納する資力がある場合には、労役場留置の執行を指揮することはできず、財産刑の本旨に則り、強制執行により徴収するべきである。また、罰金については裁判が確定した後30日以内、科料については裁判が確定した後10日以内は、本人の承諾がなければ労役場留置の執行はできない（刑18Ⅴ）。なお、従前、刑法18条8項により、留置1日の割合に満たない金額の納付は認められていなかったが、平成18年法律第36号により同項が削除され、留置1日の割合に満たない金額の納付が認められることとなり、それに併せて、同条6項が改正

600　第7編　裁判の執行

され、罰金等の一部が納付され、かつ、最終的に完納することができなくなった場合において、最終残額中、留置1日の割合に満たない端数が生じた場合には、これを1日として留置するものとされている。　　　　　　（平尾覚）

〔執行費用の負担〕
第506条　第490条第1項の裁判の執行の費用は、執行を受ける者の負担とし、民事執行法その他強制執行の手続に関する法令の規定に従い、執行と同時にこれを取り立てなければならない。

1　趣　旨

本条は、財産刑等の執行に要した費用については、執行を受ける者の負担とする旨定めている。　　　　　　　　　　　　　　　　　　　　（平尾覚）

〔公務所等への照会〕
第507条　検察官又は裁判所若しくは裁判官は、裁判の執行に関して必要があると認めるときは、公務所又は公私の団体に照会して必要な事項の報告を求めることができる。

1　趣　旨

本条は、平成13年法律第139号による刑訴法改正により新たに加えられた規定である。裁判の執行のためには、その執行を受ける者の所在を調査する必要が生じる場合あり、財産刑等の執行のためには、執行を受ける者の資産調査を行う必要も生じる場合がある。本条が設けられる前は、刑訴法上、これらの調査に関する権限の根拠規定がなく、調査の相手方から照会の根拠規定がないことを理由として協力を拒まれる事態が生じ、裁判の適正な執行の確保に困難を来す場合が少なくなかった。かかる事態を踏まえ、照会の根拠規定を設けることとしたものである。

本条に定められた照会権限は、照会を受けた相手方に報告を法的に義務づけるものであり、その法的性質は、197条2項の照会権限（報告義務）と同

〔§507〕公務所等への照会　601

じである。

　本条に基づく照会に対する報告は、法的義務に基づくものであり、行政機関の保有する個人情報の保護に関する法律に違反しないものと解される（同法8条1項の「法令に基づく場合」に該当する。）。また、国家公務員法や地方公務員法などの守秘義務に違反するものでもないと解すべきであろう（東條伸一郎・注釈刑訴3・84参照）。

（平尾覚）

付　録

刑事訴訟法等の一部を改正する法律(平成28年)の概要について

〈細目次〉

1　はじめに　606
2　録音・録画制度の導入　607
　(1)　趣旨及び概要　607
　(2)　録音・録画義務及び証拠調べ請求義務に共通する事項　607
　(3)　録音・録画義務　609
　(4)　証拠調べ請求義務　613
　(5)　施行期日　615
3　合意制度及び刑事免責制度の導入　615
　(1)　合意制度の導入　615
　(2)　刑事免責制度の導入　626
4　裁量保釈の判断に当たっての考慮事情の明確化　630
　(1)　趣旨及び概要　630
　(2)　施行期日　630
5　弁護人による援助の充実化　630
　(1)　被疑者国選弁護制度の対象事件の拡大　630
　(2)　弁護人の選任に係る事項の教示の拡充　631
6　証拠開示制度の拡充　632
　(1)　証拠の一覧表の交付手続の導入　632
　(2)　整理手続の請求権の付与　634
　(3)　類型証拠開示の対象の拡大　634
　(4)　施行期日　635
7　犯罪被害者等及び証人を保護するための措置の導入　635
　(1)　ビデオリンク方式による証人尋問の拡充　635
　(2)　証人等の氏名及び住居の開示に係る措置の導入　636
　(3)　公開の法廷における証人等の氏名等の秘匿措置の導入　639
8　証拠隠滅等の罪等の法定刑の引上げ等　641
　(1)　証拠隠滅等の罪等の法定刑の引上げ　641
　(2)　証人の勾引要件の緩和　642
　(3)　証人の召喚規定の整備　642

606　付録

　(4)　施行期日　642
　9　自白事件の簡易迅速な処理のための措置の導入　642
　(1)　趣旨及び概要　642
　(2)　施行期日等　643
10　附　則　643
　(1)　施行期日（附則 1）　643
　(2)　経過措置（附則 2 ～ 8）　643
　(3)　検討条項（附則 9）　644

1　はじめに

　平成28年 5 月24日に成立し、同年 6 月 3 日に公布された「刑事訴訟法等の一部を改正する法律」（平成28年法律第54号。以下「本法」という。）は、現在の捜査・公判が取調べ及び供述調書に過度に依存した状況にあるとの指摘を踏まえ、このような状況を改めて、時代に即した新たな刑事司法制度を構築するため、刑訴法、刑法、検察審査会法（以下「検審法」という。）、組織的な犯罪の処罰及び犯罪収益の規制等に関する法律（以下「組織的犯罪処罰法」という。）、犯罪捜査のための通信傍受に関する法律（以下「通信傍受法」という。）その他の法律を改正して、刑事手続における証拠の収集方法の適正化・多様化及び公判審理の充実化を図るものである。具体的には、

①　取調べの録音・録画制度（以下「録音・録画制度」という。）の導入（刑訴法の改正）

②　証拠収集等への協力及び訴追に関する合意制度（以下「合意制度」という。）及び刑事免責制度の導入（刑訴法及び検審法の改正）

③　通信傍受の合理化・効率化（通信傍受法の改正）

④　裁量保釈の判断に当たっての考慮事情の明確化（刑訴法の改正）

⑤　弁護人による援助の充実化（刑訴法の改正）

⑥　証拠開示制度の拡充（刑訴法の改正）

⑦　犯罪被害者等及び証人を保護するための措置の導入（刑訴法の改正）

⑧　証拠隠滅等の罪等の法定刑の引上げ等（刑法、刑訴法、組織的犯罪処罰法等の改正）

⑨　自白事件の簡易迅速な処理のための措置の導入（刑訴法の改正）
を内容としている。

本稿においては、上記③以外の改正項目について概説することとしたい。
なお、本稿中、意見にわたる部分は、筆者の私見である。

2 録音・録画制度の導入

(1) 趣旨及び概要

本法は、証拠の収集方法の適正化・多様化及び公判審理の充実化を図ることを基本理念とするものであるところ、録音・録画制度は、被疑者の供述の任意性等の的確な立証を担保するとともに取調べの適正な実施に資することを通じて、より適正、円滑かつ迅速な刑事裁判の実現に資するため、政策的な見地から導入することとされたものである。

録音・録画制度は、捜査段階における取調官の義務である取調べ等（取調べ及び弁解録取手続をいう。以下同じ。）の録音・録画義務（以下単に「録音・録画義務」という。）と、公判段階における検察官の義務である取調べ等の録音・録画記録の証拠調べ請求義務（以下この2において単に「証拠調べ請求義務」という。）から成る。

録音・録画義務は、検察官及び検察事務官は、裁判員制度対象事件又は検察官独自捜査事件について、逮捕・勾留中の被疑者の取調べ等を行うときは、原則として、その全過程を録音・録画しておかなければならず、司法警察職員が、裁判員制度対象事件について、逮捕・勾留中の被疑者の取調べ等を行うときも、同様とするものである（本法2条による改正後の刑訴法〔以下、この2において条項番号のみを記す場合は、同法のそれを指す。〕301条の2第4項）。また、証拠調べ請求義務は、検察官は、上記2類型の事件に該当する被告事件の公判において、逮捕・勾留中に行われた当該事件についての被疑者の取調べ等の際に作成され、被告人に不利益な事実の承認を内容とする供述調書又は供述書の証拠調べを請求した場合において、その任意性が争われたときは、原則として、当該取調べ等の開始から終了までを録音・録画した記録媒体の証拠調べを請求しなければならないとするものである（同条Ⅰ）。

(2) 録音・録画義務及び証拠調べ請求義務に共通する事項

ア 対象事件

録音・録画制度の対象事件は、

① 死刑又は無期の懲役・禁錮に当たる罪に係る事件（301の2Ⅰ①）

② 短期1年以上の有期の懲役・禁錮に当たる罪であって故意の犯罪行為に

608　付録

より被害者を死亡させたものに係る事件（同項②）
③　司法警察員が送致し又は送付した事件以外の事件（上記①及び②を除く。）（同項③）
である。

本稿における「裁判員制度対象事件」とは、上記①及び②を指すものである（厳密には、上記①には、裁判員制度の対象とならない内乱事件の一部〔刑77Ⅰ①・②前〕も含まれるが、以下においては特記しない。）。また、「検察官独自捜査事件」とは、上記③を指すものであり、検察官が直接告訴・告発等を受け又は自ら認知して捜査を行う事件である。

録音・録画制度の対象事件が上記①から③までとされたのは、次の理由による。すなわち、録音・録画制度は、被疑者の供述の任意性等の的確な立証を担保することをその趣旨の一つとするものであるが、実際に公判において取調べ状況が争われる事件は極めて少ないことや制度の運用に伴う人的・物的な負担なども考慮すると、法律上の制度としては、その対象事件は、録音・録画の必要性が最も高い類型の事件とすることが適当である。この点、上記①及び②の事件は、重い法定刑が定められている重大な事件であり、公判において取調べ状況をめぐる争いが比較的生じやすい上、裁判員の参加する審理においては、取調べ状況について裁判員にも分かりやすい立証が求められる。また、上記③の事件については、被疑者の供述が異なる捜査機関による別個の立場からの多角的な質問等を通じて吟味される機会に欠けることとなるため、取調べ状況をめぐる争いが生じた場合、司法警察員が送致・送付した事件と比較して判断資料が制約されることとなる上、この種の事件では取調べ状況をめぐる争いが比較的生じやすい。そのため、これらの事件は、いずれも、録音・録画の必要性が最も高い類型の事件であるといえる。もとより、それ以外にも取調べの録音・録画の必要性が高い事件は存在し得るが、個別の事案の内容や証拠関係等によることから、法律上の義務としてその範囲を厳密かつ明確に定めることは困難であり、他方、平成26年10月から、検察の運用による取調べの録音・録画が拡大され、罪名を限定することなく録音・録画の試行が行われている。そこで、このような運用等も考慮して、法律上の制度としては上記①から③までの事件が対象事件とされたものである。

イ　対象となる取調べ等

録音・録画制度の対象となる取調べ等は、

○　逮捕・勾留中の被疑者の対象事件についての198条１項による取調べ

○　対象事件についての弁解録取手続

である（301の２Ⅰ本・Ⅳ柱）。

　このように、録音・録画制度の対象となるのは、①逮捕・勾留中の被疑者の、②対象事件についての、③198条１項による（すなわち、被疑者としての）取調べであり、いわゆる在宅での取調べや起訴後勾留中の取調べは含まれず、また、逮捕・勾留中の取調べであっても、参考人として行われるもの（223Ⅰ）は含まれない。これらが対象とされていないのは、いわゆる取調べ受忍義務（198Ⅰ但）がなく、一般に取調べの適正をめぐる争いが生じにくいと考えられることなどが考慮されたものである。

　他方で、対象事件についての取調べであれば、非対象事件で逮捕・勾留されている場合であっても、録音・録画制度の対象となり得る。そのため、例えば、非対象事件である死体遺棄で逮捕・勾留されている被疑者を対象事件である殺人について取り調べるときは、録音・録画制度の対象となり得る。

(3)　録音・録画義務

ア　序　説

　録音・録画制度がその趣旨を果たすことができるのは、取調べ等の録音・録画記録が公判で立証に使用されてその内容が吟味されること又はその可能性があることによるものであることに鑑みると、法制的な観点からは、録音・録画義務は、証拠調べ請求義務を前提として、その確実な履行に備えて録音・録画記録を作成しておくことを捜査機関に義務付けるものと位置付けるのが合理的であると考えられる。そこで、このような法制的な観点を踏まえて、録音・録画制度に関する規定は、「公判」の章（第２編第３章）にまとめて置かれているほか、まず証拠調べ請求義務が規定された上で（301の２Ⅰ～Ⅲ）、その関連規定として録音・録画義務が規定されている（同条Ⅳ）。

　もっとも、本稿においては、説明の便宜上、まず録音・録画義務について説明した上で、証拠調べ請求義務について説明することとしている。

イ　対象事件

　対象事件は、上記(2)アのとおりであるが、検察官独自捜査事件に関して

は、検察官又は検察事務官による取調べ等の時点で、文言上、「司法警察員が送致し又は送付した事件以外の事件」（301の2Ⅰ③）に該当するとしても、関連事件が既に送致又は送付されていて、かつ、司法警察員が今後送致又は送付することが見込まれるものについては、その後起訴に至るまでに司法警察職員による取調べ等が行われることとなるため、検察官独自捜査事件を録音・録画義務の対象とする趣旨（上記⑵ア参照）が妥当しないこととなる。そこで、そのような事件は、録音・録画義務の対象事件から除外されている（同条Ⅳ前括弧）。例えば、検察官が、司法警察員から送致された窃盗事件で勾留中の被疑者を、今後送致が見込まれる同種余罪の窃盗について取り調べる場合には、その同種余罪の窃盗は、録音・録画義務の対象とならないこととなる。

　ウ　義務の内容

　義務の内容は、取調べ等における「被疑者の供述及びその状況」を録音・録画しておくことであり、取調べ等の開始から終了までの全過程を録音・録画しておかなければならない。

　エ　例外事由

　㋐　法的効果等

　録音・録画義務には、例外事由が設けられている（301の2Ⅳ各号）。例外事由に該当する場合には、録音・録画義務が解除されるが、もとより、録音・録画が禁止されるわけではなく、録音・録画をしても差し支えない。

　例外事由に該当するか否かは、取調べ等の時点を基準として判断される。第一次的には、取調官が、それまでに収集した証拠や当該取調べ等における被疑者の言動を含む取調べの状況等に基づいて判断することとなるが、取調官が例外事由に該当すると判断して録音・録画をしなかった場合に、公判で例外事由の存否が問題となったときは、裁判所による審査の対象となり、検察官が例外事由の存在を立証しなければならないこととなる。その場合も、例外事由の存否は、当該取調べ等の時点を基準として、その時点で存在し、判明していた事情に基づいて判断される。

　㋑　各例外事由の意義等

　例外事由の概要は、

①　機器の故障その他のやむを得ない事情により、記録をすることができな

いとき（301の2Ⅳ①）

② 被疑者が記録を拒んだことその他の被疑者の言動により、記録をすると被疑者が十分な供述をすることができないと認めるとき（同項②）

③ 当該事件が指定暴力団の構成員による犯罪に係るものであると認めるとき（同項③）

④ 被疑者の供述及びその状況が明らかにされた場合には被疑者若しくはその親族の身体若しくは財産に害を加え又はこれらの者を畏怖させ若しくは困惑させる行為がなされるおそれがあることにより、記録をすると被疑者が十分な供述をすることができないと認めるとき（同項④）

である。

上記①は、機器の故障等の外部的・物理的要因により録音・録画をすることができないような場合にまで録音・録画を義務付けるとすると、捜査機関に不可能を強いることになることから、例外事由とされたものである。これに該当するためには、現実的・客観的に見て、「記録をすることができない」ことが必要である。例えば、1台の機器に故障が発生した場合であっても、他の機器を利用して現に録音・録画をすることができるときは、本号の例外事由に該当しない。他方で、例えば、警察署の取調室で被疑者の取調べを行う場合において、その取調室に配備されている録音・録画機器が故障し、かつ、その警察署には他に使用できる録音・録画機器がないときなどには、本号の例外事由に該当し得ると考えられる。

上記②は、録音・録画の拒否等の被疑者の言動から、録音・録画の下では十分な供述をすることができないと認められる場合にまで、録音・録画を義務付けるとすると、得られるはずの供述を得ることを断念することとなり、捜査による事案の解明に大きな支障が生じることから、例外事由とされたものである。これに該当するためには、外部に現れた被疑者の言動に基づいて、録音・録画の下では十分な供述をすることができないと認められることが必要である。例えば、録音・録画をしている取調べにおいて、被疑者が事実関係を否認した上で詳細について黙秘したとしても、録音・録画をしなければ十分な供述をすることが被疑者の言動から明らかにならなければ、この例外事由には該当しない。他方、例えば、被疑者が、黙秘の理由について、「自分の供述が全て記録されると、それが後でどのように使われるか分からず、

612　付録

不安で供述できない」などと述べているような場合には、この例外事由に該当し得ると考えられる。

　上記③は、指定暴力団の構成員による事件の実情を踏まえた例外事由である。すなわち、上記②及び④については、個別の事件や取調べの具体的事情に基づいて、「被疑者が録音・録画の下では十分な供述をすることができない」か否かを判断することとなるが、指定暴力団の構成員による事件については、取調官がそのように認めて録音・録画をしなかったこと自体から、被疑者が組織を裏切って捜査に協力したのではないかとの疑念をその所属組織に抱かれるおそれが大きいため、被疑者の不安等を払拭することができず、被疑者から供述が得られるようにするための例外事由として十分に機能しないと考えられることから、指定暴力団の構成員に係る事件は一律に例外事由とされたものである。これに該当するか否かは、犯行時を基準として判断される。被疑者自身は指定暴力団の構成員でなくとも、他の共犯者が指定暴力団の構成員であれば、この例外事由に該当する。

　上記④は、組織的な犯罪等においては、被疑者の供述及びその状況が明らかにされると加害行為等がなされるおそれがあるため、録音・録画の下では被疑者が十分な供述をすることができないという場合があり得ることに鑑み、上記②と同様の趣旨で例外事由とされたものである。これに該当するためには、被疑者の供述及びその状況が明らかにされた場合における加害行為等のおそれに基づいて、録音・録画の下では十分な供述をすることができないと認められることが必要である。

　オ　義務違反の効果

　録音・録画義務の対象となる取調べ等について、例外事由に該当しないにもかかわらず、録音・録画をしなかった場合には、録音・録画義務の違反となる。

　そして、録音・録画義務違反に係る取調べ等の際に供述調書又は供述書が作成された場合において、対象事件の公判で、検察官がその供述調書又は供述書の証拠調べを請求し、任意性が争われたときは、録音・録画記録が作成されていないため、検察官は、証拠調べ請求義務を履行することができず、当該供述調書又は供述書の証拠調べ請求は却下されることとなる（301の2Ⅱ）。

もっとも、録音・録画義務違反に係る取調べ等で得られた供述の証拠能力は、直ちに否定することとはされていない。これは、録音・録画がなされないこと自体により、直ちに、被疑者の権利利益が侵害されたり、任意性に疑いを生じさせるような不適正な取調べが行われることとなるものではなく、録音・録画義務違反のみを理由として一律に証拠能力を否定することは、相当でないと考えられることによる。

(4) 証拠調べ請求義務

ア 序 説

証拠調べ請求義務は、飽くまで検察官の義務であり、検察官がその履行として録音・録画記録の証拠調べを請求した場合であっても、裁判所は、証拠調べの義務を負うものではない。

なお、証拠調べ請求義務に関する規定は、取調べ等の録音・録画記録をいわゆる実質証拠として用いることを制約する趣旨のものではないから、録音・録画制度の導入後も、現行法の下におけるのと同様、取調べ等の録音・録画記録の実質証拠としての使用が妨げられるものではない。

イ 要 件

検察官に証拠調べ請求義務が課される要件は、

① 対象事件である被告事件の公判において、被告人に不利益な事実の承認を内容とする被告人の供述調書又は供述書の証拠調べ請求について、被告人又は弁護人が、「その承認が任意にされたものでない疑いがあることを理由として異議を述べた」こと、すなわち、いわゆる任意性を争う旨の主張をしたこと

② 当該供述調書又は供述書が、逮捕・勾留中における当該事件についての被疑者としての取調べ等の際に作成されたものであること

である。

このように、被告事件が対象事件であるとともに、任意性が争われた供述調書又は供述書が作成された取調べ等が対象事件についてのものであることが必要である。したがって、例えば、

○ 殺人未遂（対象事件）の事実で逮捕・勾留されたものの、公訴事実は傷害（非対象事件）である場合

○ 傷害（非対象事件）の事実で逮捕・勾留・起訴され、その後、被害者が

614　付録

死亡して訴因変更がなされたため、公訴事実は傷害致死（対象事件）であるものの、その逮捕・勾留中における取調べ等は傷害について行われている場合

等には、公判において、逮捕・勾留中の取調べの際に作成された供述調書の任意性が争われたとしても、証拠調べ請求義務は課されない。

　　ウ　対象となる録音・録画記録

　証拠調べ請求義務の対象は、任意性が争われた供述調書又は供述書が作成された取調べ等の開始から終了までの全過程の録音・録画記録である。これは、供述調書又は供述書が作成される取調べ等においては、取調官と被疑者との間で当該供述調書又は供述書の内容に関して様々なやり取りがなされるため、その際の一連の被疑者の言動を記録した録音・録画記録は、供述の任意性判断にとって類型的に有用性が高いと考えられる一方、その任意性判断に当たり、その作成以前に行われた全ての取調べ等の録音・録画記録が常に必要となるものではなく、仮にそれを証拠調べ請求義務の対象とした場合には、任意性の有無に全く関連しないごく一部の取調べについて録音・録画記録が欠けているにすぎない場合であっても、例外事由に該当しない限り、証拠調べ請求義務の違反となって、一律に当該供述調書又は供述書の証拠調べ請求が却下されることとなり、不当な結論を招くおそれもあると考えられることによる。

　供述調書又は供述書が「作成された取調べ等」とは、当該供述調書又は供述書を作成する場面を含む取調べ等のことである。例えば、被疑者がある供述を最初にした際の取調べでは供述調書が作成されず、後日、被疑者が別の取調べで再度同じ供述をし、その際に供述調書が作成されたという場合には、後者の取調べのみがこれに該当する。

　もとより、証拠調べ請求義務を履行したからといって、直ちに任意性が立証されることとなるものではなく、争点に応じた立証が必要となる。

　　エ　例外事由

　証拠調べ請求義務の例外事由は、

① 取調べ等の時点で録音・録画義務の例外事由に該当することにより、録音・録画がなされなかったため、任意性が争われた供述調書又は供述書が作成された取調べ等についての録音・録画記録が存在しないとき

② その他やむを得ない事情により、任意性が争われた供述調書又は供述書が作成された取調べ等についての録音・録画記録が存在しないときである（301の2Ⅰ但）。

　上記①については、上記(3)エを参照。上記②の「その他やむを得ない事情」とは、取調べ等の録音・録画記録が一旦は作成されたことを前提として、それが証拠調べ請求時までに存在しなくなったことについてのやむを得ない事情を意味する。したがって、例えば、作成された録音・録画記録が災害等により滅失した場合には、これに該当し得ると考えられるが、機器の操作ミスや整備不良により録音・録画記録が作成されなかった場合には、これに該当しない。

　オ　義務違反の効果

　検察官が、証拠調べ請求義務に違反して、任意性が争われた供述調書又は供述書が作成された取調べ等の録音・録画記録の証拠調べを請求しないときは、検察官による当該供述調書又は供述書の証拠調べ請求は却下されることとなる（301の2Ⅱ）。これは、証拠調べ請求義務の履行を確保しようとする趣旨である。

　もっとも、この規定は、このような場合に裁判所が当該供述調書又は供述書を職権で採用して取り調べることを禁止する趣旨までを含むものではない。これは、供述調書又は供述書の任意性に関する被告人の主張・供述が明らかに虚偽であると認められる場合や、被告人の主張・供述を前提としても明らかに任意性が認められる場合等もあり得ることを考慮したものである。

　(5)　施行期日

　録音・録画制度に関する規定は、本法の公布日から起算して3年以内の政令で定める日から施行される（本法附則1本）。

3　合意制度及び刑事免責制度の導入

　(1)　合意制度の導入

　ア　趣旨及び概要

　現行法上、取調べ以外に、組織的な犯罪等において首謀者の関与状況等を含めた事案の解明に資する供述を得るための有効な手法が存しないことが、これまで取調べ及び供述調書への過度の依存を生じてきた要因の一つとなっていることなどに鑑み、手続の適正を担保しつつそのような供述等を得るこ

616 付録

とを可能にする新たな証拠収集方法として、合意制度を導入することとされた。

その概要は、検察官と被疑者・被告人が、特定の財政経済犯罪及び薬物銃器犯罪について、弁護人の同意がある場合に、

○ 被疑者・被告人が、共犯者等の他人の刑事事件の解明に資する供述をしたり、証拠物を提出するなどの協力行為を行い、

○ 検察官が、被疑者・被告人の事件において、その協力行為を被疑者・被告人に有利に考慮して、不起訴にしたり、より軽い罪名で起訴したり、一定の軽い求刑をするなどの取扱いをする

ことを内容とする合意をすることができるというものである（本法2条による改正後の刑訴法〔以下、この3において条項番号のみを記す場合は、同法のそれを指す。〕350条の2等）。

合意制度の理論的根拠は、検察官が有する広範な訴追裁量権に求められる。すなわち、被疑者・被告人による他人の刑事事件についての協力行為は、248条の「犯罪後の情況」に当たり得るものであり、検察官は、そのような行為を被疑者・被告人に有利に考慮し、訴追裁量権の行使に反映させることができることを根拠とするものである。

イ　いわゆる巻込みの危険への対処

合意制度においては、合意をした被疑者・被告人が虚偽の供述をして第三者を巻き込む事態（いわゆる巻込み）が生じないようにするため、次のような制度的手当てが講じられている。

(ア)　他人の公判における合意内容書面の証拠調べ請求義務

合意に基づく供述が他人の公判で証拠として用いられるときは、合意の内容が記載された書面が、当該他人にも裁判所にも明らかにされて、供述の信用性が厳しく吟味される仕組みとされている（350の8・350の9）。これにより、裁判所は、その供述が一定の有利な取扱いを受けるという合意を契機とするものであることを十分に把握した上で、信用性を慎重に判断することが可能となるほか、その供述が用いられる他人やその弁護人としても、その供述が合意に基づくものであることを前提に、反対尋問等により信用性を弾劾することが可能となる。そのため、合意に基づく供述については、裏付証拠が十分に存在するなど、積極的に信用性を認めるべき事情が十分にある場合

でない限り、信用性は肯定されないことになると考えられる。そして、そうである以上、検察官としても、積極的に信用性を認めるべき事情が十分にある場合でない限り、合意に基づく供述を証拠として使うことはできないことになると考えられる。

　㈠　弁護人の関与

　協議の開始から合意の成立あるいは不成立となるまで、弁護人が常に関与する仕組みとされている（350の3・350の4）。弁護人の責務は、被疑者・被告人の正当な利益を擁護することであり、他人の利益を擁護すべき立場に立つものではないが、弁護人が協議・合意の過程に一貫して関与することは、巻込みを防止する上で一定の意義を有すると考えられる（弁護士職務基本規程75等参照）。

　㈡　虚偽供述等の罪

　合意をした者が捜査機関に対して虚偽の供述等をする行為を新たに処罰の対象とし、その法定刑を「5年以下の懲役」という相当程度重いものとする一方、裁判確定前に自白した場合には刑の任意的減免を認めることとされている（350の15）。これは、巻込みの原因となる合意後の行為を処罰の対象とすることで、その防止を図りつつ、そのような行為がなされた場合でも刑の任意的減免を認めることで、虚偽の供述等に基づき不当な刑事処分が行われることを未然に防止しようとするものである。

　ウ　合意の手続

　㈠　合意の主体

　合意の主体は、検察官及び被疑者・被告人である（350の2Ⅰ柱）。法人が被疑者・被告人である場合には、当該法人が合意の主体となることも可能であり、その場合、合意に係る手続は、法人の代表者が行うこととなる（27Ⅰ）。

　㈡　合意の内容

　a　被疑者・被告人による協力行為

　被疑者・被告人による協力行為として合意の内容とすることができるのは、他人の刑事事件について、

①　198条1項又は223条1項による検察官、検察事務官又は司法警察職員の取調べに際して真実の供述をすること

②　証人として尋問を受ける場合において真実の供述をすること

618　付録

③　検察官、検察事務官又は司法警察職員による証拠の収集に関し、証拠の
　提出その他の必要な協力をすること（上記①及び②を除く。）
であり、これらを1つのみ、あるいは同時に2つ以上定めることができる（350
の2Ⅰ柱・①）。

　「他人」とは、合意の主体である被疑者・被告人以外の者を意味する。合
意の主体である被疑者・被告人の共犯者が典型であるが、必ずしもそれに限
られない。また、法人も「他人」となり得る。

　協力行為は、他人の刑事事件の解明に資するものでなければならないが、
同時に合意の主体である被疑者・被告人自身の事件の解明に資するものであ
っても差し支えない。

　「真実の供述をする」とは、自己の記憶に従った供述をすることをいう。ま
た、「その他の必要な協力」としては、例えば、犯行再現見分等の実況見分
や検証に立ち会うこと、犯行現場等の関係場所への引き当たりにおいてそれ
らの場所まで案内することなどが考えられる。

　　b　検察官による処分の軽減等
　検察官による処分の軽減等として合意の内容とすることができるのは、被
疑者・被告人の事件について、
①　公訴を提起しないこと
②　公訴を取り消すこと
③　特定の訴因・罰条により公訴を提起し、又は維持すること
④　特定の訴因・罰条の追加若しくは撤回又は特定の訴因・罰条への変更を
　請求すること
⑤　論告（293Ⅰ）において、被告人に特定の刑を科すべき旨の意見を陳述
　すること
⑥　即決裁判手続の申立てをすること
⑦　略式命令の請求をすること
であり、これらを1つのみ、あるいは同時に2つ以上定めることができる（350
の2Ⅰ柱・②）。

　　c　合意の目的を達するため必要な事項
　合意には、被疑者・被告人による協力行為又は検察官による処分の軽減等
に「付随する事項その他の合意の目的を達するため必要な事項」をその内容

として含めることが可能である（350の2Ⅲ）。

　㉒　対象犯罪

　合意制度は、我が国の刑事司法制度に協議・合意の要素を有する証拠収集方法を初めて導入するものであることに鑑み、その対象犯罪については、この制度の対象とする必要性が高く、その利用にも適しており、かつ、被害者を始めとする国民の理解も得られやすいと考えられるものに政策的に限定するとの観点から、一定の財政経済犯罪と薬物銃器犯罪に限定し（350の2Ⅱ各号）、さらに、死刑又は無期の懲役・禁錮に当たる罪を除外することとされている（同項柱）。

　合意制度を利用するためには、被疑者・被告人の事件と他人の刑事事件の双方が対象犯罪でなければならないが、双方の事件の罪名が異なっていても、また、事実関係に重なり合いがなくても差し支えない。

　㉓　合意に係る検察官の考慮事情

　検察官は、合意の相手方となる被疑者・被告人が行う協力行為により「得られる証拠の重要性、関係する犯罪の軽重及び情状、当該関係する犯罪の関連性の程度その他の事情を考慮して、必要と認めるとき」に合意をすることができる（350の2Ⅰ柱）。

　「関係する犯罪」とは、合意の対象となる被疑者・被告人の事件及び他人の刑事事件に係る各犯罪を指す。両犯罪の「関連性の程度」は、衆議院での修正により考慮事情として明記されたものであり、合意をした場合に信用性のある証拠が得られる見込みの程度と関連し得ることなどが考慮されたものと考えられるが、これにより、合意制度が利用される場合として基本的に想定されるのは、共犯事件など、両犯罪の間に関連性が認められる場合であることが示されることにもなり得る。検察官としては、諸般の事情を考慮した上で、被疑者・被告人の事件についての処分等を軽減してもなお、他人の刑事事件の捜査・公判への協力を得ることが必要かを判断することとなる。

　㉔　弁護人の同意

　合意は被疑者・被告人の利害と深く関係する事柄であることから、合意が適正公平に行われることを確保し、被疑者・被告人の利益を保護するため、弁護人の同意がなければ合意をすることはできないこととされている（350の3Ⅰ）。そのため、被疑者・被告人に弁護人がない場合には、合意をする

620　付録

ことはできない。

　(カ)　合意の成立

　合意の内容を手続的に明確にしておくとの観点から、合意は要式行為とされており、合意の内容を明らかにする書面を作成し、検察官、被疑者・被告人及び弁護人の三者が連署することによって、合意が成立することとされている（350の3Ⅱ）。この書面を「合意内容書面」という（350の7Ⅰ）。

　合意が成立すると、検察官及び被疑者・被告人は、それぞれ合意の内容を履行する義務を負うこととなる。

　エ　協議の手続

　(ア)　協議の主体

　合意の前提として必要となる協議は、検察官、被疑者・被告人及び弁護人の三者で行う（350の4本）。協議は、合意に向けた交渉としての側面を有するため、被疑者・被告人の利益を保護する観点から、弁護人もその主体として関与することとされている。

　検察官は、被疑者・被告人及び弁護人の双方に異議がないときは、協議の一部を弁護人のみとの間で行うことができるが（同条但）、その双方に異議がない場合でも、被疑者・被告人のみとの間で協議の一部を行うことはできない。後者の点は、衆議院での修正によるものであり、弁護人の関与が巻込みの防止に資することを踏まえ、これについてより一層の確実を期する観点から、弁護人が常に協議に関与しなければならないこととされたものである。

　(イ)　協議の開始及び進行

　協議は、その開始について検察官と被疑者・被告人及び弁護人との間で意思が合致した際に開始されることとなる。いずれの側から協議の開始を申し入れても差し支えない。

　(ウ)　被疑者・被告人からの供述の聴取

　検察官は、合意をするか否かの判断に当たり、合意をした場合に被疑者・被告人からどのような内容の証拠が提供され得るか、被疑者・被告人が合意を真摯に履行する意思を有しているかなどの点を見極める必要があることから、協議において、被疑者・被告人に対し、他人の刑事事件についての供述を求め、これを聴取することができることとされている（350の5Ⅰ前）。

　この供述の聴取は、協議の手続の一部をなすものであり、弁護人の同席が

必要となるなど、取調べとは異なるものとして位置付けられる。もっとも、その聴取の過程では、被疑者・被告人の事件に供述が及ぶこともあり得ることから、検察官は、被疑者・被告人に対し、あらかじめ黙秘権を告知しなければならないこととされている（同項後・198Ⅱ）。

(エ)　合意不成立の場合の供述の証拠能力の制限

協議の結果として合意が成立に至らないこともあり得るが、その場合に、被疑者・被告人が協議においてした供述を検察官が自由に証拠とすることができるとすると、被疑者・被告人としては、協議に当たり、合意が成立しないかもしれないことを念頭に置いて、検察官の求めに応じて供述することを躊躇し、ひいては合意制度の利用自体を躊躇することとなると考えられる。そこで、結果的に合意の成立に至らなかったときは、被疑者・被告人が協議においてした供述は、被疑者・被告人の事件においても、他人の刑事事件においても、証拠とすることができないこととされている（350の5Ⅱ）。

被疑者・被告人の協議における供述に基づいて得られた証拠（派生証拠）は、対象とされていない。また、被疑者・被告人が協議においてした行為が一定の罪に当たる場合に、それらの罪に係る事件において証拠として用いることは妨げられない（同条Ⅲ）。

(オ)　司法警察員との関係

a　司法警察員との事前協議

捜査における検察官と司法警察員の連携・協調を十分なものとする観点から、検察官は、司法警察員が送致し若しくは送付した事件又は司法警察員が現に捜査していると認める事件について、その被疑者との間で協議を行おうとするときは、司法警察員と事前協議をしなければならないこととされている（350の6Ⅰ）。

司法警察員が送致した事件等であっても、その起訴後に被告人との間で協議を行おうとするときは、事前協議は不要である。

b　司法警察員の関与

検察官は、協議に係る他人の刑事事件の捜査のため必要と認めるときは、被疑者・被告人に供述を求めることその他の当該協議における必要な行為を司法警察員にさせることができる（350の6Ⅱ）。

もっとも、検察官による処分の軽減等の内容の提示は、公訴権の行使に関

622　付録

連するものであり、その内容の決定を司法警察員に委ねる仕組みとすること
は、公訴権を検察官が独占することとしている247条の趣旨に反することに
なると考えられる。そのため、司法警察員は、検察官の個別の授権の範囲内
に限って、検察官による処分の軽減等の内容の提示を行うことができること
とされている（350の6Ⅱ後）。これは、処分の軽減等の内容ごとに、検察官
から司法警察員に明示的に権限が付与されることを要するという趣旨であ
る。

　オ　公判手続等の特例
　㋐　合意をした被告人の公判における合意内容書面等の証拠調べ請求義務
　合意の存在及び内容は、合意をした被告人の公判において、訴訟の進行及
び被告人の情状の双方に関係し得るものであり、その事件の審判を行う裁判
所としては、合意の存在及び内容を十分に把握する必要があると考えられる。
そこで、検察官は、

○　被疑者との間でした合意がある場合において、当該合意に係る被疑者の
　事件について公訴を提起したとき、又は、公訴の提起後に被告人との間で
　合意をしたとき

は、遅滞なく合意内容書面の証拠調べ請求をしなければならず（350の7Ⅰ）、
さらに、その場合において、合意からの離脱があったときは、合意離脱書面
（合意からの離脱の際に作成する書面〔下記㋑参照〕を指す。以下同じ。）の証
拠調べ請求もしなければならないこととされている（同条Ⅱ・Ⅲ）。
　他方、公訴提起前に合意が成立したものの、その後、公訴提起の時までに
離脱がなされた場合には、検察官は、合意内容書面等の証拠調べ請求義務を
負わない。
　なお、略式手続についても、以上と同様の趣旨で検察官による合意内容書
面等の差出し義務が規定されている（462の2）。
　㋑　他人の公判における合意内容書面等の証拠調べ請求義務
　合意の存在及び内容は、合意に基づいて得られた供述録取書等又は証言の
信用性に関係するものであり、その供述が証拠として用いられる他人の公判
においては、当該他人及びその弁護人が、合意の存在及び内容を把握した上
で十分な防御活動を行うことができるようにするとともに、審判を行う裁判
所としても、合意の存在及び内容を把握した上で、その信用性を十分に吟味

できるようにすることが必要であり、それにより巻込みが防止されることとなる。そこで、検察官は、他人の公判において、

○　合意に基づく供述録取書等について、検察官、被告人若しくは弁護人による証拠調べ請求がなされ、又は裁判所の職権による証拠調べ決定がなされたとき

○　検察官、被告人若しくは弁護人が証人尋問を請求し、又は裁判所が職権で証人尋問決定をした場合において、その証人となるべき者との間で当該証人尋問についてした合意があるとき

は、遅滞なく合意内容書面の証拠調べを請求しなければならず（350の8前・350の9前）、さらに、その場合において、合意からの離脱があったときは、合意離脱書面の証拠調べ請求もしなければならないこととされている（350の8後・350の9後）。

　カ　合意からの離脱

　㋐　離脱事由

　合意の当事者は、一定の場合には、合意から離脱することが可能である。具体的には、合意の当事者が合意に違反した場合には、その相手方は合意から離脱することが可能であり（350の10Ⅰ①）、また、

○　検察官が合意に基づいて求刑をしたものの、裁判所がこれより重い刑を言い渡した場合等においては、被告人が（同項②）、

○　被疑者・被告人が合意に基づき自己の記憶に従って供述したものの、その内容が客観的な事実に反するものであった場合等においては、検察官が（同項③）

それぞれ合意から離脱することが可能である。

　㋑　離脱の方式及び効果

　離脱は、その理由を記載した書面により、相手方に対し、合意から離脱する旨を告知して行うこととされており（350の10Ⅱ）、合意と同じく要式行為である。

　離脱により合意は将来に向かって解消され、それ以後、当事者は、合意の内容を履行する義務を負わないこととなる。したがって、離脱後に合意の内容に反する行為をしても、その行為は合意違反とはならない。もっとも、当事者が、離脱事由が存在しないにもかかわらず、離脱の告知をした上で合意

624　付録

の内容に反する行為をした場合は、その離脱は適法でなく、当該行為は合意
違反となる。

　離脱は、それ以前の訴訟行為の効力や収集済みの証拠の証拠能力に影響を
及ぼすものではないが、合意違反があった場合には、下記キのとおりの効果
が生じることとされている。

　キ　合意の履行の確保

　㋐　検察官による合意違反の効果

　検察官による合意の履行を確保し、ひいては合意の実効性を十分に担保す
るという観点から、検察官が合意に違反して公訴権を行使したときは、その
効力を否定し、さらに、協議・合意の過程で得られた証拠の証拠能力を制限
することとされている。

　すなわち、検察官が不起訴合意に違反して公訴を提起した場合等において
は、裁判所は、公訴棄却の判決等をしなければならず（350の13）、また、検
察官が合意に違反したときは、①被告人が協議においてした供述及び②合意
に基づいてした被告人の行為により得られた証拠は、被告人の事件だけでな
く、他人の刑事事件においても、これらを証拠とすることができない（350
の14Ⅰ）。

　上記①又は②に基づいて得られた証拠（派生証拠）は、証拠能力の制限の
対象とされていない。また、上記①又は②が証拠として用いられようとする
事件の被告人に異議がない場合には、当該事件については証拠能力は制限さ
れない（同条Ⅱ）。

　㋑　虚偽供述等の罪

　合意に基づいて提供される証拠の信用性・真正性を確保し、合意制度の適
正な運用を担保するため、合意に違反して、検察官、検察事務官又は司法警
察職員に対し、虚偽の供述をし又は偽造・変造の証拠を提出した者は、5年
以下の懲役に処することとされている（350の15Ⅰ）。

　その上で、そのような行為がなされた場合に、虚偽の供述等に基づいて不
当な刑事処分が行われることを未然に防止するため、この罪を犯した者が、
当該合意に係る他人の刑事事件の裁判が確定する前であって、かつ、当該合
意に係る自己の刑事事件の裁判が確定する前に自白したときは、その刑を減
軽又は免除し得ることとされている（同条Ⅱ）。

ク　検察審査会との関係

(ア)　検察審査会に対する合意内容書面等の提出義務

検察官が不起訴処分とした事件について、検察審査会が審査を行う場合に、当該事件について合意があるときは、合意の存在及び内容が不起訴処分の理由と関係し得ることから、検察審査会が不起訴処分の当否を的確に判断するためには、合意の存在及び内容を把握することが必要であると考えられる。そこで、検察官は、

○　検察審査会が審査を行う場合において、当該審査に係る事件について被疑者との間でした合意があるとき

は、合意内容書面を検察審査会に提出しなければならず（本法４条による改正後の検審法35条の２第１項）、さらに、その場合において、合意からの離脱があったときは、合意離脱書面も提出しなければならないこととされている（同条Ⅱ）。

(イ)　検察審査会の議決による合意の失効等

a　合意の失効

検察官が、被疑者との間でした不起訴合意に基づいて不起訴処分をしたものの、検察審査会により、起訴相当議決、不起訴不当議決又は起訴議決がなされた場合、検察官としては、検察審査会の議決を参考にして、公訴を提起するか否かを判断すべき義務を負う（検審法41Ⅰ・Ⅱ）などする一方で、合意に基づき、引き続き、公訴を提起しない義務も負うこととなり、相反する義務を同時に負うこととなる。そこで、公訴権の実行に関し民意を反映させてその適正を図るという検審法の趣旨（検審法１）を全うするため、これらの議決がなされた場合には、検察官が合意の履行義務から離れて、改めて、公訴を提起するか否かを判断することができるようにするなどの観点から、不起訴合意が将来に向かって当然に失効することとされている（350の11）。

b　証拠能力の制限

検察審査会の議決があったとしても、検察官に合意違反があったことにはならないため、上記キ(ア)の証拠能力の制限は生じないが、当該議決後、検察官が当該議決に係る事件について公訴を提起した場合に、被告人が協議・合意の過程でした供述等を当該事件の立証に用いることができるとすることは、検察官と被告人との公平の観点から相当でないと考えられる。そこで、

626　付録

検察審査会の議決により合意が失効した後に、当該議決に係る事件について公訴が提起されたときにおいて、①被告人が協議においてした供述、②不起訴合意に基づいてした被告人の行為により得られた証拠及び③これらに基づいて得られた証拠（派生証拠）は、当該被告人の事件において証拠とすることができないこととされている（350の12Ⅰ）。

　もとより、他人の刑事事件において、これらを証拠とすることは妨げられない。また、上記の証拠能力の制限は、検察審査会の議決前に被告人がした行為が不起訴合意に違反するものであったことが明らかになった場合等においては、適用されない（同条Ⅱ）。

　ケ　施行期日

　合意制度に関する規定は、本法の公布日から起算して2年以内の政令で定める日から施行される（本法附則1④）。

　(2)　刑事免責制度の導入

　ア　趣旨及び概要

　刑事免責制度は、組織的な犯罪等において、取調べ以外の方法により、手続の適正を担保しつつ供述証拠を得ることを可能にするという点で、証拠の収集方法の適正化・多様化に資するとともに、公判廷における証言の形で証拠を顕出することを可能にするという点で、公判審理の充実化にも資するものであり、いずれの点からも、取調べ及び供述調書への過度の依存からの脱却を図る上で必要と考えられたことから、導入することとされたものである。

　その概要は、裁判所が、検察官の請求に基づいて、

○　尋問に応じてした供述及びこれに基づいて得られた証拠は、証人の刑事事件において、これらを証人に不利益な証拠とすることができない

○　証人は、146条の規定にかかわらず、自己が刑事訴追を受け又は有罪判決を受けるおそれのある証言を拒むことができない

との条件により証人尋問を行う旨の決定（以下「免責決定」という。）をするというものである（157の2・157の3）。

　刑事免責制度は、国家が一方的に、すなわち証人の意思に関わりなく、免責を付与して自己負罪拒否特権を喪失させるという性質のものであり、制度上、免責の付与についての証人との交渉や取引といった要素はない。

　イ　理論的根拠と免責の範囲

(ア) 理論的根拠

刑事免責制度は、自己負罪拒否特権（憲38Ⅰ）に基づく証言拒絶権（146）の行使により、犯罪の解明に必要な証言を得ることができないという事態に対処するため、証人に対し、裁判所の決定によって免責を与えることにより、当該証人の自己負罪拒否特権を失わせて証言を義務付ける制度である。

憲法38条1項は、「何人も、自己に不利益な供述を強要されない」として、自己負罪拒否特権を規定しているところ、ここにいう「不利益な供述」とは、判例上、自己が刑事上の責任を問われるおそれのある事項についての供述とされている。また、同項に基づき証人の証言拒絶権について規定する146条も、「自己が刑事訴追を受け、又は有罪判決を受ける虞のある証言を拒むことができる」と規定している。すなわち、これらの規定により拒否することができるのは、自己が刑事上の責任を問われるおそれのある事項についての供述であり、このことからすると、証人に対し、その証言及びこれに基づいて得られた証拠（いわゆる派生証拠）を証人の刑事事件において証人に不利益な証拠とすることができないという内容の免責（以下「派生使用免責」という。）が与えられれば、その派生使用免責が及ぶ範囲内では、証人が刑事上の責任を問われるおそれのある証言とはならず、したがって、自己負罪拒否特権の対象とならず、証言を義務付けることができると考えられる。これが刑事免責制度の理論的根拠である。

(イ) 免責の範囲

刑事免責制度において免責の対象となる原証拠は、証人が「尋問に応じてした供述」（157の2Ⅰ①）であり、証人が尋問事項と無関係にした供述は免責の対象とならない。

また、証人が当該証人尋問においてした行為が宣誓・証言拒絶の罪（161）又は偽証罪（刑169）に当たる場合に、当該行為に係るこれらの罪に係る事件において用いるときは、刑事免責制度による免責は付与されない（157の2Ⅰ①）。

ウ 証言義務

免責決定がなされた証人尋問においては、証人は、自己が刑事訴追を受け又は有罪判決を受けるおそれがあることを理由として証言を拒むことができないこととなる（157の2Ⅰ②）。そのため、証言拒絶罪（161）や過料の制裁

628　付録

等（160Ⅰ）の対象となり得る。

エ　免責決定の請求権者

免責決定は、検察官の請求に基づいてのみ行われる。弁護人の請求又は裁判所の職権による免責決定は認められない（157の2Ⅱ・157の3Ⅱ）。証人に対して派生使用免責が与えられても、制度上は、その証人を訴追することも可能であるが、その場合、訴追に用いる証拠が当該証言とは無関係に収集された独立の証拠であることを示す必要があるため、その訴追・処罰は、事実上、相当程度困難となり得る。このように、免責決定は、公訴権の行使に重大な影響を与え得るものであることから、検察官の請求に基づいてのみ行うことができることとされた。

オ　証人尋問開始前の免責決定

(ｱ)　請求要件

請求要件は、検察官が、

①　証人が刑事訴追を受け又は有罪判決を受けるおそれのある事項（以下「自己負罪事項」という。）についての尋問を予定している場合であって、

②　当該自己負罪事項についての証言の重要性、関係する犯罪の軽重及び情状その他の事情を考慮し、必要と認めるとき

である（157の2Ⅰ）。

上記①は、自己負罪事項について尋問する予定がなければ、免責決定を行う一般的な必要性が認められないことから、請求要件とされているものである。また、上記②は、検察官が、証人がすることのできる証言の証拠価値や免責を付与することによる証人の刑事事件の捜査及び訴追への影響等を考慮して、証人に免責を付与してでも他人の刑事事件について証言を得るべき必要性があるか否かを判断するとの趣旨である。

(ｲ)　裁判所の判断

裁判所は、免責決定の請求を受けたときは、その証人に尋問すべき事項に自己負罪事項が含まれないと明らかに認められる場合を除き、免責決定をすることとなる（157の2Ⅱ）。免責決定の実質的な必要性の判断は、訴追裁量権を有する検察官によりなされるべきであるため、裁判所は、およそ刑事免責制度を利用する必要がないと認められる場合、すなわち、証人に尋問すべき事項に自己負罪事項が含まれないと明らかに認められる場合を除き、免責

決定を行うこととされているものである。

　　カ　証人尋問開始後の免責決定

　　㈠　請求要件

　請求要件は、検察官が、

①　証人が自己負罪事項について証言を拒んだと認める場合であって、

②　当該自己負罪事項についての証言の重要性、関係する犯罪の軽重及び情
　状その他の事情を考慮し、必要と認めるとき

である（157の3Ⅰ）。

　ここでは、証人が自己負罪事項について証言を拒んだことが、免責決定の
一般的な必要性を基礎付けることになる。考慮事情に関する考え方は、証人
尋問開始前の免責決定の場合と同様である。

　　㈡　裁判所の判断

　裁判所は、免責決定の請求を受けたときは、その証人が証言を拒んでいな
いと認められる場合又はその証人に尋問すべき事項に自己負罪事項が含まれ
ないと明らかに認められる場合を除き、それ以後の当該証人尋問について、
免責決定をすることとなる（157の3Ⅱ）。およそ刑事免責制度を利用する必
要がないと認められる場合を除き、免責決定を行うこととされている点は、
上記オ㈡と同じである。

　　キ　第1回公判期日前の証人尋問との関係

　第1回公判期日前の証人尋問（以下「期日前尋問」という。）を主宰する裁
判官は、証人尋問に関し、裁判所又は裁判長と同一の権限を有するものとさ
れており（228Ⅰ）、原則として、刑訴法「第1編　総則」における証人尋問
に関する規定が期日前尋問についても準用される。刑事免責制度に関する規
定は、この「第1編　総則」に置かれていることから、期日前尋問にも準用
される。

　なお、期日前尋問において刑事免責制度を利用するためには、刑事免責の
要件を満たしていることが必要となるのみならず、226条又は227条の要件を
満たしていることも必要となる。

　　ク　施行期日

　刑事免責制度に関する規定は、本法の公布日から起算して2年以内の政令
で定める日から施行される（本法附則1④）。

630 付録

4　裁量保釈の判断に当たっての考慮事情の明確化

(1)　趣旨及び概要

　本法1条による改正前の90条においては、「裁判所は、適当と認めるとき
は、職権で保釈を許すことができる。」と規定されていたところ、この裁量
保釈の判断に当たって考慮すべき事情として、実務上確立している解釈を明
記することにより、法文の内容をできる限り明確化し、国民に分かりやすい
ものとするとの観点から、「裁判所は、保釈された場合に被告人が逃亡し又
は罪証を隠滅するおそれの程度のほか、身体の拘束の継続により被告人が受
ける健康上、経済上、社会生活上又は防御の準備上の不利益の程度その他の
事情を考慮し、適当と認めるときは、職権で保釈を許すことができる。」と
の規定に改められた（下線部分が追加された。）。

　改正の趣旨は、上記のとおりであり、従来の保釈の運用に関する特定の事
実認識を前提として、その運用を変更しようとする趣旨ではない。

　条文上、「保釈された場合に被告人が逃亡し又は罪証を隠滅するおそれの
程度」と「身体の拘束の継続により被告人が受ける健康上、経済上、社会生
活上又は防御の準備上の不利益の程度その他の事情」は、「のほか、」との文
言で接続されている。これは、裁量保釈の判断に当たっては、まず、判断の
基礎となる事情として、勾留の目的に直接関連する前者の事情を考慮し、そ
の上で、後者の事情について、個々の事案における具体的状況に応じて考慮
するものとする趣旨である。

　もとより、上記のような不利益があるからといって、直ちに裁量保釈が認
められることとなるわけではなく、「保釈された場合に被告人が逃亡し又は
罪証を隠滅するおそれの程度」のほか、そのような不利益の程度等を考慮し
て、裁量保釈を認めることが適当であるかを判断することとなる。

(2)　施行期日

　90条の改正規定は、本法の公布日から起算して20日を経過した日（平成28
年6月23日）から施行されている（本法附則1②）。

5　弁護人による援助の充実化

(1)　被疑者国選弁護制度の対象事件の拡大

ア　趣旨及び概要

被疑者国選弁護制度は、平成16年の刑訴法改正により導入されたものであ

るところ、当時、いわゆる司法過疎の問題があり、被疑者国選弁護人の選任態勢の確保に配慮を要したことから、対象事件が限定され、現行法上、死刑又は無期若しくは長期３年を超える懲役・禁錮に当たる事件が対象とされている。しかし、近時、司法過疎地域の解消に向けた取組や弁護士会における態勢整備等が進んでおり、勾留状が発せられている全ての被疑者を制度の対象としたとしても、十分対応できる状況にあると考えられる。そこで、同制度の趣旨をより全うするため、対象事件による限定をせず、勾留状が発せられている全ての被疑者を対象とすることとされた（本法２条による改正後の刑訴法〔以下、この(1)において条項番号のみを記す場合は、同法のそれを指す。〕37条の２等）。これは、請求による場合（37の２）だけでなく、職権による場合（37の４）についても同様である。

　この対象事件の拡大に伴い、被疑者国選弁護人の選任請求に関する事項の教示に関する規定について所要の整備がなされている（203Ⅳ・204Ⅲ・207Ⅱ等）。

　イ　施行期日等

　被疑者国選弁護制度の対象事件の拡大に関する規定は、本法の公布日から起算して２年以内の政令で定める日から施行される（本法附則１④）。なお、上記アの教示については、経過規定が置かれている（本法附則７・８）。

　(2)　**弁護人の選任に係る事項の教示の拡充**

　ア　趣旨及び概要

　現行刑訴法上、身柄拘束を受けた被疑者・被告人は、裁判所や刑事施設の長等に弁護士、弁護士法人又は弁護士会を指定して弁護人の選任を申し出ることができ、その申出を受けた裁判所や刑事施設の長等は、直ちに被疑者・被告人の指定した弁護士等にその旨を通知しなければならないこととされているが（78・207・209・211・216）、裁判所や捜査機関等は、身柄拘束を受けた被疑者・被告人に対し、弁護人選任権の告知の際に、上記の方法で弁護人の選任を申し出ることができる旨及びその申出先を教示すべき義務は負っていない（76Ⅰ・77Ⅰ・203Ⅰ・Ⅲ・204Ⅰ・Ⅱ・207Ⅱ・Ⅲ・211・216）。そこで、身柄拘束を受けた被疑者・被告人の弁護人選任権に関する手続保障をより十分なものにするという観点から、裁判所や捜査機関等は、弁護人選任権の告知の際に、上記方法で弁護人の選任を申し出ることができる旨及びその申出

632 付録

先を教示しなければならないこととされた（本法1条による改正後の刑訴法76条2項、77条2項、203条3項、204条2項、207条3項、211条、216条）。なお、教示すべき内容は、身柄拘束の場面に応じて若干異なっている（上記各規定を参照）。

イ　施行期日等

弁護人の選任に係る事項の教示の拡充に関する規定は、本法の公布日から起算して6月以内の政令で定める日（平成28年12月1日）から施行されている（本法附則1③）。なお、経過規定が置かれている（本法附則2～5）。

6　証拠開示制度の拡充

(1)　証拠の一覧表の交付手続の導入

ア　趣旨及び概要

証拠の一覧表の交付手続は、公判前整理手続及び期日間整理手続（以下「整理手続」と総称する。）において、被告人側による類型証拠又は主張関連証拠の開示請求が円滑・迅速に行われるようにすることにより、整理手続の円滑・迅速な進行に資するようにするため、その開示請求の「手がかり」として、検察官がその保管する証拠の一覧表を被告人側に交付しなければならないこととするものである（本法1条による改正後の刑訴法〔以下、この**6**において条項番号のみを記す場合は、同法のそれを指す。〕316条の14第2項～5項）。

イ　交付時期

検察官は、

①　検察官請求証拠の開示をした後、被告人又は弁護人から請求があったときは、速やかに、被告人又は弁護人に対し、検察官が保管する証拠の一覧表を交付しなければならず（316の14Ⅱ）、また、

②　上記①の交付をした後、証拠を新たに保管するに至ったときは、速やかに、被告人又は弁護人に対し、当該新たに保管するに至った証拠の一覧表を交付しなければならない（同条Ⅴ）。

ウ　記載事項

一覧表に記載しなければならない事項は、以下のとおりであり、これらを証拠ごとに記載しなければならない（316の14Ⅲ）。

刑事訴訟法等の一部を改正する法律(平成28年)の概要について　633

	証拠の種類	記載事項
①	証拠物 （同項①）	品名及び数量
②	供述を録取した書面で供述者の署名又は押印のあるもの （同項②）	当該書面の標目、作成の年月日及び供述者の氏名
③	上記②以外の証拠書類 （同項③）	当該証拠書類の標目、作成の年月日及び作成者の氏名

　このように、記載事項が個々の検察官の実質的な判断・評価を要しないものとされているのは、証拠の一覧表の交付手続は、証拠開示請求が円滑・迅速に行われるようにするためのものであることに照らすと、その記載事項は、一覧表の作成・交付が円滑・迅速に行われ、かつ、その記載の仕方をめぐる争いが生じないものとする必要があると考えられることによる。

　記載事項のうち「標目」とは、証拠書類の表題（タイトル）という趣旨であり、例えば、上記②の証拠書類については「供述調書」、「弁解録取書」、「自首調書」などと、上記③の証拠書類については「捜査報告書」、「実況見分調書」、「鑑定書」などとそれぞれ記載することとなる。

　エ　不記載事由

　一覧表に記載することにより以下のおそれがあると認めるものについては、これを一覧表に記載しないことができる（316の14Ⅳ）。

①　人の身体若しくは財産に害を加え又は人を畏怖させ若しくは困惑させる行為がなされるおそれ（同項①）

②　人の名誉又は社会生活の平穏が著しく害されるおそれ（同項②）

③　犯罪の証明又は犯罪の捜査に支障を生ずるおそれ（同項③）

　例えば、供述調書の「供述者の氏名」を一覧表に記載することにより、当該供述者が捜査に一定の協力をしたことが被告人側に推知され、報復として当該供述者やその親族の身体・財産に対する加害行為がなされるおそれがあるようなときは、当該供述者の氏名を一覧表に記載しないことができることとなる（同項①）。

　もとより、検察官が一定の事項を不記載としたとしても、証拠開示の要件や開示される証拠の範囲が変わるものではない。また、証拠開示請求に当たっては、開示請求に係る証拠を識別するに足りる事項を明らかにすれば足り（316の15Ⅲ・316の20Ⅱ）、証拠の標目や作成年月日など証拠の一覧表に記載

634　付録

されるべき事項によって特定する必要はない。

　オ　不服申立ての可否

　証拠の一覧表の交付手続については、不服申立ての手続が設けられておらず、一覧表の記載や交付に関して不服申立てをすることはできない。

　(2)　**整理手続の請求権の付与**

　現行法上、事件を整理手続に付するか否かは、裁判所の職権で決することとされているが、整理手続が行われることとなるか否かは当事者の公判準備に大きな影響を与えることに鑑み、当事者が裁判所に対して事件を整理手続に付するよう求めることができることを制度上明確にするとともに、当事者の請求があったときは裁判所がその判断を「決定」という方式で合理的期間内に行わなければならないこととする観点から、当事者に整理手続の請求権を付与することとされた（316の2Ⅰ・316の28Ⅰ）。これにより、充実した公判審理に向けて円滑・迅速に公判準備が行われることが期待される。

　裁判所は、当事者の請求があったときは、事件を整理手続に付する旨の決定又は請求を却下する旨の決定をしなければならない。事件を整理手続に付するか否かの判断基準は、現行法の下におけるのと同じである。

　なお、これらの決定は、「訴訟手続に関し判決前にした決定」であり、即時抗告をすることができる旨の規定は設けられていないことから、当事者は、抗告をすることはできない（420Ⅰ）。

　(3)　**類型証拠開示の対象の拡大**

　類型証拠開示の対象を拡大することにより、争点及び証拠の整理がより円滑・迅速に行われるようにするとの観点から、新たに、類型証拠開示の対象として、

①　共犯者の取調べ状況記録書面（316の15Ⅰ⑧）

②　証拠物の押収手続記録書面（同項⑨・同条Ⅱ）

を追加することとされた。

　上記①は、被告人の共犯として身体を拘束され又は公訴を提起された者であって、

○　検察官が証人として尋問を請求したもの又は

○　検察官が取調べを請求した供述録取書等の供述者であって、当該供述録取書等について326条の同意がされない場合には、検察官が証人として尋

刑事訴訟法等の一部を改正する法律（平成28年）の概要について　635

問を請求することを予定しているもの
に係る取調べ状況記録書面を指す。また、上記②は、押収手続の記録に関する準則に基づき、検察官、検察事務官又は司法警察職員が職務上作成することを義務付けられている書面であって、証拠物の押収に関し、その押収者、押収の年月日、押収場所その他の押収の状況を記録したものをいう（316の15Ⅰ⑨）。例えば、法務大臣訓令や国家公安委員会規則等に基づいて作成が義務付けられている領置調書や差押調書がこれに当たる。

　⑷　施行期日
　証拠開示制度の拡充に関する規定は、本法の公布日から起算して6月以内の政令で定める日（平成28年12月1日）から施行されている（本法附則1③）。

7　犯罪被害者等及び証人を保護するための措置の導入

　⑴　ビデオリンク方式による証人尋問の拡充
　ア　趣旨及び概要
　現行刑訴法上、ビデオリンク方式による証人尋問が認められているが、その対象は、性犯罪の被害者等に限定されており、その具体的な方式についても、証人が裁判官等の在席する場所と同一の構内（以下「同一構内」という。）に出頭した上で、裁判官等の在席する場所と証人の在席する別室との間をビデオリンクでつなぐ方式しか認められていない（157の4Ⅰ）。しかし、同一構内に出頭することにより、証人が精神の平穏を著しく害されたり、証人に対して加害行為等がなされるおそれがある場合等も考えられるところであり、そのような場合においても、証人の負担を適切に軽減しつつ証人尋問を行うことができるようにする必要があると考えられる。そこで、一定の場合に、同一構内以外の場所に証人を出頭させて、同所と裁判官等の在席する場所との間をビデオリンクでつなぐ方式（以下「構外ビデオリンク方式」という。）により証人尋問を行うことができることとされた（本法2条による改正後の刑訴法〔以下、この⑴において条項番号のみを記す場合は、同法のそれを指す。〕157条の6第2項）。

　イ　要件及び対象者
　裁判所は、以下の場合において、相当と認めるときは、検察官及び被告人又は弁護人の意見を聴いた上で、構外ビデオリンク方式により証人尋問を行うことができる（157の6Ⅱ）。

636　付録

① 犯罪の性質、証人の年齢、心身の状態、被告人との関係その他の事情により、証人が同一構内に出頭するときは精神の平穏を著しく害されるおそれがあると認めるとき（同項①）
② 同一構内への出頭に伴う移動に際し、証人の身体若しくは財産に害を加え又は証人を畏怖させ若しくは困惑させる行為がなされるおそれがあると認めるとき（同項②）
③ 同一構内への出頭後の移動に際し尾行その他の方法で証人の住居、勤務先その他その通常所在する場所が特定されることにより、証人若しくはその親族の身体若しくは財産に害を加え又はこれらの者を畏怖させ若しくは困惑させる行為がなされるおそれがあると認めるとき（同項③）
④ 証人が遠隔地に居住し、その年齢、職業、健康状態その他の事情により、同一構内に出頭することが著しく困難であると認めるとき（同項④）
　ウ　証人の在席場所
　構外ビデオリンク方式をとる場合の証人の在席場所は、「同一構内以外にある場所であつて裁判所の規則で定めるもの」とされており、具体的には最高裁判所規則で定められることとなる。

　エ　施行期日
　ビデオリンク方式による証人尋問の拡充に関する規定は、本法の公布日から起算して2年以内の政令で定める日から施行される（本法附則1④）。
　(2)　証人等の氏名及び住居の開示に係る措置の導入
　ア　趣旨及び概要
　現行刑訴法上、証人、鑑定人、通訳人又は翻訳人の尋問を請求するについてはその氏名及び住居を知る機会を、証拠書類又は証拠物（以下「証拠書類等」という。）の取調べを請求するについてはこれを閲覧する機会をそれぞれ相手方に与えなければならず（299Ⅰ）、検察官は、証人等（証人、鑑定人、通訳人若しくは翻訳人又は検察官請求証人等〔証拠書類等に氏名若しくは住居が記載され若しくは記録されている者であって検察官が証人、鑑定人、通訳人若しくは翻訳人として尋問を請求するもの又は供述録取書等の供述者をいう。以下同じ。〕をいう。以下この(2)において同じ。）又はその親族に対して加害行為等がなされるおそれがある場合であっても、弁護人に対し、それらの機会を与えた上で、一定の事項が被告人等に知られないように配慮や秘匿を求めること

ができる（299の2・299の3）にとどまっている。そこで、より実効性のある方策として、検察官は、証人等又はその親族に対して加害行為等がなされるおそれがあるときは、被告人の防御に実質的な不利益を生じるおそれがある場合を除き、弁護人に対し、それらの機会を与えた上で、証人等の氏名又は住居を被告人に知らせてはならない旨の条件を付する等の措置をとることができ、この措置によっては加害行為等を防止できないおそれがあるときは、証人等の氏名又は住居を知る機会を弁護人にも与えないこととした上で、氏名にあってはこれに代わる呼称を、住居にあってはこれに代わる連絡先をそれぞれ知る機会を与える措置をとることができることとされた（本法1条による改正後の刑訴法〔以下、この(2)において条項番号のみを記す場合は、同法のそれを指す。〕299条の4等）。

　イ　検察官による措置
　㋐　措置の内容
　検察官がとり得る措置の内容は、以下のとおりである（299の4Ⅰ～Ⅳ）。これらの措置は、氏名又は住居のいずれか一方についてのみとることも、その双方についてとることも可能である。

	証人、鑑定人、通訳人又は翻訳人の氏名及び住居を知る機会を与えるべき場合	証拠書類等を閲覧する機会を与えるべき場合
条件付与等の措置	弁護人に対し、当該氏名及び住居を知る機会を与えた上で、当該氏名又は住居について、 ○ 被告人に知らせてはならない旨の条件を付し、又は ○ 被告人に知らせる時期若しくは方法を指定する（同条Ⅰ）	弁護人に対し、証拠書類等を閲覧する機会を与えた上で、検察官請求証人等の氏名又は住居について、 ○ 被告人に知らせてはならない旨の条件を付し、又は ○ 被告人に知らせる時期若しくは方法を指定する（同条Ⅲ）
代替的呼称等の開示措置	被告人及び弁護人に対し、当該氏名又は住居を知る機会を与えないこととした上で、氏名にあってはこれに代わる呼称を、住居にあってはこれに代わる連絡先をそれぞれ知る機会を与える（同条Ⅱ）	被告人及び弁護人に対し、証拠書類等のうち検察官請求証人等の氏名又は住居が記載され又は記録されている部分について閲覧する機会を与えないこととした上で、氏名にあってはこれに代わる呼称を、住居にあってはこれに代わる連絡先をそれぞれ知る機会を与える（同条Ⅳ）

(イ) 要 件

条件付与等の措置の要件は、

① 証人等若しくはその親族の身体若しくは財産に害を加え、又はこれらの者を畏怖させ若しくは困惑させる行為がなされるおそれがあると認められること

② 証人等の供述の証明力の判断に資するような被告人その他の関係者との利害関係の有無を確かめることができなくなるときその他の被告人の防御に実質的な不利益を生ずるおそれがあるときでないこと

であり（299の4Ⅰ・Ⅲ）、代替的呼称等の開示措置については、これらに加えて、

③ 条件付与等の措置によっては上記①の行為を防止できないおそれがあると認められること

が要件となる（同条Ⅱ・Ⅳ）。

(ウ) 裁判所に対する通知

検察官は、上記㋐の措置をとったときは、速やかに、裁判所にその旨を通知しなければならない（299の4Ⅴ）。これは、裁判所が下記ウの措置を適切にとることができるようにするためである。

㋓　裁判所による裁定

裁判所は、検察官が上記㋐の措置をとった場合において、所定の要件を満たさないと認めるときは、被告人又は弁護人の請求により、決定で、当該措置の全部又は一部を取り消さなければならないこととされている（299の5Ⅰ）。

上記請求について決定をするときは、検察官の意見を聴かなければならない（同条Ⅲ）。また、この決定に対しては、即時抗告が可能である（同条Ⅳ）。

ウ　裁判所による措置

検察官が上記イ㋐の措置をとった場合等においては、当該措置に係る者等の氏名又は住居が、弁護人による訴訟書類等の閲覧・謄写（40Ⅰ）又は被告人による公判調書の閲覧等（49）の機会に被告人側に知られることを防止するとの観点から、裁判所が所定の措置をとることができることとされている（299の6）。

エ　弁護士会等に対する処置請求

検察官及び裁判所による条件付与等の措置の実効性を担保するため、弁護士会等に対する処置請求に関する規定が置かれている。出頭在廷命令に関する278条の2第5項・6項と同趣旨である。

オ　施行期日

証人等の氏名及び住居の開示に係る措置の導入に関する規定は、本法の公布日から起算して6月以内の政令で定める日（平成28年12月1日）から施行されている（本法附則1③）。

(3)　公開の法廷における証人等の氏名等の秘匿措置の導入

ア　趣　旨

現行刑訴法上、性犯罪等の被害者については、その氏名等の被害者特定事項を公開の法廷で明らかにしないで訴訟手続を行うことが可能であるが（290の2等）、このような措置の必要性は、被害者以外の証人等に対する加害行為等のおそれがある場合についても同様であることから、証人等の氏名等を公開の法廷で明らかにしないこととする措置を導入することとされた（本法

640　付録

１条による改正後の刑訴法〔以下、この(3)において条項番号のみを記す場合は、同法のそれを指す。〕290条の３等）。

　イ　要件及び対象者

　裁判所は、以下の場合において、証人等からの申出があるときは、検察官及び被告人又は弁護人の意見を聴き、相当と認めるときは、証人等特定事項の秘匿決定をすることができる（290の３Ⅰ）。

①　証人等特定事項が公開の法廷で明らかにされることにより証人等若しくはその親族の身体若しくは財産に害を加え又はこれらの者を畏怖させ若しくは困惑させる行為がなされるおそれがあると認めるとき（同項①）。

②　証人等特定事項が公開の法廷で明らかにされることにより証人等の名誉又は社会生活の平穏が著しく害されるおそれがあると認めるとき（同項②）。

　「証人等」とは、証人、鑑定人、通訳人、翻訳人又は供述録取書等の供述者をいう。また、「証人等特定事項」とは、氏名及び住所その他の当該証人等を特定させることとなる事項をいう。被害者特定事項（290の２Ⅰ）と同様に、具体的な事実関係に応じて、証人等の勤務先や通学先、配偶者や父母の氏名等の情報等もこれに当たり得る。

　ウ　秘匿決定の効果

　証人等特定事項の秘匿決定がなされた場合には、起訴状の朗読及び証拠書類の朗読は、証人等特定事項を明らかにしない方法で行うものとされるとともに（291Ⅲ・305Ⅳ）、訴訟関係人のする尋問又は陳述等が証人等特定事項にわたるときは、裁判長により制限され得ることとなる（295Ⅳ）。

　エ　秘匿決定の取消し

　裁判所は、証人等特定事項を公開の法廷で明らかにしないことが相当でないと認めるに至ったときは、秘匿決定を取り消さなければならないこととされている（290の３Ⅱ）。

　オ　施行期日

　公開の法廷における証人等の氏名等の秘匿措置の導入に関する規定は、本法の公布日から起算して６月以内の政令で定める日（平成28年12月１日）から施行されている（本法附則１③）。

8 証拠隠滅等の罪等の法定刑の引上げ等

(1) 証拠隠滅等の罪等の法定刑の引上げ

　刑事手続における証人の不出頭や宣誓・証言拒絶、犯人蔵匿や証拠隠滅など、事実の適正な解明を妨げる行為について、これまで以上に厳正に対処すべき犯罪であるという法的評価を示すとともに、その威嚇力によってこれらの行為を抑止して、証人の出頭・証言を確保するほか、客観的な証拠や関係者の供述が損なわれたり歪められたりすることなく公判廷に顕出されるようにするため、これらの犯罪の法定刑を引き上げ、併せて、加重処罰類型である組織的犯罪処罰法の「組織的な犯罪に係る犯人蔵匿等の罪」についても、法定刑を引き上げるほか、国際刑事裁判所の管轄刑事事件についての同種の犯罪類型である国際刑事裁判所に対する協力等に関する法律（以下「ICC法」という。）の証拠隠滅等の罪等についても、法定刑を引き上げることとされた。

　法定刑の引上げの具体的内容は、次の一覧表のとおりである。

改正前	改正後
証人不出頭、宣誓・証言拒絶（151・161）	
10万円以下の罰金若しくは拘留又はこれらの併科	1年以下の懲役又は30万円以下の罰金
犯人蔵匿等、証拠隠滅等、証人等威迫（刑103・104・105の2）	
【犯人蔵匿等及び証拠隠滅等】 2年以下の懲役又は20万円以下の罰金 【証人等威迫】 1年以下の懲役又は20万円以下の罰金	【犯人蔵匿等及び証拠隠滅等】 3年以下の懲役又は30万円以下の罰金 【証人等威迫】 2年以下の懲役又は30万円以下の罰金
組織的な犯罪に係る犯人蔵匿等（組織的犯罪処罰法7Ⅰ①～③）	
3年以下の懲役又は20万円以下の罰金	5年以下の懲役又は50万円以下の罰金
ICC法の証拠隠滅等（ICC法53・54・56）	
【証拠隠滅等】 2年以下の懲役又は20万円以下の罰金 【証人等威迫】 1年以下の懲役又は20万円以下の罰金 【組織的な犯罪に係る証拠隠滅等】 3年以下の懲役又は20万円以下の罰金	【証拠隠滅等】 3年以下の懲役又は30万円以下の罰金 【証人等威迫】 2年以下の懲役又は30万円以下の罰金 【組織的な犯罪に係る証拠隠滅等】 5年以下の懲役又は50万円以下の罰金

642　付録

(2)　証人の勾引要件の緩和

　現行刑訴法においては、証人の勾引について、「召喚に応じない証人に対しては、……これを勾引することができる。」と規定されており、召喚をして証人が指定の期日に出頭しなかった後でなければ勾引することができないこととされているため、証人が召喚に応じないことが召喚前から明らかであっても、不出頭を確認するためだけの公判期日を費やさなければ勾引することができず、期日の空転を招くなどの不都合が生じていた。そこで、証人の勾引要件を改めて、証人が正当な理由なく召喚に応じないおそれがあるときは、召喚の手続を経ることなく勾引し得ることとされた（本法1条による改正後の152条）。

(3)　証人の召喚規定の整備

　現行刑訴法には、裁判所が証人を召喚できるとする明文の規定はなく、証人の召喚を前提とする規定（150〜153）が存在することを根拠として、裁判所は当然に証人を召喚できるものと解されているが、上記(2)のとおり、証人の勾引要件を改めることに併せて、証人の召喚についての明文の根拠規定を整備することとされた（本法1条による改正後の143条の2）。

(4)　施行期日

　証拠隠滅等の罪等の法定刑の引上げに関する規定は、本法の公布日から起算して20日を経過した日（平成28年6月23日）から施行されている（本法附則1②）。

　他方、証人の勾引要件の緩和及び証人の召喚規定の整備に関する規定は、本法の公布日から起算して6月以内の政令で定める日（平成28年12月1日）から施行されている（本法附則1③）。

9　自白事件の簡易迅速な処理のための措置の導入

(1)　趣旨及び概要

　起訴後においては、被告人に対する捜査が制限されることとなるため、捜査段階においては、即決裁判手続の対象となり得る簡易な自白事件であっても、起訴後に被告人が否認に転じた場合に備えて、あり得る弁解を想定した上で、いわば念のための捜査を遂げるのが一般的であるところ、そのことが、起訴に至るまでの捜査の合理化・迅速化の妨げとなるとともに、即決裁判手続の活用に向けた動機付けが働かず、同手続の活用が限定的なものにとどま

っている原因ともなっていると考えられる。そこで、同手続の対象となり得る簡易な自白事件について、いわば起訴後に捜査に戻ることができる途を設けることにより、そのような念のための捜査を遂げずに起訴することに向けた動機付けを検察官に与え、これにより、起訴前の捜査や公判手続の合理化・迅速化を図り、ひいては、重大・複雑な事件に人員等の資源をより重点的に投入することを可能にするとの観点から、即決裁判手続の申立てがなされた後に、被告人が否認に転じるなどしたために同手続によらないこととなった場合には、公訴取消し後の同一事件についての再起訴の制限（340条において、「公訴の取消後犯罪事実につきあらたに重要な証拠を発見した場合」に限定されている。）の例外として、検察官が一旦公訴を取り消し、再捜査を行った上で再起訴することができることとされた（本法１条による改正後の350条の12）。

再起訴制限の例外として検察官が再起訴することができるのは、「証拠調べが行われることなく」公訴が取り消された場合に限られている。これは、被告人の地位の安定が不当に害されないようにするためである。

(2) 施行期日等

自白事件の簡易迅速な処理のための措置の導入に関する規定は、本法の公布日から起算して６月以内の政令で定める日（平成28年12月１日）から施行されている（本法附則１③）。なお、経過規定が置かれている（本法附則６）。

10 附 則

(1) 施行期日（附則１）

これまで説明したとおり、本法においては、各改正項目ごとに施行期日が定められている（附則１）。その全体像は、本稿末尾の「施行期日一覧表」のとおりである。

(2) 経過措置（附則２～８）

本法においては、①弁護人の選任に係る事項の教示の拡充、②自白事件の簡易迅速な処理のための措置の導入及び③被疑者国選弁護制度の対象事件の拡大について、所要の経過措置が定められている（上記①については附則２条から５条までが、上記②については附則６条が、上記③については附則７条及び８条がそれぞれ規定している。）。

644　付録

(3)　**検討条項**（附則9）

　本法には、いわゆる検討条項が設けられており、政府は、

○　本法の施行（本法の公布日から3年以内の政令で定める日）後3年を経過
　した場合において、録音・録画制度の在り方及びそれ以外の改正後の規定
　の施行状況について検討を加え、必要があると認めるときは、その結果に
　基づいて所要の措置を講ずる（附則9Ⅰ・Ⅱ）

○　本法の公布後、必要に応じ、速やかに、再審請求審における証拠の開示、
　起訴状等における被害者の氏名の秘匿に係る措置、証人等の刑事手続外に
　おける保護に係る措置等について検討を行う（同条Ⅲ）

ものとされている。

施行期日一覧表

施行期日	施行内容
本法の公布日から20日を経過した日 （平成28年6月23日）	○　裁量保釈の判断に当たっての考慮事情の明確化 ○　証拠隠滅等の罪等の法定刑の引上げ
本法の公布日から6月以内の政令で定める日 （平成28年12月1日）	○　通信傍受の対象犯罪の拡大 ○　弁護人の選任に係る事項の教示の拡充 ○　証拠の一覧表の交付手続の導入 ○　整理手続の請求権の付与 ○　類型証拠開示の対象の拡大 ○　証人等の氏名及び住居の開示に係る措置の導入 ○　公開の法廷における証人等の氏名等の秘匿措置の導入 ○　証人の勾引要件の緩和 ○　証人の召喚規定の整備 ○　自白事件の簡易迅速な処理のための措置の導入
本法の公布日から2年以内の政令で定める日 （平成30年6月1日）	○　合意制度の導入 ○　刑事免責制度の導入 ○　被疑者国選弁護制度の対象事件の拡大 ○　ビデオリンク方式による証人尋問の拡充
本法の公布日から3年以内の政令で定める日 （平成31年6月2日まで）	○　録音・録画制度の導入 ○　通信傍受の手続の合理化・効率化

（吉田雅之）

裁判例コンメンタール刑事訴訟法

監修者・編集代表・編集委員・第4巻執筆者紹介 （平成30年4月現在）

〈監修者〉

井上 正仁　　　早稲田大学大学院法務研究科教授

〈編集代表〉

河村 博　　　　同志社大学法学部・大学院法学研究科教授
酒巻 匡　　　　早稲田大学大学院法務研究科教授
原田 國男　　　慶應義塾大学大学院法務研究科教授
廣瀬 健二　　　立教大学大学院法務研究科教授

〈編集委員〉

大島 隆明　　　東京高等裁判所判事
三浦 守　　　　最高裁判所判事

〈第4巻執筆者〉 50音順

池田 修　　　　国家公務員倫理審査会会長、元福岡高等裁判所長官
鹿野 伸二　　　名古屋家庭裁判所所長
菊池 浩　　　　奈良地方検察庁検事正
中谷 雄二郎　　松戸簡易裁判所判事、元大阪高等裁判所判事
原田 國男　　　慶應義塾大学大学院法務研究科教授
平尾 覚　　　　西村あさひ法律事務所弁護士、元東京地方検察庁検事
前田 巌　　　　東京地方裁判所判事
三浦 守　　　　最高裁判所判事
吉田 雅之　　　東京地方検察庁検事

第 4 巻判例索引

大審院、最高裁判所

大判明32・10・16刑録5・9・37 ……………… 292
大判明37・6・27刑録10・1417 ……………… 9
大判明39・6・28刑録12・753 ……………… 296
大判明43・10・7刑録16・1627 ……………… 297
大判大3・10・14刑録20・1853 ……………… 8
大判大6・1・23新聞1232・32 ……………… 157
大判大6・2・9刑録23・45 ……………… 13, 198
大判大7・5・28刑録24・597 ……………… 292
大判大8・12・8刑録25・1238 ……………… 295
大判大12・5・1刑集2・389 ……………… 157
大判大13・5・6刑集3・399 ……………… 7
大判大13・5・24刑集3・445 ……………… 288
大決大13・11・27刑集3・804 ……………… 8
大判大14・2・28刑集4・139 ……………… 65
大判大14・9・29刑集4・551 ……………… 17
大決大14・10・2刑集4・565 ……………… 48
大判大14・10・13刑集4・639 ……………… 46
大決大14・10・29刑集4・10・635 ……………… 55
大決大15・2・3刑集5・15 ……………… 396
大判大15・5・26刑集5・217 ……………… 48, 53, 55
大判大15・6・7刑集5・245 ……………… 169
大判大15・10・26刑集5・463 ……………… 20
大判昭2・6・24刑集6・222 ……………… 291
大判昭2・10・31刑集6・416 ……………… 71
大判昭2・12・10刑集6・515 ……………… 70
大判昭3・5・17刑集7・355 ……………… 297
大判昭3・6・25刑集7・441 ……………… 294
大決昭4・4・5新聞2986・15 ……………… 452
大判昭4・9・5刑集8・432 ……………… 10
大決昭5・2・15刑集9・70 ……………… 39
大判昭5・10・9刑集9・725 ……………… 21
大判昭5・10・16刑集9・750 ……………… 71
大決昭6・4・23刑集10・160 ……………… 451
大判昭6・4・28刑集10・176 ……………… 294
大判昭6・12・10刑集10・745 ……………… 81
大決昭7・3・14刑集11・232 ……………… 594

大決昭7・5・12刑集11・619 ……………… 396
大判昭7・9・29刑集11・1404 ……………… 294
大判昭7・11・21刑集11・1657 ……………… 26
大決昭8・3・16刑集12・271 ……………… 39
大決昭8・4・26刑集12・503 ……………… 38
大判昭8・5・22刑集12・5・687 ……………… 55
大決昭8・6・8刑集12・771 ……………… 452
大判昭8・12・11刑集12・2298 ……………… 10
大判昭9・3・13刑集13・265 ……………… 24
大判昭9・3・22刑集13・302 ……………… 193
大判昭9・3・24刑集13・313 ……………… 81
大判昭9・7・23刑集13・997 ……………… 21, 24
大判昭10・10・26新聞3935・13 ……………… 53
大判昭10・10・29刑集14・1092 ……………… 297
大決昭10・12・14刑集14・4・1422 ……………… 55
大判昭12・2・6刑集16・52 ……………… 70
大判昭12・2・20刑集16・107 ……………… 452
大判昭12・6・8刑集16・921 ……………… 454
大決昭12・10・11刑集16・1347 ……………… 31
大決昭13・2・18刑集17・60 ……………… 475
大決昭13・5・30刑集17・401 ……………… 452
大決昭13・6・25刑集17・497 ……………… 596
大決昭13・8・19新聞4319・17 ……………… 466
大判昭14・4・14刑集18・215 ……………… 574
大判昭14・4・14刑集18・245 ……………… 294
大判昭14・5・16刑集18・317 ……………… 462
大決昭14・7・5刑集18・382 ……………… 595
大決昭15・2・14新聞4533・5 ……………… 452
大決昭15・8・8刑集19・520 ……………… 41
大決昭16・1・31刑集20・63 ……………… 554
大決昭16・4・8刑集20・160 ……………… 466
最判昭22・12・24刑集1・100 ……………… 10
最判昭23・2・9刑集2・2・56 ……………… 106, 121
最大判昭23・3・10刑集2・3・175 ……………… 303
最判昭23・3・16刑集2・3・237 ……………… 137
最判昭23・3・20刑集2・3・253 ……………… 113

最大判昭23・5・26刑集2・6・529 ……………… 9
最判昭23・6・8刑集2・7・651 ……………… 297
最判昭23・7・8刑集2・8・822 ……………… 134
最判昭23・7・13刑集2・8・832 ……………… 104
最判昭23・9・11刑集2・10・1202 ……………… 113
最判昭23・10・14刑集2・11・1340 ……………… 296
最判昭23・10・30刑集2・11・1435 ……………… 288
最判昭23・11・10刑集2・12・1660 ……………… 193
最大決昭23・11・15刑集2・12・1528 ……………… 13
最判昭23・11・18刑集2・12・1626 ……… 219, 292
最判昭23・11・20刑集2・12・1631 ……………… 297
最判昭23・11・25刑集2・12・1647 ……………… 134
最判昭23・12・1刑集2・13・1661 ……………… 203
最判昭23・12・2刑集2・13・1682 ……………… 79
最判昭23・12・24刑集2・14・1873 ……………… 134
最大判昭24・1・12刑集3・1・20 ……………… 17, 469
最判昭24・1・20刑集3・1・40 ……………… 150
最判昭24・2・1刑集3・2・65 ……… 499, 506, 509
最判昭24・2・8刑集3・2・124 …… 493, 500, 508, 510
最判昭24・2・10刑集3・2・155 ……………… 92
最判昭24・3・23刑集3・3・342 ……………… 90
最決昭24・4・6刑集3・4・469 ……………… 469
最判昭24・4・23刑集3・5・610 ……………… 137
最判昭24・5・14刑集3・6・721 ……………… 322
最判昭24・5・19刑集3・6・855 ……………… 492
最判昭24・5・31刑集3・6・890 ……………… 113
最判昭24・6・16刑集3・7・1082 ……… 13, 16, 30
最判昭24・6・18刑集3・7・1090 ……………… 90
最判昭24・7・13刑集3・8・1290 ……………… 515
最大決昭24・7・22刑集3・8・1369 …… 313, 337, 372
最判昭24・8・9刑集3・9・1428 ……… 219, 292
最判昭24・9・10刑集3・10・1585 ……………… 134
最大決昭24・9・19刑集3・10・1598 ……………… 417
最判昭24・9・24刑集3・10・1612 ……………… 503
最決昭24・10・20刑集3・10・1665 ……… 239, 309
最判昭24・12・13最高裁破棄判決集1・126 … 139
最決昭25・2・2刑集4・2・127 ……………… 314
最判昭25・2・24刑集4・2・249 ……………… 202
最決昭25・2・28刑集4・2・263 ……………… 92
最判昭25・3・3刑集4・3・305 ……………… 292
最判昭25・3・30刑集4・3・454 ……………… 71
最判昭25・4・13刑集4・4・567 ……… 492, 511
最判昭25・4・20刑集4・4・648 ……………… 308
最大決昭25・4・21刑集4・4・666 ……………… 455
最大決昭25・4・21刑集4・4・675 ……………… 38
最判昭25・5・2刑集4・5・753 …… 493, 501, 508, 510
最判昭25・5・11刑集4・5・765 ……………… 321
最決昭25・5・12刑集4・5・797 ……………… 321
最決昭25・5・18刑集4・5・826 ……………… 224
最判昭25・5・30刑集4・5・885 ……………… 10
最決昭25・6・8刑集4・6・972 ……… 84, 347
最判昭25・7・4刑集4・7・1174 ……………… 499
最判昭25・7・6刑集4・7・1205 ……………… 212
最判昭25・7・7刑集4・7・1226 ……………… 82
最決昭25・7・11刑集4・8・1583 ……………… 64
最判昭25・7・12刑集4・7・1311 ……………… 43
最判昭25・7・13刑集4・8・1356 ……………… 35
最判昭25・7・13刑集4・8・1364 ……………… 82
最判昭25・7・14刑集4・8・1378 ……………… 69
最判昭25・7・25刑集4・8・1523 ……………… 314
最判昭25・8・9刑集4・8・1550 ……………… 297
最判昭25・9・5刑集4・9・1617 ……… 10, 539
最判昭25・9・5裁集19・155 ………… 499, 507, 509
最大判昭25・9・27刑集4・9・1805 ……………… 7
最判昭25・10・3刑集4・10・1861 ……………… 82
最決昭25・10・5刑集4・10・1902 ……………… 322
最決昭25・10・12刑集4・10・2084 ……… 203, 331
最決昭25・10・12刑集4・10・2087 ……………… 308
最判昭25・10・24刑集4・10・2121 ……………… 8
最大判昭25・10・25刑集4・10・2134 ……………… 252
最決昭25・10・26刑集4・10・2170 ……………… 579
最判昭25・11・8刑集4・11・2221 ……………… 493
最決昭25・11・16刑集4・11・2323 ……………… 224
最大判昭25・11・22刑集4・11・2372 ……………… 312
最決昭25・11・30刑集4・11・2438 ……… 69, 372
最判昭25・11・30刑集4・12・2468 ……………… 493
最決昭25・12・5刑集4・12・2489 ……………… 53
最判昭25・12・19刑集4・12・2562 ……………… 10
最決昭25・12・22刑集4・13・2880 ……… 593, 594
最大判昭26・1・17刑集5・1・1 ……………… 292
最判昭26・1・23刑集5・1・73 ……………… 288
最判昭26・1・23刑集5・1・86 ……………… 493
最決昭26・2・22刑集5・3・429 ……… 314, 321
最判昭26・2・25刑集5・13・2613 ……………… 152
最決昭26・3・8刑集5・4・492 ……………… 314
最判昭26・3・8刑集5・4・495 ……………… 291
最判昭26・3・9刑集5・4・500 ……………… 109
最決昭26・3・22裁集42・497 ……………… 64
最決昭26・3・27刑集5・4・695 ……… 224, 320
最決昭26・3・29刑集5・4・722 ……… 237, 320, 571
最決昭26・3・30刑集5・4・742 ……………… 321
最決昭26・3・30刑集5・5・801 ……………… 308

第 4 巻判例索引　大審院、最高裁判所　649

最判昭26・4・10刑集5・5・820 ······················ 14
最判昭26・4・17刑集5・6・963 ······················ 323
最判昭26・5・10刑集5・6・1021 ···················· 238
最決昭26・5・18刑集5・6・1175 ···················· 224
最大決昭26・6・9刑集5・7・1267 ·················· 374
最判昭26・7・6刑集5・8・1408 ······················ 493
最大判昭26・7・11刑集5・8・1419 ················ 315
最決昭26・7・18刑集5・8・1476 ···················· 542
最判昭26・7・20刑集5・8・1556 ···················· 107
最判昭26・7・20刑集5・8・1604 ···· 151, 225, 575
最大判昭26・8・1刑集5・9・1715 ·················· 292
最大判昭26・8・17刑集5・9・1799 ················ 280
最決昭26・9・6刑集5・10・1907 ···················· 407
最決昭26・9・13刑集5・10・1925 ·················· 375
最決昭26・9・13刑集5・10・1926 ·················· 597
最判昭26・9・18裁集53・91 ························· 501
最判昭26・9・25刑集5・10・1970 ·················· 137
最決昭26・10・6刑集5・11・2177 ······ 41, 199, 422
最判昭26・10・12刑集5・11・2183 ················· 10
最判昭26・10・16刑集5・11・2249 ··············· 319
最判昭26・11・2刑集5・12・2327 ·················· 347
最判昭26・11・15刑集5・12・2376 ··············· 258
最判昭26・11・27刑集5・13・2457 ··············· 296
最大判昭26・11・28刑集5・12・2423
　　　　　　　　　　　　　　 211, 306, 348
最判昭26・12・20刑集5・13・2556 ··············· 291
最判昭26・12・21刑集5・13・2607
　　　　　　　　　　 499, 505, 506, 507
最決昭26・12・22裁集58・719 ····················· 64
最判昭27・1・10刑集6・1・69 ············ 212, 316
最大判昭27・2・6刑集6・2・134 ········· 205, 308
最判昭27・2・26刑集6・2・134 ···················· 232
最決昭27・3・6裁集62・155 ························ 19
最判昭27・3・7刑集6・3・387 ····················· 139
最判昭27・3・13刑集6・3・470 ···················· 315
最判昭27・3・28刑集6・3・217 ···················· 117
最判昭27・4・4刑集6・4・578 ········· 498, 505, 507
最大判昭27・4・23刑集6・4・685 ····· 493, 496, 512
最判昭27・4・24刑集6・4・708 ···················· 362
最判昭27・5・13刑集6・5・744 ···················· 121
最決昭27・7・12刑集6・7・910 ···················· 212
最判昭27・7・25裁集66・407 ····················· 113
最決昭27・8・30刑集6・8・1063 ···················· 38
最決昭27・9・10刑集6・8・1068 ·················· 420
最決昭27・10・23刑集6・9・1118 ··················· 18
最大決昭27・11・5刑集6・10・1176 ············· 288

最大判昭27・11・19刑集6・10・1217
　　　　　　　　　　 30, 50, 492, 539
最決昭27・11・25刑集6・10・1262 ··············· 374
最判昭27・12・11刑集6・11・1294 ···· 499, 505, 507
最決昭27・12・16裁集70・559 ···················· 212
最判昭27・12・19刑集6・11・1329 ··············· 122
最大判昭27・12・24刑集6・11・1363 ············ 289
最判昭27・12・25刑集6・12・1401 ······· 208, 305
最決昭27・12・26刑集6・12・1473 ··············· 374
最決昭27・12・26裁集71・885 ···················· 134
最判昭27・12・27刑集6・12・1477 ··············· 396
最判昭28・1・17刑集7・1・5 ··········· 71, 114, 116
最決昭28・1・29刑集7・1・124 ····················· 10
最決昭28・1・30刑集7・1・128 ···················· 243
最決昭28・2・12刑集7・2・211 ···················· 319
最決昭28・2・13刑集7・2・218 ···················· 137
最判昭28・2・19刑集7・2・293 ···················· 522
最判昭28・2・19刑集7・2・328 ···················· 315
最判昭28・2・26刑集7・2・331 ················· 8, 10
最判昭28・2・27刑集7・2・348 ···················· 109
最決昭28・3・20裁集76・561 ···················· 212
最判昭28・3・20裁集76・663 ········· 499, 507, 509
最判昭28・3・26刑集7・3・636 ··········· 243, 292
最判昭28・3・27刑集7・3・659 ···················· 157
最判昭28・4・16刑集7・4・865 ···················· 121
最判昭28・4・17刑集7・4・873 ······· 71, 116, 347
最判昭28・5・12刑集7・5・1011 ···················· 89
最判昭28・5・21刑集7・5・1053 ·················· 297
最判昭28・6・4刑集7・6・1251 ···················· 356
最判昭28・6・19刑集7・6・1342 ·················· 121
最大判昭28・6・24刑集7・6・1371 ·············· 362
最判昭28・7・7刑集7・7・1441 ···················· 323
最判昭28・7・10刑集7・7・1505 ············· 67, 348
最判昭28・7・17刑集7・7・1533 ············· 90, 350
最判昭28・7・18刑集7・7・1541 ········· 493, 512
最決昭28・7・24刑集7・7・1648 ·················· 464
最判昭28・7・31刑集7・7・1651 ········· 209, 348
最判昭28・8・7刑集7・8・1679 ···················· 281
最判昭28・9・1最高裁破棄判決集2・126 ······· 137
最判昭28・9・25刑集7・9・1832 ········· 20, 23, 244
最決昭28・10・6刑集7・10・1897 ········· 588, 595
最判昭28・10・15刑集7・10・1921 ··············· 455
最判昭28・10・16刑集7・10・1940 ··············· 341
最判昭28・10・30刑集7・10・2029 ··············· 121
最判昭28・11・10刑集7・11・2051 ··············· 281
最決昭28・11・24刑集7・11・2283 ··············· 475

最決昭28・11・27刑集7・11・2294 ……………… 71
最判昭28・11・27刑集7・11・2303 ……………… 357
最大判昭28・12・16刑集7・12・2550 ………… 492
最決昭28・12・17刑集7・12・2558 …………… 310
最判昭28・12・18刑集7・12・2578 …………… 500
最決昭28・12・19刑集7・12・2588 ……………… 63
最大決昭28・12・22刑集7・13・2595 …………… 395
最判昭28・12・22刑集7・13・2599 ……………… 65
最判昭28・12・25刑集7・13・2749 …………… 295
最決昭29・1・19刑集8・1・37 ………………… 404
最大判昭29・1・20刑集8・1・41 ……………… 294
最判昭29・3・23刑集8・3・305 ………………… 82
最判昭29・3・26刑集8・3・337 ……… 225, 341, 342
最判昭29・4・2刑集8・4・399 ………………… 153
最判昭29・4・13刑集8・4・462 ……………… 281
最決昭29・4・13裁集94・401 ………………… 212
最判昭29・4・20裁集94・549 ………………… 462
最大決昭29・4・26刑集8・4・539 …………… 404
最決昭29・5・4刑集8・5・631 ……………… 426
最判昭29・5・11刑集8・5・647 ……………… 362
最判昭29・5・11刑集8・5・653 ……………… 363
最決昭29・6・2刑集8・6・794 ………… 314, 354
最判昭29・6・8刑集8・6・821 ……………… 275
最判昭29・6・19刑集8・6・903 ……………… 238
最決昭29・6・24刑集8・6・971 ……………… 316
最大判昭29・7・7刑集8・7・1052 ………… 18, 60
最決昭29・7・7刑集8・7・1065 ……………… 416
最判昭29・7・8裁集97・201 ………………… 499
最判昭29・7・16刑集8・7・1210 …………… 322
最判昭29・7・30刑集8・7・1231 ……………… 32
最判昭29・8・20刑集8・8・1249 ……………… 84
最判昭29・8・24最高裁破棄判決集3・193 … 137
最決昭29・9・11刑集8・9・1490 …… 49, 64, 330
最判昭29・9・17裁集98・667 ……… 499, 505, 508
最決昭29・9・21刑集8・9・1514 …………… 209
最判昭29・9・30刑集8・9・1565 …………… 262
最決昭29・10・8刑集8・10・1588 ……… 395, 444
最大判昭29・10・13民集8・10・1846 ……… 303
最決昭29・10・19刑集8・10・1596 ……… 10, 313
最決昭29・10・19刑集8・10・1610 … 362, 455, 457
最判昭29・10・22刑集8・10・1653 ………… 164
最決昭29・11・4刑集8・11・1665 ………… 251
最判昭29・11・5刑集8・11・1715 ………… 323
最判昭29・11・5刑集8・11・1728 ………… 322
最決昭29・11・9刑集8・11・1735 ………… 320
最大判昭29・11・10刑集8・11・1816 ……… 9

最決昭29・11・18刑集8・11・1850 ………… 567
最判昭29・11・22刑集8・11・1857 ………… 475
最大決昭29・11・24裁集100・573 ………… 404
最判昭29・11・25刑集8・11・1905 … 499, 506, 509
最決昭29・12・2刑集8・12・2061 ………… 531
最判昭29・12・24刑集8・13・2336
………………… 18, 60, 69, 212, 323
最判昭29・12・24刑集8・13・2348 ………… 321
最決昭29・12・27刑集8・13・2435 ………… 54
最判昭30・1・31最高裁破棄判決集3・182 … 139
最大判昭30・2・9刑集9・2・217 …………… 316
最判昭30・2・18刑集9・2・332 ………… 319, 342
最大決昭30・2・23刑集9・2・372
………………… 41, 372, 374, 422
最判昭30・2・24刑集9・2・374 ……… 500, 507, 510
最判昭30・3・3刑集9・3・423 …………… 313
最判昭30・3・16刑集9・3・461 …………… 152
最判昭30・4・5刑集9・4・652 …………… 297
最判昭30・4・5裁集104・21 ……………… 150
最決昭30・4・11刑集9・4・836 ……………… 14
最判昭30・4・12刑集9・4・838 ……………… 69
最判昭30・4・15刑集9・4・851 ……………… 66
最判昭30・5・13刑集9・6・1023 …………… 82
最決昭30・5・25裁集105・1027 ……………… 66
最決昭30・6・3刑集9・7・1136 ……………… 62
最大判昭30・6・22刑集9・8・1189
………… 62, 68, 115, 203, 269, 333
最決昭30・6・30裁集106・935 …………… 464
最決昭30・7・14刑集9・9・1872 ………… 404
最大判昭30・7・18刑集9・9・1878 ……… 300
最判昭30・8・2刑集9・9・1988 …………… 320
最判昭30・8・2裁集108・11 ……………… 213
最決昭30・8・26刑集9・9・2049 ……… 119, 121
最判昭30・9・29刑集9・10・2102 …… 224, 370
最決昭30・10・31刑集9・11・2349 ……… 443
最決昭30・11・18刑集9・12・2460 ……… 120
最決昭30・11・30刑集9・12・2562 ……… 259
最決昭30・12・1刑集9・13・2577 ………… 281
最大判昭30・12・14刑集9・13・2775 ……… 9
最判昭30・12・16刑集9・14・2797 ……… 258
最判昭30・12・20刑集9・14・2906
………………… 73, 225, 348, 364
最大判昭30・12・21刑集9・14・2912 …… 323
最大判昭30・12・21刑集9・14・2946 … 10, 313
最大決昭30・12・23刑集9・14・2963 …… 375
最大決昭30・12・23刑集9・14・2991 …… 443

第 4 巻判例索引　大審院、最高裁判所　651

最大決昭30・12・23刑集9・14・2995 ………… 422
最決昭30・12・23裁集111・703 ………… 67
最判昭30・12・26刑集9・14・3011 ………… 262
最判昭31・1・10刑集10・1・1 ………… 224
最判昭31・2・10刑集10・2・159 ………… 70
最判昭31・3・9刑集10・3・309 ………… 323, 335
最判昭31・3・27刑集10・3・403 …… 121, 212, 350
最判昭31・3・30刑集10・3・422 ………… 413
最判昭31・4・12刑集10・4・540 ………… 158
最決昭31・4・17判時79・24 ………… 299
最判昭31・4・19刑集10・4・588 ………… 352
最決昭31・4・19裁集113・381 ………… 238
最決昭31・5・1裁集113・437 ………… 39
最大決昭31・5・21刑集10・5・717 ………… 464
最決昭31・6・5刑集10・6・805 ………… 426
最大判昭31・6・13刑集10・6・830 ………… 315
最大決昭31・6・13刑集10・6・847 …… 417, 426
最判昭31・6・19裁集113・791 ………… 66
最決昭31・6・28刑集10・6・939 ………… 319
最決昭31・7・4刑集10・7・1015 ………… 38, 39
最判昭31・7・5刑集10・7・1020 …… 291, 531
最大判昭31・7・18刑集10・7・1147
………………………………… 255, 275, 279, 352
最大判昭31・7・18刑集10・7・1173 ………… 276
最判昭31・9・26刑集10・9・1391 ………… 275
最決昭31・10・9刑集10・10・1436 ………… 294
最決昭31・10・9裁集115・49 ………… 212
最決昭31・11・1刑集10・11・1525 …… 564, 581
最決昭31・11・13裁集115・363 ………… 212
最判昭31・11・22刑集10・11・1551 ………… 328
最決昭31・11・27裁集115・543 ………… 501
最判昭31・11・30刑集10・11・1577 ………… 501
最判昭31・12・13刑集10・12・1633 ………… 245
最判昭31・12・14刑集10・12・1655 ………… 275
最判昭31・12・25裁集116・347 ………… 283
最判昭31・12・26刑集10・12・1746 ………… 208
最決昭32・1・17刑集11・1・23 ………… 146
最判昭32・2・5刑集11・2・498 ………… 503
最判昭32・2・10刑集11・2・802 ………… 54
最判昭32・2・12刑集11・2・939 ………… 275
最大決昭32・2・15刑集11・2・756 ………… 276
最大判昭32・2・27刑集11・2・935 …… 214, 271, 338
最大判昭32・3・13刑集11・3・997 ………… 275
最判昭32・3・14刑集11・3・1080 ………… 210
最判昭32・3・15刑集11・3・1085 ………… 276
最判昭32・3・28刑集11・3・1306 …… 208, 237, 575

最判昭32・4・16刑集11・4・1372 ………… 118
最判昭32・4・17刑集11・4・1385 ………… 276
最判昭32・4・26刑集11・4・1491 ………… 275
最判昭32・5・31刑集11・5・1579 ………… 137
最判昭32・6・19刑集11・6・1673 ………… 61
最判昭32・6・21刑集11・6・1721 ………… 275
最判昭32・7・2裁集119・719 ……… 499, 505, 508
最判昭32・7・19刑集11・7・2006 ………… 85
最決昭32・7・30裁集119・1157 ………… 52
最判昭32・9・20刑集11・9・2340 ………… 224
最判昭32・9・20刑集11・9・2353 ………… 294
最判昭32・10・3刑集11・10・2436 ………… 275
最大判昭32・10・9刑集11・10・2520 …… 252, 328
最決昭32・10・23刑集11・10・2696 ………… 478
最判昭32・11・1刑集11・12・3037 …… 225, 341
最判昭32・11・27刑集11・12・3132 ………… 225
最判昭32・12・24刑集11・14・3371 …… 494, 502
最大判昭32・12・25刑集11・14・3377 ………… 297
最判昭32・12・27刑集11・14・3444 ………… 275
最判昭33・1・23刑集12・1・34 ………… 119
最判昭33・2・7裁集123・173 ……… 499, 508
最判昭33・2・11刑集12・2・187 …… 276, 329
最判昭33・2・13刑集12・2・218 …… 123, 137
最判昭33・2・20刑集12・2・269 …… 277, 321
最判昭33・2・21刑集12・2・288 ………… 83
最決昭33・3・4刑集12・3・367 ………… 343
最判昭33・3・18刑集12・4・603 ………… 275
最判昭33・4・10刑集12・5・866
…………………………… 22, 244, 323, 335, 342
最判昭33・4・18刑集12・6・1090 ………… 75
最決昭33・4・18刑集12・6・1109 …… 395, 444
最決昭33・4・23裁集124・549 ………… 456
最判昭33・4・25刑集12・6・1161 ………… 137
最判昭33・4・25刑集12・6・1203 …… 322, 342
最判昭33・5・1刑集12・7・1243 ………… 276
最決昭33・5・6刑集12・7・1327 ………… 210
最決昭33・5・9刑集12・7・1359 …… 61, 308, 309
最決昭33・5・19刑集12・7・1386 ………… 319
最決昭33・5・24刑集12・8・1611 ………… 518
最決昭33・5・26刑集12・8・1621 ………… 310
最決昭33・5・27刑集12・8・1665 ………… 329
最決昭33・5・27刑集12・8・1683 …… 455, 461, 475
最大判昭33・6・13刑集12・9・2009 ………… 349
最判昭33・6・17刑集12・10・2232 ………… 594
最判昭33・6・24刑集12・10・2286 ………… 105
最大決昭33・7・2刑集12・11・2394 ………… 376

最決昭33・7・15刑集12・11・2578 ················ 422
最判昭33・9・30刑集12・13・3190 ········ 243, 292
最判昭33・10・10裁集128・265 ·················· 129
最判昭33・10・24刑集12・14・3407 ··············· 208
最判昭33・11・4刑集12・15・3439 ········ 110, 244
最判昭33・11・7刑集12・15・3504 ··············· 342
最決昭33・11・10刑集12・15・3511 ··············· 377
最決昭33・11・20裁集128・631 ·················· 420
最決昭33・11・24刑集12・15・3531 ···· 11, 14, 56
最決昭33・12・24刑集12・16・3551 ··············· 594
最判昭34・2・13刑集13・2・101 ········· 233, 277
最決昭34・2・19刑集13・2・179 ·················· 467
最判昭34・2・26刑集13・2・232 ·················· 281
最判昭34・3・13刑集13・3・310 ········· 203, 331
最判昭34・3・19刑集13・3・361 ·················· 276
最判昭34・5・22刑集13・5・773 ·················· 276
最判昭34・6・16刑集13・6・969 ·················· 275
最決昭34・7・3刑集13・7・1110 ·················· 143
最大判昭34・8・10刑集13・9・1419 ······ 357, 370
最判昭34・12・11刑集13・13・3195 ··············· 23
最決昭35・1・26刑集14・1・29 ·················· 426
最決昭35・2・9刑集14・1・92 ··················· 316
最決昭35・2・9刑集14・1・117 ············ 55, 408
最決昭35・2・23刑集14・2・193 ·················· 395
最決昭35・2・27刑集14・2・206 ··········· 53, 369
最判昭35・3・17刑集14・7・847 ·················· 276
最決昭35・3・23刑集14・4・439 ··················· 65
最決昭35・3・29刑集14・4・479 ·················· 461
最判昭35・4・12刑集14・5・548 ·················· 292
最判昭35・4・19刑集14・6・685 ·················· 203
最判昭35・5・6刑集14・7・861 ············ 21, 243
最判昭35・6・10刑集14・7・970 ·················· 209
最決昭35・7・11裁集134・425 ·················· 444
最判昭35・11・18刑集14・13・1713 ··············· 275
最判昭35・12・16刑集14・14・1947 ··············· 109
最判昭35・12・23刑集14・14・2221 ··············· 225
最判昭36・1・13刑集15・1・113 ·················· 276
最決昭36・2・7刑集15・2・304 ·········· 395, 444
最判昭36・2・24裁集137・329 ·················· 155
最判昭36・4・4刑集15・4・709 ·················· 163
最決昭36・4・27判時264・32 ·················· 284
最判昭36・5・9刑集15・5・771 ·················· 444
最判昭36・5・26刑集15・5・842 ·················· 306
最判昭36・6・7刑集15・6・956 ··················· 38
最判昭36・6・13刑集15・6・961 ··················· 85
最決昭36・7・5刑集15・7・1051 ····· 372, 374, 422

最決昭36・7・13刑集15・7・1082 ··············· 589
最決昭36・7・18刑集15・7・1103 ········ 18, 60, 330
最大決昭36・7・19刑集15・7・1194 ··············· 315
最決昭36・8・24刑集15・7・1301 ··············· 595
最判昭36・9・14刑集15・8・1348 ··············· 317
最決昭36・10・31裁集139・817 ·················· 405
最決昭36・11・9刑集15・10・1696 ··············· 283
最決昭36・11・30刑集15・10・1799 ··············· 134
最大決昭37・2・14刑集16・2・24 ··············· 444
最大決昭37・2・14刑集16・2・85 ········· 338, 444
最決昭37・3・8判時293・28 ·················· 395
最判昭37・4・20民集16・4・860 ·················· 578
最判昭37・5・19刑集16・6・609 ·················· 137
最判昭37・6・14刑集16・7・1245 ··············· 503
最判昭37・6・15刑集16・7・1250 ··············· 291
最判昭37・6・18刑集16・7・1265 ··············· 297
最判昭37・6・26裁集143・219 ·················· 503
最判昭37・8・23刑集16・8・1322 ··············· 163
最大決昭37・10・30刑集16・10・1467 ············ 484
最大判昭37・11・28刑集16・11・1593 ············ 318
最大判昭37・11・28刑集16・11・1633 ····· 101, 177
最大判昭37・12・12刑集16・12・1672 ············ 334
最判昭37・12・25刑集16・12・1731 ··············· 320
最判昭38・2・12刑集17・3・183 ·················· 225
最判昭38・5・31裁集147・451 ·················· 503
最判昭38・8・23刑集17・6・628 ········· 352, 361
最判昭38・9・12刑集17・7・661 ·················· 320
最判昭38・9・27裁集148・589 ·················· 500
最決昭38・10・31刑集17・11・2391 ···· 7, 27, 40, 43
最判昭38・11・12刑集17・11・2367 ··············· 26
最判昭39・1・24裁集150・263 ·················· 501
最判昭39・3・5裁集150・707 ·················· 500
最判昭39・4・16裁集151・61 ·················· 501
最決昭39・5・7刑集18・4・136 ·················· 293
最判昭39・5・23刑集18・4・166 ·················· 102
最決昭39・6・29刑集18・5・230 ·················· 520
最判昭39・7・9刑集18・6・375 ·················· 352
最判昭39・7・17刑集18・6・399 ··················· 39
最判昭39・8・13刑集18・7・437 ·················· 314
最判昭39・9・29刑集18・7・472 ·················· 157
最決昭39・9・29裁集152・987 ·················· 405
最決昭39・10・16判タ169・151 ··················· 59
最判昭39・10・27裁集152・1151 ··············· 500
最大決昭39・11・18刑集18・9・597 ········ 224, 315
最判昭39・11・24刑集18・9・610 ··············· 158
最決昭39・11・24刑集18・9・639 ···· 252, 318, 366

第 4 巻判例索引　大審院、最高裁判所　653

最決昭39・12・3刑集18・10・698 ……………… 317
最決昭40・1・19裁集154・43 …………………… 299
最決昭40・1・26裁集154・525 …………………… 422
最決昭40・2・26刑集19・1・59 ………………… 296
最判昭40・4・28刑集19・3・270 ………………… 85
最判昭40・4・28刑集19・3・344 …………… 504, 505
最決昭40・6・21刑集19・4・448 ………………… 392
最判昭40・6・29刑集19・4・490 ………………… 145
最判昭40・7・1刑集19・5・503 ………………… 501
最判昭40・7・14刑集19・5・525 ………………… 157
最判昭40・7・14刑集19・5・585

　　　　　　……………… 498, 503, 506, 510
最決昭40・7・20刑集19・5・591 ……… 54, 234, 369
最判昭40・8・2刑集19・6・609 ………………… 589
最判昭40・9・10判時426・50 …………………… 213
最判昭40・9・13裁集156・615 …………………… 129
最大決昭40・9・29刑集19・6・749 …… 7, 527, 531
最判昭40・11・2刑集19・8・797 ………………… 156
最決昭41・1・18裁集158・18 …………………… 232
最判昭41・2・22判時439・113 …………… 499, 503
最判昭41・2・24刑集20・2・49 ………………… 133
最判昭41・4・12裁集159・157 …………………… 83
最決昭41・4・27刑集20・4・332 ………… 49, 374
最大昭41・5・18裁集159・733 …………………… 334
最判昭41・5・31刑集20・5・341 ………………… 158
最判昭41・7・13刑集20・6・609 ………………… 132
最判昭41・7・26刑集20・6・711 ………………… 85
最決昭41・7・26刑集20・6・728 ………………… 417
最決昭41・10・19刑集20・8・864 …………… 5, 46
最決昭41・11・10裁集161・325／判時467・63

　　　　　　　　　　　　　　…………………… 77
最判昭41・11・15裁集161・331 ………………… 501
最判昭41・12・9刑集20・10・1107 ……… 139, 370
最判昭41・12・22刑集20・10・1233 ……… 275, 276
最判昭41・12・27刑集20・10・1242 …………… 348
最判昭42・2・10刑集21・1・271

　　　　　　……………… 493, 500, 507, 509
最決昭42・3・8裁集162・699 …………………… 226
最決昭42・3・23裁集162・1079 ………………… 226
最決昭42・4・27刑集21・3・470 ………………… 346
最決昭42・5・17刑集21・4・491 ………………… 299
最決昭42・5・24刑集21・4・576 ………… 37, 369
最判昭42・5・25刑集21・4・705 ………… 240, 263
最決昭42・5・26刑集21・4・723 ………… 453, 467
最決昭42・6・20刑集21・6・741 ………………… 502
最大判昭42・7・5刑集21・6・748 ………… 131, 335

最大決昭42・7・5刑集21・6・764 …………… 475
最決昭42・8・28刑集21・7・863 ……………… 152
最決昭42・9・25刑集21・7・1010 …………… 375
最決昭42・9・25裁集164・607 ……………… 226
最決昭42・10・31裁集164・1049 …………… 455
最決昭42・11・24刑集21・9・1258 ………… 531
最決昭42・11・28刑集21・9・1299 ………… 247
最決昭42・12・21刑集21・10・1453 ………… 225
最決昭43・1・17刑集22・1・1 …………… 14, 527
最判昭43・3・21刑集22・3・95 ……………… 24
最判昭43・3・29刑集22・3・153 ………… 158, 344
最決昭43・3・30裁集166・589 ……………… 226
最判昭43・4・26刑集22・4・342 ……… 4, 77, 350
最大決昭43・6・12刑集22・6・462 …… 12, 417, 444
最決昭43・6・19刑集22・6・483 ……………… 27
最決昭43・6・25刑集22・6・552 ……………… 206
最判昭43・7・4刑集22・7・581 ……………… 451
最判昭43・9・13裁集168・683 ……………… 404
最決昭43・10・15刑集22・10・940 … 243, 500, 506
最決昭43・10・25刑集22・11・961 … 252, 358, 366
最決昭43・10・31刑集22・10・955 …………… 49
最決昭43・11・7裁集169・347 ……………… 226
最判昭43・11・14刑集22・12・1343 ………… 293
最決昭43・11・21判時539・77 ……………… 276
最判昭43・11・26刑集22・12・1352 ……… 125, 139
最決昭43・12・4刑集22・13・1425 ………… 201
最判昭43・12・17刑集22・13・1476 ………… 348
最判昭43・12・19判時544・93 ……………… 276
最判昭43・12・24刑集22・13・1595 ………… 137
最決昭44・2・1裁集170・17 ………………… 594
最決昭44・2・22裁集170・341 ……………… 226
最判昭44・3・18刑集23・3・153 ……… 12, 438
最判昭44・3・25刑集23・3・212 ……… 392, 395
最判昭44・4・10裁集171・595 ……………… 404
最判昭44・4・25刑集23・4・248 ……… 444, 477
最判昭44・5・2裁集171・821 ………………… 226
最判昭44・5・31刑集23・6・931 …………… 31, 32
最判昭44・6・13裁集171・995 ……………… 226
最判昭44・7・25裁集172・349 ……………… 226
最判昭44・8・27裁集172・365 ……………… 404
最判昭44・9・4刑集23・9・1085 …………… 17
最判昭44・9・18刑集23・9・1146 …… 12, 396, 397
最判昭44・9・18裁集172・459 ……………… 151
最大決昭44・10・1刑集23・10・1161

　　　　　　……………… 40, 43, 209, 305
最決昭44・10・2裁集173・185 ……………… 226

最大判昭44・10・15刑集23・10・1239 ····· 275, 332
最大決昭44・12・3刑集23・12・1525 ············· 438
最決昭45・2・13刑集24・2・45 ···················· 62
最判昭45・3・26刑集24・3・55 ·················· 225
最決昭45・4・30裁集176・277 ·················· 27
最判昭45・6・19刑集24・6・299 ····· 192, 362, 457
最決昭45・9・4刑集24・10・1311 ················ 66
最決昭45・9・17裁集177・1145 ················· 404
最判昭45・9・24刑集24・10・1399 ·············· 18
最決昭45・10・27裁集178・55 ················· 226
最判昭45・12・22刑集24・13・1872 ········ 275, 276
最決昭46・2・3刑集25・1・1 ···················· 376
最決昭46・2・25裁集179・119 ···················· 9
最決昭46・3・10裁集179・167 ················· 212
最判昭46・3・23刑集25・2・7 ············· 332, 335
最決昭46・3・23裁集179・363 ············· 504, 505
最大決昭46・3・24刑集25・2・293 ····· 25, 214, 242
最判昭46・4・15刑集25・3・439 ··········· 237, 571
最判昭46・4・27刑集25・3・534 ······ 22, 244, 335
最決昭46・6・14刑集25・4・565 ··············· 429
最決昭46・6・22刑集25・4・588 ················ 85
最決昭46・9・16裁集181・515 ················· 226
最決昭46・9・23裁集181・575 ················· 212
最決昭46・10・25裁集181・849 ················ 226
最決昭46・10・25裁集181・859 ················ 422
最判昭46・11・9刑集25・8・925 ··············· 276
最判昭46・11・16刑集25・8・964 ················ 8
最判昭46・12・23裁集182・531 ··········· 494, 502
最決昭47・1・18判時655・85 ·················· 225
最判昭47・3・9刑集26・2・102 ······· 25, 215, 370
最決昭47・4・28刑集26・3・249 ··············· 384
最決昭47・4・28判時667・92 ··········· 409, 440
最判昭47・6・15刑集26・5・341 ··············· 128
最決昭47・6・22裁集184・773 ··················· 18
最判昭47・6・27判時702・8 ····················· 91
最決昭47・9・13裁集185・193 ················· 226
最決昭47・9・26刑集26・7・431 ···· 33, 61, 201, 306
最判昭47・12・12判時687・99 ··········· 192, 457
最判昭48・2・16刑集27・1・46 ················ 345
最決昭48・2・16刑集27・1・58 ··········· 187, 188
最判昭48・3・8刑集27・2・87 ······· 493, 505, 507
最決昭48・3・15刑集27・2・128 ················ 75
最判昭48・3・20刑集27・2・138 ··············· 294
最決昭48・4・10刑集27・3・334 ··············· 201
最大判昭48・4・25刑集27・3・418 ············· 339
最判昭48・5・25刑集27・5・1115 ·············· 282

最決昭48・6・21刑集27・6・1197 ······· 44, 410, 444
最決昭48・7・12裁集189・593 ················· 226
最決昭48・7・17判時709・108 ················· 66
最判昭48・7・20裁集189・619 ················· 192
最大判昭48・9・12刑集27・8・1379 ··········· 332
最決昭48・9・12裁集190・97 ················· 192
最判昭48・11・9刑集27・10・1447
    ··············· 144, 281, 342, 576
最判昭48・12・24刑集27・11・1496
    ·············· 500, 506, 507, 509
最決昭49・3・13刑集28・2・1 ··········· 392, 444
最決昭49・4・19刑集28・3・64 ··············· 134
最決昭49・7・18刑集28・5・257 ··············· 49
最決昭49・9・21裁集193・343 ················· 355
最決昭49・10・14刑集28・7・372 ·············· 344
最決昭50・3・20裁集195・639 ············· 49, 474
最決昭50・4・24裁集196・197 ················· 361
最決昭50・5・2裁集196・355 ··············· 31, 40
最決昭50・5・20刑集29・5・177 ··········· 458, 476
最決昭50・5・30刑集29・5・30 ··············· 526
最決昭50・9・26裁集29・8・657 ··············· 317
最決昭51・2・19刑集30・1・72 ··············· 589
最判昭51・4・30裁集200・363 ················· 500
最決昭51・6・29裁集201・101 ················· 502
最決昭51・9・14刑集30・8・1611 ········· 319, 323
最決昭51・10・12刑集30・9・1673 ···· 139, 417, 459
最決昭51・10・28裁集202・185 ················ 404
最判昭51・11・4刑集30・10・1887
    ··············· 114, 128, 133, 282
最判昭51・11・18刑集30・10・1902 ······· 237, 335
最判昭51・11・18裁集202・399 ················ 357
最判昭52・3・17判時850・109 ················· 137
最決昭52・4・4刑集31・3・163 ··············· 422
最判昭52・7・1刑集31・4・681 ··········· 237, 335
最決昭52・8・9刑集31・5・821 ··············· 337
最決昭52・8・25刑集31・4・803 ··········· 395, 444
最決昭52・9・16裁集205・521 ················· 226
最判昭52・11・11刑集31・6・1019 ·············· 202
最決昭52・12・9裁集208・105 ················· 226
最判昭52・12・22刑集31・7・1147 ········· 354, 371
最決昭52・12・22刑集31・7・1176 ·············· 361
最決昭52・12・23裁集208・597 ················ 501
最決昭53・2・23刑集32・1・77 ······· 504, 505, 517
最決昭53・2・28刑集32・1・83 ··········· 307, 371
最決昭53・3・24刑集32・2・408 ··············· 361
最決昭53・4・7裁集209・481 ················· 226

第 4 巻判例索引　大審院、最高裁判所　655

最決昭53・6・16刑集32・4・645 ………… 143, 171
最判昭53・7・7刑集32・5・1011 …… 8, 10, 216, 290
最判昭53・7・10民集32・5・820 ………………… 436
最判昭53・7・18刑集32・5・1055 ……………… 488
最決昭53・10・31刑集32・7・1793 ………………… 9
最判昭53・12・15判時926・130 ………… 192, 457
最決昭54・3・26刑集33・2・121 ………… 542, 597
最判昭54・3・27判タ383・100 ………………… 137
最決昭54・4・3刑集33・3・175 ………………… 439
最判昭54・4・19刑集33・3・261 ……………… 335
最決昭54・5・1刑集33・4・271 …………… 49, 474
最判昭54・5・10裁集214・495 ………………… 502
最決昭54・7・2刑集33・5・397 …………… 41, 589
最判昭54・7・13刑集33・5・405 ……………… 573
最判昭54・7・20判タ391・73 ………………… 138
最決昭54・10・19刑集33・6・651 ………………… 17
最判昭54・11・1裁集216・243 ………………… 499
最判昭54・11・6刑集33・7・685 ………… 409, 440
最判昭54・11・19裁集216・485 ………………… 502
最決昭54・12・12刑集33・7・839 ……………… 406
最判昭55・1・11刑集34・1・1
　　　　　　 ………… 144, 281, 335, 342, 576
最決昭55・5・19刑集34・3・202 ………………… 27
最判昭55・7・1判タ421・75 ………………… 138
最決昭55・11・7刑集34・6・381 ……………… 345
最判昭55・11・14刑集34・6・409
　　　　　　 ………… 497, 499, 506, 510
最判昭55・12・4刑集34・7・499 ……………… 292
最判昭55・12・17刑集34・7・672 ……………… 345
最決昭56・2・19判タ437・106 ………………… 138
最判昭56・7・14刑集35・5・497 ……………… 400
最判昭56・7・16刑集35・5・557 ……… 22, 244, 335
最判昭56・7・17刑集35・5・563 ……………… 499
最決昭56・9・22刑集35・6・675 ………………… 49
最判昭56・10・2刑集35・7・683 ………… 411, 445
最判昭56・10・29判時1035・141 ……………… 138
最決昭57・1・28刑集36・1・1 ………………… 257
最決昭57・1・28刑集36・1・67 ……………… 359
最決昭57・2・1裁集225・645 ………………… 65
最判昭57・3・16刑集36・3・260 ……… 275, 341
最決昭57・4・7刑集36・4・556 ……… 41, 199, 374
最判昭57・4・22判時1042・147 ……………… 216
最決昭57・8・11判時1078・27 ………………… 408
最決昭57・8・27刑集36・6・726 ……………… 429
最判昭57・9・28裁集228・639／判時1058・145
　　　　　　 ………… 494, 502, 512

最決昭57・12・14刑集36・12・1015
　　　　　　 ………… 407, 409, 415, 417
最決昭58・2・22裁集230・137 ………………… 361
最決昭58・4・28裁集37・3・369 ……………… 438
最判昭58・5・6刑集37・4・375 ………………… 101
最判昭58・5・27刑集37・4・474 ……………… 270
最判昭58・7・8刑集37・6・609 ……………… 355
最判昭58・7・12刑集37・6・875
　　　　　　 ………… 499, 503, 505, 508, 516
最決昭58・9・5刑集37・7・901 ……………… 389
最決昭58・10・26刑集37・8・1260 ……………… 390
最決昭58・10・28刑集37・8・1332 …… 53, 65, 331
最決昭58・11・1裁集232・637 ………………… 502
最決昭58・11・10判時1100・160 ……………… 163
最判昭58・12・13刑集37・10・1581 ……………… 347
最判昭59・2・24刑集38・4・1287 ……………… 303
最決昭59・3・29刑集38・5・2095 ……………… 405
最決昭59・4・24刑集38・6・2196 ……… 339, 359
最判昭59・9・20刑集38・9・2810 ……… 229, 387
最決昭59・11・13裁集238・237 ……………… 228
最決昭59・11・20刑集38・11・2984 …… 404, 432
最決昭59・12・20裁集238・385 ………… 499, 503
最決昭60・2・8刑集39・1・1 ………………… 346
最決昭60・2・8刑集39・1・15 ………… 392, 443
最決昭60・5・27裁集240・57 ………………… 458
最決昭60・7・19判時1158・28 ……………… 547
最判昭60・10・28裁集241・75 ………………… 502
最決昭60・12・24裁集241・557 ……………… 226
最判昭61・5・27裁集243・1 ………………… 502
最決昭61・6・27刑集40・4・340 ……………… 345
最決昭61・6・27刑集40・4・389 …………… 34, 392
最決昭61・11・18刑集40・7・523 ……………… 344
最判昭62・2・19裁集245・669 ………… 499, 503
最判昭62・3・27裁集245・1249 ……………… 502
最決昭62・6・30裁集246・59 ………………… 499
最決昭62・7・20裁集246・1363 ………………… 27
最決昭62・10・30刑集41・7・309 ……………… 188
最判昭62・12・1裁集247・1243 ………… 499, 503
最判昭62・12・11刑集41・8・352
　　　　　　 ………… 22, 145, 244, 335, 343
最判昭63・1・29刑集42・1・38 ………… 89, 359
最大決昭63・2・17刑集42・2・299 ………… 14, 17
最決昭63・2・29刑集42・2・314 ……………… 216
最判昭63・4・1裁集249・1 ………………… 502
最決昭63・9・13裁集250・75 ………………… 404
最決昭63・11・29刑集42・9・1389 ……………… 392

最判平元・3・9刑集43・3・95 ……………… 340
最判平元・4・20裁集251・653 …………… 502
最決平元・5・1刑集43・5・323 ……… 25, 216
最判平元・6・22刑集43・6・427 …… 137, 359
最判平元・7・18刑集43・7・752 ………… 359
最判平元・10・26判時1331・145 ………… 359
最判平元・12・7裁集263・579 …………… 502
最判平元・12・18刑集43・13・882 ……… 355
最判平元・12・18刑集43・13・1223 …… 340, 358
最決平2・4・20刑集44・3・283 ………… 406
最判平2・4・24刑集44・3・301 ……… 392, 443
最判平2・5・11刑時1381・11 …………… 356
最決平2・6・18刑集44・4・385 ……… 397, 437
最決平2・10・17刑集44・7・543 ………… 303
最判平2・12・7判時1373・143／判タ750・160
　　　　　　　　　　　　　　……………… 158, 340
最決平2・12・20裁集256・497 …………… 404
最決平3・2・15刑集45・2・32 ………… 343
最判平3・2・26裁集257・195 …………… 404
最判平3・3・29刑集45・3・143 ………… 346
最判平3・5・10民集45・5・919 ………… 436
最判平3・5・31判時1390・33 …………… 436
最決平3・8・14裁集258・67 …………… 404
最判平4・1・24裁集259・1 …………… 499
最判平4・2・14裁集260・3 …………… 208
最判平4・3・27裁集260・193 …………… 203
最判平4・6・5裁集260・213 …………… 234
最判平4・7・10判時1430・145 ………… 359
最判平4・7・17民集46・5・538 ………… 564
最判平4・9・8判時1440・157 ………… 502
最判平4・10・15裁集261・161 ………… 499
最決平4・12・14刑集46・9・675 ………………… 5
最決平5・5・31刑集47・6・1 ……… 32, 307, 371
最判平5・7・19刑集47・7・3 ………… 430
最判平6・2・23判時1494・157 ………… 593
最判平6・4・25裁集263・461 ………… 499
最判平6・6・10裁集263・535 ………… 353
最判平6・7・8刑集48・5・47 ………… 404
最決平6・7・20刑集48・5・201 ……… 346
最決平6・9・16刑集48・6・420 ……… 262
最判平6・10・19判時1510・158 ……… 327
最判平6・12・6刑集48・8・509 ……… 359
最判平6・12・22裁集264・487 ……… 360
最大判平7・2・22刑集49・2・1 …… 318, 349
最判平7・2・28刑集49・2・481 …… 32, 307
最判平7・3・27刑集49・3・525 …… 117

最決平7・4・12刑集49・4・609
　　　… 7, 385, 391, 393, 429, 430, 431, 432
最判平7・6・19裁集265・815 ……… 500, 507, 509
最判平7・6・21裁集265・863 …………… 193
最判平7・6・28刑集49・6・785 ……… 32, 392
最判平7・7・17裁集266・811 ………… 360
最判平7・7・19刑集49・7・813 ……… 150, 153, 345
最判平7・12・15刑集49・10・1127 …… 144, 341
最判平8・9・3裁集268・135 ……… 499, 503
最判平8・9・20刑集50・8・571 ……… 356
最判平8・11・28刑集50・10・827 … 193, 241, 362
最決平9・1・28刑集51・1・1 ………… 461
最判平9・5・27刑集51・5・433 ……… 374
最判平9・6・16刑集51・5・435 ……… 184, 361
最判平9・9・18刑集51・8・571 ……… 291, 347
最判平10・3・12刑集52・2・17 ……… 349
最決平10・10・27刑集52・7・363
　　　　　　　… 452, 455, 460, 461
最判平11・2・16刑集53・2・1 ……… 340
最大判平11・3・24民集53・3・514 …… 436
最判平11・6・10刑集53・5・415 ……… 340
最判平11・10・21判時1688・173 …… 359, 361
最判平11・11・29判時1693・154 …… 356
最判平11・12・10刑集53・9・1160 …… 355
最決平11・12・16判時1698・148 …… 356
最判平11・12・16判時1699・158 …… 356
最判平11・12・21判時1699・160 …… 356
最決平12・2・8裁集278・43 ………… 353
最判平12・2・23判タ1040・117 ……… 435
最判平12・4・21判時1708・165 ……… 338
最判平12・6・13民集54・5・1635 …… 436
最判平12・6・27刑集54・5・445 ……… 63
最判平12・9・27刑集54・7・710 ……… 398
最判平12・12・15刑集54・9・923 …… 340
最判平13・1・25判時1735・145 ……… 359
最決平13・2・9刑集55・1・76 ……… 346
最判平13・4・11刑集55・3・127 ……… 92
最判平13・7・19刑集55・5・371 …… 340, 358
最判平13・11・5刑集55・6・546 ……… 346
最決平13・11・12刑集55・6・731 …… 343
最決平13・12・7刑集55・7・823 …… 392
最判平13・12・13裁集280・1043 …… 494, 503
最判平14・1・10判時1776・169 ……… 439
最判平14・1・22刑集56・1・1 ……… 340
最判平14・3・15裁集281・213 ……… 137, 359
最決平14・3・27裁集281・331 ……… 202

第 4 巻判例索引　大審院、最高裁判所　657

最判平14・4・8裁集281・427 ················· 502
最決平14・6・5判時1786・160／判タ1091・221
 ···································· 163, 355
最判平14・9・9判時1799・174 ················· 313
最判平14・9・10判時1799・176 ················ 313
最決平14・10・21刑集56・8・670 ·············· 344
最判平14・11・8裁集282・1037 ················ 502
最判平15・1・24判時1806・157 ················ 359
最判平15・2・14刑集57・2・121 ··············· 350
最決平15・2・20判時1820・149 ················ 352
最判平15・4・15裁集284・55 ·················· 502
最大判平15・4・23刑集57・4・467 ············· 335
最判平15・6・2裁集284・353 ·················· 500
最決平15・6・30刑集57・6・893 ···· 391, 406, 417
最判平15・7・10刑集57・7・903 ··· 328, 341, 575
最判平15・7・15裁集284・387 ················· 502
最判平15・10・7刑集57・9・1002 ·············· 332
最判平15・10・28判タ1138・81 ·········· 335, 343
最判平15・11・21刑集57・10・1043 ············ 359
最決平16・2・16刑集58・2・124 ··············· 528
最判平16・2・16刑集58・2・133
 ······················· 222, 243, 271, 351
最判平16・6・11裁集285・443 ················· 499
最決平16・6・14判タ1167・134 ················· 33
最決平16・6・24判タ1159・148 ················ 469
最判平16・9・10刑集58・6・524 ··············· 359
最決平16・10・1判タ1168・138 ················· 49
最決平16・10・8刑集58・7・641 ··············· 49
最決平16・10・25裁集286・407 ················ 61
最判平16・10・29刑集58・7・697 ·············· 359
最判平16・11・2裁集286・527 ············ 494, 503
最決平16・11・11家庭裁判月報58・2・182
 ······································ 392, 443
最決平16・11・30刑集58・8・1005 ············· 344
最判平16・12・10刑集58・9・1047 ········ 341, 358
最決平17・3・9裁集287・203 ·················· 419
最判平17・3・16判時1887・15 ················· 484
最決平17・3・18刑集59・2・38 ·············· 14, 16
最決平17・3・25刑集59・2・49 ···· 12, 267, 417, 427
最判平17・3・30刑集59・2・79 ················ 390
最判平17・4・14刑集59・3・283 ··············· 335
最判平17・4・19民集59・3・563 ··············· 436
最決平17・7・4刑集59・6・510 ······ 53, 331, 408
最判平17・8・23刑集59・6・720 ··············· 392
最決平17・9・27刑集59・7・753 ··············· 349
最決平17・10・24刑集59・8・1442 ············· 430

最判平17・11・1裁集288・283 ······· 497, 504, 505
最判平17・11・29裁集59・9・1847 ·············· 125
最判平17・12・12裁集288・747 ················ 503
最決平18・2・27刑集60・2・240 ······· 21, 243, 292
最決平18・4・24刑集60・4・409 ·········· 44, 57, 410
最判平18・6・20判時1941・38 ··············· 254, 355
最判平18・7・18裁集289・503 ················· 501
最決平18・8・30刑集60・6・457 ················ 21
最判平18・8・31刑集60・6・489 ················ 21
最決平18・9・15裁集290・367 ················· 200
最決平18・10・10刑集60・8・523 ···· 193, 241, 363
最決平18・10・12判時1950・173 ·········· 281, 356
最判平18・11・7刑集60・9・561 ··············· 335
最決平19・3・19刑集61・2・25 ················ 266
最判平19・4・9刑集61・3・321 ············· 63, 209
最判平19・4・23裁集291・639 ············ 266, 360
最決平19・6・19刑集61・4・369 ····· 119, 128, 353
最判平19・6・19判タ1247・135 ················ 402
最判平19・7・5裁集292・47 ·················· 501
最決平19・7・10刑集61・5・436
 ························· 70, 271, 347, 363
最判平19・12・13裁集292・703 ······· 502, 506, 509
最決平19・12・17裁集292・753／判タ1260・131
 ··· 34, 235
最決平20・2・20判時1999・157 ················ 356
最判平20・3・4刑集62・3・123 ················ 329
最判平20・3・14刑集62・3・185 ···· 9, 299, 469, 472
最判平20・4・15裁集294・147 ············ 504, 505
最判平20・4・22刑集62・5・1528 ·············· 335
最判平20・4・25刑集62・5・1559 ·············· 360
最判平20・6・9裁集294・509 ·················· 502
最決平20・6・23判時2010・155／判タ1272・70
 ······································ 145, 319
最決平20・7・11刑集62・7・1927 ·············· 252
最決平20・7・18刑集62・7・2101 ·············· 358
最決平20・11・10裁集295・341 ················ 360
最決平21・1・14判タ1295・188 ················ 356
最決平21・3・16裁集296・189 ················· 503
最決平21・3・26刑集63・3・265 ··············· 340
最判平21・4・14刑集63・4・331 ·········· 358, 359
最決平21・6・17裁集296・861 ············ 202, 306
最決平21・6・29刑集63・5・461 ··············· 354
最判平21・7・14刑集63・6・623 ··············· 303
最判平21・7・14裁集297・137 ················· 499
最判平21・7・16刑集63・6・641 ··············· 347
最判平21・7・16刑集63・6・711 ··············· 360

最決平21・7・21刑集63・6・762 ………… 175
最決平21・8・7刑集63・6・776 …………… 390
最決平21・9・15刑集63・7・783 …………… 354
最判平21・9・25判時2061・153 …………… 359
最判平21・10・8判時2098・160 …………… 360
最判平21・10・16刑集63・8・937 ……… 141, 351
最判平21・10・19判時2063・155 …………… 360
最決平21・10・21刑集63・8・1070 …… 344, 348
最決平21・12・14裁集299・1075 ………… 460
最判平22・3・16判時2079・161 …………… 324
最判平22・3・29裁集300・163 …… 494, 503
最判平22・4・27刑集64・3・233 …………… 359
最判平22・6・3裁集300・319 …………… 360
最判平22・7・22刑集64・5・819 …… 491, 494, 503
最判平22・7・22刑集64・5・824 …………… 492
最判平22・12・20刑集64・8・1291 ………… 340
最決平23・3・22判時2153・140 …………… 356
最決平23・7・25判時2132・134 …………… 359
最決平23・8・31刑集65・5・935 ……… 27, 407
最決平23・10・26刑集65・7・1107 ………… 370
最判平23・12・9刑集65・9・1371 ………… 499
最決平23・12・12判時2144・153 ………… 356
最判平24・2・13刑集66・4・482

　　　　　　………… 166, 273, 351, 358
最決平24・2・14刑集66・4・582 ………… 465
最決平24・2・29刑集66・4・589 ………… 347
最決平24・3・26裁集307・759 ………… 61
最判平24・4・2裁集307・775 ………… 242, 360
最判平24・4・20刑集66・6・645 ………… 396
最判平24・9・7刑集66・9・907 ………… 122, 351
最決平24・9・18刑集66・9・936 ………… 483
最決平24・9・18刑集66・9・958 ………… 494, 501
最決平24・9・18刑集66・9・963 ………… 396
最決平24・9・27裁集308・247 ………… 494, 501
最決平24・9・28裁集308・251 ………… 495, 501
最決平24・10・17裁集308・254 ………… 404
最決平24・11・6刑集66・11・1281 ………… 354
最決平24・12・3裁集309・1 ………… 356
最決平25・2・20刑集67・2・1 ………… 122, 349
最決平25・3・5刑集67・3・267 ……… 217, 351, 353
最決平25・3・15刑集67・3・319 ………… 413
最決平25・3・27判時2230・112 ………… 469

最決平25・4・16刑集67・4・549 ………… 168, 274
最判平25・9・17裁集311・187 ………… 494, 503
最決平25・10・21刑集67・7・755 ………… 168, 274
最決平25・11・19判タ1399・88 …………… 242
最判平25・12・10民集67・9・1761 ………… 470
最決平26・1・20刑集68・1・79 ………… 502, 509
最決平26・1・27判時2230・114 …………… 469
最決平26・3・10刑集68・3・87 ………… 168, 274
最決平26・3・20刑集68・3・499 ………… 167, 351
最判平26・4・15裁集313・363 ………… 494, 503
最判平26・4・15裁集313・369 ……… 493, 499, 503
最決平26・4・22刑集68・4・730 ……… 77, 266, 352
最決平26・7・8裁集314・99 …………… 168
最決平26・7・24刑集68・6・925 ……… 160, 273, 357
最決平26・11・7刑集68・9・963 …………… 341
最決平26・11・17判時2245・124 …………… 416
最決平26・11・18刑集68・9・1020 ………… 416
最決平26・11・28刑集68・9・1069 …… 31, 47, 404
最決平27・2・3刑集69・1・1 ………… 162, 356
最決平27・2・3刑集69・1・99 …………… 356
最決平27・2・24刑集69・1・214 …… 34, 392, 422
最決平27・3・10刑集69・2・434 …………… 329
最決平27・3・24刑集69・2・506 …………… 63
最決平27・4・15判時2260・129 …………… 416
最判平27・4・20裁集316・155 …… 494, 499, 503
最判平27・5・25刑集69・4・636 …………… 123
最決平27・6・8裁集317・335 ………… 499, 503
最決平27・6・8裁集317・339 ………… 494, 502
最決平27・6・8裁集317・355 ………… 494
最決平27・9・8裁集317・343 …………… 439
最決平27・10・22裁集318・11 …………… 417
最決平28・3・23裁集319・301 ………… 354
最判平28・7・4裁集320・387 ………… 499
最決平28・7・27刑集70・6・571 ………… 193
最判平28・12・5刑集70・8・749 ………… 359
最判平28・12・19刑集70・8・865 …………… 342
最判平29・3・10裁集321・1 ………… 359
最大判平29・3・15刑集71・3・13 ………… 349
最判平29・4・7裁集321・73 ………… 494, 502
最大判平29・11・29裁判所時報1688・1

　　（刑集登載予定）………………………… 335

高等裁判所

大阪高判昭23・6・8高刑集1・1・75 ……………… 22
名古屋高判昭24・6・17特報1・217 …………… 181
東京高判昭24・6・24特報1・2 ………………… 121
広島高判昭24・7・16高刑集2・3・342 ………… 96
名古屋高判昭24・7・30特報5・16 ……………… 104
広島高判昭24・9・9高刑集2・3・353 ………… 179
名古屋高判昭24・10・28特報1・292 …………… 157
大阪高判昭24・11・4特報1・278 ……………… 202
札幌高判昭24・11・25判夕13・49 ……………… 181
名古屋高判昭24・12・1特報3・37 ……………… 179
広島高判昭24・12・1特報12・91 ……………… 111
名古屋高判昭24・12・5特報3・94 ……………… 120
広島高決判昭24・12・5特報4・34 ……… 111, 202
広島高松江支判昭24・12・7特報5・89 ………… 169
高松高判昭24・12・7特報6・2 ………………… 170
仙台高判昭24・12・13特報3・15 ……………… 139
大阪高判昭24・12・19特報5・100 ……………… 107
名古屋高判昭24・12・19高刑集2・3・310 …… 118
札幌高判昭24・12・27特報6・153 ……………… 179
福岡高判昭25・1・23特報3・84 ………………… 139
広島高松江支判昭25・1・30特報3・77 ………… 307
高松高判昭25・2・2特報9・205 ……………… 122
大阪高判昭25・2・16特報9・26 ……………… 146
名古屋高判昭25・2・20特報6・101 …………… 104
大阪高判昭25・2・28特報8・82 ……………… 139
名古屋高判昭25・3・1特報7・110 ……………… 117
福岡高判昭25・3・30特報7・159 ……… 134, 543
名古屋高判昭25・3・31特報7・13 ……………… 102
仙台高秋田支判昭25・4・12特報8・72 ………… 133
名古屋高判昭25・4・14特報9・63 …………… 94
名古屋高金沢支判昭25・4・18特報8・54 …… 139
札幌高判昭25・4・22特報8・70 ………………… 91
東京高判昭25・5・10特報16・78 ………… 72, 114
名古屋高判昭25・5・11特報9・73 ……………… 120
札幌高判昭25・5・13特報9・170 ……………… 76
福岡高宮崎支判昭25・5・17特報9・125 ……… 71
東京高判昭25・5・20高刑集3・2・192 ………… 82
東京高判昭25・5・20特報11・3 ……………… 177
東京高判昭25・5・26高刑集3・2・201 ………… 124
東京高判昭25・5・27特報11・7 ……………… 120
高松高判昭25・5・31特報10・171 …………… 120
名古屋高決昭25・6・1家庭裁判月報2・6・232

………………………………………………… 286
東京高判昭25・6・3特報11・8 ………………… 119
広島高判昭25・6・8特報12・95 ……………… 178
名古屋高金沢支判昭25・6・9特報11・51 …… 179
名古屋高判昭25・6・14特報11・61 …………… 122
福岡高判昭25・6・23特報9・150 ……………… 97
東京高決昭25・6・28特報16・94 …………… 396
東京高判昭25・7・20特報12・34 …………… 120
名古屋高判昭25・7・20特報12・70 …………… 117
東京高判昭25・7・28高刑集3・2・345 ……… 116
東京高判昭25・7・29特報16・117 …………… 102
名古屋高判昭25・7・29特報11・97 …………… 259
広島高松江支判昭25・7・31高刑集3・2・351

………………………………………………… 120
名古屋高判昭25・8・21特報13・70 …………… 118
名古屋高判昭25・8・23特報13・72 …………… 99
東京高判昭25・8・25特報10・37 ……………… 177
福岡高判昭25・8・31特報12・130 …………… 179
仙台高判昭25・9・5特報12・165 …………… 120
名古屋高判昭25・9・5特報12・73 …………… 176
福岡高判昭25・9・14高刑集3・3・413 ……… 177
大阪高判昭25・9・15特報14・38 …………… 118
名古屋高判昭25・9・29特報12・79 …… 155, 169
東京高判昭25・10・2特報13・7 ……………… 181
東京高判昭25・10・23特報13・11 …………… 120
大阪高判昭25・10・28特報14・50 …………… 177
札幌高判昭25・10・31高刑集3・4・536 ……… 120
札幌高判昭25・10・31判夕13・43 …………… 77
福岡高判昭25・11・18特報15・159 ………… 176
福岡高判昭25・11・21高刑集3・4・579 ……… 118
福岡高判昭25・11・28特報15・169 ………… 120
名古屋高判昭25・12・2特報14・101 ………… 26
仙台高秋田支判昭26・1・7特報22・212 …… 181
札幌高函館支判昭26・1・19特報18・117 …… 179
札幌高判昭26・1・26高刑集4・1・31 ……… 181
名古屋高判昭26・1・27特報27・11 …… 178, 179
札幌高判昭26・2・8高刑集4・1・53 ………… 101
東京高判昭26・2・14特報21・27 …………… 134
福岡高判昭26・3・2特報19・4 ……………… 122
仙台高判昭26・3・13特報22・17 …………… 201
仙台高秋田支判昭26・3・14特報22・225 …… 122
福岡高判昭26・4・26高刑集4・4・431 ……… 113

名古屋高判昭26・4・27特報27・83 …………… 92
仙台高判昭26・4・30特報22・43 …………… 184
東京高判昭26・5・17特報21・95 …………… 193
札幌高判昭26・5・18特報18・124 …………… 65
札幌高判昭26・5・24高刑集4・5・512 ……… 236
仙台高判昭26・5・26特報22・49 …………… 129
広島高判昭26・6・19特報20・26 …………… 134
大阪高判昭26・6・22高刑集4・5・555 ……… 178
東京高判昭26・6・28高刑集4・9・1079 ……… 83
札幌高判昭26・7・12特報18・44 …………… 149
名古屋高判昭26・7・16特報30・1 …………… 104
大阪高決昭26・7・20高刑集4・7・807 ……… 40
札幌高判昭26・7・25特報18・47 …………… 90
札幌高函館支判昭26・7・30特報18・126 …… 233
東京高判昭26・8・10特報21・166 …………… 178
札幌高判昭26・8・29特報18・53 …………… 134
東京高判昭26・9・1特報24・18 …………… 177
札幌高判昭26・9・4特報18・54 …………… 10
東京高判昭26・9・6特報24・29 …………… 170
東京高判昭26・9・10特報24・33 …………… 203
東京高判昭26・9・26特報24・79 …………… 154
広島高岡山支判昭26・9・27特報20・121 …… 120
広島高岡山支判昭26・9・27特報20・123 …… 117
東京高判昭26・9・28特報24・86 …………… 81
東京高判昭26・9・29高刑集4・12・1583 …… 117
仙台高判昭26・10・2特報22・73 …………… 104
東京高判昭26・10・3高刑集4・12・1590 …… 145
東京高判昭26・10・3特報24・104 …………… 122
福岡高判昭26・10・3特報19・26 …………… 122
福岡高判昭26・10・5特報19・27 …………… 177
仙台高判昭26・10・9特報22・78 …………… 116
東京高判昭26・10・9特報24・123 …………… 108
東京高判昭26・10・12高刑集4・13・1831 …… 520
東京高判昭26・10・12特報24・133 …………… 146
東京高判昭26・10・24特報25・3 …………… 84
東京高判昭26・10・25特報25・5 …………… 122
東京高判昭26・10・27特報39・86 …………… 98
東京高判昭26・10・31特報25・22 …………… 83
東京高判昭26・11・2高刑集4・13・1861 …… 163
東京高判昭26・11・8特報25・40 …………… 144
東京高判昭26・12・15特報25・95 …………… 118
福岡高判昭26・12・20特報19・49 …………… 178
仙台高判昭27・1・30特報22・93 …………… 170
東京高判昭27・2・12特報29・36 …………… 146
福岡高判昭27・2・21特報19・66 …………… 123
東京高判昭27・3・3特報29・66 …………… 129

札幌高判昭27・3・7特報18・78 …………… 120
名古屋高決昭27・4・8高刑集5・4・570 ……… 62
広島高判昭27・4・11特報20・64 …………… 181
東京高判昭27・4・15特報29・132 …………… 122
仙台高秋田支判昭27・4・22高刑集5・4・623
…………… 134
東京高決昭27・4・24特報29・148 …………… 471
東京高判昭27・5・10特報34・6 …………… 102
東京高判昭27・5・13高刑集5・5・794 … 24, 80
東京高判昭27・5・13特報34・15 …………… 157
広島高判昭27・6・17特報20・76 …………… 10
東京高判昭27・6・19高刑集5・7・1093 … 119, 139
大阪高決昭27・7・5高刑集5・6・1030 ……… 466
大阪高判昭27・7・17高刑集5・7・1151 ……… 7
東京高決昭27・7・17高刑集5・7・1163 … 456, 476
名古屋高判昭27・7・21高刑集5・9・1477 …… 118
広島高判昭27・8・9特報20・97 …………… 172
東京高判昭27・9・11特報34・168 …………… 145
東京高判昭27・9・20特報37・8 …………… 116
仙台高判昭27・9・29特報22・180 …………… 106
東京高判昭27・9・30特報37・28 …………… 124
札幌高決昭27・10・6高刑集5・11・1904 … 18, 422
高松高判昭27・10・9高刑集5・12・2105 …… 119
東京高判昭27・10・14特報37・40 …………… 122
名古屋高判昭27・10・20特報30・18 ………… 69
東京高判昭27・10・23高刑集5・12・2165 …… 109
東京高判昭27・10・24特報37・60 …………… 146
東京高判昭27・11・5特報3・84 …………… 121
東京高判昭27・11・25特報37・102 …………… 96
札幌高判昭27・11・27特報18・110 …………… 179
東京高判昭27・11・29特報37・107 …………… 95
東京高判昭27・11・29特報37・111 …………… 95
東京高判昭27・12・2高刑集5・12・2267 …… 169
広島高判昭27・12・9特報20・119 …………… 137
福岡高決昭27・12・9特報19・127 …………… 413
名古屋高判昭27・12・10特報30・19 ………… 149
名古屋高判昭27・12・10特報30・21 ………… 175
東京高判昭27・12・16特報37・122 …………… 81
名古屋高判昭27・12・17特報30・23 ………… 178
東京高判昭27・12・18特報37・130 …………… 155
大阪高判昭27・12・22特報23・135 …………… 63
東京高判昭28・1・10特報38・1 …………… 154
名古屋高判昭28・1・21高刑集6・2・165 …… 82
東京高判昭28・1・22東時3・1・14 ………… 134
福岡高決昭28・1・22高刑集6・1・64 ……… 39
福岡高判昭28・2・9高刑集6・1・108 ……… 75

第4巻判例索引　高等裁判所　661

大阪高判昭28・2・27高刑集6・2・209 ………… 169
東京高判昭28・2・28特報38・51 ……………… 178
名古屋高金沢支判昭28・2・28高刑集6・5・621
　　　……………………………………………… 174
福岡高判昭28・3・11特報25・6 ………………… 133
東京高決判昭28・3・31特報38・76 …………… 200
名古屋高判昭28・4・9特報33・23 ……………… 179
仙台高判昭28・4・22特報35・22 ……………… 174
高松高判昭28・4・25特報36・10 ………… 76, 158
名古屋高金沢支判昭28・5・14特報33・122 … 173
大阪高判昭28・5・19特報28・30 ……………… 548
東京高判昭28・5・20判タ31・82 ……………… 102
福岡高判昭28・5・28特報26・21 ………………… 92
東京高判昭28・6・2特報38・117 ……………… 116
東京高判昭28・6・3東時3・5・224 …………… 154
大阪高判昭28・6・22特報28・40 ……………… 520
札幌高判昭28・6・23特報32・32 ……………… 172
名古屋高判昭28・6・24高刑集6・11・1423 … 178
名古屋高金沢支判昭28・6・25高刑集6・8・970
　　　……………………………………………… 290
仙台高判昭28・6・29特報35・37 ……………… 146
名古屋高判昭28・6・30高刑集6・8・980 …… 116
札幌高決判28・7・8特報32・37 ………… 64, 201
東京高判昭28・7・8特報39・9 ………………… 175
広島高岡山支判昭28・7・14高刑集6・9・1193
　　　……………………………………………… 179
東京高判昭28・7・17特報39・31 ……………… 176
東京高判昭28・8・14特報39・86 ………………… 98
高松高判昭28・8・17高刑集6・7・935 ……… 178
札幌高判昭28・8・24高刑集6・7・947 ………… 74
高松高判昭28・9・7高刑集6・11・1446 ……… 100
広島高判昭28・9・9高刑集6・12・1642 ……… 147
東京高判昭28・9・14高刑集6・10・1352
　　　………………………………………… 147, 174
大阪高判昭28・9・21特報28・59 ………………… 10
仙台高判昭28・9・21特報35・55 ……………… 147
広島高判昭28・11・7特報31・36 ……………… 148
福岡高決判28・11・7高刑集6・10・1378
　　　………………………………………… 538, 570
東京高判昭28・11・14高刑集6・12・1695 …… 259
東京高判昭28・11・19特報39・195 …………… 177
東京高判昭28・11・24特報39・199 …………… 147
東京高判昭28・11・25東時4・6・183 ………… 121
名古屋高判昭28・11・26高刑集6・13・1846 … 155
東京高判昭28・11・28特報39・189 …………… 181
福岡高判昭29・1・12高刑集7・1・1 ………… 174

東京高判昭29・1・22特報40・6 ………………… 173
大阪高判昭29・2・9高刑集7・1・64 ………… 144
仙台高秋田支判昭29・2・16特報36・89 ……… 78
東京高判昭29・2・23特報40・25 ………………… 95
大阪高判昭29・2・25特報28・90 ……………… 174
東京高判昭29・2・25特報40・28 ……………… 143
東京高判昭29・3・4東時5・2・55 ………… 171, 177
大阪高判昭29・3・6特報28・100 ……………… 83
東京高判昭29・3・12特報40・40 ……………… 172
大阪高判昭29・3・15特報28・110 …………… 296
福岡高判昭29・3・18高刑集7・2・192 ………… 69
東京高判昭29・3・25特報40・50 ……………… 147
東京高判昭29・3・26高刑集7・7・965 ……… 175
東京高決判29・4・1特報40・60 ……………… 402
東京高判昭29・4・5高刑集7・3・361 ………… 144
東京高判昭29・4・13高刑集7・3・367 ………… 76
札幌高判昭29・4・27高刑集7・3・466 ……… 546
東京高判昭29・4・28特報40・79 ……………… 172
大阪高判昭29・5・4高刑集7・4・591 ………… 174
東京高判昭29・5・4特報40・83 ………………… 98
高松高判昭29・5・11高刑集7・6・835 ……… 144
東京高判昭29・5・14特報40・99 ……………… 108
大阪高判昭29・5・20特報28・132 …………… 105
大阪高判昭29・5・31高刑集7・5・752 ……… 179
東京高判昭29・6・7特報40・142 ………………… 89
仙台高判昭29・6・17特報36・82 …………… 77, 81
東京高判昭29・6・29特報40・170 …………… 114
大阪高判昭29・7・12高刑集7・6・957 ………… 91
高松高判昭29・7・19裁判特報1・3・102 …… 181
東京高判昭29・7・19裁判特報1・2・49 ……… 154
東京高判昭29・7・26裁判特報1・2・75 ……… 98
東京高判昭29・9・7裁判特報1・5・195 ……… 177
福岡高宮崎支判昭29・9・15裁判特報1・6・237
　　　……………………………………………… 183
名古屋高判昭29・9・29裁判特報1・7・302 …… 91
仙台高判昭29・10・5裁判特報1・7・307 …… 234
広島高判昭29・10・27裁判特報1・8・375 …… 173
名古屋高判昭29・10・28高刑集7・11・1655 … 172
高松高判昭29・10・29裁判特報1・9・413 …… 114
名古屋高判昭29・11・22裁判特報1・11・490
　　　……………………………………………… 178
名古屋高判昭29・11・30裁判特報1・12・578
　　　……………………………………………… 174
東京高判昭29・12・2裁判特報1・13・589 …… 182
仙台高判昭29・12・9裁判特報1・10・468 …… 79
東京高判昭29・12・13裁判特報1・12・605 … 74

大阪高判昭29・12・14裁判特報1・12・611 ····· 127
仙台高決昭29・12・14裁判特報1・12・615 ······· 64
名古屋高判昭29・12・25裁判特報1・13・751
　　　　　　　　　　　　　　　　　　····· 157
東京高決昭29・12・28高刑集7・12・1822
　　　　　　　　　　　　　　　　291,419
高松高判昭30・1・31裁判特報2・1＝3・30 ······· 66
名古屋高判昭30・1・31裁判特報2・1＝3・29
　　　　　　　　　　　　　　　　　　····· 108
東京高判昭30・2・1高刑集8・1・44 ············· 157
仙台高判昭30・2・14裁判特報2・4・99 ··········· 92
名古屋高判昭30・2・16高刑集8・1・82 ·········· 184
福岡高宮崎支判昭30・2・18裁判特報2・5・111
　　　　　　　　　　　　　　　　　　····· 107
仙台高判昭30・2・24裁判特報2・4・90 ·········· 144
東京高判昭30・3・19裁判特報2・7・207 ········· 101
東京高判昭30・3・22裁判特報2・6・172 ········· 174
名古屋高決昭30・3・22高刑集8・4・445 ········· 55
東京高判昭30・3・26裁判特報2・7・219 ········· 147
福岡高判昭30・3・29裁判特報2・7・238 ········· 127
大阪高決昭30・3・31裁判特報2・7・243 ········· 392
札幌高函館支判昭30・4・5裁判特報2・8・271
　　　　　　　　　　　　　　　　　　····· 177
東京高判昭30・4・6裁判特報2・8・279 ········· 147
東京高判昭30・4・12裁判特報2・8・289 ········· 65
大阪高判昭30・4・15裁判特報2・8・314 ········· 69
仙台高判昭30・4・19裁判特報2・9・347 ········· 97
東京高判昭30・4・30裁判特報2・9・387 ······· 101
名古屋高金沢支判昭30・4・30裁判特報2・9・391
　　　　　　　　　　　　　　　　　　····· 157
名古屋高判昭30・5・4裁判特報2・11・501 ····· 174
仙台高判昭30・5・19裁判特報2・10・488 ······· 103
東京高判昭30・5・19高刑集8・4・551 ··········· 95
福岡高決昭30・5・23裁判特報2・11・534 ······· 466
福岡高宮崎支判昭30・6・1裁判特報2・11・555
　　　　　　　　　　　　　　　　　　······ 78
東京高決昭30・6・10高刑集8・5・654 ····· 543,596
広島高判昭30・7・2裁判特報2・13・688 ········· 102
東京高判昭30・7・11裁判特報2・13・694 ······· 178
東京高判昭30・7・19裁判特報2・16＝17・810
　　　　　　　　　　　　　　　　　　······ 99
福岡高決昭30・7・25裁判特報2・21・1071 ····· 462
東京高判昭30・8・13裁判特報2・16＝17・846
　　　　　　　　　　　　　　　　96,288
福岡高判昭30・8・16裁判特報2・16＝17・855
　　　　　　　　　　　　　　　　　　····· 150

東京高判昭30・8・18裁判特報2・16＝17・863
　　　　　　　　　　　　　　　　　　······ 78
東京高判昭30・8・26東時6・9・295 ··········· 144
東京高決昭30・9・1高刑集8・6・875 ··········· 462
仙台高秋田支決昭30・9・22判時65・26 ········· 39
広島高判昭30・9・27裁判特報2・19・989 ······· 102
東京高判昭30・9・28東時6・9・325 ··········· 178
仙台高判昭30・10・4裁判特報2・19・990 ······· 108
仙台高決昭30・10・6裁判特報2・19・995 ······· 594
名古屋高判昭30・10・7裁判特報2・20・1038
　　　　　　　　　　　　　　　　　　····· 296
東京高判昭30・10・18裁判特報2・20・1055 ··· 154
東京高判昭30・10・31裁判特報2・21・1130 ··· 156
仙台高判昭30・11・16裁判特報2・23・1204
　　　　　　　　　　　　　　　　148,173
東京高判昭30・11・21裁判特報2・23・1214 ··· 178
東京高判昭30・11・26東時6・11・407 ········· 97
東京高判昭30・11・29高刑集8・9・1145 ······· 69
東京高判昭30・11・30裁判特報2・23・1222 ··· 178
名古屋高判昭30・12・27裁判特報3・4・116 ··· 178
東京高判昭31・1・17高刑集9・1・1 ··········· 170
東京高判昭31・1・31裁判特報3・3・67 ········· 546
名古屋高判昭31・2・20高刑集9・4・352 ······· 134
名古屋高判昭31・2・20裁判特報3・5・166 ··· 101
名古屋高判昭31・2・28裁判特報3・6・242 ··· 153
東京高判昭31・3・7裁判特報3・5・197 ········· 178
名古屋高決昭31・3・16特報3・6・263 ········· 49
仙台高判昭31・3・19裁判特報3・6・267 ······· 77
東京高判昭31・3・22判タ57・47 ··············· 134
福岡高判昭31・3・24高刑集9・3・211 ··········· 7
福岡高判昭31・3・31裁判特報3・8・378 ······· 172
広島高判昭31・4・9裁判特報3・8・386 ······· 174
福岡高判昭31・4・16裁判特報3・9・423 ······· 149
東京高判昭31・6・20東時7・7・17 ············· 176
東京高判昭31・6・20東時7・7・248 ··········· 174
東京高判昭31・6・23裁判特報3・13・649 ····· 73
東京高決昭31・6・26東時7・7・256 ··········· 391
東京高判昭31・6・27高刑集9・7・666 ········· 100
東京高判昭31・7・2判タ61・72 ··············· 176
大阪高判昭31・7・3裁判特報3・13・672 ······· 83
福岡高判昭31・7・6裁判特報3・14・701 ······· 92
福岡高宮崎支判昭31・7・10高刑集9・6・645
　　　　　　　　　　　　　　　　　　····· 133
東京高判昭31・7・20高刑集9・8・860 ········· 73
名古屋高判昭31・9・17裁判特報3・19・908 ··· 173
大阪高決昭31・9・18判時92・26 ··············· 530

高松高判昭31・9・22高刑集9・7・814 ····· 113,133
福岡高判昭31・10・11裁判特報4・21・551 ····· 108
東京高判昭31・10・22東時7・10・384 ············· 98
仙台高判昭31・10・23裁判特報3・23・1109 ··· 204
東京高判昭31・11・7判タ66・65 ················· 184
東京高判昭31・11・28裁判特報3・23・1138 ··· 148
東京高決昭31・12・4高刑集9・11・1197 ········· 204
仙台高判昭32・1・30高刑集10・1・50 ····· 150,175
東京高決昭32・2・11東時8・2・31 ··············· 55
広島高岡山支判昭32・2・26裁判特報4追録695
　　　　　　　　　 ······································· 120
仙台高判昭32・4・18高刑集10・6・491 ········· 182
東京高判昭32・4・27高刑集10・3・288 ··········· 91
東京高決昭32・5・9高刑集10・3・318 ··········· 391
東京高判昭32・6・10高刑集10・4・404 ········· 452
東京高決昭32・6・13高刑集10・4・410 ··········· 30
東京高判昭32・6・19東8・6・53 ················· 144
東京高判昭32・6・26東8・6・159 ················ 177
東京高判昭32・7・20裁判特報4・14＝15・366
　　　　　　　　　 ··· 95
東京高判昭32・8・1裁判特報4・14＝15・377
　　　　　　　　　 ······································· 177
東京高決昭32・8・1裁判特報4・17・430 ········· 412
福岡高判昭32・8・9裁判特報4・17・425 ········· 103
東京高判昭32・8・20裁判特報4・16・411 ····· 178
東京高判昭32・8・20東8・8・274 ········· 171,177
東京高判昭32・9・4東8・9・303 ········· 108,156
福岡高判昭32・10・11裁判特報4・21・552 ····· 154
東京高判昭32・10・14東時8・10・364 ········· 101
東京高判昭32・10・16東時8・10・365 ········· 105
東京高判昭32・10・23東時8・10・367 ········· 144
札幌高判昭32・10・31高刑集10・8・696 ········· 118
東京高判昭32・11・11東時8・11・385 ··········· 97
東京高判昭32・11・21裁判特報4・23・609 ····· 182
大阪高判昭32・12・24裁判特報4・24・671 ····· 153
名古屋高判昭32・12・25高刑集10・12・809 ····· 21
東京高判昭32・12・27裁判特報4・24・691 ····· 105
大阪高判昭33・1・16裁判特報5・1・14 ········· 118
東京高決昭33・2・3東時9・2・13 ················ 200
東京高判昭33・2・11裁判特報5・2・37 ··········· 92
東京高判昭33・2・18裁判特報5・2・45 ········· 125
東京高判昭33・2・26東9・2・35 ················· 101
広島高松江支判昭33・3・10裁判特報5・3・92
　　　　　　　　　 ······································· 148
東京高判昭33・3・11裁判特報5・4・112 ········· 127
東京高判昭33・4・8高刑集11・3・79 ··········· 105

札幌高判昭33・4・22裁判特報5・5・184 ········· 144
仙台高判昭33・4・30高刑集11・4・202 ·········· 127
名古屋高金沢支判昭33・5・1裁判特報5・6・193
　　　　　　　　　 ··· 91
名古屋高金沢支判昭33・5・8裁判特報5・6・211
　　　　　　　　　 ······································· 107
名古屋高金沢支判昭33・5・27裁判特報5・6・240
　　　　　　　　　 ······································· 120
大阪高判昭33・6・10裁判特報5・7・270 ········· 174
東京高判昭33・6・24東時9・6・164 ··········· 92
東京高判昭33・6・25裁判特報5・7・285 ········· 105
東京高判昭33・7・8裁判特報5・8・317 ··········· 98
大阪高判昭33・7・10高刑集11・7・391 ········· 292
東京高判昭33・7・10東時9・7・183 ········· 105,129
東京高決昭33・9・6判タ86・55 ················· 39
福岡高判昭33・9・25裁判特報5・10・416 ······· 126
東京高判昭33・10・28東時9・10・269 ········· 173
大阪高判昭33・12・9高刑集11・10・611 ········· 172
東京高判昭33・12・20高刑集11・10・682 ······· 149
大阪高判昭33・12・23高刑集11・10・696 ······· 145
東京高判昭34・1・28東時10・1・73 ··········· 307
名古屋高判昭34・2・9高刑集12・1・5 ········· 175
東京高判昭34・2・10東時10・2・104 ········· 178
東京高決昭34・2・12高刑集12・1・23 ········· 535
東京高判昭34・2・16東時10・2・119 ········· 182
仙台高判昭34・2・19高刑集12・2・59 ········· 145
東京高決昭34・2・21東時10・2・126 ········· 530
東京高判昭34・2・26高刑集12・3・219 ········· 175
東京高判昭34・4・8東時10・4・239 ········· 105
福岡高決昭34・4・24下刑集1・4・905 ········· 34
名古屋高判昭34・6・15高刑集12・6・650 ······· 184
仙台高秋田支決昭34・8・29下刑集1・8・1749
　　　　　　　　　 ································· 39,530
名古屋高金沢支判昭34・10・1高刑集12・10・958
　　　　　　　　　 ······································· 233
高松高判昭34・10・15家庭裁判月報11・12・154
　　　　　　　　　 ······································· 286
東京高判昭34・10・27東時10・10・402 ········· 173
福岡高決昭34・10・28下刑集1・10・2134 ········· 43
東京高判昭34・10・31下刑集1・10・2130 ········· 73
東京高判昭34・12・10下刑集1・12・2552 ····· 153
名古屋高金沢支判昭35・2・2下刑集2・2・107
　　　　　　　　　 ······································· 133
東京高判昭35・2・13下刑集2・2・116 ··········· 83
東京高判昭35・2・16高刑集13・1・73 ········· 145
福岡高宮崎支決昭35・3・24下刑集2・3＝4・393

―――――――――――――――――― 596
大阪高決昭35・4・1家庭裁判月報12・6・181
―――――――――――――――――― 286
東京高判昭35・6・14東時11・6・149 ――――― 105
東京高判昭35・6・23東時11・6・168 ――――― 91
東京高判昭35・6・28下刑集2・5＝6・704 ――― 154
東京高判昭35・6・29高刑集13・5・416 ――――― 118
東京高判昭35・7・15下刑集2・7＝8・989 ――― 106
東京高判昭35・9・5東時11・9・231 ――――― 178
東京高判昭35・9・30下刑集2・9＝10・1203 ――― 97
東京高決昭36・3・14下刑集3・3＝4・227 ――― 453
東京高決昭36・3・20下刑集3・3＝4・230 ――― 597
名古屋高決昭36・4・11高刑集14・9・589 ――― 466
東京高判昭36・6・13下刑集3・5＝6・419 ――― 106
東京高判昭36・7・6東時12・7・119 ――――― 127
東京高決昭36・7・28東時12・7・128 ――――― 525
東京高判昭36・8・3高刑集14・6・387 ――――― 127
東京高判昭36・8・8高刑集14・5・316 ――――― 173
大阪高判昭36・9・15高刑集14・7・489 ――――― 158
大阪高判昭36・9・16高刑集14・7・501 ――――― 118
名古屋高判昭36・9・25高刑集14・8・548 ――― 94
札幌高判昭36・10・26高刑集14・7・525 ――――― 7
東京高判昭36・10・31下刑集3・9＝10・854 ―― 180
大阪高判昭36・11・7下刑集3・11＝12・984 ―― 174
大阪高決昭36・12・11下刑集3・11＝12・1 ――― 557
札幌高判昭36・12・25高刑集14・10・681 ――― 145
東京高判昭37・1・12東時13・1・5 ――――― 157
名古屋高決昭37・1・30高刑集15・1・11
―――――――――――――――――― 466, 479
東京高判昭37・2・20下刑集4・1＝2・26 ――― 83
東京高判昭37・2・22下刑集4・1＝2・34 ――― 93
東京高判昭37・5・10高刑集15・5・331 ――――― 134
東京高判昭37・5・30高刑集15・7・517 ――――― 174
名古屋高金沢支判昭37・9・6高刑集15・7・527
―――――――――――――――――― 145
大阪高判昭37・9・13高刑集15・6・510 ―― 486, 487
福岡高宮崎支判昭37・10・16判タ140・99
―――――――――――――――――― 106, 172
大阪高決昭38・1・29高刑集16・1・29 ――――― 576
東京高判昭38・4・10〈未〉――――――――― 244
東京高判昭38・5・10〈未〉――――――――― 244
大阪高判昭38・7・15下刑集5・7＝8・686 ―― 32, 40
東京高判昭38・7・18東時14・7・136 ――――― 99
東京高判昭38・8・7東時14・8・151 ――――― 106
大阪高判昭38・9・28家庭裁判月報16・1・159
―――――――――――――――――― 286

東京高判昭38・9・30高刑集16・7・544
―――――――――――――――― 20, 24, 30
東京高判昭38・10・3東時14・10・169 ――― 108, 154
名古屋高判昭38・10・31高刑集16・7・563 ―――― 34
東京高決昭38・11・5下刑集5・11＝12・1112 ―― 41
札幌高判昭38・12・17高刑集16・9・809 ――――― 184
大阪高判昭38・12・24高刑集16・9・841 ――――― 145
仙台高判昭39・2・7高刑集17・1・146 ――――― 230
大阪高決昭39・2・15高刑集17・1・152 ――――― 5
名古屋高金沢支判昭39・4・9下刑集6・3＝4・169
―――――――――――――――――― 153
高松高判昭39・6・3下刑集6・5＝6・595 ――― 182
名古屋高判昭39・8・19高刑集17・5・534 ――― 106
福岡高判昭39・10・21判時398・87 ――――― 158
名古屋高金沢支判昭39・12・15下刑集
6・11＝12・1216 ――――――――― 99
大阪高決昭39・12・19下刑集6・11＝12・1253
―――――――――――――――――― 423
東京高判昭39・12・25家庭裁判月報17・8・85
―――――――――――――――――― 286
東京高決昭40・3・26下刑集7・3・322 ――――― 597
東京高決昭40・4・8下刑集7・4・582 ――――― 456
東京高判昭40・4・26東時16・4・85 ――――― 78
東京高判昭40・6・3高刑集18・4・328 ――― 25, 201
大阪高決昭40・6・5家庭裁判月報19・1・87 ―― 286
東京高判昭40・6・11東時16・6・71 ――――― 172
東京高判昭40・6・17高刑集18・3・218 ――――― 135
東京高判昭40・6・25高刑集18・3・244 ――――― 172
東京高判昭40・7・19高刑集18・5・506 ―― 155, 169
東京高判昭40・8・9高刑集18・5・594 ――――― 175
東京高決昭40・10・4下刑集7・10・1869 ――――― 34
広島高決昭40・10・13高刑集18・6・676 ――――― 5
東京高判昭40・11・26高刑集18・7・786 ――――― 80
東京高決昭40・12・1高刑集18・7・836 ――――― 472
大阪高判昭40・12・3高刑集18・7・839 ――――― 182
大阪高判昭40・12・14下刑集7・12・2117 ――― 187
東京高判昭41・3・28東時17・3・38 ――――― 183
東京高判昭41・4・7判時456・88 ――――― 155, 169
東京高判昭41・5・26高刑集19・3・371 ――――― 145
東京高判昭41・5・31東時17・5・85 ――――― 173
広島高松江支判昭41・5・31判時485・71 ――― 201
東京高判昭41・7・15東時17・7・123 ――――― 173
大阪高判昭41・7・22下刑集8・7・970 ――――― 87
広島高判昭41・8・16高刑集19・5・543 ――――― 153
東京高判昭41・9・28東時17・9・195 ――――― 127
大阪高判昭41・12・9判時470・64 ――――― 129

第4巻判例索引　高等裁判所　665

東京高判昭41・12・15下刑集8・12・1517 ……… 107
東京高判昭41・12・28高刑集19・6・827 ……… 243
東京高判昭42・2・2東時18・2・25 ……………… 173
東京高判昭42・2・22東時18・2・53 …………… 187
東京高判昭42・2・27東時18・2・57 …………… 99
東京高判昭42・2・28東時18・2・58 …………… 170
東京高判昭42・3・6高刑集20・2・85 ……… 71,140
名古屋高判昭42・3・13判時502・80 …………… 297
東京高判昭42・4・11東時18・4・120 …………… 183
東京高判昭42・4・20高検速報1595 …………… 231
東京高判昭42・4・27東時18・4・138 …………… 86
東京高決昭42・4・28判タ210・222 …………… 593
東京高決昭42・5・11判時484・70 ……………… 543
東京高決昭42・6・7下刑集9・6・815 ………… 469
高松高判昭42・7・10下刑集9・7・857 ………… 290
大阪高判昭42・10・7判タ215・209 …………… 125
東京高判昭42・12・11高刑集20・6・781 ……… 233
東京高判昭43・2・28東時19・2・30 …………… 183
大阪高判昭43・3・4下刑集10・3・225 ………… 174
仙台高判昭43・3・26高刑集21・2・186 … 129,145
札幌高決昭43・3・29家庭裁判月報20・10・110
　　　　　　　　　　　　　　　　　……… 286
東京高判昭43・4・17高刑集21・2・199 ……… 78
東京高判昭43・4・30下刑集10・4・380 ……… 187
東京高判昭43・4・30高刑集21・2・222 ……… 158
東京高判昭43・5・27東時19・5・119 ………… 172
札幌高決昭43・6・15判タ224・208 …………… 466
広島高判昭43・7・12判時540・85 ………… 19,30
福岡高決昭43・7・17高刑集21・4・280 ……… 298
仙台高判昭43・7・18高刑集21・4・281 ……… 87
福岡高判昭43・8・24判時539・13 ……………… 193
名古屋高判昭43・9・5高刑集21・4・338 ……… 129
東京高判昭43・10・15判時548・100 …………… 234
東京高判昭43・10・22下刑集10・10・967 …… 189
東京高判昭43・11・18判タ233・203 …………… 183
名古屋高金沢支判昭43・11・21判時547・95
　　　　　　　　　　　　　　　　　……… 120
大阪高決昭44・6・9高刑集22・2・265 …… 472,596
札幌高決昭44・6・13判時558・14 ……… 457,458
東京高判昭44・8・4判タ242・313 …………… 183
大阪高判昭44・10・16判タ244・290 …………… 189
大阪高判昭44・12・23刑裁月報1・12・1138 … 116
大阪高判昭45・1・19高刑集23・1・1 ………… 555
高松高判昭45・3・9判時593・106 …………… 137
東京高判昭45・3・26高刑集23・1・139 ……… 172
広島高判昭45・3・31判時621・97 ……… 125,137

名古屋高判昭45・4・22高刑集23・2・344 …… 130
東京高判昭45・6・12判タ255・238 …………… 137
大阪高判昭45・7・6刑裁月報2・7・709 ……… 126
東京高判昭45・7・14判タ255・240 …………… 124
東京高決昭45・8・4家庭裁判月報23・5・108
　　　　　　　　　　　　　　　　　……… 392
東京高判昭45・10・12高刑集23・4・737 ……… 86
東京高判昭45・11・2刑裁月報2・11・1143
　　　　　　　　　　　　　　　……… 133,539
福岡高決昭45・11・25高刑集23・4・841
　　　　　　　　　　　　　　　……… 397,412
東京高判昭45・12・26東時21・12・446／
　　判タ263・358 ……………… 171,177,183
札幌高判昭46・1・14高刑集24・1・1 ………… 277
東京高判昭46・4・27刑裁月報3・4・508 …… 172
東京高判昭46・5・6判タ267・361 …………… 140
東京高判昭46・5・18判時643・97 ……………… 187
東京高判昭46・5・24高刑集24・2・353 …… 75,265
大阪高判昭46・5・28高刑集24・2・374 ……… 87
東京高決昭46・7・6判時649・96 …………… 384
東京高決昭46・7・27高刑集24・3・473 ……… 456
名古屋高判昭46・8・5高刑集24・3・483 …… 86
東京高決昭46・9・6高刑集24・3・530 ……… 391
大阪高判昭46・11・29判時637・94 …………… 134
東京高判昭47・1・20東時23・1・7 …………… 179
東京高判昭47・1・27判タ277・378 …………… 140
東京高判昭47・1・29高刑集25・1・20 ……… 207
東京高判昭47・3・9東時23・3・38 …………… 91
東京高判昭47・4・12高刑集25・2・167 ……… 207
東京高判昭47・5・4判タ280・350 …………… 128
広島高岡山支判昭47・8・3刑裁月報4・8・1435
　　　　　　　　　　　　　　　　　……… 53
東京高判昭47・9・20高刑集25・4・413 … 164,237
大阪高決昭47・11・30高刑集25・6・914 …… 399
札幌高判昭47・12・19判タ298・447 ………… 135
東京高判昭48・1・31判時723・100 …………… 163
大阪高決昭48・2・7判時709・109／判タ294・392
　　　　　　　　　　　　　　　……… 111,203
東京高判昭48・2・19刑裁月報5・2・107 …… 87
東京高判昭48・3・28高刑集26・1・100 … 106,122
東京高決昭48・6・7判時721・103 ……………… 39
東京高判昭48・6・19東時24・6・101 ………… 180
東京高判昭48・6・21東時24・6・104 ………… 137
東京高決昭48・6・28判時717・98 …………… 201
札幌高判昭48・7・3刑裁月報5・7・1127 …… 393
広島高判昭48・8・7高検速報昭48・8 ……… 157

仙台高決昭48・9・18刑裁月報5・9・1312／

判時721・104 ……………………… 418, 479

札幌高判昭48・9・20刑裁月報5・9・1298 …… 140

東京高判昭48・10・4高刑集26・4・385 ……… 207

東京高決昭48・10・25東時24・10・163 ……… 402

東京高判昭49・3・27刑裁月報6・3・198 ……… 265

東京高判昭49・3・27判時752・108 …………… 75

東京高判昭49・3・28判時752・108 ……… 75, 266

福岡高那覇支決昭49・6・17刑裁月報6・6・647

…………………………… 202

大阪高判昭49・11・20刑裁月報6・11・1158 … 391

東京高判昭49・12・10判時787・122 ………… 171

福岡高判昭50・8・4家庭裁判月報28・8・98 … 286

大阪高判昭50・8・27高刑集28・3・321 ……… 158

東京高判昭50・9・4高刑集28・4・337 ……… 182

東京高判昭50・9・19東時26・9・159 ………… 145

大阪高判昭50・10・17判タ333・351 ………… 102

東京高判昭50・11・25東時26・11・192 ……… 93

東京高判昭50・12・4東時26・12・202 ……… 126

東京高判昭50・12・11高刑集28・4・506 ……… 87

東京高判昭50・12・19高刑集28・4・525 ……… 290

東京高判昭50・12・22高刑集28・4・540 ……… 158

東京高判昭51・1・27判時27・1・9 …………… 118

東京高判昭51・2・25東時27・2・24 ………… 54

福岡高判昭51・3・29判タ345・318 …………… 99

福岡高那覇支判昭51・4・5判タ345・321 …… 87

東京高判昭51・5・10刑裁月報8・4＝5・247 … 173

大阪高判昭51・7・9判時841・45 ……… 563, 565

東京高判昭51・7・12東時27・7・82 …… 108, 145

東京高判昭51・7・14東時27・7・84 ………… 64

東京高判昭51・7・14判時834・106 ………… 174

東京高判昭51・7・16高刑集29・3・399 … 545, 597

東京高判昭51・9・8東時27・9・116

………………………… 114, 126, 127

東京高判昭51・9・21東時27・9・120 ………… 93

東京高判昭51・10・18東時27・10・139 ……… 116

東京高判昭51・11・29東時27・11・155 ……… 187

東京高決昭51・12・16高刑集29・4・667 ……… 34

東京高決昭51・12・16東時27・12・171 ……… 408

大阪高判昭51・12・23判時843・122 ………… 127

東京高判昭52・2・10東時28・2・13 ………… 156

大阪高判昭52・2・14判時870・111 …………… 87

仙台高判昭52・2・15高刑集30・1・28 ……… 481

大阪高決昭52・3・17判時850・13 …………… 526

東京高判昭52・3・22判時850・111 …………… 88

東京高判昭52・4・18東時28・4・39 ………… 127

東京高判昭52・5・18東時28・5・45 ………… 96

東京高判昭52・6・30判時886・104 ………… 173

大阪高判昭52・8・24刑裁月報9・7＝8・431 … 145

大阪高判昭52・11・22刑裁月報9・11＝12・806

………………………… 173

東京高判昭53・2・10東時29・2・17 ………… 93

東京高判昭53・2・23刑裁月報10・1＝2・75 … 183

東京高判昭53・2・28東時29・2・38 …… 155, 169

福岡高判昭53・4・24判時905・123 ………… 87

東京高決昭53・5・1東時29・5・73 ………… 402

東京高判昭53・5・8東時29・5・75 ………… 288

大阪高判昭53・5・9判時906・103 ………… 153

東京高決昭53・5・11東時29・5・77 …… 64, 200

東京高決昭53・6・1刑裁月報10・6＝8・1092

………………………… 402

東京高判昭53・7・12東時29・7・138 ………… 98

東京高判昭53・7・17東時29・7・140 ……… 122

東京高判昭53・9・12判時914・124 ………… 180

福岡高判昭53・10・9判時925・132 ………… 127

東京高決昭53・10・17東時29・10・176 ……… 397

東京高決昭53・12・5刑裁月報10・11＝12・1418

………………………… 596

東京高決昭54・1・23判時926・132 ………… 40

東京高判昭54・2・27判時955・131 ………… 172

東京高判昭54・3・8判タ389・149 ………… 183

東京高判昭54・3・12東時30・3・37 ………… 93

東京高判昭54・3・29判タ389・146 …… 148, 174

東京高判昭54・4・5刑裁月報11・4・275 …… 127

東京高判昭54・7・23東時30・7・105 ……… 102

東京高判昭54・9・11東時30・9・121 …… 69, 204

東京高決昭54・11・20東時30・11・170 ……… 202

東京高判昭54・12・13高刑集32・3・291 …… 153

東京高決昭55・2・5高刑集33・1・1 ………… 458

東京高判昭55・3・10高検速報昭55・2417 …… 152

東京高判昭55・5・6高刑集33・2・176 ……… 127

東京高判昭55・5・22東時31・5・58 ………… 78

札幌高判昭55・5・29高刑集33・2・214 ……… 399

東京高判昭55・6・17高刑集33・2・216 ……… 100

札幌高判昭55・7・21判時985・135 ………… 399

名古屋高判昭55・7・31判時998・130 ……… 118

東京高決昭55・9・26判時999・129 ………… 594

東京高決昭55・10・9判時999・128 ………… 468

広島高判昭55・10・28高刑集33・4・298 …… 136

大阪高判昭55・11・27判時1024・144 ……… 169

福岡高判昭55・12・1判時1000・137 ………… 116

仙台高判昭55・12・18判時1002・140 ……… 145

東京高判昭56・1・14東時32・1・1 ……………… 169
東京高判昭56・1・28東時32・1・5 ……………… 95
高松高決昭56・3・14高刑集34・1・1 …… 455,476
東京高判昭56・5・21東時32・5・22 …… 153,169
東京高判昭56・6・23刑裁月報13・6＝7・436
……………………………………… 22,244
東京高判昭56・7・28判時1027・132 …………… 94
東京高判昭56・8・20東時32・8・44／判夕467・167
…………………………………………… 171
東京高判昭56・9・1判時1037・136 …………… 63
東京高判昭56・10・20東時32・10・63 ………… 134
大阪高判昭56・11・24判夕464・170 …………… 140
東京高判昭56・12・7判夕471・231 …………… 182
大阪高判昭56・12・15高刑集34・4・16 ……… 117
大阪高判昭57・3・2判時1049・165 …………… 106
東京高決昭57・3・8高刑集35・1・40 ………… 29
東京高判昭57・3・16判時1060・153 ………… 63
東京高判昭57・3・16判時1063・218
…………………………… 89,171,175
東京高判昭57・3・23高検速報昭57・177 …… 83
東京高判昭57・3・24刑裁月報14・9・727 …… 88
大阪高判昭57・3・25判夕467・171 …………… 126
東京高判昭57・4・12高検速報昭57・188 …… 183
仙台高判昭57・5・25高刑集35・1・66 ……… 223
名古屋高金沢支判昭57・6・3高検速報昭57・522
……………………………… 149,174
名古屋高金沢支判昭57・6・17判時1062・160
…………………………………………… 154
名古屋高判昭57・7・6判時1070・155 ……… 157
東京高判昭57・7・22高検速報昭57・335 …… 120
東京高判昭57・9・20東時33・9・57 ………… 88
大阪高判昭57・12・7判時1085・156 ………… 231
高松高決昭58・3・12判時1073・3 …………… 480
東京高判昭58・5・18高刑集36・1・45 ……… 145
東京高判昭58・5・26判時1112・143 ………… 154
名古屋高判昭58・6・15高検速報昭58・286 … 94
高松高判昭58・10・17高検速報昭58・374 …… 163
東京高決昭58・10・25東時34・9＝12・67 … 396
名古屋高金沢支判昭58・11・8高検速報昭58・303
…………………………………………… 145
東京高判昭58・11・9刑裁月報15・11＝12・1154
…………………………………………… 180
東京高判昭58・12・15刑裁月報15・11＝12・49
…………………………………………… 257
大阪高判昭58・12・22刑裁月報15・11＝12・1210
…………………………………………… 221

名古屋高決昭59・3・12判時1141・161 ……… 55
東京高判昭59・3・13東時35・1＝3・6 ……… 154
大阪高判昭59・6・8高刑集37・2・336 ……… 140
東京高判昭59・6・26高検速報昭59・243 …… 91
東京高判昭59・7・9東時35・6＝7・49 ……… 101
東京高判昭59・7・12東時35・6＝7・52 …… 145
東京高判昭59・8・8刑裁月報16・7＝8・532 … 107
大阪高判昭59・9・13判夕548・286 ………… 255
大阪高判昭59・9・19高刑集37・3・409 …… 129
名古屋高判昭59・10・1判時1154・158 ……… 96
広島高判昭59・10・23刑裁月報16・9＝10・671
…………………………………………… 180
大阪高判昭59・12・5高刑集37・3・450 …… 133
東京高判昭60・6・20高刑集38・2・99 …… 60,66
大阪高判昭60・6・21判夕562・195 ………… 178
東京高判昭60・7・24東時36・6＝7・56 … 128,130
福岡高判昭60・9・12高検速報昭60・360 …… 163
福岡高判昭60・9・24刑裁月報17・9・798 … 95
名古屋高判昭60・10・17刑裁月報17・10・923
…………………………………………… 118
大阪高判昭60・11・8高刑集38・3・199 … 245,291
大阪高決昭60・11・19判時1185・169 ……… 393
大阪高決昭60・12・5判夕586・84 ………… 480
東京高判昭60・12・5高刑集38・3・333 …… 107
大阪高判昭60・12・11判夕605・106 ……… 127
東京高判昭60・12・13判時1183・3 ………… 201
東京高判昭61・1・28刑裁月報18・1＝2・1 … 75
東京高判昭61・4・28判時1210・145 ……… 189
東京高判昭61・6・9高刑集39・3・203 …… 189
東京高判昭61・6・16高刑集39・3・218／
判時1220・141 …………………… 92,249
東京高判昭61・7・24東時37・6＝7・58 …… 94
東京高判昭61・8・7東時37・8＝10・61 …… 130
大阪高判昭61・9・5高刑集39・4・347 …… 158
東京高決昭61・9・19高検速報昭61・139 …… 526
大阪高判昭61・10・14判夕631・237 …… 137,171
福岡高判昭61・10・27判夕626・246 ……… 245
東京高判昭61・11・4高検速報昭61・171 …… 221
東京高判昭62・2・23判夕648・268 ………… 150
広島高判昭62・2・26高検速報昭62・147 …… 157
名古屋高判昭62・3・9判時1236・157 ……… 17
東京高判昭62・4・13高検速報昭62・52 …… 179
東京高判昭62・5・25判夕646・216 ………… 156
大阪高判昭62・6・5判夕654・265 ………… 138
名古屋高決昭62・6・22高刑集40・3・715 …… 392
東京高決昭62・7・2判時1253・140 ………… 427

福岡高判昭62・7・16家庭裁判月報39・12・162

　　　　　　　　　　　　　　　　　　　　　 286
東京高判昭62・8・20東時38・7＝9・98 ………… 75
東京高判昭62・8・31東時38・7＝9・101 ……… 290
大阪高判昭62・9・4判タ655・266 …………… 128
名古屋高判昭62・9・7判タ672・262 …………… 94
東京高判昭62・9・17判タ657・270 …………… 128
東京高判昭62・9・22判タ661・252 …………… 172
東京高判昭62・10・14判タ658・231 ………… 154
東京高判昭62・10・20高刑集40・3・743 ……… 73
大阪高判昭62・10・23判タ663・200 ………… 145
東京高判昭62・11・4判時1267・154 ………… 155
仙台高判昭62・11・12判タ684・249 ………… 128
大阪高判昭62・11・24判タ663・228 ………… 152
東京高判昭62・12・1判タ667・233 …………… 172
大阪高判昭62・12・8判タ664・250 …………… 96
札幌高決昭62・12・8高刑集40・3・748 ………… 13
大阪高決昭62・12・17判タ662・256 ………… 597
大阪高判昭63・3・9判タ678・227 …………… 97
東京高判昭63・5・16東時39・5＝8・1 ……… 156
大阪高判昭63・5・18判時1309・152 ………… 152
福岡高宮崎支判昭63・6・16高検速報昭63・151

　　　　　　　　　　　　　　　　　　　　　 184
大阪高判昭63・6・22判時1312・145 ………… 31
福岡高判昭63・7・19高検速報昭63・171 …… 145
東京高判昭63・8・2判タ682・237 …………… 153
東京高判昭63・9・12判時1307・157 ………… 177
東京高決昭63・11・9東時39・9＝12・36 …… 397
東京高判昭63・12・21高検速報昭63・65 …… 189
東京高判昭63・12・21判時1313・165 ……… 135
名古屋高判昭63・12・21判時1316・159

　　　　　　　　　　　　　　　　　 126, 140
東京高判平元・2・7判タ699・250 …………… 127
東京高判平元・3・2高検速報平元・60 ……… 88
東京高判平元・5・10判タ703・286

　　　　　　　　　　　　　　 150, 151, 152
東京高決平元・7・6高刑集42・2・121 ……… 11
東京高決平元・7・6判タ710・269 …………… 197
大阪高判平元・7・18判時1334・236 ………… 184
東京高決平元・7・24判タ710・269 ………… 197
東京高決平元・10・11高検速報平元・108 … 180
大阪高判平2・1・25判タ730・253 …………… 99
広島高判平2・1・26高検速報平2・221 ……… 180
大阪高判平2・1・31判時1369・160 ………… 128
大阪高判平2・2・6判時1369・161 …………… 129
東京高判平2・2・28高検速報平2・66 ……… 189

大阪高判平2・3・23判時1354・26 …………… 137
東京高判平2・5・10判タ741・245 …………… 130
東京高判平2・6・20家庭裁判月報42・12・62

　　　　　　　　　　　　　　　　　　　　　 152
福岡高判平2・8・2高検速報平2・255 ………… 54
大阪高判平2・10・24高刑集43・3・180 … 129, 153
大阪高判平2・11・14高刑集43・3・187 …… 145
大阪高判平3・1・16判時1409・127 ………… 121
大阪高判平3・1・29高刑集44・1・1 ………… 158
大阪高判平3・2・7判時1395・161 …………… 296
広島高判平3・3・8高検速報平3・111 ……… 128
東京高判平3・4・1判時1400・128 …………… 173
大阪高判平3・4・16高刑集44・1・56 ……… 158
大阪高判平3・6・13判時1404・128 ………… 120
大阪高判平3・10・11判時1409・127 …… 121, 140
広島高岡山支判平3・10・18判時1435・139 … 265
東京高判平3・10・29高刑集44・3・212 …… 132
大阪高判平3・11・14判タ795・274 ………… 132
大阪高判平3・11・19判時1436・143 ……… 137
東京高判平3・12・10高刑集44・3・217 …… 117
大阪高判平4・1・22判時1429・144 …… 91, 487
東京高判平4・2・18判タ797・268 …… 153, 156
大阪高決平4・4・30判タ826・283 ………… 383
東京高判平4・5・28判タ794・282 ………… 135
福岡高判平4・8・17高検速報平4・83 ……… 130
大阪高決平4・9・4高刑集45・3・53 ………… 62
東京高判平4・10・12東時43・1＝2・44 …… 163
東京高判決平4・10・14高刑集45・3・66 …… 177
東京高決平4・10・30判タ811・242 …… 39, 530
東京高判平4・11・13判タ826・278 ………… 154
大阪高決平4・11・19判タ831・255 ………… 457
東京高決平4・11・25高刑集45・3・120 …… 428
福岡高判平4・12・25高検速報平4・89 …… 130
大阪高判平5・1・22判タ814・241 …………… 137
福岡高判平5・4・15判時1461・159 …… 121, 140
仙台高判平5・4・26判タ828・284 ………… 122
東京高判平5・5・26判タ840・243 ………… 145
東京高判平5・6・1東時44・1＝12・34 …… 154
札幌高判平5・6・8判タ826・280 …………… 145
名古屋高判平5・8・2高刑集46・2・229

　　　　　　　　　　　　　 127, 137, 138
大阪高判平5・8・24判タ846・296 ………… 137
東京高判平5・9・13判時1496・130 ………… 88
大阪高判平5・10・20判時1502・153 ……… 163
札幌高判平5・10・26判タ865・291 ………… 176
高松高決平5・11・1判時1509・146 ………… 456

福岡高判平5・11・1家庭裁判月報46・6・98 … 286
東京高判平5・11・30判時1506・150 ………… 155
高松高判平6・2・1高検速報平6・191 ………… 145
東京高判平6・2・10判夕854・299 …………… 116
東京高判平6・2・24高検速報平6・46 ………… 145
札幌高判平6・4・12判夕855・290 …………… 103
東京高判平6・4・13東時45・1＝12・21 ………… 99
福岡高判平6・6・16判時1512・183 …………… 296
東京高判平6・6・29判時1522・150 …………… 180
大阪高判平6・7・8判夕877・300 …………… 189
東京高判平6・10・27判時1536・118 …………… 63
東京高判平6・11・28判夕897・240 ……… 187, 189
福岡高判平7・1・18判時1551・138 …………… 163
福岡高宮崎支判平7・1・19高検速報平7・143

………………………………………………… 135
東京高判平7・1・30東時46・1＝12・3 …… 214, 297
大阪高決平7・1・31判時1526・162 …………… 395
東京高判平7・4・3判夕916・257 …………… 103
東京高判平7・4・27高刑集48・1・126 ………… 156
東京高判平7・6・26判時1551・141 …………… 163
東京高判平7・7・18高刑集48・2・158 ………… 193
東京高判平7・8・9東時46・1＝12・43 ………… 123
札幌高決平7・11・7判時1570・146 ……… 12, 427
東京高判平7・12・4判時1656・148 …………… 155
東京高判平8・1・18判時1570・139 …………… 90
名古屋高判平8・1・31高刑集49・1・1 ………… 195
名古屋高判平8・2・20判時1592・144 ………… 101
東京高判平8・7・5高刑集49・2・344 ………… 291
東京高判平8・7・25高刑集49・2・417 …… 164, 237
東京高判平8・8・20東時47・1＝12・115

………………………………………………… 187, 189
大阪高決平8・10・23判時1606・156 ………… 402
東京高判平8・11・26東時47・1＝12・130 … 135
大阪高判平8・11・27判時1603・151 ………… 122
大阪高判平9・2・28判時1619・149 …………… 163
東京高判平9・3・11東時48・1＝12・12 ……… 151
東京高判平9・3・19東時48・1＝12・23 ……… 134
大阪高判平9・4・25判時1620・157 …………… 117
東京高判平9・5・1東時48・1＝12・43 ……… 121
東京高判平9・6・4東時48・1＝12・45 ……… 103
大阪高決平9・6・13判時1623・159 ………… 596
東京高判平9・7・7東時48・1＝12・49 ……… 157
大阪高判平9・7・31判時1629・155 …………… 145
東京高判平9・9・8東時48・1＝12・63 ……… 141
大阪高判平9・10・15判時1640・170 ………… 245
高松高判平10・1・27高検速報平10・159 …… 136

名古屋高判平10・1・28高刑集51・1・70 ……… 132
福岡高判平10・2・5判時1642・157 …………… 122
東京高判平10・3・20判夕983・222 …………… 547
東京高判平10・3・31東時49・1＝12・14 ……… 142
東京高判平10・6・8判夕987・301 …………… 177
東京高判平10・6・24判夕991・286 …………… 134
東京高判平10・7・14東時49・1＝12・40 ……… 163
東京高判平10・8・12東時49・1＝12・50 ……… 298
東京高判平10・8・26東時49・1＝12・52 ……… 190
大阪高判平10・9・1判夕1004・289 …………… 217
東京高判平10・11・11東時49・1＝12・75 …… 187
東京高判平11・1・8東時50・1＝12・1 ……… 235
東京高判平11・1・29東時50・1＝12・16 …… 190
大阪高判平11・3・31判時1681・159 …………… 184
東京高決平11・5・11東時50・1＝12・37 …… 410
東京高判平11・5・25東時50・1＝12・39

………………………………………………… 129, 130
福岡高判平11・6・2高検速報平11・167 ……… 100
大阪高判平11・7・16判夕1064・243 ………… 172
東京高判平11・7・26東時50・1＝12・59 …… 152
大阪高判平11・9・29判時1712・3 ……… 253, 258
東京高判平11・10・13東時50・1＝12・114 … 153
東京高判平11・11・1東時50・1＝12・126 … 183
東京高判平11・11・15高検速報平11・111 … 136
東京高決平12・1・11判時1712・189 ………… 480
仙台高判平12・2・22高刑集53・1・21 ………… 173
福岡高決平12・2・29高刑集53・1・34 ………… 458
東京高判平12・3・9東時51・1＝12・34 ……… 187
東京高判平12・3・30東時51・1＝12・36 …… 180
東京高判平12・5・23東時51・1＝12・55 …… 176
東京高決平12・5・31高検速報平12・98 …… 594
東京高判平12・6・27東時51・1＝12・82 …… 152
大阪高判平12・8・24判時1736・130 ………… 95
東京高判平12・8・28高刑集53・2・89 ………… 265
東京高判平12・8・29東時51・1＝12・90 …… 190
東京高判平12・8・29判夕1057・263 ………… 173
名古屋高判平12・9・5高検速報平12・176 … 132
福岡高判平12・9・5高検速報平12・195 ……… 222
東京高判平12・10・2東時51・1＝12・98 …… 130
東京高判平12・11・7東時51・1＝12・109 … 189
東京高判平12・11・16東時51・1＝12・110 … 184
大阪高判平13・1・30判時1745・150 ………… 163
東京高判平13・2・23東時52・1＝12・10 …… 171
東京高判平13・2・28東時52・1＝12・14 …… 103
大阪高判平13・4・6判時1747・171 ………… 122
札幌高判平13・5・10判夕1089・298 ………… 174

福岡高判平13・6・26判タ1118・276 ……………… 94
広島高岡山支判平13・8・1高検速報平13・200
　…………………………………………………… 122
福岡高決平13・9・10高刑集54・2・123 …… 5, 235
東京高判平13・9・17判時1808・140 ………… 184
東京高判平13・10・4東時52・1＝12・66 ……… 152
東京高決平13・10・29高刑集54・2・142 ……… 460
東京高決平13・11・5東時52・1＝12・88 ……… 396
大阪高判平13・11・15判タ1094・300 ………… 136
福岡高判平13・12・20裁判所ウェブサイト
　…………………………………………………… 184
大阪高判平14・1・17判タ1119・276 ………… 119
札幌高判平14・1・17判タ1106・280 ………… 144
東京高判平14・2・5東時53・1＝12・9 ……… 102
東京高判平14・5・31東時53・1＝12・64 ……… 132
東京高判平14・6・6東時53・1＝12・70 ……… 122
東京高判平14・6・28東時53・1＝12・73 ……… 132
大阪高決平14・7・17判タ1124・301 ………… 430
高松高判平14・8・29裁判所ウェブサイト … 189
高松高判平14・8・29判例秘書 ………………… 109
福岡高判平14・9・4高検速報平14・169 ……… 153
東京高判平14・10・23高検速報平14・92 ……… 132
名古屋高判平14・12・6高検速報平14・141 … 101
広島高判平14・12・10高検速報平14・158 …… 132
広島高判平14・12・19高検速報平14・162
　…………………………………………… 124, 141
東京高決平15・1・17〈未〉 …………………… 427
東京高判平15・1・29判時1838・155 ………… 282
広島高判平15・2・20裁判所ウェブサイト … 104
東京高判平15・3・20東時54・1＝12・14 ……… 128
東京高決平15・4・4東時54・1＝12・22 ……… 54
東京高判平15・5・19高刑集56・2・1 ………… 265
大阪高判平15・8・21判タ1143・300 ………… 149
広島高判平15・9・2高検速報平15・131 ……… 122
東京高判平15・10・16判タ1150・309 ………… 222
東京高判平15・12・2東時54・1＝12・78 ……… 120
福岡高判平16・2・13判タ1155・124 ………… 128
福岡高判平16・2・25判タ1155・129 ………… 128
東京高判平16・3・9判時1886・158 …………… 135
名古屋高判平16・3・15判例秘書 ……………… 173
広島高松江支判平16・3・22裁判所ウェブサイト
　…………………………………………………… 184
福岡高判平16・4・6高検速報平16・196 ……… 91
名古屋高判平16・6・25高検速報平16・172 … 126
大阪高判平16・7・23高検速報平16・154 …… 184
広島高松江支判平16・7・26裁判所ウェブサイト

仙台高決平16・9・9家庭裁判月報57・6・169 … 42
大阪高判平16・9・24家庭裁判月報57・7・45
　…………………………………………………… 242
福岡高判平16・10・8高検速報平16・202 …… 88
大阪高判平16・10・15高刑集57・4・1 ………… 220
東京高決平17・3・10高刑集58・1・6 ………… 471
広島高判平17・3・17判タ1200・297 ………… 172
東京高判平17・3・22東時56・1＝12・24 ……… 297
広島高判平17・4・19高検速報平17・312 …… 172
大阪高判平17・5・18判時1902・157 …… 145, 282
東京高判平17・7・6東時56・1＝12・46 ……… 203
東京高判平17・8・16判タ1194・289 ………… 172
大阪高判平17・9・7家庭裁判月報58・3・149
　…………………………………………………… 144
東京高判平18・2・21判タ1217・318 ………… 145
東京高判平18・4・21高検速報平18・89 ……… 139
東京高判平18・5・16高検速報95 …………… 529
東京高判平18・6・30高検速報平18・102 …… 130
東京高判平18・8・7高検速報平18・117 …… 194
東京高判平19・1・19判タ1239・349 ………… 235
大阪高判平19・2・14判タ1232・349 ………… 151
東京高判平19・3・7東時58・1＝12・20 ……… 164
東京高判平19・4・9高検速報平19・186 …… 156
東京高判平19・5・10高検速報平19・218 …… 164
東京高決平19・7・23東時58・1＝12・48 …… 42
東京高判平19・9・11東時58・1＝12・78 …… 97
東京高判平19・9・26高検速報平19・321 …… 132
東京高判平19・10・31高検速報平19・350 …… 132
福岡高判平20・4・22〈未〉 …………………… 219
東京高決平20・7・14判タ1290・73 …………… 481
東京高判平20・8・18東時59・1＝12・72 …… 132
東京高判平20・9・19高検速報平20・156 …… 146
東京高決平20・12・26東時59・1＝12・130 … 402
東京高決平20・12・26東時59・1＝12・132
　…………………………………………… 401, 403
東京高判平21・2・5東時60・1＝12・26 …… 145
名古屋高判平21・2・17高検速報平21・175 … 132
東京高判平21・5・25高刑集62・2・1 ………… 258
東京高決平21・6・11〈未〉 …………………… 388
東京高判平21・6・16東時60・1＝12・84 …… 103
仙台高判平21・6・30高検速報平21・312 …… 132
東京高決平21・7・6判タ1325・281 …………… 390
東京高決平21・8・12家庭裁判月報62・1・128
　…………………………………………………… 390
東京高判平21・12・18東時60・1＝12・243 …… 135

第 4 巻判例索引　地方裁判所等　671

東京高判平21・12・25東時60・1＝12・250 ‥‥‥ 97
東京高判平22・1・19東時61・1＝12・5 ‥‥‥ 131
東京高判平22・1・21判タ1338・282 ‥‥‥‥ 151
東京高判平22・1・26判タ1326・280 ‥‥‥ 141,266
東京高判平22・3・23東時61・1＝12・67 ‥‥‥ 99
東京高決平22・6・14東時61・1＝12・122 ‥‥‥ 17
東京高判平22・7・14判タ1380・251 ‥‥‥‥ 292
東京高判平22・8・3高刑集63・2・1 ‥‥‥‥ 100
東京高判平22・11・17東時61・1＝12・287 ‥‥‥ 96
高松高判平22・11・18判タ1369・254 ‥‥ 132,151
東京高判平22・11・22判タ1364・253 ‥‥‥‥ 129
東京高判平22・11・30東時61・1＝12・308 ‥‥‥ 88
東京高判平23・4・12判タ1399・375 ‥‥‥‥ 119
福岡高判平23・4・27判タ1382・366 ‥‥‥ 242,274
東京高判平23・10・13高検速報平23・147 ‥‥‥ 83
東京高判平23・11・9高検速報平23・167／
　判タ1384・379 ‥‥‥‥‥‥‥‥‥ 98,274
東京高判平24・1・30判タ1404・360 ‥‥‥ 274,280
大阪高判平24・3・2刑集68・3・267 ‥‥‥‥‥ 274
東京高決平24・5・30東時63・1＝12・87 ‥‥‥ 9,197
東京高判平24・6・28東時63・1＝12・135 ‥‥‥ 238
名古屋高金沢支判平24・7・3
　裁判所ウェブサイト ‥‥‥‥‥‥‥‥ 265
東京高決平24・7・9東時63・1＝12・148 ‥‥‥ 40
東京高判平24・7・17東時63・1＝12・167 ‥‥‥ 163
仙台高判平24・9・13高検速報平24・275 ‥‥‥ 70
東京高決平24・9・21東時63・1＝12・198 ‥‥‥ 8
東京高判平24・10・17東時63・1＝12・209 ‥‥‥ 100
東京高判平24・11・7判タ1400・372 ‥‥‥‥ 459
東京高判平24・11・28東時63・1＝12・254 ‥‥‥ 151
東京高判平25・1・29東時64・1＝12・44 ‥‥‥ 163
大阪高判平25・2・26判タ1390・375 ‥‥‥‥ 273
東京高判平25・5・7東時64・1＝12・107 ‥‥‥ 132
東京高判平25・6・21東時64・1＝12・145 ‥‥‥ 31
仙台高判平25・6・27高検速報平25・247 ‥‥‥ 88

東京高判平25・10・8刑集69・11・90 ‥‥‥‥ 274
東京高決平26・3・28判時2235・137 ‥‥‥‥ 483
東京高判平26・9・17高検速報平26・92 ‥‥‥ 162
東京高判平27・2・6高検速報平27・66 ‥‥‥ 132
仙台高判平27・2・26高検速報平27・316 ‥‥‥ 97
福岡高判平27・3・25高検速報平27・274 ‥‥‥ 99
福岡高判平27・3・26判例秘書 ‥‥‥‥‥‥ 152
東京高判平27・5・22東時66・1＝12・53 ‥‥‥ 152
東京高判平27・6・30判タ1438・124 ‥‥‥‥ 162
福岡高判平27・7・8高検速報平27・278 ‥‥‥ 181
福岡高判平27・7・29高検速報平27・310 ‥‥‥ 176
大阪高判平27・7・30裁判所ウェブサイト ‥ 132
東京高判平27・11・19高検速報平27・178 ‥‥ 110
東京高決平27・12・16判タ1425・240 ‥‥‥ 456
東京高判平27・12・22高検速報平27・186 ‥‥ 274
広島高岡山支決平28・1・6判時2304・138 ‥‥ 455
東京高判平28・1・20判タ1426・226 ‥‥‥ 273
東京高判平28・2・19判タ1426・41 ‥‥‥‥ 151
広島高判平28・3・1高検速報平28・239 ‥‥‥ 54
仙台高判平28・3・17高検速報平28・277 ‥‥‥ 145
東京高判平28・3・30判タ1436・144 ‥‥‥ 238
大阪高判平28・5・26判タ1438・130 ‥‥‥ 242
大阪高判平28・6・7高検速報平28・190 ‥‥‥ 125
高松高判平28・6・21判例秘書 ‥‥‥‥‥ 121
東京高判平28・6・30高検速報平28・106／
　判タ1438・124 ‥‥‥‥‥‥‥‥‥ 162,274
仙台高判平28・7・14高検速報平28・282 ‥‥‥ 97
東京高判平28・7・14判タ1435・174 ‥‥‥ 273
東京高判平28・8・10判時2329・98 ‥‥‥ 273
東京高判平28・8・25高検速報平28・126 ‥‥‥ 94
大阪高判平28・11・16 D1-Law2844475 ‥‥‥ 261
東京高判平29・2・16高検速報平29（頁未定）
　‥‥‥‥‥‥‥‥‥‥‥‥‥‥‥ 157
東京高判平29・9・8高検速報3612 ‥‥‥‥‥ 296

地方裁判所等

大阪地判昭32・9・25訟務月報4・2・267 ‥‥‥ 438
和歌山地田辺支決昭33・1・10一審刑集1・1・163
　‥‥‥‥‥‥‥‥‥‥‥‥‥‥‥ 596
東京地決昭33・5・8一審刑集1・5・832 ‥‥‥ 433
福岡地飯塚支決昭33・8・22一審刑集1・8・1292
　‥‥‥‥‥‥‥‥‥‥‥‥‥‥‥ 383
京都地決昭34・1・22下刑集1・1・246 ‥‥‥ 406

名古屋地決昭34・3・4下刑集1・3・861 ‥‥‥ 430
広島地決昭35・5・2下刑集2・5＝6・949 ‥‥‥ 597
前橋地決昭35・7・10下刑集2・7＝8・1173 ‥‥ 434
岐阜地決昭35・7・30下刑集2・7＝8・1184 ‥‥ 596
札幌地決昭36・3・3下刑集3・3＝4・385 ‥‥‥ 434
東京地決昭36・6・5判時262・35 ‥‥‥‥‥ 385
山口地下関支決昭36・7・25下刑集3・7＝8・808

………………………………………… 405
神戸地決昭36・9・30下刑集3・9＝10・972 ……… 41
上田簡決昭36・11・6下刑集3・11＝12・1292
　　　………………………………………… 526
広島地決昭37・1・20判時298・34 …………… 384
金沢地決昭37・10・17下刑集4・9＝10・970 … 442
札幌地決昭37・10・23下刑集4・9＝10・974 … 596
山口地下関支決昭38・5・20下刑集5・5＝6・626
　　　………………………………………… 384
熊本地決昭38・11・24下刑集5・11＝12・1203
　　　………………………………………… 436
福岡地飯塚支決昭39・2・12下刑集6・1＝2・146
　　　………………………………………… 384
福岡地決昭39・3・13下刑集6・3＝4・552 ……… 39
神戸地決昭39・9・22下刑集6・9＝10・1096 … 384
朝日簡決昭39・10・28下刑集6・9＝10・1193
　　　………………………………………… 526
高知地決昭40・5・24下刑集7・5・1155 ………… 40
東京地決昭40・7・15下刑集7・7・1525 ……… 439
盛岡地判昭40・8・2下刑集7・8・1757 ………… 574
福島地会津若松支決昭41・8・6下刑集8・8・1176
　　　………………………………………… 433
佐賀地決昭41・11・19下刑集8・11・1489 …… 433
東京地八王子支決昭42・1・26下刑集9・1・77
　　　………………………………………… 436
秋田地決昭42・2・19下刑集9・2・167 ………… 436
東京地決昭42・8・5判タ209・198 …………… 384
水戸地決昭42・9・24判時508・81 …………… 436
高知地決昭42・11・17下民集18・11＝12・1111
　　　………………………………………… 442
徳島地決昭43・1・20下刑集10・1・106 ……… 430
静岡地決昭43・3・1下刑集10・3・317 ………… 436
神戸地決昭43・3・22下刑集10・3・328 ……… 405
大阪地決昭43・7・1判時533・89 ………………… 41
東京地決昭43・11・22判時538・17 …………… 433
東京地決昭43・11・26判時538・17 …………… 433
福岡地決昭43・12・28判時564・88 …………… 431
東京地八王子支決昭44・5・9刑裁月報1・5・595
　　　………………………………………… 405
東京地決昭44・7・10刑裁月報1・7・786 ……… 433
大阪地決昭44・10・1判時591・102 …………… 431
京都地決昭44・10・31判時590・103 ………… 453
鳥取地決昭44・11・6刑裁月報1・11・1083 …… 431
岐阜地決昭44・11・18判時589・92 …………… 384
広島家昭44・11・20刑裁月報1・11・1096 …… 431
甲府地都留支決昭44・12・8刑裁月報1・12・1200

京都地決昭44・12・12判時581・95 …………… 383
東京地決昭45・6・19判時599・143 ……… 31, 198
福岡地小倉支決昭45・6・20判タ252・252 …… 384
東京地八王子支決昭45・6・30判時615・105
　　　………………………………………… 436
大阪地決昭45・9・11判時613・104 …………… 439
札幌地決昭45・10・30刑裁月報2・10・1139 … 393
福岡地決昭46・3・17刑裁月報3・3・477 ……… 442
大阪地決昭46・6・1判時637・106 …………… 434
東京地決昭46・6・30刑裁月報3・6・839 ……… 430
東京家決昭46・7・2家庭裁判月報23・11＝12・171
　　　………………………………………… 432
京都地決昭46・11・9判時657・100 …………… 469
東京地決昭46・12・18刑裁月報3・12・1758 … 383
神戸地決昭47・2・17判時668・101 …………… 430
福岡地決昭47・7・15刑裁月報4・7・1430 …… 393
京都地決昭47・12・12刑裁月報4・12・2033 … 383
東京地決昭48・3・2刑裁月報5・3・360 ……… 401
東京地決昭48・4・14刑裁月報5・4・859 ……… 383
東京地決昭48・4・21刑裁月報5・4・872 ……… 405
東京地決昭48・6・27刑裁月報5・6・1070 …… 406
京都地舞鶴支決昭48・7・9判時710・114 …… 429
秋田地決昭48・9・18刑裁月報5・9・1340 …… 385
東京地決昭49・1・8刑裁月報6・1・101 …… 12, 427
大阪地判昭49・5・2判時745・40 …………… 400
札幌地決昭49・6・12判時749・116 …………… 436
東京地決昭49・9・2刑裁月報6・9・994 ………… 42
大阪地決昭50・9・25判時804・113 …………… 439
岡山簡決昭50・11・28判時816・109 ………… 439
浦和地決昭51・7・9判時822・113 …………… 436
東京地決昭51・12・2刑裁月報8・11＝12・532
　　　………………………………………… 401
神戸地決昭53・3・1判時911・170 …………… 383
青森地判昭53・7・31判時905・15 …………… 482
東京地決昭53・9・11刑裁月報10・9＝10・1254
　　　………………………………………… 393
大阪地判昭54・1・11刑裁月報11・1＝2・55 … 576
大阪地決昭54・5・29刑裁月報11・5・508 …… 433
東京地決昭55・1・11刑裁月報12・1＝2・55
　　　……………………………………… 13, 427
松江地決昭55・5・30判時968・136 ……… 427, 439
東京地決昭57・7・30家庭裁判月報35・9・128
　　　………………………………………… 432
東京家決昭57・8・5家庭裁判月報35・9・125
　　　………………………………………… 432

第 4 巻判例索引　地方裁判所等　673

熊本地八代支判昭58・7・15判時1090・21 …… 482
高松地判昭59・3・12判時1107・13 …………… 482
仙台地決昭59・7・11判時1127・34 …………… 482
静岡地判昭59・7・19訟務月報30・12・2763 … 438
前橋地決昭59・12・15刑裁月報16・11＝12・756
　　…………………………………………… 428
大阪地堺支決昭61・10・20判時1213・59 …… 427
東京地判昭62・4・23判時1229・108 ………… 550
東京地決昭62・10・26判時1260・66 …… 383, 400
東京地判昭63・4・30判タ669・237 …………… 462
東京地判昭63・6・22判タ670・272 …………… 405
大阪地堺支決昭63・7・19判時1315・146 …… 462
静岡地判平元・1・31判時1316・21 …………… 482
札幌地決平3・5・5判タ756・270 …………… 405

東京地判平3・5・15判タ774・275 ……… 427, 433
東京地判平5・1・29判時1444・41 …………… 585
東京地判平6・3・29判時1520・154 …………… 405
東京地八王子支決平7・6・20判時1536・27 … 291
山口地岩国支決平7・11・22判タ907・285 … 554
東京地判平8・3・28判時1595・152 ………… 438
函館地決平13・3・24判タ1068・245 ………… 384
東京地判平13・12・3判時1776・168 ………… 439
東京地決平21・7・13判タ1311・310 ………… 429
宇都宮地判平22・3・26判時2084・157 …… 459
静岡地決平26・3・27判時2235・113 ………… 483
札幌地判平28・3・3判時2319・136 ………… 452
大阪地判平28・8・10判時2324・11 ………… 459

裁判例コンメンタール刑事訴訟法　第4巻

平成30年6月15日　　第1刷発行

監修者	井	上	正	仁
編集代表	河	村		博
	酒	巻		匡
	原	田	國	男
	廣	瀬	健	二
発行者	橘		茂	雄
発行所	立	花	書	房

東京都千代田区神田小川町3-28-2
電話　03-3291-1561(代表)
FAX　03-3233-2871
http://tachibanashobo.co.jp

Ⓒ 2018 井上、河村、酒巻、原田、廣瀬　　　加藤文明社／東京美術紙工
乱丁・落丁の際は本社でお取り替えいたします。
ISBN978-4-8037-2478-3　C3032

捜査から証拠までの重要判例と適正手続を理解するのに最適！

立花書房 好評書

判例講座
刑事訴訟法
捜査・証拠篇

東京大学大学院
法学政治学研究科教授 **川出敏裕** 著

**現場の問題に
的確に応える
擬律判断が満載！**

刑事訴訟法を理解するためには、現在の刑事手続をかたちづくっている判例の内容を理解することが不可欠である。本書は、そのような意図から、刑事訴訟法に関する重要な判例を取り上げて、その内容を紹介するとともに、詳細に解説したものである。

警察官、法科大学院生、法学部生等の
**刑事訴訟法を学ぶ方々にとって
必読の一冊！**

警察学論集の好評連載に
追加・修正して単行本化！

気鋭の法学者が研究・分析し、
詳細に解説！

A5判・並製・512頁〔送料：300円〕
定価（本体3400円＋税）

現場での
職務質問に伴う
停止行為の限界
任意取調べの限界
反復自白の証拠能力
等について

重要判例の
**判断枠組み
判断要素**
を分析！

分析結果は
**現場、公判
での判断に
直結する！**

刑事訴訟法判例解説の決定版、ここに完成！

立花書房 好評書

判例講座
刑事訴訟法
公訴提起・公判・裁判篇

東京大学大学院
法学政治学研究科教授　川出敏裕 著

現在の**刑事手続**をかたちづくっている判例の内容を**分析・解説！**

刑事訴訟法を理解するには、判例の理解が不可欠。本書は、そのような意図から重要判例を取り上げて、できる限り詳しく紹介するとともに、その内容を分析し、解説した。

基本的な条文や制度についても説明を付しているからわかりやすい！

学説は、判例を理解する上で必要な範囲で言及するにとどめているから、裁判実務の立場・傾向がわかりやすい！

判例索引・事項索引も掲載

法科大学院生、法学部生、実務家等の学習書として、手放せない二冊！
刑事訴訟法分野の第一人者である著者による必読の二冊。

大好評の前作
〔捜査・証拠篇〕に続き、
〔公訴提起・公判・裁判篇〕
　　　　　　　が登場！

前作と２冊セットで
刑事訴訟法の
全分野を網羅！

A5判・並製・256頁（送料：300円）
定価（本体2200円＋税）

A5判・並製・512頁
定価（本体3400円＋税）

好評『捜査法演習』の姉妹書！

立花書房 好評書

刑事公判法演習

理論と実務の架橋のための15講

立教大学大学院法務研究科教授 **廣瀬健二** 編

法科大学院生の司法試験の準備、司法修習生・若手法曹家・実務家の学修に最適!

A5判・並製・386頁
定価（本体2800円＋税）
（送料：300円）

法科大学院教育に関わる
現役裁判官 を中心に
判例・通説・実務 の運用を踏まえ
具体的事例の **分析・考察・結論** を
分かりやすく **検討・解説** した演習書

刑事公判法演習
理論と実務の架橋のための15講
廣瀬 健二 編
立花書房

[主要目次] 平成25年3月現在

序 説	刑事訴訟法（公判法）の学び方	◎廣瀬健二（立教大学大学院法務研究科教授）
第1講	訴因変更の可否	◎河村俊哉（東京地裁判事・首都大学東京法科大学院派遣裁判官）
第2講	訴因変更の要否	◎細谷泰暢（最高裁調査官、判事、元千葉大学法科大学院派遣裁判官）
第3講	訴因変更と訴訟条件	◎香川徹也（最高裁事務総局刑事局第二課長、判事）
第4講	証拠開示	◎佐藤弘規（東京地裁判事）
第5講	科学的証拠	◎下津健司（東京地裁判事、早稲田大学法科大学院派遣裁判官）
第6講	伝聞供述	◎水上洋（立教大学大学院法務研究科特任教授、弁護士）
第7講	供述書・供述録取書	◎日野浩一郎（東京地裁判事）
第8講	借用書・領収書等	◎西村真人（大阪地裁判事）
第9講	検証・鑑定	◎梅田健史（東京地検検事〔内閣官房参事官補佐併任〕、前東京地裁判事）
第10講	写真・録音・録画	◎江口和伸（福岡地裁判事、九州大学法科大学院派遣裁判官）
第11講	自白の証拠能力	◎丹羽芳徳（千葉地裁判事、元東北大学法科大学院派遣裁判官）
第12講	違法収集証拠	◎宮田祥次（司法研修所刑事裁判教官、判事）
第13講	併合と分離	◎青木美佳（大阪地家裁堺支部判事）
第14講	立証趣旨・証人尋問	◎井戸俊一（札幌地家裁判事、北海道大学法科大学院派遣裁判官）
第15講	裁判の効力	◎梶山太郎（東京家裁判事補）

立花書房

裁判例コンメンタール刑事訴訟法
（全4巻）

監　　修：井上正仁
編集代表：河村博、酒巻匡、原田國男、廣瀬健二
編集委員：大島隆明、三浦守

各巻　Ａ5判・上製　判例索引付き

第1巻 第1編　総　則
（第1条〜第188条の7）

720頁
定価(本体7,600円＋税)

第2巻 第2編　第一審
（第189条〜第270条）

720頁
定価(本体7,600円＋税)

第3巻 第2編　第一審（続）
（第271条〜第350条の14）

（続刊）

第4巻 第3編　上　訴
第4編　再　審
第5編　非常上告
第6編　略式手続
第7編　裁判の執行
（第351条〜第507条）

720頁
定価(本体7,600円＋税)

（送料300円）